郭齐勇 主编

中国哲学通史

学术版

—明代卷—

丁为祥 著

A
HISTORY
OF
CHINESE
PHILOSOPHY

江苏人民出版社

图书在版编目(CIP)数据

中国哲学通史.第六卷/郭齐勇主编;丁为祥著
. 一 南京:江苏人民出版社,2022.6
ISBN 978 - 7 - 214 - 25861 - 8

Ⅰ.①中… Ⅱ.①郭… ②丁… Ⅲ.①哲学史－中国
－明代 Ⅳ.①B2

中国版本图书馆 CIP 数据核字(2021)第 024671 号

中国哲学通史
郭齐勇主编
明代卷
丁为祥 著

策 划	府建明	
责 任 编 辑	王 旭 马晓晓 蒋卫国	
装 帧 设 计	周伟伟	
责 任 监 制	王 娟	
出 版 发 行	江苏人民出版社	
地 址	南京市湖南路 1 号 A 楼,邮编:210009	
照 排	江苏凤凰制版有限公司	
印 刷	苏州市越洋印刷有限公司	
开 本	652 毫米×960 毫米 1/16	
印 张	40	
字 数	540 千字	
版 次	2022 年 6 月第 1 版	
印 次	2022 年 6 月第 1 次印刷	
标 准 书 号	ISBN 978 - 7 - 214 - 25861 - 8	
定 价	158.00 元(精装)	

(江苏人民出版社图书凡印装错误可向承印厂调换)

目　录

导　论

　　明清两代是离现代社会最近的两个朝代,也是对现代社会影响最大的两个王朝。虽然这两个王朝相继而起,是递相取代的关系,但其思想范式与思潮走向却并不一致,毋宁说还存在着许多相互背反的成分(当然也有许多相互一致的方面)。其中一个较为显性的原因,就在于明王朝的统治者是汉族,清王朝则是由少数民族满族人所建立。所以中国现代社会的开端——辛亥革命往往又叫“反满”革命——一种裹挟于民族革命旗帜下的民主革命。如果从明清向前延伸,则明之前的元朝为蒙古人所建立,而元之前的宋——北宋和南宋又是由汉人所建立的政权。这样一来,如果我们将宋代以降的几个王朝称为中国传统社会中的“近世”,那么这个“近世”也恰恰是在汉族政权与少数民族政权的交替统治下度过的。如果我们从明清向后延伸,那么辛亥革命以后的民国,其前期是北洋军阀的诸侯割据,中间经过抗日战争,其后期则又成为国共两党的较量,直到1949年中华人民共和国成立,才重新进入一个和平、稳定的时代。这样看来,明清两代也就成为“近世中国”距离我们最近的两个朝代,也是近现代之前两个较为稳定的王朝,因而其对中国现代社会的影响自然是不容低估的。

　　但要从哲学史的角度总结这两个朝代在近六百年间的思想发展并

非易事。这一方面是因为,中国传统学术中并没有"哲学"这样一种称谓,就连"哲学"这一概念也是20世纪初才通过日本从西方引进的——中国传统学术中所有的只是"子学""经学""玄学""佛学""理学""朴学"等等,根本就没有"哲学"这样一种称谓。所以冯友兰先生在20世纪30年代撰写《中国哲学史》,还不得不"就中国历史上各种学问中,将其可以西洋所谓哲学名之者,选出而叙述之"①。在当时,这确实是一种不得已的无奈选择,因为既然"哲学"的概念都源自西方,那么哲学的标准自然也应当以西洋为标准。不过,虽然"哲学"的概念源自西方,可"中国哲学"这一说法一经启用,就立即成为20世纪中国思想文化研究中的显学——自1916年谢无量第一部《中国哲学史》问世,一直到世纪之交冯友兰先生7卷本的《中国哲学史新编》之杀青问世,20世纪国人关于中国传统文化整理得最多的可能就要算哲学了。当然反过来看,虽然20世纪国人关于中国哲学的撰著最多,但其标准并不统一——不仅不统一,而且还时时发生游离,以至于到了世纪交接之际,学术界又在讨论"中国哲学的合法性"问题,意即"中国究竟有没有哲学"? 那些一直被视为中国哲学的思想研究究竟算不算哲学? 所以,新世纪伊始,葛兆光先生又推出了其3卷本的《中国思想史》,并在文章中援引胡适先生的先例,认为"胡适在傅斯年的影响下,决定不再用中国哲学史的名称,而改用中国思想史的名义"②。这似乎是说,中国哲学史作为一门学科能否成立还存在着有待商量的余地。

但另一方面,对于那些一直致力于中国哲学研究的学者来说,其对中国哲学的合法性又是坚信不疑的,比如郭齐勇先生就在其所著《中国哲学史》一书的"导言"中写道:

> 哲学是人们关于宇宙、社会、人生的本源、存在、发展之过程、律则

① 冯友兰:《中国哲学史》(上),第1页,北京:中华书局,1961年版。
② 葛兆光:《道统、系谱与历史——关于中国思想史脉络的来源与确立》,《文史哲》,2006年第3期。

及其意义、价值等根本问题的体验与探求。在远古时期,各个大的种族、族群的生存样态与生存体验既相类似又不尽相同,人们思考或追问上述问题的方式亦同中有异,这就决定了世界上有共通的,又有特殊的观念、问题、方法、进路,有不同的哲学类型。……古代中国、印度、希腊的哲学是其中的典型。不仅今天所谓中国、印度、西方、中东、非洲的哲学类型各不相同,而且在上述地域之不同时空中又有不同的、千姿百态的哲学传统,并没有一个普遍的西方的或世界的哲学,所有哲学家的形态、体系、思想都是特殊的,各别自我的。①

如果格之于郭先生关于哲学的这一标准,那么上述所谓"子学""经学""玄学""佛学""理学""朴学"等等,其实就是中华民族的哲学,是中国哲学之具体性或特殊性表现。如果考虑到各个民族文化的繁复多样以及中国智慧之具体性特色,那么所谓"子学""经学""玄学""佛学""理学""朴学"等等,实际上也就是中国哲学的具体性及其时代性表现。

既然学术界关于中国是否有哲学还存在着不同看法,包括胡适晚年"总喜欢把'中国哲学史'改称'中国思想史'",因而我们这里关于中国哲学史的基本看法也就必须有"辨",尤其是关于明清哲学思潮的形成、特点及其演变、分期,包括对前人研究的反思等等,也就必须要有一个基本的交代。

一、哲学史与思想史

如上所述,虽然"哲学"是一个舶来概念,但中国哲学或中国哲学史却一直是 20 世纪中国思想文化研究的一门显学。当然,即使如此,传统的"中国思想史"之类的称谓与说法也并没有退出历史舞台。比如人们不仅可以用先秦子学、两汉经学、魏晋玄学以及隋唐佛学、宋明理学、清代朴学来称谓中国的传统学术,而且"中国思想史""学术史"之类的称谓

---

① 郭齐勇:《中国哲学史》,第 1 页,北京:高等教育出版社,2006 年版。

也一直为人们所沿用，比如从梁启超的《中国近三百年学术史》(1924)到钱穆的同名专著(1937)，实际上都是以"学术史"或"思想史"的名义来梳理中国近三百年之学术发展的。50年代以后，依然有侯外庐先生的多卷本《中国思想通史》的问世(1957)，有徐复观先生的《中国思想史论集》(1959)、《中国人性论史》(1963)以及《两汉思想史》(1972)等著作；至于李泽厚先生系统梳理中国哲学史的几本著作，居然还都是以"思想史论"来命名的，比如《中国近代思想史论》(1979)、《中国古代思想史论》(1985)、《中国现代思想史论》(1987)。凡此都说明，虽然人们已经习惯于"就中国历史上各种学问中，将其可以西洋所谓哲学名之者，选出而叙述之"，并称之为"中国哲学史"，但"中国思想史""中国学术史"之类的说法并没有退出历史舞台。这就涉及一个非常重要的问题，即思想史与哲学史的基本分界问题。

当人们用"思想史"来称谓中国的传统学术时，一方面固然表现了传统学术自身的某种持重，同时也表现着传统文化研究者对于新的研究范式与学科规范之一定程度的谨慎。因为哲学毕竟是一个舶来概念，而思想史虽然是由"思想"与"历史"两个概念的简括与连缀而成，但无论是"思想"还是"历史"，毕竟都是中国传统文化中原本所固有的学术，因而也可以说，"思想史"的称谓既有对传统学术的继承与坚持之意，同时也确实是沿着传统学术的进路与轨道继续前进的。从梁启超到钱穆，大体说来也都是在这一意义上运用思想史、学术史概念的。但是，当"胡适在傅斯年的影响下，决定不再用中国哲学史的名称，而改用中国思想史的名义"时，与其说他是对传统学术的某种确认或坚持，毋宁说主要是出于一种对西方哲学的谦退心态。至于侯外庐先生的《中国思想通史》，虽然也是以思想史命名，实际上是以哲学为核心的；之所以称为"思想通史"，不过表明其所分析、论证的范围稍稍超出哲学的论域和范围而已。正是在这一背景下，随着改革开放的深入与中西文化交流范围的不断拓展，中国是否有哲学以及"中国哲学的合法性"便成为一个很大的问题了；在这一讨论中，其中一个最大的分歧就在于哲学史与思想史的分界问题。如果说人们对于中国哲学包括哲学史还持有一定的谨慎、存疑的态度,那么对于中国思想史,无疑是一致肯定的。因为这几乎可以说是对中华民族及其文化与精神传统之一种底线性的肯定了。所以,在 20 世纪的中国学术界,上自胡适,下至一大批研究者甚至包括笔者本人,也都在一定程度上更愿意用研究中国思想史来为自己的工作进行定位。但当人们这样定位自己的研究时,也就必然包含着一种哲学史与思想史的关系问题。

　　一般说来,思想史的外延无疑要大于哲学史,凡是哲学史所无法涵括的内容,自然也都可以归并到思想史的范围。比如人们关于人生或人类社会某个方面的思想,诸如政治、经济、文学、艺术等等,似乎也都可以说是思想史的内容,虽然上述诸"史"实际上都已经取得了相对独立的地位,但仍然存在于思想史的涵括之列。总之,就其内涵而言,思想史实际上只有"思想"这一项限定,因而,只要是思想的历史,自然也都存在于思想史的涵括之列;从外延来看,历史上所有的思想,似乎也都可以归并到思想史的涵括之中。从这个意义上说,人们既可以用"思想史"来表示思想之历史或历史中之思想这一最大的含容量,当然同时也可以对舶来的"哲学史"表示某种谦让,意即其所研究的对象,虽然说不上是哲学,但仍然属于思想,是中国人思想的历史。

　　但如果从哲学的角度来分析二者的关系,那么除了"思想"这一基本的规定之外,哲学史显然要比思想史具有更多一层限定,即哲学史起码必须是"哲学"思想的历史。虽然哲学史本来就存在于思想史的涵括之列,但并不是说所有的"思想"都可以进入"哲学"的系列。这样一来,在思想史的系列中,哲学史就以其必须具有哲学的内涵并作为哲学思想之历史这样一种独特的规定。①

---

① 劳思光先生即有这样的看法。他在评论胡适早年的《中国哲学史》上卷时指出:"胡先生对先秦诸子的思想,说得很少,而考证则占了大半篇幅。说及思想的时候,胡先生所根据的也大半只是常识。……一本哲学史若只用常识观点来解释前人的理论,则它就很难算作一部哲学史了。"(劳思光:《新编中国哲学史》第一册,第 2 页,桂林:广西师范大学出版社,2005 年版)不过,如果从其考证"占了大半篇幅"的特点来看,那么胡适先生晚年"总喜欢把'中国哲学史'改称'中国思想史'"的做法似乎也是有一定的合理性的。

不过,如果从这两种学科不同的内涵规定的角度看,哲学史之有别于思想史又不仅仅在于其涵括范围的大小,而主要在于其思考的内容、立场、价值指向以及思考视角上的区别。一般说来,思想史的视角是历史的,一种思想的产生往往是某位思想家对现实存在的一种直接反映——是思想家对于现实存在之直接性思考,因而其涵义一般不超出历史条件的限制,不超出历史条件所许可的范围。简而言之,作为学术的思想史往往就是对思想的一种历史性追溯与历时性的描述与分析,因而一定的社会历史条件往往也就成为思想史的一种特别限制,意即所有的思想都必然是在一定的社会历史条件下生成的,因而也就必须置于一定的社会历史条件下来进行分析、进行理解。哲学史则在一定程度上可以不受社会历史条件的限制。之所以如此,主要是因为哲学的视角本来就是超越的,尤其是超越于一定的社会历史条件之限制的,同一个思想事件,在思想史与哲学史的叙述中,其价值、意义往往是根本不同的。思想史的价值是历史的,而且也必须从历史的角度进行分析和评价;哲学史的分析与评价往往可以超越于特定的社会历史条件的限制——虽然其作为思想,无疑是在一定的社会历史条件下产生的,但其价值、意义并不以特定的社会历史条件为限,而是可以超越于特定的社会历史条件的限制。从一定意义上说,有没有超越性视角,能否对某种思想从超越的维度进行分析和评价,恰恰是哲学史有别于思想史的一个本质性特征。

之所以会形成如此差别,除了历史视角与哲学视角的区别之外,还有一个非常重要的因素,这就是哲学史视角之所以可以不受特定社会历史条件的限制,关键还在于哲学史一般都具有一定的形上本体预设以作为其基本的思考背景,思想史视域中的思想则不仅要在一定的社会历史条件下生成,而且也必须以一定的社会历史条件作为其思考的文化背景与具体内容。这样一来,思想史本质上只能从属于历史,并以历史真实为指向;而哲学史必须从属于哲学,并以超越的价值理想为其指向。

正因为二者之间存在着这一本质性的差别,当人们面对同一思想材料时,思想史与哲学史的研究方法就是根本不同的。思想史研究往往要依据一定的社会历史条件对思想进行符合历史实际的解释,这种解释又必须受一定的社会历史条件的制约——不可超出一定的社会历史条件的限制之外;哲学史研究则必须对思想材料进行价值与意义的透视和阐发,这种透视与阐发既有受制于特定社会历史条件的一面(就其作为思想之产生条件而言),又有不受特定社会历史条件限制的一面(就其所蕴涵的价值、意义与思想指向而言)。这样一来,正像思想史本质上只能从属于历史一样,哲学史则必须以一定的哲学观念与价值理想为指向。

在这一背景下,思想史必然要以历史为基础,以思想史中的真实为基本限制,其指向则始终是"过去",其所显现的也应当是过去历史中曾经真实存在的思想;哲学史则必须以一定的哲学观念与形上预设作为思考背景,并以超越的解析以及价值和意义的透视与阐发作为主要方法,其所显现的既有历史上的哲学一个方面,同时也必须包含、显现此在主体的哲学解读与哲学诠释一个方面;至于其指向,则永远是未来,是代表着未来之可能性走向的一种价值理想。正是这一原因,思想史说到底只是对思想的历史性梳理与历史性"打包",包括对一定的历史知识和历史经验的总结;哲学史虽然也必须包括历史中的哲学思想这一方面的知识性内容,但更多也更主要的往往是作为此在的现实主体对于历史中的哲学思想进行意义的诠释与价值的阐发。在这种状况下,虽然哲学史与思想史要面对同一对象、同一思想材料,也存在着论域的重合或交叠之处,但二者的出发点、学科性质以及其关怀指向又是根本不一样的。

二、体制、传统与思潮的交互作用

思想的主体首先是作为个体的人,因而所谓思想也首先是个体的思想,或者说是形成于个体而为社会群体所接受、所认同的思想。但个体必须生活于一定的时代,时代与社会的结构与特色也必然会在其思想中打上烙印。那么,所有这些社会历史方面的条件又将如何作用于思想主体呢？或者说时代思潮、社会历史条件与个体思想的形成之间究竟是一种什么样的关系呢？这也应当是哲学史所必须讨论的问题。

在以往的哲学史研究中，要叙述一个时代的哲学，往往是从社会的经济发展或所谓经济条件入手的。这当然是正确的，因为一定的社会经济条件毕竟是人们生产、生活的基础。但对于思想主体——某一位哲学家而言，所谓经济的发展或所谓社会历史条件其实只是其思想所赖以形成之基础或外缘性的条件，并不是充分条件，尤其不能说一位哲学家由于家庭富裕、经济条件好，其思想也就特别高尚，认识也就特别深入；当然，反之也是一样，也不能说一位哲学家由于其生活贫困、接近于社会下层，其思想境界也就特别纯净。与之相应，也不能说一个时代由于经济的高度发展其哲学就格外繁荣。这主要是因为，对于作为思想主体的个体而言，经济的发展或所谓社会历史条件能否构成其思考的主要问题呢？如果某一位哲学家本来就怀着"素富贵，行乎富贵；素贫贱，行乎贫贱"①的人生态度，那么所谓经济的发展包括其个人的贫富穷达对于其哲学可能就没有直接作用（当然也会打上一定的烙印）；对于那些谋道不谋食——身无分文却心忧天下的儒家士大夫而言，经济的发展以及其个人的贫富穷达甚至根本就不在其思考之列。因而一般说来，经济的发展包括个人的贫富穷达并不能作为一个时代、一位哲学家之哲学所以形成的基本前提。

那么时代和社会历史条件对哲学家最重要的影响是什么呢？对于一直比较偏重于人文教化的中国哲学而言，最重要的影响因素往往来自政治，尤其是政治体制与政治生态。这是因为，政治之不同于经济，主要在于政治可以直接作用于主体，进而作用于其思想；政治体制与具体的政治生态往往直接限制着思想家的思考方向。与经济发展之外缘性的条件相比，政治体制与政治生态的限制作用往往具有一定的内在性。比如先秦——春秋战国时代之所以能够出现诸子蜂起、百家争鸣的格局，

---

① 《礼记·中庸》，吴哲楣主编：《十三经》，第562页，北京：国际文化出版公司，1993年版。

主要是因为当时还没有形成大一统的专制政权。待到大一统的专制政权形成后，百家争鸣也就为"罢黜百家，独尊儒术"取代了。从宋明理学来看，由于从其崛起就预定了重建人间秩序的大方向，政治体制的影响作用也就格外大，几乎决定了一个时代哲学思潮的形态与基本走向，当然也决定着哲学家的个体命运。再比如，北宋皇室"与士大夫共治天下"①的基本国策，不仅塑造了敢于与皇帝廷争面折的王安石，而且也塑造了"北宋五子"的理论格局。而南宋的政坛，由于皇权、世俗官僚与道学集团的相互牵制与相互斗争，从而也就决定了朱子一生悲剧性的命运。② 具体到明代来看，当明太祖创设"寰中士夫不为君用科"③作为打压文人士大夫的工具，明代的朝廷官员居然以弹冠相庆的方式来庆幸自己又多"活一日"④的时候，不仅表现了其政权的极度专制，而且也确实到了人人自危、朝不保夕的地步。所以，同样是理学家，同样面对皇帝的诏书，张载在已经清楚地知道自己将不久于人世的情况下还欣然赴诏——其主要期待在于"庶几有遇焉"⑤。王阳明则不仅时时以"乞骸骨"的方式来寻求归隐，而且每当受陷遭谗，他也总是想着"窃父而逃"⑥。所以余英

---

① 余英时先生指出："宋代的'士'不但以文化主体自居，而且也发展了高度的政治主体意识；'以天下为己任'便是其最显著的标帜。这是唐末五代以来多方面历史变动所共同造成的。"余英时：《朱熹的历史世界——宋代士大夫政治文化的研究》，"总序"，第3页，北京：三联书店，2004年版。

② 黄榦："自筮仕以至属纩，五十年间，历事四朝，仕于外者仅九考，立于朝者四十日，道之难行也如此。"《朱先生行状》，转引自束景南《朱熹年谱长编》，第1487页，上海：华东师范大学出版社，2001年版。

③ 余英时先生指出："他（明太祖）一方面设'寰中士夫不为君用科'，强迫被征召之'士'不得抗拒，另一方面则对已入仕之'士'毫不尊重，稍有差错，不是'屯田工役'（按：相当于今天所谓'劳动改造'），便是诛死。'士'至于'断指不仕'和'以受玷不录为幸'。"余英时：《宋明理学与政治文化》，第161页，长春：吉林出版集团有限责任公司，2008年版。

④ 赵翼："时京官每旦入朝，必与妻子诀，及暮无事，则相庆以为又活一日。"《廿二史札记》，卷三二，第744页，北京：中华书局，1984年版。

⑤ 张载说："吾是行也，不敢以疾辞，庶几有遇焉。"吕大临：《横渠先生行状》，《张载集》，第384页，北京：中华书局，1978年版。

⑥ "先生赴召至上新河，为诸生幸馋阻，不得见。中夜默坐……谓门人曰：'此时若有一孔可以窃父而逃，吾亦终身长往不悔矣。'"钱德洪《年谱》二，《王阳明全集》，第1270页，上海：上海古籍出版社，1992年版。

时先生评价说:"这是他们(引者按:指吴与弼、陈献章、谢复等拒绝出仕的文人士大夫)有意切断与权力世界的关联;宋代理学家'得君行道'的抱负,在他们身上是找不到任何痕迹的。"①这样一种现象,不仅可以帮助人们理解宋明两代儒家士大夫在生存环境上的差别,而且一定程度上也可以理解为什么心学会成为明代理学中占统治地位的思潮。宋代皇权尤其是北宋皇室的主导思想是"与士大夫共治天下",而明代的皇权完全是以武力与权谋的方式来把持天下的。所以说,如果不是明代极为专制、极为压抑的政治环境,就不会形成其独领风骚的心学思潮,自然也就不会出现黄宗羲在《明夷待访录》中所概括的"君者……天下之大害者"②的切齿之恨。

　　明代高压的政治生态及其作用不仅表现在心学思潮的形成上,而且也表现在作为理学正统与主流的思潮走向以及其由理学到气学的传承与演变上。比如作为明儒道统意识之开山的曹端,其之所以"特从古册中翻出古人公案,深有悟于造化之理"③,实际上正显现着当时政治环境的作用。因为明代的政治体制根本就没有"与士大夫共治天下"的可能,所谓的朝廷官员,说到底不过是皇家以禄位所雇佣的臣工而已。因而两宋以来的"道统之传",不仅需要从"古册"中翻出"古人公案"来传承,而且也只能将其引向远离人伦世教之"造化之理"的方向。在这一背景下,即使其所讨论的问题也可以与朱子"字字同,句句合",却具有完全不同的精神气象。由此以往,到了接踵而起的薛瑄,也就只能"兢兢检点言行间"④了。这样一来,虽然明初学界可以说是朱子学的一统天下,却根本就没有朱子当年面对皇权朝政的激烈批评及其强聒不舍的叮咛教告精神;至于明代理学从"理"到"气"的递嬗、从道德本体意识到宇宙根

---

① 余英时:《宋明理学与政治文化》,第175页。
② 黄宗羲:《明夷待访录·原君》,《黄宗羲全集》第一册,第3页,杭州:浙江古籍出版社,1985年版。
③ 黄宗羲:《明儒学案·师说》,《黄宗羲全集》第七册,第9页,杭州:浙江古籍出版社,1992年版。
④ 黄宗羲:《明儒学案·师说》,《黄宗羲全集》第七册,第10页。

源意识的演变,一定程度上也要从当时高压的政治生态的背景下来理解。

当然,对于明代学术思潮的演变也不能仅仅从政治生态的角度去理解,已经教条化、科层化的程朱理学以及当时"此亦一述朱,彼亦一述朱"①的文化氛围与思潮学风也起到了一定的酵母与推波助澜的作用。自元代以来,学界就已经形成了所谓"海内之士,非程朱之书不读,非程朱之学不讲"②的风气,所以到明代,也就成为一种既定的传统了。所谓明初学界全然为朱子学之支流余裔一点,就是这一传统的表现。至于肩负"道统之传"的曹端之所以要"从古册中翻出古人公案",并将理学探讨引向"造化之理"的方向,也是当时的文化传统与现实政治相碰撞、相磨合的结果。除此之外,由于朱子一生艰苦卓绝的努力,"致广大,尽精微,综罗百代"③,两宋儒学所不得不正视的来自佛老之学的理论压力也就从根本上得到解除了,这又造成了明儒"生平不读佛书"④的风气,在当时,这种"生平不读佛书"或"绝口不言佛老"的现象似乎也就成为程朱理学正宗传人之"纯儒"身份的标志了。这就造成了明儒内在化与一元论的关注视角,这两个方面的统一,就成为明儒所不得不面对的传统与现实,当然同时也就构成了明代理学自我塑造的一种时代思潮。

关于时代思潮,梁启超曾有一番精彩的论述,他指出:"今之恒言,曰'时代思潮'。此其语最妙于形容。凡文化发展之国,其国民于一时期中,因环境之变迁,与夫心理之感召,不期而思想之进路,同趋于一方向,

---

① 这一说法原本出自陈亮对当时学界风气的一种讽刺,参见陈亮:《壬寅答朱元晦秘书》,《陈亮集》,第 333 页,北京:中华书局,1987 年版。后来则被黄宗羲引用来以说明明初学界的普遍风气。参见黄宗羲:《明儒学案·姚江学案》,《黄宗羲全集》第七册,第 197 页。
② 欧阳玄:《许文正公神道碑》,《圭斋文集》卷九,第 6 页,上海:商务印书馆(涵芬楼明成化刻本影印),1919 年版。
③ 全祖望:《宋元学案·晦翁学案》,《黄宗羲全集》第四册,第 816 页,杭州:浙江古籍出版社,1985 年版。
④ 这是李二曲在与顾炎武讨论体用问题时对顾炎武原书的征引,参见李二曲:《答顾宁人先生》三,《二曲集》,第 151 页,北京:中华书局,1996 年版。

于是相与呼应汹涌，如潮然。"①对于明代理学而言，这种"生平不读佛书"或"绝口不言佛老"的内向关注与"此亦一述朱，彼亦一述朱"的一元化追求，其实就是一种时代思潮；追求理论的一元化与内在化则是这一思潮的共同走向。对于明代理学的这一总体走向，日人冈田武彦曾有一段精彩的比较与分析。他指出：

> 一言以蔽之，由二元论到一元论、由理性主义到抒情主义，从思想史看就是从宋代到明代的展开。②

> 宋代的精神文化，如前所述，是理性的，其中充满着静深严肃的风气。实质上，这是因为宋人具有在人的生命中树立高远理想的强烈愿望，因此坚持了纯粹性和客观性。以朱子为枢轴的所谓宋学，就是从这种风潮中发生、成长的……
> 明人认为，这种理想主义的东西不但与生生不息的人类的生命相游离，而且与人类在自然性情中追求充满生机的生命的愿望相背离，因此，明人去追求那情感丰富的、生意盎然的感情的东西就成为很自然的事情了。③

如果将冈田武彦的这一论述与刘蕺山的相关分析稍加比较，尤其是与刘蕺山在点评罗钦顺哲学时所提出的"谓'理即是气之理'，是矣，独不曰'性即是心之性'乎？心即气之聚于人者，而性即理之聚于人者。理气是一，则心性不得是二；心性是一，性情又不得是二"④相比较，那么，刘蕺山之所以要强调"理气是一，则心性不得是二；心性是一，性情又不得是二"，其实正是明儒一元论之内在性视角的典型表现。从刘蕺山的"理气是一，则心性不得是二；心性是一，性情又不得是二"，到冈田武彦所提出的一元论、内在性

---

① 梁启超：《清代学术概论》，第1页，北京：中华书局，2010年版。
② 冈田武彦：《王阳明与明末儒学》，第1页，上海：上海古籍出版社，2000年版。
③ 同上书，第3页。
④ 黄宗羲：《明儒学案·师说》，《黄宗羲全集》第七册，第18页。

与情感化的追求指向,其实正是明代理学的思潮走向及其普遍性特征。

这样看来,集权专制的政治环境、"此亦一述朱,彼亦一述朱"的学术传统以及以一元论、内在性为共同关注的时代思潮,也就构成了明代理学所以发生的社会历史条件;对于明代的理学家来说,不管其最后的走向如何,也都必须在这一思潮中展开自己的理论创造。实际上,整个明代理学就是在这一基础上展开的。

三、不同思潮的互动及其相互塑造

虽然对一元论、内在性的追求是明代理学所以形成的思潮母体,但这一思潮并不表现为单一的走向,而是由不同理学家对朱子学之不同的继承侧重从而也就表现为不同的研究走向加以实现的。这种不同走向,又首先蕴涵在理学家对其学术传统之不同的继承侧重与不同的阐发方向中。

如前所述,明代理学首先是以对朱子学的全面继承作为起始的,就这一出发点而言,应当说明初的理学家都是朱子学之支流余裔,也都是在朱子为学进路的基础上探索圣贤之路的。从这一点来看,肩负明代理学"道统之传"的曹端最具有典型性。但曹端毕竟生活于明代,他不仅没有像朱子那样曾有一段刻苦钻研佛禅的思想经历,而且其一起始就从根本上厌弃佛禅之学;另一方面,曹端也根本不可能有朱子那样的机遇——朱子可以在封事中对皇帝(宋孝宗)极尽叮咛教告之能事,甚至也可以展开痛加指陈性的批评①,曹端却只能"从古册中翻出古人公案",并且也只能将理学探讨引向"造化之理"的方向。之所以要引向"造化之

---

① 在朱子对宋孝宗所上的第一通封事中,他就明确地指陈说:"窃以为圣躬虽未有过失,而帝王之学不可以不熟讲也。朝政虽未有阙遗,而修攘之计不可以不早定也。利害休戚虽不可遍以疏举,然本原之地不可以不加意也。"到了第二通封事,朱子就明确地批评说:"陛下欲恤民,则民生日蹙;欲理财,则财用日匮;欲治军,则军政日紊;欲恢复土宇,则未能北向以取中原尺寸之土;欲报雪雠耻,则未能系单于之颈而饮月氏之头也。"《朱熹集》卷十一,第439、456页,成都:四川教育出版社,1996年版。

理",主要是因为明代的政治体制根本就没有为儒家士大夫提供批评朝政的权力;另一方面,在方孝孺被灭十族之后,明儒也从根本上缺乏批评朝政的胆略与热情——因为一句话说不好,就有"廷杖""系狱"乃至"弃市""灭族"的处置在等着他们。就这一点而言,也可以说明儒已经从根本上丧失了朱子那种强烈的政治批评精神,或者也可以说明儒已经不再负有批评朝政的权利和义务。朱子之所以高扬"存天理、灭人欲"之教,并为此还与陈亮展开了一场激烈的辩论,主要就是为了批评皇权与世俗官僚,也是为了使皇权及其政治举措能够服从于天理的落实及其需要,曹端的时代却根本就没有这种可能,皇权只是理学家所臣服与赞美的对象。所以说,曹端之所以要"从古册中翻出古人公案",并将理学引向"造化之理"的方向,既是为了延续"道统之传",同时也是在当时高压的政治生态下一种不得不如此的无奈选择。明代的皇权根本就不是可以批评的对象,而只能是臣服的对象,这样一来,其所继承的朱子学实际上也就有名无实了。

但曹端的这一选择却为明代理学开辟了一个新的方向,这就是"深有悟于造化之理"的方向,从而也就可以使理学演变为一种专门探索天地万物所以生化发展的学问。如果对应于朱子哲学,那么这正是其理气关系之所含,所以理气关系也就成为明初理学探索的重心。继承朱子的理气关系,并将其引向"造化之理"的方向,实际上也就从明代理学的发端上开始萌芽了。由此之后,经过薛瑄对朱子理气关系的正面探讨,又经过罗钦顺、王廷相等人的补充和修正,就使理学由对理气关系的探讨一步步走向气学,从而也就成为明代理学中的主流或主要探索方向了。

明儒对朱子学的继承与发展并不仅仅是这一个方向,朱子一生无所不究,其体系也无所不包,因而从主体性的角度对作为朱子道德修养论之基本入手的格物致知说的继承就构成了明代理学的另一种走向,这一走向又是以陈白沙为开端的。陈白沙起初致力于科举,希望能够通过科举出仕以大有为于朝廷政治,但接连几次科考失败使他对通过科举出仕彻底丧失了信心，于是转而从讲学方面努力。他的求学之路又受到当时大儒吴与弼的严厉批评，于是不得不转入一种独自摸索的静坐之路。在这一路径上，陈白沙也始终在探索"吾此心与此理"的"凑泊吻合处"①，即从人生主体的角度探索天理的彰显途径。从陈白沙的这一关怀来看，实际上也就是试图通过朱子格物穷理所追求的"众物之表里精粗无不到"，从而达到"吾心之全体大用无不明"②的目的，所以陈白沙的探讨等于是从格物致知的角度展开的，却明确地走向了一种主体落实与担当的方向。待到王阳明步入学界，就直接从朱子的格物致知说入手了，但无论是其早年的"格竹子"还是后来对朱子"读书之法"的实践，结果却无一例外地发现朱子哲学存在着"物理吾心终若判而为二"③的毛病。直到其为政遭陷，在经历了"廷杖""系狱"与"远谪"的一系列打击之后，才终于在贵州龙场以勘破生死的方式"大悟格物致知之旨"，由此才以所谓"圣人之道，吾性自足，向之求理于事物者误也"④的"大悟"找到了一条新的为学方向。自然，这也就是其所谓的"决然以圣人为人人可到，便自有担当了"⑤。很明显，从陈白沙到王阳明，主要是从主体性的角度展开对朱子格物致知说的实践探索，又以对朱子学进行"革命"的方式开辟了主体心性之学的方向。

当明儒由对朱子理气关系的探讨从而将天理演变为"造化之理"乃至于"气之屈伸往来之理"，而心学又以"圣人之道，吾性自足"的方式开辟主体心性之学的方向时，明儒所继承的朱子学便已经形成两种截然不同的方向了；而且，其各自也都明确地包含着不同于朱子学的内容与成分。首先，从"造化之理"到"气之屈伸往来之理"明显地表现出一种客观的物理主义的走向（并不纯粹），从"圣人之道，吾性自足"出发，则是一种

① 陈献章：《复赵提学佥宪》，《陈献章集》，第 145 页，北京：中华书局，1987 年版。
② 朱熹：《四书章句集注》，《朱子全书》第六册，第 20 页，上海：上海古籍出版社，合肥：安徽教育出版社 2002 年版。
③ 钱德洪：《年谱》一，《王阳明全集》，第 1224 页。
④ 钱德洪：《年谱》一，《王阳明全集》，第 1228 页。
⑤ 王守仁：《语录》三，《王阳明全集》，第 120 页。

主体性的道德担当与道德实践的方向——这两系的不同追求与不同走向显然是不言而喻的。其次,从这两系与朱子学的关系来看,在朱子学中,无论是其理气论(主要表现为"理先气后"或"存天理灭人欲"之教)还是居敬涵养论(包括其格物致知之基本入手),无疑是首先指向皇权的,朱子在与陈亮之辩中也明确地批评汉高祖、唐太宗"无一念之不出于人欲"①尤其表现了这一点;但到了明代,则无论是肩负着"道统之传"的曹端之所谓"造化之理"的方向,还是王阳明所谓"决然以圣人为人人可到,便自有担当"之主体性的方向,也都明确地拉开了其与专制皇权及其政治体制的关系,而完全是以指向客观性的物理探讨与主体性的自我担当来作为对朱子学的落实与推进。在这一基础上,如果要说背离朱子学,那么这两系虽然具有完全不同的走向,但在背离朱子学这一点上又是完全一致。对这两系来说,他们对由自己所落实、推进的朱子学又是非常确信的,比如以"革命"姿态继承朱子学的王阳明就为自己辩解说:"某今日之论,虽或与朱子异,未必非其所喜也。"②

在这一背景下,当"同朝为官"的罗钦顺与王阳明相遇时,一场激烈的争辩也就在所难免了。由于王阳明曾借"朱子晚年定论"来为自己主体性的心学开辟道路,因而激起了罗钦顺的激辩;王阳明在不得不承认自己"中间年岁早晚诚有所未考"③的情况下,同时也就不得不为自己主体性的心学寻找一种更为根本的依据,于是就有了如下一段辩白:

> 夫学贵得之心。求之于心而非也,虽其言之出于孔子,不敢以为是也,而况其未及孔子者乎!求之于心而是也,虽其言之出于庸常,不敢以为非也,而况其出于孔子者乎!④

实际上,这就是不以孔子之是非为是非的精神! 正是这一精神,将王阳

---

① 朱熹:《答陈同甫》六,《朱熹集》卷三十六,第1592页。
②③ 王守仁:《答罗整庵少宰书》,《语录》二,《王阳明全集》,第78页。
④ 王守仁:《答罗整庵少宰书》,《语录》二,《王阳明全集》,第76页。

明送到了良知学的大门口,由此之后,阳明也就形成了一种求真是真非的致良知精神。与此同时,罗钦顺也明确地将朱子"未有天地之先,毕竟也只是理"①的天理落实为从"气之屈伸往来"角度加以说明的天地万物所以存在发展的所以然之理,因而明确指出:"理只是气之理,当于气之转折处观之"②;朱子哲学中以超越性著称的天理,也就被罗钦顺完全演变并落实为"为四时之温凉寒暑,为万物之生长收藏,为斯民之日用彝伦,为人事之成败得失"③之类的律则之理了。这样一来,由对朱子学之不同继承侧重所形成的心学与气学,就成为一种相互差异、相互促进而又相互塑造的关系了。

待到晚明,由于以主体性著称的心学已经占据了当时社会思潮的主导地位,它也就必须对明王朝的灭亡承担责任,于是就有了顾炎武"亡国之首"的批评;而王学则由于其自身的演变,"猖狂者参之以情识,而一是皆良;超洁者荡之以玄虚,而夷良于贼"④,因而在明清易鼎的打击下,也就只能随着明王朝的灭亡而销声匿迹了。气学一系则由于其一起始就激烈地批判心学,因而也就以所谓"实学""汉学"的方式,从而成为明清之际学术转换的桥梁。⑤ 这样一来,由对朱子学之不同继承侧重所形成的心学与气学,就随着明清政权的易手而再次发生转换,并成为清代学术的直接孕育者。

四、明清思潮的转向及其分期

从明初到清末,时间上的跨度将近六百年,也是直接孕育现代社会和现代学术思想的六百年。在这六百年中,作为社会的重大变化就是从

---

① 黎靖德编:《朱子语类》卷一,第 1 页,北京:中华书局,1986 年版。
② 罗钦顺:《困知记》续卷上,第 68 页,北京:中华书局,1990 年版。
③ 罗钦顺:《困知记》卷上,第 4 页。
④ 刘宗周:《证学杂解》,《刘宗周全集》第二册,第 278 页,杭州:浙江古籍出版社,2007 年版。
⑤ 关于明代气学的这一作用,请参阅拙作:《气学——明清学术转换的真正开启者》,《孔子研究》,2007 年第 3 期。

明王朝到清王朝,再由清王朝到在西方文化冲击下的中国近现代社会。从哲学史的角度看,则主要是在作为两宋理学集大成之朱子学的背景下,通过"此亦一述朱,彼亦一述朱"的学术氛围,又经过学术思潮与政治体制的碰撞与磨合,从而由对朱子学之不同继承侧重而裂变为心学与气学,由于心学已经承担了明亡的罪责,气学也就担当起了从明到清之学术演变的责任。在这一过程中,气学由"深有悟于造化之理"的宇宙生化之学也一变而为要求经邦济世的"实学"(此主要针对并且也是为了救治心学的空谈心性之病),又由"实学"之一反空疏无用的宋学而复归于汉学,待到乾嘉汉学形成时,虽然当时的汉学已经处处都从文字考据与经典训诂之实出发了,却仍然缺乏经邦济世之实效(此既有清廷文字狱打击的因素,同时也存在着学人自觉选择以逃避文字狱打击的因素)。所以,即使乾嘉后学惟实是求,并由"辨章学术,考镜源流"的汉学一转手而成为经学,仍然无法抵御西方坚船利炮的打击。待到经学从长于文物训诂的古文经学演变为注重微言大义之今文经学时,一方面,中国已经面临"三千年未有之大变局"(李鸿章语),同时,从经学之"通经致用"传统转出的今文经学,又承当起了为中国探索现代化道路的希望。这就是戊戌变法,这也说明,清王朝已经走向穷途末路了。

在这一过程中,由对朱子学的全面继承以及对一元论、内在化的探讨可以说就是明代理学所共同认可的基本出发点,但究竟是集中于理气论、陶醉于"造化之理"的演绎还是集中于格物致知说、聚焦于主体心性与天理之"凑泊吻合处"的探讨,正是明儒开始分化的表现。待到罗钦顺与王阳明因为"朱子晚年定论"与"大学古本之复"而展开激辩时,明代理学两种不同的为学进路已经基本形成,而心学与气学也获得了其各自不同的存在基础与发展的不同方向。所以说,从明初到明中叶,就是明代理学从其共同起点出发之一个逐步分化的过程,也是明清哲学的第一阶段。

从明中叶到晚明则构成了明清哲学的第二阶段。这一阶段主要是心学与气学沿着各自不同的轨道继续发展的阶段。对心学而言,由于其主体性的方向与实践追求的特色,其主要任务也就在于如何将天理贯注于主体的视听言动之间,并落实为"随时知是知非"的道德良知。但良知对人的遍在性拓展与明觉化落实,又使良知之学出现了玄虚化、思辨化乃至于自然明觉化的趋势,这就等于将道德良知混同于自然明觉了。在这一基础上,既有玩弄灵明心性的思辨领悟之学,又有以感应明觉冒充道德良知的自然人性论;而原本以主体性见长的道德心性之学最后也就因为其对良知之遍在性拓展与明觉化落实,从而也就彻底扬弃了自身存在的根底。气学则沿着所谓"造化之理"的方向,先将天理全面地落实于生化之气,既而又专门从气之屈伸、往来、转折的过程中认知天理,从而又使原本以超越性著称的天理一步步演变为气化生生过程中的"气之条理"。与此同时,由于罗钦顺已经不满于朱子理气关系之"未能定于一"以及其"气强理弱"[1]的指向和趋势,所以他试图将人的道德义理之性完全落实于气的自然生化的过程中加以说明,这就在一定程度上扬弃了义理之性的超越性,甚至也在一定程度上否定了义理之性的真实存在,从而彻底将其归结为"气之屈伸往来之理"了。所以到了王廷相,元气论就正式登台了。王廷相一方面坚持用元气来说明天地万物的生成,认为"天地之先,元气而已矣。元气之上无物,故元气为道之本。"[2]同时又明确认为:"人有生,斯有性可言;无生则性灭矣,恶可取而言之?故离气言性,则性无处所,与虚同归;离性论气,则气非生动,与死同途。是性之与气,可以相有,而不可相离之道也。……所谓超然形气之外,复有所谓本然之性者,支离虚无之见与佛氏均也,可乎哉?"[3]这样一来,原本作为理学崛起标志的道德义理之性,也就被王廷相彻底驱赶到佛氏一边去了。在王廷相看来,所谓人性,说到底也就是人生而具有的气质之性,这就完全回归到告子的"生之谓性"传统了。

待到明亡,由于明清巨变的影响,明清之际的思想家展开了一场深

---

① 罗钦顺:《困知记》,第 29 页。
② 王廷相:《王廷相集·雅述》第三册,第 835 页,北京:中华书局,1989 年版。
③ 王廷相:《王廷相集·性辩》第二册,第 609 页。

入持久的反思思潮。这一反思首先是以黄宗羲的《明夷待访录》为发端，从对明亡教训的总结中形成对皇权与国家、民族命运以及政治与学术关系的思考，当然也可以说是由对明代集权专制的反思进而对政治与国计民生关系的系统思考。顾炎武则从对理学与经学关系的比较出发，明确提出了"六经皆史"的主张，从而成为清代考据学之开山。王夫之则从对陆王心学的批判出发进一步批评程朱理学，最后则通过阐发"张横渠之正学"的气学立场，形成了对理气、道器、性才、能所关系的系统澄清，从而形成了一种较为彻底的"理势合一""即民见天"的进化论哲学。到了李二曲，又通过融会程朱陆王的方式阐发其面向新时代的"明体适用"与"体用全学"，而所谓《泰西水法》《农政全书》《地理险要》以及"屯田、水利、盐政"等有关国计民生的学说也都被其纳入到儒家的"体用全学"之中了。显然，这不仅是对明亡教训的反思，也是对"重建人间秩序"的系统思考。至于所谓"内圣外王之道"，从庄子对"古人之全"的形容与概括一跃而成为儒家的经典话语与传统精神，也就是在这一背景下成为现实的。① 从这一格局来看，明清之际顾、黄、王、李诸大家对于宋明理学的反思虽然是由明清易鼎所引发的，但其反思、批判的意义却远远超出了明清巨变本身，从而真正具有"重建人间秩序"的意义。所以说，明清之际的反思思潮，无论其最后走向如何，其反思与批判都远远地超越了明清易鼎本身，因而也就构成了明清哲学的第三阶段。

从颜李学派开始，由于其更激烈地反程朱、反理学，认为"必破一分程、朱，始入一分孔、孟"②，并进一步反思说："千余年来率天下人故纸堆中，耗尽身心气力，作弱人、病人、无用人者，皆晦庵为之。"③因而也就专门以"实学"为倡。但颜元所提倡的周孔实学，实际上主要以古礼为重

---

① 李二曲指出："吾儒之所谓内，内焉而圣，外焉而王，纲常藉以维持，乾坤恃以不毁，又岂可同年而语！故'内典'之呼，出于士君子之口，诚非所宜，当以为戒。"李二曲：《答顾宁人先生》又，《二曲集》，第151页。
② 李塨：《颜元年谱》卷下，《颜元集》，第774页，北京：中华书局，1987年版。
③ 颜元：《朱子语类评》，《颜元集》，第251页。

心。而"推本古礼,又谓礼乐所以存心尽性,而于心性一边实少阐发。苟不能推明我之心性以兴礼乐,则不能不讲求古人之礼乐以范我之心性,而年远代湮,所以讲求古之礼乐者,又不得不借途于考据。"[1]这样一来,激烈的反理学思潮最后就不得不走向考据学了。在此前后,从顾炎武的"六经皆史"到浙东学派的"论性命者必究心于史",也都一并进入了考据学。待到乾嘉时代,终于出现了以考据训诂名家的乾嘉大师戴震,无论是其道论思想还是其语言哲学,其实也都建立在"由字以通其词,由词以通其道"[2]之严格的历史与文献知识的基础上;至于其所谓"理也者,情之不爽失也"[3]的规定以及其"以理杀人"之批判指向,则又明确地表达了一种遂欲达情的人性关怀。这就代表着清代哲学的高峰,也是明清哲学的第四阶段。

　　乾嘉之后,焦循、阮元继续运用戴震的考据训诂方法,对于古代的文献以及其概念、命题等等,也都作出了发前人之所未发的探索。直到鸦片战争,面对西方列强的坚船利炮,龚自珍、魏源则从乾嘉以来的古文经学传统一变而为今文经学,从而试图对时代难题做出适当的反应,并以其今文经学的"心力"与精神,开启适应时代的变法思想。待到康(有为)梁(启超)崛起,就不得不以对传统之"改制"与"变法"来适应时代了,这就开启了近现代的大门,同时也就构成了明清哲学的最后一个阶段。

---

① 钱穆:《中国近三百年学术史》,第 219 页,北京:商务印书馆,1997 年版。
② 戴震:《与是仲明论学书》,《戴震全书》第六册,第 370 页,合肥:黄山书社,1995 年版。
③ 戴震:《孟子字义疏证》,《戴震全书》第六册,第 152 页。

第一章　明代的时代大势与思潮特征

明代是离现代社会最近的一个由汉族所建立的专制王朝。在它之前，是由蒙古人建立的元朝；在它之后，又是由满族人建立的清朝，所以明代也就可以说是两宋以降中国传统社会中最后一个由汉族所建立的王权。由于推翻清王朝的辛亥革命一起始就是在"反满"之民族民主革命的旗帜下举行的，因而似乎也就具有了一定的"复明"效应。这样一来，对于20世纪的中国来说，如果说明王朝不具有最重要的影响，那么起码也具有比较重要的影响，所以，简要介绍明代社会的总体格局及其思潮特征，也就成为我们分析明代哲学的基本出发点。

第一节　明代社会的总体特征

已如前述，明王朝之前是统治不足百年的元，元朝虽然国运不祚，但在从宋到明的历史演变中却起着过度与转换的作用。因而要把握明代社会的总体特征及其思潮趋势，又必须从元人的统治与元末的形势说起。

一、元末的形势与明代政权的建立

总的来说,元朝是一个由马背上的民族——蒙古人在相继灭掉金与南宋之后所形成的王朝。蒙古人之所以大举灭宋,与其说是经过长期预谋、从而有计划地建立一个横跨欧亚大陆的大帝国,不如说主要是出于一种武力扩张,并通过武力征服的方式实现其对中原财富长期而又合法的掠夺。所以,对于元代政权及其统治,钱穆先生评价说:"他们的政治,举要言之,只有两项:一是防制反动,二是征敛赋税。"①而这两项政治举措,实际上也都服从于其对中原财富长期掠夺的目的。

由于蒙古人文化相对落后,而其所关心的又主要集中在对其统治的维护与财富之掠夺两个方面,因而其统治方法也就格外简单,可以说除了武力征服之外,也就只有赤裸裸的掠夺了。概略言之,蒙古人在相继灭掉辽、夏、金、宋之后,曾将全国人分为四个等级:其中一、二等级为蒙古人和色目人,三、四等级则为北方的汉人与最后被征服之南宋人。具体说来,则当时的国人实际上又被元统治者划分为十个等级,即一官二吏、三僧四道、五医六工、七猎八民、九儒十丐,其中"九儒十丐"一说,不仅典型地表现了元代统治者对中国传统文化的隔膜与鄙视,而且也是以后影响深远的"臭老九"一说的真正源头;中国自秦汉以来所形成的以儒家文化为主导的政治意识形态,始终未能得到元人的承认与继承。在这一背景下,其政权之民族压迫与财富掠夺的性质是完全可以想见的。即使从其历代帝王中最为开明的元世祖忽必烈(1215—1294,其中 1260 至 1294 年在位)来看,其在位期间,"专用财计之臣,务于聚敛。各种商税课额,日增月涨,靡有所已"②。但另一方面,即使是雄才大略的元世祖,其在位期间,也不得不承认"江南归附十年,盗贼迄今未靖"③。这又说明,

---

① 钱穆:《国史大纲》下册,第 643 页,北京:商务印书馆,1994 年版。
② 同上书,第 643 页。
③《元史·本纪》,《二十五史》卷十一,第 61 页,北京:中国文史出版社,2002 年版。

被征服的宋人也从未停止对其民族压迫的反抗。

更难以想象的是,蒙古人所熟悉的只是游牧生活,在占领了广袤的中原之后,他们不是因地制宜,尊重中原的农耕习惯,而是强行将大量的农耕地变为不耕不稼的草场。因而牧场与农田的杂糅、军户与农户之间的相互侵夺,就成为当时最普遍的社会矛盾。又由于元政权总体上的民族压迫性质,势必导致大量的农户流离失所,而在统治者一意于财富掠夺的情况下,失去土地的农民,除了流亡乞讨,起义造反也就成为最后一条生路了。所以到了元末,农民起义一下子遍及全国,著名的如河南的韩山童、韩林儿起义,湖广的徐寿辉起义,江苏的张士诚起义、浙江的方国珍起义,安徽的刘福通、郭子兴起义,以及四川的明玉珍起义,等等,一时间,农民起义的烈火燃遍全国。后来成为明太祖的朱元璋,就是从元末农民起义中冲杀出来的一代枭雄,并最终成为元政权的取代者。

朱元璋(1328—1398),字国瑞,安徽凤阳人,出身于一个贫苦农民的家庭。早年遭逢旱蝗灾,父母兄全饿死,"孤无所依,乃入皇觉寺为僧"①,过着四方游食的生活。由于当时天下大乱,盗贼四起,于是不得不投奔郭子兴所领导的红巾军。在郭子兴麾下,朱元璋初露其战伐谋略之才,深得重用,又经过十多年的东征西讨,终于扫灭群雄,于是即帝位,号洪武,建立了明王朝。

由于朱元璋出身于社会下层,对元代统治的弊病有着非常深切的认知。所以,在其即位之初,他就明谕臣下说:"立国之初,当先正纪纲。元氏暗弱,威福下移,驯至于乱,今宜鉴之。"②很明显,对于元朝灭亡教训的总结以及如何才能避免重蹈元代统治者的覆辙,就成为明代政治的基本出发点。与此同时,朱元璋也在不断地引导臣下分析、讨论元朝的"政事得失":

马翼对曰:"元有天下,以宽得之,亦以宽失之。"

---

① 《明史·太祖本纪》一,《二十五史》卷十二,第 1 页。
② 《明史·太祖本纪》一,《二十五史》卷十二,第 3 页。

上曰:"以宽得之则闻之矣;以宽失之则未之闻也。夫步急则蹶,弦急则绝,民急则乱。居上之道,正当用宽。但云宽则得众,不云宽之失也。元季君臣,耽于逸乐,循至沦亡,其失在于纵弛,非宽也。大抵圣王之道,宽而有制,不以废弃为宽;简而有节,不以慢易为简;施之适中,则无弊矣。"①

这说明,对于元代统治者由上层之"暗弱"所导致的"威福下移"以及整个统治阶级"耽于逸乐"从而导致灭亡的教训,朱元璋无疑有着非常清醒的认识。至于他所倡导的"宽而有制""简而有节",则是既要防范元季君臣的"耽于逸乐",又要防止其对被统治阶级的"纵弛"。这样一来,朱元璋无疑就是要在吸取元亡教训的基础上建立一个精明强悍的"洪武"政权。

所以,在《明太祖实录》中,就有朱元璋与其臣下关于明王朝统治方式的讨论:

洪武二十二年十一月乙丑朔,上御谨身殿,翰林院学士刘三吾侍,因论治民之道。三吾言"南北风俗不同,有可以德化,有当以威制。"

上曰:"地有南北,民无两心。帝王一视同仁,岂有彼此之间?汝谓南方风气柔弱,故可以德化,北方风气刚劲,故当以威制。然君子小人何地无之? 君子怀德,小人畏威,施之各有攸当,乌可概以一言乎!"三吾悚服,稽首而退。②

从洪武二年的宽简"有节"到洪武二十二年的恩威并施,说明明王朝精明强悍的专制政体已经一以贯之地确立起来了。

二、明代统治者的基本国策

由于明王朝完全是依靠武力"打"出来的天下,其开创者朱元璋又是长

---

① 谷应泰:《明史纪事本末》卷一四,第16页,清文渊阁四库全书本。
②《明实录·太祖实录》,第五册,卷一百九十八,第2967页。台北:"中央研究院"历史语言研究所校印,1962年版。

于谋略、能征惯战的一代枭雄,如此一来,既然其江山得之不易,那么如何守护自己"打"下来的江山,自然也就成为朱元璋一生殚精竭虑的唯一一件大事。所以,还在立国之初,朱元璋就将其全部精力用来防范各种威胁,并一直在思考如何才能避免元灭亡的覆辙。因而,作为两宋以降唯一一个汉族政权,明王朝也就形成了一种与两宋政权截然不同的基本国策。

对朱元璋而言,元朝的灭亡固然是一种前车之鉴,但明王朝的基本国策显然不能仅仅以蒙古人的政权作为参照系,即不能仅仅以避免、防范元朝灭亡的前车之鉴作为自己政权的基本出发点,而必须以历史上的汉族政权作为参照和借鉴对象进行多方面的考虑与谋划。从这个角度看,两宋固然是与明王朝最近的汉族政权,但宋明两个王朝的基本国策与政治理念却是截然不同的。虽然就夺取江山的方式而言,他们当然都是建立在强大的武装力量的基础上,但宋太祖赵匡胤(927—976)鉴于唐末五代的藩镇之祸,在其陈桥兵变并黄袍加身之后,就有"杯酒释兵权"之举,从而将开国的功臣包括那些拥戴他的骄兵悍将一律变为享受爵禄的庄园地主。这样一来,其对国家的治理也就不得不反过来倚重文人士大夫,并与儒家士大夫结盟,这就使得两宋从根本上成为一个"与士大夫共治天下"的文治社会。明王朝则根本不同。这种不同,一方面固然表现为朱元璋不得不受其社会下层出身的限制,而这种限制又首先表现为一种浓厚而又强烈的民粹情怀,所以其对朝廷官员——所谓的上流社会几乎有一种与生俱来的仇恨;另一方面,则又主要表现为其长期的武力征伐习惯以及其以武力"打"天下的方式,加之其对元亡教训的总结,这就促使他必须以武力与权谋的方式来把持天下,并以防范"威福下移"、提倡"简而有节"的方式来重整天下的吏治。这双重的限制,就使得宋明之间虽然经过不足百年的元政权之过度与转换,但其政权的性质与社会的风气和面貌却是截然不同的两种类型:整个宋代可以说是一个温和而又宽松的文治社会,明王朝则是一个建立在武力控制基础上的高度集权而又严刑峻法的社会。

明代社会的这一特征首先就表现在其开创者朱元璋对其政权的自

我定位上,这一点也可以说是宋明两代皇权之间最基本的差别。宋代鉴于唐末五代的藩镇之祸,北宋皇室的自我定位就是"与士大夫共治天下"①。在此基础上,不仅"宋代皇帝尊士,前越汉、唐,后愈明、清,史家早有定论"②,而且宋代的士大夫也敢于与皇帝廷争面折,甚至还在一定程度上要求与皇帝"迭为宾主"③——所谓宋代温和而又宽松的文治社会就是这样形成的。明代政权一方面确实可以说是朱元璋以武力的方式"打"出来的天下(这确实不同于北宋那种通过"兵变"方式所取得的政权);另一方面,朱元璋的下层出身也绝不同于赵匡胤之皇亲国戚的身份——赵匡胤的身上也确实没有朱元璋那种强烈的民粹情绪。更为重要的是,朱元璋一生能征惯战的经历以及其本人的文韬武略与枭雄性格,也决不允许有任何事物、任何阶层能够与皇权同尊共存,赵匡胤则在其"杯酒释兵权"之后又不得不反过来与儒家士大夫结盟。这就是说,赵宋政权根本上就没有朱元璋那种以武力独掌天下的企图。正因为这些方面的差异,在夺取政权之后,朱元璋一方面大肆分封——将其众多的子弟一律分封为诸侯王,以拱卫中央皇权,这就形成了一种牢固的"家天下"格局;与之同时,朱元璋又想方设法地诛杀功臣,而在经过"胡惟庸案""李善长案"以及"蓝玉案"的株连与清洗之后,那些曾经帮他打天下的功臣几乎被诛杀殆尽。这就从社会力量的层面上大大减轻了朱姓皇权的压力。

---

① 余英时指出:"宋代的'士'不但以文化主体自居,而且也发展了高度的政治主体的意识;'以天下为己任'便是其最显著的标帜。这是唐末五代以来多方面历史变动所共同造成的。"——余英时:《朱熹的历史世界——宋代士大夫政治文化的研究》,"总序"第3页。又说:"皇帝处于日益丰厚的儒家文化氛围之中,不可能在心理上完全不受影响。因此,'士大夫以天下为己任'(范仲淹)、'为与士大夫治天下'(文彦博)、'天下安危系宰相'(程颐)等新观念也都一一获得他们的认可。宋代皇帝基本上接受了儒家的政治原则,一方面把士大夫当作'共治'的伙伴,另一方面又尊重他们'以道进退'的精神。"余英时:《朱熹的历史世界——宋代士大夫政治文化的研究》,第382页。
② 余英时:《朱熹的历史世界——宋代士大夫政治文化的研究》,第201页。
③ 王安石说:"若夫道隆而德骏者,又不止此。虽天子北面而问焉,而与之迭为宾主。"——《虔州学记》,《临川文集》卷八十二,第858页。北京:中华书局,1959年版。

最让人叫绝的是,中国自秦汉以来所形成的宰相制度(所谓文治社会实际上也是因为宰相制度而成为现实的),既是皇权的辅佐与代理,又是皇权与社会大众之间的中介,当然也是文治社会的一种象征,所以宋儒程颐就有"天下重任,唯宰相与经筵。天下治乱系宰相,君德成就责经筵"①一说。但对于朱明王朝来说,在"胡惟庸案"之后,宰相的社会治理权就被朱元璋视为其君主独裁政体的最大障碍,《明史》载:

> 十三年春正月戊戌,左丞相胡惟庸谋反,及其党御史大夫陈宁、中丞涂节等伏诛……罢中书省,废丞相等官,更定六部官秩,改大都督府为中、左、右、前、后五军都督府。②

朱元璋还同时下诏说:

> 朕罢丞相,设府、都、都察院分理庶政,事权归于朝廷。嗣君不许复立丞相。臣下敢以请者置重典……永为遵守。③

正因为朱元璋彻底废除了相权,所以《明史·职官志》说:"自洪武十三年罢丞相不设,析中书省之政归六部,以尚书任天下事,侍郎贰之。而殿阁大学士只备顾问,帝方自操威柄……"④这说明,明太祖罢相权的根本目的就是要"自操威柄",从而将一切权力都收归于至高无上的皇帝。所以,对明王朝的这一特点以及由之所形成的君主专制格局,钱穆先生评论说:"自秦以来辅佐天子处理国政的相位,至是废去,遂成绝对君主独裁的局面。"⑤

在这一格局下,所谓的文武官员实际上便完全沦落为皇家的雇佣劳动者(所谓臣工)了。由于朱元璋的社会下层出身以及其早年的贫贱经历,加之元朝又是由政治松懈、威福下移以及政令废弛而走向灭亡的,明

---

① 程颐:《论经筵第三札子》,《河南程氏文集》卷六,《二程集》,第540页,北京:中华书局,1981年版。

② 《明史·太祖本纪》二,《二十五史》卷十二,第8页。

③ 《明史·太祖本纪》二,《二十五史》卷十二,第12页。

④ 《明史·职官志》,《二十五史》卷十二,第464页。

⑤ 钱穆:《国史大纲》下册,第666页。

代政权也就始终以"严峻"著称。这种"严峻",一方面固然表现为对各种所谓"谋逆案"之"株连"式的追剿,其立国之初的几个大案——从"胡惟庸案""李善长案"一直到"蓝玉案",每一次的"诛杀"都在万人以上。与此同时,在其政权的日常运作中,官员一句话说不好,就会受到鞭笞、廷杖乃至于系狱的惩罚——明王朝的开国功臣朱亮祖父子就被当廷鞭死,工部尚书夏祥也毙于杖下。在这种状况下,明代士人也就出现了如下选择:

> 今之为士者,以泯迹无闻为福,以受玷不录为幸,以屯田工役为必获之罪,以鞭笞捶楚为寻常之辱。其始也,朝廷取天下之士,网罗掊撅,务无余逸。有司敦迫上道,如捕重囚。比到京师,而除官多以貌选,所学或非其所用,所用或非其所学。洎乎居官,一有差跌,苟免诛戮,则必在屯田工役之科。①

这就是洪武九年朱元璋下诏求言时地方官员叶伯巨在上书中所描写的文人士大夫的生存现实,由于是对皇上的上书,因而也完全可以说是关于当时士人生存状况的一份实录。从这一状况来看,则明代士人的政治生态几乎恶化到了极点,即使出仕——作为朝廷的官员也得不到任何尊重,且时时还存在着性命之忧。② 所以,当时的朝廷官员居然还出现了如下诡异的举动:"时京官每旦入朝,必与妻子诀;及暮无事,则相庆以为又活一日。"③

---

① 《明史·叶伯巨传》,《二十五史》卷十二,第 800 页。
② 张学智先生指出:"朱元璋起自布衣,在长期戎马生涯中礼贤下士,勤学好问,卒能博通古今,能诗能文,但因用法太严,故在野文人屡次被征召至京,但多惧触文网,不愿受官而归。这增加了朱元璋对知识人的猜忌。开国元勋刘基、宋濂等以事遭遣,一代名儒徐一夔、苏伯衡、张孟兼、傅恕、徐贲等不得善终,更加强了知识人的畏避心理……加之朱元璋个人雄猜好杀的个性,独断专行的行政作风,更使文字狱不可避免。"张学智:《中国儒学史》(明代卷),第 10 页,北京:北京大学出版社,2011 年版。
③ 赵翼:《廿二史札记》卷三二,第 744 页。

三、明代士人的地位

朱明王朝建立了一个高度集权的专制政体,因此不仅明代的官员不同于宋代,而且明代读书人的生存状况也绝不同于宋代。当然这种不同,又恰恰是通过其共同的思想文化背景表现出来的。

从思想文化背景来看,宋明新儒学(理学)自然是贯通宋明两代的官方意识形态。但宋明理学之所以能够成为近世中国一以贯之的官方意识形态,又首先是在孟子精神的培育下崛起的——为范仲淹所高扬的"先天下之忧而忧,后天下之乐而乐"①,其实也就是孟子"乐以天下,忧以天下"②精神的活用。正是在这种精神的培育下,才能够形成两宋儒者"以天下为己任"的担当精神。但孟子精神并不仅仅是"以天下为己任"的一面,同时还有对王权之独裁专制进行批判与抗议的一面。而这后一点实际上正构成了两宋士大夫积极参与朝政并且对朝政进行批评的精神与底气,但对朱明王朝来说,它所需要的仅仅是士人"以天下为己任"的报效精神——时时处处将为皇权服务视为自己的最高天职,且时时处处想皇权之所想、思皇权之所思、急皇权之所急,却根本不需要其对专制皇权进行建议、批评与抗议的精神。在这种状况下,既然朱明王朝已经选择了宋代以来的新儒学作为其官方意识形态——因为还在元末的四处征战中,朱元璋就曾"如镇江,谒孔子庙",接着又"辟范祖干、叶仪、许元等十三人分直讲经史"③,实际上,这也等于是已经开始了利用儒学以收揽人心的过程。在当时,朱元璋既然是以农民起义的方式打天下的,那么他也不可能在儒学之外另寻思想武器。但在夺取政权之后,朱元璋却发现,作为儒学开创者的孔子虽然并不见有其所无法容忍的言论(实际上,这主要是因为朱元璋以为自己已经拥有一切君德,因而对于孔子

---

① 范仲淹:《岳阳楼记》,《范仲淹全集》,第 169 页,南京:凤凰出版社,2004 年版。
②《孟子・梁惠王下》,吴哲楣主编:《十三经》,第 1356 页。
③《明史・太祖本纪》一,《二十五史》卷十二,第 2 页。

针对当时诸侯的批评具有"天生"的豁免权），但孟子对于诸侯——所谓专制王权的批判与抗议精神却使他根本无法接受。于是出现了如下情形：

> 帝尝览《孟子》，至"草芥""寇仇"语，谓："非臣子所宜言"，议罢其配享。诏："有谏者以大不敬论。"……然卒命儒臣修《孟子节文》云。①

而清代《续修四库全书总目提要·经部》"四书类"也提要说：

> 按明太祖览孟子，至土芥寇仇之语，谓非人臣所宜言，诏去配享。有谏者，以不敬论，且命金吾射之，其憎孟子甚矣，三吾之《孟子节文》殆为此作也。……凡所删者八十五条，科试不以命题，科举不以取士。②

关于《孟子节文》，据当时操刀者刘三吾说，其先后删去《孟子》原文中的"仁政""民本"以及批评皇权之独裁专制方面的内容共 85 条，甚至连后来《大学》所提到的修、齐、治、平之类的思想也一并删去了，这充分表现了朱元璋对儒家"民本"思想的仇恨与对君权绝对性的维护。③ 这时候，其所曾经拥有的民粹精神也就集中表现在其对君权绝对性的无条件维护一点上了，正像历史上所有的民粹思想最后也都必然会走向君主之绝对独裁一样。④ 刘三吾（1313—1400）之操刀及其受宠，也是明代士人想

---

① 《明史·钱唐传》，《二十五史》卷十二，第 797 页。
② 《续修四库全书总目提要·经部》——"四书类"，《孟子节文七卷》条，第 921 页。北京：中华书局，1993 年版。
③ 关于朱元璋对孟子的强烈不满以及刘三吾对《孟子》一书的删节情况，请参阅余英时：《明代理学与政治文化发微》，余英时：《宋明理学与政治文化》，第 158—214 页。
④ 这一点应当以历史上的墨家为典型代表，比如当墨家批评儒家人伦之爱必然会陷于"亲疏尊卑之异"而以其"兼爱"作为倡导时，他是将人与人的相亲相爱作为指向的。这自然表现了一种较为彻底的也较为纯粹的民粹情怀，但是，一旦其开始设计政治理念，马上就演变为："我有天志，譬若轮人之有规、匠人之有矩，轮匠执其规矩，以度天下之方圆。曰：中者是也，不中者非也。"（《墨子·天志》上，孙诒让：《墨子闲诂》，《诸子集成》第 4 册，第 122 页，上海：上海书店，1986 年版）显然，这就完全成为一种绝对的君权独裁思想了。从中国历史来看，民粹思潮与专制独裁思想看起来绝对对立，实际上却是一种随时可以相互转化的一体两极关系。

皇权之所想、思皇权之所思的典型表现。在这一背景下,如果从宋明理学的一贯精神来看,那么明代士人自然也应当具有宋代士人一样的道德理想主义精神,但如果结合明代皇权对士人的基本要求来看,就知道明代统治者所提倡的理学实际上是已经阉割了其精神的理学。

《孟子节文》固然表现了朱明王朝对于士人思想之严加控制的一面,但如果从明代的取士制度来看,朱元璋似乎又表现得格外公平。因为他不仅重视对士人的选拔,而且也非常重视不同地区的平衡,尤其注意取士面的普及,甚至,为了维护不同地区在取士人数上的均衡,朱元璋不惜拿宠臣开刀。《明史·刘三吾传》记载:

> 三十年偕纪善、白信蹈等主考会试。榜发,泰和宋琮第一,北士无预者。于是诸生言三吾等南人,私其乡。帝怒,命侍讲张信等复阅,不称旨。或言信等故以陋卷呈,三吾等实属之。帝益怒,信、蹈等论死,三吾以老戍边,琮亦遣戍。帝亲赐策问,更擢六十一人,皆北士。①

这说明,为了显示其科举取士制度的公平与公正以及其政权参与的广泛性,朱元璋绝对不惜重拳出击,也绝不姑息其宠臣的性命。这就真有点"执法如山"的意味了。如果从表面上看,这固然是朱元璋在刻意维护其取士制度在不同地区间的均衡,实际上则是专门以此来彰显其政权的涵盖面及其参与之广泛性的。对朱明王朝来说,所谓取士,说到底不过是拓展其政权的参与面,以多多征召、多多雇佣各地的臣工而已。

之所以如此看待明代的科举取士制度,主要是因为朱元璋要维护自己的独裁统治,他就不得不大量地吸收全国各地的士人以作为自己的臣工和帮手。对于明代士人来说,朱元璋又往往是通过"强起"的方式来征召的。比如还在洪武元年,朱元璋就下诏曰:

> 天下之治,天下之贤共理之。今贤士多隐岩穴,岂有司失于敦

---

① 《明史·刘三吾传》,《二十五史》卷十二,第789页。

劝欤,朝廷疏于礼待欤,抑朕寡昧不足致贤,将在位者壅蔽使不上达
欤? 不然,贤士大夫,幼学壮行,岂甘没世而已哉? 天下甫定,朕愿
与诸儒讲明治道。有能辅朕济民者,有司礼遣。①

如果仅从这一诏书来看,那么朱元璋似乎就真是所谓求贤若渴;但如果结
合其"寰中士夫不为君用科"的律条来看,其所谓"求贤"不仅是强行征辟,
甚至还是以士大夫的人格与身家性命为代价的。比如"贵溪儒士夏伯启叔
侄断指不仕,苏州人才姚润、王谟被征不至,皆诛而籍其家。'寰中士夫不为
君用'之科所由设也。"②由此来看,所谓"寰中士夫不为君用科"实际上也就
成为一条专门诛杀那些不服从征召之士人的律令了。在这一律令下,明代
士人只有被征辟的自由、报效的自由,却根本就没有选择的自由。

这样一来,如果明代士人不服从征辟,固然会受到"诛而籍其家"的
裁处,但即使服从皇权的征辟,也随时存在着"伏诛"的可能。比如那位
响应朱元璋下诏求言时曾上书批评"分封太侈也,用刑太繁也,求治太速
也"的叶伯巨,最后就得到了如下处置:"帝大怒曰:'小子间吾骨肉,速逮
来,吾手射之!'"③的下场。更有甚者,则是"帝大怒,命武士摔搏之,立死
阶下。"④或者是"忤旨,惧罪,投金水桥下死。"⑤或者则是"太祖大怒曰:
'竖儒与我抗邪!'械至阙下,命弃市。"⑥这样看来,专制独裁的朱元璋实
际上也就执掌了任何人的杀伐生死之权。对明代士人来说,不服从征
辟,自然要"诛而籍其家";服从征辟,则又存在着一个能否"乞赐骸骨"的
问题⑦,无怪乎当时的京官会有"及暮无事,则相庆以为又活一日"的庆幸

①《明史·太祖本纪》二,《二十五史》卷十二,第 5 页。
②《明史·刑法》二,《二十五史》卷十二,第 599 页。
③《明史·叶伯巨传》,《二十五史》卷十二,第 801 页。
④《明史·李仕鲁传》,《二十五史》卷十二,第 799 页。
⑤《明史·陈汶辉传》,《二十五史》卷十二,第 799 页。
⑥《明史·张孟兼传》,《二十五史》卷十三,第 1547 页,北京:中国文史出版社,2002 年版。
⑦ "朱元璋喜与文士游,而又出身微贱,文墨不深,故多怀猜忌,性复阴愎,故知者畏之如虎。明
敖英《绿雪亭杂言》记,有一诗人名邓伯言,宋濂赏爱其诗,荐之朱元璋,一日同在廷试,朱元
璋诵一诗中佳句,忽以手拍书案,伯言误以为怒己,吓得昏死过去,内侍扶出宫门始苏醒。次
日授官翰林院,以老疾辞归乡。"张学智:《中国儒学史》(明代卷),第 11—12 页。

心理。

第二节　明代的思潮特征

正因为明代皇权具有前所未有的专制独裁色彩,所以对于两宋以来所形成的以儒学为核心的理学思潮来说,也就不得不发生某些变化以适应于社会现实。在整个明代,从士人的命运到理学思潮的发展走向,也就都面临着一种全新的、且不得不适应的新形势。

一、三教概况

所谓三教关系是随着佛教的传入才真正成为一个问题的,其真正成为一个思想界不得不正视的问题,则又是隋唐以降,随着佛道二教对朝廷政治的渗透与干预以及儒学对自身使命的自觉,才成为儒者所不能不面对、且不能不思索的问题。至于这一问题的解决,又是随着两宋新儒学的崛起,并通过理学家"出入佛老,返于六经",从而自觉地吸取佛道二教的超越性智慧以重塑儒家的人伦现实关怀才真正得到初步解决的。这就是所谓宋明道学、宋明理学或宋明新儒学。对于两宋理学而言,正是通过"出入佛老"——自觉地借鉴佛老二教的超越追求精神与形上智慧,才能展开对儒家经典——《六经》《论》《孟》的重新解读,从而也才能对先秦儒学之基本精神展开一种创造性的诠释。所以,当朱子在出入佛老的基础上"致广大,尽精微,综罗百代"①时,也就表明宋明理学对于传统的三教问题达到了一个初步的统一。

但这种统一只能说是儒家式的统一,是站在儒家的立场上通过对佛老二教超越性智慧的吸取与借鉴从而对儒家原典的重新解读与重新诠释实现的,并不代表佛道二教对这一问题的解决。实际上,作为传统文化中的三教问题,不仅儒家有其解决问题的基本思路,而且佛道二教也

---

① 全祖望:《宋元学案・晦翁学案》,《黄宗羲全集》第四册,第 816 页。

同样有其三教合一的基本思路。比如对佛教来说,从小乘到大乘、又从空宗到有宗以至于最后禅宗的出现,既代表着佛教中国化的过程,同时也表现着佛教所代表的超越性智慧与儒学所代表的人伦世教关怀的一个融合过程;禅宗则代表着其将佛教的超越追求融合于儒家的人伦世教关怀——所谓人伦世俗生活之中的具体表现。至于道家与道教,则从所谓"迹本"到"重玄"之思辨探讨、从外丹到内丹的实践修炼,也就同样代表着道家、道教对三教合一问题的一种探索与解决。所以,如果从三教融合的角度看,那么宋明理学所代表的儒学对于三教融合问题的探索与解决,实际上反倒是传统文化(儒释道)三教合一思潮中的后来者。也就是说,宋明理学作为儒学对于三教合一问题的探索与解决,一定程度上反倒是落后于佛道二教的。

不过,到了两宋时代,儒学已经成功地实现了其超越追求与现实关怀的统一,因而对于秦汉以来以儒学为主流、以士人为主体的中国文化而言,传统的三教合一问题也就等于已经初步完成了;至于佛道二教的三教合一走向,如果其要继续和儒学进行三教关系的讨论并追求其不同的合一走向,那就必须进入儒学已经成功实现的融超越追求于其中的现实生活的层面。就是说,必须以更切近人伦生活的方式来表现其三教合一走向。这样一来,如果从三教各自的理论发展逻辑来看,那么这一方向可能又是两宋以降三教不同的合一走向中的一种共同趋势。

另一方面,北宋以降,由于中国北方长期经受辽、夏的武力冲击与女真和蒙古人的接踵统治,构成了所谓少数民族入主中原的金元时期。在金元时期,由于少数民族铁骑的冲击与对中原财富的掠夺,老百姓流离失所,出现了大量的以宗教形式表现出来的民间组织。由于蒙古上层嗜信藏传喇嘛教,老百姓就不得不以各种宗教组织的形式来图存活命,在当时,这些民间的宗教组织也恰恰是以扶危济困、救民活命为宗旨的,诸如活动于北方的"真大道""太一道"等等。由陕西人王重阳(1112—1170)所创立的"全真道",则带有道教中的上层特色。但即使是道教中的上层,也仍然要以三教合一为指向,以更切近现实生活为特色。实际上,在社会的战乱分裂时期,所有这些道派、组织,也都带有自发维护人伦秩序的特色。所以,当时作为全真巨子并被成吉思汗(1162—1227,1206年即汗位)呼为"神仙"、封为总领天下教事的丘处机,其奉元太祖之诏——西行雪山的答问,就直接以"清心寡欲""不嗜杀人"为对。而在总领天下教事之后,丘处机又广发度牒,以救人活命为要,实际上,这也等于是以道教的形式担负起了救民活命并维护人伦世教的责任。在当时,由于北方长期陷于战乱格局,加之金元统治者的民族压迫政策,这种民间的结社与宗教组织可能也就成为老百姓求生求自保的一种主要形式了。一直到元末的农民起义,其实都是在民间宗教的旗帜下进行的。比如作为明政权开创者的朱元璋,其早年所参加的农民起义就是在"明教"的旗帜下进行的。也许正是这一原因,所以余英时分析说:"当时元末群雄大都接受'弥勒降生,明王出世'的信仰,其实是明教(摩尼教)、白莲社、弥勒教等民间宗教的混合品。所以韩氏(韩山童、韩林儿——引者注)父子先后曾用大小'明王'的称号……所以明朝之'明'与明教、'明王出世'密切相应,这是毫无可疑的,因为非以此为号召,便不足以争取诸将与士卒的向心力。"[1]这说明,不仅蒙古人的统治是在民间宗教及其武装力量的打击下灭亡的,而且明王朝也是借助民间宗教的形式与军事力量崛起的。

虽然如此,但在明王朝完成其统一后,朱元璋却必须迅速切断其与民间宗教的联系,并实现向儒学的归宗,以显示自己的出身更为正统、统治也更为合法;另一方面,他也必须迅速禁绝各种民间宗教,以防止其政权重蹈元代统治者的覆辙。所以,洪武元年,"明太祖在宗教活动方面有两件大事:一是二月举行祭孔子之礼,一是闰七月下诏禁白莲社、明教等'淫祠'。前者是为政权取得合法性,后者则是为了防止别人继续利用'明王'的名号与他争天下。"[2]这样一来,仅从形式上看,明王朝的思想格

---

① 余英时:《宋明理学与政治文化》,第 168 页。
② 同上书,第 169 页。

局也就重新回到了传统儒佛道三教并存的基础上。

但由于元代统治者过分崇佞喇嘛教，以至于教团弊病丛生，而元廷放任的宗教政策，更是导致元帝国覆灭的重要原因之一。有鉴于此，朱元璋在建立明王朝后，就对所有的宗教展开了一系列大规模的整顿举措。他一方面加强对宗教团体的控制，以防止其扩张；同时，又大力肯定宗教在教化人心方面的功能，对各种宗教团体制定一些怀柔与礼遇的措施。从这些方面来看，朱元璋在选定以儒学（教）作为官方意识形态之后，一方面禁绝"淫祠"，打击民间宗教，同时也对传统的佛道二教采取了一种恩威并施、宽猛并济的宗教政策。

因此，在传统的三教中，除了儒（理）学一如既往地被提升为官方意识形态之外，明代的佛道二教总体上却在走下坡路了——已经失去了与儒教并驾齐驱的资格。即使如此，佛道二教仍然坚持着其继续切入现实社会与世俗生活的大方向。总的来讲，明代的佛教基本上信守其天台、华严、净土以及禅宗的原有规模。道教则一改其在金元时代遍地开花的现象，从而形成了南方正一道、北方全真教分占统治地位的格局；在全真教的内部，又有南方先命后性的"命宗"与北方先性后命的"性宗"之不同的修行宗旨，以表现其性命合一的修行指向。这说明，无论是佛教还是道教，实际上也都是将继续向世俗社会与伦常生活的渗透与落实作为自己的发展方向的。至于佛道二教的这种三教合一走向，典型地体现在当时作为明代四大高僧之一的憨山德清（1546—1623）的一段名言中：

> 为学有三要，所谓不知《春秋》，不能涉世；不精《老》《庄》，不能忘世；不参禅，不能出世。此三者，经世、出世之学备矣，缺一则偏，缺二则隘，三者无一而称人者，则肖之而已。①

从憨山德清对《春秋》《老》《庄》与"参禅"并举，经世（儒）、忘世（道）与出世（佛）的共尊来看，这就不仅是以三教合一来表达佛教的发展走向，而

---

① 憨山德清：《学要》，《憨山老人梦游集》下，第101页，河北柏林禅寺，2005年版。

且也是以此来表达其对人伦所以为人伦之基本特征的认识的。这说明，在憨山德清看来，合一不仅代表着三教的一种共同走向，而且已经成为人之所以为人——所谓人之入世、忘世与出世的三面统一与具体表现了。这样一来，从总体精神而言，虽然儒学与佛道二教仍然存在着入世与忘世、出世之别，但无论是佛教还是道教，却都已经在自觉地将入世、忘世与出世，《春秋》《老》《庄》和参禅等修行行为统一起来了。这正是传统三教在明代大一统集权政治下继续走向合一的表现。

二、科举制的完善

作为中国传统的选举制度，科举制形成于隋，初盛于唐，到了宋代，就已经成为专制王朝吸取民间士人以从政、参政的主要形式了。所谓两宋温和而又宽松的文治社会，其实也就与其通过科举制以广泛吸纳民间士人从政的特点分不开。元代蒙古人最后之所以为中国文化所同化，最典型的一点也就表现在其对以儒学为核心之科举制的认同上。由于元廷已经于仁宗皇庆二年(1313)明确规定以朱著各书作为国子监的主要教材与科举考试的法定教科书，因而继起的明王朝也就主要是沿袭而已。还在元至正十六年(1356)，朱元璋当时还处在四处征战之中，但他就已经开始关注儒学了，"九月戊寅，如镇江，谒孔子庙。遣儒士告谕父老，劝农桑"[1]。由此之后，每攻下一城，朱元璋都会有所谓"谒孔庙，告父老"之举。至正二十五年(1365)，明王朝还没有建立，朱元璋便下诏"建国子学"。到了洪武元年(1368)，朱元璋一方面"始设文武科取士"，同时又明确宣布："衍圣公袭封及授曲阜知县，并如前代制"；第二年，又"诏天下郡县立学"[2]。洪武四年(1371)，"诏设科取士，连举三年，嗣后三年一举"；七年，"修曲阜孔子庙，设孔、颜、孟三氏学"[3]。洪武十五年(1382)，

---

① 《明史·太祖本纪》一，《二十五史》卷十二，第 2 页。
② 《明史·太祖本纪》一，《二十五史》卷十二，第 5 页。
③ 《明史·太祖本纪》二，《二十五史》卷十二，第 6 页。

"五月乙丑,太学成,释奠于先师孔子……八月丁丑,复设科取士,三年一行,为定制"①。明太祖的这一系列举措,一方面表现了其向传统意识形态的归宗,另一方面,也表明他已经明确地继承了传统的选举制度与取士方式。由此之后,通过科举取士制度所表现的儒学也就成为明代的官方意识形态了。既然是以儒学为指导思想的选士制度,那就必然要通过政治体制与选举制度的方式明确表示明代统治者对儒家价值观的肯定和认同。

实际上,早在洪武二年(1369),当国子学刚建成时,明太祖就在给中书省的诏书中说:

> 学校之教,至元其弊极矣。上下之间,波颓风靡,学校虽设,名存实亡。兵变以来,人习战争,惟知干戈,莫识俎豆。朕惟治国以教化为先,教化以学校为本。京师虽有太学,而天下学校未兴。宜令郡县皆立学校,延师儒,授生徒,讲论圣道,使人日渐月化,以复先王之旧。②

与此同时,其取士的标准也以选举制度的方式一并形成了:

> 科目者,沿唐宋之旧,而稍变其试士之法,专取四子书及《易》《书》《诗》《春秋》《礼记》五经命题试士。盖太祖与刘基所定。其文略仿宋经义,然代古人语气为之,体用排偶,谓之八股,通谓之制义。三年大比,以诸生试之直省,曰乡试。中式者为举人。次年,以举人试之京师,曰会试。中式者,天子亲策于廷,曰廷试,亦曰殿试。分一、二、三甲以为名第之次……后颁科举定式,初场试《四书》义三道,经义四道。《四书》主朱子《集注》,《易》主程《传》、朱子《本义》,《书》主蔡氏传及古注疏,《诗》主朱子《集注》,《春秋》主左氏、公羊、谷梁三传及胡安国、张洽传,《礼记》主古注疏。③

---

① 《明史·太祖本纪》三,《二十五史》卷十二,第 9 页。
② 《明史·选举志》一,《二十五史》卷十二,第 455 页。
③ 《明史·选举志》二,《二十五史》卷十二,第 456 页。

自此以后,以朱子学为主要内容、以科举考试为主要方式的取士制度也就通过皇帝诏书与国家政策的方式而变为定制了。所谓八股文,也就由科举制之行文通义的方式而形成。从当时的情况看,所谓"八股文"之"略仿宋经义,然代古人语气为之,体用排偶"的表现形式并非就是后世所谓言之无物的迂腐套括之论,反倒可能是一种通俗入理、便于诵读的作文共法,只有在阉割其精神、且政治体制与科举取士制一并腐败的情况下,所谓"八股文"才成为一种迂腐套括、言之无物的空洞形式。

关于明代的科举制,《明史·儒林传》评价说:

> 明太祖起布衣,定天下,当干戈抢攘之时,所至征召者儒,讲论道德,修明治术,兴起教化,焕乎成一代之宏规。虽天亶英姿,而诸儒之功不为无助也。制科取士,一以经义为先,网罗硕学。嗣世承平,文教特盛,大臣以文学登用者,林立朝右。而英宗之世,河东薛瑄以醇儒预机政,虽弗究于用,其清修笃学,海内宗焉。吴与弼以名儒被荐,天子修币聘之殊礼,前席延见,想望风采,而誉隆于实,诟谇丛滋。自是积重甲科,儒风少替。白沙而后,旷典缺如。①

应当承认,这确实是对明代科考制度之一种较为客观的评价。因为对明政权而言,在"吴与弼以名儒被荐"而又存在着"誉隆于实,诟谇丛滋"之后,科考制度也就成为明王朝取士的唯一方式了,在这种状况下,所谓"文教特盛"也就不能不归功于科举制。但另一方面,明代的人才是否都为科举制所塑造呢?——当科举制成为明代士人从政的唯一通道时,似乎确实存在着这种现象,因为所有的人才似乎也只有通过科举考试才能表现出来,从而也才能为世人所知、为皇权所用。实际上,人才自有其成长的特殊机缘。从一定程度上说,明代专制独裁的政治体制才是其人才的真正塑造者与发展方向的决定性因素,科举制的普及以及其对出仕途径的独占与垄断就使人才不得不通过科举考试的方式表现出来。因为

---

① 《明史·选举志》二,《二十五史》卷十二,第 1525 页。

历史不能假设,所以我们也无法设想在没有科举制的条件下人才究竟如何成长的特殊机制,但科举制、八股文以及其所表现出来的独裁专制与思想控制却无疑压抑了人才的成长,所以史家才有所谓"科举盛而儒术微"①一说。应当承认,这不失为一个较为公允的评价。至于明代科举制的贡献,可能主要也就在于其对士人参政途径的独占与垄断性的拓展上。

就对科举制的发展而言,明代与两宋一样都是科举取士制度最为普及的朝代,也是朝廷政治吸纳民间士人参政最多的朝代。但由于宋明两代在基本国策上的差别,其科举制的普及方式及其侧重也有所不同。简而言之,由于两宋是以"与士大夫共治天下"为基本国策的,因而其取士制度主要是由传统的世家大族向着普通士人阶层普及;明代的取士制度虽然也是面向民间的,但明王朝却更注重其取士面的普及以及其在不同地区间的均衡。这样一来,宋明两代在科举取士的普及面上就有着完全不同的侧重:

> 宋代进士科则主要为"寒士"而设,雍熙二年(985)三月,宰相、参知政事等大臣的子弟,有四人及第,太宗便以"势家"不应"与孤寒竞进"为理由而"皆罢之"。②

> 三十年偕纪善、白信蹈等主考会试。榜发,泰和宋琮第一,北士无预者。于是诸生言三吾等南人,私其乡。帝怒,命侍讲张信等复阅,不称旨。或言信等故以陋卷呈,三吾等实属之。帝益怒,信、蹈等论死,三吾以老戍边,琮亦遣戍。帝亲赐策问,更擢六十一人,皆北士。③

上述两段固然都表现了皇权对于取士制度的干预,但宋太宗的干预主要

---

① 《明史·儒林传》一,《二十五史》卷十三,第 1525 页。
② 该事件原载于李焘:《续资治通鉴长编》卷二六,第 595 页,北京:中华书局,1992 年版。
③ 《明史·刘三吾传》,《二十五史》卷十二,第 789 页。

在于"'势家'不应'与孤寒竞进'"一点上,所以说其科举取士"主要为'寒士'而设";明太祖则更强调其取士面的普及以及其在不同地区间的均衡,所以他就一定要给文化落后的北方士人留有足够的名额。在宋太宗看来,"'势家'不应'与孤寒竞进'",所以应当吸收大量的民间"寒士"来参政;至于这"寒士"究竟是北方人还是南方人,只能根据其科考情况来决定。而在明太祖看来,朝廷固然需要大量的"寒士"参政,但仅仅"寒士"参政还是远远不够的,还必须将这种"寒士"参政的形式普及于所有的文化落后地区,以保证取士面在不同地区间的均衡。这样一来,虽然宋、明两代不同的倾斜侧重也都可以说是科举制进一步发展、普及与完善的表现,但宋代的普及与倾斜政策则是刚开始从贵族子弟向平民阶层延伸,明代的普及与倾斜则主要在于其普及面必须从文化发达地区向文化落后地区拓展,因而也就必须注意不同地区间的平衡。这当然可以说是对宋代"寒士"参政的一种发展,是将"寒士"参政的形式尽可能地普及于不同地区之间。

但是,一当士人真正为皇权所选——进入朝廷官员的系列,由于宋明两代根本不同的基本国策,因而所谓的官员士大夫也就面临着不同的命运了。由于两宋是以"与士大夫共治天下"为基本国策的,所以其士大夫也拥有较高的政治主体意识。从一定程度上说,这一点也直接促成了两宋理学的形成;但明代政权基本上是皇家通过武力与权谋的方式来直接掌控的,因而其官员士大夫也就始终无法摆脱"臣工"——雇佣劳动者的地位,而在冒犯逆鳞的情况下,能够全尸以归也就应当算是一种幸运了。请先看宋代士大夫的自我定位:

> 若夫道隆而德骏者,又不止此。虽天子北面而问焉,而与之迭为宾主。此舜所谓"承"之者也。①
>
> 帝王之道也,以择任贤俊为本,得人而后与之同治天下。②

---

① 王安石:《虔州学记》,《临川文集》卷八十二,第858页。
② 程颢、程颐:《河南程氏经说》卷二,《二程集》第1035页,北京:中华书局1981年版。

> 天下重任,唯宰相与经筵:天下治乱系宰相,君德成就责经筵。①

> 熹时急于致君,知无不言,言无不切,亦颇见严惮……②

再来看明代士大夫的上书及其遭遇:

> 帝大怒曰:"小子间吾骨肉,速逮来,吾手射之!"③
> 帝览书,大怒,下丞相御史杂问,究使者。④
> 帝大怒,命武士捽搏之,立死阶下。⑤
> 忤旨,惧罪,投金水桥下死。⑥
> 太祖大怒曰:"竖儒与我抗邪!"械至阙下,命弃市。⑦

在这种状况下,所谓明代士人"以涸迹无闻为福,以受玷不录为幸,以屯田工役为必获之罪,以鞭笞捶楚为寻常之辱"⑧,也就是再自然不过的表现了。至于所谓"京官每旦入朝,必与妻子诀;及暮无事,则相庆以为又活一日"⑨,也就真是值得庆幸的一天了。

这样一来,虽然明王朝的举荐制与科举制都是以所谓"天下之治,天下之贤共理之"为号召的;其举荐之目的,也是要"与诸儒讲明治道";甚至,其科考制度也可以说是历史上最普及、最顾及不同地区均衡的时代,但对明代士人来讲,其出仕的结果却往往是"一有差跌,苟免诛戮,则必在屯田工役之科。⑩ 至于从其推行科举制以繁荣文化来看,其结果也就成为"经学非汉、唐之精专,性理袭宋、元之糟粕,论者谓科举盛而儒术

① 程颢、程颐:《河南程氏文集》卷六,《二程集》第540页。
② 束景南:《朱熹年谱长编》,第1163页,上海:华东师范大学出版社,2001年版。
③《明史·叶伯巨传》,《二十五史》卷十二,第801页。
④《明史·郑士利传》,《二十五史》卷十二,第801页。
⑤《明史·李仕鲁传》,《二十五史》卷十二,第799页。
⑥《明史·陈汶辉传》,《二十五史》卷十二,第799页。
⑦《明史·张孟兼传》,《二十五史》卷十三,第1547页。
⑧《明史·叶伯巨传》,《二十五史》卷十二,第800页。
⑨ 赵翼:《廿二史札记》卷三二,第744页。
⑩《明史·叶伯巨传》,《二十五史》卷十二,第800页。

衰,殆其然乎。"①这样看来,明代的科举取士制度虽然在广泛吸取民间士人参政这一点上也许是最为普及的,但在真正维护统治、繁荣文化这一点上,却又根本无法与两宋相比。②

三、朱学定于一尊

作为两宋理学集大成,朱子(1130—1200)哲学形成于南宋。虽然从总体上说,两宋社会是一个温和而又宽松的文治社会,但这并不意味着朱子一生就较为顺适,可以平步青云,其实恰恰相反,朱子一生的仕途走得格外艰难。当然反过来看,也正由于其一生艰难的仕途,才成就了朱子集两宋理学之大成的理论贡献。由于南宋政坛道学集团与世俗官僚集团的斗争,朱子又一直被视为道学集团的精神领袖,因而也就饱受世俗官僚集团的防范和打击。朱子的一生,也正如其弟子黄榦所概括的,"自筮仕以至于属纩,五十年间,历事四朝,仕于外者仅九考,立于朝者四十日,道之难行也如此"③。不仅如此,由于南宋的朝廷政治一直是通过"党争"来运作的,朱子本人不仅是在"庆元党禁"的打击下去世的,甚至还是在朝廷的"监管"下下葬的。这说明,作为南宋理学之精神领袖,朱子的一生实际上反而是郁郁不得志的一生。

但另一方面,朱子一生上承"北宋五子"的理论规模,旁参佛道之超越追求,"致广大,尽精微,综罗百代",因而其哲学不仅代表着两宋理学的理论高峰,而且其人也可以说是两宋理学的人格化代表。正是这一原因,朱子去世不久,南宋官方就在朝野的巨大压力下不得不为朱子平反;朱子哲学也就由此开始了其从理学家之个体探讨逐步走向朝廷表彰、民间颂扬之官方意识形态的过程。

---

① 《明史·儒林传》一,《二十五史》卷十三,第 1525 页。
② 南宋的最后一位小皇帝赵昺是由宰相陆秀夫背负着跳海的,而明代的最后一位帝王崇祯则是在杀宫之后孤独地自缢于煤山,这也可以说是宋明两代不同取士制度与士人政策的一种历史性回报。
③ 黄榦:《朱先生行状》,载束景南:《朱熹年谱长编》,第 1487 页。《宋史·朱熹传》中也有相同的记载。

大体说来,这一过程经历了如下步骤:首先是嘉定四年(1211),南宋朝廷"雪赵汝愚之冤,乞褒赠赐谥,厘正诬史,一时伪学党人朱熹、彭龟年、杨万里、吕祖俭虽已殁,或褒赠易名,或录用其后,召还正人故老于外"①。第二年,又将朱著的《论语集注》与《孟子集注》立于学官,由此开始了从理学家之个体思想向国家意识形态的过渡。待到宋理宗亲政后,北宋五子、东南三贤连同江西的陆象山(1139—1193)心学也都一并得到赐谥;作为朱子一生心血之所寄的《四书章句集注》也得以在全国颁行。由此之后,程朱理学不仅得到了历史的平反,而且也确立了其在理学中的宗主地位与官方意识形态的双重身份。

到了元代,虽然元世祖忽必烈在至元(1264—1294)初年就准备实行科举制,但又因为种种原因而未能真正落实。直到元仁宗皇庆二年(1313)中书省再次上奏,才终于得到了仁宗的许可,这才以皇帝诏书的方式颁布天下:

> 惟我祖宗以神武定天下,世祖皇帝设官分职,征用儒雅,崇学校为育才之地,议科举为取士之方,规模宏远矣。朕以眇躬,获承丕祚,继志述事,祖训是式。若稽三代以来,取士各有科目,要其本末,举人宜以德行为首,试艺则以经术为先,词章次之……其以皇庆三年八月,天下郡县,兴其贤者能者,充赋有司,次年二月会试京师,中选者朕将亲策焉。具合行事宜于后:科场,每三岁一次开试……考试程式:蒙古、色目人,第一场经问五条,《大学》《论语》《孟子》《中庸》内设问,用朱氏章句集注。其义理精明,文词典雅者为中选。第二场策一道,以时务出题,限五百字以上。汉人、南人,第一场明经经疑二问,《大学》《论语》《孟子》《中庸》内出题,并用朱氏章句集注,复以己意结之,限三百字以上;经义一道,各治一经,《诗》以朱氏为主,《尚书》以蔡氏为主,《周易》以程氏、朱氏为主,以上三经,兼用古注疏,《春秋》许用《三传》及胡氏《传》,《礼记》用古注疏,限五百字以

---

① 《宋史·史弥远传》,《二十五史》卷十,第2225页。

上,不拘格律……①

元仁宗的这一诏书,意味着程朱理学从此登上了国家意识形态的舞台,因为它已经成为科举考试之法定教科书了。由此之后,尊信程朱理学,就不再是儒者个人的私淑之好,而是可以拜相封侯,从而成为国家社稷之臣的门径了。朱子一生颇为坎坷的仕途命运,终于在其去世百年后得到了历史的回报。

正由于元儒的努力及其奠基,到了明代,思想文化界也就成为朱子学的天下了。由此之后,就形成了《明史·选举志》中的如下规定:"专取四子书及《易》《书》《诗》《春秋》《礼记》五经命题试士……后颁科举定式,初场试《四书》义三道,经义四道。《四书》主朱子《集注》,《易》主程《传》、朱子《本义》,《书》主蔡氏传及古注疏,《诗》主朱子《集注》……"②而《明史·儒林传》所概括的"原夫明初诸儒,皆朱子门人之支流余裔,师承有自,矩矱秩然"③,以及"河东薛瑄以醇儒预机政,虽弗究于用,其清修笃学,海内宗焉。吴与弼以名儒被荐,天子修币聘之殊礼,前席延见,想望风采"④,等等,实际上也都是就明代朱子学在思想文化界的影响而言的;至于黄宗羲在《明儒学案》中所概括的"此亦一述朱,彼亦一述朱"⑤,当然也是指当时朱子学之盛而言的。由此来看,明代的学术基本上可以说是朱子学的一统天下。所谓朱学定于一尊,也就首先是指"明初诸儒,皆朱子门人之支流余裔"以及其对朱子学的研究传习而言的。

实际上,这种现象只是明代开国之初及其中叶以前的情形,当明王朝真正实现了其科举制与程朱理学的有机统一之后,朱子学也就盛极而衰了。《明史·儒林传》生动地记载了这一过程:

> 原夫明初诸儒,皆朱子门人之支流余裔,师承有自,矩矱秩然。

---

① 《元史·选举志》一,《二十五史》卷十一,第457页。
② 《明史·选举志》二,《二十五史》卷十二,第456页。
③④ 《明史·儒林传》一,《二十五史》卷十三,第1525页。
⑤ 黄宗羲:《明儒学案·姚江学案》,《黄宗羲全集》第七册,第197页。

曹端、胡居仁笃践履,谨绳墨,守儒先之正传,无敢改错。学术之分,则自陈献章、王守仁始。宗献章者曰江门之学,孤行独诣,其传不远。宗守仁者曰姚江之学,别立宗旨,显与朱子背驰,门徒遍天下,流传逾百年,其教大行,其弊滋甚。嘉、隆而后,笃信程朱,不迁异说者,无复几人矣。要之,有明诸儒,衍伊洛之绪言,探性命之奥旨,锱铢或爽,遂启歧趋,袭谬承讹,指归弥远……经学非汉、唐之精专,性理袭宋、元之糟粕,论者谓科举盛而儒术微,殆其然乎。[1]

整个这一过程,主要是就明代儒学的发展走向或总体趋势而言的,所谓"科举盛而儒术微"当然也并不是说仅仅是科举制导致了儒学的衰微、朱子学的衰微,实际上,所谓"儒术微"的根本原因还在于明代政治体制的专制独裁与科举制的腐败。正是政治体制的极度专制,才导致了科举制的腐败与士大夫的离心离德。科举制本来是为国家、为民族选拔英才的制度,但在集权专制的高压之下,明代的士人不仅逃避科举,在科举考试之中也尽可能地逃避思想,这就迫使真正有价值的思想必然要在科举制之外生成。所谓"学术之分,则自陈献章、王守仁始"以及其"显与朱子背驰"的方向,其实也并不是说陈白沙、王守仁就真正背驰于朱子学,而是背驰于那种被科举化、意识形态化了的朱子学;至于其所开创的心性之学,并且能够"门徒遍天下,流传逾百年",也同样要从明代士人的精神状况及其追求指向来说明。

　　所以,无论是儒学的衰微还是朱子学的衰微,实际上都是明代朱子学与科举制联姻的结果,当然也可以说是其曾经繁盛的表现。"原夫明初诸儒,皆朱子门人之支流余裔,师承有自,矩矱秩然",起码说明继承朱子学正是明儒理论探索的基本出发点。但在遭到专制皇权与科举制的双重打压与扭曲之后,明儒一方面表现出"特从古册中翻出古人公案,深有悟于造化之理"[2]的志向;另一方面,又不得不更为深入地探索"吾此心

---

[1]《明史·儒林传》一,《二十五史》卷十三,第 1525 页。
[2] 黄宗羲:《明儒学案·师说》,《黄宗羲全集》第七册,第 9 页。

与此理"的"凑泊吻合处"①。自然,这就形成了明儒的分化;而这一分化的走向,也仍然是沿着其对朱子学不同的继承侧重展开的,也是由其不同的继承侧重从而形成不同的分化流向的。所以说,从明儒的分化及其不同流向的角度,也能清楚地看出其以朱子学为基本出发点与分化母体的性质。

四、明代士人的追求

对于明代士人来说,他们一方面要面对集权专制下高压的政治生态,另一方面,就其进入国家政治体制的主渠道来看,又必须通过在集权专制与意识形态双重控制下的科举制。实际上,这两个方面都在震慑、打压并扭曲着士人精神。作为读书人,毕竟要以思想探索与精神追求为志向。在如此高压的社会环境与政治生态下,明代士人又将如何展现其思想探索以释放其精神能量呢?

在这里,首先一个问题就是宋明儒学之间的"同"与"异"及其具体形成。当我们把宋明时代的儒学统称为宋明理学时,也就明确地肯认其相互之间存在着某种不言而喻的一致性,但在我们的上述分析中,宋与明之间又被明确地划分为两种不同的皇权体制及其统治类型。那么,在其"同"与"异"之间,明代士人的政治生态与学术探讨究竟是怎样一种关系呢?

当我们将宋明时代的儒学统称为宋明理学时,首先是指他们在学术上具有一种共同的思想文化背景或学术发展谱系而言,也具有大体相同的思想主体(这是由其共同的思想文化背景与孕育母体决定的)。就是说,从思想文化背景来看,宋明儒学确实具有一种共同的理论谱系与追求志向。但是,当我们说宋明时代具有完全不同的皇权政治时,又主要是指他们所面临的不同的皇权政治并具有不同的政治生态环境而言的。如果他们之间根本不存在共同的文化背景与思想发展谱系,那么所谓宋明理学的说法自然无法成立;但如果他们的政治环境与政治生态大体相近,

---

① 陈献章:《复赵提学佥宪》,《陈献章集》,第 145 页,北京:中华书局,1987 年版。

那么宋明理学之间也就不应当出现很大的分歧,起码不应当出现史家对明代学术之"经学非汉、唐之精专,性理袭宋、元之糟粕,论者谓科举盛而儒术衰,殆其然乎"之类的评价了。如果说宋明之间确实存在着思想文化背景与理论发展谱系包括其思想主体与精神指向上的"同",那么其相互之间的"异"也就恰恰需要通过其不同的政治环境与政治生态来说明了。在这里,所谓思想谱系不仅构成了人们思考问题的具体背景,而且也塑造并决定着其主体的追求指向,如此一来,所谓政治生态实际上也就成为促使其思想发展与学术变异的生存性条件了。

让我们先从宋明理学之间的"异"来反观其"同"。

关于宋明理学之"异",日人冈田武彦曾有一段精彩的分析,他指出:

> 宋代的精神文化是适应官僚知识阶级的情趣的,而明代的精神文化则是适应平民阶级的情趣的……①

> 宋代的精神文化,如前所述,是理性的,其中充满着静深严肃的风气。实质上,这是因为宋人具有在人的生命中树立高远理想的强烈愿望,因此坚持了纯粹性和客观性。以朱子学为枢轴的所谓宋学,就是从这种风潮中发生、成长的……

> 明人认为,这种理想主义的东西不但与生生不息的人类的生命相游离,而且与人类在自然性情中追求充满生机的生命的愿望相背离,因此,明人去追求那情感丰富的、生意盎然的感情的东西就成为很自然的事情了。以王学(阳明学)为轴心的明学,就在这样的风潮中发生、成长起来……②

在冈田武彦先生的上述分析中,所谓理性主义与抒情主义、官僚知识阶级情趣与平民阶级情趣以及理想主义与现实主义的差别也就被视为宋明理学之间的主要差别。实际上,这些差别也完全可以余英时先生关于宋代理学家之"得君行道"追求与明代理学家之"觉民行道"追求的"异

① 冈田武彦:《王阳明与明末儒学》,第 3 页。
② 同上书,第 3 页。

趣"来说明。从这个角度看,那么宋明理学在基调与指向上的差别也可以说是学术界的一种基本共识。

但如何说明其差别及其具体形成呢? 如果说这就是宋明理学自身理论发展的必然结果,那么冈田武彦所谓"一言以蔽之,由二元论到一元论、由理性主义到抒情主义,从思想史中看就是从宋代到明代的展开"①,其实也就是从理论发展角度对这一演变的一个总体说明。但既然二者之间存在着共同的思想文化背景与学术发展谱系,那为什么又会发生这样的"变异"呢? 显然,这种"变异"是学理本身无法说明的。实际上,对于这一问题,余英时先生通过宋明时代不同政治生态的比较以及明儒如何放弃宋代儒者"得君行道"的努力,然后又如何将宋儒的"得君行道"追求转化为一种"觉民行道"追求,反倒较为合理地说明了宋明理学在不同政治生态下的演变。他以逐层递进的方式比较说:

> 吴与弼在"省、郡交荐"之下坚决"不赴",太息曰:"宦官、释氏不除,而欲天下之治,难矣!"(《明儒学案》卷一《吴康斋先生语》)他在十九岁时已决心"弃举子业",后来门人中胡居仁(1434—1484)、陈献章(1428—1500)、谢复等,也都因为受了他的影响而决(绝)意科第(见《明史·儒林一》及《明儒学案》卷一、卷五)。这是他们有意切断与权力世界的关联;宋代理学家"得君行道"的抱负,在他们身上是找不到任何痕迹的。②

> (王阳明——引者注)在上封事之前,由于程、朱的影响,他多少还抱有"内圣外王"或"得君行道"的意识,到龙场以后,这个意识已彻底破碎了。③

> 阳明"致良知"之教和他所构想的"觉民行道"是绝对分不开的;这是他在绝望于"得君行道"之后所杀出的一条血路。"行道"而完

---

① 冈田武彦:《王阳明与明末儒学》,第3页。
② 余英时:《宋明理学与政治文化》,第175页。
③ 同上书,第179页。

全撇开君主与朝廷,转而单向地诉诸社会大众,这是两千年来儒者所未到之境,不仅明代前期的理学家而已。①

在这一过程中,从吴与弼"有意切断与权力世界的关联",到王阳明"得君行道"意识的"彻底破碎",再到其在抛弃"得君行道"梦想之后杀出一条"觉民行道"的"血路",所有这些变化或变异,都只能从明儒对"君主与朝廷"的彻底"绝望"来说明;所有这些现象,同时也是明儒政治生态极度恶化的表现。至于所谓"觉民行道",则既是其对"得君行道"追求彻底绝望的表现,同时也是其学术思想发生转向的结果。这样看来,余英时通过宋明不同政治生态的比较来说明明儒学术思想之转向与演变不仅更接近于其发生学实际,而且宋明两代不同的政治生态对于学术思想的影响也得到了明确的揭示。

这样一来,冈田武彦先生通过不同学术思潮来说明其学术思想演变的结论也就必须再辨析——起码存在着再辨析的可能。比如其所谓"由二元论到一元论、由理性主义到抒情主义,从思想史中看就是从宋代到明代的展开"之类的说法也就存在着再辨析的可能。当然在这里,所谓二元论、一元论之类的说法,不仅宋明儒之间根本不存在这方面的分歧,就是传统的儒道两家之间也同样不存在这样的差别。因为老子虽然也说过"天得一以清,地得一以宁,神得一以灵,谷得一以盈,万物得一以生,侯王得一以为天下贞"②之类的话,似乎表明道家非常注重对"一"的追求,但孔子也同样坚持"吾道一以贯之"③的基本立场;差别仅仅在于,其所追求的"一"究竟是什么。这说明,整个中国文化实际上都是以彻底的一元论为追求指向的,区别仅仅在于其所谓的"一"究竟指什么;至于所谓二元论、一元论之类的说法不仅不足以区别宋明儒,甚至连儒道都无法区别——先秦所谓的儒道互绌、南

---

① 余英时:《宋明理学与政治文化》,第195—196页。
② 楼宇烈:《老子道德经校释》,第106页,北京:中华书局,2008年版。
③ 孔子曰:"参乎! 吾道一以贯之。""子曰:'赐也,女以予为多学而识之者与?'对曰:'然,非与?'曰:'非也,予一以贯之。'"《论语·里仁》,吴哲楣主编:《论语·卫灵公》,《十三经》,第1302页。

宋所谓的朱陆之争,实际上也都是以彻底的一元论为共同背景与追求指向的。不然的话,就无所谓分歧,也就谈不上争论了。

但冈田武彦先生以一元论、抒情主义来揭示明代理学之不同于宋代理学的特殊走向则是准确的。这是因为,两宋理学所高扬的道德理性主义精神正具体表现为宋儒所谓的"道体"追求,"以天下为己任""为天地立心"之类的主张,正是两宋理学所高扬的超越追求精神的具体表现。所有这些,当然都是宋代皇权"与士大夫共治天下"之政治理念涵育培养的结果。但明儒不仅没有这样的环境,而且似乎也只有"廷杖""系狱"与"远谪"(或所谓"屯田工役")的三部曲,搞不好的话,能够"乞赐骸骨"以归,也就算是一个值得庆幸的结局了。这样一来,宋代理学家所谓"得君行道"的志向在经历了明代皇权之专制独裁的一系列打击之后,也就不得不转化为明儒的一种"觉民行道"尝试了,因为明儒根本就没有"共治天下"的参与权,他们不过是皇家通过科举考试所选拔出来的雇佣劳动者而已。如此一来,两宋儒者的道德理想与超越追求精神也就只能内化为明儒之"觉民行道"努力了,或者进一步内缩为明儒完全个体化的内在信仰追求。所以说,超越性追求与内在化追求,正是宋明儒之相互区别的一个基本特征;这一区别,又主要是由宋明两代不同的政治环境、不同的士人政策以及不同的政治生态促成的。①

明儒将两宋理学的道德理想凝结、转化为一种内在性追求,因而虽然他们都是"朱子门人之支流余裔",而且"师承有自,矩矱秩然",但在明代高压的政治生态下,他们却不得不依据其所继承的朱子学,从而也就不得不形成一种共同的内在化转向。在这里,由于他们对朱子学本来就

---

① 在从宋儒的道德理想与超越追求到明儒的"觉民行道"之内在化追求的演变中,是否自觉到来自佛老超越性追求的外在压力也是明儒内在化转向的一个非常重要的条件。因为宋儒本身对这一压力有着非常清醒的自觉,但由于从北宋五子到东南三贤的继起努力,尤其是朱子"致广大,尽精微,综罗百代"的努力,因而在明儒看来,儒学所面临的这种压力已经从根本上解除了,所以明儒常常会以"绝口不言佛老"相标榜。这也是促成明儒内在化转向的一个外在条件,但与当时的政治生态相比,其作用较为次要而已,但又不能忽视,所以这里特以注释的方式来补充说明。

因为不同的入手而存在着不同的继承侧重,所谓共同的内在化转向也就必然会表现出一定的分歧。比如后来发展为气学与心学的不同学派,其实最初也都是由对朱子学的不同继承侧重决定的。再比如作为明儒殿军的刘宗周(1578—1645),就曾对当时作为明儒道统之传"绝而复续者"的曹端(1376—1434)评价说:"先生之学,不由师传,特从古册中翻出古人公案,深有悟于造化之理……"①曹端之所以要"从古册中翻出古人公案",其实正是对朱子理气关系继承、演绎与推进的表现;他之所以要将理学引向"造化之理"的方向,也是因为只有对"造化之理"的探讨才不会触犯现实政治之忌讳。这正代表着明儒探讨理气关系的一系走向。另一方面,从陈献章(1428—1500)到王阳明(1472—1529),则又从主体担当的角度苦苦寻觅"吾此心与此理"的"凑泊吻合处"②,但由于这一探讨不得不面对朱子"物理吾心终若判而为二"③的难题,最后也就只能走向"求理于吾心"④之路。显然,这又是从主体性的角度对朱子格物致知说继承、推进的表现。

在这两系不同的探索走向中,虽然他们对朱子学有不同的继承侧重,也形成了各自不同的关注侧重,但他们之间仍然存在着一种共同的趋势。这种共同趋势表现为一种内在化的探索方向;这种内在化的方向,又确实是超越于明代理学各派之上的一种共同趋势。比如刘宗周在评点罗钦顺(1465—1547)哲学时曾反问说:

> 谓"理即是气之理",是矣。独不曰"性即是心之性"乎?心即气之聚于人者,而性即理之聚于人者,理气是一,则心性不得是二;心性是一,性情又不得是二。⑤

---

① 黄宗羲:《明儒学案·师说》,《黄宗羲全集》第七册,第 9 页。
② 陈献章:《复赵提学金宪》,《陈献章集》卷二,第 145 页,北京:中华书局,1987 年版。
③ 钱德洪:《王阳明年谱》一,《王阳明全集》,第 1224 页。
④ 王守仁说:"不可外心以求仁,不可外心以求义,独可外心以求理乎? 外心以求理,此知行之所以二也。求理于吾心,此圣门知行合一之教,吾子又何疑乎?"——《答顾东桥书》,《王阳明全集》,第 43 页。
⑤ 黄宗羲:《明儒学案·师说》,《黄宗羲全集》第七册,第 18 页。

罗钦顺既是明代的"朱学后劲",同时也是明代气学的开创者,从其气学立场出发,他自然能够坚持"理即是气之理",但是在这里,罗钦顺却一定要坚持心性分判,从而将心学一系全然推向禅学一边,所以遭到刘蕺山"独不曰性即是心之性乎"的反驳。作为明代儒学的殿军,刘蕺山所坚持的正是"理气是一,则心性不得是二;心性是一,性情又不得是二"的方向。实际上,这一点正是跨越明代理学各派之上的一种基本共识。

关于明代理学的这一总体趋势,当代学者李泽厚先生也有一段精彩的点评。他指出:

> 逻辑的游戏不会凭空产生,它的真实基础是历史。为什么陆象山的心学"未百年其说已泯然无闻",而王阳明登高一呼则四方响应,如洪波急流,泛滥天下?为什么李卓吾人被囚、书被焚却使当时"大江南北如醉如狂"?这一切难道与明中叶以来的经济、政治、文化、社会氛围和心理状态的整个巨大变迁发展没有关系吗?与资本主义的萌芽没有关系吗?[①]

作为思想文化现象,这确实是对明代理学思潮走向的一段恰切描述。但问题在于,李泽厚先生是试图用所谓"资本主义萌芽"来说明这一切的,意即所有这些都是在资本主义萌芽的推动下产生的。社会生活的复杂性、交错性当然并不排除这种可能,但必须看到,如果没有明代集权专制的强化与士人政治生态的极度恶化,就不会形成明代士人的内在化转向以及其自谋生路的商业化经营,自然也就不会有明代心学与气学对朱子学的双向裂解,当然更不会有以主体之内在性取胜的心学以及士人自谋生路之工商业的崛起了;而内在化走向所表现出来的主体心性之学与自谋生路之工商业经营,其实正是明代士人在集权专制的高压之下从朝野两个向度另辟生存空间的具体表现。所以说,明代的集权专制才是其学术思想与士人精神的直接塑造者,也是明代儒学内在化转向的真正促成者。

---

① 李泽厚:《中国古代思想史论》,第 249 页,北京:人民出版社,1985 年版。

第二章　理学的顺承与演变——理气哲学的发展（上）

　　总体而言，明代直承宋元以来的思想传统，而以程朱理学为国家意识形态。一方面，元代自许衡以后，士人就已经形成了所谓"非程朱之书不读，非程朱之学不讲"[①]的传统；另一方面，自政权建基，明太祖朱元璋又与刘基共同制定了以程朱理学为主要内容的科考制义。这样一来，程朱理学也就等于得到了朝野、官民双方的共同尊奉，《明史·儒林传》所概括的"原夫明初诸儒，皆朱子门人之支流余裔，师承有自，矩矱秩然"[②]的现象，正是对明初学界格局的一种准确描述。

　　在明初的朱子学中，曹端、薛瑄以及吴与弼、胡居仁占有极为重要的地位。这一方面是因为，他们本来就属于朱子学之"支流余裔"；另一方面，也正是他们的坚持与努力，才体现出明代朱子学的"师承"与"矩矱"，从而撑起了明代朱子学的格局。但是，就在他们对朱子学的一意"顺承"中，理学的演变也悄然发生了；这一演变，恰恰是从明初肩负"道统之传"的曹端开始的。

---

① 欧阳玄，《许文正公神道碑》，《圭斋文集》卷九，第 6 页。
② 《明史·儒林传》一，《二十五史》卷十三，第 1525 页。

第一节 曹端的理学思想

曹端(1376—1434),字正夫,号月川,河南渑池人。曹端永乐六年(1408)乡试中举,翌年会试南宫,登乙榜第一,授山西霍州学正,以后又转任蒲州学正,最后卒于任上,享年五十九岁。据说曹端自幼即好性理之学,"五岁见《河图》《洛书》,即画地以质诸父。及长,专心性理。其学务躬行实践,而以静存为要。读宋儒《太极图》《通书》《西铭》,叹曰:'道在是矣。'笃志研究,坐下著足处,两砖皆穿"①。与此同时,曹端也继承了两宋理学以来的辟佛排老精神,批判佛老不遗余力。比如,其"父初好释氏,端为《夜行烛》一书进之,谓:'佛氏以空为性,非天命之性。老氏以虚为道,非率性之道。'父欣然从之"②。不仅如此,在主持地方教育时,曹端又明确坚持:"一切浮屠、巫觋、风水、时日之说屏不用。上书邑宰,毁淫祠百余,为设里社、里谷坛,使民祈报。年荒劝振,存活甚众。为霍州学正,修明圣学。诸生服从其教,郡人皆化之,耻争讼。"③从这些举措来看,曹端自然可以说是两宋理学的正宗传人。

曹端一生的政界经历仅限于主持地方教育,但他能够从教育的角度对地方行政长官发挥很大的影响。比如当时一位知府曾向他请教为政的问题,他就提出"公"与"廉"两个字作为为政的核心,并解释说:"公则民不敢谩,廉则吏不敢欺。"④"公"与"廉"充分表现出儒家的为政理念及其特色。

关于曹端在明代理学中的作用,《明史·儒林传》总论说:"初,伊、洛诸儒,自明道、伊川后,刘绚、李吁辈身及二程之门,至河南许衡、洛阳姚枢讲道苏门,北方之学者翕然宗之。"⑤显然,这主要是就宋元以来的理学传承而言。对于曹端在明代理学中的作用,《明史·儒林传》则有如下评论:

①②③④⑤《明史·儒林传》一,《二十五史》卷十三,第1529页。

洎明兴三十余载,而端起崤、渑间,倡明绝学,论者推为明初理学之冠。[1]

所谓"理学之冠"的说法,同时也体现在刘宗周关于明初学界的另一种概括中。关于明初理学的格局,刘蕺山概括说:"我朝一代文明之盛、经济之学,莫盛于刘诚意、宋学士,至道统之传,则断自渑池曹先生始……斯道之绝而复续者,实赖有先生一人,薛文清亦闻先生之风而起者。"[2]从这些概括来看,曹端在明代理学中的开创性地位,应当说是官民双方所公认的。

一、太极的属性

作为程朱理学的正宗传人,曹端一生的理论探讨也像朱子一样,始终聚焦在作为道体之太极以及其基本涵义的澄清与阐发上。不过,由于朱子哲学中的"太极"本身就是通过对周敦颐《太极图说》的诠释和阐发实现的,所以在他的哲学中,太极的涵义与周敦颐的原意并不一致。在周敦颐哲学中,太极是从宇宙开创的角度而言的,仅从其"太极动而生阳,动极而静;静而生阴,静极复动",以及其"一动一静,互为其根。分阴分阳,两仪立焉。阳变阴合,而生水火木金土。五气顺布,四时行焉"[3]的这一生化过程来看,就知道其太极的涵义基本上是一仍汉儒之旧,主要是一个指谓"生"与"源"的概念,也是就天地万物所以生成演变之本始或根源的角度而言的。实际上,也只有从这个角度出发,才可以说"太极动而生阳,动极而静;静而生阴,静极复动"的。在这一背景下,由于太极本身就具有"分阴分阳"的作用,因而其所谓的"动而生阳""静而生阴",实际上也都是就太极使阴阳成为阴阳而言的。从这一点来看,周敦颐的太极完全可以说是一个阴阳之本始或者说是天地万物所以生成之始源性

---

① 《明史·儒林传》一,《二十五史》卷十三,第 1529 页。
② 刘宗周:《明儒学案·师说》,《刘宗周全集》第五册,第 515—516 页。
③ 周敦颐:《太极图说》,《周子通书》,第 48 页,上海:上海古籍出版社,2000 年版。

的概念。

但在朱子的诠释中,由于他要对峙于佛老超越的形上本体意识与超越追求精神,也就不得不处处强化太极之无形无象的形上本体特色;另一方面,又由于周敦颐的太极本来就具有使万物所以生成演化之始源、根源性的涵义,朱子也不得不承认这一涵义。这样一来,经过朱子的一番诠释之后,周敦颐的太极也就成为天地万物所以存在的形上本体与宇宙天道所以生成演化之根源双重涵义的直接统一了。所以,在朱子哲学中,他既要强调太极作为宇宙万物超越的形上本体方面的涵义,同时又不得不承认太极对于天地万物生成演化之根源性的功能与推动性的作用。所以他说:

> "动而生阳,静而生阴"。动即太极之动,静即太极之静。动而后生阳,静而后生阴,生此阴阳之气。谓之"动而生"、"静而生",则有渐次也。"一动一静,互为其根",动而静,静而动,辟阖往来,更无休息。①

这说明,仅就太极之"生阴""生阳"而言,朱子的"动而后生阳,静而后生阴,生此阴阳之气"一说确实继承了周敦颐的原意。但在朱子看来,如果太极就仅仅是一个生成论之始源性的概念,那就不足以充当决定天地万物所以存在的形上本体了。正因为这一原因,所以在朱子的诠释中,太极又有了如下一层含义:

> "无极者无形,太极者有理也。周子恐人把作一物看,故云无极。"曰:"太极既无气,气象如何?"曰:"只是理。"②
>
> 太极只是天地万物之理。在天地言,则天地中有太极;在万物言,则万物中各有太极。③
>
> 太极只是个极好至善底道理。人人有一太极,物物有一太极。

---

① 黎靖德编:《朱子语类》卷九四,第 2367 页,北京:中华书局,1986 年版。
② 黎靖德编:《朱子语类》卷九四,第 2366 页。
③ 黎靖德编:《朱子语类》卷一,第 1 页。

周子所谓太极,是天地人物万善至好底表德。①

圣人谓之"太极"者,所以指夫天地万物之根也;周子因之而又谓之"无极"者,所以著夫"无声无臭"之妙也。②

从朱子这些论述来看,太极既是宇宙天道所以生成演化的根源,又是天地万物所以存在的形上本体,是二者的有机统一。但是,由于当时儒佛对峙的思想背景,朱子总体上就更要强调太极作为天地万物之超越的形上本体方面的涵义,这就使其哲学成为一种本体宇宙论——以太极本体作为形上依据的宇宙生化论哲学。在朱子的上述诠释中,其关键也就在于太极与动静的关系,如果一味坚持太极作为万化根源的涵义,从而认为太极具有"生阴""生阳"或"分阴分阳"的功能,那势必要消解其作为天地万物所以存在之形上本体方面的涵义。按照朱子对天理之"净洁空阔"的形上规定,天理本体固然可以内在于阴阳、内在于动静,包括内在于天地万物,但其自身却必须是"净洁空阔"而绝无动静相的。这一点不仅可以证之于朱子对天理之"不会造作"③的规定,而且其理气人马关系之喻也同样反证了这一点。反之,如果朱子要坚持太极的形上本体涵义,认为"阳动阴静,非太极动静,只是理有动静"④,那么太极与阴阳的关系就必然会走到所谓"太极犹人,动静犹马;马所以载人,人所以乘马"⑤的地步去,这又必然会与周敦颐的"太极动而生阳,动极而静;静而生阴,静极复动"一说发生刺谬。

正是在这种状况下,曹端明确地表现出对周敦颐原意的某种复归倾向,自然,这势必会对朱子关于太极的诠释表现出某种明确的修正意向。这种修正,同时也就开启了明代理学的一种新方向。

在曹端看来,"太极,理之别名耳。天道之立,实理所为。理学之源,

①　黎靖德编:《朱子语类》卷一,第 2371 页。
②　黎靖德编:《朱子语类》卷一,第 2366 页。
③　黎靖德编:《朱子语类》卷一,第 3 页。
④　黎靖德编:《朱子语类》卷九四,第 2374 页。
⑤　黎靖德编:《朱子语类》卷九四,第 2376 页。

实天所出。是故河出图，天之所以授羲也；洛出书，天之所以锡禹也。……曰先天者，以太极为本，而生出运用无穷，虽欲绍天明前民用，然实理学之一初焉。"①又说："太极者，象数未形而其理已具之称，形器已具而其理无朕之目。是生两仪，则太极固太极。两仪生四象，则两仪为太极。四象生八卦，则四象为太极。"②从曹端的这些论述来看，虽然他也承认太极是"理之别名"，但他对这一形上本体之理却完全是从生化根源的角度来理解的，比如"以太极为本，而生出运用无穷"以及从"象数未形"到"形器已具"，也全然是从生成演化的角度展开的；而且，随着宇宙生化过程的展开，太极也就不断地表现出"两仪为太极""四象为太极"这样一种随着宇宙生化之发展而不断地内在化、生成化的相状。这样一种理解，对于周敦颐来说，也许更符合其《太极图说》之原意；但对于朱子关于太极之形上本体的诠释与定位而言，却又难免会形成一定的刺谬。

所以，在关于《太极图说》的诠释中，曹端就一定要坚持"太极之有动静，是天命之流行也，所谓一阴一阳之谓道。诚者，圣人之本，物之终始，而命之道也"③。从曹端的这一诠释就可以看出，他也许并不否认朱子加于太极的形上本体地位，但他一定要使太极更加内在于阴阳之气，或者说要使太极直接向其原本作为阴阳未判之元气的角度复归；至于太极的作用，自然也就必须通过阴阳生化之气的动静功能才能表现出来。这样一来，太极自身究竟有没有动静的功能也就成为曹端与朱子的一个重大分歧了。

在朱子看来，"太极只是天地万物之理"，所谓"阳动阴静"只是阴阳二气的功能，所以说太极不会动静其实正是它的形上本体属性的表现；但在曹端看来，如果太极不会动静，那就只能使所谓天理成为一种"死理"了。在这种状况下，反而会导致"理何足尚，而人何足贵"的悖谬。所以，曹端专门作了《辨戾》一文以"告夫同志君子"：

---

① ② 曹端：《太极图说述解序》，《曹端集》，第 1 页，北京：中华书局 2003 年版。
③ 曹端：《太极图说》，《曹端集》，第 11 页。

……周子谓"太极动而生阳,静而生阴",则阴阳之生,由乎太极之动静。而朱子之解极明备矣。其曰"有太极,则一动一静而两仪分。有阴阳,则一变一合而五行具",犹不异焉。及观《语录》,却谓"太极不自会动静,乘阴阳之动静而动静"耳,遂谓"理之乘气,犹人之乘马,马之一出一入,而人亦与之一出一入",以喻气之一动一静,而理亦与之一动一静。若然,则人为死人,而不足以为万物之灵;理为死理,而不足以为万化之原,理何足尚而人何足贵哉? 今使活人乘马,则其出入、行止、疾徐,一由乎人驭之何如耳。活理亦然。不之察者,信此则疑彼矣,信彼则疑此矣,经年累岁,无所折中,故为《辨戾》,以告夫同志君子云。[①]

在曹端的这一质疑中,他不仅同样遥尊周敦颐道学开山的地位,而且对朱子加于太极之天理本体的形上地位也是一并承认的,比如所谓"太极,理之别名耳。天道之立,实理所为。理学之源,实天所出。"[②]又说:"微周子启千载不传之秘,则孰知太极之为理而非气也哉? 且理语不能显,默不能隐,固非图之可形,说之可状,只心会之何如耳。二程得周子之图之说,而终身不以示人,非秘之,无可传之人也。……亦惟朱子克究厥旨,遂尊以为经而注解之,真至当归一说也。"[③]从这些评价来看,曹端不仅认为"周子启千载不传之秘",而且对朱子加于太极之天理本体的地位无疑也是积极肯认的,但曹端既然承认"太极之为理而非气也",为什么他一定要扭转朱子"太极不自会动静,乘阴阳之动静而动静"而为"活人乘马,则其出入、行止、疾徐,一由乎人驭之何如"呢? 这就涉及曹端对太极之形上本体地位及其基本属性的理解问题了。

在《太极图说述解》中,曹端曾不止一次地谈到太极的形上本体地位,比如他说:"无谓无形象、无声气、无方所,极谓至极,理之别名也。太

---

① 曹端:《辨戾》,《曹端集》,第23—24页。
② 曹端:《太极图说述解序》,《曹端集》,第1页。
③ 曹端:《太极图说述解序》,《曹端集》,第2—3页。

者,大无以加之称。天地间凡有形象、声气、方所者,皆不甚大……惟理,则无形象之可见,无声气之可闻,无方所之可指,而实充塞天地,贯彻古今,大孰加焉?"①这说明,对于朱子加于太极之形上本体地位的诠释,曹端无疑是承认的,并且也承认"太极之为理而非气也"。但他为什么又会在动静的问题上与朱子发生刺谬呢? 这就涉及他对太极本体之形上属性的理解问题。

在《太极图说述解序》中,曹端写道:

> 太极,理之别名耳。天道之立,实理所为。理学之源,实天所出。……曰先天者,以太极为本,而生出运用无穷,虽欲绍天明前民用,然实理学之一初焉。②
>
> 太极者,象数未形而其理已具之称,形器已具而其理无朕之目。③

从这些论述来看,曹端似乎始终是以从"无"到"有"之"生"的角度来理解所谓"先天""后天"之说的,所以其对太极就有"生出运用无穷,虽欲绍天明前民用,然实理学之一初"的定位。这样一来,太极也就只能成为所谓"象数未形而其理已具之称"了。这就使太极从朱子的天地万物所以存在之形上本体一变而成为宇宙万物的生化之源了;虽然从其源头的角度看,太极仍然是所谓"无形象之可见,无声气之可闻,无方所之可指"的,但也正因为这一无形无象的形上特征,才构成了天下万事万物之貌相形色所以生成的根源与基础。在这一基础上,当曹端一改朱子"太极不自会动静,乘阴阳之动静而动静"而为"活人乘马,则其出入、行止、疾徐,一由乎人驭之何如"时,也就明确地将朱子超越的本体论视角改变为沿着实然生化所以形成的宇宙论视角了。由此以往,明代理学就形成了一种有别于朱子天理本体论之形上视角,而成为道家、汉儒所运用之"有生于无"的宇宙生化论视角了;明代理学的内在化转向,实际上就是通过这种

---

① 曹端:《太极图说》,《曹端集》,第 11 页。
②③ 曹端:《太极图说述解序》,《曹端集》,第 1 页。

实然的宇宙生化论视角实现的。

二、理气关系

正因为曹端已经明确地将朱子"太极不自会动静,乘阴阳之动静而动静"修正为"活人乘马,则其出入、行止、疾徐,一由乎人驭之何如",因而太极也就具有了能动、创生的功能,在这一基础上,才可能形成所谓"活人乘马"以及"一由乎人驭之何如"的结论。这样一来,太极从"不自会动静"到能够动静以至于创生天地万物也就必然包含着其自身性质的某种改变,这种改变,说到底也就是从决定天地万物所以存在的形上本体一变而成为宇宙天道的生化之源。这样,作为朱子"生物之本"与"生物之具"、"其性"与"其形"之不同性质及其借以区别的理气关系也就必然要发生某种改变。

在朱子哲学中,理气关系不仅是"生物之本"与"生物之具"的关系,而且还存在着"形而上之道"与"形而下之器"的区别。朱子说:

> 天地之间,有理有气。理也者,形而上之道也,生物之本也。气也者,形而下之器也,生物之具也。是以人物之生,必禀此理然后有性,必禀此气然后有形。其性其形虽不外乎一身,然其道器之间,分际甚明,不可乱也。①

在这一基础上,朱子的理气关系便不仅存在着实然生化层面的不可分割一层("必禀此理然后有性,必禀此气然后有形"以及"其性其形虽不外乎一身")关系,而且还存在着价值逻辑层面的理先气后一层("然其道器之间,分际甚明,不可乱也")关系。那么,曹端又将如何处理朱子理与气的这种双重关系呢?

对于朱子理气关系中的形上形下之别,曹端确实做了忠实的继承,比如他就处处强调理与气的形上形下之别:

---

① 朱熹:《答黄道夫》,《朱熹集》,卷五十八,第 2947 页。

> 阴、阳,气也,形而下者也。所以一阴一阳者,理也,形而上者
> 也。道即理之谓也。①

> 物谓万物,而人在其中也。惟其有形,则滞于一偏,是谓形而下
> 之器也。形而下者,则不能通。故方其动时则无了那静,方其静时
> 则无了那动……②

> 神则即此理耳,所谓形而上之道也,则不离于形,而不囿于形,
> 故神而莫测。方其动时,未尝不静,故曰无动。方其静时,未尝不
> 动,故曰无静。③

在曹端这一继承性的诠释中,理与气的形上形下之别以及理之贯通动
静、不拘方所的性质也都得到了很好的表现。但这种贯通究竟是一种什
么样的贯通呢? 实际上,这主要是一种理与气之不可分割式的贯通,就
是说,曹端主要是通过理与气的形上形下之别来区别二者的基本属性,
同时又以理与气的不可分割性来表现二者之间的贯通关系;因而这种贯
通,说到底也只能是一种形下落实之实然存在式的贯通。就是说,从实
存的角度看,理与气必然保持一种相互贯通而又不可分割的关系。但这
样一来,朱子理与气之"不离不杂"的双重关系,实际上只剩下了不可分
割一层了。

为什么这样说呢? 这主要是由其理之内在于气的方式与途径决定
的。让我们先从宇宙天道的角度来看曹端的天理如何内在于天地万物:

> 宇宙之间,一理而已,天得之而为天,地得之而为地,人物得之
> 而为人物,鬼神得之而为鬼神。吾圣人之道,则合高厚而为一,通幽
> 明而无间,语其目之大者,则曰三纲、五常,而其大要,不曰中则曰
> 敬,不曰仁则曰诚,言不同,而理则一。④

很明显,这主要是通过理内在于气之生化、禀赋的方式来直接贯通天地

---

① 曹端:《通书述解》,《曹端集》,第 29 页。
②③ 曹端:《通书述解》,《曹端集》,第 62 页。
④ 曹端:《通书述解》,《曹端集》,第 102 页。

万物的,并进一步落实为人伦的三纲五常。就具体的人生禀赋而言,则天理又必须通过禀气赋形的方式落实为人性,尤其落实并内在于人的气质之性。所以,曹端又对周敦颐的"性者,刚、柔、善、恶、中而已"注解说:

> 此所谓性,以气禀而言也。太极之数,自一而二,刚柔也;自一而四,刚善、刚恶、柔善、柔恶也,遂加其一中也,以为五行。濂溪说性,只是此五者,他又自有说仁、义、礼、智底性时。若论气禀之性,则不出五者。然气禀底性,只是那四端底性,非别有一种性也,所谓刚、柔、善、恶之中者。天下之性,固不出此五者,然细推之极,多般样,千般百种,不可穷究,但不离此五者尔。性只是理,然无那天气、地质,则此理没安顿处,但得气之清明,则不蔽固。此理顺发出来,蔽固少者发出来,天理胜,蔽固多者则私欲胜,便见得本源之性无有不善,只被气质昏浊则隔了,学以反之,则天地之性存矣。故说性须兼气质方备。①

在上述关于理气关系的论述中,曹端只是一味地强调天理必须内在于气、天地之性必须内在于气质之性,却从未像朱子那样强调"未有天地之先,毕竟也只是理。有此理,便有此天地;若无此理,便亦无天地,无人无物,都无该载了! 有理,便有气流行,发育万物"②,以及"万一山河大地都陷了,毕竟理却只在这里。"③这说明,朱子哲学中理与气之"不离不杂"的双重关系,实际上已经被曹端以实存化、内在化的方式彻底归一于气了。所以,在曹端的哲学中,虽然他也强调理与气在存在属性上的形上形下之别,但其理与气的关系成为"无那天气、地质,则此理没安顿处",正像所谓天地之性、四端之性,离开了刚、柔、善、恶、中的具体气质也就无从存在一样。这样一来,对于朱子理与气之"不离不杂"的双重关系,曹端其实只承认理与气的不可分割一层,并不承认理先气后一层,实际上,这

---

① 曹端:《通书述解》,《曹端集》,第42—43页。
② 黎靖德编:《朱子语类》卷一,第1页。
③ 黎靖德编:《朱子语类》卷一,第4页。

就在一定程度上取消了天理对于气、天地之性对于气质之性的超越性。

在朱子哲学中，太极与阴阳是从宇宙生化论的角度而言的，理与气则是从万物存在之相状表现及其本体依据的角度而言的。但朱子通过"太极只是天地万物之理"一句，从而使其哲学从根本上成为一种本体宇宙论；其之所以要规定"太极不自会动静，乘阴阳之动静而动静"，也正是为了突出太极（天理）的形上本体地位。在曹端的诠释中，他虽然并不否认太极、天理的形上本体地位，但当他为太极加上启动发用的属性，并从理与气之不可分割的角度来理解天理的形上本体地位时，朱子从本体论角度所展开的理先气后关系也就无从落实了；作为天地万物形上本体的天理也就只能存在于宇宙天道之生成演化的过程中。当然，从宇宙生化的过程来看，太极（天理）确实只能存在于宇宙生化的过程中，这无疑是正确的，但朱子关于太极（天理）的超越性涵义，亦即其所谓"在理上看"[1]之超越的形上本体一层涵义也就无从表现了，只能落实、转化为一种实然宇宙论的生化视角。

三、《夜行烛》及其对佛老的批评

"辟佛排老"既是宋明理学的职志，同时也是其崛起的表现，因而作为理学家，是否辟佛排老以及如何辟佛老就成为其自身理论自觉的一种表现。在这方面，曹端不愧为程朱理学的忠实继承者，他不仅明确坚持着两宋理学的辟佛排老精神，而且还以其父亲为对象，专门写下了《夜行烛》与《家规辑略》两书，既辟佛老之失，同时也借以阐明儒家积极入世的人伦世教精神。在现行的《曹端集》中，除了对周敦颐的《太极图说》《通书》与张载的《西铭》进行述解外，其余大部分篇幅也就以《夜行烛》与《家规辑略》为主要内容了；后二者甚至占到其全书近一半的分量，由此也可

---

[1] 朱子云："所谓理与气，此决是二物。但在物上看，则二物浑沦，不可分开各在一处，然不害二物之各为一物也。若在理上看，则虽未有物，而已有物之理，然亦但有其理而已，未尝实有是物也。"朱熹：《答刘叔文》，《朱熹集》卷四十六，第 2243 页。

以看出其在曹端思想中所占的比重。

实际上,这两本书都是曹端在科举出仕以前所作,《家规辑略》成于永乐三年(1404),其时正是他乡试下第的那一年,故其"取《义门郑氏家规》九十余条,自撰六十余条,编为十有四篇,命曰《家规辑略》,白其父,令子弟诵习而守之"①,这正表现着曹端躬行践履之儒的特色。《夜行烛》则成书于永乐六年(1407),其时正是他"会试南宫,登乙榜第一"的前一年,而其大旨,则"首陈善恶祸福之由,继以保身正家之要,其间明礼却俗,阐道辟邪,训子孙,友兄弟,睦宗族,和邻里,嘉言善行,无所不备"②,表明曹端已经将儒家的人伦世教精神以劝告父老的方式推及父子、兄弟、宗族和邻里之间了。总体来看,前者自然是以儒家积极入世的精神来立身、居家,后者则可以说是以儒家的精神"夜行",包括其辟佛排老以及在人伦社会层面阐明儒家正道的工作。

在其晚年所自编的《存疑录》一书的"序"中,曹端曾概述自己一生的思想经历,并反复阐明其一生以儒家正道为归的志向。他写道:

> 端自幼业农,弱而学儒,苦为流俗异端所困。后数年,方渐脱之放之,而至于一正之归,然尚为科举之学靡之。自强以来,潜心理学,初若驾孤舟而泛烟海,渺茫弥漫,颎洞浩瀚,莫知涯涘,恍忽艰甚者。久之,逮知命而后方闻天下无性外之物,而性无不在焉。性即理也。理之别名,曰太极,又曰太乙,曰至诚,曰至善,曰大德,曰大中,随意取名不同而道则一而已。《六经》《四书》之后,阐明开示,至当归一之论,惟濂、洛、关、建大儒,真得孔、孟宗旨,传帝王之心法,发天地之精蕴。③

显然,这既是他一生探索的精神履历,也是其向理学归宗的过程。第二年,曹端又编成《儒家宗统谱》,并在该书的"序"中说:"《儒家宗统谱》,是

---

① 张信民:《曹月川先生年谱》,《曹端集》,第268页。
② 张信民:《曹月川先生年谱》,《曹端集》,第270页。
③ 曹端:《曹月川先生录粹》,《曹端集》,第249页。

儒家之真源正派也。盖真源乃天、地、人之所自出,正派乃皇、帝、王之所相承,所以参天地而立人极者焉。然其大目,则曰三纲,曰五常。而其大要,则曰一中而已。三皇儒而皇,五帝儒而帝,三王儒而王,皋、夔、稷、契、伊、傅、周、召儒而相,孔子儒而师,然则孔门一帝王之教耳,帝王一天地之道耳,儒家者所以相天地、祖帝王、师圣贤,心公天下(,)万世之心也,道公天下(,)万世之道也。"①这说明,曹端是试图通过个体之立身处世、居家睦族一直到将历史上的三皇五帝、裁成辅相之道统统收摄到儒家的三才之道与三纲五常的做人原则上来。仅从这一点来看,曹端作为明初道统之传的主要担当者,也确实是当之无愧的。

在这一志向的引导下,曹端一生都在与民间的崇佛佞老现象作斗争,作为其儒者志向典型表现的《夜行烛》一书也首先是在他与其父亲的乡间习惯之间展开的。他在《夜行烛》一书的"序"中说:"泊端读书于邑庠,幸闻师友之谈,颇知圣贤之道,乃告家严曰:'《易》云:'受兹介福,惟以中正。'《诗》云:'思无邪,思马斯徂。'是则福在正道,不在邪术,况圣门之教,敬鬼神而远之,彼佛、老以清净而废天地生生之理,致令绝祀覆宗,祸且不免,福何有焉?'家严悔恨,因执端手而谕之曰:'我不读书,为流俗所惑,昏迷至此,可胜痛哉! 今而后,由尔引我上去,我便随着尔行。'端拜曰:'古之孝子,先意承志,谕父母于道,端既奉命,敢不拜教?'"②这说明,曹端的辟佛排老首先是在他自己的儒学信仰与其父亲的乡间习惯之间展开的;至于其所谓的"夜行"之"烛"一说,也恰恰是来自其父亲的反思与感慨。③

因此,在《夜行烛》一书中,曹端处处从儒佛对比的角度展开对佛老的批评:

> 愚谓儒家之礼,原出于天地,而制成于圣人,故自周公而上,作

① 曹端:《曹月川先生录粹》,《曹端集》,第 250 页。
② 曹端:《夜行烛序》,《曹端集》,第 128—129 页。
③ 曹端云:"既而家严喜曰:'昔我愚冥,如夜行。然自端开明之后,虽未到高明远见地步,然常若有明烛照引于前者。'"《夜行烛序》,《曹端集》,第 129 页。

之者非一人,自孔子而下,明之者亦非一人矣,其在《五经》《四书》,详且备焉。彼释迦、老聃之书,本无斋醮之论,而梁武、宋徽之君,乃妄为斋醮之说,故武饿死台城,而徽流落金虏,将求冥福,俱遭显祸,诚万世之明鉴也,奈何人不知戒,踵谬成俗流至于今,可胜痛哉!然出俗超凡,何代无人?宋程伊川先生家治丧,不用浮屠,在洛亦有一二家化之。元许鲁斋先生居乡里,凡丧葬,一遵古制,不用释、老二氏,士大夫家因以为俗,四方闻风亦有效之者。今欲明其礼而却其俗焉,以二先生为法,毋曰"我下愚也,岂敢效大贤之所为哉!"孟子有曰"人皆可以为尧、舜",况程、许乎?[1]

很明显,这就是以儒家的丧葬之礼来反衬佛老的斋醮之说。在曹端看来,儒家之礼"源出于天地,而制成于圣人",既有"作之者非一人"的开创,又有"明之者亦非一人"的递相发明,同时还有"《五经》《四书》"的继起阐发,相反,佛老的斋醮之说不过是出于梁武帝、宋徽宗之一时"妄为"而已;而其结果,则不是"饿死台城"就是沦落为"金虏"。两相比较,究竟应当如何安排自己的人生,难道还不清楚吗?

但由于当时信奉佛老者甚众,并已成为一种普遍的社会风气了,所以即使曹端以伊川、鲁斋为榜样,也难免会面临"触日之牛,吠云之犬,所在成群"一样的讥讽。在这种状况下,曹端不得不引入现实的人生,并以现实人生中的实情实例来澄清崇信佛老之荒谬:

愚初请家严除淫祀,祭祖先之时,触日之牛,吠云之犬,所在成群。愚闻之曰:"或有一人将父母不养,以致流落在外,寻觅过日,其子在家,杀羊造酒,吹弹歌舞,请宴外来宾客,醉饱连日,其父母悲泣而归,探墙而望,不得其门而入,又复悲泣而去,此子何如?"众曰:"自家父母不养,却养外人,正孔子所谓'不爱敬其亲,而爱敬他人'者也,岂非悖德悖礼,忤逆不孝之甚者乎?"端曰:"今人把自家祖宗、

---

[1] 曹端:《夜行烛》,《曹端集》,第142—143页。

父母都不祭祀,却将外神、他鬼画影图形在家祭献,又去外面享赛某庙某神,与此人何异?"众人皆惭服,自是不复非议。①

以此为契机,曹端继续上升到人伦社会所以存在的高度来批评崇信佛老的悖谬,他一面支持其父亲禁罢淫祀的正确行为,同时又以天地生生之理来批评崇信佛老的荒谬。他写道:

> 释、老之流,本无父无君,而世人咸以为善门之人,其于君臣、父子、夫妇之伦,人则以臭肉凡胎目之,噫! 视我周公以上列圣之所行,孔子以下列圣之所明者,为何物哉? 此正我家严所欲行、所欲止者也。②

> 或曰:"佛、老之道,清净如此,固非凡俗之所及,今子不恶凡俗而恶佛老,何也?"端应之曰:"《易》云:'天地感而万物化生'。佛、老以不夫妇为清净,则天地亦不佛、老之清净矣! 然使天地如佛、老之清净,则阳自阳而阴自阴,上下肃然,常如隆寒之时矣,万物何自而生哉? 万物不生,则吾族固无矣,彼佛、老之徒亦能自有乎? 是万物生于天地,而各具一天地生生之理,故有胎者焉,有卵者焉,有勾者焉,有甲者焉。原其所以,莫非阴阳造化之道也。是故圣人顺天地之理,制夫妇之义,使生生而不穷,此所谓参天地而赞化育也"。③

在曹端对崇信佛老的诸多批评中,主要是从引导社会大众的层面上着眼的,充其量也只是指出佛老在人生理论上背弃儒家人伦世教精神的悖谬而已。比如"异端之教,遂至禁杀茹蔬,殒身饲兽,甚于天性之亲、人伦之爱,反恝然其无情,又岂得为天理之公?"④或者直接征引前人的语录进行批评,比如"释氏出于自私之厌,老子出于自私之巧"⑤等等。这一方

---

① 曹端:《夜行烛序》,《曹端集》,第144页。
② 曹端:《夜行烛》,《曹端集》,第171页。
③ 曹端:《夜行烛》,《曹端集》,第179页。
④ 曹端:《曹月川先生录粹》,《曹端集》,第248页。
⑤ 曹端:《曹月川先生录粹》,《曹端集》,第250页。

面说明,明代理学的辟佛排老已经进入到伦常生活的层面,同时也说明,由于两宋理学家的继起努力,北宋早期儒学与佛老在形上理论层面"较是非,计得失"①的情形已经不再是时代的重大任务了。

在曹端一生的理论探讨中,他一方面通过太极之辩,修正了朱子的理气人马之喻,同时,也正是通过这一修正,将理学引向了"阐造化之源"的方向。在这方面,曹端确有发前人之所未发的探讨。比如他分析说:"月本无光,受日之光则光。日食不在晦,则在朔,以其交也。月食在望。盖晦朔而日月合东西同度,南北同道,月掩日则日为之食,望则日月之对同度、同道,月上地中,日居地下,地影既隔日光,不照而月食,其隔或多、或寡,所食有浅、有深。盖地居天内,如鸡子中黄,其形不过与月同,大地与月相当则食既矣。"②如果从自然科学对天象认知的角度看,这样的看法也许并没有多少先进性;但如果从明代理学的探索走向来看,这样的认识正体现着一种"深有悟于造化之理"的方向。如果再结合其"特从古册中翻出古人公案"③一点,这就正好表现出明代理学之一种新的探索走向。

第二节　薛瑄的河东之学

曹端之后,明代理学的主要代表就要算薛瑄了;薛瑄也恰恰属于"闻先生(曹端)之风而起者"④。仅从这一点来看,明代理学似乎是先从北方开始崛起的。当曹端开始从事理学探讨时,多少还带有一定的孤明先发的意味,曹端一生的仕途主要限于地方的教育官员,也培养了不少的弟子,但就当时理学的总体格局而言,毕竟还带有一定的草创性质。待到薛瑄致力于理学探讨时,就已经不再限于一种个体的兴趣或私淑之好,而是同时带起了一个具有众多追随者的地方性学派,这就是河东学

---

① 张载:《正蒙·乾称》,《张载集》,第65页。
② 曹端:《曹月川先生语录》,《曹端集》,第233页。
③④ 黄宗羲:《明儒学案·师说》,《黄宗羲全集》第七册,第9页。

派,薛瑄也等于是明代理学学派的开创者。除此之外,就学风来看,薛瑄虽然继曹端而起,但他已经不再是像曹端那样仅仅集中于对前人著作的注释、述解,而是通过"读书录"的方式来发挥自己对于前人思想的系统理解,这就使其探讨更明确地集中于朱子的理气关系上,从而展开对朱子理气关系之一种较为系统的探讨。

薛瑄(1389—1467),字德温,号敬轩,山西河津人。薛瑄自幼即随父读书,《诗》《书》过目成诵,日记千百言,后随父任补鄢陵生员。永乐十八年(1420),举河南乡试第一,翌年进士及第。曾历任广东、云南监察御史、山东提学金事、大理寺少卿、南京大理寺卿、礼部右侍郎、翰林院学士等职。晚年致仕归乡,并以"七十六年无一事,此心始觉性天通"来概括其一生的探索,成化三年殁于家,享年七十九岁,谥文清。隆庆六年(1572),从祀孔庙。

薛瑄是继曹端而起的北方大儒,所到之处无不讲学,因而从学之流蔚为大观,遂成河东学派的开创者。史载其讲学往往"首揭白鹿洞学规,开示学者。延见诸生,亲为讲授。才者乐其宽,而不才者惮其严,皆呼为薛夫子"①。至于其所讲的内容,则一本程朱修己正人之教,以复性为宗。尝曰:"自考亭以还,斯道已大明,无烦著作,直须躬行耳。"②从这一学旨来看,薛瑄自然可以说是程朱理学的光大者;但从其具体探讨来看,薛瑄也可以说是程朱理学理论体系的发展者与修正者。

一、无极而太极

关于薛瑄之学,明儒殿军刘宗周尝评论说:"前辈论一代理学之儒,惟先生无间言,非以实践之儒与?"③至于其学旨,刘宗周又说:"阅先生《读书录》,多兢兢检点言行间,所谓'学贵践履',意盖如此。"④黄宗羲也

---

① 《明史·儒林传》一,《二十五史》卷十三,第 1526 页。
② 《明史·儒林传》一,《二十五史》卷十三,第 1527 页。
③④ 刘宗周:《明儒学案师说》,《刘宗周全集》第五册,第 516 页。

评论说:"河东之学,恫愊无华,恪守宋人矩矱,故数传之后,其议论设施,不问而可知其出于河东也。"①实际上,从刘宗周的"实践之儒""兢兢检点言行间"到黄宗羲"恫愊无华,恪守宋人矩矱"的评价或多或少还是带有一丝贬损之意的,意即薛瑄的《读书录》中并没有多少学理性的探讨,不过"检点言行间"而已,此刘宗周"实践之儒"的实际指谓;至于黄宗羲的评价,可能也就如同高攀龙所谓的"薛敬轩、吕泾野语录中,皆无甚透悟"②的评价一样。实际上,对于明代理学,薛瑄是确有其推进作用的,无论是"兢兢检点言行间"还是对理学理论探讨的推进,都体现在其《读书录》一书中。这一点又首先表现在其对周敦颐"无极而太极"一说的理解与诠释中。

关于周敦颐"无极而太极"一说的理解,薛瑄总体上是以朱子之说为旨归的。比如他解释说:

> 无极而太极,非有二也。以无声无臭而言,谓之无极;以极至之理而言,谓之太极。无声无臭而至理存焉,故曰无极而太极。③

在宋明理学的氛围中,所谓"无极而太极"首先涉及"无极"与"太极"的关系问题;"无极"与"太极"同时又涉及儒家传统中的"形而上"与"形而下"以及"道"与"器"的关系。如果将薛瑄的上述理解与朱子在《答陆子静》一书中对"无极而太极"一说的阐发稍加比较,就可以清楚地看出薛瑄的全部说法实际上都来自朱子。在朱子看来,周敦颐之所以要用"无极"来修饰"太极",关键也就在于他是要"令后之学者晓然见得太极之妙不属有无,不落方所"④的特点,他明确指出:"故语道体之至极,则谓之太极;语太极之流行,则谓之道。虽有二名,初无两体。周子所以谓之'无极',正以其无方所,无形状,以为在无物之前,而未尝不立于有物之后;以为

---

① 黄宗羲:《明儒学案·河东学案》,《黄宗羲全集》第七册,第 117 页。
② 黄宗羲:《明儒学案·姚江学案》,《黄宗羲全集》第七册,第 197 页。
③ 薛瑄:《读书录》卷一,《薛瑄全集》,第 1017 页,太原:山西人民出版社,1990 年版。
④ 朱熹:《答陆子静》五,《朱熹集》卷三十六,第 1575 页。

在阴阳之外,而未尝不行乎阴阳之中;以为通贯全体,无乎不在,则又初无声臭影响之可及也。"①显然,在朱子的这一诠释中,"无极"全然是一个修饰语,主要用来指谓"太极"本身之"无方所,无形状"的性质,所以说二者全然是所谓"虽有二名,初无两体"的关系。而在薛瑄的理解中,"无极而太极"这种"有形"与"无形"、"形而上"与"形而下"相统一的特征也得到了很好的把握,所以他强调"无极而太极,非有二也"。因为其所谓"无极"一面,主要是指"无声无臭"而言,亦即朱子所谓的"初无声臭影响之可及也";但即使是"无声无臭",却仍然有"至理存焉",所以又说"以无声无臭而言,谓之无极;以极至之理而言,谓之太极",二者都是对天地万物之形上本体依据的一种概括性表达。就这一点而言,应当说薛瑄确实比较准确地把握并继承了朱子的思想。

像朱子一样,薛瑄也处处以太极作为"天下之大本"与"天下之达道"的具体统一来表达,并试图以之贯通整个《中庸》。他说:

> 大本者,太极之全体;达道者,太极之流行。②

又说:

> 语大,天下莫能载焉,语小,天下莫能破焉,即太极也。太极即性也,即天下无性外之物,而性无不在也。③

从这一诠释来看,薛瑄不仅继承了朱子"有形"与"无形"、"形而上之道"与"形而下之器"相统一的思想,而且也继承了周敦颐《通书》之融《易传》与《中庸》为一体的进路。不仅如此,更重要的一点还在于,在薛瑄的思想中,他还试图将上述几个方面的统一落实到人性上来,就有了"太极即性也"一说。"性"当然首先指人性,在周敦颐与朱子的思想中,所谓人性首先也是指太极流行并落实于人生中的表现。而在薛瑄看来,既然"太

---

① 朱熹:《答陆子静》五,《朱熹集》卷三十六,第 1575—1576 页。
② 薛瑄:《读书录》卷六,《薛瑄全集》,第 1169 页。
③ 薛瑄:《读书续录》卷二,《薛瑄全集》,第 1354 页。

极即性也",因而也就可以说是"天下无性外之物,而性无不在也"。那么,这究竟是将"性"提升到作为天地万物本体的"太极"高度呢还是将"太极"直接落实为人生中的形上本体——人性呢?在薛瑄的思想中,这两层含义实际上是兼而有之的。

说薛瑄是将"性"提升到"太极"本体的高度,主要是因为他通过对张载"性者万物之一源"的解读,认为"性"也就是天地万物所以存在的本体依据,在他看来,"性"也就可以等同于周敦颐的"无极而太极"。他说:"张子曰:'性者万物之一源',即周子所谓无极而太极也。"[1]显然,通过张载"性者万物之一源"的说法,薛瑄也就直接将"性"提升为天地万物所以存在的本体依据了。但是,"性"毕竟是从人生的角度而言的,为什么人性就能直接等同于天地万物所以存在的形上本体依据呢?对于这一问题,薛瑄又主要是通过对小程"性即理"思想的诠释来实现的。"性即理"曾是一个得到朱子高度表彰的命题,两宋理学也正是通过这一命题才展开了其存有论与宇宙天道论相统一的关注面向。薛瑄继承了两宋理学的这一思路,在他看来,"程子言'性即理也'。故满天地间皆理,即满天地间皆性矣。此合内外之道也。"[2]又说:"太极者,性理之尊号。道为太极,理为太极,性为太极,心为太极,其实一也。"[3]很明显,薛瑄这里主要是通过"性"与"太极"、"性"与"理"之对等式的互诠,从而完成了其对"性"之本体化提升;至于其所谓的"合内外之道",也同样是通过"性"与"理"之互诠式的等同,并通过"理"之存在的遍在性加以实现的。

在这一基础上,薛瑄所谓的"性"实际就成为"理"之别名了。比如他说:

> 性非特具于心者为是,凡耳目口鼻手足动静之理皆是也。非特耳目口鼻手足动静之理为是,凡天地万物之理皆是也。故曰"天下

---

[1] 薛瑄:《读书续录》卷二,《薛瑄全集》,第 1340 页。
[2] 薛瑄:《读书续录》卷十二,《薛瑄全集》,第 1488—1489 页。
[3] 薛瑄:《读书续录》卷一,《薛瑄全集》,第 1296 页。

无性外之物,而性无不在。"①

有气即有性,有性即有气。性虽不杂乎气,亦不离乎气。②

在这一诠释中,"性"与"理"在内涵上是完全等同的关系,因而"气"之存在的遍在性也就成为"性"与"理"之遍在性的具体表现了。通过这样一种论证,薛瑄就实现了其"性"与"理"之普遍性落实与遍在化拓展。如果说曹端是通过"特从古册中翻出古人公案"的方式开启了"深有悟于造化之理"的方向,那么薛瑄则是通过"性"与"太极"、"性"与"理"之互诠式的等同,将理学探讨进一步推向了万物所以存在的"造化之理"的方向。

至于薛瑄如何将"太极"从宇宙生化论的角度直接落实为人性,这又是通过其对朱子理气关系以及其"理一分殊"命题的解读与诠释实现的。

二、理一分殊

理气关系是朱子哲学的核心,而"理一分殊"则是其哲学之宇宙论规模得以展开的理论桥梁。因此,要理解朱子哲学,首先就要理解其理气关系,然后才能通过其理气关系之具体展开来理解其"理一分殊"的说法。对薛瑄来说,也只有先梳理其对理气关系的理解,然后才能进一步分析其对"理一分殊"的诠释。

在朱子哲学中,理气关系总体上是一种"不离不杂"的关系。所谓"不离",是指理与气的不可分割性;所谓"不杂",是指理先气后以及理对于气的超越性。对应于朱子的相关论述,这两种关系实际上也就是其所谓"在理上看"与"在物上看"。朱子说得很清楚:"所谓理与气,此决是二物。但在物上看,则二物浑沦,不可分开各在一处,然不害二物之各为一物也。若在理上看,则虽未有物,而已有物之理,然亦但有其理而已,未尝实有是物也。"③又说:"理形而上者,气形而下者。自形而上下言,岂无

---

① 薛瑄:《读书续录》卷一,《薛瑄全集》,第 1023 页。
② 薛瑄:《读书续录》卷七,《薛瑄全集》,第 1447 页。
③ 朱熹:《答刘叔文》,《朱熹集》卷四十六,第 2243 页。

先后！"①朱子的这些说法表明,所谓理先气后并不是从实然存在的角度言说的,而是从价值系列与存在层级的角度对于理之超越性的一种确认,所以才说"若在理上看,则虽未有物,而已有物之理,然亦但有其理而已,未尝实有是物也"。为什么在"虽未有物"的条件下仍然要强调"已有物之理"呢? 这就是因为理对于气包括各种具体存在之器的超越性——理是超越于气之聚散存亡与生化流变之上的存在,这也是两宋理学超越性视角的典型表现;程朱理学之所以被称为理本论,也正是从其理先气后角度所得出的结论。

但在薛瑄的理解与诠释中,朱子理与气"不离不杂"的双重关系却被仅仅理解为实然存在一维之不可分割关系,这就包含着理之超越性被消解的可能。仅从字面及其表达形式上看,薛瑄似乎仍然坚持着朱子理与气"不离不杂"的说法,比如"盖理气虽不相杂,亦不相离。天下无无气之理,亦无无理之气"②,但是,他只是从实然存在的角度来理解并讨论二者之不离不杂关系的,因而也就存在着理之超越性及其形上本体维度遭到消解的可能。不仅如此,薛瑄还明确利用朱子对理与气之不可分割关系的论证来批判其关于理之超越于气的理先气后论说。比如他说:

> 理气间不容发,如何分孰为先,孰为后?③
>
> 四方上下,往来古今,实理实气,无丝毫之空隙,无一息之间断。④
>
> 理只在气中,决不可分先后,如太极动而生阳,动前便是静,静便是气,岂可说理先而气后也。⑤

很明显,当薛瑄言之凿凿地反问"岂可说理先而气后也"时,分明是在对朱子进行"以子之矛,攻子之盾"式的反驳。问题当然不在于朱子究竟可

① 黎靖德编:《朱子语类》卷一,第 3 页。
② 薛瑄:《读书续录》卷十二,《薛瑄全集》,第 1491 页。
③ 薛瑄:《读书录》卷三,《薛瑄全集》,第 1097 页。
④ 薛瑄:《读书录》卷十,《薛瑄全集》,第 1261 页。
⑤ 薛瑄:《读书录》卷四,《薛瑄全集》,第 1120 页。

不可以反驳薛瑄,而在于薛瑄的这一反驳角度,即薛瑄的反驳与批评究竟是从哪个角度发出的。在朱子哲学中,理与气的双重关系其实正对应着他的"形而上之道"与"形而下之器"以及其所谓的"在理上看"与"在物上看";"形而上之道"与"形而下之器"自然是指其存在上的层级及其属性,所谓"在理上看"与"在物上看"则是指人对这一存在层级的认识与自觉。显然,这两点正构成了朱子理先气后说的基础;后者之所以必要,又正好对应着两宋理学所以崛起之实然存在与超越追求这一双重视角。在这一基础上,当薛瑄立足于理与气之不可分割关系来对朱子的理先气后说进行反驳与批评时,实际上也就等于他只继承了朱子理气关系中的不可分割一层,而对其理先气后说所表达的理之超越于气的形上本体维度及其价值蕴涵则进行了坚决的否弃。这样一来,我们也就只能说薛瑄是偏取或者说是明确地修正了朱子的理气关系。

那么,薛瑄又将如何处理自己哲学中的理气关系呢? 既然二者的关系只有不可分割一层,那其相互间究竟还有没有区别呢? 在薛瑄看来,虽然理与气只有不可分割一层关系,但其相互之间还是存在着明显区别的。他说:

> 理气虽不可分先后,然气之所以如是者则理之所为也。[1]
>
> 理气本不可分先后,但语其微显,则若理在气先,其实有则具有,不可以先后论也。[2]
>
> 气有形,理无迹;气载理,理乘气,二者浑浑乎无毫忽之间也。[3]

从这一系列说法也可以看出,薛瑄之所以反对朱子的理先气后说,关键在于他是从一种反对任何超越(或从薛瑄实然存在的角度也可以说是脱离)于实然存在的一维视角(薛瑄往往将超越理解为脱离,这正说明他的视角实际上也只有实然存在一维),但他确实不反对理气分言,不反对

---

[1] 薛瑄:《读书录》卷四,《薛瑄全集》,第 1119 页。
[2] 薛瑄:《读书录》卷二,《薛瑄全集》,第 1070 页。
[3] 薛瑄:《读书录》卷三,《薛瑄全集》,第 1099 页。

"气之所以如是者则是理之所为也",因而对于理与气的存在属性之别以及理对于气的决定作用他仍然是承认的。但这种承认也就仅仅停留于存在属性之所谓"微""显"之间,根本缺乏超越的形上本体维度的依据。在这一基础上,薛瑄的理也就不再是朱子超越的天理,只能是表征实然存在并存在于气化流行过程中的"气之条理",或者说也就是气化生生过程中的物理或定则之理。

正因为理之内涵的这一改变,薛瑄对于理气之别以及其关系就有了新的表达,这就是所谓日光飞鸟之喻。他说:

> 理如日光,气如飞鸟,理乘气机而动,如日光载鸟背而飞。鸟飞而日光虽不离其背,实未尝与之俱往而有间断之处。亦犹气动而理虽未尝与之暂离,实未尝与之俱尽而有灭息之时。气有聚散,理无聚散,于此可见。①

在这一比喻性的说明中,薛瑄实际上是在强调理与气虽然有别,但其关系却是永远不可分割的,所以才有所谓"鸟飞而日光虽不离其背,实未尝与之俱往而有间断之处";至于"气有聚散,理无聚散",则是指无论是"气聚"还是"气散"状态,理都无不内在于气中,这等于说理的存在形式是超越于气之聚散两态——不以气之聚散为转移的。由于理与气既不可分割,理又永远存在于气化流行的过程中,因而这种永远内在于气的理,也就必然要通过"理一分殊"的方式表现出来。

"理一分殊"是朱子直接从其师李延平继承过来的一个非常重要的理论命题(该命题首发于程颐的《答杨时论西铭书》),延平曾教导朱子说:"吾儒之学所以异于异端者,理一分殊也。理不患其不一,所难者分殊耳。"②李延平用"理一分殊"来作为儒佛区别的标志,是因为在他看来,儒佛之别的关键就在于是否承认"分殊"、是否能够坚持"分殊"一点上。

---

① 薛瑄:《读书录》卷五,《薛瑄全集》,第 1145 页。
② 赵师夏:《延平答问跋》,《朱子全书》第十三册,第 354 页,上海:上海古籍出版社、合肥:安徽教育出版社,2002 年版。

所谓"理一"可以说是儒与佛所共同具有的对本体的共识,但是否承认"分殊",则是是否具有人伦现实关怀(从理论上看也可以表现为是否承认宇宙生化的价值与意义)的表现。也许正是这一原因,朱子才一定要建立一个无所不包的宇宙论体系。朱子的这一思想确实得到了其后学的继承与坚持,曹端就有"理一分殊"的思想,他说:"天地之间,人物之众,其理本一,而分未尝不殊。以其理一,故推己可以及人;以其分殊,故立爱必自亲始。"①仅从曹端的这一诠释来看,明儒显然是将"理一分殊"从人伦世教的角度加以认识的,这样一种认识,也就必然包含着对宇宙生化的充分肯定。

到了薛瑄,就更加重视对"理一分殊"思想的阐发。他说:

> 统天地万物为一理,所谓"理一"也;在天有天之理,在地有地之理,在万物有万物之理,所谓"分殊"也。"理一"所以统乎"分殊","分殊"所以行乎"理一",非有二也。②

> 统体一太极,即万殊之一本;各具一太极,即一本之万殊。统体者,即大德之敦化;各具者,即小德之川流。③

> "理一"所以统夫"分殊","分殊"所以分夫"理一",其实一而已矣。④

从"统天地万物为一理"之所谓"理一"出发,以达到"在天有天之理,在地有地之理,在万物有万物之理",这显然是一个宇宙生化论的展开过程;而从"统体一太极"到所谓"各具一太极",又显然是从宇宙万物之实存层面来展开其具体的生化过程与天理之内在化的过程。自然,这样一种规模无疑是一种宇宙论的规模。比如薛瑄就明确地指出:"理虽微妙难知,实不外乎天地、阴阳、五行、万物,与夫人伦日用之常,善观理者于此默识

---

① 曹端:《曹月川先生语录》,《曹端集》,第 213 页。
② 薛瑄:《读书录》卷七,《薛瑄全集》,第 1208 页。
③ 薛瑄:《读书录》卷一,《薛瑄全集》,第 1017 页。
④ 薛瑄:《读书录》卷一,《薛瑄全集》,第 1039 页。

焉,则其体洞然矣。"①这种由天地、阴阳、五行、万物所构成的世界,显然是一个宇宙生化论的世界。如果再结合其对理气关系的论述,那么,所谓"理一分殊"的展开过程,也就成为其理气宇宙论的一种实现过程了。

不过,薛瑄在一定程度上改变了朱子天理的内涵,否定了其在价值理性层面及其存在层级上的超越性,因而无论是其"理"之内在于"气"的过程还是所谓"理一分殊"的过程,实际上也就更为明确地走向客观的物理世界了。请看薛瑄的如下论述:

> 此理真实无妄,如天地日月,风云雨露,草木昆虫,阴阳五行,万物万事,皆有常行定则,亘古今而不易,若非实理为之主,则岁改而月不同矣。②

> 天地之间,物各有理。理者,其中脉络条理合当是如此者是也。大而天之所以健而不息,地之所以顺而有常,皆理之合当如此也;若天有息而地不宁,即非天地合当之理矣。③

> 当如是者即是理。如春当温,夏当热,秋当凉,冬当寒,皆理也;不如是,则非理矣……推之万物,莫不皆然。④

很明显,这无疑是一种客观实存的宇宙论规模;在这一宇宙论的展开过程中,其理也就完全成为所谓"定则"式的物理了,所以就有"天地日月,风云雨露,草木昆虫,阴阳五行"之类的论证。在这一对"理"之内在于"气"的论证中,薛瑄虽然并没有否定物理世界的道德性(在薛瑄看来,他正是要以客观的"定则"之理来支撑儒家的人伦道德并以之论证其恒常性与绝对性),但只要沿着这一方向发展,那么对道德理性超越性的扬弃也就会成为一种必然的趋势。

---

① 薛瑄:《读书录》卷四,《薛瑄全集》,第 1123 页。
② 薛瑄:《读书录》卷六,《薛瑄全集》,第 1165 页。
③ 薛瑄:《读书录》卷一,《薛瑄全集》,第 1022 页。
④ 薛瑄:《读书录》卷六,《薛瑄全集》,第 1166 页。

三、格物与居敬

在理学从宋到明的发展中,始终盘桓着一个非常重大的问题,这就是人伦道德与自然物理的关系问题。两宋理学从朱子起,也非常自觉地坚持着这样一种基本思路,这就是以自然的物理来支撑人伦之道德,以物理世界中的"所以然"来论证人伦世界中之"所当然"。到了明代,虽然其后学在具体理论方面对朱子学有许多修正,但这种以自然物理来支撑人伦道德、并以物理世界中的"所以然"来论证人伦世界中之"所当然"的思路仍然得到了其后学始终如一的坚持。不过,虽然明代的朱子后学始终坚持这一大方向,但由于理学在从宋到明的发展中所形成的视角转变,其同一的大方向也必然会形成不同的思想蕴涵。这种不同的思想蕴涵,也就从薛瑄开始萌生了。

在薛瑄对朱子思想的继承与发展中,他已经通过"性"与"太极"、"性"与"理"之对等式的互诠,将"性"提升到了"太极"本体的高度,认为"天下无性外之物,而性无不在"。在此基础上,薛瑄又进一步从"性"出发将天下万事万物之理统一起来。他说:

> 仁义礼智即是性,非四者之外别有一理为性也。道只是循此性而行,非性之外别有一理为道也。德即是行此道而有得于心,非性之外别有一理为德也。诚即是性之真实无妄,非性之外别有一理为诚也。命即是性之所从出,非性之外别有一理为命也。忠即尽是性于心,非性之外别有一理为忠也。恕即推是性于人,非性之外别有一理为恕也。然则性者万理之统宗欤!理之名虽有万殊,其实不过一性。①

从这一统摄性的论述来看,薛瑄不仅把仁义礼智收摄于性,而且人伦社会中所有的德目,诸如"道""德""诚""命""忠""恕"等等,也都全然收摄

---

① 薛瑄:《读书录》卷五,《薛瑄全集》,第 1151 页。

于性——所谓"万理之统宗"一说，正是就"性"之统摄作用而言的。从这一意义上看，也可以将薛瑄视为性本论者。他不仅将"太极"等同于"性"，而且"理之名虽有万殊，其实不过一性"的说法也就使其"性"从一定程度上成为比"理"更为根本的概念。

薛瑄同时又认为"性非特具于心者为是，凡耳目口鼻手足动静之理皆是也。非特耳目口鼻手足动静为是，凡天地万物之理皆是也"，因而其所谓的"性"实际上也就成为"太极"之别称、"天理"之别名。就其落实于人生中的具体面向来看，其所谓人性说到底也就不过是北宋五子以来的双重人性；具体来看，又不过是所谓仁义礼智落实到气质之中而已。所以，说到具体人性，薛瑄实际上仍然坚持着朱子的双重人性统一说。比如"就气质中指出仁义礼智，不杂气质而言，谓之天地之性；以仁义礼智杂气质而言，故谓气质之性。非有二也"①。又说："以不杂者言之，谓之'本然之性'；以不离者言之，谓之'气质之性'，非有二也。"②"性一也，本然之性纯以理言，气质之性兼理气言，其实则一也。"③显然，所谓"以仁义礼智杂气质"而言，实际上也就是指天地之性落实于具体气质中的表现。所以他又说："'廓然而大公'者，性也；'物来而顺应'者，情也。性者，情之体，情者，性之用。此性所以无内外也。"④实际上，这也等于是通过"理一分殊"之体用关系模式，将性落实于伦常之情中了。

薛瑄从"太极""理""性"一直到"心""情"，实际上都是通过"理"之内在于"气"的方式——所谓宇宙生化论的进路展开的，但这种"内在"只能代表其客观的存在属性，并不能代表人对其理其性的认识与自觉。也就是说，决定事物存在的定则之理实际上只是一种客观性的存在，并不代表作为主体的人在主观上的自觉。这样一来，要从客观的存在属性走向主体的道德自觉，就必然要通过一套主体的追求工夫，这就是格物穷理；

---

① 薛瑄：《读书续录》卷七，《薛瑄全集》，第 1447 页。
② 薛瑄：《读书录》卷七，《薛瑄全集》，第 1208 页。
③ 薛瑄：《读书录》卷五，《薛瑄全集》，第 1151 页。
④ 薛瑄：《读书续录》卷八，《薛瑄全集》，第 1460 页。

格物穷理的过程,也就是通过对存在于万事万物中的"定则之理"的认知,以达到主体道德自觉的目的。

先从格物来看。薛瑄认为"大而六合,小而一尘,气无不贯而理无不寓"①,所谓"六合之内"包括人自身的耳目口鼻,也都是格物的对象。正因为这一点,薛瑄的格物说也就具有无所不包、无所不贯的特点。他说:

> 格物所包者广,自一身言之,耳目口鼻身心皆物也。如耳则当格其聪之理,目则当格其明之理,口鼻四肢则当格其止肃恭重之理,身心则当格其动静性情之理。推而至于天地万物,皆然也。天地则当格其健顺之理,人伦则当格其慈孝仁敬智信之理,鬼神则当格其屈伸变化之理。以至草木鸟兽昆虫,则当格其各具之理。又推而至于圣贤之书、六艺之文,历代之政治,皆所谓物也,又当各求其义理,精粗本末,是非得失皆所谓格物也。然天下物众矣,岂能遍格而尽识哉? 惟因其所接者,量力循序以格之,不疏以略,不密以穷,澄心精意,以徐察其极。②

在这一段对格物的总论中,薛瑄所谓的"物"显然是从两个方面展开的:一方面是从"气无不贯而理无不寓"——所谓存有论的角度展开的,也就相当于一种从对象角度所展开的存在论解析;另一方面,则是从主体道德自觉与实践追求的角度展开的,"如耳则当格其聪之理,目则当格其明之理,口鼻四肢则当格其止肃恭重之理,身心则当格其动静性情之理。推而至于天地万物,皆然也。"前者的依据,在于从"理"与"气"之不可分割性出发所展开的一种客观的宇宙生化论;后者则主要立基于朱子"众物之表里精粗无不到,而无心之全体大用无不明"③的基础上,是一种指向人伦社会的道德践行之物。

从理论逻辑的角度看,这种从"众物之表里精粗无不到"包括所谓

---

① 薛瑄:《读书录》卷一,《薛瑄全集》,第 1018 页。
② 薛瑄:《读书录》卷二,《薛瑄全集》,第 1066—1067 页。
③ 朱熹:《大学章句》,《四书集注》,第 9 页,长沙:岳麓书社,1985 年版。

"无心之全体大用无不明"的认识与自觉未必就能导致道德行为的真正发生。所以,薛瑄又试图从格物穷理的角度将其格物对象分为"人之理"与"物之理"。他说:"穷理者,穷人物之理也,人之理则有降衷秉彝之性,物之理则有水火木金土之性,以致万物万事皆有当然之理。于众理莫不穷究其极而无一毫之疑,所谓穷理也。"①在这里,虽然薛瑄已经形成了对"物之理"与"人之理"之不同存在领域的自觉,但对二者的不同性质及其作用仍然缺乏起码的自觉。大概在他看来,只要能够认识"物之理",也就必然能对"人之理"进行践履,或者说起码也就具有了践行的基础。

不过这种理论逻辑上的缺环却是可以通过人生实践的方式加以弥补的。对薛瑄来讲,其格物穷理说包括其穷究所谓"人之理"与"物之理"未必就能促使道德实践的发生,但在实践生活中,他同时又以朱子的"主敬"作为其格物穷理说的"头脑",因而其格物穷理就不致流为一种泛观博览之途。请看薛瑄对"主敬"的论说:

> 千古为学要法,无过于敬,敬则心有主而诸事可为。②
> 居敬以立本,穷理以达用。③
> 居敬有力,则穷理愈精;穷理有得,则居敬愈固。④
> 一于居敬而不穷理,则有枯寂之病;一于穷理而不居敬,则有纷扰之患。⑤

从这些论述来看,"居敬"实际上也就是其格物穷理说的内在主宰与内在动力;或者说正是从内在的居敬出发,才会有格物穷理之类的外在追求活动。如果将薛瑄的这一为学进路与朱子加以比照,就正好成为对朱子"穷理以致其知,反躬以践其实,居敬者所以成始成终"⑥一说的实践和落实了。也许正因为这样,薛瑄对"不敬"的现象就有许多批评,如"不敬,

---

① 薛瑄:《读书续录》卷一,《薛瑄全集》,第 1305 页。
② 薛瑄:《读书录》卷六,《薛瑄全集》,第 1163 页。
③④⑤ 薛瑄:《读书录》卷三,《薛瑄全集》,第 1083 页。
⑥ 黄榦:《朱先生行状》,束景南:《朱熹年谱长编》,第 1487 页。

则志气昏逸,四体放肆,虽粗浅之事,尚茫然而不能察,况精微之理乎?以是知居敬穷理二者不可偏废,而居敬又穷理之本也"①。又说:"或有不敬,则心君放逸而天德亡,百体懈弛而物则废。虽曰有人之形,其实块然血气之躯,与物无以异矣。此敬之一字,乃聚德之本,而为践形尽性之要也与!"②从这些论述可以看出,薛瑄的修养致知完全是以"居敬"为主宰的;"居敬"又是以"复性"为指向的。所以他又说:"千古圣贤教人之法只欲人复其性而已。圣人千言万语,虽有精粗本末不同,皆说从性上来……"③也许只有在这一背景下,我们才能理解其"七十六年无一事,此心始觉性天通"的深意。

四、践履之儒及其学派学风

在刘宗周对薛瑄的评价中,曾有所谓"前辈论一代理学之儒,惟先生无间言,非以实践之儒与?"其实从刘宗周的本意来看,与其说这是对薛瑄的表彰,毋宁说是一种批评。因为在他看来,"先生(薛瑄)为御史,在宣、正两朝,未尝铮铮一论事,景皇易储,先生时为大理,亦无言"④,其所谓的"实践之儒"恰恰是指薛瑄当言而未言、当建议而未能建议一点立说的。对于明代朝政中"当言""当建议"的情形,刘宗周无疑比现代人知道得更为清楚,他不仅曾经激烈地上言,而且也因此遭到了三次"削职为民"的惩处;在明中叶,王阳明也因为上书言事而受到"廷杖""系狱"与"远谪"的打击。在中国历史上,明代可能是士大夫因为上言而遭到打击最多最重的一个朝代。我们固然可以激赏那些刚正不阿的仗义执言者,但毕竟不能仅仅以是否上言论事作为评价古人的标准。

但从《明史》的记载来看,薛瑄又确实无愧于其"实践之儒"的称谓。比如当他刚入仕途,就得到了几次机遇性的提升;面对提拔的机遇,薛瑄

---

① 薛瑄:《读书录》卷六,《薛瑄全集》,第1172页。
② 薛瑄:《读书录》卷四,《薛瑄全集》,第1121页。
③ 薛瑄:《读书续录》卷五,《薛瑄全集》,第1423页。
④ 刘宗周:《明儒学案师说》,《刘宗周全集》第五册,第516页。

居然在与他的几位提携者之间有如下表现:

> 宣德中服除,擢授御史。三杨当国,欲见之,谢不往。出监湖广银场,日探性理诸书,学益进……王振语三杨:"吾乡谁可为京卿者?"以瑄对,召为大理左少卿。三杨以用瑄出振意,欲瑄一往见,李贤语之。瑄正色曰:"拜爵公朝,谢恩私室,吾不为也。"其后议事东阁,公卿见振多趋拜,瑄独屹立。振趋揖之,瑄亦无加礼,自是衔瑄。①

很明显,仅从其一句"拜爵公朝,谢恩私室,吾不为也"的表态,就知道薛瑄绝不是那种不懂人情世故的书呆子,恰恰是临大节不可夺的士君子,所以他当时可能是非常自觉地坚持其"不为也"的立场。至于其"出监湖广银场,日探性理诸书,学益进"之类,也正表现了儒家士大夫的本色。

在日常生活中,薛瑄又有另一种表现,真所谓"兢兢检点言行间"。比如:

> 余每夜就枕,必思一日所行之事。所行合理,则恬然安寝;或有不合,即辗转不能寐,思有以更其失。又虑始勤终怠也,因笔录以自警。②

> 余每呼此心曰:"主人翁在室否?"至夕必自省曰:"一日所为之事合理否?"③

从这些表现来看,薛瑄似乎真有点迂腐之嫌! 正是这种"迂腐",才表现了儒家士君子严于自警自察的克己工夫。虽然刘宗周曾以"实践之儒"来嘲讽薛瑄之当言而不言、当建议而不建议,但薛瑄确实无愧于其"实践之儒"的称谓。即使刘宗周曾对薛瑄深致其不满,但他也不得不承认,"其始终进退之节,有足称者"④。从这个角度看,薛瑄的立身行事也可以

---

① 《明史·儒林传》一,《二十五史》卷十三,第 1526 页。
② 薛瑄:《读书录》卷一,《薛瑄全集》,第 1024 页。
③ 薛瑄:《读书录》卷四,《薛瑄全集》,第 1118 页。
④ 刘宗周:《明儒学案师说》,《刘宗周全集》第五册,第 516 页。

说是明代践履之儒的一种典型表现。

但薛瑄又不是那种一味独善其身的清修之学,从其任山东提学佥事的情形来看,"首揭白鹿洞学规,开示学者。延见诸生,亲为讲授。才者乐其宽,而不才者惮其严,皆呼为薛夫子。"这又说明,薛瑄确实带出了大批的弟子,仅从《明儒学案》的记载来看,其弟子遍及山西、河南以及关陇大地,几乎涵盖了整个北方地区。比较著名的弟子就有河南阎禹锡(洛阳)、陕西张鼎(咸宁)、甘肃段坚(兰州)、陕西张杰(凤翔)、河南王鸿儒(南阳)、甘肃周蕙(山丹)、陕西薛敬之(渭南)、陕西李锦(咸宁)、陕西吕潜(泾阳)等等。不仅如此,薛瑄处处不忘讲学,也带起了一个地方学派,这就是三原学派,黄宗羲曾就明代关学与河东学派、三原学派的关系评论说:"关学大概宗薛氏,三原又其别派也。其门下多以气节著,风土之厚,而又加之学问者也。"①

但黄宗羲在总论河东学派时,既批评了其"悃愊无华,恪守宋人矩矱"的一面,同时也将其与南方的阳明学派加以比较,认为其既存在着"恪守宋人矩矱"之所谓保守的一面,同时也有"数传之后,其议论设施,不问而可知其出于河东"的优点。他说:

> 河东之学,悃愊无华,恪守宋人矩矱,故数传之后,其议论设施,不问而可知其出于河东也。若阳明门下亲炙弟子,已往往背其师说,亦以其言之过高也。然河东有未见性之讥,所谓"此心始觉性天通"者,定非欺人语,可见无事乎张皇耳。②

在此之前,东林党人高攀龙也评价说:

> 薛文清、吕泾野二先生语录中,无甚透悟语。后人或浅视之,岂知其大正在此。③

---

① 黄宗羲:《明儒学案·三原学案》,《黄宗羲全集》第七册,第 172 页。
② 黄宗羲:《明儒学案·河东学案》,《黄宗羲全集》第七册,第 117 页。
③ 高攀龙:《高子遗书》卷五,第 21 页,清文渊阁四库全书补配清文津阁四库全书本。

从高攀龙、黄宗羲的这些评价来看,河东学派作为一个北方学派,虽然"悃愊无华""皆无甚透悟",看起来似乎最为保守,但也有其扎实、厚重的一面。尤其是从黄宗羲所谓"数传之后,其议论设施,不问而可知其出于河东"一点来看,恰恰表现出了北方学派学风的稳定性与思想传承的一贯性一面;相反,南方的阳明学派固然可以说是新见迭出,却"往往背其师说",而且也确实存在着"其教大行,其弊滋甚"以至于"经学非汉唐之精专,性理袭宋元之糟粕"①的诸多毛病。由此看来,一方水土一方人,一个地方一种学风。也许只有在各种学风的切磋与互动中,才能获得学术的真正繁荣。

第三节　吴与弼的力行与胡居仁的主敬

在薛瑄在北方开创河东学派的同时稍晚,吴与弼也在江西创立了崇仁学派。两位大师分别从南北两地招收弟子、传播理学。受不同地域、不同学风的影响,薛瑄可以说主要是在为政的间隙讲学;吴与弼则由于其特殊的机缘,从而走出了一条个体的清修授徒之路。当然,在广招弟子、传播理学这一点上两位大师又是完全一致的。所不同的是,不同的地域、不同的学风也使他们的学派呈现出不同的风貌,并对明代社会形成了不同的影响。如果说河东学派主要代表着朱子学在北方的崛起,那么崇仁学派就可以看作是朱子学在南方的复苏了。这一南一北两个不同学派之间的遥相呼应,就撑开了明代朱子学的基本格局。

作为地方学派,他们的讲学要受制于其不同地域与不同学风的影响,因而也就有了不同的命运。河东学派可以说是寓学于政,其学派的盛衰往往具有随其人之政治命运而起伏的特点;崇仁学派则由于中国自宋代以来经济、文化重心的再次南移,加之其地域学风对学理探讨的重视,与北方的河东学派相比,就较早地表现出一种学术独立的倾向,从而

---

①《明史·儒林传》一,《二十五史》卷十三,第 1525 页。

使其成为纵贯整个明代的理学思潮之源。黄宗羲在编《明儒学案》时,之所以完全不顾时序上先后,将明显晚于薛瑄河东学派的崇仁学派置于篇首,正是从其对明代理学整体格局的影响与作用上着眼的。他深深地感叹说:"椎轮为大辂之始,增冰为积水所成,微康斋,焉得有后时之盛哉!"①这说明,对于纵贯整个明代的朱子学,吴与弼及其崇仁学派确实起到了发凡起例与积水增冰的作用。

一、吴与弼的"自治"与"力行"

吴与弼(1391—1469),字子傅,号康斋,江西崇仁人。吴与弼早年曾从杨溥学,年十九,赴南京省亲(其父曾为国子司业、翰林修撰),得《伊洛渊源录》读之,"睹道统一脉之传,不觉心醉……于是思自奋励,窃慕向焉,既而尽焚旧时举子文字,誓必至乎圣贤而后已"②。从其这一经历来看,读《伊洛渊源录》就是吴与弼窃慕圣贤之学的起始,接着就形成了如下选择:"谢人事,独处小楼,玩《四书》《五经》、诸儒语录,体贴于身心,不下楼者二年。"③成学后,"中岁家益贫,躬亲耕稼,非其义,一介不取。四方来学者,约己分少,饮食、教诲不倦"④。由此形成了明代理学中的耕读传统。

吴与弼的为人气质偏于刚忿,一生未曾涉足官场。这倒不是因为他缺乏出仕的机会,主要是因为他很早就确立了读书学圣贤的志向;除此之外,可能也与他对自己狷介性格的自觉有关。正因为其自觉偏于刚忿,也总是有意地拉开其与官场的距离;对于地方官的各种举荐,他也总是在刻意回避。比如,"正统十一年(1446),山西金事何自学荐于朝,请授以文学高职。后御史涂谦、抚州知府王宇复荐之,俱不出。尝叹曰:

① 黄宗羲:《明儒学案·崇仁学案》,《黄宗羲全集》第七册,第1页。
② 吴与弼:《跋伊洛渊源录》,《康斋集》卷十二,第587页,《四库全书·集部》第1251册,台北:商务印书馆,1986年版。
③ 黄宗羲:《明儒学案·崇仁学案》一,《黄宗羲全集》第七册,第3页。
④《明史·儒林传》一,《二十五史》卷十三,第1529页。

'宦官、释氏不除,而欲天下治平,难矣。'景泰七年(1456),御史陈述又请礼聘与弼,俾侍经筵,或用之成均,教育胄子。诏江西巡抚韩雍备礼敦遣,竟不至"①。从这些经历来看,吴与弼确实是"有意切断与权力世界的关联"②。

至于其为学,黄宗羲总论说:"康斋倡道小陂,一禀宋人成说,言心则以知觉而与理为二,言工夫则静时存养,动时省察。故必敬义夹持,明诚两进,而后为学之全功。"③这当然是黄宗羲站在心学立场上的评论,难免会以自家理论为标准,但其所概括的"一禀宋人成说"在揭示吴与弼不大重视理论著述这一点上倒是极为准确的。比如其弟子娄谅也曾以如下语言概括吴与弼的为学风格:

> 宋末以来笺注之繁,率皆支离之说,眩目惑心,非徒无益,而反有害焉。故不轻于著述。④

从娄谅的这一概括来看,吴与弼与薛瑄似乎还存在着一定的相似之处,这也许与元末以来的战乱兵祸以及明代学术的初始恢复有关。比如薛瑄一生中也不曾著书,只有研读宋人理学著作的《读书录》行世,吴与弼似乎表现得更为内向,他不仅"不轻于著述",还念念以前人的教导作为标准"兢兢检点"自家言行,这就形成了其专门记载自己在日用事为间如何克己用功的《日录》。关于《日录》,黄宗羲曾引章衮的话评价说:"其《日录》为一人之史,皆自言己事,非若他人以己意附成说,以成说附己意,泛言广论者比。"⑤这样看来,其所谓《日录》实际上也就是他自己心路历程包括如何克己"自治"的"日记"了。

关于为何要作《日录》,吴与弼曾说:"日夜痛自点检且不暇,岂有工

---

① 《明史·儒林传》一,《二十五史》卷十三,第 1529 页。
② 余英时:《宋明理学与政治文化》,第 175 页。
③ 黄宗羲:《明儒学案·崇仁学案》,《黄宗羲全集》第七册,第 1 页。
④ 娄谅:《吴康斋先生与弼行状》,《国朝献徵录》第 114 卷,第 457 页,《续修四库全书》第 531 册,上海:上海古籍出版社,1995 年版。
⑤ 黄宗羲:《明儒学案·崇仁学案》一,《黄宗羲全集》第七册,第 5 页。

夫点检他人耶。责人密,自治疏矣,可不戒哉!"①显然,所谓"日录"也就是他自己克己自治的日记,从其"责人密,自治疏"的自我警戒也可以看出,其《日录》实际上是完全针对自己的。所以,其内容也几乎都是围绕着如何"自治"展开的。比如:

> 昨晚以贫病交攻,不得专一于书,未免心中不宁。熟思之,须于此处做工夫,教心中泰然一味随分进学方是。不然,则有打不过处矣。②

> 夜坐,思一身一家苟得平安,深以为幸,虽贫窭大甚,亦得随分耳。夫子曰:"不知命,无以为君子也。"③

> 枕上思家计窘甚,不堪其处,反覆思之,不得其方。日晏未起,久方得之,盖亦别无巧法,只随分、节用、安贫而已。誓虽寒饥死,不敢易初心也,于是欣然而起。又悟若要熟,也须从这里过。④

从这些记载来看,吴与弼的"日录"完全是围绕着自己的克己工夫展开的,也全然是以如何"自治"为主要内容的。所以刘宗周评论说:"先生之学,刻苦奋励,多从五更枕上汗流泪下得来。及夫得之而有以自乐,则又不知足之蹈之、手之舞之。盖七十年如一日,愤乐相生,可谓独得圣贤之心精者。至于学之之道,大要在涵养性情,而以克己安贫为实地。此正孔、颜寻向上工夫,故不事著述,而契道真,言动之间,悉归平澹。"⑤刘宗周的这一评价,准确地揭示了吴与弼的为学进路及其思想形成之真谛。

正因为以克己工夫为基础,刘宗周也曾以"淡如秋水贫中味,和似春风静后功"来形容吴与弼的安贫乐道气象;黄宗羲则以如下行事来表达吴与弼的耕读传统及其力行精神:

---

① 吴与弼:《日录》,《康斋集》卷十一,第 567 页,景印文渊阁《四库全书·集部》,第 1251 页。
② 吴与弼:《日录》,《康斋集》卷十一,第 567 页,景印文渊阁《四库全书·集部》,第 577 页。
③ 吴与弼:《日录》,《康斋集》卷十一,第 567 页,景印文渊阁《四库全书·集部》,第 27 页。
④ 吴与弼:《日录》,《康斋集》卷十一,第 567 页,景印文渊阁《四库全书·集部》,第 577 页。
⑤ 刘宗周:《明儒学案师说》,《刘宗周全集》第五册,第 517 页。

居乡躬耕食力,弟子从游者甚众。先生谓娄谅确实,杨杰淳雅,周文勇迈。雨中被蓑笠、负耒耜,与诸生并耕,谈乾坤及坎、离、艮、震、兑、巽于所耕之耒耜可见。归则解犁,饭糁蔬豆共食。陈白沙自广来学,晨光才辨,先生手自簸谷,白沙未起,先生大声曰:"秀才若为懒惰,即他日何从到伊川门下? 又何从到孟子门下?"

一日刈禾,镰伤厥指,先生负痛曰:"何可为物所胜!"竟刈如初。①

凡此,都表现了吴与弼的耕读传统及其过人的力行精神。

至于其学说,说到底也不过是"一禀宋人成说"而以圣贤为法而已,其文集中也总是充满了如何做人、如何以圣贤为法之类的"大白话"。比如:

仆闻天下之至美者,莫如圣人之道昭明易见,简易易行。然世鲜能之者,不学故耳。原其故有二焉:懵然无知而不事夫学者,庸人也;学焉而弗克者,未诚也。惟其未诚也,是以事物交前,理欲互战。②

圣贤教人,必先格物致知以明其心,诚意正心以修其身。修身以及家而国、而天下,不难矣。故君子之心,必兢兢于日用常行之间,何者为天理而当存,何者为人欲而当去。③

人之大伦五,曰君臣、父子、夫妇、长幼、朋友是已。五伦各有其理,而理具于吾心,与生俱生,人之所以为人,以其有此理也。必不失乎此心之理,而各尽乎五伦之道,庶无忝于所生。④

对于这样的为学,如果我们要进行一番学理化的解剖,势必显得过于残忍。实际上,这样的为学也就是所谓"布帛之言,稻菽之味",也确实分析

---

① 黄宗羲:《明儒学案·崇仁学案》一,《黄宗羲全集》第七册,第3—4页。
② 吴与弼:《与徐希仁训导书》,《康斋集》卷八,第515页。
③ 吴与弼:《厉志斋记》,《康斋集》卷十,第1页。
④ 吴与弼:《吴节妇传》,《康斋集》卷八,第528页。

不出多少理论来。对于儒学而言,如果说其最高指向就是一种精深的理论,那么吴与弼的这种"自治"与"力行"确实没有多少可以深究的价值;但如果说儒学的终极关怀就落实于现实的人生,那么吴与弼的"自治"与"力行"也就有其不尽的价值。

正因为这一点,刘宗周才给了吴与弼以明代诸儒中最高的评价,并认为"充其所诣,庶几'依乎中庸,遁世不见知而不悔'气象。余尝僭评一时诸公……惟先生醇乎醇云。"[1]也许正因为这样,黄宗羲的《明儒学案》才将吴与弼所开创的崇仁学派置于标志整个明代理学开篇的卷首位置。

二、胡居仁的"主敬"

吴与弼开创崇仁学派,当时从游者甚众,如其当时所点评的"娄谅确实,杨杰淳雅,周文勇迈"等等,也都是他对弟子不同为人气象的评点。如果就对其学派的发展而言,又不能不首推胡居仁与陈献章二位。陈献章近于狂,故开创有余,持守不足;胡居仁则近于狷,因而持守有余,创新不足。如果就对崇仁学派以及明代理学的整体格局而言,从吴与弼到胡居仁,也就明显地表现出了一种向朱子复归的走向;陈白沙则另开心学一系。明初诸儒皆朱子学之支流余裔,这里主要叙述胡居仁的理学思想。

胡居仁(1434—1484),字叔心,号敬斋,江西余干人。关于胡居仁的成学经历,黄宗羲概括说:"弱冠时,奋志圣贤之学,往游康斋吴先生之门,遂绝意科举,筑室于梅溪山中,事亲讲学之外,不干人事……先生严毅清苦,左绳右矩,每日必立课程,详书得失以自考。虽器物之微,区别精审,没齿不乱。"[2]很明显,从这一经历与学行就可以看出,胡居仁从为人性格到为学进路都是吴与弼的真正继承者。

胡居仁虽然继承了吴与弼的"自治"与"力行"精神,但他并非一味重

---

① 刘宗周:《明儒学案师说》,《刘宗周全集》第五册,第 517 页。
② 黄宗羲:《明儒学案·崇仁学案》二,《黄宗羲全集》第七册,第 21 页。

复吴与弼的教法,而是以更彻底地向朱子学复归的方式将这两种教法凝结为一种"主敬"精神,并以"主敬"为核心,从而将格物穷理、应事接物之类的工夫次第完全统一起来。他说:

> 圣贤工夫虽多,莫切要如敬字,敬有戒自畏慎底意思,敬有肃然自整顿底意思,敬有卓然精明底意思,敬有湛然纯一底意思,故圣学就此作根本,凡事都靠着此做去,存养省察皆由此。①
>
> 程朱开圣学门庭,只主敬穷理,便教学者有入处。②
>
> 儒者工夫自小学洒扫应对、周旋进退、诗书礼乐、爱亲敬长、必恭必敬,无非存心养性之法,非僻之心在这里已无。及长,则主敬穷理并进交养,戒谨恐惧,诚恐一事有差,则心无不存,理无不在。③
>
> 心精明是敬之效,才主一则精明,二三则昏乱矣。④

这里所论,显然都是从"主敬"角度展开的,从"圣贤工夫"到"程朱开圣学门庭"以至于童子之"洒扫应对"、儒者之"戒谨恐惧""主一""精明"等等,无一不是"主敬"的表现,也无一不表现着"主敬"的精神。在胡居仁看来,"主敬"就是最大最根本的工夫,也是囊括人生一切追求的工夫。正因为胡居仁是以"主敬"囊括人生所有的工夫追求的,黄宗羲评价说:"先生一生得力于敬,故其持守可观。"⑤

那么,胡居仁囊括一切追求的"主敬"工夫与陈白沙"静中坐养出个端倪"的"主静"工夫有没有区别呢? 他们不仅同出于吴与弼之门,而且年岁也比较相近,意即他们之间是否存在着相互借鉴的可能呢? 对于这一问题,胡居仁是这样回答的:

> 敬赅动静,静坐端严,敬也;随事检点致谨,亦敬也。敬兼内外,

---

① ② 胡居仁:《学问工夫》,《居业录》卷二,第 9 页,北京:中华书局,1985 年版(据正谊堂本排印)。

③ 胡居仁:《老佛归宿》,《居业录》卷七,第 80 页。

④ 胡居仁:《心性渊源》,《居业录》卷一,第 4 页。

⑤ 黄宗羲:《明儒学案·崇仁学案》二,《黄宗羲全集》第七册,第 22 页。

容貌庄正,敬也;心地湛然纯一,敬也。①

端庄整肃,严威俨恪,是敬之入头处;提撕唤醒,是敬之接续处;主一无适、湛然纯一,是敬之无间断处;惺惺不昧,精明不乱,敬之效验处。②

人之一心,动静无端,体用全备,不可偏废也。动而无静,则体不立;静而无动,则用不行,二者工夫,皆以敬为主乎!居处恭,俨若思,不愧屋漏,此静时存养之敬也;执事敬,事思敬,修己以敬,此动时省察之敬也。若不主于敬,而专欲习静,未有不入空虚者。③

显然,正因为胡居仁与陈白沙同出于吴与弼之门,他也就刻意与之划清界限,不仅要使自己的"主敬"工夫"兼内外""含动静",而且要使其包括"入内处""接续处""无间断处"以及"静时存养"与"动时省察"等一切工夫进境;否则的话,"专欲习静,未有不入空虚者"。这最后一句,几乎就是直接针对陈白沙的"主静"而言的。

我们这里当然无须辨析其与陈白沙之间的同门公案,但胡居仁对其"主敬"工夫之这一刻意的辨析与阐发,却极有可能使其学走向一种理论思辨之路。对胡居仁而言,他的思辨自有其维护师门的"义务",但这种过分精致的辨析也同样远离了吴与弼"绝无矫饰"的"不事著述,而契道真"④之路。对于"主敬"究竟需要不需要"著意"的问题,胡居仁的回答就相当精彩、也相当思辨。他说:"主敬是有意,以心言也;行其所无事,以理言也。心有所存主,故有意;循其理之当然,故无事。此有中未尝有,无中未尝无,心与理一也。"⑤这样一种精致的思辨,不仅包含着以后王阳明对"有心""无心"问题的准确把握与精彩发挥,而且其"心与理一"的指向也涵括了日后心学主体与本体同一的基本原则。

---

① 胡居仁:《学问工夫》,《居业录》卷二,第12页。
② 胡居仁:《学问工夫》,《居业录》卷二,第11页。
③ 胡居仁:《游西湖记》,《胡文敬文集》卷二,第41页,景印文渊阁《四库全书·集部》第1260册。
④ 刘宗周:《明儒学案师说》,《刘宗周全集》第五册,第517页。
⑤ 黄宗羲:《明儒学案·崇仁学案》二,《黄宗羲全集》第七册,第29页。

　　但对胡居仁而言,他对"主敬"的高调阐发并不是要走向心学,而是要复归并涵括朱子的格物穷理说,因为只有涵括了朱子格物穷理方面的内容,才表明其学真正接上了朱子学的谱系——所谓认知涵养论。因而,在《居业录》中,胡居仁就立足于其"主敬"的基础,展开了对格物穷理的精彩论说:

> 　　穷理格物,先从性情上穷究,则见得仁义礼智,浑然全具于吾心,恻隐、羞恶、辞让、是非,随感而发,就从此力加操存省察,推广扩充,此便是源头工夫,根本学问。又与日用事物人伦、天地山川、禽兽草木,莫不究极其所以然;明而礼乐,幽而鬼神,日月之更迭、寒暑之往来、岁月之交运,古今风气盛衰、国家治乱兴亡、民之安危、兵之胜败,无不穷究,方为穷理致知之学。
>
> 　　穷理非一端,所得非一处,或在读书上得之;或在讲论上得之;或在思虑上得之;或在行事上得之。读书得之虽多,讲论得之尤速,思虑得之最深,行事得之最实。①

看到胡居仁关于格物穷理的这一通论说,就知道他不仅接上了朱子以格物穷理为基础的认知修养论,而且还纠偏并且也弥补了朱子格物致知说之流于泛观博览的毛病。这一纠偏首先就表现在其对朱子格物穷理说之不同入手的规定上。在朱子哲学中,他是根据其存有论的解析思路,从而直下断定"盖人心之灵,莫不有知,而天下之物,莫不有理;惟于理有未穷,故其知有不尽也。是以大学始教,必使学者即凡天下之物,莫不因其已知之理而益穷之,以求至乎其极"②,由此将格物规定为大学之不可移易的入手;胡居仁这里则是明确地坚持"穷理格物,先从性情上穷究,则见得仁义礼智,浑然全具于吾心",这就有效地避免了朱子那种"随事物精察此心之天理"之茫然格物或一味泛观博览的毛病。其次,在确立了"仁义礼智,浑然全具于吾心"的基础上,即使可以将格物推广扩充于

---

① 胡居仁:《学问工夫》,《居业录》卷二,第16页。
② 朱熹:《大学章句》,《四书集注》,第9页。

"天地山川、禽兽草木"以及"日月之更迭、寒暑之往来、岁月之交运,古今风气盛衰"之间,也仍然是以"仁义礼智,浑然全具于吾心"为基本前提的,并且始终是在道德主体精神指导下的格物致知,所以并不会发生所谓泛观博览、游骑无归的毛病。在此基础上,所谓"读书""讲论""思虑""行事"等等,也就全然成为格物穷理之具体的表现形式了;其对"读书得之虽多,讲论得之尤速,思虑得之最深,行事得之最实"的划分,也充分说明胡居仁对这些格物途径的划分绝不是泛泛而论,而是以其深入的体察为基础的。这样一来,胡居仁也就等于是以其道德主体性的原则,并通过"主敬"工夫,既接上了朱子的格物穷理之学,又有效地避免了其各种毛病。

三、胡居仁的理气关系及其对佛老的批评

当胡居仁以其"主敬"工夫指向朱子的格物穷理之学时,一方面接上了朱子学的基本思路,同时也有效地避免了其所存在的各种毛病。但这样一来,他的探讨也就必然要指向朱子的理气关系,并通过对理气关系的探讨,发挥其在辟佛排老方面的批判功能。

在朱子哲学中,理气关系占有极重要的地位,完全可以说是其哲学的核心;理先气后说则又是其核心中的核心。这一观点不仅直接决定着朱子哲学的本体论性质,也决定着其哲学以天理为本体之理本论的基本立场。但到了其明代的朱子后学,由于时代思潮的变化与理学关注侧重的不同,朱子的理气关系尤其是其理先气后说也就不得不面临被修正的命运了。在此之前,曹端、薛瑄已经从不同的角度进行了部分修正,但还基本维持着其理本论的规模。当胡居仁通过对"主敬"工夫的辨析并在含摄朱子格物穷理之学的基础上指向理气关系时,朱子的理先气后说也就面临被颠覆的命运了。

这里首先存在着一个视角的辨析问题。当胡居仁对其"主敬"工夫进行"兼内外""含动静"包括"入内处""接续处""无间断处"以及"静时存养"与"动时省察"等各种不同角度的分析时,其所谓"主敬"究竟是以主

体的工夫形态(境界)出现的还是以对象解析的方式出现的？显然,胡居仁之所以能对"主敬"工夫进行如此细致的分析与解剖,正说明他实际上主要是以对象解析的方式来论说的。所以,到了格物穷理,他不仅能够详细辨析"读书""讲论""思虑""行事"等不同途径之不同效应,而且也能够明确地将格物穷理推及"天地山川、禽兽草木"以及"日月之更迭、寒暑之往来、岁月之交运,古今风气盛衰"之间了。在这一基础上,所有格物穷理所涉及的事物也都必然是以对象解析的方式出现的,这些事物本来就是可以直接诉之于人之感官的实然存在,因而也就决定了其分析理气关系之实然存在的视角。

从这一视角出发,胡居仁必然要从"有形"与"无形"之不同存在属性的角度来把握理气关系,并且也必然要从理与气之不同存在方式的角度来分析其关系。所以在他看来,理气关系主要表现为如下情形:

> 理是气之主,气是理之具,二者原不相离。故曰"二之则不是"。①

这固然可以说是胡居仁在强调理与气之不可分割关系,而且"理是气之主,气是理之具"的说法也显然是对朱子"生物之本"与"生物之具"一说的活用。但是,只要一谈到理气关系,胡居仁就始终无法摆脱其对象化的实然存在视角,朱子的理气关系也就必然面临着被颠倒命运。比如:

> "有此理则有此气,气乃理之所为",是反说了。有此气则有此理,理乃气之所为。②

> "立天之道曰阴与阳",阴阳,气也,理在其中。"立地之道曰柔与刚",刚柔,质也,因气以成。"立人之道曰仁与义",仁义,理也,具于气质之内,三者分殊而理一。③

---

① 胡居仁:《经传旨趣》,《居业录》卷八,第120页。
② 黄宗羲:《明儒学案·崇仁学案》二,《黄宗羲全集》第七册,第27页。
③ 胡居仁:《经传旨趣》,《居业录》卷八,第121页。

在这里,我们不仅看到胡居仁确实颠倒了朱子的理气关系,而且也明确地指出朱子的理先气后"是反说了",从而也就成为朱子后学中对其观点的一种明确批评。胡居仁的这一批评绝不仅仅是表达自己一种认知性的看法,而且还存在着儒家经典的依据。当胡居仁表达其关于气先理后的看法时,就不仅搬出了《易传》,同时还以儒家传统的天地人三才之道为基础;不仅借助对《易传》的诠释来展开其宇宙生化论的背景,而且其所谓的"气也""质也"与"礼也,具于气质之中"的说法也正好对应着宇宙演化发展的几个重大关节。这样一来,其气先理后的看法不仅存在着儒家经典的依据,也存在着客观的宇宙生成演化的实在基础。所以说,当胡居仁开始颠倒朱子的理先气后关系时,不仅表现了明儒对两宋以来理学超越追求之形上视角的消解,而且也明确地从理学的本体论立场转向了汉唐儒学的宇宙生化论立场。

不过,如果仅仅从视角来看,胡居仁似乎仍然坚持着两宋理学的形上视角。比如他对理与气的比较,也就仍然坚持着理与气的形上形下之分:

> 以理论之,此理流行不息,此性禀赋有定,岂可说空说无? 以气论之,则有聚散虚实之不同,聚则为有,散则为无。若理则聚有聚之理,散有散之理,亦不可言无也。气之有形体者为实,无形体为虚,若理则无不实也。[1]

初看这一段论述,难免会觉得这就是理学的正宗观点,因为其"有形体""无形体"的说法实际上正是对两宋理学分辨形而上与形而下的一种具体表达,加之其对气之"聚则为有,散则为无"的分辨与理之"聚有聚之理,散有散之理"的说明,不正好就是理超越于气之形上特征的表现吗? 在这里,如果仅仅从聚散的角度看,则理对于气确实具有一定的超越性(超越于其具体形体之外);而从"有形体"与"无形体"之区别来看,理似

---

[1] 胡居仁:《老佛归宿》,《居业录》卷七,第76页。

乎也具有"无形体"之形而上的特征。但是,所有这些"聚散"包括"有形体""无形体"的说法其实都服从于其宇宙生成演化这一实然存在的对象视角本身;至于其通过"有形体""无形体"所表达的形上蕴涵,实际上不过是宇宙生成演化过程中的一种存在属性而已。这与朱子以天理为本体的理气论哲学是根本不同的。所以说,朱子以理为本的理气论哲学发展到胡居仁,就已经明显地走向气本论了。也许正是有鉴于此,陈来先生指出:"胡居仁认为在理气之间不能说理是第一性的,气是第二性的;不能说理是本源,气是理所派生的,他表现出这样的思想,即气是第一性的,有气则有理,理由气决定。他坚持理在气中,理具气质之内。胡居仁的这些思想,提示出他是明代理学薛瑄到罗钦顺之间的一个重要环节。"①

辟佛排老是宋明理学的职志,从一定程度上说,正是为了辟佛排老,为了与佛老在理论上"较是非,计得失",理学家才不得不从事理论创造,不得不展示儒家超越的形上追求精神。但辟佛排老不仅表现着理学家对佛老理论的认识,同时也表现着其自身的理论自觉,从这个角度说,如何辟佛排老也就成为理学家自身理论立场的一种反证了。

胡居仁的辟佛排老及其动力主要来自两个方面,一方面当然是理学传统的因素,一个自觉的理学家不能不坚持辟佛排老的立场;另一方面,则又主要决定于其自身的理论自觉——其与佛老的理论差异也使他不能不对佛老持批评态度。对胡居仁来说,这后一方面不仅表现着其自身的理论认识,同时也表现着其对理学传统的继承与坚持。在他看来,"儒者养得一身之正气,故与天地无间;释老养得一身之私气,故逆天背理。"②像这样的批评,当然还可以说主要是站在理学传统立场上的批评,正像程颢、象山批评释氏只是一种自私自利一样。胡居仁又说:"儒者养得一个道理,释老只养得一个精神。"③这里所谓的精神,其实也就像后来

① 陈来:《宋明理学》,第184页,上海:华东师范大学出版社,2004年版。
② 黄宗羲:《明儒学案·崇仁学案》二,《黄宗羲全集》第七册,第24—25页。
③ 黄宗羲:《明儒学案·崇仁学案》二,《黄宗羲全集》第七册,第24页。

王阳明批评释氏只是"拨弄精魂"一样。从这些批评来看,当然都是儒家的一贯看法,也是理学家的共同立场。

就胡居仁对佛老理论的认识而言,同样表现在两个方面:其一就是佛老对本体的认识,即儒学与佛老在本体观、价值观上的差别;其二则是二者在工夫进路上的差别——这一差别同时又成为其不同的本体价值观的表现。关于释氏对本体的认识,胡居仁指出:

> 释氏误认神识为理,故以作用是性。殊不知神识是气之英灵,所以妙是理者。就以神识为理则不可。性是吾身之理,作用是吾身之气。认气为理,以形而下者作形而上者。[1]

从胡居仁对释氏的这一认识来看,他主要批评佛教的"情识为理"和"作用是性"两点。在他看来,由于佛教以"空"为本,其全部设施也就只能落实在"神识"上,也只能以"作用是性"为指向。由于"神识是气之英灵",性则是"吾身之理",因而释氏实际上也就是"认气为理,以形而下者为形而上者"了。

在宋明理学的背景下,胡居仁对佛教的这一批评当然可以说是有其相当强的理论根据的。因为在两宋时代,理学家往往是根据儒家的体用关系模式来理解佛教的性相关系,张载就曾批评佛教是以"万象为太虚中所见之物,则物与虚不相资,形自形,性自性,形性、天人不相待而有"[2],也就是其所谓的"体用殊绝"。实际上,佛教的"空"并不是儒学在本体意义上的"空",而是"诸行无常,诸法无我"——所谓"万法无自性"式的"空"。[3] 在这一基础上,被儒家视为具有本体意义的"性""理"就只能被归结到"作用"与"神识"的范围了。但是,如果按照佛教的学理,所谓"作用"与"神识"只能被视为作为本体之"性"与"理",即所谓"缘起"的

---

[1] 胡居仁:《老佛归宿》,《居业录》卷七,第78页。
[2] 张载:《正蒙 · 太和》,《张载集》,第8页。
[3] 牟宗三:《佛家体用义之衡定》,《牟宗三先生全集》第5册,第600页,台北:联经出版公司,2003年版。

表现,却并不能直接等同于儒家所谓的本体。这样看来,胡居仁对佛教所概括的"情识为理"与"作用是性"作为对佛教学理的认识起码是超过两宋理学家的;但其"认气为理,以形而下者为形而上者"的批评却未必能够正对佛教之病,佛教并不是"认气为理",更不是"以形而下者为形而上者",所以这一批评只能视为胡居仁在儒家理论的基础上对佛教学理所进行的一种逻辑归谬而已。

至于胡居仁对佛教工夫理路的批评也同样表现着这一特点,他说:

> 禅家存心有两三样,一是要无心,空其心,一是羁制其心,一是照观其心。儒家则内存诚敬,外尽义理,而心存。故儒者心存万理,森然具备。禅家心存而寂灭无理。儒者心存而有理,禅家心存而无主。儒家心存而活,异教心存而死。然则禅家非是能存其心,乃是空其心,死其心,制其心,作弄其心也。①

这一段批评,如果仅仅作为修行与追求的工夫理路而言,那么儒家自然也有"空其心""羁制其心"与"照观其心"的一面,儒与佛禅的对立并不表现在工夫理路上;但从工夫理路的角度看,二者恰恰存在着极为相似的一面。在这里,胡居仁为什么批评禅宗是"空其心,死其心,制其心,作弄其心"呢? 实际上,这并不是来自纯粹的工夫理路的批评,而主要是儒学与佛禅不同的价值观在工夫理路上的投射和表现,一如其前边批评佛教是"认气为理,以形而下者为形而上者"一样,实际上也都是通过对佛之不同于儒家的价值观进行归谬在工夫理路上的表现。

至于道家,胡居仁则非常用心地澄清道家对儒学的诸多批评,比如他分析说:"学一差,便入异教,其误认圣贤之意者甚多。此言无为,是无私意造作,彼遂以为真虚净无为矣。此言心虚者,是心有主而外邪不入,故无昏塞,彼遂以为真空无物矣。此言无思,是寂然不动之中万理咸备,

---

① 胡居仁:《老佛归宿》,《居业录》卷七,第80页。

彼遂以为真无思矣。此言无适而非道,是道理无处无之,所当操存省察,不可造次颠沛之离,彼遂以为凡其所适无非是道。故任其猖狂自恣而不顾也。"①在这里,所有的"此言"都是指儒家本来的主张;所有的"彼遂以为",则是指道家对儒学的误解或污蔑而言,也包括其对自家主张的宣称。不过,由于这一切首先都发生在"学一差"的情况下出现的,即没有真正把握儒家学理的基础上,最后不仅陷于种种谬误,也只能导致自己"任其猖狂自恣而不顾也"。这说明,在胡居仁看来,凡是道家对儒学的批评,其实都是建立在误解或污蔑的基础上的,这也就是其所谓的"学一差"——没有真正把握儒家学理的表现。

那么,胡居仁又将如何反驳道家的思想观点呢? 实际上,由于儒道两家同属于中国传统文化,其在工夫理路上的一致性是毋庸讳言的,所以,对于道家,与其说是批评,不如说主要是一种辩白、澄清与互诠式的证明。比如前边所征引的两段正好表现了胡居仁对道家与儒学互诠式的辩白与澄清,当然同时也就包含着其对道家的反批评:

> 主敬是有意,以心言也。行其无所事,以理言也。心有所存主,故有意。循其理之当然,故无事。此有中未尝有,无中未尝无,心与理一也。②

> 以理论之,此理流行不息,此性禀赋有定,岂可说空说无? 以气论之,则有聚散虚实之不同,聚则为有,散则为无。若理则聚有聚之理,散有散之理,亦不可言无也。气之有形体者为实,无形体为虚,若理则无不实也。③

在这里,"无"与"有"以及"无心"与"有意"的互补及其不同表现,既是对道家"无"的智慧之一定程度的吸取,同时也是对儒家本体与工夫两层世

---

① 黄宗羲:《明儒学案·崇仁学案》二,《黄宗羲全集》第七册,第29—30页。
② 黄宗羲:《明儒学案·崇仁学案》二,《黄宗羲全集》第五册,第517页,杭州:浙江古籍出版社,1985年版。
③ 胡居仁:《老佛归宿》,《居业录》卷七,第76页。

界的辩白与澄清;至于"此理流行不息,此性禀赋有定,岂可说空说无?"显然既是对儒家学理的澄清,也是依据儒家体与用、本体与工夫两层世界之有机统一对于道家虚无主张的一种反击与批评。

第三章　理学的顺承与演变——理气哲学的发展（下）

作为朱子学的进一步展开，明代理学发展到罗钦顺就算达到了它的一个高峰；罗钦顺之所以被称为"朱学后劲""紫阳功臣"，也主要是就其对朱子学的坚持与捍卫而言的。另一方面，正因为罗钦顺代表着明代朱子学的高峰，也就同时意味着明代朱子学的一个更为明显的变革已经来临了——过此以往，明代理学也就成为阳明学与朱子学之中分、对垒以至于逐步取代朱子学的过程。当然，这只是就明代理学的总体格局及其发展走向而言的。从罗钦顺来看，他当时不仅是所谓"朱学后劲""紫阳功臣"，同时也可以说是朱子学变革的先驱，因而其思想本身就体现着明代理学中"朱学后劲"与"变革先驱"两个方面的统一，并且也正好处于二者相互转换的关节点上。就是说，与刚刚崛起的阳明心学相比，罗钦顺固然应当算作明代理学中的"朱学后劲"，但就其自身的思想走向而言，朱子学在作为其继承、捍卫对象的同时也就成为其所变革的对象了。由此往后，继之而起的王廷相、吴廷翰不仅不再以朱子后学自居，而且开始另创学派，并明确地将朱子学视为其所批判、改造的对象了。到了晚明的顾宪成、高攀龙这一代东林党人，由于其时阳明心学已经泛滥成灾，他们朱王互救其失的学旨就表现出某些向朱子复归的趋势，但就其实质而言，已经不再是纯粹的朱子学了。

第一节　罗钦顺的理气、心性与儒佛之辨

罗钦顺(1465—1547),字允升,号整庵,江西泰和人。罗钦顺出身于仕宦之家,自幼聪颖过人,弘治六年(1493),以甲榜第三的身份授翰林院编修,后升任南京国子司业。刘瑾把持朝政期间,因不肯阿附,被削职为民。刘瑾伏诛后复官,以后历任南京太常少卿、南京礼部右侍郎、南京礼部尚书、吏部尚书等职。仅就这一履历来看,罗钦顺显然属于高官显宦之列。罗钦顺与王阳明、王廷相同朝为官,三人的年龄差距不超过十岁;又曾与王阳明、湛甘泉、欧阳崇一等心学家往复论学,是明代朱子学的中坚。因为其对朱子学之坚决捍卫的立场,一时被誉为"朱学后劲""紫阳功臣"。晚年致仕归乡,从事著述,是阳明心学最有力的批判者与抗衡者。

罗钦顺的成学经历,据其本人自述,"早尝从事章句,不过为利禄谋尔"[1],就是说,其早年所学不过是科举制艺之类,目的当然在于通过科举出仕以作用于社会。任官京师时,也曾痴迷于禅学,并一度"为之精思达旦……后官南雍,则圣贤之书,未尝一日去手,潜玩久之,渐觉就实。始知前所见者,乃此心虚灵之妙,而非性之理也。自此研磨体认,日复一日,积数十年,用心甚苦。年垂六十,始了然有见乎心性之真,而确乎有以自信"[2]。从这一成学经历来看,可以说罗钦顺是通过科举考试入学,继而通过禅学钻研以深化其所学(且不管其是否真正进入禅学),最后则是通过"圣贤之书,未尝一日去手"的方式,"研磨体认……始了然有见乎心性之真,而确乎有以自信"。从其"年几四十,始慨然有志于道"[3],到"年垂六十,始了然有见乎心性之真"来看,不仅说明心性问题一直是罗钦顺所"研磨体认"的主要问题,而且也由此决定了其一生批评心学的

---

[1] 罗钦顺:《困知记序》,《困知记》,第1页,北京:中华书局,1990年版。
[2] 罗钦顺:《困知记》卷下,《困知记》,第34—35页。
[3] 罗钦顺:《困知记序》,《困知记》,第1页。

使命。

一、理气之辨

从理论上看,虽然罗钦顺一直以"心性之真"为探索志向,但他的为学进路却决定其探索不能不首先从理气关系的角度展开。这主要是由两个方面的因素决定的:一方面,明代的理学家基本上都属于朱子学之支流余裔,这就形成了一种共识性的时代氛围;从对朱子学的研究来看,则又不能不从朱子哲学最基本的关系——理气关系出发。另一方面,即使罗钦顺始终以"心性之真"作为探索指向,但在其为学进路既定的条件下,他也就只能从对理气关系的探讨出发,然后才有可能定位其"心性之真"的规模,就是说,只有在理气关系得到基本澄清的前提下,才有可能展开其对心性问题的探索。

现存的《困知记》一书始刻于嘉靖七年(1528,即王阳明去世的前一年),当时只有上下两卷,以后则不断有所续补,所以其始刻版本只有"卷上、卷下",以后则陆续有"续卷上""续卷下"以及"三续""四续",包括作为其"附录"的"论学书信"以及后人所增补的"序跋"等等,说明现存《困知记》实际上是由陆续增补而成的。如果从罗钦顺嘉靖(1522—1566)初即致仕家居算起,那么其初刻版本中的"卷上、卷下"部分,也就可以代表其"年垂六十,始了然有见乎心性之真"的基本看法了,虽然在其初刻本中,列于首章的就是孔孟的"存心养性"之教,表明其探索的目的就是要彻底澄清心性问题,但说到其理论基础,仍然要从其对朱子理气关系的理解说起。

关于理气关系,罗钦顺首先是从"穷理"的角度展开的,他写道:

自夫子赞《易》,始以穷理为言。理果何物也哉?盖通天地,亘古今,无非一气而已。气本一也,而一动一静,一往一来,一阖一辟,一升一降,循环无已。积微而著,由著复微,为四时之温凉寒暑,为万物之生长收藏,为斯民之日用彝伦,为人事之成败得失。千条万绪,纷纭胶轕而卒不可乱,有莫知其所以然而然,是即所谓理也。初非别有一物,依于气而立,附于气以行也。①

如果从对朱子学的继承出发,那么罗钦顺这一段对"理"的论述自然也就可以说是其关于天地万物之所谓本始的基本看法了,但却明显有别于朱子。因为朱子曾明确地指出:"未有天地之先,毕竟也只是理。有此理,便有此天地;若无此理,便亦无天地,无人无物,都无该载了。"②如果将朱子的这一论述与罗钦顺的上述说法稍加比较,就可以看出朱子无疑是以理为本的,罗钦顺这里却完全是以气为本的,其所谓"通天地,亘古今,无非一气而已"就可以说是他对"以气为本"原则的明确表达;至于其接着强调的"气本一也,而一动一静,一往一来",则无疑又是对其"气本"观点及其作用的具体说明。所以到后边其所谓的"初非别有一物,依于气而立,附于气以行也",也就完全可以说是对朱子的天理本体论及其理先气后之说的一种明确批评了。也许正是这一原因,罗钦顺一直被视为理学中的气学家。③

我们这里固然可以暂且不管罗钦顺究竟是理本论还是气本论,但他的探讨是从"理"出发这一点是确定无疑的。就此而言,他当然是朱子学的继承者——起码是明确地继承了朱子学的为学进路与探索方向的。但是,在继承朱子学的基础上,罗钦顺为什么又要明确地将朱子的"以理为本"直接演变为"以气为本"呢? 这就涉及一个较为复杂的问题。因为在这里,无论是"以理为本"还是"以气为本",实际上都首先要面对同一个客观世界;只有对这个世界形成根本不同的关注视角,才会形成"以理为本"与"以气为本"的差别。因而无论是朱子还是罗钦顺,他们无疑都

---

① 罗钦顺:《困知记》卷上,《困知记》,第 4 页。
② 黎靖德编:《朱子语类》卷一,第 1 页,北京:中华书局,1986 年版。
③ 李书增等著的《中国明代哲学》一书中曾对罗钦顺哲学评论说:"他处于明代心学兴起的时期,首倡以气为本的唯物论,对抗理学和心学,形成气学与理学、心学鼎立的局面。"(李书增等:《中国明代哲学》,第 814 页,郑州:河南人民出版社,2002 年版)张学智先生也评价说:"罗钦顺的理气论,虽从朱熹入,已明显有张载气论的特点,而其心性论也与朱熹有一定差异。"张学智:《明代哲学史》,第 318 页,北京:北京大学出版社,2000 年版。

首先是这个世界的探索者;只有在不同探索视角的基础上,才会形成这种"以理为本"与"以气为本"的不同立场。

在这里,我们同样可以暂且不管朱子将如何面对这个世界以及其所面对世界之根本性质问题,仅就罗钦顺而言,他的"以气为本"之说也就明确地规定了他所面对的世界及其性质,并且具有某种难以避免的必然性。从上段引文来看,当他对"理"进行"为四时之温凉寒暑,为万物之生长收藏,为斯民之日用彝伦,为人事之成败得失"的定性与落实时,这种"理"也就只能存在于宇宙生化之气的"一动一静,一往一来,一阖一辟,一升一降"的过程中。因为这种性质的"理"本身就是决定事物之所以存在、所以发展变化的定则之理。

让我们再从罗钦顺所面对的世界来看其"理"的性质。他指出:

> 盈天地之间者惟万物,人固万物中一物尔。"乾道变化,各正性命",人犹物也,我犹人也,其理容有二哉? 然形质既具,则其分不能不殊。分殊,故各私其身;理一,故皆备于我。夫人心虚灵之体,本无不该,惟其蔽于有我之私,是以明于近而暗于远,见其小而遗其大。凡其所遗所暗,皆不诚之本也。然则知有未至,欲意之诚,其可得乎? 故《大学》之教,必始于格物,所以开其蔽也。格物之训,如程子九条,往往互相发明。其言譬如千蹊万径,皆可以适国,但得一道而入,皆可以推类而通其余,为人之意,尤为深切。①

这就是罗钦顺的世界,从其"人固万物中一物"以及"人犹物也,我犹人也"来看,这分明是一个建立在气机生化基础上万物之实然存在及其生成、演化、发展的世界;其"形质既具"一说尤其表现了这一点。在这一条件下,其所谓的理也就只能成为决定天地万物之所以存在、所以发展变化的生化之理了。从实然存在的角度探索万物所以生化发展之理,这样的理就只能存在于生化流变之气中。所以说,问题的要害并不在于罗钦

---

① 罗钦顺:《困知记》卷上,《困知记》,第2—3页。

顺颠倒了朱子的理气关系,从而使朱子的理本论演变为气本论,而在于罗钦顺所面对的世界、所探索的所以然之理已经不再是朱子既作为天地万物所以存在之本体依据同时又作为人伦世界万善之源的道德本体之理了。除此之外,罗钦顺又认为"知有未至,欲意之诚,其可得乎?"说明他也是明确地坚持通过对自然物理的认识来达到主体之诚意目的的,这说明他根本就没有注意到二者之间的不对应性。当然所有这些问题,也首先是由于朱子当时总是以决定天下万事万物之"所以然"来论证人伦道德之"所当然"的特点决定的,也就导致了其后学总是不断地从原本作为道德依据与价值根源之天理向着作为自然生化之理的方向滑转,并试图通过对自然物理的认识来达到主体诚意的目的。在天理的内涵已经演变为气之屈伸往来之理的条件下,其理气关系的演变也就成为一个非常自然的走向;而以对自然物理的认识来促进主体诚意的实现,也说明他根本没有注意到诚意本身对主体之道德性要求。

在这里,还有一点也需要提出来讨论,比如虽然朱子总是以物理世界中之"所以然"来论证人伦世界中之"所当然",但在朱子看来,二者之间存在着本质性的区别则是肯定无疑的[①];其间最基本的差别,也就在于人与物、人伦与物理的区别。但在罗钦顺看来,"人犹物也,我犹人也,其理容有二哉?"又说:"人固万物中之一物尔,须灼然见得此理之在天地者与其在人心者无二,在人心者与其在鸟兽草木金石者无二,在鸟兽草木金石者与其在天地者无二,方可谓之物格知至,方可谓之知性知天,不然只是揣摸臆度而已。盖此理在天地则宰天地,在万物则宰万物,在吾心则宰吾身,其分固森然万殊,然止是一理,皆所谓纯粹精也。"[②]在这里,虽然罗钦顺也明确坚持"此理在天地则宰天地,在万物则宰万物,在吾心则

[①] 朱子的同代学人陈齐仲当时就以物理探索的方式来认知天理,却遭到朱子的严厉批评,他指出:"格物之论,伊川意虽谓眼前无非是物,然其格之也,亦须有缓急先后之序,岂遽以为存心于一草木器用之间而忽然悬悟也哉?且如今为此学而不穷天理、明人伦、讲圣言、通世故,乃兀然存心于一草木、一器用之间,此是何学问?如此而望有所得,是炊沙而欲其成饭也。"朱熹:《答陈齐仲》,《朱熹集》卷三十九,第1792页。

[②] 罗钦顺:《答欧阳少司成崇一》又,《困知记》,第123页。

宰吾身",但其始终坚持"在人心者与其在鸟兽草木金石者无二",而这种能够"宰天地""宰万物"同时又能够"宰吾身"的理究竟是一种什么性质的理呢? 恐怕除了流行于自然界的物则之理,也就别无选择了。这样一来,当罗钦顺完全将"我"还原为"人",又将"人"还原为"物"时,其所谓的"理"也就只能成为或完全归结为客观而又自然的"物理"了。也只有在这一意义上,他才可以提出"其理容有二哉"式的反问。

在这一背景下,罗钦顺也就完全可以改写朱子的理气关系了,他对这一点也确实进行了多番论证;但其具体的思考进路与论证方法,仍然是从朱子理气关系的角度展开的。他说:

> 尝窃以为,气之聚便是聚之理,气之散便是散之理,惟其有聚有散,是乃所谓理也。推之造化之消长,事物之终始,莫不皆然。[1]

> 理只是气之理,当于气之转折处观之。往而来,来而往,便是转折处也。夫往而不能不来,来而不能不往,有莫知其所以然而然,若有一物主宰乎其间而使之然者,此理之所以名也。"易有太极",此之谓也。若于转折处看得分明,自然头头皆合。[2]

在这里,其前一段是从气之聚散的角度说理,因为理不仅是因着气之聚散才有所附着的,并且始终存在于气之聚散的过程中,所以说"惟其有聚有散,是乃所谓理也"。如果没有气,没有气之聚散,自然也就谈不到所谓聚散之理了。至于其后面一段,则专门谈气之转折表现,并从气之转折的角度说理——正因为有气之转折,才会有所谓转折之理。而转折之理所以存在,也就在于气之转折的过程中"若有一物主宰乎其间而使之然者"。显然,在罗钦顺看来,无论是聚散之理还是所谓转折之理,实际上都是以气之存在作为其自身所以存在之基本前提的,并且也始终立足于气之往来、转折处来认识理,因而所谓理,也就只能存在于气之聚散、往来与转折的过程中。在罗钦顺看来,这种气化流行中的聚散、转折之

---

[1] 罗钦顺:《困知记》卷下,《困知记》,第 38 页。
[2] 罗钦顺:《困知记》续卷上,《困知记》,第 68 页。

理,既是"易有太极"的表现,也是"造化之消长,事物之终始"的具体表现。这样一来,朱子理气关系中的理先气后说也就被彻底颠倒了:不是所谓理先气后,而是理只能存在于气之聚散、往来与转折的过程中,这就只能说是气先理后了。再结合明初以来朱子学的发展来看,从曹端开始怀疑朱子的理静气动到薛瑄、胡居仁开始怀疑朱子的理先气后,最后直到罗钦顺彻底颠覆朱子的理气先后说,从而也就将其从理先气后的立场转变为气先理后的立场了。从这个角度看,完全可以将罗钦顺称为气本论者。

但罗钦顺的这一转变又确实是沿着朱子学的进路前进的。正因为他是沿着朱子学的进路前进的,才被人们誉为"朱学后劲""紫阳功臣"。不过,除了对朱子学的推进,罗钦顺同时也对朱子理学深致其不满;这一不满又主要表现在其对朱子未能使理与气的关系彻底"定于一"上,也就为其后学制造了许多理论上的麻烦。这无疑是非常自然的。在罗钦顺看来,正由于朱子的理气关系未能彻底地"定于一",也就使得"理"始终存在着独立的可能;这一点同时又是一种虽然荒谬却又难以致讥的说法。所以在《困知记》中,罗钦顺就对各种理气关系之未能彻底地"定于一"的现象统统予以严厉的批判。比如他指出:

> 所谓叔子小有未合者,刘元承记其语有云:"所以阴阳者道。"又云:"所以阖辟者道。"窃详所以二字,固指言形而上者,然未免微有二物之嫌……所谓朱子小有未合者,盖其言有云:"理与气决是二物。"又云:"气强理弱。"又云:"若无此气,则此理如何顿放?"似此类颇多。[1]

> 叔子与朱子论著、答问,不为不多,往往穷深极微,两端皆竭,所可疑者,独未见其定于一尔,岂其所谓"犹隔一膜"者乎?[2]

> 周子《太极图说》篇首无极二字,如朱子之所解释,可无疑矣。

---

① 罗钦顺:《困知记》卷上,《困知记》,第5页。
② 罗钦顺:《困知记》卷上,《困知记》,第6页。

至于"无极之真,二五之精,妙合而凝"三语,愚则不能无疑。凡物必两而后可以言合,太极与阴阳果二物乎? 其为物也果二,则方其未合之先各安在耶? 朱子终身认理气为二物,其源盖出于此。愚也积数十年潜玩之功,至今未敢以为然也。①

　　薛文清《读书录》甚有体认工夫,见得到处尽到。区区所见,盖有不期而合者矣。然亦有未能尽合一处……至于反覆证明"气有聚散,理无聚散"之说,愚则不能无疑。夫一有一无,其为缝隙也大矣,安得谓之"器亦道,道亦器"耶? 盖文清之于理气,亦始终以为二物,故其言未免时有窒碍也。②

从这些点评来看,罗钦顺几乎是用了一个"未能定于一"的标准就批评了所有的理学家,包括所谓朱子后学,那么,其所谓"定于一"的标准果真如此重要吗? 这主要是因为,当罗钦顺以自然物理来理解人伦道德时,他也就必然要将人物化、将人伦道德物理化,然后再将所有的人伦物理一概落实于气化流行的过程中,在他看来,只有这样,才能彻底解决前人关于理气关系之"未能定于一"的问题。但是,一当罗钦顺将所有的人伦物理完全内在于气之聚散、屈伸和往来、转折的过程中,一方面固然使"理"取得了最大的普遍性——遍在于一切存在——所谓万事万物所以存在发展的过程中;另一方面,就在他对"理"进行这种普遍化落实与遍在化拓展的同时,也就彻底消解了"理"之人伦道德与价值根源方面的内涵,从而也就仅仅成为一种纯粹自然的物理了。在这种条件下,我们固然也可以说"理"确实彻底内在于气了,并且也已经内化为气之聚散、屈伸和往来、转折过程中的具体条理,与此同时,"理"却不仅失去了其人伦道德方面的内涵,同时也失去了其作为人之认知的终极指向的超越性蕴涵,因而其所谓的形而上者,也就仅仅存在于自然物理之存在属性与存在方式这一点上了。这样一来,罗钦顺也就在颠倒朱子的理气关系、将朱子

①　罗钦顺:《困知记》卷上,《困知记》,第29页。
②　罗钦顺:《困知记》卷上,《困知记》,第38页。

的理本论演变为气本论的同时,消解了朱子天理本体论之道德超越性的蕴涵,从而将其彻底等同并且也落实于自然物理的层面了。

二、心性与儒佛之辨

虽然上述探讨已经解决了理与气之如何能够彻底地"定于一"的问题,但罗钦顺的思想探讨并没有完结。由于其探讨理气关系的目的原本就不在于理气关系,当然也不是故意与朱子作对,而主要在于心性问题,在于通过对理气关系的探讨以形成其彻底澄清心性问题的理论基础。就这一点而言,心性与儒佛之辨才是罗钦顺所有探讨活动的真正目的;也正是这一原因,他才会以"年垂六十,始了然有见乎心性之真"来为自己一生的探索定位。又说:"拙《记》累千万言,紧要是发明心性二字,盖勤一生穷究之力,而成于晚年者也。"①仅从罗钦顺的这一自我定位与自我剖白来看,即使我们表彰其为气本论的开创者,也并非就是他所期待的,其所真正期待的就在于他对心性与儒佛关系的彻底澄清上。

由于罗钦顺已经将理气关系彻底归并为一,并将理全然内在于气之屈伸、往来与转折的过程中,在人性问题上,他最不能接受的观点就是两宋以来所谓双重人性的说法;甚至也可以说,他之所以要探讨理气关系并将二者彻底"定于一",本来也就是为了消解两宋以来的双重人性观点。在这一背景下,罗钦顺自然会处处发现双重人性说的缺陷与弊端。比如,他先从追溯儒家人性论之起源的角度分析说:

> 《六经》之中,言心自帝舜始,言性自成汤始……孔子言之加详,曰:"一阴一阳之谓道,继之者善也,成之者性也……"又曰:"性相近。"子思述之,则曰:"天命之谓性,率性之谓道。"孟子祖之,则曰"性善。"凡古圣贤之言性,不过如此。自告子而下,初无灼然之见,类皆想象以言,其言益多,其合于圣贤者殊寡,卒未有能定于一

---

① 罗钦顺:《答萧一诚秀才书》,《困知记》,第163页。

者。及宋,程、张、朱子出,始别白而言之,孰为天命之性,孰为气质之性,参之孔孟,验之人情,其说于是乎大备矣。然一性而两名,虽曰"二之则不是",而一之又未能也,学者之惑,终莫之解,则纷纷之论,至今不绝于天下,亦奚怪哉![①]

从罗钦顺的这一追溯来看,他是明确地以所谓原始之"一"作为根本依据的("言性自成汤始"),同时又以所谓"定于一"为最高指向,所以在他看来,从孔子、子思到孟子对这个原始之"一"都只有"祖述之"而已,也始终没有破坏所谓"一"的传统。只有到了"告子而下,初无灼然之见,类皆想象以为言……卒未有能定于一者。"因而再到两宋,由二程、张载到朱子,其"一性而两名"规定所导致的"卒未有能定于一者",也就始终成为一个需要排除的集负面现象之大成的重大问题了。这样看来,两宋理学家的"别白而言之"以及由之所形成的"一性而两名"现象,与其说是推进了对人性问题的探讨,不如说正是导致以后"纷纷之论"与"学者之惑"的根本原因。从其这一追溯也可以看出,罗钦顺不仅根本不认同两宋理学家关于双重人性的说法,而且也必然要将二者如何能够彻底"定于一"作为自己的奋斗方向。

正是在这一方向的引导下,罗钦顺也就能够处处发现理学家关于双重人性论说的诸多毛病,比如:

> 程、张本思、孟以言性,既专主乎理,复推气质之说,则分之殊者诚亦尽之。但曰"天命之性",固已就气质而言之矣,曰"气质之性",性非天命之谓乎? 一性而两名,且以气质与天命对言,语终未莹。[②]

从这一批评来看,罗钦顺始终在追求如何使人的双重人性能够彻底"定于一",这样一种目标也许原本并不错,比如当张载提出双重人性时,同时也就明确申明说:"气质之性,君子有弗性者焉。"[③]这一说法本身就明

---

① 罗钦顺:《困知记》卷上,《困知记》,第6—7页。
② 罗钦顺:《困知记》卷上,《困知记》,第7页。
③ 张载:《正蒙·诚明》,《张载集》,第23页。

确地预设了二者必须"定于一"的指向,但张载的"定于一"主要是通过"知礼成性变化气质"实现的,从而使人能够通过"变化气质"以彻底统一于天地之性。后来,虽然朱子也从具体的存在表现的角度提出"气质之性,便只是天地之性。只是这个天地之性却从那里过,好的性如水,气质之性如杀(撒)些酱与盐,便是一般滋味"①,但朱子对于双重人性的这种统一毕竟主要是从其存在方式(生化禀赋)与存在属性("天地之性却从那里过")的角度言说的;从现实人生的角度看,双重人性的巨大反差却恰恰是人之道德修养所以必须的必要前提。既然罗钦顺要将双重人性如何能够彻底"定于一"作为其探索方向,那么,他又将如何实现这一目标呢?

实际上,罗钦顺对于双重人性之彻底"定于一"的努力仍然是通过自然之生化与人生之禀赋的方式实现的,其论证则又主要是通过"理一分殊"的方式实现的。他说:"理一分殊四字,本程子论《西铭》之言,其言至简,而推之天下之理,无所不尽。在天固然,在人亦然……在一日亦然,在万古亦然。持此以论性,自不须立天命、气质之两名,灿然其如视诸掌矣。"②很明显,所谓"自不须立天命、气质之两名"的说法无疑是从存在方式、存在属性与禀赋之理的角度言说的,具体来看,其对双重人性的统一又主要是通过禀气赋形的方式实现的。罗钦顺说:

> "天命之谓性",自其受气之初言也;"率性之谓道",自其成形之后言也。盖形质既成,人则率其人之性,而为人之道;物则率其物之性,而为物之道。均是人也,而道又不尽同,仁者见之则谓之仁,知者见之则谓之知,百姓则日用而不知,分之殊也,于此可见。③

在这一论证中,罗钦顺实际上是通过人生"受气"之"生理",并从宇宙生化之"气一"到生成万物之"气万"的方式来实现的,所以他对孟子的人性论解释说:"盖受气之初,犬牛与人,其性未尝不一;成形之后,犬牛与人,

---

① 黎靖德编:《朱子语类》卷四,第68页。
②③ 罗钦顺:《困知记》卷上,《困知记》,第9页。

其性自是不同。"①为什么从受气之初的"犬牛与人,其性未尝不一"就必然会走向成形之后的"犬牛与人,其性自是不同"呢?从其上面所谓的"盖形质既成,人则率其人之性,而为人之道;物则率其物之性,而为物之道"来看,罗钦顺显然是将这一问题交给"禀气赋形"之"生理"来解决的,也就是说,"犬牛与人"从其同到其不同,主要是由其生命中不同的"生理"基础决定的。说其同,则万物一理,都是气机生化的产物;说其异,也就成为"人则率其人之性,而为人之道;物则率其物之性,而为物之道"了。这样一来,人与动物的区别实际上也就仅仅成为一个"生理"之禀赋与具体成形的问题了。人与动物当然存在着"生理"之别,但如果将二者的区别仅仅归结为一个"生理"因素,那就确实存在着消解人对人之所以为人之精神自觉的可能。

在对人性进行"生理"与"成形"定位的基础上,罗钦顺又将如何说明人心呢?在他看来,"夫心者,人之神明,性者,人之生理。理之所在谓之心,心之所有谓之性,不可混而为一也。"②既然"理之所在谓之心,心之所有谓之性",这就说明所谓人性其实也就是心中之理。为什么又必须坚持二者之"不可混而为一"呢?在罗钦顺看来,心与性不仅存在着天与人、体与用之别,而且还存在着道心与人心、"生理"与"明觉"的区别。所以,罗钦顺在追求双重人性必须"定于一"的同时,又必须处处辨别心性,唯恐人们将其"混而为一也"。他指出:

> 盖人之生也,自其禀气之初,阳施阴受,而此理即具。主宰一定,生意日滋,缠绵周匝,遂成形质。此上智、下愚之所同也。③

> 天性正于受生之初,明觉发于既生之后。有体必有用,而用不可以为体也。④

> 孟子曰:"君子所性,仁义礼智根于心。"此心性之辨也。二者初

---

① 罗钦顺:《困知记》卷上,《困知记》,第21页。
② 罗钦顺:《困知记》卷上,《困知记》,第1页。
③ 罗钦顺:《再答林正郎贞孚》,《困知记》,第155页。
④ 罗钦顺:《答欧阳少司成崇一》,《困知记》,第118页。

不相离,而实不容相混。精之又精,乃见其真。其或认心以为性,真所谓"差毫厘而谬千里"者矣。①

　　道心,性也。人心,情也。心一也,而两言之者,动静之分,体用之别也。②

在这一系列论述中,心性关系自然可以说既存在着天人之别,又存在着体用之别。罗钦顺的全部论证,也就集中在不可"认心以为性"这一点上,当然也可以说就是不可认"人心"为"道心"。

　　这样一来,罗钦顺的心性之辨就与其理气之辨呈现为一种截然相反的走向。在理气之辨中,他的全部论证就是要解决理与气如何才能够彻底"定于一"的问题;而在心与性之辨中,其全部关怀就集中在不可"认心以为性"一点上。这样,他的理气与心性关系就形成了两种完全相反的走向。关于这两种截然相反之走向所包含的错谬,刘宗周曾反问道:

　　谓理即是气之理,是矣。独不曰性即是心之性乎? 心即气之聚于人者,而性即理之聚于人者,理气是一,则心性不得是二;心性是一,性情又不得是二。使三者于一分一合之间,终有二焉,则理气是何物? 心与性情又是何物? 天地间既有个合气之理,又有个离气之理;既有个离心之性,又有个离性之情,又乌在其为一本也乎?③

对于罗钦顺的这一错谬,刘宗周当然主要是从理论逻辑的角度进行反驳的。但对罗钦顺而言,这一错谬与其说是一个理论逻辑的问题,不如说首先是一个现实关怀的问题。这一关怀的重心,也就集中在他的儒佛之辨上;甚至也可以说,他之所以要倾注其全部心力于理气、心性之辨,本来就是为了解决儒佛之辨的问题,正是儒佛之辨,才促使他不得不采取这种严辨心性的立场。

　　为什么要通过严辨心性的方式来解决儒佛之辨的问题呢? 这又首

---

① 罗钦顺:《困知记》卷上,《困知记》,第1页。
② 罗钦顺:《困知记》卷上,《困知记》,第2页。
③ 刘宗周:《明儒学案师说》,《刘宗周全集》第五册,第526页。

先是由其对佛教的认识决定的。请先看罗钦顺对儒佛之别的认识：

> 释氏之"明心见性"与吾儒之"尽心知性"，相似而实不同。盖虚灵知觉，心之妙也。精微纯一，性之真也。释氏之学，大抵有见于心，无见于性。故其为教，始则欲人尽离诸相，而求其所谓空；空即虚也。既则欲其即相、即空，而契其所谓觉，即知觉也。觉性既得，则空相洞彻，神用无方，神即灵也。凡释氏之言性，穷其本末，要不出此三者，然此三者皆心之妙，而岂性之谓哉！①

这就是罗钦顺对儒佛之别的认识，而其最基本的划界，也就在于"虚灵知觉，心之妙也。精微纯一，性之真也"，就是说，儒与佛最基本的区别，就在于看其究竟是依赖"精微纯一"的"性之真"呢，还是凭借作为"虚灵知觉"的"心之妙也"。正由于罗钦顺是以心性之别来作为儒佛区别之基本标志的，所以其结论也就成为"释氏之学，大抵有见于心，无见于性"；而其所凭借的"觉性"（知觉）、"空相"与"神用"三者，"皆心之妙，而岂性之谓哉！"这等于说，在所谓"心之妙"的基础上发展起来的灵明知觉，就代表了释氏之学的全部家底，无怪乎他要以心性之别来作为儒佛区别的标志。

进一步看，罗钦顺一定程度上也承认释氏之学既可以言心又可以言性，但其所言的心性又全然不同于儒学所言的心性。所以，他比较说：

> ……吾儒言心，彼亦言心，吾儒言性，彼亦言性，吾儒言寂感，彼亦言寂感，岂不是句句合？然吾儒见得人心道心分明有别，彼则混然无别矣，安得同！②

> ……吾儒之有得者，固是实见，禅学之有得者，亦是实见，但所见者不同，是非得失，遂于此乎判尔。彼之所见，乃虚灵知觉之妙，亦自分明脱洒，未可以想像疑之。然其一见之余，万事皆毕，卷舒作

---

① 罗钦顺：《困知记》卷上，《困知记》，第2页。
② 罗钦顺：《困知记》续卷下，《困知记》，第88页。

用,无不自由,是以猖狂妄行,而终不可与入于尧舜之道也。愚所谓"有见于心,无见于性",当为不易之论。[1]

在这一比较中,儒与佛当然都可以言心言性言知觉,但其在具体内涵上又是根本不同的,所谓"吾儒见得人心道心分明有别",这自然可以说是其所谓心性之别的表现,释氏则认为心性"混然无别"。在罗钦顺看来,这就是其相互之间的一个基本区别,其相互的另一区别则在于,禅学所谓有得,说到底不过是一种"虚灵知觉之妙"而已,儒学则始终是以"性理之真"作为基础的,这是儒佛之间的又一个区别。从这两点来看,罗钦顺所谓的儒佛之辨可以从三个层面来把握:第一,即心性之别,这可以说是儒学与佛教最根本的区别;第二,所谓道心人心之别,这一区别既可以说是心性之别的自然延伸,也可以说是其作用的表现;第三,佛教所凭借的主要在于"虚灵知觉","虚灵知觉"说到底又不过是一种"心之妙"而已,儒学的一切则全然奠基于"性理之真"的基础上。正是这一原因,对罗钦顺的儒佛之辨,刘宗周评论说:"先生方断断以心性辨儒释,直以求心一路归之禅门,故宁舍置其心以言性,而判然二之。"[2]也就是说,当罗钦顺全然以心性之别作为儒佛之辨的基本标准时,也就将心学彻底驱赶到佛禅一边去了。

罗钦顺这一儒佛之辨的标准又是如何形成的呢? 这又与其早年的一段特殊经历有关。正是他早年的一段特殊经历,使他始终坚信佛教所凭借的不过是一种"此心虚灵之妙,而非性之理也",形成了其一生对佛教的严厉批判立场。他回忆说:

> 愚自受学以来,知有圣贤之训而已,初不知所谓禅者何也。及官京师,偶逢一老僧,漫问何由成佛,渠亦漫举禅语为答云:"佛在庭前柏树子。"愚意其必有所谓,为之精思达旦。揽衣将起,则恍然而有悟,不觉汗流通体。既而得禅家证道歌一编,读之,如合符节,自

---

① 罗钦顺:《困知记》卷下,《困知记》,第 40 页。
② 刘宗周:《明儒学案师说》,《刘宗周全集》,第五册,第 525 页。

以为至奇至妙,天下之理莫或加焉。后官南雍,则圣贤之书,未尝一日去手,潜玩久之,渐觉就实。始知前所见者,乃此心虚灵之妙,而非性之理也。自此研磨体认,日复一日,积数十年,用心甚苦。年垂六十,始了然有见乎心性之真,而确乎有以自信。①

显然,正是其早年的这一段特殊经历,使罗钦顺确信佛禅所凭借的不过是一种"此心虚灵之妙"而已。由此之后,他又在其他场合回忆说:"盖佛氏以知觉为性,所以一悟便见得个虚空境界。《证道歌》所谓'了了见,无一物,亦无人,亦无佛'是也。渠千言万语,只是说这个境界。"②这里所提到的《证道歌》,其实就是其早年"恍然而有悟"之后所读的《证道歌》;至于其内容,说到底又不过是述说一个"空"的境界,这种"空"说到底又不过是人的一种心觉。所以罗钦顺又说:"佛氏之所谓性,觉而已矣。其所谓觉,不出乎见闻知觉而已矣。"③

但是,难道罗钦顺就凭借其早年对禅宗"心觉"之"空"的认识决定了其一生毫不妥协的反佛态度吗?这显然是不可能的。如果说禅宗之"空"不过是"此心虚灵之妙"所形成的一种光景,那么罗钦顺也完全可以通过自己的经历来拆穿这一光景,根本用不着对此问题一直耿耿于怀;由此之后,推动罗钦顺不断地钻研佛教经典诸如《金刚经》《楞严经》以及种种禅宗"公案"的动力其实也并不在于佛禅之学本身,而主要在于儒学内部;甚至也可以说,他完全是为了清理儒学的门户才反过来去钻研佛教经典与禅宗公案的。请看罗钦顺在与友人书信中的感慨,他在与友人讨论阳明心学时写道:

> 曾不自考,顾乃诬孟子以就达磨,裂冠毁冕,拔本塞源,言之可为痛恨!其自误已矣,士之有志于学而终不免为其所误者,何可胜计!非有高明特立之君子,以身障其流而扑其焰,欲求斯道大明于

---

① 罗钦顺:《困知记》卷下,《困知记》,第34—35页。
② 罗钦顺:《困知记》续卷上,《困知记》,第61页。
③ 罗钦顺:《困知记》续卷上,《困知记》,第47页。

世,其可得乎!①

在《困知记》中,罗钦顺以或明或暗的方式批评阳明心学的章节几于不可胜数,甚至也可以说,《困知记》本身就是阳明心学推动下的产物;没有阳明心学的盛行,罗钦顺可能也就不会有"勤一生穷究之力,而成于晚年"的《困知记》之作。所以,他处处暗示阳明心学实际上就是佛教渗透于儒学中的表现:

> 世顾有尊用"格此物""致此知"之绪论,以阴售其明心之说者,是成何等见识耶! 佛氏之幸,吾圣门之不幸也。②

对于罗钦顺来说,这样的感慨当然不可能是随便而发,但这些感慨却说明了一点,这就是从其心性之辨到儒佛之辨,作为标准,实际上就是为阳明心学所量身定做的。因而,与其说他是为了批评佛教才严辨心性问题,不如说他就是为了批评阳明心学才找到佛教、找到禅宗的,并且也是以之作为标准来辨析心性问题的。

但罗钦顺这种严辨心性式的批评,就将整个心学排除于理学之外了。在他看来,心学简直就是一种不应当产生的学派,因为其产生本身也就意味着佛教与禅学对儒学的渗透和污染。比如在《困知记》中,其对历代心学家的批评几乎贯穿全书:

> 象山之学,吾见得分明是禅,弟则以为"似禅"。似之为言,仿佛之谓也。以余观之,佛氏有见于心,无见于性,象山亦然。其所谓至道,皆不出乎灵觉之妙,初不见其有少异也,岂直仿佛云乎! 据象山所见,自不合攻禅,缘当时多以禅学目之,不容不自解尔。③

> 慈湖顿悟之机,实自陆象山发之。其自言"忽省此心之清明,忽省此心之无始末,忽省此心之无所不通",即释迦所谓"自觉圣智境

---

① 罗钦顺:《与林次崖金宪》,《困知记》,第 154 页。
② 罗钦顺:《困知记》卷上,《困知记》,第 4 页。
③ 罗钦顺:《答允恕弟》,《困知记》,第 114 页。

界"也。书中千言万语，彻头彻尾，无非此个见解，而意气之横逸，辞说之猖狂，比之象山尤甚。①

今观白沙之所举示，曰"无学无觉"，曰"莫杖莫喝"，曰"金针"，曰"衣钵"，曰"迸出面目来"，大抵皆禅语也。岂以圣经为未足，须藉此以补之耶？②

湛元明议论多持两端，余尝拟之扬子云矣，况渠乃象山派下真法嗣乎？③

在罗钦顺这一判教性的清算下，南宋以来整个心学一系就被他全然排除于理学之外而推向佛禅一边了。这样一来，作为理学，除了探索自然界的"定则之理"外，其表现于人生，也就只有随着禀气赋形而来的"生理"之学了。无怪乎刘宗周对他的性理之学评价说："先生方断断以心性辨儒释，直以求心一路归之禅门……处理于不外不内之间，乃呈一心目之象，终是泛观物理。"④可以说，这就是罗钦顺以心性辨儒佛的必然结果。

至于罗钦顺何以会以如此方式来推进理学，除了其对朱子学之不同的继承侧重外，最重要的因素，一方面决定于他在朱子学上与阳明心学的抗辩关系，同时也决定于他们之间的相互补充与相互塑造关系。

三、罗钦顺与王守仁之辩

罗钦顺与王阳明生活于同一时代（罗钦顺年长王阳明七岁），都出身于仕宦之家，且先后在同一年龄段科举高中（罗钦顺弘治六年以甲榜第三中第，王阳明则在弘治十二年举南宫第二）。出仕以后，他们自然属于同朝为官的关系；在刘瑾专权时期，他们都受到过沉重的打击（罗钦顺因为不肯阿附刘瑾而被削职为民，王阳明则因为上书言事而受到廷杖、系狱与远谪的打击）。就这一点而言，应当说他们不仅有大体相同的家庭

---

① 罗钦顺：《困知记》续卷下，《困知记》，第78页。
② 罗钦顺：《答湛甘泉大司马》，《困知记》，第150页。
③ 罗钦顺：《答允恕弟》，《困知记》，第115页。
④ 刘宗周：《明儒学案师说》，《刘宗周全集》第五册，第525页。

背景,也处于完全相同的政治生态之中。最后,他们也都是在同一文化背景下成长起来的士君子。

稍许有所不同的是,中举之前,罗钦顺"尝从事章句,不过为利禄谋尔"①;出仕以后,罗钦顺又属于典型的循吏:"知有圣贤之训而已,初不知所谓禅者何也。"②从其这一经历上可以看出,罗钦顺显然属于那种循规蹈矩又极有原则的学者。王阳明则有所不同,始就塾师,就有"何为第一等事"之问,以后又独自摸索"宋儒格物之学";在"格竹子"、实践朱子"读书之法"失败后,又发现朱子学原来就存在着"物理吾心终若判而为二"③的弊端,一度陷入辞章与佛老之学,直到被置于生死之地的龙场,才以"大悟格物致知之旨"的方式找到了一条新的为学路径。从这些经历来看,他们二人不仅在为人性格上存在着较大的反差,而且一起始就在为学进路上存在着较大的分歧。

就其相互关系而言,当王阳明在龙场"大悟格物致知之旨"时,罗钦顺实际上已形成其"慨然有志于道"的志向了;直到中年,当他们一同任职于南京时,才开始了他们一生中最重要的一次相逢。当时,由于罗钦顺已经确立了继承朱子学的志向,王阳明则刚刚开始在南京展开其心学宣讲,于是他们就有了正式的接触。罗钦顺在致阳明的书信中曾回忆了两人的交往情况:

> 昨拜书,后一日始获奉领所惠《大学古本》《朱子晚年定论》二编。珍感,珍感。
>
> 某无似,往在南都,尝蒙诲益。第苦多病,怯于话言,未克倾吐所怀,以求归于一是,恒用为歉。去年夏,士友有以《传习录》见示者。亟读一过,则凡向日所闻,往往具在,而他所未闻者尚多。乃今又获并读二书,何其幸也!顾惟不敏,再三寻绎,终未能得其旨归,

---

① 罗钦顺:《困知记序》,《困知记》,第1页。
② 罗钦顺:《困知记》卷下,《困知记》,第34页。
③ 钱德洪:《年谱》一,《王阳明全集》,第1224页。

而向日有疑,尝以面请而未决者,复丛集而不可解。深为执事所以
惠教之意,将不徒然。辄敢一二条陈,仰烦开示。①

从这一缘起来看,他们当年在南京时就已经有过当面的讨论,只是由于
罗钦顺当时"未克倾吐所怀",因而并没有达成一致的认识。而王阳明对
这一情况的记忆是:"留都时,偶因饶舌,遂致多口,攻之者环四面。"②那
么,当时"环四面"的批评中包括不包括罗钦顺呢?从罗钦顺"尝以面请
而未决"以及王阳明又专门递送《大学古本》与《朱子晚年定论》来看,应
当说罗钦顺当时不仅是主要批评者,甚至可能还是批评阳明心学的学术
领袖(从阳明专门给他递送《大学古本》与《朱子晚年定论》以及此前的专门
致书也说明了这一点。当然,这同时也说明,王阳明其时也在努力弥合其
与朱学学者的矛盾)。此后,王阳明赴南赣平定流民起义,因为其在南都这
一段遭到围攻的经历,也促使他有了《朱子晚年定论》之刻③,而罗钦顺一
直任职于南都,并从南京太常少卿、南京礼部右侍郎一直做到南京的礼部
尚书、吏部尚书等职。在接到《大学古本》与《朱子晚年定论》之前,罗钦顺
就已经读过王阳明的《传习录》上卷了,以往对阳明心学所留下的印象非但
没有改变,反而因读《传习录》更为加深,在收到阳明新近递赠的《朱子晚
年定论》与重刻的《大学古本》之后,他终于提笔写信,并试图以书札的方
式完成其与阳明的学术讨论。

从罗钦顺来看,此前他已经读过王阳明的三本书,因而对其学术趋
向已经有相当的了解;此番致书,就是要明确地站在捍卫朱子学的立场
上对王阳明心学进行一次系统的批评。而从王阳明来看,一方面,他刚
刚平定了朱宸濠的藩乱,却又因为张忠、许泰之蓄意构陷,差一点被作为
朱宸濠的同党而治罪,在经历了这一系列生死攸关的危局之后,终于获

---

① 罗钦顺:《与王阳明书》,《困知记》,第 108 页。
② 王守仁:《与安之》,《王阳明全集》,第 173 页。
③ 袁庆麟在为王阳明《朱子晚年定论》所作的"跋"中说:"《朱子晚年定论》,我阳明先生在留都时
所采集者也。"由此可见,王阳明的《朱子晚年定论》其实在南京遭到"围攻"时就已经开始搜集
了,只是到了赣南才刊刻的。《王阳明全集》,第 142 页。

领江西巡抚之命而重返南昌。罗钦顺的书信就是在这一背景下到达的。

寒暄之后,罗钦顺就直接批评王阳明的《大学古本》之复与《朱子晚年定论》之编。由于《大学古本》的问题稍微复杂,不仅涉及对朱子《今本大学》的看法,同时也涉及他们两位不同的为学进路,我们这里先从罗钦顺对王阳明《朱子晚年定论》的批评谈起。关于《朱子晚年定论》,罗钦顺写道:

> 又详《朱子定论》之编,盖以其中岁以前所见未真,爰及晚年,始克有悟,乃于其论学书尺三数十卷之内,摘此三十余条,其意皆主于向里者,以为得于既悟之余而断其为定论。斯其所择宜亦精矣,第不知所谓晚年者,断以何年为定? 羸躯病暑,未暇详考,偶考得何叔京氏卒于淳熙乙未,时朱子年方四十有六,尔后二年丁酉,而《论孟集注》《或问》始成。今有取于答何书者四通,以为晚年定论。至于《集注》《或问》,则以为中年未定之说。窃恐考之欠详,而立论之太果也。又所取《答黄直卿》一书,监本止云"此是向来差误",别无"定本"二字。今所编刻,增此二字,当别有据。而序中又变定字为旧字,却未详本字同所指否? 朱子有《答吕东莱》一书,尝及定本之说,然非指《集注》《或问》也。凡此,愚皆不能无疑,顾犹未足深论。①

这就是罗钦顺对王阳明《朱子晚年定论》之编最为刚性的批评,既然认为是"朱子晚年定论",那么所搜集的文献起码必须出于朱子的晚年(虽然出于晚年者并非就一定是定论),王阳明这里却是将朱子的《答何叔京》书作为其晚年定论的,比这更晚的《集注》《或问》,则以为是中年未定之说,这是无论如何都说不过去的。至于朱子《答黄直卿》一书多出的"定本"二字,似乎可以传抄之误来理解,因为"向来差误"一说本身也就足以指谓其不赞成以往的观点了,根本不必以所谓"定本"来突出其悔悟;而

----

① 罗钦顺:《与王阳明书》,《困知记》,第110页。

王阳明在序中所提到的"旧本",由于朱子生前就已经有编其文集者①,这里除了何叔京生卒年年限未考的失误,其随便对文本增加文字,也都是不可原谅的过错。

至于阳明对这一问题的辩解,则更是不可原谅的。他辩解说:"中间年岁早晚诚有所未考,虽不必尽出于晚年,固多出于晚年者矣。"②如果说随便增加文本文字本身就已经是一个不小的过错了,那么其在这里的辩解简直就不可饶恕。因为既然是"晚年定论",那么其文本的年限以及其是否出于晚年就是一个根本"性质"的问题,王阳明在这里却试图通过所谓"多出于晚年"的"数量"问题来为自己辩解,这实在是不应该的。

但王阳明这里究竟存在不存在真正可以为自己辩解的因素呢? 这倒是一个真正值得辨析的问题。就在他刊刻《朱子晚年定论》不久,他就曾向其弟子说明了其所以编《朱子晚年定论》的原委:

> 留都时,偶因饶舌,遂致多口,攻之者环四面。取朱子晚年悔悟之说,集为定论,聊藉以解纷耳。门人辈近刻之雩都,初闻甚不喜;然士夫见之,乃往往遂有开发者,无意中得此一助,亦颇省颊舌之劳……今但取朱子所自言者表章(彰)之,不加一辞,虽有褊心,将无所施其怒矣。③

再看他向罗钦顺所作的解释:

> 然大意在委曲调停以明此学为重,平生于朱子之说,如神明蓍龟,一旦与之背驰,心诚有所未忍,故不得已而为此。……盖不忍抵牾朱

---

① 参见束景南:《朱熹年谱长编》庆元四年(1198)十一月"王岷编辑朱熹文集"条,《朱熹年谱长编》,第 1335 页。
② 王守仁:《答罗整庵少宰书》,《王阳明全集》,第 78 页。
③ 王守仁:《与安之》,《王阳明全集》,第 173 页。阳明这一书信作于己卯(1519),在与罗钦顺激辩(1520)之前,故由此也可以看出,王阳明确实是在利用朱子的"悔悟"之说来为自己所受到的围攻"解纷";从罗钦顺答书中的"未足深论"一点来看,罗钦顺也并非要以这一点来猛攻阳明。

子者,其本心也;不得已而与之抵牾者,道固如是,不直则道不见也。①
王阳明的这一辩解,一方面说明他确实是要利用甚至也可以说是故意用
朱子的"悔悟"之说来化解朱学学者的围攻;另一方面,其之所以要采取
这样的方法,又是因为"不忍抵牾朱子者,其本心也",最后之所以又不得
不与之抵牾者,则是因为"道固如是,不直则道不见也"。这就是说,王阳
明承认他确有与朱子学的相异或抵牾之处,包括其《朱子晚年定论》的摘
编也不合乎学术规范,但这却绝不能说凡是与朱子相异者都是错的:"夫
道,天下之公道也;学,天下之公学也,非朱子可得而私也,非孔子可得而
私也。天下之公也,公言之而已矣。"②这就是说,即使其学确与朱子异,
也仍然有其讲学的权力;至于所谓不合规范的摘编,也完全是出于一种
"以明此学为重"的"委曲调停"心理。

应当承认,对于王阳明的这一辩解,罗钦顺无话可说。因为他虽然
处处以朱子为权威,并且还以所谓"决与朱子异"③来批判阳明,殊不知王
阳明早就已经置孔子的权威于不顾了,因为其所谓"道,天下之公道也;
学,天下之公学也,非朱子可得而私也,非孔子可得而私也",可以说是其
对罗钦顺的明确回答。在这种条件下,罗钦顺所谓"决与朱子异"的归谬
也就失去了批判的效力。但是,就对朱子思想的理解而言,则无论阳明
这里是出于"委曲调停"的心理还是故意用朱子的晚年"悔悟"之说来化
解朱学学者的围攻,实际上也都是不足取的。

然后让我们来看王阳明的《大学古本》之复。这一问题虽然是以儒
家经典文本的方式展开的,仍然关涉朱子学,因为当时学界所公认的《大
学今本》就是由朱子所整理出来的,王阳明的《大学古本》之复,也就不仅
是"决与朱子异"的问题,而且也是以同样作为儒家经典的《大学古本》来
批评朱子。这一问题又不像《朱子晚年定论》那样简单明了,而是同时涉

---

①② 王守仁:《答罗整庵少宰书》,《王阳明全集》,第 78 页。
③ 罗钦顺云:"如其以为未合,则是执事精明之见,决与朱子异矣。凡此三十余条者,不过姑取
　之以证成高论……"罗钦顺:《与王阳明书》,《困知记》,第 111 页。

及为学方向的大问题，罗钦顺就必须提高到为学方向的角度来批判。罗钦顺所重点辨析的就是这一问题：

> 切详《大学古本》之复，盖以人之为学，但当求之于内，而程朱格物之说，不免求于外，圣人之意，殆不其然。于是遂去朱子之分章，而削其所补之《传》，直以支离目之，曾无所用。夫当仁不让，可谓勇矣。窃惟圣门设教，文行兼资，"博学于文"，厥有明训。颜渊称夫子善诱，亦曰"博我以文"。文果内耶，外耶？是固无难辨者。凡程朱之所为说，有戾于此者乎？如必以学不资于外求，但当反观内省以为务，则正心诚意四字，亦何不尽之有？何必于入门之际，便困以格物一段工夫也？顾经既有此文，理当尊信，又不容不有以处之，则从而为之训曰："物者，意之用也。格者，正也，正其不正，以归于正也。"其为训如此，要使之内而不外，以会归一处。亦尝就以此训推之，如曰："意用于事亲，即事亲之事而格之，正其事亲之事之不正者，以归于正，而必尽夫天理。"盖犹未及知字，已见其缴绕迂曲而难明矣。审如所训，兹惟《大学》之始，苟能即事即物，正其不正以归于正，而皆尽夫天理，则心亦既正矣，意亦既诚矣。继此，诚意、正心之目，无乃重复堆叠而无用乎？[1]

在这一段争辩中，罗钦顺希望能够澄清三个方面的问题，或者说他是用了三个无可辩驳的事实来反驳王阳明的为学主张：其一，为学究竟应当求之于内还是应当内外兼顾——或者说起码应当以求之于外的方式来解决内的问题？其二，孔子的"博学于文"、颜渊的"博我以文"如何从求之于内来说明？其三，王阳明以"正念头"为特征的格物说与《大学》的文本原意是否能够贯通吻合？在罗钦顺看来，只要这三个问题无法解决，那么王阳明心学——从为学方向到具体进路也就被彻底驳倒了。所以，当罗钦顺提出这些质疑时，应当说他当时是相当自信的，因为他既有圣

---

[1] 罗钦顺：《与王阳明书》，《困知记》，第108—109页。

人的教导,又有经典文本的依据,同时还有两宋以来儒者为学的实践作为证明。

罗钦顺却完全没有料到王阳明根本就不会按照他的规则来出牌。也就是说,罗钦顺的思考坐标是一种内外对立而又相互补充的关系,王阳明的思考坐标根本就不是这种内外对待的关系,而是一种立体纵贯性的坐标。在这种纵贯立体的坐标面前,罗钦顺的内外对待坐标一下子就被撑破了,而且还必须重新思考自己所存在的问题。王阳明是这样破解罗钦顺之内外统一的一维坐标的:

> 夫德之不修,学之不讲,孔子以为忧。而世之学者稍能传习训诂,即皆自以为知学,不复有所谓讲学之求,可悲矣!夫道必体而后见,非已见道而后加体道之功也;道必学而后明,非外讲学而复有所谓明道之事也。然世之讲学者有二,有讲之以身心者,有讲之以口耳者。讲之以口耳,揣摸测度,求之影响者也;讲之以身心,行著习察,实有诸己者也,知此则知孔门之学矣。①

这一段其实就是王阳明整个答辩的总纲。由于罗钦顺搬出了孔子的"博学于文"与颜渊的"博我以文"为自己内外统一的一维坐标做证,王阳明也就必须通过对孔子讲学精神的重新诠释来确立新的标准;从所谓"德之不修,学之不讲,孔子以为忧"一转而为"世之学者稍能传习训诂,即皆自以为知学",则是明确地从理想转向现实、从孔子之所忧一下子转向了现实的"即皆自以为知学"。这就包括了罗钦顺,当然也包括着对罗钦顺的反击。至于"道必体而后见"与"道必学而后明"正是对孔子讲学精神的一种准确诠释,其中又渗透着王阳明所一贯坚持的知行合一精神。这样一来,世之讲学者也就分成了两种进路:一种是"讲之以身心"的"行著习察"之学,一种是"讲之以口耳"且"求之影响者"的"揣摸测度"之学,其中又正好对应着其所谓的"稍能传习训诂,即皆自以为知学"的现象。这

---

① 王守仁:《答罗整庵少宰书》,《王阳明全集》,第75页。

就不仅扭转了罗钦顺的思考坐标,还迫使罗钦顺思量:自己究竟讲的是哪一种学问?

在这一基础上,罗钦顺批评王阳明的"是内非外"之学也就遭到了激烈的反击:"夫理无内外,性无内外,故学无内外。讲习讨论,未尝非内也;反观内省,未尝遗外也。"①为什么明明是"内"、明明是"外",却又说是"未尝遗外""未尝非内"呢? 在王阳明身心纵贯、知行合一的架构中,所谓"讲习讨论"必然关涉着内;所谓的"反观内省"也就必然同时牵连着外,所以王阳明反驳说:"夫谓学必资于外求,是以己性为有外也,是义外也,用智者也;谓反观内省为求之于内,是以己性为有内也,是有我也,自私者也:是皆不知性之无内外也。"②这样一来,罗钦顺内外统一的一维坐标,也就必然会陷于一种内外对立的格局,从而也就不得不从王阳明身心纵贯、行著习察的角度来重新定位、重新思考。

辩论到这一地步,两个人的分歧就已经非常清楚了,罗钦顺无疑是一种客观性的内外对立统一的认知性坐标,王阳明则是一种纵向立体之实践性的行著习察坐标。所以在罗钦顺看来,王阳明以"正念头"为特征的格物说不仅缺乏客观性,而且还存在着一个很大的危险:这就是所谓"局于内而遗其外,禅学是已"③。但在王阳明看来,罗钦顺的内外求索之学也必然会陷入内外两失的格局,从而成为仅仅以所谓"传习训诂"为能事的"俗学"。

他们之间的这种差别与对立,必然会促使对方反省以更加凸显自身的特征,同时也推动着自己在原有的基础上进一步走向深入。比如从罗钦顺的角度看,他在与王阳明的辩论中就曾明确提出:"自我而观,物固物也,以理观之,我亦物也,浑然一致而已,夫何分于内外乎! 所贵乎格物者,正欲即其分之殊,而有见乎理之一,无彼无此,无欠无余,而实有所统会。"④这显然是从认知对象的角度来看人、看物而又看理的结果。岂

---

① ② 王守仁:《答罗整庵少宰书》,《王阳明全集》,第 76 页。
③ ④ 罗钦顺:《与王阳明书》,《困知记》,第 109 页。

不知这样的角度根本就无法应对王阳明主体实践性的行著习察视角;将人伦道德全然还原于自然物理的方法也无法解释道德本身的价值特色。所以,王阳明去世后,罗钦顺又继续与王阳明的弟子欧阳崇一辨良知的问题,并提出所谓"人固万物中一物尔,须灼然见得此理之在天地者与其在人心者无二,在人心者与其在鸟兽草木金石者无二,在鸟兽草木金石者与其在天地者无二,方可谓之物格知至,方可谓之知性知天,不然只是揣摩臆度而已。"①但在这种人伦物理完全同一等值的基础上,其格物所得也就只能是纯粹的自然物理了。从这个角度看,也可以说正是与王阳明的抗辩,才推动着罗钦顺进一步走向了客观自然的物理之学。

但从王阳明来看,当他与罗钦顺展开激辩时,正是他刚刚经历了宁藩之乱、忠泰之难的时候,所以他回忆说:"今经变后,始有良知之说。"②看起来,王阳明良知说的提出似乎应当归功于宁藩之乱和忠泰之难,实际上,与罗钦顺的激辩才是其良知说得以提出之最直接最根本的动因。对王阳明来说,宁藩之乱与忠泰之难固然也存在着身家性命之忧,却并不存在精神上自我否定——整个阳明精神坍塌的危险;与罗钦顺的辩论则时时关涉着其自我肯定的精神依据问题,比如他所摘编的《朱子晚年定论》就被罗钦顺彻底揭破了其不可靠性;来自儒家传统的依据也完全为罗钦顺所占领。在这种状况下,其以往的精神凭借几乎可以说是被一一粉碎,所以他才能有这样的剖白:"夫学贵得之心,求之于心而非也,虽其言之出于孔子,不敢以为是也,而况其未及孔子者乎! 求之于心而是也,虽其言之出于庸常,不敢以为非也,而况其出于孔子者乎!"③实际上,这就包含着一种不以孔子之是非为是非的精神;这种精神,也正是在来自孔子、颜子与朱子的依据都一一为罗钦顺所占领运用的情况下出现的。王阳明这种"求之于心"的精神,也就是一种"四无依傍"的精神,实际上也就是致良知的精神。所以说,正是这一抗辩以及其绝地反击,才

① 罗钦顺:《答欧阳少司成崇一》又,《困知记》,第123页。
② 钱德洪:《年谱》二,《王阳明全集》,第1279页。
③ 王守仁:《答罗整庵少宰书》,《王阳明全集》,第76页。

将王阳明送到了良知学的大门口;与罗钦顺的激辩,正是推动着其良知说出场的临门一脚。也许正是这一原因,王阳明才总是将良知称为"随时知是知非"的"自家准则"[①]。

罗钦顺与王阳明的分歧与抗辩,实际上也就成为明代理学(气学)与心学的一次交会与碰撞了;他们之间的分歧,则既是其各自不同为学路径所以形成的根本推动者,同时也是它们相互补充、相互塑造的具体表现。

第二节　王廷相的元气论哲学

罗钦顺是明代的"朱学后劲",也代表着明代朱子学的一个高峰,但就在罗钦顺的哲学中,明代理学已经实现了其从理学向气学的转向。所以,到了同时稍晚的王廷相,他不仅不再以朱子后学自居,而且已经开始明确地批评朱子学了。明代理学的这一转向,从表现上看,自然可以说是通过从理学到气学的演变实现的,实际上,这一转向首先是通过对两宋以来理学双重视角之彻底的一元化、内在化实现的。

王廷相(1474—1544),字子衡,号浚川,河南仪封(今河南兰考)人。王廷相弘治十五年(1502)进士及第,拜翰林院庶吉士,后升任兵部给事中。刘瑾专权时期,谪亳州判官,刘瑾伏诛后升任高淳知县,以后又历任四川道监察御史、陕西按察使、山东布政使等职。嘉靖时,升任南京兵部尚书、都察院左都御史,最后以兵部尚书、太子少保罢归。作为明代文坛的"前七子"之一,王廷相诗文成就都很高,作为传统的儒家士大夫,王廷相也非常关心民族的精神建构。他与罗钦顺、王阳明先后出仕,且同朝为官,其思想却既不同于王阳明的心学,也不同于罗钦顺的理气哲学,而是明确地提出了以元气为宇宙万物本根的元气论哲学。

[①] 阳明云:"尔那一点良知,是尔自家的准则。尔意念着处,他是便知是,非便知非,更瞒他一些不得。尔只不要欺他,实实落落依着他做去,善便存,恶便去。他这里何当稳当快乐。"《语录》三,《王阳明全集》,第92页。

一、"元气之上无人无物"

与罗钦顺通过追溯理之实然存在从而走向气本论不同,王廷相从一起始就明确否定了元气之外的一切存在。这说明,正是从薛瑄到罗钦顺对朱子理气关系的颠倒,为以后的思想家提供了直接从气出发以探索天地万物所以存在、所以发展的可能与基础。王廷相明确指出:"天地之先,元气而已矣。元气之上无物,故元气为道之本。"①又说:"愚谓天地未生,只有元气,元气具,则造化人物之道理即此而在,故元气之上无物、无道、无理。"②很明显,这样一种表达与罗钦顺那种仅仅通过对理气关系的反复辨析,从而确认理只能存在于气之屈伸、往来与转折的过程中根本不同,王廷相一起始就明确地是从"元气为道之本"的角度立论的。如果说王廷相也承认道与理的存在,那么它们也只能存在于元气流行的基础上,存在于元气生化流变的过程中;离开了元气,所有关于存在的说法也就不过是一种"支离虚无之见"而已。

所以,在王廷相看来,所谓元气就是"造化之元机",也就是说,世界上一切存在都是元气混涵孕育的产物。他指出:

> 道体不可言无,生有有无。天地未判,元气混涵,清虚无间,造化之元机也。有虚即有气,虚不离气,气不离虚,无所始,无所终之妙也。不可知其所至,故曰太极;不可以为象,故曰太虚,非曰阴阳之外有极有虚也。二气感化,群象显设,天地万物所由以生也,非实体乎?是故即其象,可称曰有;及其化,可称曰无,而造化之元机,实未尝泯。故曰道体不可言无,生有有无。③

> 天内外皆气,地中亦气,物虚实皆气,通极上下造化之实体也。④

---

① 王廷相:《雅述》上篇,《王廷相集》,第835页,北京:中华书局,1989年版。
② 王廷相:《雅述》上篇,《王廷相集》,第841页。
③ 王廷相:《慎言·道体篇》,《王廷相集》,第751页。
④ 王廷相:《慎言·道体篇》,《王廷相集》,第753页。

从这一论述来看,王廷相认为元气就是理学家所探讨的道体,所以说"不可知其所至,故曰太极;不可以为象,故曰太虚,非曰阴阳之外有极有虚也"。在这里,由于元气本身就是道体,因而具有"无所始,无所终"——所谓永恒长存的特点;又由于"不可知其所至""不可以为象",因而同时也就是太极与太虚的统一。但由于它本身就是内涵阴阳的元气,所以从"二气感化,群象显设"一直到"天地万物所由以生",也都是元气作用的表现。这样一来,元气也就成为"实体""道体"与"造化之元机"三者的统一了。至于"道体不可言无,生有有无"这一结论性的概括,也就是说,道体既不能用"无"来规定,也不是虚无所生,而是一种永恒的存在;只有"元气之生"才蕴涵着有与无两种不同的属性,是"有象"与"无形"两态的统一;天之内外、地之上下,既然都是元气本身之充塞流行,同时也就是"造化之实体"的具体表现。

在王廷相对"实体""道体"与"造化之元机"三者统一的论述中,他明确地突破了朱子以来所形成的宇宙论与本体论、太极与天理分别两属的矛盾。在朱子哲学中,太极既是天理,净洁空阔,不自会动静,同时又要分阴分阳,从而又不得不成为阴阳五行、宇宙生化之本始,所以刘述先就曾明确地对朱子的诠释质疑说:"朱子解'无极而太极'一句没有问题,解'太极动而生阳'就不能没有问题。对朱子来说,太极是理,怎么可以动,殊不可晓,所以他一定要曲为之解,而终难自圆其说。"①刘述先的这一质疑,一下子揭破了朱子试图融会汉唐时代的宇宙生化论视角与两宋以来的本体论视角从而所导致的内在矛盾,实际上,这也就是罗钦顺所一直耿耿于怀之程朱始终"未能定于一"的问题。到了王廷相,将一切存在都建立在元气实体的基础上,既说明其自身"无形"与"有象"的统一,同时又以"二气感化,群象显设"来说明"天地万物所由以生",这就顺利地解决了"实体""道体"与"造化之元机"三者之三位一体的问题。所以,张学智先生评价说:"朱熹的太极为理,王廷相的太极为气,根本处不同,所以

① 刘述先:《朱子哲学思想的发展与完成》,第 273 页,台北:台湾学生书局,1995 年版。

由此生发出的观点歧义甚大。"①

从这种"实体""道体"与"造化之元机"的三位一体出发,王廷相首先对朱子所谓太极所代表的天理世界展开了批评。朱子将太极诠释为"只是理"②,太极作为天理又可以通过理一分殊的方式遍在于万事万物之中。但在王廷相看来,太极不仅存在着其究竟属于理还是属于气的问题,而且其内在于万物以及万物对太极之内在蕴涵的方式,也并不是朱子所说的"人人有一太极,物物有一太极"③,只能是以"各得太极之一气"的方式来实现其内在性与遍在性的统一。他指出:

> 太极者,道化至极之名,无象无数,而天地万物莫不由之以生,实混沌未判之气也,故曰元气。儒者曰:"太极散而为万物,万物各具一太极。"斯言误矣。何也? 元气化为万物,万物各受元气而生,有美恶,有偏全,或人或物,或大或小,万万不齐,谓之各得太极一气则可,谓之各具一太极则不可。太极,元气混全之称,万物不过各具一支耳,虽水火大化,犹涉一偏,而况于人物乎?④

在王廷相的这一辨析中,由于太极只是"道化至极之名",其本身就具有"无象无数"的特点,同时又是"天地万物莫不由之以生"的根源,太极本身也就是"混涵未判之气"——阴阳未分之元气。至于太极内在于万物的方式,由于"元气化为万物,万物各受元气而生",在化生的过程中必然"有美恶,有偏全,或人或物,或大或小,万万不齐",总之,"谓之各得太极一气则可,谓之各具一太极则不可"。显然,由于太极本身就是"元气混全之称",其内在于万事万物的方式也就只能以生化禀赋的方式来实现,在这一前提下,万事万物也就只能各得太极之一偏,绝不可能内涵整个太极。

---

① 张学智:《明代哲学史》,第 343 页。
② 朱子云:"太极只是天地万物之理。在天地言,则天地中有太极;在物物言,则万物中各有太极。"黎靖德编:《朱子语类》卷一,第 1 页。
③ 黎靖德编:《朱子语类》卷九四,第 2371 页。
④ 王廷相:《雅述》上篇,《王廷相集》,第 849—850 页。

那么,王廷相这一分辨的意义何在呢? 首先,王廷相明确地改变了朱子"有是理后生是气"①以及"太极生天地万物"的说法,使太极从朱子所规定的"只是个天地万物之理"直接转换为生生之元气——"造化之元机",这就彻底解决了朱子哲学中理与气"未能定于一"的问题,使天地万物统统建立在元气生化的基础上了,当然也就同时解决了朱子哲学中宇宙论与本体论歧而为二的问题。其次,由于王廷相的太极同时又是"无形"而又"有象"两态的直接统一,也就解决了汉代以来单纯的宇宙生化论之形上意味不足的问题,并使元气直接成为形而上与形而下的有机统一。正因为这一点,王廷相也就根据其元气论对汉代以来的宇宙生化论以及道家"有生于无""道生天地"之宇宙论模式进行批评。他指出:

> 《列子》曰:"太易者,未见气也;太初者,气之始也;太始者,形之始也;太素者,质之始也。"此语甚有病,非知道者之见。天地未形,惟有太空,空即太虚,冲然元气。气不离虚,虚不离气。天地日月万形之种,皆备于内,一氤氲萌孽而万有成质矣。是气也者乃太虚固有之物,无所有而来,无所从而去者。今曰"未见气",是太虚有无气之时矣。又曰"气之始",是气复有所自出矣,其然(乎),岂其然乎?元气之上无物,不可知其所自,故曰太极;不可以象名状,故曰太虚耳。②

> 老、庄谓道生天地,宋儒谓天地之先只有此理,此乃改易面目立论耳,与老、庄之旨何殊?愚谓天地未生,只有元气,元气具,则造化人物之道理即此而在,故元气之上无物、无道、无理。③

在这一对从宋儒、汉儒一直到老庄道家的系统批评中,汉儒从所谓"未见气也""气之始也"一直到"形之始""质之始",显然是一个从无到有之宇宙生化的过程,所以王廷相反问道:"今曰'未见气',是太虚有无气之时

---

① 黎靖德编:《朱子语类》卷一,第2页。
② 王廷相:《雅述》上篇,《王廷相集》,第849页。
③ 王廷相:《雅述》上篇,《王廷相集》,第841页。

也。又曰'气之始',是气复有所自出也",既然这一切都是在从无到有之生化过程中产生的,那么所有这些事物也就没有任何绝对性可言。宋儒认为"天地之先只有此理",其实这不过是老庄"道生天地"——所谓"有生于无"的另一种说法。在王廷相看来,任何生成的东西都没有绝对性可言,元气则是一种亘古至今的存在,它本身就是太极与太虚的统一——太极、太虚之"无形"与"有象"的统一也就彻底解决了形上与形下的统一问题。所以说"元气之上无物、无道、无理"——一切都是建立在元气基础上的存在,元气是万事万物得以存在的基础。

在王廷相这一分辨性的批评中,他通过太极与太虚之"无形"与"有象"的统一确实比较彻底地解决了"道体"之遍在性与内在性的问题,但他的"无形"与"有象"——所谓形而上与形而下的统一又仅仅是指事物的存在属性与存在方式而言,并没有道德与价值方面的蕴涵。这样一来,就解释能力而言,这种"无形"与"有象"的统一固然可以解释一切事物,也确实可以内在于一切事物之中,但所有的事物也都将成为一种无价值无意义之中性的存在。这就是说,王廷相在解决了"道体"之遍在性与内在性问题的同时,也消解了"道体"所拥有的道德属性与价值蕴涵。在这一基础上,王廷相的元气论哲学必然面临着两个相互歧异而又相互递进的走向:第一,彻底消解了两宋以来关于"道体"的道德与价值蕴涵,从而使之成为一种只揭示事物存在属性之绝对中性的概念;第二,从"道体"及其所生化的天地万物乃至一切存在也都将转化为一种可以认识的客观对象。

关于消解两宋理学以来的"道体"追求以及其价值蕴涵这一点,其实这也正是对朱子哲学进行"顺承与演变"一系的一种必然走向,从曹端质疑朱子的"太极不自会动静"到薛瑄强调理与气绝不可分割,本身也包含着这种可能性。这实际上是通过不断地强调理之遍在性与内在性——理内在于气、内在于天地万物的方式逐步消解理的超越性。而当罗钦顺将人性全然落实为人的禀气赋形之"生理",并明确提出"人固万物中一物尔,须灼然见得此理之在天地者与其在人心者无二,在人心者与其在鸟兽草木金石者无二,在鸟兽草木金石者与其在天地者无二,方可谓之物格知至,方可谓之知性知天,不然只是揣摸臆度而已"①时,就一方面表现了其对理之内在性的落实与遍在性的拓展,另一方面,既然理"在人心者与其在鸟兽草木金石者无二",那么这样的理还有其道德与价值方面的蕴涵吗? 至于王廷相进一步将道体落实为太极与太虚——"无形"与"有象"之直接统一的元气时,那么这种表明"天地未生"的元气还有可能存在道德与价值方面的蕴涵吗? 当王廷相本人不再以朱子后学自居并明确地批评朱子哲学时,也说明当明代理学发展到王廷相时,就已经较为彻底地唾弃了理学的道德本体论及其价值内核,从而也就只能使它更为坚定地走向客观的对象认识一途了。

所以,在王廷相看来,一切都是自然生化的产物,一切也都是认识的对象;只有在生化与认识的过程中才能揭示客观事物的存在及其本质。从生化的角度看,他把道体分为两个阶段,这就是表明道体存在的元气和表现其具体生化的生气;从天地万物的角度看,则又是一个从元气分化一直到天地万物所以形生质成的过程。他说:

> 有形,生气也;无形,元气也。元气无息,故道亦无息。是故无形者,道之氏也;有形者,道之显也。②

> 有太虚之气而后有天地,有天地而后有气化,有气化而后有牝牡,有牝牡而后有夫妇,有夫妇而后有父子,有父子而后有君臣,有君臣而后名教立焉。是故太虚者,性之本始也;天地者,性之先物也;夫妇父子君臣,性之后物也;礼义者,性之善也,治教之中也。③

在这一过程中,从道体的角度看,自然是先有"无形"的元气,然后才可能有"有形"之生气;无论是"无形"的元气还是"有形"的生气,都是道体的具体表现。至于从现实事物之形生神发的角度看,上述这一系列依次展

---

① 罗钦顺:《答欧阳少司成崇一》又,《困知记》,第123页。
② 王廷相:《慎言·道体篇》,《王廷相集》,第751页。
③ 王廷相:《慎言·道体篇》,《王廷相集》,第752页。

开的"而后"实际上都是通过元气之生成演化实现的,从而也就构成了人们认识的对象。

不过,由于王廷相已经改变了太极的内涵,使其从天理转变为元气之别名,朱子"理一分殊"之存在化路径就必然要发生变化,它不再是从"理一"走向"分殊"的过程,而是从元气之"气一"走向"气万"与"器万"的过程。这样一来,朱子原本以"吾心之全体大用无不明"为指向的格物致知说也就转变为一种对具体事物之理之无止境的认知追求活动了。王廷相说:

> 天地之间,一气生生,而常而变,万有不齐。故气一则理一,气万则理万。世儒专言理一而遗万,偏矣。天有天之理,地有地之理,人有人之理,物有物之理,幽有幽之理,明有明之理,各各差别。统而言之,皆气之化,大德敦厚,本始一源也;分而言之,气有百昌,小德川流,各正性命也。①

在这一由具体生化过程所展开的认知指向中,其目标不再是朱子超越的"理一",而是随着元气之生化从而展开的"天有天之理,地有地之理,物有物之理,幽有幽之理,明有明之理"之类的"各各差别"之理。这种存在于具体生化过程中的理,不仅是我们认知的对象,同时也是可以落实于现实人生中的科学认知之理。如果说王廷相元气论哲学最大的负面作用就在于对道德理性超越性的消解,那么其最大的正面作用就在于通过"气一则理一,气万则理万"的方式从而将人的认知引向了具体的可以实证的知识。在王廷相哲学中,客观的、可以实证的经验知识就得到了空前的凸显。他本人则可以说是这一方面的先行探索者。请看其哲学中建立在经验实证基础上的各种知识:

> 月食日,形体掩之也;日食月,暗虚射之也。日光正灼,积晕成

---

① 王廷相:《雅述》上篇,《王廷相集》,第848页。

蔽,故曰暗虚,观夫灯烛,上射黑焰,蔽光不照,足以知之。①

　　雹之始,雨也,感于阴气之冽,故旋转凝结以渐而大尔。②

　　星之陨也,光气之溢也,本质未始穷也,陨而即灭矣……陨而散灭者,光气之微者也。堕而为石,感地气而凝也,阴阳妙合之义也。③

　　今日"春雪五出",此亦稗说琐语,乌足凭信?仆北方人也,每遇春雪,以袖承观,并皆六出,云五出者,久矣附之妄谈矣。④

　　夫心固虚灵,而应者必藉视听聪明,会于人事,而后灵能长焉。赤子生而幽闭之,不接习于人间,壮而出之,不辨牛马矣,而况君臣、父子、夫妇、长幼、朋友之节度乎?⑤

从这些经验性的实证知识来看,随着其气学思想的深入与展开,王廷相确实将人的认知活动一步步引向了可以证实的科学知识领域。在对朱子哲学"顺承"的这一系中,当曹端因气之动而强调太极应当有动静功能时,就已经形成了对日食月食现象之精彩的分析和说明;而当王廷相将整个宇宙都归于元气的生化发展过程来说明时,也无疑包含着更多的可以实证的经验知识方面的内容。对于素来缺乏科学的中国传统文化而言,这无疑是一种非常难能可贵的方向。

二、人性观及其对双重人性论的批评

　　人性论是宋明理学的实质与核心,对于以重建人伦秩序为指向的宋明理学来说,人性论就等于是对人伦文明的一种精神奠基。因此,宋明时代的儒家士大夫几乎没有不讨论人性问题的。不过,由于他们都存在着一个天人同质同构的思考背景,其关于人性的探讨一定程度上就可以看作是其关于宇宙天道探讨的同步推演,或者说其人性理论既是天道理

---

① 王廷相:《慎言·乾运篇》,《王廷相集》,第 758 页。
② 王廷相:《慎言·乾运篇》,《王廷相集》,第 756 页。
③ 王廷相:《慎言·乾运篇》,《王廷相集》,第 757 页。
④ 王廷相:《杂著·答孟望之论慎言八首》,《王廷相集》,第 666 页。
⑤ 王廷相:《杂著·石龙书院学辩》,《王廷相集》,第 604 页。

论的人生投射,也反映着其关于天道的基本看法。

在上面关于天道宇宙论的探讨中,虽然王廷相以元气为本根,但他并没有否定理的存在,不过,由于他将道体彻底归并于元气,其所谓的理也就只能是存在于气化生生过程中的具体条理;或者说他是通过元气将道体、实体与造化之元机三者统而一之的方式来实现理、彰显理。在这一基础上,当他进一步指向人性论时,就必然会表现出两个明显的特征:其一,正像他将道体彻底归并于元气一样,对于人性,他也是较为彻底地从宇宙生化之气的角度进行论证和说明的;其二,对于作为理学传统之双重人性的说法,他也进行了不遗余力的批评。

让我们先从其对人性的正面论述说起。关于人性,王廷相总论说:

> 性者,阴阳之神理,生于形气而妙乎形气者也。①
>
> 性者,言乎其生之主也,精气合而灵,不可离而二之者也。②

这两点当然可以看作是王廷相讨论人性的基本原则。其之所以要引入"阴阳之神理",正是试图从阴阳生化之气的角度来说明人性的具体形成及其表现;而所谓"生于形气而妙乎形气"一说,又是对人性超乎自然形气一点的一种明确肯认,正像荀子所谓青出于蓝而胜于蓝一样。总体而言,王廷相的人性论必须从"人之生"的角度来加以讨论;其具体内涵,又必须具有所谓"精气合而灵"的特点;同时,这两个方面又是一种不可分割的关系。因为离开了一个方面,所谓性也就不存在了。这样看来,在人性问题上,王廷相稍微不同于其对宇宙天道的论述:在宇宙天道部分,他是将所有的理、道统统归结于元气来说明的;但在人性问题上,他却不能完全将人性归结于生化之气或完全以所谓生化之气来说明。这就是说,他起码承认人性中确实有超越于形气的因素。

这样一来,王廷相也就等于确立了一个讨论人性的基本原则,一方面,必须首先确认"离气无性"的原则,因为所有的人性都是在气化流行

---

①② 王廷相:《慎言·问成性篇》,《王廷相集》,第 767 页。

与禀气赋形的基础上形成的，一如不能离开"人之生"来讨论人性一样；另一方面，作为人性，同时又必须具有某些超乎形气的因素。正是从这两个方面的统一出发，王廷相展开了如下论述：

> 人有生，斯有性可言；无生则性灭矣，恶乎取而言之？故离气言性，则性无处所，与虚同归；离性论气，则气非生动，与死同途。是性之于气，可以相有，而不可相离之道也。是故天下之性，莫不于气焉载之。今夫性之尽善者，莫有过于圣人也。然则圣人之性，非此心虚灵所具而为七情所自发耶？使果此心虚灵所具而为七情所自发，则圣人之性亦不离乎气而已。性至圣人而极。圣人之性既不出乎气质，况余人乎？所谓超然形气之外，复有所谓本然之性者，支离虚无之见与佛氏均也，可乎哉？①

在这一段辨析中，王廷相的核心思想就是所谓"性之于气，可以相有，而不可以相离之道也"。不过，仅就这一点来看，由于他还承认性确实具有"妙乎形气"的一面，因而还不能简单地直接将"性"完全等同于"形气"本身。这样看来，他也就只能强调"性之于气，可以相有"的一面，因为"离气言性，则性无处所，与虚同归；离性论气，则气非生动，与死同途"。另一方面，即使"性之于气，可以相有，而不可以相离之道也"，性却并不能直接等同于气，必然有其独特性存在；一当转向性之具体存在的角度，王廷相又不得不承认"天下之性，莫不与气焉载之"，也就是说，只有在气化流行、生人生物的基础上才能真正谈得到人性的存在。而从性之具体存在的角度看，则充分表现着"性之尽善者"的也就无过于圣人；但圣人之性同样是"不出乎气质"——不能脱离气质的存在。就这一点而言，天下所有的性也都必然是气化流行与禀气赋形基础上的产物，那种认为有"超然形气之外，复有所谓本然之性者，支离虚无之见与佛氏均也"。很明显，王廷相只承认性可以"妙乎形气"，但如果认为性就可以"超然形气

---

① 王廷相：《王氏家藏集·性辩》，《王廷相集》，第609页。

之外"，那就与佛氏之说无别了。

那么，这种绝不"超然形气之外"的性究竟是一种什么人性呢？在王廷相看来，这就只能是人的气质之性。这样一来，他就从人性所以存在的角度，从而将人性彻底回归于气质之性了。他说：

> 余以为人物之性无非气质所为者，离气言性，则性无处所，与虚同归；离性言气，则气非生动，与死同途；是性与气相资，而有不得相离者也。但主于气质，则性必有恶，而孟子性善之说不通矣。故又强出本然之性之论，超乎形气之外而不杂，以附会于性善之旨，使孔子之论反为下乘，可乎哉？不思性之善者，莫有过于圣人，而其性亦惟具于气质之中，但其气之所禀清明纯粹，与众人异，故其性之所成，纯善而无恶耳，又何有所超出也哉？①

在这一段辩驳中，王廷相不仅将人性彻底归结于气质，还进一步归结于禀气赋形之是否清明纯粹，其举圣人之性不仅"具于气质之中"，而且"其气之所禀清明纯粹，与众人异，故其性之所成，纯善而无恶"一点，又说明所有的性善、性恶，不仅都是"具于气质之中"的性，而且也都是气质所为。这样一来，人性问题不仅彻底向气质落实，而且也必须用禀气赋形之是否清明纯粹来说明人性善恶的具体形成，这就不仅推翻了他自己所曾经坚持的性确有"妙乎形气"的一面，而且也将圣人"纯善而无恶"之性完全归结于禀气赋形之清明纯粹一点上了，从而也就使得圣人成为天生之圣了。在王廷相看来，人性之善恶完全决定于其所禀之气是否"清明纯粹"，这样一来，人之圣与不圣、人性之善与不善，就完全成为一个禀气赋形的问题了。

王廷相对人性的这一理解实际上主要是从性之存在相状的角度；从存在相状的角度来理解人性恰恰导致了人性之超越性蕴涵的彻底消解，从而不得不反过来从存在方式与存在属性的角度来规定人性。这也就

---

① 王廷相：《王氏家藏集·答薛君采论性书》，《王廷相集》，第518页。

是王廷相从开始承认性有"妙乎形气"的一面到最后又不得不反过来强调"人物之性无非气质所为者"的根本原因。他对人性之这种彻底气质化式的推进就形成了三个方面的效应：其一，对人性的彻底气质化落实最后也就必然会在一定程度上取消人性，因为人性之所以为人性，虽然它也必然要建立在一定气质、一定生理禀赋的基础上，却绝不是气质与生理禀赋本身就能够完全说明的；如果将人性完全落实于禀气赋形并以所谓生理基础来说明，那么人性实际上也就无异于本质上作为物理本能的动物性了——所有的动物难道不都是以禀气赋形所决定之生理本能为性吗？其二，人性本质上代表着人对自身生命的一种基本自觉，或者也可以说是一种带有理想性的自我塑造，当然也代表着人的一种带有一定预期性的自我定位，它无疑包含着一定的理想成分，但如果将人性全然落实于人的自然生命并且完全以人的生理禀赋来说明，那么这就不仅是对人性以及人之理想性的消解，而且也只能将人与人性定位在其自然生命及其生理禀赋的基础上了；人生中的一切遭际——厄运或种种不如愿，也就只能归结于自家的禀气赋形或以所谓生理基础来说明了。这自然包含着一种不思进取之惰性思想，也是一种带有命定性质的宿命论。其三，既然圣人之所以为圣人主要决定于"其气之所禀清明纯粹，与众人异"，那么这就不仅将圣人完全归结于其生理禀赋，而且也将圣人彻底排除于人伦之外而完全成为"天"的决定了。因为从生理禀赋的角度看，人无完人，如果认定圣人之所以为圣人在于"其气之所禀清明纯粹，与众人异，故其性之所成，纯善而无恶耳"，这就不仅使圣人失去了孟子所规定的"人伦之至"的作用——使圣人成为一种天降神圣，而且普罗大众也根本无法以圣人为榜样，这样一来，人类中也就不会出现圣人了。

这三点当然只是对王廷相关于人性之完全存在化、生理气质化落实的一种推论，王廷相并没有得出这样的结论，但如果沿着其气质生理化的方向前进，那么这样的结论就是在所难免的，也必然会否定、终结对人性的探讨。因为将人性完全归结于其生理气质的做法无疑是一条取消并封闭人性探讨之最为简捷的途径。当然对王廷相而言，他既没有达到这一高度,也没有得出这样的结论。但对他来说,只要继续沿着这一方向前进,就必然要否定两宋以来的双重人性论,也必然会否定对人性的探讨。人性既然是一个决定于禀气赋形的问题,那么这种探讨还有什么意义呢?

如前所述,人性就代表着人的一种自我定位或自我期待,两宋理学之所以超越汉唐儒学,主要也就体现在其双重人性论的建构上。作为宋明理学开创者的张载就率先提出了双重人性的说法。他指出:

> 性与人无不善,系其善反不善反而已,过天地之化,不善反者也;命与人无不正,系其顺与不顺而已,行险以侥幸,不顺命者也。
>
> 形而后有气质之性,善反之则天地之性存焉,故气质之性,君子有弗性者焉。[1]

这种双重人性的提出,可以说是宋明理学的一种标志性看法,它不仅体现着宋明理学超越于汉唐儒学之所谓"善恶混""性三品"之类的种种说法,而且也从人性的角度提出了善与为善的问题。这等于是对两宋理学重建人伦秩序进行了一场人性论的奠基。虽然后来在程朱的努力下,使天地之性进一步内在于气质之性,但天地之性超越于气质并始终作为"变化气质"的前提基础与努力方向则是两宋理学的一种基本共识。朱子的弟子黄勉斋曾对张载的双重人性论评价说:

> 自孟子言性善,而荀卿言性恶,扬雄言善恶混,韩文公言三品,及至横渠,分为天地之性,气质之性,然后诸子之说始定。[2]

黄榦的这一评价,完全可以说是代表两宋理学对张载之双重人性思想所作出的一个历史性的定论。如果没有气质之性,人性就失去了生理的基础;但如果没有天地之性,则人生中所有的善行就缺乏根本性的依据;正

---

[1] 张载:《正蒙·诚明》,《张载集》,第 22—23 页。

[2] 黄宗羲:《宋元学案·横渠学案》,《黄宗羲全集》第三册,第 833—834 页,杭州:浙江古籍出版社,2005 年版。

是二者的有机统一,才为人的扬善惩恶提供了基础,同时又明确地提出了进德修业的方向。正是在这个意义上,黄勉斋才能得出"诸子之说始定"的结论。

但在王廷相看来,所谓双重人性的说法实际上是受到佛教熏染的结果。请看他对理学双重人性思想的批判:

> 所谓超然形气之外,复有所谓本然之性者,支离虚无之见与佛氏均也,可乎哉?①
>
> 人有二性,此宋儒之大惑也。夫性,生之理也……余以为人物之性无非气质所为者。②
>
> 人有生,斯有性可言;无生则性灭矣,恶乎取而言之?③

凡此所论,当然都是对双重人性论思想的明确批评,在王廷相看来,这都是受佛氏影响的结果,批判理学的双重人性论,一定程度上也就等于是对佛教消极影响的清算。但问题在于,所谓双重人性论就代表着对人生的双重定位,气质之性固然代表着人的生理禀赋与现实存在一维,天地之性则代表着人的理想及其超越追求一维。但当王廷相完全立足于人之自然生命与生理禀赋来讨论人性时,也就意味着人生只有直接体现其生理禀赋的现实存在一维了,这无疑是对人的理想世界的一种消解。既然人性只有以自然生命与生理禀赋所表现的现实存在这一维世界,那么这种情形也就如同罗钦顺所描述的那样:"盖形质既成,人则率其人之性,而为人之道;物则率其物之性,而为物之道。均是人也,而道又不尽同,仁者见之则谓之仁,知者见之则谓之知,百姓则日用而不知,分之殊也,于此可见。"④在罗钦顺看来,这里当然还存在着人性与物性之别(当然同样是由生理禀赋决定的);但对王廷相来说,这种人性与物性之别同

---

① 王廷相:《王氏家藏集·性辩》,《王廷相集》,第609页。
② 王廷相:《王氏家藏集·答薛君采论性书》,《王廷相集》,第518页。
③ 王廷相:《王氏家藏集·性辩》,《王廷相集》,第609页。
④ 罗钦顺:《困知记》卷上,《困知记》,第9页。

时也就成为人与人之别了。在都是由禀气赋形决定这一点上，所谓人性与物性已经没有原则性的区别了，或者说即使还存在着一定的差别，但由于其都决定于禀气赋形，也就没有区别的必要了。

为什么这样说呢？当王廷相完全立足于"人之生"来讨论人性时，这样的人性就只能是人的自然之性或所谓"生之谓性"了。在这种条件下，不仅理学的双重人性论要受到批评，而且连孔子、孟子关于人性的论述也都必然要受到他的完全立足于禀气赋形基础上之自然人性的曲解，进而两宋理学也受到批评。请看王廷相对孔子、孟子以及历代大儒关于人性思想的理解：

> 气有清浊粹驳，则性安得无善恶之杂？故曰"惟上智与下愚不移"。是性也者，乃气之生理，一本之道也。①
>
> 是性之善与不善，人皆具之矣。宋儒乃直以性善立论，而遗其所谓不正之说，岂非惑乎？意虽尊信孟子，不知反为孟子之累。②
>
> 未形之前，不可得而言矣，谓之至善，何所据而论？既形之后，方有所谓性矣，谓恶非性具，何所从而来？程子曰"恶亦不可不谓之性"，得之矣。③

上述几条，既涉及孔孟，又涉及大程。如果仅从其结论来看，难免会得出王廷相是通过曲解孔孟的方式以服从于自己立论的需要，因为孔子的"惟上智与下愚不移"主要是指人的习性与智力而言的——其所谓"性相近也，习相远也"之"相远"一说其实正是针对"上智与下愚"之"不移"现象而言的，王廷相却专门就此以言人性，难免会陷于性习不分的境地。但是，如果结合其"气有清浊粹驳，则性安得无善恶之杂"的反问，又可以清楚地看出，当他立足于禀气赋形以讨论人性时，自然也就无法区分性与习，就会陷于认习为性的境地。至于"宋儒乃直以性善立论，而遗其所

---

① 王廷相：《王氏家藏集·答薛君采论性书》，《王廷相集》，第518页。
② 王廷相：《雅述》上篇，《王廷相集》，第850页。
③ 王廷相：《慎言·问成性篇》，《王廷相集》，第765页。

谓不正之说……意虽尊信孟子,不知反为孟子之累"一说,就完全是通过误解孟子的方式来批评宋儒了。因为自孟子的人性论——所谓"孟子道性善,言必称尧舜"提出以来,汉唐儒者虽然未必都能切近其本意,却从来没有人怀疑孟子关于性善的基本宗旨,包括曾经作了《刺孟》的王充;王廷相却通过批评宋儒"直以性善立论,而遗其所谓不正之说",实际上正是通过批评宋儒的方式来批评孟子。至于程颢"恶亦不可不谓之性"一说,本来是指谓人性的具体表现而言的,意即现实的恶行实际上也都存在着其人性上的根源——所谓气质之性的泛滥与滥用实际上也就代表着人性之恶所以产生的具体原因,但在王廷相看来,这一说法却是程颢主张人性恶的表现,这就完全成为对程颢人性思想误解乃至曲解的表现了。

从上述几个方面来看,由于王廷相完全是立足于人的禀气赋形之生理基础来讨论人性问题的,他不仅不接受两宋以来理学双重人性思想,而且也不接受作为儒家传统之性善论的结论。按照他的禀气赋形之性说,人性不仅是善恶混杂的,而且也只能是一种生之谓性或自然人性;正由于他是完全立足于人的禀气赋形之生理基础来讨论人性问题的,他的人性不仅是指人的自然之性,而且也包括其一切习惯性的表现。这样一来,完全从生理禀赋出发来讨论人性,并根据其习惯性表现来定位人性的做法也就必然会取消对人性的讨论,因为在这一基础上,人性也就与其现实表现完全等同了,从而也就使其从根本上失去了讨论的必要。这也是其元气论哲学在人性问题上的必然结论。

三、对佛道与理学的批评

就思想性质及其相互的分歧而言,佛老当然可以说是儒学的宿敌;两宋理学顶着佛老的理论压力而崛起也就清楚地说明了这一点。所以,正宗的理学家几乎没有不批评佛老的。但问题并不在于是否批评佛老,而在于如何批评;正是对佛老之不同的批评角度,才使理学内部显现出不同的思想走向。

　　总的来讲,王廷相非常自觉地坚持其客观的元气论立场,其对佛教的批评也就如同罗钦顺一样,集中批评佛教客观面的"空"与主观面的"觉"。而在王廷相看来,这二者也就构成了佛教的基本家底;但这二者说到底又不过是"以心法起灭天地",从而"诬世界乾坤为幻化"。他分析说:

> 佛氏教人任持自性。持自性者,执自己之本性也。言一切众生皆有本觉,谓本性之灵觉处,虽流转六道,受种种身,而此觉性不曾失灭。故以此为真性、为圆觉。其有生而能解识者,为众生悟入知见皆从觉性生出,故云圆觉生出菩提、涅槃及波罗蜜。菩提,觉也,无法不知之义。涅槃,圆寂也,谓觉性既圆,无法不寂也。波罗,彼岸也;蜜,到也,言到彼岸也。谓离生死此岸,度烦恼中流,到涅槃彼岸,永归寂灭,不生不死也。由此观之,佛氏之大旨近矣。①

这一段也可以说是王廷相对佛教将整个大千世界全然收摄于一己之本觉的一种总体性批评,所以说"虽流转六道,受种种身,而此觉性不曾失灭"。自然,这都是就佛教"觉性"之主观性而言的。但是,就本觉作为我们自我之"真性"而言,它同时又是人之所有知见、所有觉性的产生根源,所以又说"圆觉生出菩提、涅槃及波罗蜜",也就是说,所谓菩提路、般若智以及涅槃境界,也全然是为此圆觉所培养、所领悟。实际上,所有这些,也就是张载批评佛教的"以心法起灭天地"。就这一点而言,王廷相对佛教的批评与两宋理学家的批评基本上还保持着一致性,当然,这一点也可以说是由儒学对现实世界之积极肯定的基本立场决定的。

　　但是,一当进入理学内部,尤其是进入其哲学体系的内部,则其对佛教的批评同时又明显地打上了其自我之哲学谱系及其价值观立场的烙印。请看王廷相对佛教如下对比性的批评:

> 有元始之气,则天地之幻化不能离;有明觉之性,则人生之幻识

---

① 王廷相:《雅述》下篇,《王廷相集》,第 875 页。

> 不能离,不得已之道也。佛氏欲遣离幻心,必须灭性。性灭幻离,若复有觉,亦即是幻,况未必觉耶?能离自生之幻矣,能使天地离幻化耶?说经十二部,佛之幻识甚矣,而欲使众生解离,有是乎?①

这里所谓"有元始之气,则天地之幻化不能离;有明觉之性,则人生之幻识不能离"主要是指人生与现实世界的双重客观性而言的。在王廷相看来,佛教虽然"欲遣离幻心"而"灭性",亦即摧毁人主观上之"假我",但即使能够从主观上"灭性",却又根本无法灭掉"觉性"本身;而且,即使能够"离自生之幻矣,能使天地离幻化耶"? 就是说,即使能够揭穿人生的虚幻性,客观世界的虚幻性也是永远无法揭穿的。因为它本来就是一种实实在在的客观存在。显然,王廷相这里完全是以人生与世界双重的客观性来批评佛教双重的虚幻性。作为对佛教的批评,这固然确有其针锋相对的意味,但同时也存在着外在对立与外在批评之嫌。因为佛教的"诸行无常,诸法无我"本来就不是要摧毁现实世界及其客观性,而是要揭示其存在的相对性及其因缘和合的性质。当王廷相将儒与佛的对立仅仅理解为对世界与现实人生之客观性的肯定与否定时,他就根本无法正视佛教般若智之超越的识见以及其追求之超越性蕴涵了。

从佛教转向道家,王廷相主要批评老庄之自私自利以及其玩世的性质。在他看来,老庄所追求的"自然"与"无为"只可以用于自我之养生,如果以其作为治国的大政方针,那么没有不导致天下大乱的。道家的一切主张本来就出自一颗自私自利之心,因而其所有的主张都带有"愚民"与"自娱"的性质。他分析说:

> 老子之道,以自然为宗,以无为为用,故曰"以百姓为刍狗",任其自为也。吾见其强凌弱,众暴寡,懊然而不平矣,而况夷狄之侵轶乎? 又曰"绝圣弃智,民利百倍。"夫民生之利,累世圣智之人遗之也;若然,则尧忧得舜,舜忧得禹,其志亦荒矣,可乎? 有为者,圣人

① 王廷相:《雅述》下篇,《王廷相集》,第875页。

之甚不得已也;必欲无为以任其民,大乱之道也。故老子之道,以之治身则保生,以之治国则长乱。①

在王廷相看来,所谓"以百姓为刍狗"自然是道家一贯玩世之心的表现;而所谓"任其自为"也就只能导致整个社会按照"强凌弱,众暴寡"的轨迹发展了。道家历来反对圣贤的人伦建构,所以才要鼓吹"绝圣弃智,民利百倍"。如此一来,对道家而言,所谓圣贤之代代相传及其递相推进,实际上就成为一种妨害老百姓的建构了。如果从这一心态出发,那么圣贤之代代相传,似乎就不应当以得贤才为喜,而应当以得贤才为忧,这就成为一种愚民而又欺世之学了。如果仅仅在自我的层面上清心寡欲、率性自然,则还不失为一种"治身"与"保生"之道。

这样一来,对王廷相而言,所谓理学崛起时代儒学所面临的巨大压力就从根本上没有正视的必要了;而北宋五子之"出入佛老,返于六经"式的探索——在吸取佛老超越的形上智慧的基础上所展开的"稽天穷地之思",似乎非但没有起到什么正面作用,反而只能使自身饱受佛老理论的污染。如此一来,曾经作为两宋理学崛起之巨大动力的"与佛老奋一朝之辩",现在看来不仅没有必要,而且其"出入佛老,返于六经"之所得,现在也就必须重新还给佛老了;不仅如此,两宋理学家所受到的来自佛老的理论污染也必须得到彻底清算。

在这一背景下,形成了一种特殊的思想史现象:在从宋到明的历史发展中,大部分理学家都有一种"出入佛老"的经历,比如从张载、程颢、朱子、象山一直到罗钦顺、王廷相,他们都有一段钻研佛学的思想经历。在两宋时代,理学家的"出入佛老"是为了"返于六经",为了重新诠释儒家经典,不得不借鉴佛老超越的形上视角与形上智慧;但到了明代,虽然理学家也同样"出入佛老",但他们的"出入佛老",与其说是为了借鉴佛老超越的形上智慧,不如说主要是为了批判佛老,为了更好地批判佛老而寻找其理论罪证——罗钦顺、王廷相之所以钻研佛老,其根本目的就

---

① 王廷相:《慎言·五行篇》,《王廷相集》,第807—808页。

是更深入地批评佛老。正因为这样一种差别，所以如果我们稍微比较一下宋明理学家对佛老的批评，就不得不承认明代理学家对佛老的批评实际上是越来越走向外在的批评，而其对立，说到底也是一种外在的对峙。这就是笔者始终认为他们对佛老的批评实际上不过是将佛老超越的形上视角还给佛老而已——明代气学之所以要不断地突出自己的形而下的实存视角，并将实然存在作为权衡一切事物是否存在、是否有价值的唯一标准，正是其与佛老一味坚持所谓外在对立立场的具体表现；这种外在对立与外在背反——所谓"对着干"式的辟佛排老，也就只能使自身退回到汉唐儒学的认识层次了。

正是在这一背景下，王廷相不仅坚决批判佛老——与佛老划清界限，而且更以其双重实在视角展开了对宋代以来历代理学家的批评。在王廷相看来，这种批评从某种程度上说也就是肃清佛老理论余毒的工作。他首先批评北宋五子中最年长的邵雍说："易虽有数，圣人不论数而论理，要诸尽人事耳。故曰'得其义则象数在其中'。自邵子以数论天地人物之变，弃人为而尚定命，以故后学论数纷纭，废置人事，别为异端，害道甚矣。"①王廷相对邵雍的这一批评，可以说一般儒者大概都会赞同，因为邵雍以"数推"的方式来说明历史上皇、王、霸、伯之历史轮转确实不合于儒家的历史观念。但对于周敦颐这位道学开山，在王廷相看来，似乎就有太过明显的佛老理论影响的痕迹了。他分析说：

> 周子倡为"主静立人极"之说，误矣。夫动静交养，厥道乃成，主于静则道涉一偏，有阴无阳，有养无施，何人极之能立？缘此，后学小生专务静坐理会，流于禅氏而不自知，皆先生启之也。②

> 动静者，合内外而一之道也……世儒以动为客感而惟重乎静，是静是而动非，静为我真而动为客假，以内外为二，近佛氏之禅以厌

———————

① 王廷相：《雅述》上篇，《王廷相集》，第 842 页。
② 王廷相：《雅述》上篇，《王廷相集》，第 857 页。

外矣。①

周敦颐的"主静"说曾经是两宋理学修养的共法，而且其曾明确地自注说"无欲故静"，其所谓"主静"主要定位在人生修养一边。但王廷相这里的批评却是专门从宇宙之生化发展的角度来理解这一问题的，所以说"主于静则道涉一偏，有阴无阳，有养无施，何人极之能立"；至于其所谓"后学小生专务静坐理会"一说虽然也是从道德修养一边而言的，却又认为是所谓"流于禅氏而不自知"。这样一来，两宋理学对佛禅的浸染，实际上也就是"先生启之也"。至于周敦颐思想中所存在的"静是而动非"之嫌，自然也就开启了理学中"近佛氏之禅以厌外"的传统。很明显，如果说周敦颐是宋明公认的理学开山，那么在王廷相看来，这一开山一起始就开创了"近佛氏之禅以厌外"的传统。

在理学的开创者中，张载一直以其强烈的辟佛排老精神彪炳史册，因而从受佛老浸染的角度似乎无法批评张载。但在王廷相看来，张载的"造道"精神本身就有受佛老影响的嫌疑，不然的话，他为什么一定要提出一种所谓超越于经验知识的"德性所知"呢？其德性所知本身就存在着脱离经验实证的危险。王廷相说：

> 近世儒者务为好高之论，别出德性之知，以为知之至，而浅博学、审问、慎思、明辨之知为不足，而不知圣人虽生知，惟性善近道二者而已，其因习因悟因过因疑之知，与人大同，况礼乐名物，古今事变，亦必待学而后知哉！②

本来，张载根据孟子的"良知""良能"，提出人人都拥有一种"不假见闻"的"德性所知"，从某种程度上说，这也可以说是张载针对佛教般若智对于儒家超越的德性之知的一种对扬。但在王廷相看来，这种德性之知存在着"浅博学、审问、慎思、明辨之知为不足"的毛病，因而就是一种脱离

---

① 王廷相：《慎言·见闻篇》，《王廷相集》，第 774 页。
② 王廷相：《雅述》上篇，《王廷相集》，第 836—837 页。

实际的"好高之论"。至于"人有二性,此宋儒之大惑也。夫性,生之理也……余以为人物之性无非气质所为者"①,也就无疑是直接针对张载双重人性论的批评了。

至于作为两宋理学集大成的朱子,虽然一直被视为宋明理学的人格化代表,但也绝非没有毛病,比如说他在理气关系中对性理的过分拔高,就使所谓性理存在着脱离气机生化而独立存在的危险;这种脱离气机生化而又独立的性理也就脱离了性理存在的实际。请看王廷相对朱子的批评:

> 世儒谓"理能生气",即老氏道生天地矣;谓理可离气而论,是形性不相待而立,即佛氏以山河大地为(见)病,而别有所谓真性矣,可乎? 不可乎? 由是,"本然之性超乎形气之外","太极为理,而生动静阴阳",谬幽诬怪之论作矣。②

> 朱子曰,"性者理而已矣,不可以聚散言,其聚而生,散而死者,气而已矣……若理,则初不为聚散而有无也。"由是言之,则性与气原是二物,气虽有存亡,而性之在气外者卓然自立,不以气之聚散而为存亡也。嗟乎! 其不然也甚矣。③

实际上,王廷相批评朱子之处甚多,这些批评的典型性也就在于他绝不接受朱子"理可离气而论"以及"性与气原是二物""本然之性超乎形气之外"等思想。在他看来,所谓"理可离气而论"的"二物"说就是两种截然不同的存在,但实际上,朱子根本就不是站在实然存在的层面上运用"二物"一说的,而是指形而上与形而下两种不同的存在层级。从这些批评也可以看出,王廷相实际上是把"二物"作为两种不同的实然存在来理解的,这正表现着明代气学之实然存在的一维性视角,也是其自觉唾弃了两宋理学超越的形上视角的典型表现。

---

① 王廷相:《王氏家藏集·答薛君采论性书》,《王廷相集》,第 518 页。
② 王廷相:《慎言·道体篇》,《王廷相集》,第 753 页。
③ 王廷相:《杂著·横渠理气辩》,《王廷相集》,第 602 页。

在王廷相对宋明理学家的批评中,王阳明大概可以算是一个较为特殊的个案了。本来,按照王廷相的思想性格,他应当对王阳明发出比罗钦顺更为严厉的批评,但也许是因为他们同朝为官的关系,也许是因为王阳明早年曾与"前七子""以才名相驰骋",总之,王廷相绝不像对罗钦顺那样直接将王阳明视为"诬孟子以就达摩"的始作俑者;而且,其对阳明心学的批评也显得比较平情、公允。比如他说:

> 近世好高迂腐之儒,不知国家养贤育才,将以辅治,乃倡为讲求良知,体认天理之说,使后生小子澄心白坐,聚首虚谈,终岁嚣嚣于心性之玄幽,求之兴道致治之术,达权应变之机,则暗然而不知。以是学也,用是人也,以之当天下国家之任,卒遇非常变故之来,气无素养,事未素练,心动色变,举措仓皇,其不误人家国之事者几希矣!此与南宋以来儒者泛讲之学又下一等。①

虽然王廷相认为无论是"讲求良知"的王阳明还是倡导"随处体认天理"的湛甘泉,都是所谓"好高迂腐之儒",其学似乎也都存在着"与南宋以来儒者泛讲之学又下一等"的毛病。但在王廷相看来,这种学术不过是"使后生小子澄心白坐,聚首虚谈"而已,至于"当天下国家之任,卒遇非常变故之来,气无素养,事无素练,心动色变,举措仓皇,其不误人家国之事者几希矣"。而且,在王廷相看来,这种学术说到底就不过是一种"嚣嚣于心性之玄幽"而已。从这些批评来看,似乎王廷相对阳明心学并不了解或者说了解得很不够;因而仅仅将其视为"好高迂腐之儒"以及"终岁嚣嚣于心性之玄幽"的说法似乎也都停留于现象描述的层面。其中的许多批评也是无法对应于阳明之学的,比如所谓"当天下国家之任,卒遇非常变故之来,气无素养,事无素练,心动色变,举措仓皇"之类,就根本无法与阳明之学对应起来。但从其这一批评可以看出,对于儒学,王廷相始终定位在现实关怀的层面;其对心学之"心性之玄幽"的定位也说明他对

---

① 王廷相:《雅述》下篇,《王廷相集》,第 873 页。

这种学术根本不感兴趣。这也许可以说明，虽然明代的气学与心学都是从朱子学出发的，但由于其相互分歧的不断扩大，到王廷相时，就已经发展到互不了解的地步了。

第三节　吴廷翰的气论思想

王廷相之后，明代气学就走上独立发展的道路了。经过罗钦顺、王廷相的继起探索，气学不仅获得了自身独立存在的依据——不仅理气关系中气之根源与依据性的地位已经确立，而且也获得了对其赖以存在并赖以深入发展之理论探讨的充分自觉——大千世界中天地万物的存在与发展需要探索，两宋以来所积淀的理论关系也需要重新澄清，包括气学家对人自身之生命与使命的认识，也都需要展开一种全新意义的探索。所有这些，在吴廷翰的气论哲学中都得到了较为集中的体现。

吴廷翰（1491—1559），字崧伯，号苏原，南直隶无为州（今安徽无为）人。吴廷翰自幼聪慧多闻，十二岁开始学易，正德十六年（1521）年进士及第，授兵部主事，后转吏部文选司郎中。吏部铨选时，因与上司争执选簿，出为广东佥事，转岭南分巡道、督学政，后历任浙江参议、山西参议。因生性耿直，忤逆权要，嘉靖十四年（1535）辞官归乡，家居近三十年。当时，明代理学二分的总体走向已定，王、湛两家的心学正流传于天下，吴廷翰既不认同于传统的程朱理学，又于心学多所批评，因而一时呈现出理学、心学与气学三路并进的格局。

一、"气为万物之祖"

在两宋理学中，气主要承当着天地万物所以凝聚成形之质材与说明性的作用；对人而言，则是其得以禀气赋形之生理性的基础，因而气本身虽然在价值方面属于中性，但对于人生中的许多不良习惯、毛病、罪恶等等，理学家又往往是通过人的禀气之偏来加以说明的，所以张载把"变化气质"作为为学的基本入手。到了明代，又经过曹月川（端）、薛敬轩（瑄）

以及吴与弼、胡居仁对理气关系的相继探索,气已经逐步获得了作为万物存在之基础与宇宙天道之本根的作用;到了罗钦顺、王廷相的哲学中,气或元气便终于成为其哲学的核心范畴。在这一背景下,吴廷翰要继续进行气论思想的探索,也就必然会沿着天地万物所以生成演化的角度来阐发气的作用。

吴廷翰对气论思想的探索首先是从贯通古今儒学之"道"的角度展开的。在他看来,先澄清气与道的关系,理气关系也就可以迎刃而解。他说:

> 何谓道?"一阴一阳之谓道"。何谓气,一阴一阳之谓气。然则阴阳何物乎?曰气。然则何以谓道?曰:气即道,道即气。天地之初,一气而已矣,非有所谓道者别为一物,以并出乎其间也。气之混沦,为天地万物之祖,至尊而无上,至极而无以加,则谓之太极。及其分也,轻清者敷施而发散,重浊者翕聚而凝结,故谓之阴阳。阴阳既分,两仪、四象、五行、四时、万化、万事皆由此出,故谓之道。太极者,以此气之极至而言也。阴阳者,以此气之有动静而言也。道者,以此气之为天地人物所由以出而言也,非有二也。[①]

显然,这一段界说主要在于通过阴阳的中介作用,首先将气与道直接统一起来;因为二者都直接落实于一阴一阳之具体存在上,所以说"气即道,道即气",二者完全是一种异名同实的关系。但是,如果从宇宙天道之生化发展的角度看,则"天地之初,一气而已矣,非有所谓道者别为一物,以并出乎其间也",这样看来,气也就比道似乎具有了更为根本的地位,所以又说"气之混沦,为天地万物之祖,至尊而无上"。吴廷翰哲学的气论立场,由这一看法而得到了极为典型的表现。由此以往,由于气"至极而无以加,则谓之太极。及其分也,轻清者敷施而发散,重浊者翕聚而凝结,故谓之阴阳。阴阳既分,两仪、四象、五行、四时、万化、万事皆由此

---

① 吴廷翰:《吉斋漫录》卷上,《吴廷翰集》,第5页,北京:中华书局,1984年版。

出,故谓之道"。到了这一步,不仅太极、两仪、四象、五行、四时、万化、万事都要由气来说明,体现于太极、两仪、四象、五行、四时、万化、万事过程中的道及其作用,也同样要通过气化流行来显现。所以说,"太极者,以此气之极至而言也。阴阳者,以此气之有动静而言也。道者,以此气之为天地人物所由以出而言也"。

在这一基础上,当吴廷翰转向明初以来为理学家所聚讼不已的理气关系时,也就获得了一个从根本上进行澄清的基础。他指出:

> 理也者,气得其理之名,亦犹变异之谓易、不测之谓神之类,非气之外别有理也。①

> 气之为理,殊无可疑。盖一气之始,混沌而已。无气之名,又安有理之名乎? 及其分而为两仪,为四象,为五行、四时、人物、男女、古今,以至于万变万化,秩然井然,各有条理,所谓脉络分明是已。此气之所以又名为理也。②

在这里,其前一条所谓"理也者,气得其理之名,亦犹变异之谓易",不仅明确地坚持以气为本的立场,而且理也是因为气化流行而得名,理就是在气之变异发展过程中所得到的一个名称。其后一条则从"无气之名,又安有理之名"的主客关系出发,从而将理直接规定为气之变化发展过程中"为两仪,为四象,为五行、四时、人物、男女、古今,以至于万变万化,秩然井然"的"各有条理"。这就形成了贯通明代理学各派的一个共识性的观点:"理者气之条理"。

在明代理学中,所谓"理者气之条理"的说法其实并不是吴廷翰所首创,起码王阳明早在吴廷翰之前就已经提出这一说法了。比如他在《答陆原静》一书中就明确写道:

> 理者气之条理,气者理之运用;无条理则不能运用,无运用则亦

---

① 吴廷翰:《吉斋漫录》卷上,《吴廷翰集》,第5—6页。
② 吴廷翰:《吉斋漫录》卷上,《吴廷翰集》,第6页。

无以见其所谓条理者矣。①

如果仅从对"理者气之条理"的表达来看,王阳明的这一表达无疑更为准确;其"条理"与"运用"之间的体用关系也表达得更为严密。但由于王阳明主要是心性之学的集大成者,同时其表达中也存在着明确的以理为本的色彩,因而人们一般并不将这一说法看作是心学的观点,更愿意接受这是气学尤其是吴廷翰气论思想的经典说法。事实上,经过吴廷翰完全站在对象认知之客观性立场上的表达之后,这一说法也就成为明代理学各派之一种共识性的说法了,比如明儒殿军刘宗周在评论罗钦顺哲学时就曾明确指出:"谓理即是气之理,是矣。独不曰性即是心之性乎? 心即气之聚于人者,而性即理之聚于人者,理气是一,则心性不得是二;心性是一,性情又不得是二。"②在这里,所谓"理即是气之理"与"性即是心之性"的说法,其实正代表着明代理学包括心学与气学之一种共同的大方向,也是就二者的共同性而言的。

但吴廷翰的这一表达有其特殊的意义。这一意义在于,虽然朱子也坚持理与气的不可分割性,并认为"天下未有无理之气,亦未有无气之理"③,但其"有是理后生是气"的说法以及其理先气后的规定不仅明确肯定了理的第一性存在,也确实存在着"认理气为二物"的可能。作为心性之学集大成的王阳明虽然直接提出了"理者气之条理"的说法,但其理与气之"条理"和"运用"的关系不仅坚持着以理为本的立场,也同样存在着"认理气为二"的可能。正是在这一背景下,吴廷翰的"理者气之条理"一说才真正显现出了其独特的意义。在吴廷翰的这一表达中,他首先要明确"无气之名,又安有理之名乎"这一基本的出发点;从这一点出发,也就必须确认气的本体与主体性地位;也只有从这一本体出发,才有可能谈到"为两仪,为四象,为五行、四时、人物、男女、古今,以至于万变万化,秩

---

① 王守仁:《答陆原静》,《王阳明全集》,第 62 页。
② 刘宗周:《明儒学案师说》,《刘宗周全集》第五册,第 526 页。
③ 黎靖德编:《朱子语类》卷一,第 2 页。

然井然"之类的"各有条理"的问题。很明显,吴廷翰这里是明确地以气来解释理、说明理的,而从朱子到阳明则是从理的角度来说明气化流行及其发展的。

正由于坚持以气为本,吴廷翰才能对朱子的各种理先气后的观点进行毫不退让的批评。比如在朱子看来:

> 未有天地之先,毕竟也只是理。有此理,便有此天地;若无此理,便亦无天地,无人无物,都无该载了! 有理,便有气流行,发育万物。①

> 有是理便有是气,但理是本,而今且从理上说气。②

> 而今知得他合下是先有理,后有气邪;后有理,先有气邪? 皆不可得而推究。然以意度之,则疑此气是依傍这理行。及此气之聚,则理亦在焉。③

上述自然都属于朱子对其理先气后说的明确表达,但在吴廷翰看来,虽然朱子也认为不能离了阴阳以言道、不能离开气化流行以言理,但所有这些"不能离"的说法恰恰是以"认理气为二物"为前提的。这本身就背离了以气为本的原则。他批评说:

> 据是数说,虽不能离阴阳以言道,然其曰"所以为阴阳",终是有一物为阴阳先也。其曰"道便是太极","太极生阴阳",终是有道而后有阴阳也。其曰"离了阴阳便无道",其下以形影喻之,似又先有阴阳而后有道也。其曰"当离合看",夫可离可合,终是道自道,阴阳自阴阳也。④

从这一分析来看,吴廷翰自然是非常自觉地坚持着其气本论的立场,所以他能够清楚地从朱子理与气的不可分割关系中看出其"终是道自道,

---

① 黎靖德编:《朱子语类》卷一,第1页。
② 黎靖德编:《朱子语类》卷一,第2页。
③ 黎靖德编:《朱子语类》卷一,第3页。
④ 吴廷翰:《吉斋漫录》卷上,《吴廷翰集》,第6页。

阴阳自阴阳也";也就是说,虽然朱子处处强调道与阴阳、理与气的不可分割性,但始终是以"认理气为二物"为前提的。吴廷翰的这一批评,也确实突破了王廷相那种"气不离虚,虚不离气"以及"离气言性,则性无处所,与虚同归;离性论气,则气非生动,与死同途。是性之于气,可以相有,而不可相离之道"式的批评。王廷相的"不离"其实在某种程度上仍然存在着"二物"的可能;而在吴廷翰看来,离开了气,所谓的道、理、性等等根本就没有存在的可能。所以说,明代理学发展到吴廷翰,以气为本的气本论才算真正确立了。

在这一基础上,当吴廷翰进而更论人性时,就既能表现出较为彻底的气本论立场,同时又克服了罗钦顺、王廷相一味将人性"生理"化的弊端。他说:

> 生者,人之性也。性者,人之所以生也。盖人之有生,一气而已。朕兆之初,天地灵秀之气孕于无形,乃性之本;其后以渐而凝,则形色、象貌、精神、魂魄莫非性生,而心为大。其灵明之妙,则形色、象貌有所宰,精神魂魄有所寓,而性于是乎全焉。故曰:心者,生道也;性者,心之所以生也。知觉运动,心之灵明,其实性所出也。无性则无知觉运动,无知觉运动则亦无心矣。①

在这里,仅从其"人之有生,一气而已"以及"朕兆之初,天地灵秀之气孕于无形,乃性之本"来看,就知道吴廷翰确实是在彻底的气本论立场上来讨论人性问题的。吴廷翰之讨论人性又不像罗钦顺那样只承认"理即是气之理",却绝不承认"性即是心之性",而是自觉地将性贯注、落实于心,认为"心者,生道也;性者,心之所以生也"。至于其所谓"知觉运动,心之灵明,其实性所出也",也就是说,所谓心之知觉运动之类的功能属性其实也就是性之直接而又具体的表现。这样一来,从性到心乃至知觉运动,就成为一气贯通的关系了,所以在他看来,"无性则无知觉运动,无知

---

① 吴廷翰:《吉斋漫录》卷上,《吴廷翰集》,第27—28页。

觉运动则亦无心矣"。

但是,从彻底的气本论立场来讨论人性问题,势必将人性"生理"化,从而将人生动物本能化,吴廷翰又将如何处理这一问题呢?对于这一问题,吴廷翰仍然是以其彻底的气本论立场来说明的。不过对他来说,这就必须通过对气进行阴阳与道德的互诠;或者说从对气的阴阳分化中直接析取道德的规定。他讨论说:

> 问:"性何以有仁义礼智之名也?"曰:"仁义礼智即天之阴阳二气,仁礼为气之阳,义智为气之阴。"①

> 方其在天,此气流布,氤氲太和,故但谓之阴阳,谓之道,谓之善。及其生人,则人得之以为有生之本,而形色、象貌、精神、魂魄,皆其所为,而心则全体之所在,故谓之性。性,从心从生,人心之所以生也。然其在中未易窥测,亦无名目,浑沦而已。及其感动,则恻隐而知其为仁,羞恶而知其为义,辞让而知其为礼,是非而知其为智,则性之名所由起也,亦非性本有此名也,因情之发各有条理而分别之耳。②

在这一讨论中,人性具有道德的蕴涵、具有仁义礼智的规定可以说是两宋以来理学的一种基本共识,问题在于如何说明这一点?在这里,吴廷翰首先是将仁义礼智分属于阴阳二气的,或者说是通过对阴阳二气之不同禀赋来说明人的仁义礼智之具体形成。进一步看,"方其在天,此气流布,氤氲太和,故但谓之阴阳,谓之道,谓之善",这当然是一种原则性的论说,一如其"仁礼为气之阳,义智为气之阴"的断言一样;具体说来,阳气究竟如何才能够成为仁礼的根源,阴气又如何才能够成为义智的根源呢?这都是"未易窥测"的,但如果从其感动而发用的角度看,又完全可以"恻隐而知其为仁,羞恶而知其为义,辞让而知其为礼,是非而知其为智"。显然,在吴廷翰看来,虽然我们无法具体弄清阳气究竟如何成为人

---

①② 吴廷翰:《吉斋漫录》卷上,《吴廷翰集》,第28页。

生中的仁礼,阴气又是如何成为人生中的义智,但"性之名所由起"则是不容置疑的。也就是说,虽然我们还无法弄清阴阳与仁义礼智之间的具体生成关系,但人的仁义礼智源于对阴阳二气之不同禀赋是可以断定的。这无疑是彻底的气本论立场上的必然结论。

进一步看,人生中之善恶就根源于对阴阳二气的不同禀赋,那么人之心性是否有别呢? 人之性又如何表现于心呢? 作为气学先驱,罗钦顺就曾以心性辨儒佛,因而激起了刘宗周"断断以心性辨儒释,直以求心一路归之禅门"以及"不免操因噎废食之见……虽足以洞彼家之弊,而实不免抛自家之藏"①的激烈批评。那么,吴廷翰又将如何处理这一难题呢? 在他看来:

> 心性之辨何如? 曰:性者,生乎心而根于心者也。人之初生,得气以为生之之本,纯粹精一,其名曰性,性为之本,而外焉者形,内焉者心,皆从此生,是形与心皆以性生。②
>
> 性者,心之所以生也。知觉运动,心之灵明,其实性所出也。③
>
> 心之初生,由性而有;及其既成,性乃在焉。④

从这些不同论述可以看出,心性虽然有别,但都是以气为"生生之本";二者的具体区别在于,"性者,心之所以生也",就是说,性是心之所以生成的根据,所以他又说"人之初生,得气以为生之之本,纯粹精一,其名曰性";至于性之发用流行,也就表现在心的"知觉运动"之中,所以又说:"心之灵明,其实性所出也";"心之初生,由性而有;及其既成,性乃在焉"。显然,这也就是根据生生之气,对心性一直到知觉运动之气本气化原则的一种彻底说明。至此,明代气学经过宋代理学之理气关系的长期孕育,终于从理论上成长为一个彻底而又独立于理学的学派了。

---

① 刘宗周:《明儒学案师说》,《刘宗周全集》第五册,第 525—526 页。
② 吴廷翰:《吉斋漫录》卷上,《吴廷翰集》,第 23 页。
③ 吴廷翰:《吉斋漫录》卷上,《吴廷翰集》,第 28 页。
④ 吴廷翰:《吉斋漫录》卷上,《吴廷翰集》,第 23 页。

二、对理学的批评

作为彻底的气本论哲学，吴廷翰的气论思想其实完全是从对程朱理学理气关系的探讨中形成的，也是从对朱子理气关系的根本颠倒中走出来的，当吴廷翰的气论哲学形成时，也就表明明代理学的三分格局已经形成。对吴廷翰来说，其彻底的气本论思想既不同于程朱理学，自然也不同于陆王心学；而在当时，与程朱理学之衰退格局相比，陆王心学风头正盛，显现出一种席卷天下的狂飙之势。因此，吴廷翰对理学的批判，也就由对程朱理学的一般性批判而直指心学思潮。

关于吴廷翰对程朱理学的批判，他自己曾剖白说："所论与先儒不同处，只是以气即理，以性即气，此其大者。"[①]由此来看，其所谓理学批判，最根本的一点，也就在于以气来说明理，并以气化生生来说明理的形成与具体表现；因而对于人性，吴廷翰也同样是将其归结于"生生之气"来说明的。这样看来，其所谓的理学批判，实际上也就可以说是以一气之贯通与流行来批判整个理学——并以批判的方式来说明从理学到心学之发展。

关于理学开山周敦颐及其《太极图说》，吴廷翰的看法基本上同于王廷相，认为朱子以太极为万化之枢纽的思想与老子"有生于无"之说并无二致。在吴廷翰看来，"所谓道、理必有一物以当之，除却此气，无他物矣"[②]，显然，这里所谓的"一物"，其实正是对汉儒"太易者，未见气也；太初者，气之始也；太始者，形之始也；太素者，质之始也"[③]一说的一种全面复归。所不同的是，汉儒从所谓"未见气也""气之始也"一直到"形之始""质之始"，全然是一个从"无"到"有"之宇宙生化的过程；吴廷翰这里则完全是以"气"作为所有生化发展之永恒不变的始基与根据来运用的，自

---

① 吴廷翰：《吉斋漫录》卷上，《吴廷翰集》，第33页。
② 吴廷翰：《吉斋漫录》卷上，《吴廷翰集》，第12页。
③ 该说法最早见于《易纬·乾凿度》，王廷相曾以列子的说法加以征引。

然,这也可以说是表现了中国气论思想从气化论到气本论的发展。

至于周敦颐的"无欲故静"一说,吴廷翰也从两个方面进行了批评。一方面,他从其彻底的气本思想出发,认为"主静之静,必兼动静"①;因为从事物的存在状态来看,"主静必兼动静,乃为正当"②,乃是事物存在的常态。另一方面,即使从工夫修养的角度看,所谓"无欲"一说,也必然包含有事与无事两种状态,从主体的角度看,也必然是动静合一之学。所以他又说:"只无欲便是主静。盖人能无欲,则虽在翕翕逼塞之中,而此心无物;虽在胶葛纷扰之地,而此心无事。无事无物,便是静之贞境。然无事以有事为工夫,无物以有物为主宰,此处乃是动静合一之学。"③显然,无论是从事物的存在状态来看,还是从主体工夫修养的角度看,所谓的"无欲故静"一说都必须是涵括动静两态的,而不可能是所谓纯粹的"至静"一态。

关于张载,作为理学双重人性论的首倡者,吴廷翰对于理学双重人性论的批判其实也就是对张载的批判;当他将仁义礼智分属于阴阳二气,或者说是直接以对阴阳二气之不同禀赋来说明人的仁义礼智之具体形成时,本身也就是对张载双重人性之说的一种批判与取代。所以这里不必再重复。但吴廷翰对于张载《西铭》的质疑却再次表现了他对张载所揭示的理想与现实之双重世界的明显不满,并且还明确坚持其将理学双重世界彻底统一于气的思路。比如,张载曾依据孟子"志"与"气"的相关相对性原理,在《西铭》中提出所谓"天地之塞,吾其体;天地之帅,吾其性"④一说,实际上,这本来就是对儒家"志"与"气"——理想与现实二重世界的一种最好表达,但在吴廷翰看来,将世界二重化正像将人性双重化一样,必然会隔断其彻底统一于气的思路。所以,他就完全立足于自己的气本一元论,认为一气流行,"内焉则为人之心,外焉则为人之体,体

① 吴廷翰:《吉斋漫录》卷上,《吴廷翰集》,第 14 页。
② 吴廷翰:《吉斋漫录》卷上,《吴廷翰集》,第 15 页。
③ 吴廷翰:《吉斋漫录》卷上,《吴廷翰集》,第 16 页。
④ 张载:《正蒙·西铭》,《张载集》,第 62 页。

者气之充,而心者气之灵,岂有二乎哉?"①吴廷翰这一"岂有二乎哉"的反问,既表现了其自身彻底的气本一元论思想,也反证着张载哲学之"志"与"气"的双重性质,反证着其对孔孟儒学明确的主体继承关系。②

在这一基础上,吴廷翰对理学的批评也就集中于陆王心学了。不过,吴廷翰对于心学的批评并不同于其对理学的批评,对理学的批评可以说是以其彻底的气本一元论思想批评理学的理气双重世界,因而其所表现的主要是一种"差异"关系;而其与陆王心学则是一种明显的"对反"关系——其对反也就表现在世界究竟应当统一于"心"还是应当统一于"气"之间;在一元化与内在性追求这一点上,心学与气学却恰恰表现出了其同一的关怀指向。这一点既是明代理学的一个共同趋势,也同样表现在吴廷翰对陆王心学的批评中。

关于象山心学,吴廷翰批评说:

> 自陆子之学,有"先立乎其大者"与"求放心"云云,若独指心而言,已有独任本心之失。至其徒杨敬仲一误,遂至以心为性。而曰"道心,谓心即道也。心之精神谓之圣,谓心即圣也"。夫以心为道、为圣,而一切由之,以为言下有悟,言"心下自省",便即是道,便即是圣人,此非释氏明心见性成佛之旨而何?今之人好异自高,遂窃其说而张大之,曰"致良知"。而其徒从旁窃听,以为妙道精义;且指其一种虚闻虚见者,即妙解神悟。学不知性而专任心,其流之弊一至于此。然则心性之间,其儒释之辨欤?③

---

① 吴廷翰:《吉斋漫录》卷上,《吴廷翰集》,第 39 页。
② 关于张载哲学的性质,学界长期流行所谓气本论的说法,这一说法本身就源自明代气学在批评程朱理气双重世界时对张载"虚气相即"思想的借用与诠释。但理学双重世界的开创者就是张载,从其"天命""气质"双重人性的提出到其"天地之塞,吾其体;天地之帅,吾其性"之"志"与"气"、"塞"与"帅"、"体"与"性"双重世界的明确揭示,准确地表现了其世界观之理想与现实并举的双重性质。而明代气学对于张载双重世界的批评以及对其道德理想层面的极力消解,也证明他们并非同一思想谱系。因而,将张载哲学理解为气本论,无疑是对其作为理学开创者及其理论开创作用的一种抹杀。
③ 吴廷翰:《吉斋漫录》卷上,《吴廷翰集》,第 34—35 页。

在这一批评中,站在儒家学理的角度看,吴廷翰只能批评陆王心学是"以心为道为圣"且"以心为性"而"专任心"的狂妄。因为心学之专任本心、明心见性与气学之专任一气之流行来说明万事万物所以生成之理不仅属于同一方向,而且也几乎是同样的逻辑(当然其理在具体内涵上存在着人伦道德与自然物理的巨大分野)。所以到最后,吴廷翰除了将象山之学归结于"释氏明心见性成佛之旨"外,也就无法进行其他方面的批评了。

不过,对于与他一定程度上可以算是同朝为官的王阳明[①],吴廷翰的批评就不能那么简单了。就在吴廷翰进士及第的同一年,王阳明也提出了作为他一生学问之归结的"致良知"说,可以说,吴廷翰思想走向成熟的过程,也正是王阳明"致良知"之学流布天下的过程,所以其所谓气本气化论哲学,实际上正好是在与王阳明心学的对比与观照下成长起来的。在吴廷翰看来,"以心为性,乃此老根本之误"[②],也说明对于阳明心学,他也只是沿着罗钦顺以来的以心性辨儒释的方式进行批评。

吴廷翰对阳明心学的具体批评主要是沿着其"致良知""格物致知"以及"知行合一"几个方面展开的,在这些批评中,他不能不援引并借重程朱理学关于格物致知之客观求知一面来批评。这说明,在坚持客观求知这一点上,不仅气学与理学坚持着同一立场,而且也代表着它们与心学之间最根本的分歧。人们之所以将气学看作是对程朱理学进行"顺承与演变"的一系,也正是就其共同的客观求知立场与关怀面向而言的。

关于王阳明的"致良知"之学,吴廷翰首先提出了如下批评:

> 夫凡言知者必是心之已发,若未发之知,浑然之良,何从而致?然已发之知则有良不良,人何由而知之? 又何从而致之乎? 若曰良知自知,殊非圣人能之……故圣人之学必须格物以致知。如《书》所

---

① 吴廷翰与王阳明虽有同事一朝的关系,却不可能同朝为官,因为王阳明在提出"致良知"之说的次年,就已经归乡讲学了,虽然在嘉靖六年(1527)仍有两广的征思田之行,但在归程中就去世了。
② 吴廷翰:《吉斋漫录》卷上,《吴廷翰集》,第 35 页。

谓"学于古训"，《易》所谓学聚问辨，与"多识前言往行"，孔子所谓博文、学文、明善，孟子所谓博学、详说。验以吾心，获于古人，才于理之是非、念之善恶晓然分明，而后其知庶几可得而致。不然，则中人之资，心体未莹，知之所发，善恶纷如，何以考据验证？一切念虑，皆非实体，其不至于独守自心，抱空妄想，认昏昧为虚灵，呼情欲以为至理，猖狂自恣，无所忌惮，而卒为佛老之归小人之党者，几希矣！①

在这一批评中，吴廷翰首先提出"凡言知者必是心之已发"一点，应当承认这还可以说是一个带有深刻的学理性的批评，因为在宋明理学体与用以及未发与已发二分的结构下，良知既然是作为人人具有的至善本体而提出的，那它就不可能直接表现为现实的知觉；如果它是现实的知觉，那它又不可能就是人心中的至善本体。所以，在以下的批评中，吴廷翰就提出了一系列发问，如"浑然之良，何从而致？""已发之知则有良不良，人何由而知之？又何从而致之乎"等等，这说明，吴廷翰起码是从理学所公认的未发、已发之二分结构来提问的；其目的，也就是要得出必须学而后知的结论。从其彻底的气学一元论立场来看，所有这些质疑、批评及其结论自然也都具有一定的必然性，但对于王阳明的良知学来说却未必有效，因为王阳明的良知本身就是指至善之性直接贯通于是非知觉而言的，所以他才说："性无不善，故知无不良，良知即是未发之中，即是廓然大公，寂然不动之本体，人人之所同具者也。"②又说："良知不由见闻而有，而见闻莫非良知之用，故良知不滞于见闻，而亦不离于见闻……除却见闻酬酢，亦无良知可致矣。"③至于吴廷翰所提出的"中人之资，心体未莹"以及"抱空妄想，认昏昧为虚灵"等等，对于人之外向的经验知识而言，确实存在着此一方面的弊端，但对于人伦实践中"随时知是知非"的道德良知来说，自然无法以缺乏经验知识来批评，也无法求之于经验知

---

① 吴廷翰：《吉斋漫录》卷上，《吴廷翰集》，第63—64页。
② 王守仁：《答陆原静书》又，《王阳明全集》，第62—63页。
③ 王守仁：《答欧阳崇一》，《王阳明全集》，第71页。

识来证明。就这一点而言,吴廷翰的批评对于人的经验知识而言固然有效,但对于人伦实践中的道德良知来说,完全可以说是属于无效力的批评。

至于其对王阳明格物说的批评,由于王阳明以临事"正念头——正其不正以归于正"为格物工夫,因而在吴廷翰看来,"今人为'格物'之说者,谓:'物理在心,不当求之于外。求之于外,为析心与理为二,是支离也。'此说谬矣。夫物理在心,物犹在外。物之理即心之理,心之物即物之物也"①。这样一种批评,对于追求关于外在世界事事物物的经验知识而言自然可以说是确实有效的,但对于道德实践而言,所谓临事"正念头"——端正主体的意志与心态却并不能说就是"是内非外"的,因为主体"一念发动"的意念并不仅仅作用于内,它不仅可以从主体的睟面盎背之间当下显现出来,也可以作用于主体并直接见之于外在的实践活动中;吴廷翰所谓"物之理即心之理,心之物皆物之物"一说则显然是将人及其心志、心态全然作为客观层面的物理来理解了。

至于吴廷翰对王阳明知行合一说的批评,确有不少可取之处;起码一点,他确实看到了王阳明知行合一说之极为普遍的负面作用一面。比如他分析说:

> 所不取以致知为力行之说者,谓其知得一分便以为行得一分,知得二分便以为行得二分,其始也以行为知,其流也以知为行,则今日之所讲者全无一字着落,其终只成就得一个虚伪。②

> "知行合一"所以必辨其不然者,无他,盖知行两处用工,而本则一耳。若以知即是行,则人之为学只是力行便了,又何必致知?③

> 知之与行,自有先后,自有作用,但不可截然为二途耳,岂可混而一之乎?④

---

① 吴廷翰:《吉斋漫录》卷下,《吴廷翰集》,第 44—45 页。
② 吴廷翰:《吉斋漫录》卷下,《吴廷翰集》,第 54 页。
③④ 吴廷翰:《吉斋漫录》卷下,《吴廷翰集》,第 56 页。

在这些批评中,吴廷翰首先承认王阳明倡导知行合一的目的在于"以行为知"——即在道德实践的过程中具体地体知、证知,从而获得真知,就这一点而言,应当说他对王阳明知行合一说的把握还是极为准确的。但是,当他揭示倡导知行合一的结果——"其流也以知为行"时,也同样是准确的、符合历史实际的。吴廷翰之所以能够提出如此准确的批评,关键在于他清楚地知道"盖知行两处用功,而本则一耳"这一基本的出发点。但是,当他又提出所谓"知之与行,自有先后,自有作用,但不可截然为二途"时,实际上等于重新返回到程朱理学以知促行的立场上去了。在这一前提下,他就没有办法解决王阳明所提出的"今人却就将知行分作两件去做,以为必先知了然后能行,我如今且去讲习讨论做知的工夫,待知得真了方去做行的工夫,故遂终身不行,亦遂终身不知"①的问题。

所有这些批评,在表现吴廷翰的气本气化论立场以及其客观的求知面向这一点上都是准确有效的,包括其对理本论的批评。但总体而言,其对陆王心学包括程朱理学的批评却难免存在着将人伦道德自然物理化或经验知识化的倾向。如果仅就追求经验知识而言,那么吴廷翰的这些批评自然也都可以说是准确有效的,也有其积极意义,但是,如果我们承认宋明理学是以追求理想人格为第一志向的,那么吴廷翰的这些批评不仅无效,而且还存在着许多误解之处,其所谓批评,实际上也往往是在误解基础上的批评。所有这些矛盾,将更集中地表现在其道德修养论中。

三、道德修养论

按照吴廷翰的气本气化论立场,他只能中性地看待人生,并且也只能自然地解释人生中各种各样的欲望与追求。但在宋明理学中,似乎还从未出现过完全从自然与生理本能出发来看待人生的思想家。那么,从吴廷翰这种完全建立在自然、中性基础上的气本气化论出发,他又将如

---

① 王守仁:《语录》一,《王阳明全集》,第4—5页。

何确立人生的价值标准呢？从这种立场出发,固然也可以解释人生,比如就像吴廷翰所坚持的"物之理即心之理,心之物皆物之物"一样,却根本无法解释人生中自觉的道德理想与价值追求;要么就只能将道德与价值仅仅从现实利益(即为了更好地满足人生中的各种欲望)的角度加以解释。如此一来,所谓道德原则与价值理想就必然会成为人之本然生命中一种外在的附加物,或者只能说是所谓"天降神圣"之强制教化的产物;但如果从后者——所谓道德原则与价值理想出发,又必然会否定其对从宇宙天道到人生之完全自然与中性化的解释。那么,吴廷翰又将如何处理自然与道德之间的分歧与张力呢？

如前所述,吴廷翰曾经成功地回答过"性何以有仁义礼智之名"的问题,在他看来,性本身就是一种基于自然的生理,那么在自然生理的基础上如何解决人生的道德与价值追求呢？吴廷翰是直接通过将自然道德化来解决这一问题的,即其所谓的"仁义礼智即天之阴阳二气,仁礼为气之阳,义智为气之阴"一说。这就是说,他是通过自然界中的阴阳现象,直接赋予其以道德的涵义,所谓"仁礼为气之阳,义智为气之阴"就是他对自然现象道德化的解释。但吴廷翰的这一解释是存在问题的,比如说人在自然生理的基础上必然会有各种各样的欲望,但仅仅欲望本身永远无法给自己提出一个合理性的标准,虽然人依靠其自然理性、经验理性也会总结出各种过度满足欲望必然会伤害其生理本身的经验,但这种完全建立在经验基础上的理性却并不是欲望本身的合理性标准,因为这种经验理性说到底不过是欲望如何进一步发展自身并满足自身而已。从这个角度看,所谓道德与价值的问题永远是带有自然取向的气本气化论哲学的一个软肋。不过,在宋明理学的大氛围中,我们暂且可以接受他们直接将自然道德化的做法。

从这一点出发,吴廷翰首先对人欲进行了一番解释;这一解释也同时表现着其气本气化论哲学的一个基本特色。他说:

> 人欲,只是人之所欲,亦是天理之所有者,但因其流荡,而遂指

其为私欲耳。其实,本体即天理也。圣人之学,因人之欲而节之,则亦莫非天理,而非去人欲以为天理,亦非求天理于人欲也。《书》曰:"民生有欲,无主乃乱。"所谓"主"者,亦只节其欲以制其乱而已,岂能使民尽去其欲乎!①

在这一段分析与说明中,吴廷翰又提出或借用了所谓"天理"一说。其实对于彻底的气本气化论而言,其所谓的"天理"也就是物理,所以他们又常常直接将其称为"理";他们所谓的"物理"同时也就是道德伦理,因为"人固万物中一物尔"。因而,在吴廷翰看来,人欲"亦是天理之所有者",这就相当于人欲也属于自然物理一样。至于其因"流荡"而成为"私欲",则带上了道德之恶的因素,所以圣人才要"因人之欲而节之"。在这里,无论是天理因为"流荡"而成为"私欲",还是圣人"因人之欲而节之"乃至"节其欲而制其乱"等等,实际上都是自然理性与经验知识的产物。这里的精彩之处在于,吴廷翰对人欲之"本体即天理"一说确实较好地解释了其气本论基础上如何说明人欲的问题,因为它确实体现了天理彻底内在于气并以气化流行来说明天理的观点;但其问题在于,"人欲"(包括所谓物理)本身并不能解释自身如何会"流荡"的问题,因此就是以物理为基础的天理或者说是已经物理化的天理,也同样无法充当"人欲"或"私欲"的划分标准。

对吴廷翰而言,他既然提到了天理,并以阴阳作为划分善恶的标准,那么我们这里也就只能暂时承认其道德原则与价值标准的普遍性,一如牟宗三所概括的"宇宙秩序即是道德秩序,道德秩序即是宇宙秩序"②一样。但是,吴廷翰的全部哲学都建立在气本气化论的基础上的,他的道德秩序、价值理想也就只能通过自然物理包括人欲经验来解释;这样一种解释,对于道德理性而言,也就始终存在着暗而不达之处。比如其对《大学》与《中庸》之相互补充的解释:

---

① 吴廷翰:《吉斋漫录》卷上,《吴廷翰集》,第 37 页。
② 牟宗三:《心体与性体》,《牟宗三先生全集》第 5 册,第 40 页。

> 圣贤言学,经纬错综,无所不可。《大学》自格物以至修身,乃其自然之序,顺而施之,经也;若戒惧慎独,则格、致、诚、正自然之功,横而贯之,纬也……必通于经纬之说,然后知博约、精一之旨,与格致诚正、戒惧慎独之义,横来竖去,并行而不悖矣。①

又说:

> 不道问学无以为尊德性之始,不尊德性无以为道问学之终。而尊之道之未有不由于戒惧慎独。②

在这两段各自发明、相互补充的论述中,前者是以《大学》八条目中的前五条为经(所谓纵向标准),然后再以格致诚正"横而贯之",看起来似乎是一个纵横交错、相互渗透的标准,但当他将这一标准移植于《中庸》的"尊德性而道问学"时,问题就出现了。因为他以道问学"为尊德性之始",又以尊德性"为道问学之终",这样一来,二者之间似乎就成为一种"始"与"终"的关系了。就始终关系而言,既符合他以自然物理蕴涵人伦道德的思路,也符合朱子以道问学促进尊德性的思路。但是,正像自然物理本身并不能给人伦道德提供以根本的支撑与说明一样,道问学的知识追求也并不能直接促进尊德性的实现。这样一来,在其道问学与尊德性之间就出现了一种明显的不衔接性。以此反观其"格致诚正"与"修齐治平"之纵横与经纬的划分,本来,按照宋明理学的规模与共识,格致诚正属于道德内圣追求,修齐治平则属于外王功利的实现层面;前者正是后者得以实现的基本前提,但当吴廷翰以"格致以至修身"的"自然之序"为纵向之"经",同时又以所谓"格、致、诚、正自然之功横而贯之"时,这样的经纬与纵横关系就混乱了。本来,格之以宋明理学道德内圣与外王功利的关系,格致诚正自然属于所谓经,修齐治平则只能属于纬;格致诚正属于纵向之经的关系,修齐治平则只能属于横向之纬的关系。但在吴廷

---

① 吴廷翰:《吉斋漫录》卷上,《吴廷翰集》,第37—38页。
② 吴廷翰:《吉斋漫录》卷上,《吴廷翰集》,第71页。

翰的这一解释中,二者的关系却完全颠倒了,正像其以自然物理来蕴涵人伦道德、以道问学来促进尊德性的实现一样,二者之间非但不是所谓"自然"的秩序,而且完全成为一种相反的关系了。在这种条件下,其所谓的"尊之道之未有不由于戒惧慎独"一说简直就不知所云了,难道是通过主体的戒慎恐惧工夫来促进道问学进而实现所谓尊德性吗? 建立在自然生理基础上的主体为什么要"戒慎恐惧"呢? 在气本气化论的基础上,所谓"戒慎恐惧"究竟是戒慎于一气之流行呢,还是应当恐惧于对一气流行之自觉与认知呢?

实际上,吴廷翰这种本末与主次关系的颠倒,主要源于其完全以自然物理来说明人伦道德,并以道问学来促进尊德性的思路。所以,其所谓的道德修养论与其完全立足于气本气化基础上对宇宙天道与人生生理的解释简直无法比拟——既无法接榫,也无法说明。在对后者的说明中,他不仅坚持着其自然的顺序,而且也存在着较为严格的逻辑;在对前者的讨论中,则不仅处处充斥着与理学共识的不协调性,还存在着对理学共识之任意扭转、稀释的现象。比如其对《中庸》之"时中"的诠释就是如此。他说:

> "天命之谓性,率性之谓道,修道之谓教",只是此"中"。天下之理,"中"焉止矣,然而曰"庸"者,何也? 盖所谓"中"者,乃常理也。言"中"而不言常,恐人以此为高妙而求"中"于无所着落之处,故以"庸"足之。其实只是中也。"君子而时中",随时变异以为"中",乃所以可常而不易也。若执其一定以为常,则时有穷,道有变,而反不可常矣。故"庸"之义,盖以足"中"而不离乎"中"也。[1]

在这一段诠释中,吴廷翰是以"中"或"时中"来统摄整个《中庸》的,他对"中"的解释则是"常理也",但他又认为,"言中而不言常,恐人以此为高妙而求中于无所着落之处,故以庸足之"。这就是说,"中"与"庸"其实共

---

[1] 吴廷翰:《吉斋漫录》卷上,《吴廷翰集》,第37页。

同表现了一个"常"字。由于"常"既有"恒常不变"之意，又有"平常""凡常"之义，因而所谓"君子而时中"也就是"随时变异以为中，乃所以可常而不易也"，所谓即"凡常"而见"恒常"之意；相反，"若执其一定以为常，则时有穷，道有变，而反不可常矣"。显然，这里所谓"执其一定以为常"也就是执其"恒常"以断"凡常"，由于"凡常"本身就存在于"变异"之中，所以说"时有穷，道有变，而反不可常矣"，也就是说，如果执定"恒常"而看不到"凡常"之"变异"因素，这就失去"恒常"的意义了。整个这一段诠释，如果说是从客观角度诠释事物之理的"易"与"不易"两面及其相互关系，自然有其合理之处，但如果说这就是对《中庸》大旨的揭示，这就将《中庸》高妙的主体心性工夫降低到客观事物存在之理的变与不变层面上了。大概这也是其从自然物理角度来讲主体道德与心性修养工夫所难以避免的。

第四节　顾宪成朱王互救其失的哲学思想

当对朱子学的"顺承与演变"发展到顾宪成、高攀龙这一代东林党人时，其间已经经过了王阳明良知学的广泛传播，也已经出现了"今天下争言良知矣，及其弊也，猖狂者参之以情识，而一是皆良；超洁者荡之以玄虚，而夷良于贼……"①的格局，因而这时的理学，似乎又出现了某种向朱子复归的趋势；这种复归，实际上也就代表着明代理学的一种朱王互救其失的努力。这一点首先体现在以顾宪成为代表的东林党人的讲学活动中。

顾宪成(1550—1612)，字叔时，号泾阳，江苏无锡人。顾宪成万历八年(1580)进士及第，授户部主事。"大学士张居正病，朝士群为之祷，宪成不可。同官代之署名，宪成手削去之。"②"与南乐魏允中、漳浦刘廷兰，

---

① 刘宗周：《证学杂解》，《刘宗周全集》第二册，第278页。
②《明史·顾宪成传》，《二十五史》卷十三，第1257页，北京：中国文史出版社，2002年版。

风期相许,时称为三解元。"①因上书言时政得失,刺及执政,谪湖广桂阳州判官。万历二十年(1592),擢吏部考功司主事。后因以会推阁员忤帝意,遭到"削籍"的处置,归乡后与同仁读书讲学。万历三十二年(1604),修葺宋代杨时讲学的旧址东林书院,与其弟顾允成以及同里高攀龙、钱一本等人讲学其中,一依白鹿洞学规,四方学者闻风而至,由此形成了晚明最有影响的东林学派。

一、东林党的学术活动(哲学思想)

关于东林党人的讲学活动,黄宗羲在《明儒学案·东林学案》中评价说:

> 数十年来,勇者燔妻子,弱者理土室,忠义之盛,度越前代,犹是东林之流风余韵也。一堂师友,冷风热血,洗涤乾坤……②

这显然是对东林党人讲学活动的一种高度礼赞,其赞美,主要集中在东林党人所激扬的一腔忠义之气上。关于东林党人的讲学活动及其具体关怀,现代学人钱穆先生也评价说:

> 盖东林讲学大体,约而述之,厥有两端:一在矫挽王学之末流。一在抨弹政治之现状。宋明理学,至于阳明良知之论,鞭辟近里,已达极度。而王学自龙溪、泰州以后,风被既广,流弊益显。于阳明天泉证道"无善无恶心之体"一语,辩难尤力。③

从黄宗羲到钱穆这种不同侧重的评价,大体道出了东林党人讲学活动的一段实情。说是激扬正气,主要是针对晚明腐败的政治风气而言的;说是纠偏王学,又主要是针对当时学界由王学的泛滥所导致的各种流弊而言的。

---

① 黄宗羲:《明儒学案·东林学案》一,《黄宗羲全集》第八册,第729页。
② 黄宗羲:《明儒学案·东林学案》,《黄宗羲全集》第八册,第727页。
③ 钱穆:《中国近三百年学术史》,第10页。

实际上,东林党人的讲学活动首先发端于正直士大夫的为政遭际,从晚明的政治风气来看,"自严嵩以来,内阁合六部之权而揽之,吏部至王国光、杨魏,指使若奴婢……"①到魏忠贤秉政时,则"内外大权一归忠贤。内竖自王体乾等外,又有李朝钦、王朝辅、孙进、王国泰、梁栋等三十余人,为左右拥护。外廷文臣则崔呈秀、天吉、吴淳夫、李夔龙、倪文焕主谋议,号'五虎'。武臣则田尔耕、许显纯、孙云鹤、杨寰、崔应元主杀僇,号'五彪'。又吏部尚书周应秋、太仆少卿曹钦程等号'十狗'。又有'十孩儿''四十孙'。而为呈秀辈门下者,又不可胜计。自内阁、六部至四方总督、巡抚,遍置死党。"②这可能是中国历史上从来不曾有过的现象,就是说,朝政已经完全为宦官所把持,而且官员士大夫也甘愿沦落为宦官恶政的鹰犬与奴婢。

正是明代政治的这一趋势,东林党人表现出了极为可贵的一面。当顾宪成任吏部考功主事时,他之所以严辨君子小人,就是要力图扭转朝政中"君子退,小人进"的普遍趋势,从而力阻小人之进。这一点也充分表现在他对当时社会风气的评说中:

> 官辇毂,念头不在君父上;官封疆,念头不在百性(姓)上;至于水间林下,三三两两,相与讲求性命,切磨德义,念头不在世道上,即有他美,君子不齿也。③

这可以说是顾宪成对明代社会风气的总体批评。也正因为如此,他对正人君子的推举往往不惜"忤帝意",最后只能导致自己"削籍"而归。从这一点来看,关注现实政治、关注社会风气进而关注天下苍生,就成为东林党人一个基调性的特征,也可以说是东林党所以形成的前史。

"削籍"归乡之后,顾宪成就进入了东林学派的开创阶段。在当时的风气中,退居林下而能以讲学终老,自然也可以说是明代士大夫的一种

---

① 黄宗羲:《明儒学案·东林学案》一,《黄宗羲全集》,第八册,第730页。
②《明史·魏忠贤传》,《二十五史》卷十三,第1664页。
③ 黄宗羲:《明儒学案·东林学案》一,《黄宗羲全集》第八册,第731页。

明智选择,顾宪成自己也曾打算"而今而后,惟应收拾精神,并归一路,只以讲学一事为日用饮食。学非讲可了,而切磨淘洗,实赖于此。"①但是,由于他"生平颇怀热肠,何能耕闲钓寂"②的性情,加之当时"士大夫抱道忤时者,率退处林野,闻风响附,学舍至不能容"③,这就有了对南宋大儒杨时讲学故地东林书院的复建,也就有了东林学派。

由于顾宪成以前在政界的影响,加之当时退处山野林下的士君子之递相俯就,一时声望大集。对于当时的盛况,黄宗羲评论说:"……东林书院成,大会四方之士,一依白鹿洞规。其他闻风而起者,毗陵有经正堂,金沙有志矩堂,荆溪有明道书院,虞山有文学书院,皆捧珠盘,请先生蒞焉。"④又由于其讲学"与世为体",有强烈的现实关怀,"故其讲习之余,往往讽议朝政,裁量人物。朝士慕其风者,多遥相应和。由是东林名大著,而忌者亦多"⑤。由此形成了所谓"清议"之风,这又是东林学派讲学的一大特征。

关于东林学派所带来的"清议"之风,黄宗羲(其父亲黄尊素即为东林名士,且为阉党所害)曾激于时人归一切清议于东林,从而为东林招祸的做法辩解说:

> 今天下之言东林者,以其党祸与国运终始,小人既资为口实,以为亡国由于东林,称之为两党,即有知之者,亦言东林非不为君子,然不无过激,且依附者之不纯为君子也,终是东汉党锢中人物。嗟乎!此寱语也。东林讲学不过数人耳,其为讲院,亦不过一郡之内耳。昔绪山、二溪鼓动流俗,江浙南畿,所在设教,可谓之标榜矣,东林无是也。京师首善之会,主之为南皋、少墟,于东林无与。乃言国

① 顾宪成:《泾皋藏稿》卷五,《四库全书珍本八集·泾皋藏稿一》,第 19 页,商务印书馆,1934年版。
② 顾宪成:《泾皋藏稿》卷五,第 9 页。
③《明史·顾宪成传》,《二十五史》卷十三,第 1258 页。
④ 黄宗羲:《明儒学案·东林学案》一,《黄宗羲全集》第八册,第 731 页。
⑤《明史·顾宪成传》,《二十五史》卷十三,第 1258 页。

本者谓之东林,争科场者谓之东林,攻逆阉者谓之东林,以至言夺情
奸相讨贼,凡一议之正,一人之不随流俗者,无不谓之东林。若是乎
东林标榜,遍于域中,延于数世,东林何不幸而有是也,东林何幸而
有是也! 然则东林岂真有名目哉? 亦小人者加之名目而已矣。论
者以谓东林为清议所宗,祸之招也。"子言之,君子之道,辟则坊
与。"清议者,天下之坊也。夫子议臧氏之窃位,议季氏之旅泰山,独
非清议乎? 清议熄,则后有美新之上言,媚奄之红本,故小人之恶清
议,犹黄河之碍砥柱也。①

在这一段辩解中,黄宗羲并不同意将东林党人比作东汉党锢之祸中的名
节之士;也不认为东林党人有像王门二溪一样的自我标榜行为;甚至,就
连邹元标、冯少墟在京师所组织的首善书院之讲学活动,他们都没有参
与。就东林党而言,其"讲学不过数人耳,其为讲院,亦不过一郡之内
耳";如果说他们真有所守,也只能说他们始终守着"夫子议臧氏之窃位,
议季氏之旅泰山"的一点清议精神。对东林党人来说,就是这种清议精
神,构成了他们"成也萧何,败也萧何"的内在。所以,当时"言国本者谓
之东林,争科场者谓之东林,攻逆阉者谓之东林,以至言夺情奸相讨贼,
凡一议之正,一人之不随流俗者,无不谓之东林",这既是一种标榜,当然
同时也就是一种归罪,因为"小人之恶清议,犹黄河之碍砥柱也",因而东
林党人饱受打击之惨祸,也同样应当由其清议精神来说明。

那么清议究竟是一种什么精神呢? 实际上,这也就是顾宪成所谓的
"与世为体"——关心国计民瘼的精神,这种精神在世道混乱之时,往往
就会激扬为一种抗议精神。比如当顾宪成还在任吏部考功主事时,就与
当时比较正直的阁老有如下一段对话:

娄江(王锡爵)谓先生曰:"近有怪事,知之乎?"

先生曰:"何也?"

---

① 黄宗羲:《明儒学案·东林学案》一,《黄宗羲全集》第八册,第726页。

> 曰:"内阁所是,外论必以为非;内阁所非,外论必以为是。"
>
> 先生曰:"外间亦有怪事。"
>
> 娄江曰:"何也?"
>
> 曰:"外论所是,内阁必以为非;外论所非,内阁必以为是。"①

从这一"内阁"与"外论"的对比言说来看,王锡爵自然坚持着一种朝廷本位的立场,顾宪成则完全坚持着一种明确的社会本位立场。这两种立场原本不应当对立;但当二者之间出现对立、背反的情况时,恰恰是朝廷政治病入膏肓的表现,当然也是后来东林党人清议之风所以形成的根源。

就其讲学的具体内容而言,这就是钱穆先生所概括的挽王学末流的玄虚之病;其主要方法,就是针对王学末流的泛滥而大力提倡朱子学。不过,由于东林学派崛起于王阳明心学的广泛传播之后,他们大都有一段接受阳明心学的经历。比如顾宪成就自述说:"不肖,下里之鄙人耳,无所闻知。少尝受阳明先生《传习录》而悦之。"②又说:"当士人桎梏于训诂辞章间,骤而闻良知之说,一时心目具醒,恍若拨云雾而见白日,岂不大快。"③这说明,东林学派的领袖基本上是在充分吸取了阳明学的一段真精神并认可其积极意义的基础上批评其后学的玄虚之病的。其矫正阳明后学玄虚之病的基本方法,首先也就要求对良知必须究其根源,并落到实处。黄宗羲评价说:

> 先生深虑近世学者乐趣便易,冒认自然,故于不思不勉,当下即是,皆令究其源头,果是性命上透得来否? 勘其关头,果是境界上打得过否?④

顾宪成则征引罗念庵的看法,一反现成良知之说,要求将良知看作是实地用功的结果,或者说必须是在实地用功的基础上才有资格谈良知。

---

① 黄宗羲:《明儒学案·东林学案》一,《黄宗羲全集》第八册,第 730 页。
② 顾宪成:《泾皋藏稿》卷四,《四库全书珍本八集·泾皋藏稿一》,第 33 页。
③ 顾宪成:《小心斋札记》卷三,《顾端文公遗书》第一册,第 5 页,清光绪三年重刻本。
④ 黄宗羲:《明儒学案·东林学案》一,《黄宗羲全集》第八册,第 732 页。

比如：

> 罗念庵先生曰："世间那有见成良知？"良知不是见成的，那个是
> 见成的？且良知不是见成的，难道是做成的？此个道理稍知学者类
> 能言之……然则念庵言"世间那有见成良知？"正所以激发顽懦，破
> 除狂诞，俾之实致良知也。其有功于阳明大矣。①

所有这些，当然都表现了东林学派对于阳明后学所谓"现成良知"说之种
种毛病的确认，从而试图以实地用功的方式来克服其玄虚之病。

另一方面，针对阳明后学的玄虚之病，他们又积极引进朱子学，并试
图以朱子学的实地用功来矫正阳明后学的种种毛病。比如顾宪成说：

> 朱子揭格物，不善用者流而拘矣；阳明以良知破之，所以虚其实
> 也。阳明揭致知，不善用者流而荡矣，见罗以修身收之，所以实其虚
> 也。皆大有功于世教。然而三言原并立于《大学》一篇之中也。是
> 故以之相发明则可，以之相弁髦则不可；以之相补救则可，以之相排
> 摒则不可。②
>
> 朱子平，阳明高；朱子精实，阳明开大；朱子即修即悟，阳明即悟
> 即修。以此言之，两先生所以"考之事为之著，察之念虑之微，求之
> 文字之中，索之讲论之际"者委有不同处，要其至于道则均焉。③

从这两段评骘来看，与其说以顾宪成为代表的东林学派是引入朱子学以
救阳明后学之失，不如说他们是展开了一场朱王互救其失的活动。当
然，由于阳明心学不仅是他们的为学入手，而且当时正在流布天下，所以
他们的朱王互救其失活动又主要表现为对阳明后学及其诸多毛病的深
入反省。

---

① 顾宪成：《小心斋札记》卷十一，《顾端文公遗书》第三册，第3—4页。
② 顾宪成：《小心斋札记》卷十一，《顾端文公遗书》第三册，第10—11页。
③ 顾宪成：《小心斋札记》卷七，《顾端文公遗书》第二册，第13页。

二、先天良知与后天工夫并重

阳明心学曾以其晚年的致良知一说而流布天下,尤其是在"天泉证道"中王龙溪所提炼并为王阳明所肯认的"四无"一说,不仅明确地坚持在先天心体上立根,而且还坚持着所谓心意知物一并皆无的"四无"立场。这就成为一种"若原无善恶,工夫亦不消说矣"[1]。虽然阳明当时就曾明确地提醒王龙溪说:"利根之人,世亦难遇,本体工夫,一悟尽透。此颜子、明道所不敢承当,岂可轻易望人!人有习心,不教他在良知上实用为善去恶工夫,只去悬空想个本体,一切事为俱不着实,不过养成一个虚寂。此个病痛不是小小,不可不早说破"[2]。但当时思想界的总体趋势,正像黄宗羲所概括那样,"自姚江指点出'良知人人现在,一反观而自得',便人人有个作圣之路"[3],加之王龙溪本人又天才杰出,智思过人,也就将阳明的"致良知"教演变为一种专门以所谓现在良知为家当,四处宣讲、到处卖弄的学问,也就造成了黄宗羲所揭示的另一种现象:"阳明先生之学,有泰州、龙溪而风行天下,亦因泰州、龙溪而渐失其传。"[4]

待到晚明,王阳明的致良知之学已经成为社会风气衰变的一个重大影响因素了。当时的王门后学人人谈良知、个个说效验,却根本没有人实致其良知,这样一来,良知也就完全成为一种专供叫卖的光景之学了。东林学派就是在这一背景下形成的,他们首先要面对的就是这种以良知为自本自根,从而陷于一种所谓"自专自用"的现象。对于这一现象,顾宪成指出:

> 学者之去圣人远矣,其求之或得或不得,宜也。于此正应沉潜玩味,虚衷以俟,更为质诸先觉,考诸古训,退而益加培养,洗心宥密,俾其浑然者果无愧于圣人。如是而犹不得,然后徐断其是非,未

---

[1] 王守仁:《语录》三,《王阳明全集》,第117页。
[2] 王守仁:《语录》三,《王阳明全集》,第118页。
[3] 黄宗羲:《明儒学案·姚江学案》,《黄宗羲全集》第七册,第197页。
[4] 黄宗羲:《明儒学案·泰州学案》,《黄宗羲全集》第七册,第821页。

晚也。苟不能然,而徒以阳明此两言横于胸中,得则是,不得则非,虽其言之出于孔子与否,亦无问焉。其势必至自专自用,凭恃聪明,轻侮先圣,注脚六经,高谈阔论,无复忌惮,不亦误乎![1]

显然,所谓“徒以阳明此两言横于胸中,得则是,不得则非,虽其言之出于孔子与否,亦无问焉”,正是当时阳明后学的典型表现;至于所谓“自专自用,凭恃聪明,轻侮先圣,注脚六经,高谈阔论,无复忌惮”等等,又是泰州、龙溪两系后学“渐失其传”的表现。

泰州、龙溪是王门后学中影响最大的两系,龙溪是通过体与用、本体与工夫的相即不离与相互渗透,将良知学全然引向了明觉思辨,这就成为其所谓的良知现在说,从而以一悟贯通体用、贯通本体与工夫两界。泰州一系后学则走得更远。在他们看来,既然良知人人本有而又随时贯通是非知觉,那么这就成为一种当下现成,不劳思虑的良知之学,一切自然明觉之发用流行也就是良知之彻天彻地、贯通古今的表现。当王阳明的良知学沿着这两个方向发展流衍时,一切思虑、一切工夫也就全然被思辨与明觉之自然流行所取代了。

作为理解并真正受惠于阳明心学的东林学派,面对这样一种格局,他们当时只有一个办法,要求将已经被王龙溪的体用(思辨)贯通之学所废弃了的后天工夫追求重新肯定下来,并在工夫的追求磨砺中重新理解阳明的良知学。作为东林学派的开创者,顾宪成首先从自己做起,他之所以将其书斋以“小心”命名,也全然是从后天工夫的角度着眼的。在他看来,如果像王龙溪那样一味从先天心体上立根,就必然会走到“工夫亦不消说”的地步去;时时“小心”,正是在现实生活中处处用功的表现。这一点也充分表现在他对其“小心斋”的说明中:

> 或问:“子以‘小心’名斋,必有取尔也。乃札中并未尝及此二字,曾一处及之,予又不能无疑,敢请。”

---

[1] 顾宪成:《泾皋藏稿》卷二,《四库全书珍本八集·泾皋藏稿一》,第20页。

曰:"吾所言无非此二字,只是不曾牵名道姓耳,试体之便见。……诗云'小心翼翼,昭事上帝'。此之谓也。"

曰:"'小心'是个敬。闻之程子之言敬,曰'主一无适';谢上蔡之言敬,曰'常惺惺'法;伊和靖之言敬,曰'其心收敛,不容一物',似说得甚精。"

曰:"总不出'小心'二字。此二字亦何尝不精。"

曰:"世儒放胆多矣,提出这二字,正对病之药。"

曰:"这是百草中一粒灵丹,不论有病无病,却少他不得。而今须要实实调服,莫只把来做个好方子。"①

在这一问答性的讨论中,主客双方的着眼点其实是完全一致的。对顾宪成而言,"吾所言无非此二字,只是不曾牵名道姓耳",说明他的《小心斋札记》其实全然是围绕着他自己的"小心"而展开的;对"或问"而言,他其实也完全理解这一点,但其疑惑在于"札中并未尝及此二字",所以说不能"无疑"。在顾宪成看来,这二字根本就不是提与不提、说与不说的问题,而是实地"体之"的问题;只要实下工夫"体之",便自会见其深意。正因为其相互间这一共同的关注侧重,所以"或问"便能够通过程子、上蔡与和靖的论敬来理解顾宪成的"小心"。至于他们之间能够沟通的背景,也正是"或问"所提出的"世儒放胆多矣,提出这二字,正是对病之药"。很明显,顾宪成的"小心"其实正是以后天的工夫来对治王龙溪一系的"先天心体上立根"之病的。这一对答最具特色的还在于,主客双方都运用了阳明心学的语言,在"或问",即是所谓"对病之药";在顾宪成,则是"要实实调服,莫只把来做个好方子"。所谓"做个好方子"的说法,其实正是对治泰州、龙溪两系后学使阳明心学"渐失其传"而沦落为玩弄光景、贩卖效验之病的具体表现。

这样一来,如果说王龙溪是通过在"先天心体上立根"的方式将阳明的良知之学演变为一种思辨领悟的光景之学,那么顾宪成这里完全是通

---

① 顾宪成:《小心斋札记》卷十二,《顾端文公遗书》第三册,第11—12页。

过"小心翼翼,昭事上帝"的后天工夫来扭转这一偏失的。所以在他看来,那些离开了后天工夫而侈谈本体者,不过是陶醉于"一段光景""一场议论"而已。他批评说:

> 世人往往喜承本体,语及工夫,辄视为第二义。孔子当时却只任工夫……然则孔子之所谓工夫恰是本体,而世人之所谓本体,高者只一段光景,次者只一副意见,下者只一场议论而已。①

很明显,在顾宪成看来,所谓本体就在工夫之中;离开了工夫的本体,不是沦落为"光景"和"意见",也只能成为一种什么都不是的"议论"了。在这里,从"一段光景""一副意见"到"一场议论",正是就王龙溪一系的"高者""次者"与"下者"而言的;所有这些批评的一个共同特征,就在于完全是针对那种离开了后天工夫以侈谈先天本体的现象而发的。

正是这一原因,程朱理学所强调的下学工夫就成为顾宪成救正阳明后学之失的主要方法。在这方面,顾宪成也表现出一种苦心极力之象,甚至不排除那种最简单的从读书识字就体之于身的方法。总之,凡是可以后天工夫加以持循者,也都可以用来纠偏那种纯恃先天心体的种种高蹈之病。比如他在《东林会约》中写道:

> 孔子表章(彰)六籍,程子表章(彰)四书,凡以昭往示来,维世教,觉人心,为天下留此常道也……学者诚能读一字便体一字,读一句便体一句,心与之神明,身与之印证,日就月将,循循不已,其为才高意广之流欤,必有以抑其飞扬之气,必敛然俯而就,不淫于荡矣;其为笃信谨守之流欤,必有以开其拘曲之见,俾耸然仰而企,不局于支矣。此岂非穷理尽性,曲成不遗,贤愚高下,并受其益者邪? 若厌其平淡,别生新奇以见超,是曰穿凿。或畏其方严,文之圆转以自便,是曰矫诬。又或寻数行墨,习而不知其味,是曰玩物。或胶柱鼓瑟,泥而不知其变,是曰执方。至乃梏腹师心,目空千古,见子路曰:

---

① 顾宪成:《小心斋札记》卷十五,《顾端文公遗书》第四册,第1页。

> "何必读书然后为学",则亦从而和之,曰"何必读书然后为学"。见象山曰:"六经注我,我注六经",则亦从而和之,曰"六经注我,我注六经"。呜呼! 审若是,孔子大圣一腔苦心,程朱大儒穷年毕力,都付诸东流也已矣。①

"会约"当然可以说是东林书院的教学大纲,问题并不在于这一"会约"提出了以孔子为榜样,而在于其将程朱与孔子并提——这分明是以程朱之下学工夫作为继承孔子之真精神的表现;问题也并不在于其将象山与子路并列,而在于其将象山的"六经注我,我注六经"与子路的"何必读书然后为学"并提,从而也就明确地反衬出东林学派以程朱之读书穷理的下学工夫为归的指向。至于其中对各种负面现象的分析,从"才高意广之流""笃信谨守之流"到"厌其平淡,别生新奇以见超""畏其方严,文之圆转以自便"以及"寻数行墨,习而不知其味"乃至"枵腹师心,目空千古"等现象的分析,也无不针对着王门后学而发;至于其将程朱的"穷年毕力"与孔子的"一腔苦心"相并列,也明确地表现出以程朱为孔子精神之真正继承者之意。所以,这一"会约"作为东林书院之精神指向性的教学大纲,实际上也就是东林学派以程朱理学作为陆王心学之主要纠偏与补救的大纲。

三、"无善无恶"辩

正因为东林学派是将程朱理学作为陆王心学尤其是阳明心学的主要纠偏者加以提倡的,这起码反证了一点:在他们看来,阳明心学无疑是存在着重大问题的;其最为重大的问题,从其后学"枵腹师心,目空千古"的表现来看,实际也就集中在直接导致这一现象的"无善无恶"一说上。对于"无善无恶"的分辨与批评,也就构成了东林学派纠偏于阳明心学之最主要的努力。

---

① 顾宪成:《东林会约》,《顾端文公遗书》第五册,第10页。

　　"无善无恶"一说源自王阳明晚年的"天泉证道",也代表着他对其一生理论探讨之最重要的总结与阐发,因而其后学各派不仅全然由此出发,而且其各种各样的毛病似乎也都能从他们对"无善无恶"的不同理解上得到说明。从这一点来看,顾宪成集中精力批判"无善无恶"一说,一定程度上确实是带有从理论上对王阳明心学进行清算之意的。

　　在对阳明心学的总体看法中,顾宪成高度赞扬其致良知一说,认为其起到了"拨云雾而见白日"的作用,但对于王阳明总结其一生探讨之"四句教"中的"无善无恶"一说极力批评,并认为阳明心学的一切错误都集中在这一说法上;其后学的所有毛病、其对世道人心的重大破坏作用也都由此而来。他指出:

　　　　阳明先生曰:"无善无恶心之体,有善有恶意之动,知善知恶是良知,为善去恶是格物。"其立言岂不最精密哉? 而犹不免于弊,何也? 本体工夫,原来合一。夫既无善无恶矣,且得为善去恶乎? 夫既为善去恶矣,且得无善无恶乎? 然则本体工夫一乎、二乎? 将无自相矛盾耶? 是故无善无恶之说伸,则为善去恶之说必屈。为善去恶之说屈,则其以亲义序别信为土苴,以学问思辨行为桎梏,一切藐而不视者必伸。虽圣人复起,亦无如之何矣。尚可得而救正耶? 阳明之揭良知,真足以唤醒人心,一破俗学之陋,而独其所标性宗一言,难于瞒心附和,反复寻求,实是合不来,说不去,而其流弊又甚大耳。[1]

在这一批评中,顾宪成主要依据理学公认的"本体工夫,原来合一"的思想,集中批评其"无善无恶"与"有善有恶"所构成的内在矛盾,所以说"无善无恶之说伸,则为善去恶之说必屈。为善去恶之论屈,则其以亲义序别信为土苴,以学问思辨行为桎梏,一切藐而不视者必伸"。正因为其批评的这一特点,张学智先生概括说:"如果信从无善无恶说,则为善去恶

的工夫为多余；为善去恶为多余，则《中庸》所谓大本达道、《大学》所谓学问思辨行皆无用。"①显然，这一批评主要是从作为理学共识的"本体工夫，原来合一"之理论逻辑的角度着眼的。

在顾宪成看来，王阳明"无善无恶"说的错误不仅在于陷入了所谓理论逻辑上的自相矛盾，更重要的乃在于其破坏了儒家自古（孟子）以来的性善论传统，从而也就等于破坏了儒家人伦文明的理论根底；而其进一步的发展，必然会在实践生活中引起巨大的混乱。甚至也可以说，它只能为那些自以为"俊根者"之"张皇门户"、"滑根者"之"决破藩篱"提供理论依据；至于对作为中人之资的普罗大众来说，则除了制造不必要的理论混乱之外，一点正面作用也没有。他分析说：

> 性善之说只是破个"恶"字，无善无恶之说并要破个"善"字，却曰"无善无恶谓之至善"。到底这善字又破不得也。只觉多了这一转，却落在意见议论中。于是有俊根者就此翻出无限奇特，张皇门户；有滑根者就此讨出无限方便，决破藩篱。始见以无善无恶为极透语，今乃知其为极险语也。②

> 谓之无善，则恶矣，却又曰无恶；谓之无恶，则善矣，却又说个无善。只此两转，多少曲折，多少含蕴，一切笼罩包裹、假借弥缝、逃匿周罗、推移迁就、回护闪烁，那样不从这里播弄出来。阳明先生曰"无善无恶谓之至善"，苟究极流弊，虽曰"无善无恶谓之至恶"亦宜。③

在这两段分析中，前一段在于揭示"无善无恶"说为两种特殊资质——所谓"俊根者"与"滑根者"提供了种种方便，所以说其看起来似乎是一种"极透语"，实际上则是"极险语"，因为它恰恰将这两种资质的人都引到破坏儒家伦理的路上去了。至于后一段，则主要在于揭示"无善无恶"一

---

① 张学智：《明代哲学史》，第 407 页。
② 顾宪成：《证性编·罪言》上，《顾端文公遗书》第八册，第 5 页。
③ 顾宪成：《证性编·罪言》上，《顾端文公遗书》第八册，第 7 页。

说通过理论上的缴绕表达——"谓之无善,则恶矣,却又曰无恶;谓之无恶,则善矣,却又说个无善",从而将各种鱼目混珠的理论——诸如"一切笼罩包裹、假借弥缝、逃匿周罗、推移迁就、回护闪烁,那样不从这里播弄出来"。所以说,虽然阳明确有"无善无恶谓之至善"一说,但从其影响与流弊来看,则称其为"'无善无恶谓之至恶'亦宜"。

不过,在顾宪成对王阳明"无善无恶"的分析与批评中,他也试图尽可能地理解其正面意义,或者说是尽可能地将其放到阳明的理论体系中进行理解,结果却总是发现,阳明不是陷于"以有无当善恶"就是陷于"以好恶当善恶",恰恰没有从善恶本身的角度去分析善恶。他分析说:

> 阳明先生曰:"无善无恶者理之静,有善有恶者气之动。循理便是善,动气便是恶。"此以有无当善恶也。又曰:"圣人之无善无恶只是无有作好,无有作恶",此以好恶当善恶也。以有无当善恶似觉看深了一层,以好恶当善恶似觉看浅了一层,却与善恶本来面目并不曾道及。①

在这里,所谓"以有无当善恶",是指将善恶提升到理气之动静——所谓借宇宙生化以表达心体发动的角度言说善恶,由于此时还没有善恶,所以说是"以有无当善恶似觉看深了一层"。至于"以好恶当善恶",则由于这完全是从人之主观感受的角度言说善恶,因而认为"以好恶当善恶似觉看浅了一层"。如果把这两层统一起来,那么其恰恰绕开了真正的善恶,所以说是"与善恶本来面目并不曾道及"。

在这一基础上,王阳明的"无善无恶"说究竟会引起什么结果呢? 顾宪成指出:

> 学者学以求尽乎其心也。心本有善有恶,故圣贤之教人也,惟曰为善去恶。为善因其有而有之也,去恶因其无而无之也。本体如是,工夫如是,其致一而已矣。今以无善无恶语心,以为善去恶语格

① 顾宪成:《证性编·罪言》上,《顾端文公遗书》第八册,第10—11页。

物,似已,不免判而两歧。若曰意有善有恶,即为善去恶。但从意上检点,是又所谓舍源而寻流也。况乎所重在四无,则所轻在四有,究亦不能抗而并行。①

显然,在顾宪成看来,由于"心本有善有恶",所以为善去恶的工夫才有必要,也才能真正落到实处,但由于阳明"以无善无恶语心,以为善去恶语格物",所以从理论的角度看"不免判而两歧";而从工夫的角度看,仅仅"从意上检点,是又所谓舍源而寻流也",这就使人陷于无从把握的境地。更重要的一点还在于,即使从其本体工夫"判而两歧"的角度看,因为其"所重在四无,则所轻在四有",这就只能将人引到真正无善无恶的"生之谓性"——所谓自然之性的地步去。

那么,王阳明"无善无恶"说的理论归宿究竟何在呢?这就是告子,也就是禅宗;其心学也就只能起到告子与禅宗之学之领路人的作用。所以,在顾宪成看来,他必须从孟子与告子、儒学与禅宗之根本分歧的角度来看待并批评王阳明的"无善无恶"一说:

> 自昔圣贤论性,曰"帝衷"、曰"民彝"、曰"物则"、曰"诚"、曰"中和",总总只是一个善,告子却曰"性无善无不善",便是要将这善字打破。自昔圣贤论学,有从本领上说者,总总是个求于心;有从作用上说者,总总是个求于气。告子却曰"不得于言,勿求于心;不得于心,勿求于气",便是要将这求字打破。将这善字打破,本体只是一个空,将这求字打破,工夫也只是一个空,故曰告子禅宗也。②

在这里,儒家与告子的分歧就被概括为"总总只是一个善"与"性无善无不善"两种观点的对立;从根源上说,儒家既要"求于心",又要"求于气",而告子一概"勿求",所以说告子就是要把这"求字打破""善字打破",这就只能以本体与工夫两界的皆破、皆空为归了。所以,在顾宪成看来,告

---

① 顾宪成:《证性编·质疑》下,《顾端文公遗书》第八册,第16—17页。
② 顾宪成:《小心斋札记》卷三,《顾端文公遗书》第一册,第1页。

子与禅宗也就代表着王阳明"无善无恶"说的最后归宿了。

作为对以顾宪成为代表的东林学派之哲学思想的叙述,我们首先应当承认,他们积极关注世道人心的为学方向是完全正确的,他们通过正人心以正学术、正学术以正天下的精神志向也确实感人,包括他们专门以后天的工夫对王门后学专"从先天心体上立根"的"无善无恶"之说进行纠偏与修正也是完全必要的。但是,他们对王阳明"无善无恶"的辩难与批评却是不正确的。这主要是因为,王阳明的"无善无恶"是"从工夫上说本体",是一种以工夫境界来指谓本体的用语;王阳明之所以要用"无善无恶"来表示"心之体",绝不是说"心之体"本身就是完全没有善恶之无善无恶,而主要是以超越具体的善恶对待之"无善无恶"来揭示儒家的心之本体本来就具有超越善恶对待的一面,一如其"无有作好,无有作恶"以及其并无有所谓专门的善念恶念一样。在这里,所谓"从工夫上说本体",就是从具体的工夫实践与工夫追求中所达到的超越善恶(人在为善去恶的工夫追求中的确可以达到超越善恶的境界),以反过来反推并指谓心之本体原本就是超越善恶的,这种情形,一如人在人生追求中实现的境界往往被人视为人原本就有的本体一样。正因为心之体在工夫追求中可以超越于具体的善恶对待,王阳明才可以"无善无恶"规定"心之体",这也就是其"无善无恶谓之至善"的表达,即心之体本身既是超越善恶对待的,又是现实生活与工夫追求中的"众善"之源,一如其虽然表现为"无有作好,无有作恶",却时时处处都在善善恶恶并为善去恶一样;这样一来,作为"心之体"本身之"无善无恶"与作为现实生活中众善之源之所谓"至善"追求两面的统一,也就可以说是对作为儒家道德本体之人生落实的"心之体"之一种完整的表达。自然,就本体的自在状态而言,心之体原本就是不显善恶相且超越善恶对待的至善;从心之体本身"无有作好,无有作恶"的发动及其工夫追求与境界表现的角度而言,也就只能说是"无善无恶"——不沾滞于具体的善念恶念而已——这正是作为"心之体"之至善并超越于具体的善恶对待的典型表现。但是,在顾宪成的批评中,他却把王阳明的境界性用语完全从实存的角度来理解,这也就是他能够将王阳明的"无善无恶"直接等同于告子"性无善无不善"之没有善恶的根本原因。因为告子的"性无善无不善"正是从实然存在的角度讲的,是指实然存在角度的没有善恶,或者说是善恶还没有发生;而王阳明的"无善无恶"是在工夫追求中以境界性用语来指谓"心之体"本身既超越善恶而又不沾滞于善恶的具体表现。所以说,顾宪成将王阳明的"无善无恶"直接等同于告子的"性无善无不善",既误解了告子,也冤枉了阳明。

这样一种结果主要是由两方面的原因造成的:其一,从理论探讨的角度看,自气学崛起,本身就营造了一个以实然存在之客观宇宙论为探讨对象的具体氛围,因而对于所有的理论命题,他们也全然是纳入实然存在与客观评价的角度来分析的,而将王阳明的"无善无恶"直接等同于告子的"性无善无不善",其实就是顾宪成以实然存在视角来理解王阳明的境界性用语和工夫性表达的具体表现。其二,既是由王门后学将阳明的"无善无恶心之体"直接落实于现实、落实于自家人生决定的(这一实存落实性的理解本身就存在着将工夫境界客观存在化的危险),同时也是由东林学派强烈的现实关怀决定的。当王门后学将阳明的"无善无恶"进行现实的人生化落实时,东林学派也就必须从实然存在之现实人生的角度加以理解并进行批评。由此之后,从冯从吾到刘宗周,也几乎没有不批评王阳明的"无善无恶"说的;他们的批评,也都同样是在气学之客观性视角影响下对阳明的工夫性表达与境界性用语直接施之以实存角度批评的表现。所以,这样一种误解,从某种程度上说,就是东林学派对阳明学之因病立方以及其后学之将错就错从而一揽子进行批评的表现。如果从理论发展与学术研究的角度看,我们却不能不对这种误解以及建立在误解基础上的批评表示深深的遗憾。

第五节　高攀龙的格物知本之学

顾宪成之后,沿着东林学派朱王互救其失方向继续前进的代表人物就是高攀龙,进一步凸显朱王之学之不对应性的也同样是高攀龙。当然,所有这些又首先是通过高攀龙的朱王互救其失实现的。

高攀龙(1562—1626),字存之,号景逸,江苏无锡人。高攀龙少工文,十五岁应童子试,二十岁补邑诸生,万历十七年(1589)进士及第,授行人司行人。入官场不久,"四川佥事张世则上疏,谓程、朱之学不能诚意,坏宋一代之风俗,进所著《大学古本初义》,欲施行天下,一改章句之旧。先生上疏驳之,寝其进书。娄江(王锡爵)再入辅政,驱除异己六十余人……先生劾锡爵声音笑貌之间,虽示开诚布公之意,而精神心术之微,不胜作好作恶之私"①。正因为其一身正气、两面开弓又无所忌讳,官场不能容,所以很快就以亲丧而居乡不出。当顾宪成复建东林书院时,高攀龙便成为其坚定的盟友。"每月三日,远近集者数百人,以为纪纲世界,全要是非明白。小人闻而恶之,庙堂之上行一正事,发一正论,俱目之为东林党人。"②由于东林讲学声名远播,所以在天启一朝(1621—1628),高攀龙屡获升迁;但又因为其生性忠直,不畏权贵,所以屡招忌恨。魏忠贤当政时,"先生谓同志曰:'今日之事,未能用倒仓之法,唯有上下和衷,少杀其毒耳'"③。但他最后还是未能逃过魏党的迫害,就在东林书院被毁,其本人又面临被逮入狱的命运时,高攀龙则以如下留言投水而死:"臣虽削夺,旧为大臣,大臣受辱则辱国。谨北向叩头,从屈平之遗则。"④终年六十五岁。

关于高攀龙的为学进境,其本人叙之甚详。就其基本路径而言,则大体上无出于朱王两家,以朱子学与阳明学互救其失为方向;就其一生的理论辨析而言,则大体斟酌调停于理气心性之间。不过,无论是谈理气、辨心性,高攀龙也都始终洋溢着一种"一出于己"的真精神。

---

① ② ③ 黄宗羲:《明儒学案·东林学案》一,《黄宗羲全集》第八册,第755页。
④ 《明史·高攀龙传》,《二十五史》卷十三,第1321页。

一、格物与知本

如果从以《大学》为经典的为学路向来看,那么朱子与阳明的分歧也可以说就存在于格物与致知之间。因为朱子明确规定以格物为为学之基本入手,王阳明则是以其致(良)知为学问之"大头脑"的。当然,这并不是说朱子不重视致知——其格物本身就是以致知为指向的;当然也不能说阳明就不重视格物——因为阳明也始终坚持以格物为"《大学》之实下手处"。但是,在两家为学路径存在重大分歧的情况下,他们的格物、致知也就必然会有不同的含义,这就使得他们虽然重视格物也重视致知,却存在着不同的思想内涵。大体说来,朱子的格物致知以外向穷理为方向,王阳明的"为善去恶是格物"主要是以反观内省、临事正念头之道德实践的方式展开的。经过明初朱子学的演变,因而不断走向外在求索的气学,其具体探讨也就更加集中于朱子的理气关系,并以理与气之不可分割、理必须内在于气以及理为气之条理的方式求理于气机生化之中;心学一系则是通过性之内在于心,并以贯通于是非知觉的方式求性理于日用伦常的道德实践之中。在这一背景下,东林学派作为晚明最有影响的思想流派,在王阳明后学以及其"玄虚""狂荡"之病大肆泛滥之后,就必然要借助朱子学来对阳明后学进行纠偏与修正,这种纠偏与修正首先就表现在其对朱子格物穷理说的重新引进上。

关于高攀龙的格物之学,黄宗羲评价说:

> 先生之学,一本程朱,故以格物为要。但程、朱之格物,以心主乎一身,理散在万物,存心穷理,相须并进。先生谓"才知反求诸身,是真能格物者也"。颇与杨中立所说"反身而诚,则天下之物无不在我"为相近。是与程、朱之旨异矣。[1]

---

[1] 黄宗羲:《明儒学案·东林学案》一,《黄宗羲全集》第八册,第759页。

黄宗羲与高攀龙属同一时代,其父亲黄尊素与高攀龙不仅交情甚笃,而且同为东林"七君子"的成员,因而其"一本程朱"的概括应当说是较为可信的说法。但就是黄宗羲,也不得不承认高攀龙之学虽然"一本程朱",可其格物之说又"与程、朱之旨异矣"。这主要集中在其"才知反求诸身,是真能格物者"一说上,因为所谓"反求诸身"并不是外向性的即物穷理所能说明的。所以,虽然高攀龙的为学宗旨是"一本程朱",但实际上,此"程朱"已经非彼"程朱"了。

这究竟是为什么呢?这就必须从明代朱子学的"顺承与演变"一系说起。既然高攀龙论学"一本程朱",应当说他与顾宪成包括整个东林学派自然也都属于对朱子学的顺承一系。但是,如果我们将其与明初甚至明中叶的朱子学稍加比较,就可以清楚地看出其间的重大差别。比如对于理学传统中的理、气与心、性关系,对朱子学的"顺承"一系自然主要围绕着理气关系展开,"变革"的一系则往往围绕着心性关系展开。所以,在作为明代气学开创者的罗钦顺哲学中,其对心性问题就有如下看法:

> 释氏之"明心见性"与吾儒之"尽心知性",相似而实不同。盖虚灵知觉,心之妙也。精微纯一,性之真也。释氏之学,大抵有见于心,无见于性……凡释氏之言性,要不出此三者,然此三者皆心之妙,而岂性之真哉![1]

自然,也正是这一种标准,才导致了后来刘宗周"先生断断以心性辨儒释,直以求心一路归之禅门,故宁舍置其心以言性,而判然二之"[2]的批评,说明罗钦顺不仅以心性关系来辨析理学正统,而且也是以心性关系来判别儒释的。但到了高攀龙的哲学中,不仅心性关系已经统一,而且理、气与心、性的关系全然被他统一起来了。比如他说:

---

① 罗钦顺:《困知记》卷上,《困知记》,第2页。
② 刘宗周:《明儒学案师说》,《刘宗周全集》第五册,第525页。

　　　　天地间浑然一气而已,张子所谓"虚空即气"是也。此是至虚至
　　灵,有条有理的。以其至虚至灵,在人即为心;以其有条有理,在人
　　即为性。澄之则清,便为理;淆之则浊,便为欲。①

　　　　存养此心纯熟至精微纯一之地,则即心即性,不必言合;如其未
　　也,则如朱子曰"虚灵知觉一而已矣"②。

　　　　圣人气则养其道义之气,心则存其仁义之心,气亦性,心亦
　　性也。③

在上述看法中,不仅心性已经被高攀龙彻底统一起来;而且理与气、心
与性的关系也全然被他统一起来了。这究竟是为什么呢? 应当说这主
要是受到阳明心学的影响。因为正像气学的形成主要依赖于理与气之
不可分割而理又必须内在于气化流行之中一样,阳明心学的形成也主
要依赖于心性之不可分割而性又必须落实于心以及其是非知觉的
层面。

　　正因为如此,高攀龙的格物也就不再是朱子所谓"惟于理有未穷,故
其知有不尽也"④之一味外向求知的格物了,而是以"反求诸身"为基本进
路,以"至善"为指向追求。对于格物,高攀龙有如下论述:

　　　　有物必有则,则者,至善也。穷至事物之理,穷止于至善处也。⑤
　　　　何谓格物? 曰:程朱之言至矣。所谓穷至事物之理者,穷究到
　　极处,即本之所在也,即至善之所在也。⑥
　　　　吾辈格物,格至善也;以善为宗,不以知为宗也。⑦

在这里,所谓"以善为宗,不以知为宗",正是高攀龙对朱子格物说的一个

---

① 高攀龙:《讲义·牛山之木章》,《高子遗书》卷四,第 52—53 页,清文渊阁四库全书补配清文
　津阁四库全书本。
② 高攀龙:《答钱启新一》,《高子遗书》卷八上,第 33 页。
③ 高攀龙:《气心性说》,《高子遗书》卷三,第 33 页。
④ 朱熹:《大学集注》,《四书集注》,第 9 页。
⑤ 高攀龙:《语》,《高子遗书》卷一,第 1 页。
⑥ 高攀龙:《大学首章广义》,《高子遗书》卷三,第 5 页。
⑦ 高攀龙:《答王仪寰二守》,《高子遗书》卷八上,第 68 页。

重大改变。这一改变,又显然是以王阳明对朱子格物说之"物理吾心终若判而为二"①以及"纵格得草木来,如何反来诚得自家意"②的批评为前提的,所以高攀龙才必须将朱子的"以知为宗"改变为"以善为宗",并以"穷止于至善"作为格物的根本方向。

这样一来,高攀龙所谓的格物也就不再是一种纯粹的外向求知活动,而是一种"止于至善"的道德活动了。从这一意义上说,与其说高攀龙的格物是"一本程朱",不如说他是一本阳明心学了,因为其将求知性的活动已经改变为"止于至善"的活动,这就不仅包含着格物方向的重大改变,而且必然包含着对格物性质的某种改变。如果再结合其"才知反求诸身,是真能格物者"一说,那么其所谓格物说中的阳明心学色彩也就更浓了。在高攀龙看来:

> 穷理者格物也,知本者物格也。穷理,一本而万殊;知本,万殊而一本。③

显然,这里通过"格物"与"物格"之次第的颠倒与反转,明确地将"穷理"与"知本"联系起来,即"穷理"必须落实于"格物","知本"又必须通过"物格"——即所谓"止于至善"来实现。这样一来,不仅"穷理"—"格物"—"止于至善"—"知本"连成了一线,而且也完成了其所谓"一本"与"万殊"的双向统一。在高攀龙看来,从穷理到格物的过程,实际上也就是从所谓"一本"走向"万殊"的过程;从"止于至善"到"知本"的过程,又是一个从"万殊"回归于"一本"的过程。

仅从理论逻辑的角度看,高攀龙的这一表达自然是无可挑剔的。因为他不仅改变了朱子格物说的性质与指向(不再以单纯的外向求知为指向),而且也同时改变了王阳明格物说的用力方向。与此同时,他既用阳明的格物说修正了朱子——以"止于至善"作为格物的

---

① 钱德洪:《王阳明年谱》一,《王阳明全集》,第 1224 页。
② 王守仁:《语录》三,《王阳明全集》,第 119 页。
③ 高攀龙:《语》,《高子遗书》卷一,第 2 页。

根本指向,同时也以朱子的格物说修正了阳明——以外向的穷理作为格物之具体落实与基本入手。所以说,东林学派对朱子学与阳明学互救其失的双向救正活动,在高攀龙的格物说上得到了最典型的体现。

也许正是这同一原因,高攀龙对陆王心学包括王阳明的格物说也进行了具体的批评。在他看来,陆王不仅不以格物为入手,而且正是这一原因,又使其学出现了"不察于天理之精微"的毛病。他分析说:

> 二先生学问,俱是从致知入,圣学须从格物入。致知不在格物,虚灵知觉虽妙,不察于天理之精微矣。知岂有二哉?有不致之知也。毫厘之差在此。①

> 阳明于朱子格物,若未尝涉其藩焉。其致良知,乃明明德也。然而不本于格物,遂认明德为无善无恶。故明德一也,由格物而入者,其学实,其明也即心即性。不由格物而入者,其学虚,其明也是心非性。心性岂有二哉?则所从入者,有毫厘之辨也。②

这两点批评,典型地表现着高攀龙对陆王尤其是阳明心学的理解以及其对格物说不得不改变方向的根本原因。其前一条认为"二先生学问,俱是从致知入",这显然是包含着一定误解的判断。因为不仅陆象山明确坚持"塞宇宙一理耳,学者之所以学,欲明此理耳"③,而且其所谓"博学在先,力行在后。吾友学未博,焉知所行者是当为?是不当为"④的说法本身也明确地蕴涵着以格物为入手的含义。对阳明来说,无论是其"为善去恶是格物"一说,还是"格物者,《大学》之实下手处,彻首彻尾,自始学至圣人,只此工夫而已"⑤,都明确地包含着以格物为为学之入手的含义。

---

① 高攀龙:《会语》,《高子遗书》卷五,第24页。
② 高攀龙:《答方本菴一》,《高子遗书》卷八下,第10页。
③ 陆九渊:《与赵咏道》四,《陆九渊集》,第161页,北京:中华书局,1980年版。
④ 陆九渊:《语录》下,《陆九渊集》,第443页。
⑤ 王守仁:《答罗整庵少宰书》,《王阳明全集》,第76页。

所以说,陆王心学并不是"从致知入",而是同样以格物为入手。① 这里的问题并不在于是否以格物为入手,而在于格物的用功方向;象山是以"发明本心"作为格物的前提工夫,阳明则是以所谓反观内省、临事正念头作为格物的基本前提,所以,从整个过程来看,我们也可以说陆王的格物是由内而指向外的。至于后一条认为阳明"不本于格物,遂认明德为无善无恶"一说,显然又是由对"四句教"的误解造成的,从而也就将"明德"以及其"无善无恶心之体"一说作为格物的入手了,才会有"由格物入者,其学实,其明也即心即性。不由格物而入者,其学虚,其明也是心非性"的批评。

总之,这些批评都不一定正确,但在当时的背景下,高攀龙的这些误解性的批评却不是不可以理解的。在他看来,王门后学的"狂荡"与"玄虚"之病实际上都是因为其一味反观内省从而缺乏外向穷理的限制所导致的,朱子外向的格物穷理之学毕竟有所持循、有所限制,因而不至于流落为虚狂之病,所以才会有其"穷理者格物也"以及"由格物入者,其学实,其明也即心即性"之类的纠偏与救正。这样一来,高攀龙也就等于是以朱子格物穷理之学之外向用功扭转了阳明格物说的内在反省方向,同时以阳明格物说之"止于至善"之"知本"追求修正了朱子格物说之一味求知的目标。

二、悟与修

如果说"格物"与"知本"是探讨为学的方向与入手问题,那么"悟"与

---

① 关于陆王心学是否以格物为入手的问题之所以是一种误解,主要缘于人们将心学的前提工夫视为为学之入手问题了,所以对象山的"发明本心"与阳明的以致良知为"头脑"都作为为学之入手问题来判断,从而也就形成了"俱是从致知入"的看法。实际上,这是一种误解,而这一误解的根源就在于朱陆之争中朱子认为象山反对读书为学,其实象山并不反对人们读书为学,不过认为有比读书学习更重要的前提工夫而已;阳明以致良知为"头脑"的思想也同样是在强调一种前提工夫。这种情形,一如老百姓所谓的"磨刀不误砍柴工"之"磨刀"的工夫一样:一方面,"磨刀"本身确实不是砍柴,因而也不是砍柴的入手;另一方面,"磨刀"不仅不误砍柴,而且还可以促使砍柴的工作事半功倍。"磨刀"本身不是砍柴、前提工夫也不是为学之入手则是确定无疑的。

"修"就属于为学的用功次第——所谓方式、方法的问题了。在解决了为学的方向与基本入手之后,高攀龙也就必然要探讨"悟"与"修"之具体次第的问题了。

在宋明理学的背景下,由于对禅宗修行方法的借鉴以及陈白沙与王阳明之先后发生的"大悟"包括其对新的为学方向的开辟,所谓"领悟"与"修持"也就成为理学研究中之两种最重要的方法了。虽然罗钦顺曾因为其对"佛在庭前柏树子"的领悟而最终发现"乃此心虚灵之妙,而非性之理也"①,但在他斩断心性的关联并以心性判儒佛的背景下,由于领悟说到底不过是"此心虚灵之妙"而已,在罗钦顺看来并没有多大的意义。但是,此前薛瑄所谓的"七十六年无一事,此心惟觉性天通"则不仅包含着领悟的意义,也明确地肯定了领悟的意义。这说明,在明代理学中,即使最重视客观求知的气学一系,也不能不受到领悟方法的影响,因而领悟与修持就成为理学家不能回避的基本方法了。

高攀龙崛起于阳明心学广泛流行之后,领悟与修持之互补就成为其理学研究的一种最重要的方法了。他分析说:

> 默而识之曰悟,循而体之曰修。修之则彝伦日用也,悟之则神化性命也。圣人所以下学而上达,与天地同流,如此而已矣……今之悟者何如邪?或摄心而乍见心境之开明,或专气而乍得气机之宣畅,以是为悟,遂于举吾圣人明善诚身之教,一扫而无之。决堤防以自恣,灭是非而安心,谓可以了生死。呜呼!其不至于率兽食人而人相食不止矣。②

在这一段分析中,高攀龙一方面以"默而识之"与"循而体之"以及"彝伦日用"与"神化性命"来区别"悟"与"修",同时又以孔子的"下学"与"上达"来说明二者之间的递进关系。应当承认,高攀龙的这一说明是准确的,没有"下学",就不可能有"上达",正像没有修持也就不可能有领悟一

---

① 罗钦顺:《困知记》卷下,《困知记》,第34—35页。
② 高攀龙:《重锲近思录序》,《高子遗书》卷九上,第6—7页。

样;另一方面,"下学"毕竟不能完全代替"上达",而对于"神化性命"之类的超越性问题,除了领悟式的把握,也确实无法直接诉之于"彝伦日用"之类的确证与说明。在这里,虽然高攀龙也承认领悟的作用,但他对"循而体之曰修"的强调,主要在于纠偏阳明后学纯恃领悟而"决堤防以自姿,灭是非而安心"的现象,应当说这一批评同样是合理的,有必要的。

正因为"悟"与"修"当时已经成为明代理学研究中最重要的方法,高攀龙对这些方法也就有了更为深入的探究;其具体做法,则首先是深入儒家的传统经典——《易经》,并通过《易经·系辞》中"乾知大始,坤作成物。乾以易知,坤以简能"①,从而为其领悟与修持及其统一找到了更根本的依据。他说:

> 凡了悟者皆乾也,修持者皆坤也。人从迷中忽觉其非,此属乾知;一觉之后,遵道而行,此属坤能……必至用力之久,一旦豁然……心境都忘,宇宙始辟,方是乾知。知之既真,故守之必力;细行克矜,小物克谨,视听言动,防如关津,镇如山岳,方是坤能。无能,无坤能,亦无乾知,譬之于谷,乾者阳,发生耳,根苗花实皆坤也。盖乾知其始,坤成其终,无坤不成物也。故学者了悟在片时,修持在毕世。若曰"悟矣",一切冒嫌疑,毁藩篱,曰"吾道甚大,奈何为此拘拘者?"则有生无成,苗不秀,秀不实,惜哉!②

在这一分析中,高攀龙以乾坤两卦之"乾知其始,坤成其终"来说明二者的相继关系以及其相互补充性质,无论其有无道理、是否可以证实,在传统的语境中,乾坤两卦之互补相成则是毫无疑问的;而其不同的分工——所谓"乾知大始,坤作成物"以及其不同的作用——"乾以易知,坤以简能"也同样是没有问题的。由此之后,可能才会演化出王夫之以"乾坤并建"的方法来说明天地万物的生成演化以及熊十力关于做学问之重视知识积累的"效法坤道",因而也可以说,高攀龙的这一探索实际上等

---

① 《周易·系辞上》,吴哲楣主编:《十三经》,第 52 页。
② 高攀龙:《乾坤说》,《高子遗书》卷三,第 40—41 页。

于开辟了一个非常重要的传统。当然在这里,高攀龙所念念不忘的首先是对王门后学片面重视领悟的批评,所以说纯恃领悟就必然会导致"冒嫌疑,毁藩篱"的恶果。

那么在实际生活中,领悟与修持究竟应当是一种什么样的关系呢?自然,这就像其本质上从属于"乾知其始,坤成其终"以及"乾知大始,坤作成物"一样,既是一种前后相继的关系,同时又是一种互补与相成的关系。相反,如果单方面地侧重某一方或纯恃某一方,不仅在认识上存在着暗而不达之处,而且由于其双方的互补与相成关系,也必然会导致双方都受到影响。对于双方的这种关系,高攀龙指出:

> 修而不悟者,徇末而迷本;悟而不澈者,认物以为则……不知欲修者正须求之本体,欲悟者正须求之工夫。无本体无工夫,无工夫无本体。①

> 不悟之修,止是妆饰;不修之悟,止是见解。二者皆圣人所谓文而已,岂躬行之谓哉!②

在这里,从所谓"修而不悟"到"悟而不澈",自然都是对领悟重视不够而言的;所谓的"不悟之修"与"不修之悟"则是就割裂领悟与修持的关系而言的——这些片面做法的共同结果,就必然会导致本体与工夫的双向破坏。所以,在这一认识的基础上,领悟与修持也就构成了理学中的本体与工夫两个方面,由于这两个方面本来就是相互渗透而又相辅相成的关系,所以说"无本体(则)无工夫,无工夫(则)无本体"——无论是本体还是工夫,也都必须从对方的存在中找到自身存在的依据与具体表现。这样一来,领悟与修持也就成为理学中本体认知与工夫追求之两种不同的认知途径了。就这一点而言,应当说是高攀龙对明代理学的一个特殊贡献,黄宗羲在撰写《明儒学案》时的一个基本观点——所谓"心无本体,工

---

① 高攀龙:《冯少墟先生集序》,《高子遗书》卷九上,第27页。
② 高攀龙:《答萧康侯》,《高子遗书》卷八上,第61—62页。

夫所至,即其本体"①一说实际上就源于高攀龙的领悟与修持、本体与工夫之相即不离、相辅相成的思想。

在这一基础上,所谓领悟与修持以及其所涵括的本体与工夫两面也就成为品评人物之两种不同的标准了。依据这一标准,自然就可以看出不同人物之不同的领悟能力以及其不同的境界——工夫追求精神。比如高攀龙就曾依据这一标准对吴与弼及其弟子陈白沙做出了完全不同的评价。他比较说:

> 说者谓康斋不及白沙透悟。盖白沙于性地上穷研极究,以臻一旦豁然;康斋只是行谊洁修,心境净乐,如享现成家当者。快乐受用而已。然其日渐月磨,私欲净尽,原与豁然者一般。即敬轩先生亦不见作此样工夫。至其易箦之诗谓:"此心惟觉性天通",原是此样境界,不可谓其不悟。②

在这里,因为其所评议的对象都是受人尊敬的前辈大儒,所以高攀龙的用语也比较含蓄,但即使如此,他对吴与弼"行谊洁修"以及"如享现成家当"之类的评价也不能说很高;相反,对于其弟子陈白沙之"于性地上穷研极究"的评骘又不能不说是一种很高的评价。以此类推,则薛敬轩也因为其"此心惟觉性天通"的诗句,从而进入了"不可谓其不悟"的系列。很明显,在高攀龙的语境中,有没有领悟能力,毕竟是代表一个个体能否拥有认知本体之识见上的资格的。

本来,作为对朱子学之"顺承与演变"一系的代表性人物,高攀龙似乎应当排斥一味重视领悟的说法——因为气学外向的物理穷索与经验积累的方式本身就应当排斥非实证性之领悟一说;而作为对心学尤其是阳明后学中"玄虚"与"狂荡"之病的主要纠偏者,高攀龙也似乎更应当排斥所谓的独重领悟之说,阳明后学就是因为过分注重领悟才陷于所谓"玄虚"与"狂荡"之病的。但恰恰就是高攀龙,不仅细致地分析了领悟与

---

① 黄宗羲:《明儒学案·自序》,《黄宗羲全集》第七册,第3页。
② 高攀龙:《答曹真予论辛复元书》,《高子遗书》卷八上,第49页。

修持的相辅相成关系,还将其与对本体的认知和工夫追求相联系,从而不仅使其成为理学研究中的一种重要方法,而且也成为品评人物识见高低的一种重要标志了。所有这些,当然都可以归功于明代心性之学的崛起及其流行,归功于心学与气学的并立及其相互影响,但首先还是应当归功于高攀龙的识见本身。

三、敬与顺乎自然

从高攀龙之领悟与修持并重、本体与工夫相即的指向来看,其学最后也就必然要以"敬"与"顺乎自然"为最高指向了。这一指向,同时也就更典型地体现着他对朱子学与阳明学互救其失并使二者融而为一的特色。

按照朱子的说法,"敬"无疑属于主体的一种追求工夫,是指主体的一种"主一"而又"无适"的心理状态。所以黄榦在概括朱子的为学进路时就曾说:"穷理以致其知,反躬以践其实,居敬者所以成始成终也。谓:'致知不以敬,则昏惑纷扰,无以察义理之归;躬行不以敬,则怠惰放肆,无以致义理之实。持敬之方,莫先主一。'"①从黄勉斋对朱子为学进路的这一概括来看,高攀龙所谓"主敬"之说无疑就体现着其对朱子精神的继承。在《高子遗书》中,就有许多对"主敬"的论述。比如:

> 学有无穷工夫,心之一字乃大总括;心有无穷工夫,敬之一字乃大总括。②

> 不知敬之即心,而欲以敬存心,不识心,亦不识敬。③

> 主一之谓敬,无适之谓一,人心如何能无适? 故须穷理,识其本体……故居敬穷理,只是一事。④

> 朱子立主敬三法,伊川整齐严肃,上蔡常惺惺,和靖其心收敛,

---

① 黄榦:《朱先生行状》,束景南:《朱熹年谱长编》,第 1487—1488 页。
② 黄宗羲:《明儒学案·东林学案》一,《黄宗羲全集》第八册,第 760 页。
③④ 黄宗羲:《明儒学案·东林学案》一,《黄宗羲全集》第八册,第 761 页。

不容一物,言敬者总不出此。然常惺惺,其心收敛,一著意,便不是。盖此心神明,难犯手势,惟整齐严肃,有妙存焉,未尝不惺惺,未尝不收敛,内外卓然,绝不犯手也。[①]

在上述对"主敬"的论述中,将为学的"无穷工夫"收摄于一心,又将心的"无穷工夫"收摄于一敬,可见高攀龙也像朱子一样,确实是以"居敬"来"成始成终"的。这无疑是对朱子思想继承的表现。但在高攀龙看来,"敬"不仅是"心"的最大工夫,而且也代表着"心"的本质特征,所以说"欲以敬存心,不识心,亦不识敬"。因为如果试图"以敬存心",必然会导致"心"与"敬"的彼此外在,所以是既"不识心,亦不识敬"。但要体现"敬",又必须穷理,所以又说"居敬穷理,只是一事"。即外在的穷理与内在的主敬必须成为一体贯通的关系。至于"整齐严肃""常惺惺"与"其心收敛",看起来似乎是三种工夫;其实这三种工夫,无论是"常惺惺"还是"其心收敛",也都存在着"一著意,便不是"的缺陷;只有以"整齐严肃"为主来统摄"常惺惺"与"其心收敛",才可以达到"内外卓然"的地步。显然,这三种工夫不仅必须达到自然而然的地步,而且似乎也确实表现出高攀龙"一本程朱"的特点。这样一来,所谓"常惺惺""其心收敛"云云,也就都必须在"整齐严肃"与"居敬穷理"的过程中达到自然而然的地步,这种主体之"整齐严肃"与"居敬穷理"的一致指向,也就是"顺乎自然"了。

当然,这还仅仅是从主体工夫的角度指向"顺乎自然",也就是从心性主体的角度指向自然而然。实际上,高攀龙的"顺乎自然"并不仅仅是主体的一种工夫境界,它同时还是天道之本然,因而也就是儒家学理中本来就有的境界。所以,高攀龙又通过对《中庸》的诠释来阐发这一学理。他分析说:

　　……方实信"中庸"之旨。此道绝非名言可形,程子名之曰"天

---

① 黄宗羲:《明儒学案·东林学案》一,《黄宗羲全集》第八册,第761页。

地(理)",阳明名之曰"良知",总不若"中庸"二字为尽。中者停停当当,庸者平平常常,有一毫走作,便不停当;有一毫造作,便非平常。本体如是,工夫如是。天地圣人不能究竟,况于吾人,岂有涯际。①

又说:

> 谓之性者,色色天然,非由人力,鸢飞鱼跃,谁则使之?勿忘勿助,犹为学者戒勉。若真机流行,弥漫布濩,亘古亘今,间不容息,于何而忘,于何而助?所以必有事者,如植谷然,根苗花实,虽其自然变化,而栽培灌溉,全在勉强问学。②

在这两段诠释中,前者主要围绕着对"中庸"本身的诠释展开,后者则围绕《中庸》之"率性""尽性"与孟子之"必有事焉,而勿忘勿助"的工夫而展开。所谓"中者停停当当,庸者平平常常,有一毫走作,便不停当;有一毫造作,便非平常",既是对"中庸"的诠释,同时也是对其"顺乎自然"工夫的最好表达,所以说"本体如是,工夫如是。天地圣人不能究竟,况于吾人";至于"岂有涯际"一点,正揭示了这种工夫追求的无止境性。至于后一段所谓"色色天然,非由人力,鸢飞鱼跃,谁则使之"无疑又是对"顺乎自然"的最好描述;所谓"勿忘勿助"则又是"顺乎自然"的具体表现。至于所谓"亘古亘今,间不容息,于何而忘,于何而助",既是对天道运化的揭示,同时也代表着学问的最高进境。

所以,高攀龙又对孔子的"中庸之谓德"解释说:

> 中庸不是悬空说道理,是从人身上显出来的。学者要识中庸,须是各各在自家身上当下认取。何者为"中",即吾之身心是也,何者为"庸",即吾之日用是也。身心何以为中,只洁洁净净,廓然大公便是。身心不是中,能廓然无物即身心是中也。日用何以谓之庸,只平平常常,物来顺应便是。日用不是庸,能顺事无情即日用是庸

---

① 高攀龙:《困学记》,《高子遗书》卷三,第18页。
② 高攀龙:《困学记》,《高子遗书》卷三,第17页。

也。到这里一丝不挂,是个极至处,上面更无去处了,故曰"中庸其至矣乎"。此是人生来天然本色。[1]

在这一段阐发中,所谓"身心何以为中""日用何以谓之庸",自然可以说是对"人生来天然本色"的一个说明。但是,从"身心不是中,能廓然无物即身心是中也""日用不是庸,能顺事无情即日用是庸也",既是对人生如何复其本体的解释,同时也是对人生如何能够"顺乎自然"的一个最好说明。所以说"学者要识中庸,须是各各在自家身上当下认取";中庸的高明境界,本来也就"从人身上显出来的"。这样一种工夫,就是所谓"顺乎自然"的工夫;这样一种人生,也就是"顺乎自然"的人生。这样一来,高攀龙就通过对《中庸》的解读与诠释,实现了其所谓"顺乎自然"的人生境界。

如果说这就是高攀龙"一本程朱"所达到的境界,但程朱尤其是朱子的理论本身并没有这样的境界,无论是朱子之"主一""无适"的工夫还是黄榦所概括的"居敬者所以成始成终也"的描述本身都无法包括这一境界;但如果说这不是高攀龙"一本程朱"所达到的境界,其终始于敬的追求显然又是明确地沿着程朱尤其是朱子学的进路展开的。那么,这一切究竟是怎样实现的呢?

如果从境界追求的角度看,那么这一"顺乎自然"的境界显然并不属于朱子,而是属于阳明;其境界也无疑是阳明学所揭示的境界。请看阳明对这一境界的揭示:

> 近岁来山中讲学者往往多说"勿忘勿助"工夫甚难,问之则云"才著意便是助,才不著意便是忘,所以甚难"。区区因问之云:"忘是忘个甚么?助是助个甚么?"其人默然无对。始请问。区区因与说我此间讲学,却只说个"必有事焉",不说"勿忘勿助"。必有事焉,只是时时去集义。若时时去用必有事的工夫,而或有时间断,此便是忘了,即须勿忘。时时去用必有事的工夫,而或有时欲速求效,此

---

[1] 高攀龙:《中庸之为德章》,《高子遗书》卷四,第13页。

便是助了,即须勿助。其工夫全在必有事焉上用,勿忘勿助只就其间提撕警觉而已。若是工夫原不间断,即不须更说勿忘;原不欲速求效,即不须更说勿助。此其工夫何等明白简易,何等洒脱自在!今却不去必有事上用工,而乃悬空守着一个勿忘勿助,此正如烧锅煮饭,锅内不曾渍水下米,而乃专去添柴放火,不知毕竟煮出个甚么物来。①

如果将高攀龙的"顺乎自然"与阳明的这一段论述稍加比较,就可以清楚地看出其所谓"顺乎自然"其实就正好来自阳明对孟子"必有事焉"的这一段阐发,并且也就实现于对"必有事焉"的贯彻与工夫追求之中。实际上,这也就是东林学派虽然激烈地批评阳明后学的"玄虚"与"狂荡"之病,却始终对阳明保持敬意的根本原因。

不过,如果说高攀龙"顺乎自然"的境界就直接是对阳明心学的借鉴与继承,但其为学方向毕竟又是沿着朱子学的进路展开的。且不说其"敬"的工夫就直接源于朱子,请看其如下一段关于心与理关系的论述。他说:

> 理者心也,穷之者亦心也。但未穷之心,不可谓理,未穷之理,不可谓心,此处非穷参妙悟不可。悟则物物有天然之则。日用之间,物还其则,而己无与焉,如是而已。②

在这一段关于心与理关系的描述中,高攀龙"心理为二"的立场自然是不容置疑的,也是绝对不同于王阳明所谓的"心即理"一说的,但它又确实存在着一个"心理为一"的指向。不然的话,他就不会明确断言"未穷之心,不可为理,未穷之理,不可为心"了。这里所谓的"理者心也,穷之者亦心也",以及"悟则物物有天然之则",也是明确地将"理"作为对象出现的;至于其"日用之间,物还其则,而己无与焉",显然又是在"心理为一"基础上所得出的结论。这说明,高攀龙确实是从朱子学出发的,是从朱

---

① 王守仁:《答聂文蔚》二,《王阳明全集》,第82—83页。
② 高攀龙:《复念台》二,《高子遗书》卷八上,第28页。

子学走向阳明学,因而其哲学就成为朱王之学互救其失而又相互补充的一种表现。

高攀龙哲学代表着明代理学中朱王互救其失的努力,因而朱子学与阳明学的矛盾就同样明确地存在于其哲学中。比如说,在高攀龙的格物知本之学中,他是以"止于至善"来实现其所谓"知本"之自觉的,问题在于,既然格物是外向的穷理活动,那么外向的"穷至事物之理"能否直接等同于"穷止于至善处"呢?难道存在于事事物物中的物则之理就是至善之理吗?显然,外向的格物穷理是永远无法满足其至善追求的。其次,为了弥合朱子学与阳明学的矛盾,高攀龙又提出"才知反求诸身,是真能格物者也",似乎其格物说中又包含着"反求诸身"的活动,因而导致黄宗羲认为他的格物说与杨时"反身而诚,则天下之物无不在我""为相近",而"与程、朱之旨异矣",那么,在外向的格物穷理中如何能够"反求诸身"呢?因为外向所穷及其指向往往是一种物则性质的理,反求诸身则只能指向一种人伦性的道德伦理,那么,这究竟应当将客观的物理提升到道德伦理的角度来理解呢还是应当将道德伦理置于客观物理的层面来理解?笔者所谓"朱王之学之不对应性",也就指这一点而言。

最重要的是,高攀龙在继承了朱子外向的格物穷理说之后,又通过"止于至善"之"知本"的方式来安置阳明心学,其所谓"悟与修""敬与顺乎自然",实际上也全然是按照阳明心学的工夫次第展开的。但是,由于其外向的格物穷理必然要以"心理为二"为前提,其在这里所阐发的境界又必然要建立在"心理为一"的基础上。这样一来,从前者出发,即从所谓"心理为二"出发,就很难达到其"心理为一"基础上之"顺乎自然"的境界;而从后者出发,其"心理为二"也就成为一种根本不必要的前提。这样,朱子学与阳明学的矛盾也就内在地根植于高攀龙的思想体系中了。本来,作为明代朱子学之气学走向的代表或总结性人物,高攀龙属于对阳明心学较少偏见和误解的一位,但当其将朱子学与阳明学的矛盾内在地置于自己的哲学体系中时,也就为明代心学与气学的发展及其真正的统一提出了一个非常重大的问题。

第四章　理学的变革与革命——心性之学的
　　　　形成与发展

对于明代理学来说,除了对朱子学之"顺承与演变"的一系外,还存在着对朱子学进行"变革与革命"的一系。从明代理学的总体格局来看,这两系基本上构成了明代理学的主体与主流;但是,如果从实际影响的角度看,似乎只有心学一系才从总体上体现了明代理学的主要特色(在中国历史中,如果说有一种哲学思潮曾纵贯一个王朝的始终,那么应当说是明代心学)。就这两系的相互关系而言,自然是对朱子学的"顺承与演变"一系承接在前,"变革与革命"一系则崛起于后,但这两系的关系又不仅仅是一种时间维度上的先后继起关系,还存在着对朱子学之不同继承侧重的重大差别;就这两系自身来看,除了其崛起的先后以及其对朱子学之不同继承侧重上的重大差别外,同时还存着不同的形成机缘、不同的崛起途径以及在促使其崛起、发展上之独特的社会动力,从而也就决定了其各自不同的理论坐标与发展方向。这一特点,尤其表现在明代心性之学的开创及其继起性的发展中。

第一节　陈献章的"自得"与"自然"之学

就理学整体而言,宋明往往并称,一如今古文经学之贯通两汉一样,自然,这也意味着理学是贯穿宋明两代的共同性思潮。但是,如果从宋明两代理学的比较来看,两宋可以说是一个理学的崛起、形成与发展的时代,明代则主要是由心学之崛起、发展而又因为其泛滥而走向流失,从而又遭到人们批判与唾弃的时代。当然,与明代理学由对朱子学之"顺承与演变"从而走向气学的一系相比,明代心学则典型地表现出其对朱子学之"变革与革命"的一面。但是,如果没有明代专制独裁的政治体制,没有内在化、一元论的文化思潮以及以"八股"为特色的科举教育体制所造成之独特的思想环境,就不会出现对朱子学进行"变革与革命"的思潮,自然也就不会形成心学这种独特的思想形态。从这一点来看,明代的朱子学从理学到气学的演变与发展自然也都带有理论自身之传承与发展的因素,心学一系与其说是出于一种理论上的传承关系,毋宁说主要是来自现实——所谓政治生态、教育体制以及文化与思潮背景的塑造作用。正是这一原因,与明代的理学和气学相比,心学往往带有更多的思想主体及其生存环境与思潮背景的因素。明代心学的这一特点,就典型地表现在心学的开创者——陈献章的哲学中。

一、独特的成学经历

陈献章(1428—1500),字公甫,号石斋,广东新会白沙里人,世称白沙先生。由于其地处江门,人们往往又称其学为江门心学。陈白沙出身于书香门第,为遗腹子,即在其父亲去世之后才出生。但从其自幼读书以及九岁仍以母乳代哺的情况来看,其家庭无疑属于富裕之家,也得到了更多的母爱。史称其"自幼警悟绝人,读书一览辄记……一日读《孟子》'有天民者,达可行于天下,而后行之',慨然叹曰:'嗟夫,大丈夫行己当如是也'"[①]。从其这一志向来看,应当说陈白沙的生性自然属于那种高标远致、慷慨豪迈一类。正统十二年(1447),陈白沙充邑庠生员,同年

---

① 张诩:《白沙先生行状》,《陈献章集》,第 868—869 页,北京:中华书局,1987 年版。

即中广东乡试,次年入京,"中副榜进士,告入国子监读书"①。从其人生的这一开局来看,似乎还是比较顺利的。

由此之后,陈白沙却进入了其人生长时段的坎坷与困顿时期。从正统十三年(1448)一直到景泰五年(1454),虽然陈白沙一直就读于国子监,并以科考出仕为方向,却不得不接受连下三第的打击,似乎始终迈不出"乙榜进士"的门槛。虽然在明代,通过九科、十科以出仕者并不在少数,但对于自幼以"天民"自期的陈白沙来说,连下三第的结局简直就是一种无法承受的打击。在这种情况下,"闻江右吴聘君康斋先生讲伊洛之学于临川之上,遂弃其学从之游,时年二十有七也。"②从这一抉择来看,说明心高性傲的陈白沙已经不再寄望于科举考试了,而是转向讲学一途——并试图通过讲学的方式作用于社会。

但讲学之路也并非那么容易。据陈白沙回忆,在吴与弼门下,"其于古圣贤垂训之书,盖无所不讲,然未知入处"③。所谓"未知入处",就是找不到为学之具体入手的意思,也就是说,虽然吴与弼对于圣贤垂训之书"无所不讲",却始终没有唤醒陈白沙的学术兴趣。另一方面,吴与弼对这位岭南弟子的生活习性似乎也不大满意,于是出现了如下一幕:"……晨光才辨,先生手自簸谷。白沙未起,先生大声曰:'秀才,若为懒惰,即他日何从到伊川门下? 何从到孟子门下?'"④从吴与弼自己常常"雨中被蓑笠,负耒耜,与诸生并耕……归则解犁,饭粝蔬豆共食"⑤的立身行事来看,其所秉持的自然属于典型的儒家耕读清修传统。从这种严毅、勤勉的传统出发,也确实无法认同陈白沙那种洒脱、放逸的天性。这样,吴与弼"何从到伊川门下? 何从到孟子门下"的呵斥,对于陈白沙来说,也就等于是从师长的角度封闭了陈白沙的讲学之路。

---

① 阮榕龄:《陈白沙先生年谱》,《陈献章集》,第 805 页。
② 张诩:《白沙先生行状》,《陈献章集》,第 869 页。
③ 陈献章:《复赵提学金宪》,《陈献章集》,第 145 页。
④ 阮榕龄:《陈白沙年谱》,《陈献章集》,第 806 页。
⑤ 黄宗羲:《明儒学案·崇仁学案》一,《黄宗羲全集》第七册,第 3 页。

陈白沙就在这种心境下回到了广东老家。由于其在心理上也未必认同吴与弼的批评，他就不得不展开一场孤绝的自我探索，以摸索适应其自我的为学之方：

> 比归白沙，杜门不出，专求所以用力之方。既无师友指引，惟日靠书册寻之，忘寝忘食，如是者亦累年，而卒未得焉。所谓未得，谓吾此心与此理未有凑泊吻合处也。于是舍彼之繁，求吾之约，惟在静坐。久之，然后见吾此心之体隐然呈露，常若有物。日用间种种应酬，随吾所欲，如马之御衔勒也。体认物理，稽诸圣训，各有头绪来历，如水之有源委也。于是涣然自信曰："作圣之功，其在兹乎！"①

这就是陈白沙关于其为学入手之一段经典性的叙述，由于其方式与进路是在"舍彼之繁，求吾之约，惟在静坐"的基础上展开的，因而如果套用其以后的自我定位，也可以说就是所谓"自得之学"的一种从入之路。之所以称为"自得"，是因为他既未能得之于科举，钻研圣学也没有得到师长的肯定，甚至，就连其孤绝的自我摸索，也没有得之于"书册"。对于明代士人而言，这等于说，在一般人能够有所得的方面陈白沙都面临着"未得"的结果。从陈白沙当时的自我期望来看，其所谓"吾此心与此理"的"凑泊吻合处"也显然是一种"求理于吾心"的思路，或者说起码代表着一种"心与理一"的方向。就是说，他希望天理能够从自我之心上具体呈现出来。与理学、气学所共同坚持的求理于事事物物的进路相比，这显然是一种完全相反的走向，但又确实坚持着一种共同的内在化的大方向——所谓"舍彼之繁，求吾之约"以及其对朱子学的"变革与革命"，也正是从这个角度说的。

让我们再看其所谓"自得"的期待。当前边这一切努力都宣告失败之后，陈白沙也就只剩下"静坐"一路了，虽然自理学崛起以来，静坐作为道家与禅宗的修行方法，也常常为儒家所借鉴。但儒家的静坐与佛老的

---

① 陈献章：《复赵提学金宪》，《陈献章集》，第 145 页。

静坐又存在着本质性的差异——儒家的静坐既不是穿透万象而直接领悟所谓"万法无自性"的空,也不是从眼前的万有出发而直接返归于作为天地宇宙之始源的无,而主要是一种澄澈"吾之初心"式的精神反省活动,所以才会有"见吾此心之体隐然呈露,常若有物,日用间种种应酬,随吾所欲,如马之御衔勒也"。陈白沙的这些所见都是其静坐所得,因而也可以反证其静坐本身并不是一味"兀坐",而是一种内向澄澈性的自我反省活动。所以,他后来在回答其弟子的为学之问中就明确提出:"为学须从静中坐养出个端倪来,方有商量处。"①实际上,不管是"静坐"还是"静中坐养",其作为一种内向性的自我澄澈活动是肯定无疑的,如果稍微加以形象化的表达,这就如同《红楼梦》中所谓的"背后有余忘缩手,眼前无路想回头"一样,首先是一种自我澄澈性的内向反省活动。虽然静坐未必都能达到"吾此心之体隐然呈露"的结果,但由于其一起始就已经预定了"吾此心与此理"的"凑泊吻合处",因而当其静坐有见之后,自然会觉得"日用间种种应酬,随吾所欲,如马之御衔勒也。体认物理,稽诸圣训,各有头绪来历,如水之有源委也"——应当承认,陈白沙的这一感受性的描述还是较为可信的。由于这一"有见"既不是得之于科举,也不是得之于师长传授,更不是得之于书册,所以也就只能说是一种"自得"——由静坐而来的"自得之学"。

由此之后,所谓"自得之学"也就成为陈白沙的一种特殊倡导,他本人也就更加沉潜于其一系列的自我探索活动:"闭户读书,益穷古今典籍。彻夜不寝,少困则以水沃其足。久之乃叹曰:'夫学贵自得也。自得之,然后博之以载籍。'……静坐其中,足不出阃者数年。"②学成之后,"于是迅扫夙习,或浩歌长林,或孤啸绝岛,或弄艇投竿于溪涯海曲,忘形骸,捐耳目,去心志,久之然后有得焉,于是自信自乐"③。实际上,这一系列活动,诸如其"或浩歌长林,或孤啸绝岛,或弄艇投竿于溪涯海曲"等等,

---

① 陈献章:《与贺克恭黄门》二,《陈献章集》,第 133 页。
② 阮榕龄:《陈白沙先生年谱》,《陈献章集》,第 807 页。
③ 张诩:《白沙先生墓表》,《陈献章集》,第 883 页。

也就如同其"闭户读书，益穷古今典籍"一样，都是一种先追求"自得之，然后博之以载籍"的自我印证与自我拓展活动。

但陈白沙毕竟是一种追求有为并希望有所担当的性格，儒家传统的人伦世教关怀也使他不可能长时间地陶醉于所谓"自我得之，自我言之"的状态。所以，一当其开始设帐讲学，他就有了如下举动：

> 讲学之暇，时与门徒习射礼。流言四起，以为聚兵。众皆为先生危，先生处之超然。时学士钱溥谪知顺德县，雅重先生，劝亟起，毋诒太夫人忧。先生以为然，遂复游太学。①

于是，在其学初步有成之后，陈献章就又一次走上了"复游太学"之路，由此之后所得到的三次大的举荐，基本上构成了陈白沙后半生的主旋律。

其第一次被荐就是由这次"复游太学"引起的。当时，太学祭酒邢让为了考察其才，专门让他即席赋"杨龟山此日不再得"的诗，陈白沙一挥而就；其诗才，也为他赢得了"龟山不如""真儒复出"的美名，并吸引了一大批朝廷官员的拜访，有的甚至抗疏辞官，当即执贽行弟子礼。但对陈白沙而言，这次努力并没有达到其预期的目的，最后只落得个"吏部文选清吏司历事"之杂役一样的身份；在吏部，"先生日捧案牍，与群吏杂立厅下，朝往夕返不少息。郎中等官皆勉令休，对曰：'某分当然也。'"②也许就是因为这次蒙羞受辱的经历，使陈献章下决心三年后再考一次，但其再考的结果依然是"下第"的结局，虽然京师也出现了"会元未必如刘戬，及第何人似献章"之类的民谣以为其鸣不平，但科考下第却已经成为无法更改的事实了。

关于这次科考下第的原因，当时京师就有"陈先生卷为人投之水矣"③的传闻，其具体原因则在于侍郎伊某非常欣赏陈白沙之才，曾"遣子

① 阮榕龄：《陈白沙先生年谱》，《陈献章集》，第 809 页。
② 阮榕龄：《陈白沙先生年谱》，《陈献章集》，第 810 页。
③ 阮榕龄：《陈白沙先生年谱》，《陈献章集》，第 811 页。

从学。先生力辞，凡六七往竟不纳"①。由于此前贺钦已经抗疏辞官，并"执弟子拜跪礼，至躬为捧砚研墨"②，陈白沙都已经接受了，因而此番不接受侍郎之子的求学之请，让侍郎觉得陈白沙是认为其子不堪指教，从而深怀忌恨，所以才有暗中捣鬼，故意使其"下第"的结局。

　　由于这是陈白沙最后一次科考，而其人之才又非一第进士所能限，民间也就一直存在着陈白沙是因为其师吴与弼的原因而不愿出仕一说；现代研究者则又往往将其没有出仕直接归结为政治方面的原因。比如余英时先生就持这样的看法，他在《明代理学与政治文化发微》一文中说：

　　　　吴与弼在"省、郡交荐"之下坚决"不赴"，太息曰："宦官、释氏不除，而欲天下之治，难矣！"（《明儒学案》卷一《聘君吴康斋先生与弼》——引者注）他在十九岁时已决心"弃举子业"，后来门人中胡居仁（1434—1484）、陈献章（1428—1500）、谢复等，也都因为受了他的影响而决（绝）意科第（见《明史·儒林一》及《明儒学案》卷一、卷五）。这是他们有意切断与权力世界的关联；宋代理学家"得君行道"的抱负，在他们身上是找不到任何痕迹的。③

从明代的政治生态尤其是宋明政治格局比较的角度看，余先生的这一分析不无道理。但如果结合白沙个人的具体经历来看，认为他是因为受其师吴与弼的影响而故意"切断与权力世界的关联"显然是靠不住的。④ 从其早年的"天民"志向到其一开始设帐讲学就"时与门徒习射礼"来看，都说明陈白沙本来就怀着一种强烈的经世关怀；从陈白沙的立身行事来

---

①② 阮榕龄：《陈白沙先生年谱》，《陈献章集》，第 810 页。

③ 余英时：《宋明理学与政治文化》，第 175 页。

④ 说陈白沙不属于余英时先生所说的那种"有意切断与权力世界的关联"并不意味着余先生的这一分析没有道理，原因很简单，因为如果明代士人没有"有意切断与权力世界的关联"，那么明王朝的"寰中不为君用科"的惩罚性律条也就完全没有必要设定了；既然明王朝有此律条，那就说明明代士人"有意切断与权力世界的关联"在当时应当说是一种较为普遍的现象，这才能有所谓"寰中不为君用科"的律条。

看,也根本没有一点绝意官场的影子。

到了成化十九年(1483),陈白沙林下讲学已近三十载,而在此前,其弟子辈也都纷纷科举高中,广东总督与布政使也对陈白沙之学十分钦佩,于是先后交荐于朝。为了防止他不赴荐,还专门以"诓君"之责敦迫其上路。在各方好友的劝说下,陈献章一路逶迤北上。但让他万万没想到的是,"至都,宰相待之殊薄"①,最后只得到个"考试了,量拟职事"②的圣裁。自入科场以来,陈白沙已经四次下第了,对他来说,考试实在是一条羞畏之途,所以他一边以病拖延考试,一边以"母老己病"上《乞终养疏》,最后只得扛着个"翰林检讨"③的虚衔而归。这一次南归,对陈白沙来说,也就彻底告别了其北上的赴阙之途。

即使如此,当他在归途中道经江西南安时,也仍然有与南安太守张弼的如下一段对话:

> 归经南安,知府张某(弼)问出处。
>
> 对曰:"康斋(吴与弼)以布衣为石亨荐,所以不受职而求观秘书者,冀得间悟主也。惜乎当时宰相不悟,以为实然。言之上,令受职,然后观书,殊戾康斋意,遂决去。某以听选监生荐,又疏陈始终愿仕,故不敢伪辞以钓虚名。或受或不受,各有攸宜尔。"
>
> 某(张弼)唯唯。④

由于这次对话发生于陈白沙最后一次赴阙的归程,此行又极不如愿,只得了一个"翰林检讨"的虚衔,按理说,他正可以自己不愿出仕的本怀来掩饰此行的尴尬,陈白沙却明确表示:"某以听选监生荐,又疏陈始终愿仕",说明陈白沙不是而且也没有"有意切断与权力世界的关联"。

陈白沙的最后一次被荐实际上已经到了其生命的终点。弘治十三

---

① 阮榕龄:《陈白沙先生年谱》,《陈献章集》,第825页。
② 阮榕龄:《陈白沙先生年谱》,《陈献章集》,第830页。
③ 阮榕龄:《陈白沙先生年谱》,《陈献章集》,第830—831页。
④ 张诩:《白沙先生行状》,《陈献章集》,第871—872页。

年(1500),给事中吴世忠、尚书王恕、侍郎刘建、祭酒谢铎等八人同荐,命将及门,陈白沙已经去世了。颇具讽刺意义的是,"殁之前数日,早具朝服朝冠,令子弟焚香北面五拜三叩首,曰:'吾辞吾君。'作诗曰:'讬仙终被谤,讬佛岂多修? 弄艇沧溟月,闻歌碧玉楼。'曰:'吾以此辞世'"①。在陈白沙七十三岁的一生中,他科考四次,三次蒙荐,却始终没有通过科举一关,就等于是始终没有得到所谓真正可以有为的身份。所以,无论是其"朝服朝冠"的"辞君"还是"讬仙""讬佛"的"辞世",无不渗透着命运的捉弄与无奈。对陈白沙来说,他也就只能以这种方式来诠释其一生的"自我得之,自我言之"之学了。

纵观陈白沙的一生,从科举到讲学,再由讲学到科举、受荐,似乎始终是围绕着朝廷政治展开的,或者说他起码是希望大有为于朝廷政治的。比如其刚开始设帐讲学,就"时与门徒习射礼",大展其经邦济世之才,应当说也就是这种心态的表现,当然可能也在抒发其对科举考试制度的不满。这一点,从其友人、地方官包括其弟子可能都看得很清楚;他之所以屡屡强调自己所讲乃"自我得之,自我言之"之学,自然也就包含着讽刺其在科举考试与朝廷政治中一无所得的尴尬心理;至于其临终"朝服朝冠"的"辞君"与"讬仙""讬佛"的"辞世",也同样表现着这种心理。在这种背景下,其所谓"自我得之,自我言之",也就难免存在着某种夸俗心理之故意放大的可能。

从明王朝来看,其政权刚建立,选举制度就明确规定:"选举之法,大略有四:曰学校,曰科目,曰荐举,曰铨选。学校以教育之,科目以登进之,荐举以旁招之,铨选以布列之,天下人才尽于是矣。"②应当承认,这种分门别类、各种不同途径一并展开的选举制度确有包罗天下人才的可能。但对明王朝而言,其立国之初,对人才的收罗主要集中在科目与荐举上;以后,随着其体制的常态化,荐举制度就不得不逐步让位于科目选

---

① 阮榕龄:《陈白沙先生年谱》,《陈献章集》,第861—862页。
② 《明史·选举志》,《二十五史》卷十二,第452页。

举了。所以,《明史》总论说:"明太祖起布衣,定天下,当干戈抢攘之时,所至征召耆儒,讲论道德,修明治术,兴起教化,焕乎成一代之宏规。"①这就是说,在明初,人才主要出于荐举。但随着体制的制度化、日常化,荐举就逐步为科目考试所取代了。最让人感慨的是,陈白沙的老师"吴与弼以名儒被荐,天子修币聘之殊礼,前席延见,想望风采,而誉隆于实,诟诼丛滋。自是积重甲科,儒风少替"②从这一大趋势上可以看出,陈白沙其时正处于明王朝从"荐举"向"积重甲科"转向的关节点上,所以,虽然他屡蒙荐举,却总是被要求先去"考试"——"考试了,量拟职事"。至于"白沙而后,旷典缺如"③,等于其"翰林检讨"的虚衔实际上就已经为明代的举荐制度画上休止符了。

二、自得之学

对于作为明代心学开创者的白沙之学,明儒殿军刘宗周曾有一段精准的概括。他评点说:

> 先生学宗自然,而要归于自得。自得故资深逢源,与鸢鱼同一活泼,而还以握造化之枢机,可谓独开门户,超然不凡……自然而得者,不思而得,不勉而中,从容中道,圣人也,不闻其以静坐得也,先生盖亦得其所得而已矣。④

由于刘宗周的这一评价,由此之后,所谓自得之学也就成为心学的一种别样称呼了;甚至也可以说,没有自得,也就说不上是真正的心学。所以,明代心学也就以陈白沙之自得之学的方式宣告开创了。

实际上,如果从历史的角度看,自得之学可以说是儒学尤其是儒家心性之学的一个源远流长的传统,因为孟子就曾明确地说:"君子深造之以道,欲其自得之也。自得之,则居之安;居之安,则资之深;资之深,则

---

① ② ③《明史·儒林传》,《二十五史》卷十三,第 1525 页。
④ 刘宗周:《明儒学案师说》,《刘宗周全集》第五册,第 519 页。

取之左右逢其原,故君子欲其自得之也。"①由此之后,"自得"似乎也就成为一种特殊的认知方式或认知进路。到了南宋,陆象山也曾不止一次地说过,他的心学就是"因读《孟子》而自得之于心也"②。凡此,都说明儒学确有其深造自得的传统,但明确地以"自得"名其学,无疑是从陈白沙开始的;在经过刘宗周的评点之后,所谓"自得之学"也就成为心学之为心学的一个本质特征了。

那么,陈白沙的自得之学究竟是如何"自得"的呢?从前面的叙述中,我们可以看到其一生的四次下第——说明其不得于科举;从学于当时的大儒吴与弼,又被吴与弼断定为难以到"孟子门下"——等于不得于师长;在回到白沙之后,也不得于书册——"日靠书册寻之,忘寝忘食,如是者亦累年,而卒未得焉";至于在其后半生所蒙受的几次举荐中——又一再要求他考试,说明他也不得于皇恩。就是说,凡是明代士人能够有所得的方面似乎都对他关上了大门。但他确实有得,而且是得于静坐,从其所自述的"舍彼之繁,求吾之约,惟在静坐……然后见吾此心之体隐然呈露,常若有物",到其后来的明确断言:"为学须从静中坐养出个端倪来,方有商量处",都说明他确实有得于静坐,而其静坐之得——"日用间种种应酬,随吾所欲,如马之御衔勒也。体认物理,稽诸圣训,各有头绪来历,如水之有源委也",也说明他确实是通过静坐而真正有所得的。问题在于,这里所谓的自得,实际上就仅仅是一种外在方向的否定而已,也就只是说明其"得"的内在性,并没有说明其究竟如何自得。

不过,就在《复张东白内翰》一书中,陈白沙确实进一步说明了他的"自我得之,自我言之"之学。他写道:

> 夫学有由积累而至者,有不由积累而至者;有可以言传者,有不可以言传者。夫道至无而动,至近而神,故藏而后发,形而斯存。大抵由积累而至者,可以言传也;不由积累而至者,不可以言传也。知

①《孟子·离娄下》,吴哲楣主编:《十三经》,第 1391 页。
②《象山年谱》,《陆九渊集》,第 498 页,北京:中华书局,1980 年版。

者能知至无于至近,则无动而非神。藏而后发,明其几矣。形而斯存,道在我矣。是故善求道者求之易,不善求道者求之难。义理之融液,未易言也;操存之洒落,未易言也。夫动,已形者也,形斯实矣。其未形者,虚而已。虚其本也,致虚之所以立本也……斯理也,宋儒言之备矣。吾尝恶其太严也,使著于见闻者不睹其真,而徒与我哓哓也。是故道也者,自我得之,自我言之,可也。不然,辞愈多而道愈窒,徒以乱人也,君子奚取焉?①

在这一段自述中,陈白沙大体说明了如下几点:其一,为学有"不由积累而至"因而也"不可以言传者"。当然,这里所谓的"不可以言传"主要是指"言不尽意"而言的,而不是绝对"不可以言传"。其二,"善求道者求之易,不善求道者求之难",善求道者,主要在于要把握其"至静"与"未形"的一面,由于"未形者,虚而已。虚其本也,致虚之所以立本也"。显然,作为认知,这其实就是一种形而上之究竟其根源性的把握方式。其三,"斯理也,宋儒言之备矣。吾尝恶其太严也,使著于见闻者不睹其真",从而也就陷入了所谓"辞愈多而道愈窒"的境地。所以,从这个角度看,陈白沙所谓的自得之学也可以说就是以自我的方式从"致虚""存神"到"明几"之学。

这无疑是陈白沙对其"自得之学"之一段较为具体的说明。他不仅说明了其探索方向的内在性——正所谓"自我得之,自我言之",同时也说明了其在把握方式上的形上色彩与根源性质,这一点也就是其所谓的"藏而后发,明其几矣。形而斯存,道在我矣",以及"虚其本也,致虚之所以立本"等说法,实际上也就是对其"自我得之"之方法与过程的一种具体揭示。最重要的一点还在于,这一段由"夫学有由积累而至者,有不由积累而至者;有可以言传者,有不可以言传者",以及"宋儒言之备矣。吾尝恶其太严也,使著于见闻者不睹其真"等等,也就明确地揭示了其自得之学的抱负以及他在当时社会上陷于种种"不得"之认知方式上的根源。

---

① 陈献章:《复张东白内翰》,《陈献章集》,第 131—132 页。

这样一来，作为明代心学的开创者，陈白沙的"自我得之，自我言之"也就确有其对宋儒以来的为学进路与方法的一种反省和拨正之意了，而他在当时社会的"得"与"不得"以及其"不得之得"，似乎也都应当从这一角度来理解。

当然，作为一种学理上的说明，陈白沙也反复说明了其不完全依赖于书册的道理，这也可以说是理解其"自得之学"的一个重要环节。他写道：

> 自炎汉迄今，文字记录，著述之繁，积数百千年于天下，至于汗牛充栋，犹未已也……夫子之学，非后世人所谓学。后之学者，记诵而已耳，词章而已耳。天之所以与我者，固懵然莫知也。夫何故？载籍多而功不专，耳目乱而知不明，宜君子之忧之也……学者苟不但求之书而求诸吾心，察于动静有无之机，致养其在我者，而勿以闻见乱之，去耳目支离之用，全虚圆不测之神，一开卷尽得之矣。非得之书也，得自我者也。盖以我而观书，随处得益；以书博我，则释卷而茫然。①

这又是一段关于"自得之学"的具体说明。其要害则在于直下点破了"夫子之学，非后世人所谓学。后之学者，记诵而已耳，词章而已耳。天之所以与我者，固懵然莫知也"。为什么会形成这种情形呢？从表层来看，固然是因为所谓"载籍多而功不专，耳目乱而知不明"；从深层来看，则主要在于人们只运用其耳目见闻而根本没有真正求之于心，也就无法真正自得。所以说"学者苟不但求之书而求诸吾心，察于动静有无之机，致养其在我者"，这样一来，也就"非得之书也，得自我者也"。显然，这也就成为"以我而观书，随处得益；以书博我，则释卷而茫然"两种不同的结果——这无疑又是对宋代以来所形成的词章记诵之学的一种明确批评，也是对其自得之学所以能够自得的一个具体说明。

---

① 陈献章：《道学传序》，《陈献章集》，第20页。

也许正与其一生不遇的经历有关,陈白沙处处强调自得,也似乎处处都能与其自得之学关联起来,比如他在《赠彭惠安别言》中写道:

> 忘我而我大,不求胜物而物莫能挠。孟子云:"我善养吾浩然之气。"山林朝市一也,死生常变一也,富贵贫贱、夷狄患难一也,而无以动其心,是名曰"自得"。自得者,不累于外,不累于耳目,不累于一切,鸢飞鱼跃在我。知此者谓之善,不知此者虽学无益也。①

这里对"山林朝市""死生常变""富贵贫贱、夷狄患难"能够以"无以动其心"的态度处置之,并且还能够加以"自得之学"式的描述,无疑是对其"自得之学"之一种高调的表示;至于其所自谓的"不累于外,不累于耳目,不累于一切",虽然看起来是在向彭惠安表态,实际上也包含着一定的自我安慰之意。未能通过科举考试以出仕,不仅是其一生中的一个最大遗憾,也成为其精神上一道过不了的坎;为了获得出仕的机会,陈白沙又确实忍受了不少的折磨,包括其在吏部听差的一段经历:"日捧案牍,与群吏杂立厅下,朝往夕返不少息"等等。因而,在陈白沙与官员朋友的交往中,所谓出处进退的问题也常常成为他们之间最重要的话题。

但陈白沙就是要高调地表示其"自得",并常常以其超然远致的气象来反衬俗儒津津于得丧之间的现象,比如其在《与林郡博》一书中写道:

> 终日乾乾,只是收拾此而已。此理干涉至大,无内外,无始终,无一处不到,无一息不运。会此则天地我立,万化我出,而宇宙在我矣。得此霸(把)柄入手,更有何事? 往古来今,四方上下,都一齐穿纽,一齐收拾,随时随处,无不是这个充塞。色色信他本来,何用尔脚劳手攘? 舞雩三三两两,正在勿忘勿助之间。曾点些儿活计,被孟子一口打并出来,便都是鸢飞鱼跃。若无孟子工夫,骤而语之,以曾点见趣,一似说梦。会得,虽尧舜事业,只如一点浮云过目,安事推乎? 此理包罗上下,贯彻终始,滚作一片,都无分别,无尽藏故也。

---

① 阮榕龄:《陈白沙先生年谱》,《陈献章集》,第 825 页。

> 自兹已往,更有分殊处,合要理会。毫分缕析,义理尽无穷,工夫尽无穷。①

这一段描述,似乎是在刻意照应其早年的"天民"追求。不知是不是因为其晚年的这一气象从而也才有了对其早年之所谓"天民"追求的描述?但这样一种气象,作为其一生"自我得之,自我言之"的表现则是无疑的,也是对其"自得之学"的一种极而言之。这里所凸显的首先是一种带有绝对性的主体精神,比如"天地我立,万化我出,而宇宙在我矣"。当然这里的"天地""宇宙",也都不是指客观实存层面的天地与宇宙,只是指谓自我人生境界性的天地与宇宙;而其方向,也就首先在于"得此霸(把)柄入手"了;至于其具体工夫,则又必须"色色信他本来,何用尔脚劳手攘?舞雩三三两两,正在勿忘勿助之间"。自然,这都是以诗化的语言极而言之,但其内在性的方向、主体性的精神以及其勿忘勿助的工夫追求,构成了其"自得之学"之三个基本的关节点。

三、学宗自然

在刘宗周对陈白沙心学的评点中,其"学宗自然,而要归于自得"一说虽然也有白沙的表达作为依据,但确实是一种提纲挈领式的点评。这起码揭示了陈白沙之学是以"自得"为入手,以"自然"作为指向的。在前面一节,陈白沙对其"自得之学"的极而言之,本身也就包含着一种自然气象,比如所谓"色色信他本来,何用尔脚劳手攘?舞雩三三两两,正在勿忘勿助之间"这种极富诗意的描述,本身就是通过"自得之学"所达到的"自然"境界的一种气象表现。

实际上,如果就天性而言,陈白沙也许并不是一个处处都能够自然的资质,反倒可能会时时有所激越。比如成化五年(1469),陈白沙最后一次科考下第,"群公往慰之,先生大笑。庄昶曰:'他人戚戚太低,先生

---

① 陈献章:《与林郡博》七,《陈献章集》,第217页。

大笑太高'"①。作为人生中最后一次入科场,下第所带来的失望自然是在所难免的,陈白沙居然以"大笑"来面对"落第"的事实与诸公的宽慰,固然也表现了其不以得失为意的一面,同时也有反衬世俗戚戚于得失的一面,但其"大笑"的表现未必就出自人心之自然与常态。② 如果陈白沙根本不以得失为意,那他就完全不必入科场;既然已经入了科场,有得失之感也算是人之常情,因而完全不必以"大笑"来表现自己的无意于得失。所以友人庄昶当即就认为"先生大笑太高";刘宗周也评论说:"道本自然,人不可以智力与,才欲自然,便不自然。"③

正因为"学宗自然"实际上又难免存在着极不自然的一面,所以作为一种追求,陈白沙也常常引外在的自然来表达其内在的情怀。比如前引其弟子张诩对白沙大悟之后陶醉于自然现象的描述,"于是迅扫夙习,或浩歌长林,或孤啸绝岛,或弄艇投竿于溪涯海曲,忘形骸,捐耳目,去心志,久之然后有得焉"④。在这种追求中,一方面固然表现着其与"长林""绝岛"以及"溪涯海曲"融为一体式的同在以及对这种"自然"的陶醉,另一方面,对陈白沙而言,这种融为一体式的"自然"同时又是一个"忘形骸,捐耳目,去心志"之所谓真正复归自然的过程。在这一点上,陈白沙所谓的"讬仙终被谤",其实正是指其对老庄道家之自然气象的借鉴而言的。

实际上,陈白沙对于老庄自然气象的借鉴也并不是就要彻底"忘形骸,捐耳目,去心志"从而完全以自然为归,而是要通过这种方式来表达他的超越追求与超越的祈向;其在与自然融为一体的过程中所表现出来的也就恰恰是一种彻底摆脱了小我之欣戚得丧之后所呈现出来的大我精神。甚至也可以说,正是为了实现这种大我精神,白沙才不得不时时

---

① 阮榕龄:《陈白沙先生年谱》,《陈献章集》,第 812 页。
② 关于这件事,陈白沙弟子张诩有如下记载:"庄昶进曰:'他人戚戚太低,先生大笑太高,二者过不及。'先生颔之。"由此看来,白沙也马上意识到自己有激越处。参见张诩:《白沙先生行状》,《陈献章集》,第 870 页。
③ 刘宗周:《明儒学案师说》,《刘宗周全集》第五册,第 519 页。
④ 张诩:《白沙先生墓表》,《陈献章集》,第 883 页。

注意超拔自我，以免自我精神的沦丧。比如其在《赠陈秉常》一诗中的表达：

> 我否子亦否，我然子亦然。然否苟由我，于子何有焉？人生寄
> 一世，落叶风中旋。胡为不自返，浊水迷清渊。①

再比如其《自策示诸生》：

> 贤圣久寂寞，六籍无光辉。元气五百年，一合又一离。男儿生
> 其间，独往安可辞？邈哉舜与颜，梦寐或见之。其人天下法，其言万
> 世师。顾予独何人，瞻望空尔为！年驰力不与，抚镜叹以悲。岂不
> 在一生，一生良迟迟。今复不鞭策，虚浪死勿疑。请回白日驾，鲁阳
> 戈正挥。②

这两首诗的寓意都非常明显，前者批评其弟子陈秉常完全丧失了自我的主体精神，从而成为一种人否亦否、人然亦然的应声虫，所以就要警示其"人生寄一世"，如果不自返的话，生命就会像风中的落叶，理智也就只能沦落为"浊水迷清渊"了。后一首诗实际上是通过自我批评的方式来警示弟子，尤其是以颜回的"舜，何人也？予，何人也？有为者亦若是"③作为自己做人的榜样就显得格外警策，也充分表现了其一意超越追求的主体精神。

但是，当陈白沙最后一次被荐入京，"至都，宰相待之殊薄，白沙悔之。因读林和靖诗云：'庙堂不坐周公旦，何处山林有鹿麋？'遂归"④。他在南归后的"和陶一十二首"——《归田园》诗中，也同样表达了心中的愤懑：

> 我始惭名羁，长揖归故山。故山樵采深，焉知世上年？是名鸟
> 抢榆，非曰龙潜渊。东篱采霜菊，南渚收菰田。游目高原外，披怀深

① 陈献章：《赠陈秉常》四，《陈献章集》，第287页。
② 陈献章：《自策示诸生》，《陈献章集》，第281—282页。
③《孟子·滕文公上》，吴哲楣主编：《十三经》，第1373页。
④ 阮榕龄：《陈白沙先生年谱》，《陈献章集》，第825页。

树间。禽鸟鸣我后,鹿豕游我前。冷冷玉台风,漠漠圣池烟。闲持一觞酒,欢饮忘华颠。逍遥复逍遥,白云如我闲。乘化以归尽,斯道古来然。

高人谢名利,良马罢羁鞅。归耕吾岂羞,贪得而妄想?今年秋又熟,欢呼负禾往。商量大作社,连村集少长。但忧村酒少,不充侬量广。醉即拍手歌,东西卧林莽。①

在这些诗篇中,无疑充满着大量的老庄气象,同时又因为是"和陶"的"归田园"主调,如果仅从形式上看,自然也可以说这里所表达的完全是道家的自然气象。但是像"是名鸟抢榆,非曰龙潜渊"以及"归耕吾岂羞,贪得而妄想"这样的句子,如果稍微品味一下其中的蕴涵,则不仅其愤懑之情跃然纸上,其所表达的也恰恰是一种儒者的情怀。因为在这里,看起来是借庄、陶以自嘲,实际上,其所批评的恰恰是当时的官场现实。

关于陈白沙诗文中的自然气象,前边有陈白沙对其弟子的叮咛教告,后边又有其弟子对其自然气象的体会与理解。因而这里一并征引:

人与天地同体,四时以行,百物以生,若滞在一处,安能为造化之主耶?古之善学者,常令此心在无物处,便运用得转耳。学者以自然为宗,不可不著意理会。②

白沙先生之诗文,其自然之发乎?自然之蕴,其淳和之心乎?其仁义忠信之心乎?夫忠信、仁义、淳和之心,是谓自然也。夫自然者,天之理也。理出于天然,故曰自然也。在勿忘勿助之间,胸中流出而沛乎,丝毫人力亦不存。故其诗曰:"从前欲洗安排障,万古斯文看日星。"以言乎明照自然也。夫日月星辰之照耀,其孰安排是?其孰作为是?③

显然,前边一段是陈白沙对其弟子湛甘泉"常令此心在无物处"——所谓

---

① 陈献章:《归田园》,《陈献章集》,第 292 页。
② 陈献章:《与湛民泽》七,《陈献章集》,第 192 页。
③ 湛若水:《重刻白沙先生全集序》,《陈献章集》,第 896 页。

"以自然为宗"的一种叮咛提撕,后边则是在陈白沙去世后,湛甘泉对其老师"以自然为宗"的一种体会与理解。当然,这在一定程度上也包括为其老师辩解之意,因而其所阐发的"忠信、仁义、淳和之心,是谓自然也。夫自然者,天之理也。理出于天然,故曰自然也",其实正是湛甘泉对陈白沙"以自然为宗"之本体内容的一种理解;至于所谓"在勿忘勿助之间,胸中流出而沛乎,丝毫人力亦不存"则是对其作为追求工夫之自然境界的一种具体解释。这样一来,陈白沙"学宗自然"一说中的两层含义——所谓本体层面的含义以及其工夫追求中的境界含义也就得到基本澄清了。

在这里,还有一段也可以作为陈白沙"学宗自然"一说的一种最好补充。比如前边曾引陈白沙以"大笑"来回应他的最后一次科考落第之事,其友人庄昶当即就指出"他人戚戚太低,先生大笑太高"。这一指责虽然正确但确有其难以避免的一面。但是,当白沙临终时,《年谱》中却有如下一段记载:

> ……知县左某以医来,先生病已亟矣。门人进曰:"药不可为也。"先生曰:"饮一匕尽朋友之情。"[1]

这里的自然,就既是其本体层面的自然,同时也是工夫境界中的自然,是二者的有机统一与圆融表现——陈白沙也就以这种方式为其一生的"学宗自然"画上了一个圆满的句号。

四、静坐与诗教

在陈白沙哲学中,有两个极具特色但也极富争议的重心,这就是静坐与诗教。静坐则从其成学的"惟在静坐"一说一直到其为弟子坦陈为学工夫之所谓"为学须从静中坐养出个端倪来,方有商量处"[2],都说明他始终在坚持静坐;至于诗教,陈白沙也有所谓"他年倘遂投闲计,只对青

---

[1] 阮榕龄:《陈白沙先生年谱》,《陈献章集》,第862页。
[2] 陈献章:《与贺克恭黄门》二,《陈献章集》,第133页。

山不著书",以及"莫笑老慵无著述,真儒不是郑康成"①之类的名句。这就说明了两点:第一,陈白沙确实是以静坐入学的;第二,陈白沙的教育也往往是通过寓教于诗的方式进行的。

关于从静坐入手一点,宋明儒的看法其实并不相同。宋儒虽然也知道静坐属于道家和禅宗的修行方法,但他们并不排斥静坐。在他们看来,这就像人都吃饭穿衣、读书写字一样,但同样的吃饭穿衣、读书写字却完全可以拥有不同的思想内容与不同的精神追求,所以,他们并不因为道家和禅宗主张静坐从而就废弃静坐工夫;明儒却根本不同。大体说来,明儒可以分为承认静坐的一系与不承认静坐的一系;这两系恰恰存在于气学与心学之间。一般说来,气学一系往往陶醉于对客观宇宙的气机生化过程之理的认识,并且也总是试图通过对气机生化的钻研以达到"深有悟于造化之理"的目的,因而静坐对他们来说根本不措手,当然他们也确实无法以静坐的方式来探讨所谓"造化之理";心学一系则往往能够积极肯认静坐——其学不仅从静坐入手,而且也往往是以主静的方式来推动其思想走向深入的。陈白沙作为明代心学的开创者,首先就表现在他对静坐的正面肯认与积极提倡一点上。比如他在《与罗一峰》一书中说:

> 伊川先生每见人静坐,便叹其善学。此一静字,自濂溪先生主静发源,后来程门诸公递相传授,至于豫章(罗从彦)、延平(李侗)二先生,尤专提此教人,学者亦以此得力。晦庵(朱熹)恐人差入禅去,故少说静,只说敬,如伊川晚年之训。此是防微虑远之道,然在学者须自量度何如,若不至为禅所诱,仍多静方有入处。若平生忙者,此尤为对症药也。②

白沙这里说得非常清楚,主静是自周濂溪发源、程门诸公递相传授的基本方法;二程门下的道南一脉"尤专提此教人"。至于需要注意者无非一

① 张诩:《白沙先生行状》,《陈献章集》,第880页。
② 陈献章:《与罗一峰》二,《陈献章集》,第157页。

点,这就是看其会不会"为禅所诱";如果不会为禅所诱,那么这正是为学之入手处与得力处。所以说"平生忙者,此尤为对症药也"。从这一点来看,我们自然也就可以理解其"为学须从静中坐养出个端倪来,方有商量处"的真正含义了。

在这里,为了证明陈白沙所说不为无据,我们也完全可以从宋儒的修养论中找出相关论证,看看宋儒究竟是如何理解静坐的:

> 谢显道习举业,已知名,往扶沟见明道先生受学,志甚笃。明道一日谓之曰:"尔辈在此相从,只是学某言语,故其学心口不相应。盍若行之?"请问焉。曰:"且静坐。"伊川每见人静坐便叹其善学。①

从朱子的老师李延平到朱子则有如下表现:

> 某自少时从罗先生学问,彼时全不涉世故,未有所入,闻先生之言,便能用心静处寻求。至今渀汩忧患,磨灭甚矣。四五十年间,每遇情意不可堪处,即猛醒提掇,以故初心未尝忘废,非不用力,而讫于今更无进步处。常切静坐思之,疑于持守及日用尽有未合处,或更有关键未能融释也。②

> "明道教人静坐,李先生亦教人静坐。盖精神不定,则道理无凑泊处。"又云:"须是静坐,方能收敛。"③

> 今人皆不肯于根本上理会。如"敬"字,只是将来说,更不做将去。根本不立,故其他零碎工夫无凑泊处。明道、延平皆教人静坐。看来须是静坐。④

以上都是出自两宋的大儒——从程颢、程颐到李延平、朱子的论述,而其对静坐的作用也是明确肯定的,完全无须再说明。

---

① 程颢、程颐:《程氏外书》卷十二,《二程集》,第432页,北京:中华书局,1981年版。
② 李侗:《延平答问》,《朱子全书》,第13册,第323页,上海:上海古籍出版社、合肥:安徽教育出版社,2002年版。
③ 黎靖德编:《朱子语类》卷十二,第216页,北京:中华书局,1986年版。
④ 黎靖德编:《朱子语类》卷十二,第210页。

但到了明代,气学的开创者罗钦顺曾直接致书湛甘泉,明确批评陈白沙为禅学,比如他说:"禅学始于西僧达磨(摩),其言曰:'净智妙圆,体自空寂'。千般作弄,不出此八字而已。妙圆之义,非神而何? 空寂之义,非虚而何? '全虚圆不测之神',又非白沙之所尝道者乎? 执事虽以为非禅,吾恐天下后世之人,未必信也。"①也许正是对气学这种激烈批评的顾忌,湛甘泉也就想方设法地回避陈白沙的"静坐"一说,认为"先师不欲人静坐也"。湛甘泉在《白沙年谱》中回忆说:

> 甲寅二月,往学于江门。语之曰:"此学非全放下,恐难凑泊。"遂焚原给会试部檄,独居一室。洪垣《湛甘泉墓志铭》,记吾初游江门时,在楚云台梦一老人曰:"尔在山中坐百日,便有意思。"后以问先师,曰:"恐生病。"乃知先师不欲人静坐也。②

同样的忌讳也表现在刘宗周的点评中:

> 至问所谓得,则曰"静中养出端倪"。向求之典册,累年无所得,而一朝以静坐得之,似与古人之言自得异。孟子曰:"君子深造之以道,欲其自得之也。"不闻其以自然得也。静坐一机,无乃浅尝而捷取之乎? 自然而得者,不思而得,不勉而中,从容中道,圣人也,不闻其以静坐得也,先生盖亦得其所得而已矣。③

这种现象说明,当一种思潮铺天盖地而来时,就连刘宗周这样的大家也不能不与之俯仰、为之让路,也就有了对白沙静坐说的上述批评。

但对于陈白沙的静坐与主静之学,毕竟还有人坚持。比如已经被人们视为禅的张诩就为其师辩解说:

> 其为道也,主静而见大,盖濂洛之学也。由斯致力,迟迟至于二十余年之久,乃大悟广大高明不离乎日用。一真万事真,本自圆成,

---

① 罗钦顺:《答湛甘泉大司马》,《困知记》,第 150 页。
② 阮榕龄:《陈白沙先生年谱》,《陈献章集》,第 850 页。
③ 刘宗周:《明儒学案师说》,《刘宗周全集》第五册,第 519 页。

不假人力。其为道也，无动静内外，大小精粗，盖孔子之学也。濂洛之学非与孔子异也。①

其实这都是一种非常谨慎的辩解。张诩的这种辩解，不仅使他自己被时人认为是禅，而且如此一来，也使白沙之学更像禅了。多年以后，白沙已经去世，王阳明则通过其"龙场大悟"对静坐实现了一种实践性的辩解，不仅如此，他还把这种"辩解"应用于教学。《阳明年谱》记载：

> "谪居两年，无可与语者，归途乃幸得诸友！悔昔在贵阳举知行合一之教，纷纷异同，罔知所入。兹来乃与诸生静坐僧寺，使自悟性体，顾恍恍若有可即者。"既又途中寄书曰："前在寺中所云静坐事，非欲坐禅入定也。盖因吾辈平日为事物纷拏，未知为己，欲以此补小学收放心一段工夫耳。"②

显然，在王阳明看来，这种"静坐僧寺"其实也就是他自己在龙场"日夜端居澄默"一段经历的重演，其基本目的，也就必须说成是"补小学收放心一段工夫"；至于其最终指向，则是所谓"自悟性体"。实际上，这就是陈白沙静坐一说的真正指向。从这一指向来看，所谓静坐实际上也就是一种自我反省活动，是由自己的言行而返归本心（或初心），又由本心而自悟性体的一种自我反省活动。对于气学之外向性求知而言，这种方法固然无所措手，但对于心性之学来说，如果没有静坐性的反省，那么其所谓心学说到底也可能是一种思辨的光景之学。

至于陈白沙的诗教，并不像其静坐一样存在着太多的非议，但人们往往又将更多的注意力放在对其诗才的欣赏上。实际上，陈白沙的诗说到底不过是其论学的一种方式，其根据也就在于《易传》的"书不尽言，言不尽意"③一说上。也就存在着"立象以尽意"之可能，所以其弟子湛甘泉还专门作了《白沙子古诗教解》；至于其基本精神，主要表现在湛甘泉的

---

① 张诩：《白沙先生墓表》，《陈献章集》，第 883 页。
② 钱德洪：《王阳明先生年谱》，《王阳明全集》，第 1230—1231 页。
③《周易·系辞上》，吴哲楣主编：《十三经》，第 55 页。

如下说明中：

> 夫白沙诗教何为者也？言乎其以诗为教者也。何言乎教也？教也者，著作之谓也。白沙先生无著作也，著作之意寓于诗也。是故道德之精，必于诗焉发之。天下后世得之，因是以传，是为教。是故风雨雷霆皆天之至教也。《诗》《书》六艺皆圣人之至教也。天之至教运而万物生矣。圣人之至教行而万化成矣。[①]

应当承认，湛甘泉对陈白沙的这一诗教解的确是非常到位的——它并不是在表达一种闲情逸致的诗才，确实是一种教，所以甘泉说白沙"无著作也，著作之意寓于诗也"。也就是说，陈白沙确实是在以"诗"的形式来表达他对人生的感受与认知的，同时也是以"诗"的形式来表达他对人生的启迪。

在这里，让我们先以"诗"的方式来看陈白沙对人生的认识以及其如何发挥人生的启迪作用。陈白沙曾有一首赠官员朋友退休的打油诗，其中写道：

> 可可可，左左左，费尽多少精神，惹得一场笑唾。百年不满一瞬，烦恼皆由心作。若是向上辈人，达塞一齐觑破。归来乎青山，还我白云满座。莫思量，但高卧。[②]

仅从形式上看，这的确是一首很美的打油诗。但其"费尽多少精神，惹得一场笑唾"无疑是对官场是非之一种入木三分的揭示；而所谓"百年不满一瞬，烦恼皆由心作"以及"若是向上辈人，达塞一齐觑破"又分明是对朋友的真诚劝慰。其最后所谓的"归来乎青山，还我白云满座"，简直就是对退休生活的一种诗意描述了。

在陈白沙的诗作中，更多的也确实是实实在在的诗教，即通过诗的形式来对弟子进行指点。比如其答张诩的问学之诗，就包含着非常深刻

---

① 湛若水：《白沙子古诗教解》，《陈献章集》，第 699 页。
② 陈献章：《可左言赠宪副王乐用归瑞昌》，《陈献章集》，第 324 页。

的思想内容：

> 古人弃糟粕，糟粕非真传。渺哉一勺水，积累成大川。亦有非
> 积累，源泉自涓涓。至无有至动，至近至神焉。发用兹不穷，缄藏极
> 渊泉。吾能握其机，何必窥陈编？学患不用心，用心滋牵缠。本虚
> 形乃实，立本贵自然。戒慎与恐惧，斯言未云偏。后儒不省事，差失
> 毫厘间。寄语了心人，素琴本无弦。①

像这样的诗篇，通过诗这种非常直观的意向，既表达了一种超越的追求精神，又表达了两种不同的为学路径。是即所谓"夫学有由积累而至者，有不由积累而至者；有可以言传者，有不可以言传者"。但在不同的工夫追求中，陈白沙既不断地提撕弟子不要沦丧了自我的主体精神——"吾能握其机，何必窥陈编"，同时又提醒弟子"渺哉一勺水，积累成大川"以及"戒慎与恐惧，斯言未云偏"，这就等于是在提醒说，超越的追求精神必须落实于具体的工夫修行以及与日常的为学积累两面之贯通与统一才有商量处。其整个诗篇，也始终凸显着一种广大高明不离乎日用的精神。

对于陈白沙心学，如果仅从理论学理的角度看，那么其所谓"自得""自然"当然也都是非常值得分析的，这都是其心学得以形成的重大关节，是构成其哲学的硬件；但如果要真正进入其哲学——就对其哲学之深入体察与品味而言，那么，其所谓的"静坐"与"诗教"，才是真正值得反复咀嚼的。套用明儒的话说，这一点不仅表现着其哲学之极其精微而又"难以言传"的一面，同时也是现实人生中可以当下受用的一种活生生的精神。

第二节　湛若水的"随处体认天理"

虽然陈白沙一生与仕途无缘，但其所开创的江门心学，却培养了一

---

① 张诩：《白沙先生行状》，《陈献章集》，第879页。

大批从政的弟子,有的弟子官位还相当高、官龄也相当长(比如湛甘泉)。就其弟子中真正能够光大其学者而言,则不能不首推张诩与湛甘泉两位。如果就天分之高、根器之正以及理解之到位而言,不能不首推张诩①,但由于其生性耿介,身体多病,早早退隐,又累荐不起,因而在学界的影响不大。湛甘泉则一生官运亨通,加之又与王阳明"一见定交",因而长期与王阳明主盟学界;阳明去世后,又与北方儒者、关学的代表人物吕泾野(1479—1542)平分南北教事。因而黄宗羲有所谓"王湛两家,各立宗旨"②云云,其实也就指湛甘泉与王阳明两个学派而言。这样,在白沙去世之后,真正能够光大其学、传播其学者,也就以湛甘泉为代表了。

湛若水(1466—1560),初名露,字民泽,后改名若水,字元明,号甘泉,广东增城人,弘治六年(1493)会试下第,次年即往江门从学于陈白沙。白沙"语之曰:'此学非全放下,恐难凑泊。'遂焚原给会试部檄,独居一室"③,深得白沙器重,被指定为江门心学的传人。湛甘泉弘治十八年(1505)进士及第,选庶吉士,后擢翰林编修。时王阳明在京倡导身心之学,遂与甘泉"一见定交,共以倡明圣学为事"④。湛甘泉一生仕途平顺,历任南京国子监祭酒,南京吏部、礼部、兵部尚书。平生足迹所至,必建书院以祀白沙,从游遍于天下。年登九十,犹为南岳之游。致仕后,林下讲学达二十余年,是一位高寿且著作宏富的心学家。

一、"心体物不遗"

当陈白沙开创江门心学时,虽然说是得力于静坐,但从具体的形成因缘上看,则主要得力于其屡屡不遇的人生。正是其人生的屡屡不遇,才推动着他不断地深入探索,这才有了所谓"自我得之,自我言之"的"自

---

① 陈献章曾以"以自然为宗,以忘己为大,以无欲为至,即心观妙,以揆圣人之用"来概括张诩之学,应当说这就已经是很高的评价了;就陈白沙而言,这也是真得其传的心学。参见陈白沙:《送张进士廷实还京序》,《陈献章集》,第12页。
② 黄宗羲:《明儒学案·甘泉学案》,《黄宗羲全集》第八册,第138页。
③ 阮榕龄:《陈白沙先生年谱》,《陈献章集》,第850页。
④ 钱德洪:《年谱》一,《王阳明全集》,第1226页。

得之学"。白沙去世后,当湛甘泉倡导心学时,其动力、规模则主要是来自陈白沙当年的理论指点与其本人自觉的理论学习。这样一来,虽然湛甘泉也讲心学,却主要是一种理论思辨或者说主要是通过学理论说的方式所表现出来的心学。

比如,当陈白沙致力于心学探索时,其所萦怀的问题始终是"吾此心与此理未有凑泊吻合处也",在这一语境下,其所谓的心作为个体之心也就是一个非常明确的基本前提,因而其心学的个体位格也是始终不容消解的;至于其境界,则是以所谓"天地我立,万化我出,而宇宙在我"的方式建立起来的。但对于湛甘泉而言,"心"的个体性或与个体的关联必然会成为其理论思辨上的一种限制,所以他就必然要想方设法地消解"心"的个体性,只有消解了"心"的个体位格,消解了其与个体的密切关联,才能充分展现其在理论思辨方面的伸展腾挪能力。湛甘泉在这方面的努力,又主要是通过对"心"之思辨化的理论论证、逻辑推导与对阳明心学的批评实现的。他指出:

> 故心也者,包乎天地万物之外,而贯乎天地万物之中者也。中外,非二也。天地无内外,心亦无内外,极言之耳矣。故谓内为本心,而外天地万事以为心者,小之为心也甚矣。[1]

> 盖阳明与吾看心不同,吾之所谓心者,体万事而不遗者也,故无内外;阳明之所谓心者,指腔子里而为言者也,故以吾之说为外。[2]

从字面上看,这里当然首先涉及王湛两家对于"心"之不同理解。王阳明论心,即如湛甘泉所批评的,始终是"指腔子里而为言者也",但这也正好体现着其"心"之个体位格与个体性特色;甘泉之所谓心,则是指"包乎天地万物之外,而贯乎天地万物之中者也",所以他就始终坚持"天地无内

---

[1] 湛若水:《心性图说》,《湛甘泉先生文集》卷二十一,第 72—73 页,《四库全书存目丛书·集部》第 57 册,济南:齐鲁书社,1997 年版。

[2] 湛若水:《答杨少默》,《湛甘泉先生文集》卷七,第 571 页,《四库全书存目丛书·集部》第 56 册。

外,心亦无内外"一说。这样一来,其所谓的"心"实际上也就成为天地万物之理的一个别名了。之所以说是天地万物之理的别名,是因为天地是有其实体指谓的,如果仅从实体性的角度而言,那么所谓"腔子里"的心也就只能成为一种带有强烈的个体位格的"心",所以说,只有从天地万物之理的角度,才可以对"心"进行这种"无内外"的规定与表达。

在这里,看起来似乎只是王湛两家论心的角度有所不同,实际上,湛甘泉是试图通过将心加以天理化从而以之来弥合心学与理学的分歧。所以,他不仅与王阳明论心不同,也与其师陈白沙有所不同。在他的论述中,也就充满了对白沙学旨的补充与修正:

> 古之论学,未有以静言者,以静为言者,皆禅也。故孔门之教,皆欲事上求仁,动时着力。何者?静不可以致力,才致力即已非静矣。[1]

> 静坐,程门有此传授。伊川见人静坐,便叹其善学。然此不是常理,日往月来,一寒一暑,都是自然常理流行,岂分动静难易?若不察见天理,随他入关入定,三年九年,与天理何干?若见得天理,则耕田凿井,百官万物,金革百万之众也,只是自然天理流行。[2]

从这两段来看,湛甘泉非但没有接受陈白沙所谓的"静中养出端倪"之说,而且也根本不理解其涵义。他把陈白沙的"静坐"看作是与道教、禅宗一样的"入定"来理解,同时,又把"静"仅仅看作是与"动"相对应的一种外在品相,所以认为"静不可以致力"。在这种条件下,自然也就可以提出"随他入关入定,三年九年,与天理何干"的批评;相反,"若见得天理,则耕田凿井,百官万物,金革百万之众也,只是自然天理流行"。

很明显,从其对白沙心学的这一修正上就可以看出,湛甘泉实际上是通过将心与天理等同的方式,再通过天理之遍在于天地万物的方式来

---

[1] 湛若水:《答余督学》,《湛甘泉先生文集》卷七,第 562 页,《四库全书存目丛书·集部》第 56 册。

[2] 黄宗羲:《明儒学案·甘泉学案》一,《黄宗羲全集》第八册,第 161 页。

实现其所谓的"心也者,包乎天地万物之外,而贯乎天地万物之中者也"。在这一基础上,他所谓的心自然也就可以"无所不贯也""无所不包也",所以又说:"天地无内外,心亦无内外。"

在这一基础上,湛甘泉甚至还质疑孟子的"求放心"一说,认为孟子的"求放心"陷入了一种内外不分、主从不别。为了揭示孟子"求放心"说所存在的问题,湛甘泉特意作了《求放心篇》,其中写道:

> ……吾常观吾心于无物之先矣,洞然而虚,昭然而灵。虚者,心之所以生也;灵者,心之所以神也。吾常观吾心于有物之后矣,窒然而塞,愦然而昏。塞者,心之所以死也;昏者,心之所以物也。其虚焉灵焉,非由外来也,其本体也。其塞焉昏焉,非由内往也,欲蔽之也。其本体固在也,一朝而觉焉,蔽者彻,虚而灵者见矣。日月蔽于云,非无日月也,鉴蔽于尘,非无明也,人心蔽于物,非无虚与灵也。心体物而不遗,无内外,无始终,无所放处,亦无所放时,其本体也。信斯言也。当其放于外,何者在内? 当其放于前,何者在后? 何者求之? 放者一心也,求者又一心也。以心求心,所谓憧憧往来,朋从尔思,只益乱耳,况能有存耶? 故欲心之勿蔽,莫若寡欲,寡欲莫若主一。[1]

看到这一段文字,让人不能不为白沙心学表示一种深深的遗憾,也不能不为明代心学表示遗憾。当然,湛甘泉在这里确实表现出了一种陈白沙所谓的"由积累而至"而又"可以言传"的工夫,所以他就完全可以套用程颢反问张载的"何者在内"以及"何者在后? 何者求之"来反问孟子,但他却完全不思量他究竟是如何实现其"观吾心于无物之先""观吾心于有物之后"的? 这种"观"究竟又是何者在观? 因为当他将"心"完全等同于"天理"并遍在于天地万物时,其心不仅"无所放处,亦无所放时"——不仅不必求所谓"放心",而且也根本不存在所谓"放失之心"的问题了,自

---

[1] 湛若水:《求放心篇》,《湛甘泉先生文集》卷二十一,第 75 页,《四库全书存目丛书·集部》第 57 册。

然也就可以提出如此铿锵的反问。当然在这里,我们也可以套用湛甘泉的反驳思路,质问他所谓的"一朝而觉焉,蔽者彻,虚而灵者见"究竟又是谁在"觉"、谁在"见"? 而且,既然"心也者,包乎天地万物之外,而贯乎天地万物之中者也",那么难道它就不贯乎"物"与"欲"吗? 所以,仅从孟子的"求放心"来看,不仅证明儒家传统之心就指个体之心,而且也确实是就"腔子里而为言者也"(但这个"腔子里"又不是指那"一块血肉"而言,而是指能够作为人生主宰的个体精神而言)。只有从这个角度看,才有真正的人生落实,从而也才会有所谓"放失之心"的问题,包括所谓"塞焉昏焉"等等,难道这不正是个体之心的表现吗? 实际上,也只有从这个角度看,才有所谓"求放心"的必要。

但湛甘泉似乎又对其"心"之能够"包""贯"天地万物感到十分自信,他又作了《心性图说》一文,并专门从心之"包"与"贯"的角度来说明宇宙万物。所以,其中就以一个大圆圈来说明"上下四方之宇"与"古往来今之宙",然后又以其中三个相互连接的小圆圈来说明人的从心、性、未发之情到所谓已发之四端,最后又通过所谓"敬始敬终"来直贯"万事万物天地心"。这样一种图式,极而言之,也就是以"心"来"包""贯"宇宙万物,"包""贯"整个时空世界;在湛甘泉看来,这种通过思辨与图说的方式来实现的所谓"包"与"贯",实际上也就是其"心体物而不遗"的确切含义——无论什么事物,"心"都无所不包,也无所不贯。但这种"包"与"贯",由于完全脱离了现实的、感性的与个体化的人生,从其表现形式上看,也就像张载所曾经批评佛教的那样——"溺其志于虚空之大"[1]了。

但湛甘泉又确实不是佛教,不仅不是佛教,而且还积极地批评佛教,包括其所谓"以静为言者,皆禅也",也说明他对佛教的批评甚至连陈白沙的观点都不放过(当然,他并没有直接批评陈白沙为禅,甚至还专门为此向罗钦顺致书以为白沙辩解,但这一点只能说明他是为师门辩护,并不代表其真正的理论认识)。除此之外,他也坚决批评佛教的空观,坚持

---

[1] 张载:《正蒙·大心》,《张载集》,第 26 页。

认为宇宙只是一气流行。他说：

> 上下四方之宇，古今往来之宙，宇宙间只是一气充塞流行，与道为体，何莫非有？何空之云？虽天地弊坏，人物消尽，而此气此道，亦未尝亡，则未尝空也。①

> 道无内外，内外一道也；心无动静，动静一心也。故知动静之皆心，则内外一。内外一，又何往而非道？合内外，混动静，则澄然无事，而后能止。②

> 本末只是一气，扩充此生意，非谓未有本末而徒妆点枝叶也。在心为明德，在事为亲民，非谓静坐而明德，及长然后应事以亲民也。一日之间，开眼便是，应事即亲民。③

在这一关于气与道关系的论述中，湛甘泉实际上是通过道与气的不可分割性，从而将心贯乎天地万物之间的，所以他就一定要坚持"内外一道也""动静一心也"。既然"知动静之皆心，则内外一。内外一，又何往而非道？"很明显，这其实就是湛甘泉借助对朱子学的"顺承与演变"一系中的理气关系，从而将道与心的关系彻底统一起来；而道与心的统一，同时也就实现了其所谓的"心也者，包乎天地万物之外，而贯乎天地万物之中者也。中外，非二也。天地无内外，心亦无内外"。在这一基础上，其所谓"心体物而不遗"一说也就犹如"道体事而无所不在"一样，从而成为一种关于道之存在的遍在性关系了。

这样一来，人们也就难免会质疑从陈白沙到湛甘泉的关系，既然陈白沙是明代心学的开创者，湛甘泉又代表着白沙心学的嫡传，何以会以走向理学与气学的方式来实现其对心学的传承与发展呢？这就涉及一个非常重要的问题，即心学的传承问题。严格说来，心学作为一种自得

---

① 湛若水：《寄阳明》，《湛甘泉先生文集》卷七，第561页，《四库全书存目丛书·集部》第56册。
② 湛若水：《复王宜学内翰》，《湛甘泉先生文集》卷七，第567页，《四库全书存目丛书·集部》第56册。
③ 湛若水：《答陈海崖》，《湛甘泉先生文集》卷七，第569页，《四库全书存目丛书·集部》第56册。

之学,其思想与观点一般说来是很难传承的;从某种程度上说,传承本身就是有违于心学之"自得"原则与"自得"本性的。但另一方面,心学又确实存在着可以传承的一面,这种传承又只能是通过不同个体之间之视域重合或体验相近或经历认知相似的方式,从而以所谓"以心传心"的方式来表现其"自得"精神之继继不已。这样一种传承,又必然要以其不同的面相、不同的随缘发用以作为其精神之真正得到继承的表现。

具体到陈白沙与湛甘泉来说,他们究竟是一种什么样的师承关系呢?当陈白沙以"吾此心与此理"的"凑泊吻合处"作为一个重大的问题意识开始其心学探索时,他的心无疑就是一种个体之心;如何实现这种个体之心与天理的"凑泊吻合处"也就成为陈白沙所有的思考探索的具体指向,所以才会有"此理干涉至大,无内外,无始终,无一处不到,无一息不运。会此则天地我立,万化我出,而宇宙在我矣。得此霸(把)柄入手,更有何事?往古来今,四方上下,都一齐穿纽,一齐收拾,随时随处,无不是这个充塞。色色信他本来,何用尔脚劳手攘?舞雩三三两两,正在勿忘勿助之间"这种诗意的描述。但对湛甘泉而言,所谓心与理如何才能达到"凑泊吻合处"根本就不是他所要探索的问题,恰恰是其展开探索的基本前提。但是,要从这一前提出发以达到所谓"天地我立,万化我出,而宇宙在我"的地步,无论从其先天的资质还是后天的实现条件来看,湛甘泉也都无法重复陈白沙的经历与境遇。[①] 这样一来,湛甘泉既没有陈白沙那种处处不遇从而不得不深入反省以"见吾心之体隐然呈露"的大悟,自然也就无法把定其"心"之个体性这一基本的出发点了,从一定程度上说,这等于湛甘泉从源头或出发点上就已经游离了陈白沙的为学进路。在这一基础上,如果他还要坚持陈白沙的"天地我立,万化我出,而宇宙在我"的志向,那就只能借道于理学的思辨与气学对宇宙生化描述了,也只能通过理与气、道与气之不可分割关系来实现这一指向。

① 关于湛若水与陈白沙心学的差异,侯外庐先生指出:"陈、湛二人在修养或为学方法上的差异,是因为他们具有不同的生活经历,因而具有不同的修养经验和理论需要所造成的。"侯外庐、邱汉生、张岂之主编:《宋明理学史》下卷,第190页,北京:人民出版社,1987年版。

所以说,虽然湛甘泉也可以提出所谓"心也者,包乎天地万物之外,而贯乎天地万物之中者也。中外,非二也。天地无内外,心亦无内外"之类的话头,但他根本不是通过对其个体之心的提升及其道德直观或道德境界的方式实现的,只能通过气与道、气与理之存在的遍在性来实现这一论证。这样一来,我们也就可以说,虽然湛甘泉游离了陈白沙的基本出发点,改变了其心的蕴涵与具体指谓,并且也改变了陈白沙道德直观的实现途径,但他毕竟还保留了白沙心学的名称,也保持了其心学之宇宙论的规模和面相。

但是,如果从心学之"自得"的本质及其特征来看,那么湛甘泉的心学实际上就已经不再是心学了。他不仅扬弃了作为心学之现实出发点的个体主体,也从根本上改变了心学的内涵及其追求方向。所以黄宗羲评价说:"若以天地万物之理即吾心之理,求之于天地万物以为广大,则先生仍为旧说所拘也。"①

二、"随处体认天理"

"随处体认天理"是湛甘泉还在白沙门下时就提出的为学主张,也是其与王阳明主盟学坛并进行切磋讨论时的主要观点。从这一点来看,如果说"心体物也不遗"是湛甘泉对白沙心学的一种"极而言之"式的思辨化继承,那么"随处体认天理"就可以说是湛甘泉自己真正贯彻一生的一个基本主张。

还在白沙门下时,湛甘泉就在《上白沙先生》一书中写道:"天理二字,圣贤大头脑处,若能随处体认,真见得,则日用间参前倚衡,无非此体,在人涵养以有之于己耳。"②而白沙在答书中赞叹说:"日用间随处体认天理,着此一鞭,何患不到古人佳处也。"③这说明,早在出仕之前,湛甘

---

① 黄宗羲:《明儒学案·甘泉学案》一,《黄宗羲全集》第八册,第 141 页。
② 黄宗羲:《明儒学案·甘泉学案》一,《黄宗羲全集》第八册,第 151 页。
③ 陈献章:《与湛民泽》十一,《陈献章集》,第 193 页。

泉就已经形成了"随处体认天理"的思想；当然，这一点也同时说明，虽然陈白沙很早就发现了宋代以来两种不同的为学进路——所谓"有由积累而至者，有不由积累而至者；有可以言传者，有不可以言传者"，并且他也对那种"由积累而至"的为学进路明确表示"恶其太严"，但对于陈白沙来说，他当时也只是真诚地表示自己不过是静坐有见而已，并没有以自己的发现反对或者替代其他为学进路的意思。对于湛甘泉来说，则其所谓"随处体认天理"一说却代表着其早年为科举应试学习所得出的基本结论。

那么，究竟如何体认天理呢？从其"日用间"与"随处"两个规定来看，其主体自然是指儒者个人而言的，所以说："盖心与事应，然后天理见焉。天理非在外也，特因事之来，随感而应耳。故事物之来，体之者心也。心得中正，则天理矣。……人与天地万物一体，宇宙内即与人不是二物，故少不得也。"①从湛甘泉的这一说明来看，从"心与事应"到"体之者心也"，也说明其所谓的心并不是脱离个体人生的存在，尤其是其"宇宙内无一事一物合是人少得底"一说，更说明其宇宙也首先是一个人生的宇宙。另一方面，其"日用间"与"随处"的规定，同时又预定了天理的普遍性与无所不在性；而体认天理的过程，既是一个"因事之来，随感而应"的过程，同时又是一个"心得中正，则天理矣"的过程。这样一来，湛甘泉的"随处体认天理"一说就不仅是要以天理的遍在性为前提条件，同时还必须要有一个"因事之来，随感而应"以及"心得中正，则天理矣"的过程。也就是说，湛甘泉实际上是以天理的遍在性作为前提，以主体之"随感而应"与"心得中正"为实现条件。这样，所谓"随处体认天理"的过程实际上也就是从天理的客观性、遍在性走向主体自觉性的过程。

正是在这一理论背景下，王阳明一方面承认湛甘泉的"'随处体认天理'是真实不诳语"，同时又认为"似有毫厘未协"②，这也就是湛甘泉所屡

---

① 湛若水：《答聂文蔚侍御》，《湛甘泉先生文集》卷七，第 573 页，《四库全书存目丛书·集部》第 56 册。
② 王守仁：《答甘泉》，《王阳明全集》，第 181 页。

屡提及的"求之于外"的批评。我们也就一下子可以理解湛甘泉为什么一定要坚持"天地无内外,心亦无内外",并通过纯粹的思辨化论证,以达到所谓"心也者,包乎天地万物之外,而贯乎天地万物之中者也"。对他来说,如果不借助"道"与"气化流行"从而使"心"等同于天地万物之理,那么他就必然要承受王阳明"求之于外"的批评,而且事实上也确实如此。因为在天理遍在性的前提下,不管湛甘泉如何"随处",其从"因事之来,随感而应"到"心得中正,则天理矣"毕竟都存在着一个从客观到主观的过程。当然,也正是因为王阳明的这一批评,湛甘泉一方面反唇相讥:"阳明之所谓心者,指腔子里而为言者也,故以吾之说为外",从而坚持认为"谓内为本心,而外天地万物以为心者,小之为心也甚矣";另一方面,他不得不展开一场关于"心"之"包乎天地万物之外,而贯乎天地万物之中"之"大心"化的论证。

关于湛甘泉"大心"的论述已见上一节。这里先看其如何批评王阳明"外天地万物以为心者,小之为心也甚矣"。当然这一过程,同时也就是对其"随处体认天理"一说的一个论证过程。湛甘泉说:

> 阳明近有两书终有未合,且与陈世杰谓"随处体认天理是求于外"。若然,则告子义外之说为是,而孟子"长者义乎,长之者义乎"之说为非,孔子执事敬之教为欺我矣。程子所谓体用一原,显微无间,格物是也,更无内外。静言思之,吾与阳明之说不合者,有其故矣。盖阳明与吾看心不同,吾之所谓心者,体万物而不遗者也,故无内外;阳明之所谓心者,指腔子里而为言者也,故以吾之说为外。[1]

> 疑随处体认恐求之于外者,殊未见此意。盖心与事应,然后天理见焉。天理非在外也,特因事之来,随感而应耳。故事物之来,体之者心也。心得中正,则天理矣。……宇宙内无一事一物合是人少得底,犹见亲切。盖人与天地万物一体,宇宙内即与人不是二物,故

---

[1] 湛若水:《答杨少默》,《湛甘泉先生文集》卷七,第 571 页,《四库全书存目丛书·集部》第 56 册。

少不得也。①

在这两段对王阳明的反批评中，湛甘泉所举的例证也未必全无道理，但确实存在着误解的地方。从告子来看，其之所以坚持义外之说，根据全在于"彼长而我长之，非有长于我也；犹彼白而我白之，从其白于外也，故谓之外也"②。但在孟子看来，"长者"固然是一个关于外在事实的客观判断，因而它也必然决定于外，决定于事实本身；但所谓"长之者"则完全是一个价值选择判断，其所以形成的原因主要取决于主体内在的道德抉择，所以孟子反问告子说："长者义乎，长之者义乎？"③ 显然，在这里，只有"长之者"才表现着主体内在之义——所谓敬长之心，但"长之者"本身却绝非外在的"长者"所能说明的，因为只有内在的"长之"之义才可以说明主体外向的"长之"之选择；至于孔子的"执事敬"也是同样的道理。这样看来，湛甘泉所举的这几个例子未必就能够说明自己的主张，因为他固然是试图运用孟子的仁义内在之说来为自己论证，但他却完全没有料到其所谓的"因事之来，随感而应"本身就是告子的思路；虽然其接着补充说"事物之来，体之者心也。心得中正，则天理矣"，但这里的"心得中正"毕竟是随着"事物之来"才有的，也是由"事物之来"决定的；而且，其"天地无内外，心亦无内外"一说也就从根本上丢失了其所以能够"心得中正"的主体基础。

经过与王阳明的反复切磋，也经过湛甘泉自己的不断总结，其"随处体认天理"之说最后终于凝结为一个像王阳明的致良知一样的教典；其具体实施，就是"立志""煎销习心"与"随处体认天理"三步。请看湛甘泉如何诠释这三步教典：

> 道通曰："先生之教，惟立志、煎销习心、体认天理之三言者，最为切要，然亦只是一事，每令盘体验而熟察之，久而未得其所以合一

---

① 湛若水：《答聂文蔚侍御》，《湛甘泉先生文集》卷七，第 573 页，《四库全书存目丛书·集部》第 56 册。
②③《孟子·告子上》，吴哲楣主编：《十三经》，第 1407 页。

之义,敢请明示。"

> 先生曰:"此只是一事,天理是一大头脑,千圣千贤,共此头脑,终日终身,只此一大事。立志者,立乎此而已。体认是工夫,以求得乎此者;煎销习心,以去其害此者。心只是一个好心,本来天理完完全全,不待外求,顾人立志与否耳。孔子十五志于学,即志乎此也。此志一立,三十、四十、五十、六十、七十,直至不逾矩,皆是此志。变化贯通,志如草木之根,具生意也;体认天理,如培灌此根;煎销习心,如去草以护此根。贯通只是一事。"①

这可能就是湛甘泉对其学旨阐发得最为透彻明晰的一段问答。但却明显是以天理"为大头脑"的,继此以往,所谓"立志者,立乎此而已。体认是工夫,以求得乎此者;煎销习心,以去其害此者",自然也都是围绕着天理这个"大头脑"展开的。所以其弟子也谈自己的为学体会说:"初学之士,还须令静坐息思虑,渐教以立志,体认天理,煎销习心,及渐令事上磨练。冲尝历历以此接引人,多见其益。动静固宜合一用工,但静中为力较易。盖人资质不同,及其功用纯杂亦异,须是因才成就,随时点化,不可拘执一方也。然虽千方百计,总是引归天理上来,此则不可易。"②

周道通是对王阳明和湛甘泉两家同师共尊的弟子,他曾针对学界争论朱陆是非(实际上是因为王湛两家弟子在理论上争高低)的现象给王阳明写信,提出"不须枉费心力为朱、陆争是非;只依先生立志二字点化人,若其人果能辨得此志来,决意要知此学,已是大段明白了,朱、陆虽不辨,彼自能觉得"③。周道通的这一看法得到了王阳明的极高赞誉,所以他点评说:"此节议论得极是极是,愿道通遍以告于同志,各自且论自己是非,莫论朱、陆是非也"④。正是在这一背景下,周道通又向湛甘泉提议说:

---

① 湛若水:《新泉问辨录》,《湛甘泉先生文集》卷八,第 596 页,《四库全书存目丛书·集部》第 56 册。
② 黄宗羲:《明儒学案·甘泉学案》一,《黄宗羲全集》第八册,第 161 页。
③④ 王守仁:《启问周道通书》,《王阳明全集》,第 60 页。

衡(冲)问:"先生尝言,是非之心,人皆有之,此便是良知,亦便是天理……学者能常常体察乎此,依着自己是非之心,知得真切处,存养扩充将去,此便是致良知,亦便是随处体认天理也。然而外人多言先生不欲学者之言良知者,岂虑其体察未到,将误认于理欲之间,遂以为真知也耶?"

先生曰:"如此看得好,吾于《大学》小人闲居章测难,备言此意。小人至为不善,见君子即知掩不善,又知著其善,又知自愧怍,人视己如见肺肝。又如贼盗至为不道,使其乍见孺子将入井,即有怵惕恻隐之心,岂不是良知? 良知二字,自孟子发之,岂不欲学者言之? 但学者往往徒以为言,又言得别了,皆说心知是非皆良知,知得是便行到底,知得非便去到底,如此是致。恐师心自用,还须学问思辨笃行,乃为善致。"①

一般来说,应当说这确实是一段很精彩的阐发,但当湛甘泉最后一定要为致良知补充以"学问思辨笃行"时,就起到了不同的作用。如果说这主要是针对王门后学认知觉为良知的现象而发(当时阳明还健在,王门后学也没有走到这一步),但甘泉这里却是明确评论从孟子到阳明的;如果说这主要是针对王阳明,那就成为所谓致良知本身既不包括知识,也不包括笃行,而只是一种纯而又纯的知是知非之知了,所以也就必须以《中庸》与朱子所特意加以发挥的"学问思辨笃行"来补充。

当然,与阳明学之广泛传播相比,当时甘泉学派的影响稍弱一些,在湛甘泉的讲学中,就时有针对阳明学派而发的现象。嘉靖七年(1528),王阳明在完成征思田之命的归程中,曾有《答聂文蔚》一书,其中也曾谈到必有事焉与勿忘勿助的关系,王阳明认为不必空守着个勿忘勿助,而应当以必有事焉为主导。他写道:

近岁来山中讲学者往往多说"勿忘勿助"工夫甚难,问之则云"才

---

① 黄宗羲:《明儒学案·甘泉学案》,《黄宗羲全集》第八册,第168页。

著意便是助,才不著意便是忘,所以甚难。"区区因问之云:"忘是忘个甚么? 助是助个甚么?"其人默然无对。始请问。区区因与说我此间讲学,却只说个"必有事焉",不说"勿忘勿助"。必有事焉者,只是时时去集义。若时时去用必有事的工夫,而或有时间断,此便是忘了,即须勿忘。时时去用必有事的工夫,而或有时欲速求效,此便是助了,即须勿助。其工夫全在必有事焉上用,勿忘勿助只就其间提撕警觉而已。若是工夫原不间断,即不须更说勿忘;原不欲速求效,即不须更说勿助。此其工夫何等明白简易,何等洒脱自在! 今却不去必有事上用工,而乃悬空守着一个勿忘勿助,此正如烧锅煮饭,锅内不曾渍水下米,而乃专去添柴放火,不知毕竟煮出个甚么物来。①

按理说,这是阳明对孟子"必有事焉"之集义工夫的一段最好说明,但由于聂文蔚同时也向湛甘泉请教这一问题,所以湛甘泉也有如下答复:

勿忘勿助,元只是说一个敬字。先儒未尝发出所以不堕于忘则堕于助。忘、助皆非心之本体也,此是圣贤心学最精密处,不容一毫人力。故先师石翁又发出自然之说,至矣。圣人之所以为圣,亦不过自然如此。学者之学圣人,舍是何学乎? 来谕说忘助二字,乃分开看。区区会程子之意,只作一时一段看。盖勿忘勿助之间,只是中正处也。……学者下手,须要理会自然工夫,不须疑其为圣人熟后事,而姑为他求。盖圣学只此一个路头,更无别个路头,若寻别个路头,终枉了一生也。先儒多未说出此苦。②

两相比较,王阳明显然是一种主体道德实践的工夫;湛甘泉虽然认为"忘、助皆非心之本体",但他又将"勿忘勿助"直接归结为一个"敬"字,从而又以陈白沙所谓的"自然"与程子所谓的"中正"来加以说明。这一说明当然是正确的,但如果说"忘、助皆非心之本体",所谓"勿忘勿助"也就

① 王守仁:《答聂文蔚》二,《王阳明全集》,第82—83页。
② 湛若水:《答聂文蔚侍御》,《湛甘泉先生文集》卷七,第574页,《四库全书存目丛书·集部》第56册。

是对"心之本体"之理想状态的一种"极而言之"了,那么仅仅作为主体内在之"敬"能否直接达到"自然"与"中正"的境界呢? 显然,湛甘泉这里的所答实际上是一种囫囵说法。

由于这一问题对于心学工夫的重要性,湛甘泉与其门下弟子也在不断地讨论这一问题;在其师徒的讨论中,又充满了对阳明说法的不屑,这就更加明确地表现出了两家的分歧:

> 潘子嘉问:"程子曰:'勿忘勿助之间,乃是正当处。'正当处即天理也,故参前倚衡与所立卓尔,见此而已。或以为勿忘勿助之间乃虚见也,须见天地万物一体,而后为实见。审如是,则天地万物一体,与天理异矣。"

> 先生曰:"惟求必有事焉,而以勿助勿忘为虚,阳明近有此说,见于与聂文蔚侍御之书。而不知勿正勿忘勿助,乃所有事之工夫也。求方圆者必于规矩,舍规矩则无方圆。舍勿忘勿助,则无所有事,而天理灭矣。下文'无若宋人然,非徒无益,而又害之',可见也。不意此公聪明,未知此要妙,未见此光景,不能无遗憾,可惜! 可惜! 勿忘勿助之间,与物同体之理见矣,至虚至实,须自见得。"①

像这样的讨论,实际上已经没有多少积极的学理探讨意义了。当然,在认知甘泉心学之基本立场这一点上还是有一定意义的。比如说,王阳明为什么一定要强化"必有事焉"而淡化所谓"勿忘勿助"追求呢? 因为"必有事焉"正体现着主体道德实践的内在动力,有了这个内在动力,所谓勿忘勿助作为其工夫的具体指标才有其真实意义;如果没有"必有事焉"的主体基础及其动力,那么所谓一味地追求勿忘勿助也就诚如王阳明所嘲笑的那样:"此正如烧锅煮饭,锅内不曾渍水下米,而乃专去添柴放火,不知毕竟煮出个什么物来!"但在湛甘泉及其弟子看来,所谓勿忘勿助就是要追求以天理为标志的"正当处",也正是依据这个正当处,才有所谓参

---

① 湛若水:《新泉问辨录》,《湛甘泉先生文集》卷八,第 608 页,《四库全书存目丛书·集部》第 56 册。

前倚衡的标准；如果以勿忘勿助为虚见，自然无法调习此心，就只能落入情流私胜的境地了。至于湛甘泉所谓的"求方圆者必于规矩"一说，也正说明他是把勿忘勿助所标志的"正当处"作为一种外在标准——所谓天理自然处来追求的。如此一来，通过勿忘勿助所达到的"与物同体之理"究竟是道德伦理呢，还是自然物理呢？所以，王阳明所淡化处理的勿忘勿助，其实也可以说正是通过主体心性在"时时集义"之必有事焉基础上实践追求中的勿忘勿助；湛甘泉所谓的勿忘勿助则是作为人生参前倚衡追求之一种外在标准——所谓"正当处"的勿忘勿助。[①]

三、与阳明的格物之辩

这样，当王阳明与湛甘泉在不同的理论目标、不同的工夫指向的基础上集中于儒家的经典——《大学》时，他们也就必然会形成不同的入手，也就必然要引发一场争论。自然，这也就是他们的格物之辩。由于他们当时的争论主要集中在湛甘泉对王阳明格物说的批评上，这里也就必须从王阳明格物说的形成说起。

格物是《大学》所明确规定的入手工夫。自明初以来，朱子的《四书集注》成为官方意识形态，因而也同时成为科举考试的法定教科书了。陈白沙当时在《复张东白内翰》一书中所提到的"夫学有由积累而至者，有不由积累而至者；有可以言传者，有不可以言传者"，以及其在《道学传序》中所批评的"后之学者，记诵而已耳，词章而已耳。天之所以与我者，固懵然莫知也"，如果从对经典的继承与诠释的角度看，则无疑首先就有针对朱注《大学》之格物致知说的成分。陈白沙当时的主要侧重在于批评科举制，因而他既没有针对朱子学的主观自觉，也没有直接针对《大学》的格物致知说进行批评。但其所揭示的现象无疑就是当时社会上已

[①] 王阳明与湛甘泉在关于"勿忘勿助"一点上的分歧实际上是贯彻二人一生的一个重大分歧。关于这一问题的来龙去脉以及更为详细的考论，请参阅拙作：《"身心之学"的精准阐发——读冈田武彦〈王阳明大传〉》一文中的"心学进路之异——王阳明与湛甘泉"一节，载郭齐勇主编：《阳明学研究》第二辑，第160—163页，北京：中华书局，2016年版。

经普遍存在的问题，并且还有愈演愈烈之势，这就成为王阳明所不得不面对的问题了。

王阳明早年曾严格地按照朱子的格物致知说进行了一番"格竹子"的实践，结果非但没有格出天理，反而大病了一场；数年后，他又按照朱子的"读书之法"进行实践，结果却仍然发现"物理吾心终若判而为二也"①。直到又十年之后，当他为政遭陷而被置于生死之地的龙场时，"忽中夜大悟格物致知之旨……始知圣人之道，吾性自足，向之求理于事物者误也"②。这样一来，王阳明也就等于是以冲破生死的方式发现了一种新的为学方向。虽然这一新的为学方向被他后来以所谓"心即理也"的方式加以表达，但对于朱子的格物致知说，王阳明一直表现为一种"依违往返，且信且疑"③的态度；当他在南京时期受到朱学学者的围攻时，甚至不惜以编《朱子晚年定论》的方式来调和其与朱子之说的矛盾。最后直到其"致良知"提出后，才彻底公开了他与朱子在格物致知说上的分歧，并通过《大学》古本之复来表达其关于格物致知的新看法。关于这一过程，王阳明晚年曾有如下说明：

> 先生曰："先儒解格物为格天下物，天下之物如何格得？且谓一草一木亦皆有理，今如何去格？纵格得草木来，如何反来诚得自家意？我解格字作正字义，物作事字义，《大学》之所谓身，即耳目口鼻四肢是也……致知在实事上格。如意在于为善，便就这件事上去为；意在于去恶，便就这件事上去不为。去恶固是格不正以归于正，为善则不善正了，亦是格不正以归于正也。如此，则吾心良知无私欲蔽了，得以致其极，而意之所发，好善去恶，无有不诚矣！诚意工夫，实下手处在格物也。若如此格物，人人便做得，'人皆可以为尧、舜'，正在此也"。④

---

① 钱德洪：《王阳明年谱》，《王阳明全集》，第 1224 页。
② 同上书，第 1228 页。
③ 王守仁：《朱子晚年定论序》，《王阳明全集》，第 127 页。
④ 王守仁：《语录》三，《王阳明全集》，第 119—120 页。

> 及在夷中三年,颇见得此意思,乃知天下之物本无可格者。其格物之功,只在身心上做,决然以圣人为人人可到,便自有担当了。这里意思,却要说与诸公知道。①

这就是王阳明的格物说,其关键集中在三点上:其一,将格物的重心从一草一木的自然世界拉向了人伦世界,以纠正学界所普遍流行的词章记诵的风气;其二,将穷格事物之理的认识活动转变为一种为善去恶的道德实践活动,以解决所谓"知识愈广而人欲愈滋,才力愈多,而天理愈蔽"②的问题;其三,将格物之格由"穷也""至也"改变为"正其不正以归于正也",从而发挥其在道德实践方面临事正念头的作用。这三点实际上又集中在一点上,这就是以临事"正念头"的方式将格物由一种即物穷理的认识活动扭转为一种为善去恶的道德实践活动。

湛甘泉与王阳明的格物之辩就是在这一背景下展开的。

湛甘泉所坚持的格物说其实也就是程朱以来的传统说法,所以他的批评虽然共有九条,即所谓"九不可",但其直接批评阳明的格物说只有"四不可",论证程朱以来的传统说法则有所谓"五可"。这里主要分析其批评阳明格物说的四不可:

> 兄之格物之说,有不敢信者四:自古圣贤之学,皆以天理为头脑,以知行为工夫。兄之训格为正,训物为念头之发,则下文诚意之意,即念头之发也,正心之正,即格也;于文义不亦重复矣乎? 其不可一也。又于上文知止能得为无承,于古本下节以修身说格致为无取,其不可二也。兄之格物,训云正念头也,则念头之正否,亦未可据,如释、老之虚无,则曰应无所住而生其心,无诸相,无根尘,亦自以为正矣,杨、墨之时皆以为圣矣,岂自以为不正而安之? 以其无学问之功,而不知所谓正者,乃邪而不自知也。其所自谓圣,乃流于禽兽也……则吾兄之训,徒正念头,其不可者三也。论学之最始者,则

---

① 王守仁:《语录》三,《王阳明全集》,第120页。
② 王守仁:《语录》一,《王阳明全集》,第28页。

《说命》曰"学于古训乃有获";《周书》则曰"学古入官";舜命禹则曰
"惟精惟一";颜子述孔子之教,则曰"博文约礼";孔子告哀公则曰
"学问思辨笃行"。其归于知行并进,同条共贯者也。若如兄之说,
徒正念头,则孔子止曰"德之不修"可矣,而又曰"学之不讲",何耶?
止曰"默而识之"可矣,而又曰"学而不厌",何耶?又曰"信而好古敏
求"者何耶?子思止曰"尊德性"可矣,而又曰"道问学"者,何耶?所
讲所学,所好所求者,何耶?其不可者四也。①

在湛甘泉这"四不可"的批评中,其中一、二条都是围绕《大学》文本之上
下文展开的(甘泉与阳明都坚持以《大学》古本为据),此自然不足以批评
阳明,因为作为核心理念无疑可以普遍渗透与广泛展现;至于第三条"念
头之正否,亦未可据"一点,此固然是直接针对阳明良知说的内在性而言
的,同时也表现出甘泉对于良知说之内在性一点根本信不过,因而在他
看来,所谓"正念头"以及"念头之正否"就必须以天理作为根本保证。实
际上,阳明与甘泉格物说之最根本的分歧就在于这一点上。至于第四点
以古圣贤关于为学的相关论述来批评阳明,看起来似乎极有道理,实际
上也仍然站不住脚。原因在于,阳明的格物说主要在于体现一种致良知
基础上的道德实践精神,作为其根本精神的道德理性,原本就不是学习
知识所得,而是内在自足的;在根本精神确立的基础上,阳明也并不反对
学习,这就如同其对"子入太庙,每事问"②的诠释一样:"圣人无所不知,
只是知个天理;无所不能,只是能个天理……圣人须是本体明了,亦何缘
能尽知得?但不必知的,圣人自不消求知;其所当知的,圣人自能问
人。"③当然反过来看,当甘泉以"道问学"与"学问思辨笃行"来批评阳明
道德实践基础上的格物说时,恰恰表明他是把"道问学"与"尊德性"作为
并列的两翼来看待的,这原本就不符合《中庸》"尊德性以道问学"之递进

---

① 湛若水:《答阳明王督宪论格物》,《湛甘泉先生文集》卷七,第571—572页,《四库全书存目丛
书·集部》第56册。
②《论语·八佾》,吴哲楣主编:《十三经》,第1264页。
③ 王守仁:《语录》三,《王阳明全集》,第97页。

性拓展的原意,这样的看法说到底也只是以外向的道问学为基础的产物。

至于湛甘泉陈述自己格物说之"五可",其观点原本就是程朱理学的传统观点,因而这里也就没有再分析的必要。但是,甘泉对阳明批评他求之于外的回应则显得颇有特色,所以这里稍作分析:

> 仆之所以训格者,至其理也。至其理云者,体认天理也。体认天理云者,知行合内外言之也,天理无内外也。陈世杰书报吾兄,疑仆随处体认天理之说为求于外,若然,不几于义外之说乎? 求即无内外也。吾之所谓随处云者,随心随意随身随家随国随天下,盖随其所寂所感时耳,一耳。寂则廓然大公,感则物来顺应,所寂所感不同,而皆不离于吾心中正之本体。本体即实体也,天理也,至善也,物也,而谓求之外,可乎? 致知云者,盖知此实体也。天理也,至善也,物也,乃吾之良知良能也,不假外求也。但人为气习所蔽,故生而蒙,长而不学则愚。故学问思辨笃行诸训,所以破其愚,去其蔽,警发其良知良能者耳,非有加也,故无所用其丝毫人力也。如人之梦寐,人能唤之惺耳,非有外与之惺也。[①]

在这一段辩白中,湛甘泉认为他的"随处体认天理"之说是可以"随心随意随身随家随国随天下"的,因而并不是求之于外,而是随其"所寂所感"之时。由于"寂则廓然大公,感则物来顺应,所寂所感不同,而皆不离于吾心中正之本体",因而说随处体认之"求"并不是外在于人确实是可以成立的。但他又认为"人为习气所蔽,故生而蒙,长而不学则愚"。从人生的实际情况来看,这一说法当然也是正确的,但问题在于,对于人生的根本精神,能不能通过学习来解决,通过知识来唤醒、来求证呢? 至于甘泉所坚持的"学问思辨笃行诸训,所以破其愚,去其蔽,警发其良知良能者耳,非有加也……如人之梦寐,人能唤之惺耳,非有外与之惺也",这就

---

① 湛若水:《答阳明王督宪论格物》,《湛甘泉先生文集》卷七,第 572 页,《四库全书存目丛书·集部》第56 册。

更值得斟酌了。原因在于，究竟应当由良知来唤醒良知、由道德来唤醒道德为直接呢，还是应当由所谓古训、道问学以及学问思辨笃行来唤醒人的道德良知？所以说，正是在这一点上，不仅表现了甘泉对良知之内在性认识的不足，也表现出其对道德实践之入手还存在着一定的囫囵性的看法，以为学问思辨本身就可以唤醒良知，从而也就可以通过知识与学问积累的方式直接促使道德实践的发生。

不过，对于甘泉之学，阳明毕竟有过十多年交流切磋的经历，对于他们在格物说上的分歧，阳明虽然不愿争论，但也并不是没有看法。这里特意征引王阳明对湛甘泉以及其相互友人的书信来结束这一争论。当然，这里首先要从这一争论的缘起说起，直接促使湛甘泉发起格物之辩的也就是阳明的如下一段来信：

> "随处体认天理"是真实不诳语，鄙说初亦如是，及根究老兄命意发端处，却似有毫厘未协，然亦终当殊途同归也。修齐治平，总是格物，但欲如此节节分疏，亦觉说话太多。且语意务为简古，比之本文反更深晦，读者愈难寻求，此中不无亦有心病？莫若明白浅易其词，略指路径，使人自思得之，更觉意味深长也。高明以为何如？致知之说，鄙见恐不可易，亦望老兄更一致意，便间示知之。[①]

在此之前，当王阳明恢复《大学》古本时，湛甘泉、方叔贤也都是一致赞同的，并且也有回应之举；但王阳明却在《答方叔贤》一书中谈到了他对甘泉之学的看法，似乎并不赞成湛甘泉的一些说法。他写道：

> 《大学》旧本之复，功尤不小，幸甚幸甚！其论象山处，举孟子"放心"数条，而甘泉以为未足，复举"东西南北海有圣人出，此心此理同"，及"宇宙内事皆己分内事"数语。甘泉所举，诚得其大，然吾独爱西樵子(方叔贤号)之近而切也。见其大者，则其功不得不近而

[①] 王守仁：《答甘泉》，《王阳明全集》，第 181 页。

切,然非实加切近之功,则所谓大者,亦虚见而已耳。①

这说明,王阳明对湛甘泉的所谓博大气象以及其思辨化、抽象化的表达并不赞成,诸如前边所征引的"天地无内外,心亦无内外""心也者,包乎天地万物之外,而贯乎天地万物之中者也",以及这里所说明的"随处云者,随心随意随身随家随国随天下,盖随其所寂所感时耳",似乎也都存在着思辨化与人为博大化之嫌。在王阳明看来,这种思辨化与抽象化的博大气象如果缺乏"切近之功",难免就会沦落为一种"虚见"。对于湛甘泉这次长篇辩论格物的书信,王阳明虽然没有答辩,也不愿就此掀起争论,但他却立即在对其弟子的书信中提出了如下叮咛:

> "随处体认天理"之说,大约未尝不是,只要根究下落,即未免捕风捉影,纵令鞭辟向里,亦与圣门致良知之功尚隔一尘。若复失之毫厘,便有千里之谬矣。四方同志之至此者,但以此意提掇之,无不即有省发,只是著实能透彻者甚亦不易得也。②

这说明,王阳明对湛甘泉一意博大之思辨化追求实际上是看得很清楚的。湛甘泉可以在理论上无所不包、无所不贯,但他对于从主体性精神发端的致良知却始终认识不够,因而坚持必须以"学问思辨笃行诸训"来作为补充。补充当然是必要的,但如果缺乏主体与本体同一的基础,缺乏真正的主体精神,那么所谓补充性的唤醒究竟能唤醒到什么程度呢?大概也就与离开了"必有事焉"之主体追求精神的基础而只是一味陶醉于"勿忘勿助"的精神气象走向同一归宿。对于甘泉心学,阳明求之于外的批评并非毫无道理。虽然这种"外"并不是相对于人生而言的外,但对于道德实践的内在性及其良知之自本自根性而言,求之于认知、求之于学问而不是求之于主体的道德实践追求,就仍然难免会存在着外在之嫌;至于其所发起的格物之辩,实际上也就可以说是程朱理学进入心学

① 王守仁:《答方叔贤》,《王阳明全集》,第 175 页。
② 王守仁:《寄邹谦之》一,《王阳明全集》,第 201 页。

内部的表现。

问题在于,湛甘泉的心学无疑是得之于陈白沙的传授与耳提面命,王阳明的心学则主要得之于其一生的实践追求与自我摸索。这就提出了一个非常重要的问题:心学究竟应当是一种传授之学、知识之学还是一种自本自根、自我摸索的自得之学?

第五章　王守仁的心性之学

对于明代理学来说,其对朱子学的"变革与革命"只有到了王阳明心学才真正获得了革命性的发展。虽然从陈白沙开始,其"不由积累而至"而又"不可以言传"的"自得之学"本身就蕴涵着对朱子学进行革命的可能,但陈白沙一生的最大遗憾与全部愤懑主要集中在科举制上;对朱子学来说,陈白沙甚至还始终坚持着"吾道有宗主,千秋朱紫阳。说敬不离口,示我入德方。义利分两途,析之极毫芒。圣学信匪难,要在用心臧"①的态度;再从其对湛甘泉"随处体认天理"一说之所谓"着此一鞭,何患不到古人佳处也"②的评价来看,也说明陈白沙一生始终没有形成对朱子学进行革命的意识。到了阳明时代,所谓革命的对象也就由科举制而转向朱子学本身了。当然,这并不是说凡是心学家都是好事之徒,而是说,当朱子学成为一个时代圣贤之路的垄断者并且成为占统治地位的国家意识形态时,它也就必然会面临着被"革命"的命运;当然反过来看,对于一直对人之精神现象最为敏感、也最强调人之主体性的心学来说,以官民双方共同认可之国家意识形态身份出现的朱子学也就最容易成为其所

---

① 陈献章:《和杨龟山此日不再得韵》,《陈献章集》,第 279 页。
② 陈献章:《与湛民泽》十一,《陈献章集》,第 193 页。

革命的对象。当然,心学也并不必然就是一种革命性的思潮,但在政治体制与思想文化双重专制的重压下,心学也就不得不以所谓"革命"的方式来表达自己对人生世界的认知与基本看法;之所以会成为一种革命思潮,主要是由于朱子学对人的精神追求之路的专制与垄断造成的,虽然这已经无关于朱子本人了。所有这些与朱子学有关的是是非非,似乎都和阳明心学存在着分不开、割不断的联系。

王阳明(1472—1529),名守仁,字伯安,浙江余姚人,因早年常讲学于越城的阳明洞,并以阳明子自号,故世称阳明先生。王阳明出身于一个官宦之家,十岁时,其父王华曾以会试第一的成绩高中状元,以后则从翰林修撰一直官至南京吏部尚书,显然属于高官显宦之列。王阳明作为王华的长子,自幼豪迈不羁,始就塾师,即有"何为第一等事"之问,并由此树立了"读书学圣贤"①的理想。此后,虽然王阳明并不以科考为意,但仍然经历了三次会试才获得进士身份。进入官场后,王阳明起初也试图以其真诚恻怛之心为朝廷效力,但在为政遭陷,且经历了"廷杖""系狱"与"远谪"的一系列打击之后,就彻底放弃了在官场有所作为的心思,而一心谋求致仕归隐以投注于讲学事业。这样一种思想轨迹,也就是余英时先生所概括的,"阳明'致良知'之教和他所构想的'觉民行道'是绝对分不开的;这是他在绝望于'得君行道'之后所杀出的一条血路。'行道'而完全撇开君主与朝廷,转而单向地诉诸社会大众,这是两千年来儒者所未到之境"②。但这并不是说王阳明主观上放弃了朝廷政治,一当朝廷真正有用于他,王阳明也不惜以身家性命为代价来竭忠尽智。——其一生中三次大的军事行动:从平定赣南流民起义到平息宁藩之乱一直到最后抬着棺材出征而又病死于归程的征思田之行,不仅表现了其对明王朝的忠诚以及高超的军事才能,而且也为其父、祖、曾祖三代赢得了"新建伯"的封赠。但对王阳明来说,所有这一切,都不过是其心性之学的一种

---

① 钱德洪:《王阳明年谱》,《王阳明全集》,第 1221 页。
② 余英时:《宋明理学与政治文化》,第 195—196 页。

随缘发用——所谓一时之应迹而已。所以，其弟子回忆说："当时有称先师（王阳明）者曰：'古之名世，或以文章，或以政事，或以气节，或以勋烈，而公克兼之。独除却讲学一节，即全人矣。'先师笑曰：'某愿从事讲学一节，尽除却四者，亦无愧全人。'"①由此不仅可以看出他对其一生所讲之学的自信，而且其一生的精力也确实献给了儒家心性之学。②

一、为学路径

关于王阳明一生的为学路径，黄宗羲曾根据王阳明及其弟子的不同叙述而有如下一段概括性的总结：

> 先生之学，始泛滥于词章，继而遍读考亭之书，循序格物，顾物理吾心终判为二，无所得入。于是出入于佛、老者久之。及至居夷处困，动心忍性，因念圣人处此更有何道，忽悟格物致知之旨，圣人之道，吾性自足，不假外求。其学凡三变而始得其门。③

黄宗羲的这一概括，当然不能说没有道理，因为其根据就在于王阳明及其弟子不同场合的叙述和回忆。但黄宗羲的这一概括毕竟过分着眼于"变"了，似乎王阳明一生的格局就像一种宿命一样一直在牵引着他并通过不断地"变化"来实现。实际上，心性之学作为一种典型的主体性思潮（甚至连王阳明本人也并不能预定其一生就必然要走一条心学之路），它的每一步发展变化都是以主体性的实践摸索——所谓"自得"为前提的，所以，从其主体的角度看，重要的也许并不在于其"变"，而在于推动着他不得不变之心中的困惑，这也就是所谓问题意识在推动着他不得不如此

---

① 邹守益：《阳明先生文录序》，《王阳明全集》，第 1569 页。
② 据黄绾《阳明先生行状》记载，阳明的最后遗言为："他无所念，平生学问方才见得数分，未能与吾党共成之，为可恨耳！"《年谱》所记的最后遗言则是："此心光明，亦复何言？"由于《年谱》成于其众多弟子之手，黄绾虽然也算是阳明弟子，但他们是儿女亲家，且年岁较为接近，所以笔者以为《行状》所记最为可信；至于《年谱》中的"遗言"，反而有此地无银之嫌。——盖与当时朝廷打压阳明心学的政令有关，正是对这种打压政令的不满，才有其弟子之带有激反性的遗言。参见《王阳明全集》第 1428、1324 页，上海：上海古籍出版社，1992 年版。
③ 黄宗羲：《明儒学案·姚江学案》，《黄宗羲全集》，第七册，第 201 页。

抉择,从而也就不得不如此地改变。——这就不仅仅是一种外在的"变",而是推动着他不得不如此的"所以变"了。

从这个角度看,王阳明一生的学术走向的确与其家庭、生性以及时代思潮与社会背景之间存在着非常紧密的关联。因为其主体的资质、天性以及其在与当时的社会环境、时代思潮不断适应、磨合的过程中,既推动着其本人不断地抉择,同时也在不断地塑造着他的学术进路与思想格局。

如上所述,王阳明自幼豪迈不羁,他的这种生性使其父亲龙山公常怀忧虑,但又得到了其祖父的多方庇护。自然,这就养成了一种较强的主体性。比如其始就塾师,就与老师展开了如下一段对话:

> 尝问塾师曰:"何为第一等事?"
>
> 塾师曰:"惟读书登第耳。"
>
> 先生疑曰:"登第恐未为第一等事,或读书学圣贤耳。"
>
> 龙山公闻之笑曰:"汝欲做圣贤耶!"①

像这样的对话,人们固然可以说这个孩子自幼就很张狂,但如果考虑到其父亲就是以状元身份登第的,那么王阳明早年的这种张狂就成为其并不满足于父辈成就之自信心的表现了。在当时的时代氛围中,"读书学圣贤"也就代表着一种最高的人生追求,因而也才能真正算得上人生的"第一等事"。明白了这一点,自然可以理解王阳明在第二次下第后宽慰同舍的说法:"世以不得第为耻,吾以不得第动心为耻。"②如果我们注意到王阳明的家庭背景以及其自幼形成的"读书学圣贤"的理想,就知道这样的说法其实并不仅仅是一句自我安慰的张狂话。

那么,真正能够使其动心的因素又是什么呢? 这就是"读书学圣贤"。王阳明虽然可以不以科考得失为意,但他却不能不以"学圣贤"为意,因为在当时的时代氛围中,"读书学圣贤"也就代表着人生的最高追

---

① 钱德洪:《年谱》一,《王阳明全集》,第 1221 页。
② 钱德洪:《年谱》一,《王阳明全集》,第 1223—1224 页。

求;对王阳明来说,这一点也是贯注其一生并支撑其一生探索的精神支柱。请看《年谱》中的记载:

> 先生以诸夫人归,舟至广信,谒娄一斋谅,语宋儒格物之学,谓"圣人必可学而至",遂深契之。①

> 先生始侍龙山公于京师,遍求考亭遗书读之。一日思先儒谓"众物必有表里精粗,一草一木,皆涵至理",官署中多竹,即取竹格之;沉思其理不得,遂遇疾。先生自委圣贤有分,乃随世就辞章之学。②

> 先生自念辞章艺能不足以通至道,求师友于天下又不数遇,心持惶惑。一日读晦翁上宋光宗疏,有曰:"居敬持志,为读书之本,循序致精,为读书之法。"乃悔前日探讨虽博,而未尝循序以致精,宜无所得;又循其序,思得渐渍洽浃,然物理吾心终若判而为二也。沉郁既久,旧疾复作,益委圣贤有分。偶闻道士谈养生,遂有遗世入山之意。③

> 时瑾憾未已,自计得失荣辱节能超脱,惟生死一念尚觉未化,乃为石椁自誓曰:"吾惟俟命而已!"日夜端居澄默,以求静一……因念:"圣人处此,更有何道?"忽中夜大悟格物致知之旨……④

上述四段记载,就构成了王阳明青年时代的主要阅历。所谓"谒娄一斋谅"其实就发生在其迎娶诸夫人的中途;当时大儒娄谅的"语宋儒格物之学,谓'圣人必可学而至'"则可以说是其一生精神的初步奠基。所以下来就有"格竹子"的实践,其在遭遇失败后的"自委圣贤有分,乃随世就辞章之学"与数年后实践朱子"读书之法"失败后的"旧疾复作,益委圣贤有分",都说明圣贤之学其实已经成为其人生追求的主旋律。至于格物失败后的"乃随世就辞章之学"与实践"读书之法"失败后的

---

① ② 钱德洪:《年谱》一,《王阳明全集》,第1223页。
③ 钱德洪:《年谱》一,《王阳明全集》,第1224页。
④ 钱德洪:《年谱》一,《王阳明全集》,第1228页。

"益委圣贤有分"以及"偶闻道士谈养生,遂有遗世入山之意",又说明其早年所有的"陷溺"实际上都是在圣贤之路走不通的情况下出现的。从这一情况来看,所谓"读书学圣贤"显然已经成为其一生追求的精神支柱了,其所有的喜怒哀乐也都由此而展开,甚至,就是到了生死之地的龙场,为了超脱生死而不得不为"石椁自誓",王阳明也仍然在思考"圣人处此,更有何道"的问题。所有这些,都不是我们今天所谓的"迂腐"所能说明的,而只能以其对圣贤之学的真诚信仰与强烈希冀来说明。

但在当时,横亘于其圣贤追求前的一座无法翻越的高山就是朱子学。这不仅因为那个时代的学风就是所谓"此亦一述朱,彼亦一述朱"①,而且从朝廷到民间,从一般士子的言谈举止、立身行事一直到所谓立朝处节、圣贤追求,也都非朱子之规定莫属。在这种条件下,当王阳明按照朱子所说去"格竹子"以至于进行"读书之法"的实践而又不得不一再面临失败的打击时,其从"自委圣贤有分"到"益委圣贤有分"的感慨也就成为一种极为真实的自我感受了(因为对当时的阳明来说,他宁可怀疑自己的资质与方法,绝不敢怀疑朱子学的权威性);而从"随世就辞章之学"到"有遗世入山之意",也都是一种非常无奈、从而不得不退求其次的选择。② 除此之外,其"格竹子"的结果是"沉思其理不得";实践"读书之法"的结果则仍然是"物理吾心终若判而为二"。这说明,王阳明其实也像当年的陈白沙一样,是在实实在在地探索"吾此心与此理"的"凑泊吻合处"。这样一来,我们就可以清楚地看出,王阳明早年的各种陷溺,从辞章之溺到佛老之溺,实际上都是在圣贤之路走不通的条件下出现的;或者进一步说,也都是在朱子学对圣贤之路专断的条件下形成的。这样一来,王阳明也就像当年的陈白沙在面对科考的失败从而不得不走向讲学

---

① 黄宗羲:《明儒学案·姚江学案》,《黄宗羲全集》,第七册,第197页。
② 这两次格物的失败以及其不得不退求其次的选择都说明王阳明对朱子学确实如"神明蓍龟",而绝不是罗钦顺所说的"决与朱子异矣"。参见王阳明《答罗整庵少宰书》,《王阳明全集》,第78页;罗钦顺《与王阳明书》,《困知记》,第111页。

一样,必须在朱子学对圣贤之路专断的条件下探寻一条新的圣贤之路。

明白了这一背景,我们也就可以理解王阳明早年的各种探索。幸运的是,王阳明在28岁以"举南宫第二"的成绩科考中第,31岁"渐悟仙、释二氏之非",到33岁时,他就已经坚定地站在儒家的立场上主持山东乡试了。到了34岁,他不仅首倡身心之学,而且也开始设帐讲学了;其具体宗旨,就是针对"学者溺于词章记诵,不复知有身心之学。先生首倡言之,使人先立必为圣人之志。闻者渐觉兴起"[1]。这样看来,以"身心之学"来对治当时社会上普遍存在的词章记诵现象,可能也就成为王阳明在朱子学占统治地位的条件下所找到的第一个立足点,也可以说是他对当时朱子学的第一个补救与修正措施。

但在"此亦一述朱,彼亦一述朱"的背景下,人们却往往对其"身心之学"的号召以"立异好名"视之。在这种情况下,王阳明遇到了明代心学开创者陈白沙的弟子——时任翰林庶吉士的湛甘泉,两人"一见定交,共以倡明圣学为事"[2]。多年后,当湛甘泉出使安南封国大典时,王阳明还特意作了《别湛甘泉序》,其中回忆了他们的交往情况以及其共同的思想主张。他写道:

> 世之学者,章绘句琢以夸俗,诡心色取,相饰以伪,谓圣人之道劳苦无功,非复人之所可为,而徒取辨于言词之间;古之人有终身不能究者,今吾皆能言其略,自以为若是亦足矣,而圣人之学遂废。则今之所大患者,岂非记诵词章之习! 而弊之所从来,无亦言之太详、析之太精者之过欤![3]
>
> 某幼不问学,陷溺于邪僻者二十年,而始究心于老、释,赖天之灵,因有所觉,始乃沿周、程之说求之,而若有得焉。顾一二同志之外,莫予翼也,岌岌乎仆而后兴。晚得友于甘泉湛子,而后吾之志益坚,毅然若不可遏,则予之资于甘泉多矣。甘泉之学,务求自得者

---

[1][2] 钱德洪:《王阳明年谱》,《王阳明全书》,第1226页。
[3] 王守仁:《别湛甘泉序》,《王阳明全书》,第230—231页。

也。世未之能知其知者,且疑其为禅。诚禅也,吾犹未得而见,而况其所志卓尔若此,则如甘泉者,非圣人之徒欤!①

这说明,王阳明此时已经通过批评词章记诵现象找到了"身心之学"的立足点;其"先立必为圣人之志"的号召也说明他确实已经找到了圣贤之学的方向,或者说他是试图通过批判并防范词章记诵现象来追求圣贤之学的,这可能也就是其"实以之身心"的真正涵义。至于湛甘泉,由于出自陈白沙之门,其心学立场自然是不言而喻的。他们的"一见定交",也就等于在"身心之学"的方向上站在了一起。

当时,对这种词章记诵现象的防范与批评与对"身心之学"的倡导也就构成了王阳明圣贤追求的两面。从对词章记诵现象的批评来看,《传习录》上卷中就充满了对这种现象的分析,比如:

天下所以不治,只因文盛实衰,人出己见,新奇相高,以眩俗取誉。徒以乱天下之聪明,涂天下之耳目,使天下靡然争务修饰文词,以求知于世,而不复知有敦本尚实、返朴还淳之行;是皆著述者有以启之。②

后世不知作圣之本是纯乎天理,却专去知识才能上求圣人。以为圣人无所不知,无所不能,我须是将圣人许多知识才能逐一理会始得。故不务去天理上着工夫,徒弊精竭力,从册子上钻研,名物上考索,形迹上比拟,知识愈广而人欲愈滋,才力愈多,而天理愈蔽。③

王阳明的这些批评无疑是正确的,毕竟没有人能够否定他所批评的这些现象,也没有人能够否定他的这些批评的正确性。在当时,他的这些批评不仅有争取自身思想存在资格的意味,同时,他也试图通过这些批评以引导人们对如何会形成这种现象之深层原因进行反思。正是在这一意义上,王阳明的批判锋芒实际上已经指向朱子学了,比如"以求知于

---

① 王守仁:《别湛甘泉序》,《王阳明全书》,第 231 页。
② 王守仁:《语录》一,《王阳明全集》,第 8 页。
③ 王守仁:《语录》一,《王阳明全集》,第 28 页。

世""是皆著述者有以启之"以及"专去知识才能上求圣人"等等,实际上也都是针对朱子以格物穷理的知识追求来促进道德诚意的为学进路而发的。

至于其对"身心之学"的正面倡导,虽然王阳明一直没有对身心之学下一个精确的定义或作出明确的规定,但在他的语境中,所谓身心之学其实就是词章记诵现象的克星——所谓口耳之学的对立面,只要了解了口耳之学的毛病,也就必然会理解身心之学之"实以之身心"的具体内涵。15 年后,当罗钦顺与王阳明展开关于《朱子晚年定论》的激辩时,王阳明再次提到了身心之学,他写道:

> 夫道必体而后见,非已见道而后加体道之功也;道必学而后明,非外讲学而复有所谓明道之事也。然世之讲学者有二:有讲之以身心者;有讲之以口耳者。讲之以口耳,揣摸测度,求之影响者也;讲之以身心,行著习察,实有诸己者也,知此则知孔门之学矣。①

当然在这时,王阳明已经彻底公开了其与朱子学的分歧与矛盾,所以他也完全可以站在"孔门之学"的立场上迫使罗钦顺选择。这说明,其身心之学本来就是针对朱子学而提出的,但在当时,他却只能针对口耳之学的具体表现——所谓词章记诵现象展开批评,而不能直接针对朱子学进行批评。不过,王阳明这里所提出的"讲之以身心,行著习察,实有诸己者也",实际上也就是对身心之学的一种最好诠释;至于所谓"讲之以口耳,揣摸测度,求之影响者也"无疑是对词章记诵现象包括所谓"专去知识才能上求圣人"现象之一种最准确的批评。

所以说,当王阳明提出"身心之学"时,表明他对时弊的认识以及对治措施包括他所应当努力的方向,都已经基本明确了。如何克服、如何对治由朱子学之流衍所形成的词章记诵现象与口耳之学的种种毛病,也就成为其圣贤追求并重新确立圣贤之学的基本方向了。

---

① 王守仁:《答罗整庵少宰书》,《王阳明全集》,第 75 页。

二、心即理的提出

身心之学的提出,表明王阳明在朱子学的重压下找到了一个新的为学方向,这一方向并不是那种一意于气机生化并以探索宇宙天道为职志之所谓"造化之理"的方向,而是直接指向现实人生,并以道德实践与人生实现作为主要追求方向的。只有如此,才是真正的圣贤追求,所谓"行著习察,实有诸己者也",也就指其既可以落实于现实的人生,又可以从自己人生中的身心两面当下朗现出来而言。相对于陈白沙当年反思"吾此心与此理未有凑泊吻合处"的问题,那么身心之学无疑是一种更为切实、也更为具体的解决途径。但在当时,所谓身心之学还仅仅是一个人生道德实践的大方向,至于这一方向如何开启、其理论根底如何确立以及其具体入手究竟何在? 王阳明当时还是不甚了了的。

但这一不甚了了的问题不仅要由人生实践来落实,而且也要通过人生实践来彰显其具体内容。正德元年(1506),年轻的明武宗初政,太监刘瑾专权,南京科道戴铣以谏忤旨,遭到逮系诏狱的处分,王阳明出于人臣之宜,率先抗疏救铣。由于他在疏中要求明武宗"扩大公无我之仁,明改过不吝之勇"[1],又明确以"乞宥言官去权奸以彰圣德"为题,这不仅得罪了皇上,连权奸刘瑾也一并得罪了。当时的朝廷,已经成为所谓"阎王好见,小鬼难缠"的格局。所以,"疏入,亦下诏狱。已而廷杖四十,既绝复苏,寻谪贵州龙场驿驿丞"[2]。这就有了影响王阳明一生的居夷处困之行。

龙场在贵州西北万山丛中,是一个连语言都无法沟通的地方——"可通语者,皆中土亡命。旧无居,始教之范土架木以居"[3]。从这些情况来看,刘瑾就是希望王阳明不要活着走出此地。就在这个蛮荒之地,王

---

[1] 王守仁:《乞宥言官去权奸以彰圣德疏》,《王阳明全集》,第 292 页。
[2] 钱德洪:《年谱》一,《王阳明全集》,第 1227 页。
[3] 钱德洪:《年谱》一,《王阳明全集》,第 1228 页。

阳明也亲眼目睹了流放者一行三人一并死于路途的情形,所以他不仅带领童子安葬了那位死于非命的流放官员以及其子、仆两位随行,还专门作了一篇《瘗旅文》以纪念那位不知名姓的流放者①。但是,初到龙场时,其危险还不在于语言的不通,也不在于无屋居住,甚至也不在于地方官的欺凌,而首先在于权倾朝野的刘瑾根本不想放过他,并且很后悔没有在路上杀死他,还不时派人来侦窥动静。就在这种求告无门又无可逃避的生死危局中,王阳明就只能展开一种"吾惟俟命而已"式的探索:

> 时瑾憾未已,自计得失荣辱皆能超脱,惟生死一念尚觉未化,乃为石椁自誓曰:"吾惟俟命而已!"日夜端居澄默,以求静一;久之,胸中洒洒……因念:"圣人处此,更有何道?"忽中夜大悟格物致知之旨,寤寐中若有人语之者,不觉呼跃,从者皆惊。始知圣人之道,吾性自足,向之求理于事物者误也。②

这就是阳明的龙场大悟,也就是黄宗羲所谓"三变而始得其门"的为学入手。虽然阳明后来对这一大悟有许多阐发,甚至也包括所谓"吾'良知'二字,自龙场以后,便已不出此意,只是点此二字不出,与学者言,费却多少辞说"③。但从《年谱》的记载来看,这一大悟所明确的实际上只有两点:其一即所谓"圣人之道,吾性自足",从而也就明确地确立了其为学之主体性与内向性的方向;其二,则是以所谓"向之求理于事物者误也"的断言,明确否定了朱子格物致知之外向求理的路向。这就是说,一条从根本上与朱子外向的格物致知之路相背反的为学之路终于形成了。

关于这一大悟所以发生的具体因由,人们当然可以施之以各种各样的理论分析。但从这一大悟的具体发生而言,与其说这是一个理论探索的问题,不如说首先是一个人生实践中不得不如此抉择之水到渠成的问题。对王阳明来说,自其进入官场以来,从《陈言边务疏》到《乞宥言官去

---

① 参见王守仁:《瘗旅文》,《王阳明全集》,第 951—953 页。
② 钱德洪:《年谱》一,《王阳明全集》,第 1228 页。
③ 钱德洪:《刻文录叙说》,《王阳明全集》,第 1575 页。

权奸以章圣德疏》，哪一次上疏不是出于人臣之宜、天理之公，但回报他的却不是石沉大海就是所谓廷杖、系狱与远谪的裁处。所以，真正难能可贵的并不在于王阳明在"吾惟俟命"的关头"大悟格物致知之旨"这种豁然猛醒的认知，而在于他已经非常清楚地知道自己"吾惟俟命而已"却仍然在思索"圣人处此，更有何道"的问题，这就将圣贤之榜样的力量贯注到自己生命的最后一息了。所以，所谓"大悟"与其说是阳明的自悟，不如说是其在生命之最绝望的关头直接与圣贤对话所得到的一个结论——这既是发自圣贤的教诲与启迪，同时也是人生最后关头自我抉择的必然结论。因而，当他"大悟格物致知之旨"时，"寤寐中若有人语之者"；当他反省到"向之求理于事物者误也"时，马上就"以默记《五经》之言证之，莫不吻合，因著《五经臆说》"①。著《五经臆说》当然是事后所为，但从其呼跃警醒，马上就能"以默记《五经》之言证之"来看，也说明他是时时处处都在以自己的见解与圣贤的一贯教导相对照的，并以二者的统一与一致性来对比于朱子格物致知之成说。这种情形，诚如其后来在与罗钦顺的激辩中所言："盖不忍抵牾朱子者，其本心也；不得已而与之抵牾者，道固如是，不直则道不见也。"②

如果将这一大悟直接集中于格物致知问题，那么所谓为学方向包括具体认知方式的改变也就是其结论所在。所以直到晚年，王阳明还回忆说：

> 先儒解格物为格天下之物，天下之物如何格得？且谓一草一木亦皆有理，今如何去格？纵格得草木来，如何反来诚得自家意？③
>
> 及在夷中三年，颇见得此意思，乃知天下之物本无可格者。其格物之功，只在身心上做，决然以圣人为人人可到，便自有担当了。这里意思，却要说与诸公知道。④

---

① 钱德洪：《年谱》一，《王阳明全集》，第1228页。
② 王守仁：《答罗整庵少宰书》，《王阳明全集》，第78页。
③ 王守仁：《语录》三，《王阳明全集》，第119页。
④ 王守仁：《语录》三，《王阳明全集》，第120页。

在这两条关于格物致知说的回忆中，前一条主要在于说明朱子的格物致知之路所存在的问题，因为它不仅无关于诚意，而且通过格尽天下物的方式也始终无法解决主体是否诚意的问题。直到今天，我们也仍然可以说，缺乏相关的物理知识固然不能很好地贯彻诚意，但绝不能说只要有了相关的知识就必然会有主体之诚意的出现。因为诚意所关涉的道德心体以及其发心动念的问题本身就是超越于格物穷理之外向认知之上的；所谓的物理知识说到底也不过是道德诚意的一种实现条件而已，却绝不是道德诚意的先决条件，尤其不是道德诚意的主体性、实践性条件。后一条则在于说明如果真正效法圣贤，那就应当首先集中力量解决主体之道德诚意的问题，因为不仅"天下之物本无可格者"——有限的人生根本不可能格尽天下物，而且外向的格物致知也根本无法解决主体内在的诚意问题。因而其所谓"格物之功，只在身心上做，决然以圣人为人人可到，便自有担当"的说明，也表明他不仅原本就站在身心之学的立场，而且也回到了"人皆可以为尧舜"的立场上了，所有这些，首先就成为一个内向性的立志——所谓主体抉择的问题了。至于作为龙场大悟之标志性结论的"圣人之道，吾性自足"，其实也正是就主体之内在自足性、主宰性与自觉性而言的。

如果从为学方向之理论根据的角度来看阳明的这一大悟，那么这一悟最根本的一点就在于主体性原则的确立与"心即理"思想的提出。关于主体性原则之确立已见于其"圣人之道，吾性自足"一说，至于其具体表现，就主要体现在"心即理"思想的展现过程中。王阳明关于"心即理"思想的阐发主要见于其"与徐爱论学"。徐爱既是王阳明"及门莫有先之者"的大弟子，同时也是他的妹婿——在阳明赴龙场前，徐爱就已经执炙行弟子礼了，当阳明贬谪期满而回到越中老家时，就首先向徐爱阐发了其居夷处困之所见。这就有了"与徐爱论学"，也就有了对"心即理"思想的系统阐发。这一阐发主要是以对话的方式展开的：

爱问："至善只求诸心，恐于天下事理有不能尽。"

先生曰:"心即理也。天下又有心外之事,心外之理乎?"

爱曰:"如事父之孝,事君之忠,交友之信,治民之仁,其间有许多理在,恐亦不可不察。"

先生叹曰:"此说之蔽久矣,岂一语所能悟! 今姑就所问者言之:且如事父不成,去父上求个孝的理;事君不成,去君上求个忠的理;交友治民不成,去友上、民上求个信与仁的理:都只在此心。心即理也。此心无私欲之蔽,即是天理,不须外面添一分。以此纯乎天理之心,发之事父便是孝,发之事君便是忠,发之交友治民便是信与仁。只在此心去人欲、存天理上用功便是。"①

此心若无人欲,纯是天理,是个诚于孝亲的心,冬时自然思量父母的寒,便自要去求个温的道理;夏时自然思量父母的热,便自要去求个清的道理。这都是那诚孝的心发出来的条件。却是须有这诚孝的心,然后有这条件发出来。②

在这两段阐发中,作为一种主体实践性原则,主要就体现在"却是须有这诚孝的心,然后有这条件发出来"一说上。如果没有内在的"诚于孝亲"之心,那么即使有所谓"孝行",也必然会沦落为作伪与装样子。所以诚孝之心对于诚孝之理、诚孝之行来说都具有无条件的先在性;所谓诚孝之心的问题,说到底也就是一个人的主体性问题,是主体之发心动念的问题。那么所谓"心即理"究竟何指? 这就指"此心无私欲之蔽,即是天理,不须外面添一分。以此纯乎天理之心,发之事父便是孝,发之事君便是忠,发之交友治民便是信与仁";或者也可以说"此心若无人欲,纯是天理,是个诚于孝亲的心,冬时自然思量父母的寒,便自要去求个温的道理;夏时自然思量父母的热,便自要去求个清的道理"。在这里,诚孝之心对于诚孝之理与诚孝之行的先在性以及从诚孝之心到诚孝之行、诚孝之理的实现过程,既是其主体实践性原则的具体表现,同时也就是"心即

---

① 王守仁:《语录》一,《王阳明全集》,第2页。
② 王守仁:《语录》一,《王阳明全集》,第3页。

理"的展现与实现过程。

这样看来,王阳明的"心即理"说根本就不是一个指谓某种存在状况的实然判断或理论命题,也不能仅仅从事实判断或理论命题的角度加以把握。从根本上说,它就是儒家心性之学从其主体性原则出发以指向道德实践的绝对命令,当然也包括指谓道德实践所以发生的事实及其根据本身。

但在 20 世纪以来的学术研究中,人们却往往将王阳明(包括陆象山)的"心即理"诠释为一种指谓某种存在状况的理论命题,认为其最大的问题就是以主观之心"并吞"了客观的天地万物之理,所以这一命题连同王阳明所谓的"心外无物,心外无事,心外无理,心外无义,心外无善"①诸说也就全然成为所谓主观唯心主义及其"狂妄性"的具体表现了。实际上,这都是根本不明就里的说法,非但不能理解其"心即理"说的正面涵义,反而导致了一系列根本不着边际的联想与批判。从学术史的角度看,造成这一问题的直接根源就在于明儒罗钦顺,最终的根源则在于程朱理学。

为什么说这一问题的直接根源就在于罗钦顺呢? 这是因为,罗钦顺从其立基于宇宙生化的气学立场出发,根本无法理解陆王主体实践论意义下的"心即理"说,所以他就将陆王的"心即理"说仅仅看作是对禅宗理论命题的照搬。在经过一番认真的比较研究之后,罗钦顺又发现理学中存在着两种根本不同的说法,而这两种不同说法既是理学与心学相区别的标志,同时也就是儒与禅相区别的标志。其《困知记》一开篇就明确指出:

> 夫心者,人之神明;性者,人之生理。理之所在谓之心,心之所有谓之性,不可混而为一也……其或认心以为性,真所谓"差毫厘而谬千里"者矣。②

---

① 王守仁:《与王纯甫》,《王阳明全集》,第 156 页。
② 罗钦顺:《困知记》卷上,第 1 页。

为什么"认心以为性"就会"差毫厘而谬千里"呢？这是因为，在罗钦顺看来：

> 程子言"性即理也"，象山言"心即理也"。至当归一，精义无二，此是则彼非，彼是则此非，安可不明辨之！①

从罗钦顺的这一比较性研究来看，所谓"心即理"与"性即理"的差别实际上也就是理学与心学的根本差别，在他看来，由于心学的"心即理"说主要是搬弄禅宗的话头，这一区别同时也就成为儒与禅区别的标志了。在这里，罗钦顺显然是将"心即理"与"性即理"作为两种不同的存在论判断或理论命题来加以区别的，由于其对"性即理"本来就是从一种指谓实然存在状况的理论命题来理解的，所以他也只能沿着从指谓实然存在的角度来理解这两个命题。20世纪以来，人们之所以能够以所谓客观唯心主义与主观唯心主义来区别理学与心学，实际上都是从罗钦顺的这种存在论判断以及其作为理论命题之相互区别的角度出发的。

罗钦顺之所以能够将"心即理"与"性即理"视为两种不同的存在论判断，无疑又是从朱子学出发的；而朱子又是从其对二程思想的理解中总结出来的。比如朱子曾明确地说："伊川'性即理也'，横渠'心统性情'二句，颠扑不破！"②朱子之所以会得出这样的结论，又从根本上源于程颢的"吾学虽有所受，天理二字却是自家体贴出来"③一说④，正由于天理观念的这样一种提出方式，很快就成为理学各派所公认的道德本体，成为南宋朱陆哲学共同的出发点。但在大程那里，其天理本体主要是通过天道"降衷在人"的方式落实于人生的，所以他既可以说："天人本无二，不

---

① 罗钦顺：《困知记》续卷下，第37页。
② 黎靖德编：《朱子语类》卷五，第93页。
③ 程颢、程颐：《程氏外书》卷十二，《二程集》，第424页。
④ 如果就概念的提出而言，张载哲学中就有许多关于天理的说法，但张载的天理还只是就天道本体的具体表现而言，并不是直接指谓天道本体。程颢这里的"体贴"则是明确就天道本体而言的，这也是其能够成为南宋朱陆哲学之共同出发点的根本原因。

必言合。"①同时又可以说："只心便是天，尽之便知性，知性便知天，当处便认取，更不可外求。"②大程的这些说法，表明天人之间是一种纵向落实与立体贯通的关系。小程却主要是通过理与气、形上与形下的辨析以及其普遍性拓展，从而将天理在人以其在物的方式落实为一种共同的内在主宰之所谓律则性的关系。所以到了朱子，理气关系一方面成为宇宙生化过程中的两种最重要的基础；与之同时，这种基础作用又要通过人们的格物致知来认识，这就将天与人之间禀赋与实践落实性的关系扭转为一种通过格物穷理之认知性的问题了。在经过罗钦顺对理气关系的彻底颠倒之后，气也就成为天地万物生成演化的基础，理则演变为气机生化过程中的具体条理。这样一来，所谓"性即理"自然是以"生理"的方式来完成其对人生的落实，从而也就使其成为理与气的具体统一以及理之内在于气的存在论判断，进而完全成为一种认识论的问题；至于所谓"心即理"，也就同样只能停留于人之禀气赋形之自然明觉的基础上了。罗钦顺之所以能够将"性即理"与"心即理"视为理学与心学相区别的标志，进而视为儒与佛相区别的标准，关键也就在于他完全是从一种关于实然存在之判断与命题的角度来理解这两种不同说法的。这样一来，不仅"心即理"之道德实践方面的涵义遭到消解，而且也完全沦落为一种在禀气赋形基础上所形成的心之明觉及其认识作用了。

由此之后，"性即理"与"心即理"就成为一种指谓实然存在之两种不同的存在论判断了。在这一背景下，"心即理"除了表现主体之心的明觉作用包括所谓"狂妄"的"并吞"作用之外也就不会有其他含义了。实际上，这等于是将主体指向道德实践的绝对命令并揭示道德实践所以形成之发生学根据，完全当作气机生化过程中的一种关于客观物理的存在论判断来评判了。如此一来，主体通过实践追求所形成的道德境界也就变成了一种关于对象世界存在状态的一种理论判断了——所谓存在论命

---

① 程颢、程颐：《程氏遗书》卷六，《二程集》，第 81 页。
② 程颢、程颐：《程氏遗书》卷二，《二程集》，第 15 页。

题一说也就由此而成立,主体道德实践的问题也就变成了一种存在论基础上的对象认知问题了。

最后,让我们再来看以"心即理"为代表的龙场大悟所开辟的为学方向以及其所具有的意义。首先一点,王阳明的龙场大悟为什么一定要以"向之求理于事物者误也"来断然否定以往的外向求索呢?这就主要体现在"圣人之道,吾性自足"一点上;"圣人之道,吾性自足"的确切内涵又主要表现在其"心即理"所说的"此心无私欲之蔽,即是天理,不须外面添一分。以此纯乎天理之心,发之事父便是孝,发之事君便是忠,发之交友治民便是信与仁"一说中;或者说也就体现在"此心若无人欲,纯是天理,是个诚于孝亲的心,冬时自然思量父母的寒,便自要去求个温的道理;夏时自然思量父母的热,便自要去求个清的道理"上。当然也可以说,在否定了外向性的认知求索时,王阳明也就必然要反过来肯定人内在的道德自足性;甚至也可以说,正是对道德原则之内在自足性的发现,才会形成对外向认知性求索的断然否定。而这种对内在道德自足性的肯定,也就只能将其限定在道德是非与道德实践的领域了。

与之同时,当王阳明肯定了人对道德原则的内在自足性时,自然也就接上了孟子"人皆可以为尧舜"①的传统(虽然从现实人生来看,可能永远没有人能够达到尧舜的高度,但在孟子看来,这并不能否定"人皆可以为尧舜"的资格与基础),也就接上了陆象山的"发明本心"以及其一直被视为主观狂妄的诸多言论,比如:

> 汝耳自聪,目自明,事父自能孝,事兄自能弟,本无少缺,不必他求,在乎自立而已。②

> 存之者,存此心也,故曰"大人者,不失其赤子之心"。四端者,即此心也;天之所以与我者,即此心也。人皆有是心,心皆具是理,心即理也,故曰"理义之悦我心,犹刍豢之悦我口"。所贵乎学者,为

①《孟子·告子下》,吴哲楣编:《十三经》,第1413页。
②陆九渊:《语录》上,《陆九渊集》,第408页。

其欲穷此理,尽此心也。①

从孟子到陆象山对个体道德本心的这一肯定其实也就是对人的最大肯定,但这种肯定只能说是一种可能、资格与方向的肯定,绝不是所谓现实性的肯定。也正是对这种可能、资格与方向的肯定,才真正开辟了心性之学之主体性的方向。因为这种肯定既立足于"圣人与我同类"②的基础上,又是对人之超越追求及其达到圣贤境界之可能性的一种最大肯定,它实际上也就包含着一种主体与本体的同一原则。没有这一原则,没有对这一原则的明确肯认,儒家心性之学就根本无从成立。所以,也许正是对这一原则与基础的充分自觉,才有了王阳明的如下一段论述:

> 吾"良知"二字,自龙场以后,便已不出此意,只是点此二字不出,与学者言,费却多少辞说。今幸见出此意,一语之下,洞见全体,直是痛快,不觉手舞足蹈。③

这说明,以"心即理"为代表的龙场大悟,实际上已经确定了阳明一生的努力方向;至于其以后的发展,不过是这一方向的展开与深化而已。

三、致良知的形成

正因为龙场大悟充分肯定了人对道德原则的内在自足性,而"心即理"又明确确立了主体与本体的本质同一原则,因而人的圣贤追求实际也就集中于内向性与实践性一维了。对于道德实践与道德成就而言,如果承认"圣人之道,吾性自足",那么这一内向性的聚焦无疑有其必然性。但这一内向性的聚焦并不意味着人就可以当下自足(比如当下就可以以圣贤自居),而恰恰是以承认人之当下的不完美、不圆满为前提的;所谓内向集中、内向反省,首先也就意味着一种"求放心""发明本心"或者说是"自悟性体"的工夫。所以由此之后,阳明常常以内向反省式的静坐作

---

① 陆九渊:《与李宰》二,《陆九渊集》,第149页。
②《孟子·告子上》,吴哲楣编:《十三经》,第1409页。
③ 钱德洪:《刻文录叙说》,《王阳明全集》,第1575页。

为其为学的基本入手。请看龙场大悟以后王阳明的基本教法：

> ……及归过常德、辰州，见门人冀元亨、蒋信、刘观时辈俱能卓立，喜曰："谪居两年，无可与语者，归途乃幸得诸友！悔昔在贵阳举知行合一之教，纷纷异同，罔知所入。兹来乃与诸生静坐僧寺，使自悟性体，顾恍恍若有可即者。"既又途中寄书曰："前在寺中所云静坐事，非欲坐禅入定也。盖因吾辈平日为事物纷拏，未知为己，欲以此补小学收放心一段工夫耳。"①

> 客有道自滁游学之士多放言高论，亦有渐背师教者。先生曰："吾年来欲惩末俗之卑污，引接学者多就高明一路，以救时弊。今见学者渐有流入空虚，为脱落新奇之论，吾已悔之矣。故南畿论学，只教学者存天理，去人欲，为省察克治实功。"②

这两段基本上概括了阳明致良知提出以前的两种主要教法，或者也可以说就是从龙场一直到南京时期的主要教法。其前边从常德、辰州的"静坐僧寺"到滁州所谓鞭辟向里的"高明一路"，实际上都是龙场大悟的延伸或重演，其具体方式就是静坐反省、"求放心"，其指向则是"自悟性体"。但这一教法容易导致"流入空虚，为脱落新奇之论"的弊端。所以从南京开始，王阳明又转入了一种"存天理，去人欲"的"省察克治实功"。所谓"省察克治实功"，就是"静时念念去人欲、存天理，动时念念去人欲、存天理，不管宁静不宁静。若靠那宁静；不惟渐有喜静厌动之弊，中间许多病痛只是潜伏在，终不能绝去，遇事依旧滋长。以循理为主，何尝不宁静，以宁静为主，未必能循理"③。又说："教人为学，不可执一偏：初学时心猿意马，拴缚不定，其所思虑多是人欲一边，故且教之静坐、息思虑。久之，俟其心意稍定，只悬空静守如槁木死灰，亦无用，须教他省察克治。

---

① 钱德洪：《年谱》一，《王阳明全集》，第 1230—1231 页。
② 钱德洪：《年谱》一，《王阳明全集》，第 1237 页。
③ 王守仁：《语录》一，《王阳明全集》，第 13—14 页。

省察克治之功,则无时而可间……"①显然,这既是对滁州弊端的革除,也是一种新教法的萌发。这样,当王阳明由"静坐僧寺"以"自悟性体"的"高明一路"转向"存天理,去人欲"的"省察克治实功"时,也就表明其教法的一个明确转向;当他再由"存天理,去人欲"的"省察克治实功"转向"致良知"时,就代表着其教法的又一次转向。如果我们视"致良知"为王阳明思想的成熟与定形形态,那么从滁州到南京时期的转向也就是其思想成熟前的一次最重要的转向了。

这就涉及一个问题,在黄宗羲对王阳明教法三变的叙述中,他是以滁州前后所谓"高明一路"教法作为第一阶段的,而以江右的致良知为第二阶段,至于居越以后的所谓人生化境则被视为第三阶段。本来,对阳明教法的概括自然可以有不同的视角,各种不同的说法也可以并存,但问题在于,在黄宗羲的这一概括中,南京时期就完全被忽略掉了。实际上,在王阳明的一生中,南京时期不仅是其一生前期向后期的过渡时期,而且也是其思想上的一个重大转向时期;更重要的还在于,没有南京时期与朱子学学者的思想交锋,就不可能有致良知的思想,王阳明晚年也就不会出现如下检讨:"我在南都已前,尚有些子乡愿的意思在。我今信得这良知真是真非,信手行去,更不着些覆藏……"②这说明,南京时期确实是一个非常重要的时期,一定程度上正包含着其致良知思想所以形成的秘密。

从时间上看,王阳明到南京是 45 岁,很快就升任都察院左签都御史,巡抚南、赣、汀、漳等处。也就是说,南京以后,王阳明进入了仕途的快车道,不久就成为平定南赣流民起义的最高军事指挥了,并且也由此进入其一生中最为辉煌的时期。但如果从思想上看,南京时期正是王阳明与朱学学者的一个思想交锋时期;其南京教法之所以转变为"静时念念去人欲、存天理,动时念念去人欲、存天理"的"省察克治实功",也与南

---

① 王守仁:《语录》一,《王阳明全集》,第 16 页。
② 王守仁:《语录》三,《王阳明全集》,第 116 页。

京作为朱子学的大本营有关。这一点不仅可以证之于王阳明"留都时偶因饶舌,遂致多口,攻之者环四面"①的书信,而且也同样可以证之于其论敌的书信,比如罗钦顺在给王阳明的书信中就明确提到"往在南都,尝蒙诲益。第苦多病,怯于话言,未克倾吐所怀,以求归于一是"②云云,凡此都说明,南京时期确实是王阳明与朱子学学者的一个思想交锋时期,不仅对其教法有影响,对其以后致良知思想的形成也有着非常重要的影响。

南京以后,王阳明先是转战于赣南各地,继而又在江右平定了宁藩之乱,最后又卷入由太监张忠、许泰的恶意构陷所形成的政治斗争的旋涡。一当忠、泰之难告结,其致良知的思想也就自然而然地提出了,所以连王阳明自己都承认:"今经变后,始有良知之说。"③又说:"某于此良知之说,从百死千难中得来,不得已与人一口说尽。"④这就造成了一个假象,似乎致良知首先是王阳明政治斗争的结果,也是其在政治斗争中生存智慧的结晶。实际上,从南赣到江右,王阳明并不存在精神上的危机,因为南赣的军事活动,王阳明作为最高军事长官根本不存在性命之忧;宁藩之乱中虽然存在着身家性命之忧(比如朱宸濠藩乱一起始首先就要抓王阳明,而忠、泰之难中的政治构陷如果成立,那么阳明就会被诛灭九族⑤),但对儒者而言,这种境遇完全可以归之于外在的命运;至于忠、泰之变中的身家性命之忧虽然事关重大——使王阳明不得不徘徊于忠臣义士与反叛朝廷的夹缝中,但对于忠臣义士而言,也仍然可以归之于儒者所无可奈何的命。其实在这一过程中,王阳明真正的危机既不在于军事活动,也不在于政治斗争,而主要在于他与"朱学后劲"罗钦顺的思想交锋;正是这一思想交锋,才将王阳明推到了良知学的大门口。

---

① 王守仁:《与安之》,《王阳明全集》,第 173 页。
② 罗钦顺:《与王阳明书》,《困知记》附录,第 108 页。
③④ 钱德洪:《年谱》二,《王阳明全集》,第 1279 页。
⑤ 忠、泰之流的政治构陷是说王阳明"始同濠谋反,因见天兵俘临征讨,始擒濠以脱罪……"黄绾:《阳明先生行状》,《王阳明全集》,第 1422 页。

为什么要这样说？为什么要如此突出王阳明与朱子学在为学进路上的分歧？因为这不仅涉及王阳明致良知思想的形成问题，也关涉到阳明精神的现实合理性及其存在之根本依据问题。对王阳明来说，如果没有真正的精神危机，没有真正来自精神危机层面的敲打与叩问，其致良知说在信念、信仰层面的涵义就出不来，或者说也根本不可能形成。

让我们稍微拉开距离，从一个较大的跨度来分析这一问题。当王阳明以龙场大悟的形式宣布"圣人之道，吾性自足，向之求理于事物者误也"时，无疑是在朱子学的一统天下打开了一个缺口，由此之后，从常德、辰州以"自悟性体"为指向的"静坐僧寺"到滁州所谓的"高明一路"教法，实际上也都有与朱子学针锋相对的意味，因为所有这些教法都是从主体性入手的。但是为什么一到南京，其教法马上就改变为"静时念念去人欲、存天理，动时念念去人欲、存天理"的"省察克治实功"呢？当然，人们可以说这是因为有人对其滁州教法提出了明确的批评，那么这个批评者是谁呢？其批评又主要是从哪个角度发出的呢？如果不断地对问题进行这样的追问，那么最后也就不能不归结到南京的留都地位以及其作为朱子学之大本营这一点上来。所以，从这个角度看，南京时期的教法实际上正是王阳明自觉地向朱子学作出一定让步的表现（此即其后来所谓的"乡愿意思"，或者也可以说王阳明当时确实不愿意挑起其与朱子学的理论官司），即使如此，其南京时期的讲学仍然遭到了"环四面"的围攻。这一点其实正表现在他离开南京以后——王阳明一到南赣，不仅有《朱子晚年定论》之编，还有《大学》古本之复，并且还有作为其讲学记录之《传习录》上卷的刊刻。所有这些，都说明他已经开始明确地向朱子学进行反击了。也只有在这一意义上，我们才可以理解其所谓"我在南都前，尚有些子乡愿的意思在"的检讨。但是，就在王阳明为政、讲学双丰收，即刚刚平定了宁藩之乱，摆脱了忠、泰之难，却正好遇上了作为"朱学后劲"的罗钦顺，罗钦顺也明确申明他是在经过南京时期的当面交流，又拜读了王阳明的上述三书之后问题仍然"丛集而不可解"，因而不得不"仰烦开示"。这说明，不仅罗钦顺一直在关注着王阳明，而且与罗钦顺的思想交锋其实也就是王阳明精神上的一次大决战,当然同时也关涉到其思想之能否真正成立的问题。

其实罗钦顺的问题并不复杂,除了对王阳明编《朱子晚年定论》在文献选择时限上的批评外①,作为为学进路的分歧,主要也就集中在两点上,其一就是"是内非外";其二则是"决与朱子异"。但这两个问题的深刻性主要在于其相互内在的贯通与勾连,如果王阳明不能合理地说明其"决与朱子异"的问题,那么他也就只能进入罗钦顺早就设计好的"是内非外"之禅学的窠臼了;如果进入了禅学窠臼,那么王阳明最后也就只能回到其首倡身心之学时所遭遇的"立异好名"的批评上去了。借用文化传统中神仙鬼怪的话语,那么这也可以说是一种"打回原形"式的批评(起码罗钦顺是这样期待的)。因此,这两个问题真正关涉到王阳明哲学的精神依据及其存在的现实合理性问题,也真正关涉到其一生的探索究竟有没有价值的问题。请先看罗钦顺所开陈的理论划界标准:

> 溺于外而遗其内,俗学是已;局于内而遗其外,禅学是已。②
>
> ……如其以为未合,则是执事精明之见,决与朱子异矣。凡此三十余条者,不过姑取之以证成高论,而所谓"先得我心之所同然者",安知不有毫厘之不同者为崇于其间,以成抵牾之大隙哉!③

那么,王阳明又将如何面对罗钦顺早就设计好的这一精神决战呢?王阳明刚摆脱了忠、泰之流的政治构陷,就在以江西巡抚之命回南昌的船上,收到了罗钦顺的论学书札。这样,对阳明来说,从宁藩之乱、忠泰之难再到罗钦顺的理论问难,真可谓一波三折,且步步惊心,因为每一步都存在着满盘皆输的危险。王阳明将如何面对罗钦顺的理论问难呢?首先,关于罗钦顺的内外划界以及其"是内非外"的批评,王阳明有如下答复:

---

① 关于这一问题,在罗钦顺部分已经有所说明,这里不再重复。
② 罗钦顺:《与王阳明书》,《困知记》附录,第109页。
③ 罗钦顺:《与王阳明书》,《困知记》附录,第111页。

> 夫理无内外,性无内外,故学无内外;讲习讨论,未尝非内也;反
> 观内省,未尝遗外也。夫谓学必资于外求,是以己性为有外也,是义
> 外也,用智者也;谓反观内省为求之于内,是以己性为有内也,是有
> 我也,自私者也:是皆不知性之无内外也。①

关于王阳明的这一答辩,虽然其内外一体的说法并非毫无道理②,但难免
存在着一定的自我辩解之嫌。这主要是因为,王阳明固然"是内",并聚
焦于内,但并不"非外",即使其以"正念头"为特征的格物说也并不非外,
只不过更强调"内"的先在性与决定性而已。另一方面,"是内"本身也并
不就是禅,任何强调主体性的人生哲学也都必然会有一定程度的"是内"
倾向,但并不一定就是禅。只是当时的时代思潮一时还无法冲破这种误
解而已。

至于"决与朱子异"的问题,由于罗钦顺已经从实然存在之经验事实
到形上理念两个方面把王阳明的退路给彻底堵死了,就是说,他必须先
以围剿的方式迫使王阳明承认自己是"决与朱子异",然后才能将其推进
"是内非外"的禅学窠臼。所以,这反倒激起了王阳明的绝地反击:

> 夫学贵得之心。求之于心而非也,虽其言之出于孔子,不敢以
> 为是也,而况其未及孔子者乎!求之于心而是也,虽其言之出于庸
> 常,不敢以为非也,而况其出于孔子者乎!③

这一通答辩,如果说朱子学本身就是真理标准(所以在关于朱子书信
的选择上王阳明就不得不承认自己是"中间年岁早晚诚有所未考"),
王阳明也就只有彻底认输一条路了,但问题在于,这只是罗钦顺的标

---

① 王守仁:《答罗整庵少宰书》,《王阳明全集》,第76页。
② 因为心学的主体性与实践性使其不可能完全停留在主观内在的层面,但由主体性与实践性
　所形成的客观性却并不等同于气学之对象认知立场上的客观性;这样一种细微的区别也非
　常值得探究。当人们将心学直接等同于纯粹的主观性时,也就把气学之对象认知立场直接
　等同于科学认知的客观性了。实际上,这里既存在着一种双向的纠缠,也表现了一种双向的
　误解。
③ 王守仁:《答罗整庵少宰书》,《王阳明全集》,第76页。

准——罗钦顺不仅以朱子学为真理标准，而且还以所谓"决与朱子异"作为判定阳明错误的标准。这就激起了王阳明的反击：在王阳明看来，不要说与朱子异，就是孔子，也必须接受个体"求之于心"的检验。这就从根本上以"得之于心""求之于心"的方式把所有外在的标准给彻底推翻了。能够推翻这所有外在标准并且也能够给任何一个个体（庸常）提供内在支撑的是非准则，也就应当是一种人人本有且随时知是知非的精神。那么，这究竟是一种什么精神？作为个体内在本有之知，又是一种什么知呢？——致良知的提出，其实就是对这一问题的明确回答。

所以说，与罗钦顺的激辩，不仅是阳明学与朱子学的一场决战，而且也是其内在精神在生死攸关关头自证自明式的显现，这就将其"是内"精神推向了极致，也将其内在标准运用到了极致。所以当其致良知思想一经提出，马上就获得了"古今人人真面目"[1]的赞叹；对王阳明来说，正是所谓"近来益信得致良知三字，真圣门正法眼藏。往年尚疑未尽，今自多事以来，只此良知无不具足。譬之操舟得舵，平澜浅濑，无不如意，虽遇颠风逆浪，舵柄在手，可免没溺之患矣。"[2]

据实而论，良知说到底不过是一种内在的是非之心，所以说"良知只是个是非之心，是非只是个好恶，只好恶就尽了是非，只是非就尽了万事万变"[3]。这里的关键在于，这种是非之心既是人最内在的是非标准，又是人生世界最根本的精神支撑，而且还是人之日用伦常随时取舍应对的标准。请看王阳明对良知的论述：

> 这些子（良知）看得透彻，随他千言万语，是非诚伪，到前便明。合得的便是，合不得的便非。如佛家说心印相似，真是个试金石、指南针。[4]

---

① 钱德洪：《年谱》二，《王阳明全集》，第 1279 页。
② 钱德洪：《年谱》二，《王阳明全集》，第 1278—1279 页。
③ 王守仁：《语录》三，《王阳明全集》，第 111 页。
④ 王守仁：《语录》三，《王阳明全集》，第 93 页。

> 人若知这良知诀窍,随他多少邪思枉念,这里一觉,都自消融。真个是灵丹一粒,点铁成金。①

> 尔那一点良知,是尔自家底准则。尔意念着处,他是便知是,非便知非,更瞒他一些不得。尔只不要欺他,实实落落依着他做去,善便存,恶便去。②

这当然是就良知对人生日用及其道德实践的作用而言,至于良知对人生的根本作用,一方面表现为遍在于一切个体,同时又是"随你如何不能泯灭"的是非准则,不仅如此,良知还具有"一提便省觉"的作用。比如:

> 是非之心,不虑而知,不学而能,所谓良知也。良知之在人心,无间于圣愚,天下古今之所同也。③

> 缘此两字,人人所自有,故虽至愚下品,一提便省觉。若致其极,虽圣人天地不能无憾,故说此两字穷劫不能尽。④

> 君子之酬酢万变,当行则行,当止则止,当生则生,当死则死,斟酌调停,无非是致其良知,以求自慊而已。⑤

凡此,当然都涉及良知对人生的根本作用。但良知之所以能有如此作用,关键又在于良知就是人的至善之性直接发用于是非知觉的表现,所以其根本依据也就是人的至善之性;其具体表现,也就是随时知是知非的是非知觉。正因为良知的这一特点,所以王阳明说:"性无不善,故知无不良,良知即是未发之中,即是廓然大公,寂然不动之本体,人人之所同具者也……体即良知之体,用即良知之用,宁复有超然于体用之外者乎?"⑥这样一来,如果借用佛教的话说,那么良知也就可以说是囊括人生的一切正智与正行。

---

① 王守仁:《语录》三,《王阳明全集》,第 93 页。
② 王守仁:《语录》三,《王阳明全集》,第 92 页。
③ 王守仁:《答聂文蔚》,《王阳明全集》,第 79 页。
④ 王守仁:《寄邹谦之》三,《王阳明全集》,第 204 页。
⑤ 王守仁:《答欧阳崇一》,《王阳明全集》,第 73 页。
⑥ 王守仁:《答陆原静书》,《王阳明全集》,第 62—63 页。

但所有这些说法,首先就源于阳明学与朱子学的对峙,尤其源于王阳明与罗钦顺的激辩。这一激辩不仅将王阳明逼到了不得不与朱子学对决的地步,而且罗钦顺也是利用朱子学的权威从而将王阳明的主体精神逼到了一种必须自我否定的悬崖上。正是这一激辩,才逼出了王阳明不以孔子之是非为是非的精神,逼出了其凡事"求之于心"、求之于内在主体精神的抉择,这就是所谓内在的是非准则——良知的显现了。

从王阳明的思想发展来看,整个这一过程,作为一种时空因缘,应当说它就主要奠基于南京时期。但由于王龙溪为了突出浙中学派,也为了突出自己心学嫡传的地位,故意对阳明的居越时期一味拔高(当然,居越时期作为阳明一生思想探讨的总结是无可置疑的);黄宗羲不明就里,也一味照搬,所以对王阳明的思想发展而言,不仅漏掉了南京这一极为重要的时期,而且也将致良知思想简单地归之于王阳明在宁藩之乱中所遭遇的政治构陷经历,从而完全忽略了精神依据对于思想发展的推动作用。为了证明南京时期对阳明思想发展的推动作用,这里再以阳明对自己一生教法的总结来反证:

> 吾昔居滁时,见诸生多务知解,口耳异同,无益于得,姑教之静坐。一时窥见光景,颇收近效。久之,渐有喜静厌动,流入枯槁之病。或务为玄解妙觉,动人听闻。故迩来只说致良知。良知明白,随你去静处体悟也好,随你去事上磨练也好,良知本体原是无动无静的。此便是学问头脑。我这个话头自滁州到今,亦较过几番,只是致良知三字无病。[1]

这一段是由钱德洪之问而引发的王阳明对其一生教法的总结,钱德洪是王阳明居越时期所收弟子,因而这一总结也无疑发自晚年。所谓滁州教法实际上就是其南京以前教法的总称(因为阳明一生"从游之众自滁始"),所以"教之静坐",也主要是针对学界"多务知解,口耳异同"的现象

---

[1] 王守仁:《语录》三,《王阳明全集》,第104—105页。

而发的。但如果其教法就是黄宗羲所概括的从滁州直接过渡到江右,那么其晚年致良知的教法何以能够涵括"静处体悟"与"事上磨练"两路呢?实际上,这里的"事上磨练"就来自南京时期的"静时念念去人欲、存天理,动时念念去人欲、存天理,不管宁静不宁静",而且其对"喜静厌动之弊"的发现与反省也是在南京时期,因而所谓"以循理为主"以贯通动静的教法实际上仍然形成于南京时期。之所以要发掘南京时期的作用,关键在于南京时期不仅是王阳明与朱子学的思想交锋时期,也是其良知学从蕴涵、发轫一直到江右的爆发与呈现时期。不了解南京时期王阳明与朱子学的思想交锋,也就无法理解其致良知思想的真正形成;没有南京时期教法的积淀,也就不会形成其晚年贯通"静处体悟"与"事上磨练"的致良知教。

四、知行合一的工夫路径

"知行合一"是王阳明哲学中一个最基本的工夫论命题,也是其哲学中最难以理解的命题。这个"难"不仅表现在现代研究中,而且也表现在王阳明的弟子包括其世交老友当时的理解与接受中,甚至,就是王阳明本人,也时时为其知行合一说的内在理路与人们的接受和理解现状所困扰。请看如下两条:

> ……及归过常德、辰州,见门人冀元亨、蒋信、刘观时辈俱能卓立,喜曰:"谪居两年,无可与语者,归途乃幸得诸友!悔昔在贵阳举知行合一之教,纷纷异同,罔知所入。"[1]
>
> 吾始居龙场,乡民言语不通,所可与言者乃中土亡命之流耳;与之言知行之说,莫不忻忻有入。久之,并夷人亦翕然相向。及出与士夫言,则纷纷同异,反多扞格不入。何也? 意见先入也。[2]

从这两条来看,知行合一在被接受和理解的过程中确实遇到了较大的困

---

[1] 钱德洪:《年谱》一,《王阳明全集》,第 1230—1231 页。
[2] 钱德洪:《刻文录叙说》,《王阳明全集》,第 1574—1575 页。

难,因为从在贵州龙场与席元山"始论知行合一"到"归过常德、辰州……悔昔在贵阳举知行合一之教",起码说明王阳明在主持贵阳书院时确曾以知行合一为教。当时,王阳明是将这种"扞格不入"的现象归结为"意见先入"的,从一定程度上说,这一归结也是有道理的。但这个"意见"却并不就是成见式的"意见",恰恰是不同视角、不同认知方式所无法避免的"意见"。

在王阳明的一生中,关于"知行合一"一共有过四次大的论证。这四次论证,与其说是一个思想之不断深化深入的过程,不如说主要是通过不断地调整表达、变换说法以促使人们更好地理解、接受其知行合一说的过程。虽然如此,我们仍然可以沿着王阳明的表达顺序来展开其知行合一说,并在展开的过程中逐步揭示其独特的认知视角与认知方式。

王阳明的首论知行合一还在龙场,当时贵阳的提督学政席元山曾与他展开过一通关于朱陆异同的讨论,并由此涉及知行合一问题,这一讨论也就成为王阳明的"始论知行合一"。《年谱》载:

> 始席元山书提督学政,问朱陆同异之辨。先生不语朱陆之学,而告之以其所悟。书怀疑而去。明日复来,举知行本体证之《五经》诸子,渐有省。往复数四,豁然大悟,谓"圣人之学复睹于今日;朱陆异同,各有得失,无事辩诘,求之吾性本自明也。"遂与毛宪副修葺书院,身率贵阳诸生,以所事师礼事之。[1]

在这一讨论中,席元山的问题就是"朱陆同异之辨",王阳明则"不语朱陆之学,而告之以其所悟"。至于其所悟的内容,当然也就是"圣人之道,吾性自足,向之求理于事物者误也"。如果从与这一问题的关联来看,那么其答案似乎也就应当是席元山后面的感慨:"朱陆异同,各有得失,无事辩诘,求之吾性本自明也。"但问题在于,这里从第一次的"告之以其所悟"到后边又"举知行本体证之《五经》诸子,渐有省",似乎涉及一连串的

---

① 钱德洪:《年谱》一,《王阳明全集》,第 1229 页。

问题,其相互关系似乎也都是不太清楚的。

两年后,王阳明贬谪期满,在与徐爱"同舟归越"的过程中,他再次谈到了"知行合一"。正像对"心即理"的阐发一样,他们也同样是以讨论的方式展开的:

> 爱曰:"如今人尽有知得父当孝、兄当弟者,却不能孝、不能弟,便是知与行分明是两件。"

> 先生曰:"此已被私欲隔断,不是知行的本体了。未有知而不行者。知而不行,只是未知。圣贤教人知行,正是要复那本体,不是着你只恁的便罢。故《大学》指个真知行与人看,说'如好好色,如恶恶臭'。见好色属知,好好色属行。只见那好色时已自好了,不是见了后又立个心去好。闻恶臭属知,恶恶臭属行。只闻那恶臭时已自恶了,不是闻了后别立个心去恶……就如称某人知孝、某人知弟,必是其人已曾行孝行弟,方可称他知孝知弟,不成只是晓得说些孝弟的话,便可称为知孝弟。又如知痛,必已自痛了方知痛;知寒,必已自寒了;知饥,必已自饥:知行如何分得开? 此便是知行的本体,不曾有私意隔断的。圣人教人,必要是如此,方可谓之知。不然,只是不曾知。"[①]

在这一段讨论中,徐爱所提出的"知与行分明是两件"最能代表现代人的一般看法,王阳明却以《大学》的"好好色"与"恶恶臭"为例提出了明确的反驳,认为"只见那好色时已自好了,不是见了后又立个心去好""只闻那恶臭时已自恶了,不是闻了后别立个心去恶",这就是说,"见好色"与"好好色"、"闻恶臭"与"恶恶臭"必然是一时并到的关系。这就是其知行合一说最基本的指谓。除此之外,王阳明这里也澄清了所谓"知行本体"的问题,认为"知行本体"就是"真知行",也就是"知行如何分得开"的本然一体关系,所以,那种所谓"知得父当孝、兄当弟者,却不能孝、不能弟"的

---

① 王守仁:《语录》一,《王阳明全集》,第3—4页。

现象,也就被王阳明明确视为"此已被私欲隔断,不是知行的本体了"。这说明,其所谓"真知行"包括"知行本体"都是指知与行不可分割的一时并到关系。

但在这一讨论中,王阳明又提出了一个在现代人看来似乎有双重标准之嫌的问题,这就是所谓两种不同的知行合一说。比如:

> 爱曰:"古人说知行做两个,亦是要人见个分晓,一行做知的工夫,一行做行的工夫,即工夫始有下落。"

> 先生曰:"此却失了古人宗旨也。某尝说知是行的主意,行是知的工夫;知是行之始,行是知之成。若会得时,只说一个知已,自有行在,只说一个行,已自有知在……今人却就将知行分作两件去做,以为必先知了然后能行,我如今且去讲习讨论做知的工夫,待知得真了方去做行的工夫,故遂终身不行,亦遂终身不知。"①

在这里,所谓"只说一个知,已自有行在,只说一个行,已自有知在"自然代表着知与行的一时并到性,也可以称之为"真知行",如果说这就是王阳明对其知行合一说的一种较为严格的表达,那么其所谓"知是行之始,行是知之成"这样的说法似乎又包含着所谓"始"与"成"之间的"时间差",因而也可以说是其关于知行合一说的另一种表达,或者说起码是一种不太严格的表达。

王阳明的三论知行合一主要表现在其晚年的《答顾东桥书》中。顾东桥作为其早年的词章之友曾对其知行合一说提出了较为严厉的批评,王阳明不得不有所答辩。在这一答辩性的讨论中,较有特色的仍然是顾东桥对王阳明知行合一的理解与王阳明对其知行合一的说明:

> 来书云"所喻知行并进,不宜分别前后,即《中庸》尊德性而道问学之功交养互发、内外本末一以贯之之道。然工夫次第不能无先后之差,如知食乃食,知汤乃饮,知衣乃衣,知路乃行,未有不见是物,

---

① 王守仁:《语录》一,《王阳明全集》,第4—5页。

先有是事。此亦毫厘倏忽之间,非谓有等今日知之而明日乃行也。"

既云"交养互发、内外本末一以贯之",则知行并进之说无复可疑矣。又云"工夫次第不能无先后之差",无乃自相矛盾已乎?"知食乃食"等说,此尤明白易见,但吾子为近闻障蔽,自不察耳。夫人必有欲食之心然后知食:欲食之心即是意,即是行之始矣。食味之美恶必待入口而后知,岂有不待入口而已先知食味之美恶者邪?必有欲行之心然后知路:欲行之心即是意,即是行之始矣。路岐之险夷必待身亲履历而后知,岂有不待身亲履历而已先知路岐之险夷者邪?"知汤乃饮","知衣乃服",以此例之,皆无可疑。若如吾子之喻,是乃所谓不见是物而先有是事者矣……

知之真切笃实处,即是行;行之明觉精察处,即是知,知行工夫本不可离。只为后世学者分作两截用功,失却知行本体,故有合一并进之说。①

在这一段讨论中,顾东桥的理解同样代表着一般人最容易接受的观点,即既要承认必须"知行并进,不宜分别前后",是即所谓知与行的前后一致性,同时又认为"工夫次第不能无先后之差"以及"未有不见是物,先有是事"等等,这实际上也就等于是王阳明所概括的"后世学者分作两截用功,失却知行本体"。但王阳明这里的答辩似乎表现出了过多的针锋相对的性质,即凡是顾东桥强调"知先"的地方,王阳明都一定要揭示"行先",这就存在着一定的强辩之嫌了(其实从王阳明的整体理路来看,这一表达并非没有道理,详后)。不过,其最有价值的一点就在于强调了知与行的相互渗透性质,即所谓"知之真切笃实处,即是行;行之明觉精察处,即是知",即知中必然包含着行,行中也必然包含着知,这就为其下一阶段的论述提供了基础。

王阳明最后一次论知行合一是回答其"世交老友"之问,其讨论如下:

---

① 王守仁:《答顾东桥书》,《王阳明全集》,第41—42页。

问:"自来先儒皆以学问思辩属知,而以笃行属行,分明是两截事。今先生独谓知行合一,不能无疑。"

曰:"此事吾已言之屡屡。凡谓之行者,只是著实去做这件事。若著实做学问思辩的工夫,则学问思辩亦是行矣。学是学做这件事,问是问做这件事,思辩是思辩做这件事,则行亦便是学问思辩矣。若谓学问思辩之,然后去行,却如何悬空先去学问思辩得? 行时又如何去得做学问思辩的事? 行之明觉精察处,便是知;知之真切笃实处,便是行。若行而不能精察明觉,便是冥行,便是'学而不思则罔',所以必须说个知;知而不能真切笃实,便是妄想,便是'思而不学则殆',所以必须说个行;元来只是一个工夫。凡古人说知行,皆是就一个工夫上补偏救弊说,不似今人截然分作两件事做。"①

知行原是两个字说一个工夫,这一个工夫须著此两个字,方说得完全无弊病。②

在这一段问答中,王阳明除了坚持"行之明觉精察处,便是知;知之真切笃实处,便是行"这种知与行的一时并到性外,重要的还在于揭示了知与行"元来只是一个工夫",而"这一个工夫须著此两个字,方说得完全无弊病"。这就要求必须将知行合一提到"一个工夫"的角度来理解,其原因则主要在于"若行而不能精察明觉,便是冥行,便是'学而不思则罔',所以必须说个知;知而不能真切笃实,便是妄想,便是'思而不学则殆',所以必须说个行"③。

在这里,如果我们总结王阳明一生对知行合一这四次大的论述,那么从徐爱"知与行分明是两件"以及"一行做知的工夫,一行做行的工夫"到顾东桥"工夫次第不能无先后之差"以及其世交老友"以学问思辩属知,而以笃行属行"来看,时人实际上都是从知行为二之主客观的角度来

---

① 王守仁:《答友人问》,《王阳明全集》,第 208 页。
② 王守仁:《答友人问》,《王阳明全集》,第 209 页。
③ 王守仁:《答友人问》,《王阳明全集》,第 208 页。

理解王阳明的知行合一说的，所以他们总是要从知与行的前后一致性上来说明王阳明的知行合一说；从当时的士大夫到现代的研究者，也都是将知与行作为两个工夫或前后相继的两件事来看的。这样一来，所谓两个工夫与一个工夫的歧义性，就成为王阳明与当时一般士大夫的基本分歧了，这一点也是其知行合一说在为人接受方面所面临的主要困扰。

实际上，要理解王阳明"知行合一"的基本含义，首先必须理解其"知行合一"所以提出的思想文化背景，而不能在知与行究竟如何才能"合一"上钻牛角尖。必须首先理解王阳明对当时思想文化界包括所谓官场的感受，进而理解其"身心之学"的基本指谓。王阳明刚中进士，就向孝宗皇帝上《陈言边务疏》，其中写道：

> 今之大患，在于为大臣者外托慎重老成之名，而内为固禄希宠之计；为左右者内挟交蟠蔽壅之资，而外肆招权纳贿之恶。习以成俗，互相为奸。①

这里所揭示的现象，显然就是一种表里不一、内外背反的现象，与这种现象相同步的，则又是文人士大夫之间所普遍流行的词章记诵现象。所以，在《传习录》中，王阳明又有对词章记诵现象的如下批评：

> 天下所以不治，只因文盛实衰，人出己见，新奇相高，以眩俗取誉，徒以乱天下之聪明，涂天下之耳目，使天下靡然争务修饰文辞，以求知于世，而不复知有敦本尚实，返朴还淳之行：是皆著述者有以启之。②

所有这些现象，就构成了其知行合一说提出的思想背景，所以当王阳明刚刚开始设帐讲学，他所提出的第一个为学主张居然就是身心之学。所谓身心之学，其实也首先是针对这种表里不一、内外背反的现象而发的。《年谱》记载：

---

① 王守仁：《陈言边务疏》，《王阳明全集》，第 285 页。
② 王守仁：《语录》一，《王阳明全集》，第 8 页。

　　　　学者溺于词章记诵,不复知有身心之学。先生首倡言之,使人
　　先立必为圣人之志。闻者渐觉兴起,有愿执贽及门者。至是专志授
　　徒讲学。①

很明显,作为阳明一生中的第一个为学主张,这里除了"身心之学"的规
定外,似乎并没有更明确的思想内容,但其身心之学本身无疑就是针对
当时学界所普遍流行的"词章记诵"现象而发的。从这个意义上看,所谓
身心之学也就应当是一种身心一致、表里如一的道德实践之学。但王阳
明为什么一定要将道德实践之学称为身心之学呢? 其身心之学的具体
内涵又是什么呢? 王阳明当时并没有作出明确的规定。

　　十五年后,当他平定了宁藩之乱,又因为《朱子晚年定论》之编遭到
罗钦顺的尖锐批评时,王阳明再次提到了身心之学,并明确地规定说:

　　　　世之讲学者有二:有讲之以身心者;有讲之以口耳者。讲之以
　　口耳,揣摸测度,求之影响者也;讲之以身心,形著习察,实有诸己者
　　也,知此则知孔门之学矣。②

在这里,"身心之学"既与"口耳之学"对立,又有着"形著习察"的规定,同
时还具有孔门"实有诸己"的特征,因而这个"身心之学"也就是最值得辨
析的。简而言之,这里所谓"身心之学"也就可以说是"身与心""内与外"
一齐并到的表里如一之学,这一点其实正对应着其批评官场之所谓"外
托"与"内为"现象,对应着思想文化界的"口耳之学"以及由此所形成的
"词章记诵"现象。"身心之学"同时还具有"形著"与"习察"的双向规定,
所谓"形著"自然就是一种外在发用或外在落实的指向,而所谓的"习察"
则应当就是一种内在自觉与内在省察的指向。这样一来,所谓"身心之
学"其实也就可以说是人的"身与心""内与外"两面指向相反而又完全一
致的学说。

---

① 钱德洪:《年谱》一,《王阳明全集》,第 1226 页。
② 王守仁:《语录》二(《答罗钦顺少宰书》),《王阳明全集》,第 75 页。

那么,这种"身与心""内与外"指向相反而又完全一致的学问究竟是一种什么学说呢? 请看《孟子》与《大学》中关于"内与外"的规定:

> 有诸内,必形诸外。①

> 小人闲居为不善,无所不至,见君子而后厌然,掩其不善,而著其善。人之视己,如见其肺肝然,则何益也。此谓诚于中,形于外,故君子必慎其独也。②

显然,从"有诸内,必形诸外"到"诚于中,形于外",其实都是就人之表里如一、内外一致而言的。这一点既可以说是儒家德性文化之一个源远流长的传统,同时也是王阳明透视当时社会的一个基本视角。到了这个地步,就可以清楚地看出所谓"诚意""慎独"与"形著习察"的"身心之学"以及阳明所谓"知行合一"说的内在关联了。所谓知行合一,实际上就是指谓人的内外在世界的完全一致性与同时并在性。

再从"身心"关系来看,在所谓知行模式之下,其主客观关系的定位必然会使知与行表现为一种先后关系,但"身与心""内与外"的关系却必然是当下一致的,也必然是一种同时并在与同时并到的关系。在上个世纪 90 年代新出土的郭店楚简中,"仁"字本来也就被写为"身心"(其字为身上心下)。这当然是王阳明所根本不曾看到的文献,但他所倡导的"身心之学"以及其"形著"与"习察"的双向规定包括其"知此则知孔门之学"的明确断言,却不期而然地与孔子之仁学若合符节。这说明,孔子的"仁学"本来就是一种身心并在与内外并到的"知行合一"之学;这种身心并到的知行合一之学同时又可以为郭店楚简中的《五行篇》所证实:

> 仁形于内谓之德之行,不形于内谓之行。义形于内谓之德之行,不形于内谓之行。礼形于内谓之德之行,不形于内谓之行。智形于内谓之德之行,不形于内谓之行。圣形于内谓之德之行,不形

---

① 《孟子·告子下》,《十三经》,第 1415 页。
② 《礼记·大学》,《十三经》,第 586 页。

　　于内谓之行。①

在这里,楚简《五行篇》为什么一定要反复强调必须"形于内"呢?并且还认为只有"形于内"才是真正的"德之行",而"不形于内"的"行"充其量也不过是一般的行而已。《五行篇》的这一规定实际上正是《中庸》《大学》所明确坚持的"诚于中,形于外"之"慎独""诚意"传统,而不是小人"闲居为不善"之类的"掩其不善,而著其善"之仅仅见之于外的"行"。很明显,仅从"慎独""诚意"所体现的"诚于中,形于外"来看,虽然《五行篇》主要在于强调行为的内在根据与内在自觉,但其身与心、内与外的一时并到性则是当下现实的;这种主与客、内与外以及知与行的一时并到特征,就可以说是王阳明"知行合一"说的基本含义。

　　从这个角度看,王阳明的"知行合一"实际上也就是通过《中庸》《大学》所坚持的身与心、内与外之一时并到传统,将"主知"主义背景下的主与客、知与行的先后之论,一并收摄到"慎独""诚意"所坚持的"诚于中,形于外"以及身与心、知与行的一时并到——所谓"知行合一"上来。也许正是这一原因,王阳明才始终坚持"行之明觉精察处,便是知;知之真切笃实处,便是行"②,又说:"知行原是两个字说一个工夫,这一个工夫须著此两个字,方说得完全无弊病。"③这里的"一个工夫",当然也就是"慎独""诚意"的工夫;作为一种学理性的主张,则既是"形著习察"的"身心之学",同时也可以说是对王阳明"知行合一"的一个恰切说明。

　　对王阳明来说,其知行合一之所以不断地遇到各种困扰,主要就在于他是以诚意、慎独系统所表示的内外在世界之统一性要求来解决知行系统所表示之主客观系统的先后一致性问题的;人们之所以不理解、不接受其"知行合一"的说法,又主要是因为,只要从知行系统之主客观关系出发,其知行先后之论也就无法避免。所以当时的人们,从徐爱到顾

---

① 《郭店楚墓竹简·五行》,第149页,北京:文物出版社,1998年版。
② 王守仁:《答友人问》,《王阳明全集》,第208页。
③ 王守仁:《答友人问》,《王阳明全集》,第209页。

东桥乃至王阳明的"世交老友",也就只能以知与行的先后一致性来凑泊其知行合一说。这就在困扰之上又加上了新的困扰。对王阳明来说,他以诚意、慎独所面对的内外在世界的一致性来解决主客、知行系统之先后问题,充分表现了他立足于主体道德的心性之学对建立在主客观之别基础上的认知、践行系统的一种彻底扭转,无论这一扭转成功与否,其努力都是值得重视,也值得肯定的。

在王阳明看来,他的知行合一说实际上已经彻底解决了人们圣贤追求的工夫进境问题。所以,他也完全可以从其"知行合一"出发来讨论人们的资质与工夫追求的层级。比如他明确指出:

> 知行二字即是工夫,但有浅深难易之殊耳。良知原是精精明明的。如欲孝亲,生知安行的,只是依此良知,实落尽孝而已;学知利行者,只是时时省觉,务要依此良知尽孝而已;至于困知勉行者,蔽锢已深,虽要依此良知去孝,又为私欲所阻,是以不能,必须加人一己百、人十己千之功,方能依此良知以尽其孝。圣人虽是生知安行,然其心不敢自是,肯做困知勉行的工夫。困知勉行的,却要思量做生知安行的事,怎生成得![1]

由此可以看出,王阳明不仅以其知行工夫之不同进境涵括了所有的人生追求,而且也借助知行合一之不同层级,涵括了所有人生追求的不同境界。这说明,其知行合一实际上也就可以涵括其心学的全部工夫,涵括其内外在世界的圆融与统一。所以说,知行合一并不仅仅是一个理论命题,而首先是指其主体的诚意工夫及其境界追求的代表。

五、四句教的圆融

"四句教"是王阳明晚年对其一生教法的总结,也代表着其一生探讨的最高结论。从嘉靖元年到嘉靖六年(1522—1527),王阳明在越中老家

---

[1] 王守仁:《语录》三,《王阳明全集》,第111页。

度过了一生中最后六年的乡居生活,而其一生的理论探讨也达到了最高峰。关于这一段的讲学,黄宗羲曾以"所操益熟,所得益化,时时知是知非,时时无是无非,开口即得本心,更无假借凑泊,如赤日当空而万象毕照"[①]来形容,此即所谓人生化境。但是,就在嘉靖六年(1527)的冬天,广西思州与田州发生民乱,朝廷久征不下,最后不得不强命王阳明出征。出发前,其在浙中的两大高弟——王龙溪与钱德洪因为对阳明教旨的理解发生了分歧,就有了"天泉证道"一段问答,"四句教"也因此成为阳明心学的第一公案。《传习录》载:

> 丁亥年九月……德洪与汝中论学。汝中举先生教言,曰:"无善无恶是心之体,有善有恶是意之动,知善知恶是良知,为善去恶是格物。"德洪曰:"此意如何?"汝中曰:"此恐未是究竟话头。若说心体是无善无恶,意亦是无善无恶的意,知亦是无善无恶的知,物是无善无恶的物矣。若说意有善恶,毕竟心体还有善恶在。"德洪曰:"心体是天命之性,原是无善无恶的。但人有习心,意念上有善恶在,格致诚正修,此正是复那性体工夫。若原无善恶,工夫亦不消说矣。"是夕侍坐天泉桥,各举请正。

> 先生曰:"我今将行,正要你们来讲破此意。二君之见正好相资为用,不可各执一边。我这里接人原有此二种。利根之人直从本源上悟入。人心本体原是明莹无滞的,原是个未发之中。利根之人一悟本体,即是工夫,人己内外,一齐俱透了。其次不免有习心在,本体受蔽,故且教在意念上实落为善去恶。工夫熟后,渣滓去得尽时,本体亦明尽了。汝中之见,是我这里接利根人的;德洪之见,是我这里为其次立法的。二君相取为用,则中人上下皆可引入于道。若各执一边,眼前便有失人,便于道体各有未尽。"

> 既而曰:"已后与朋友讲学,切不可失了我的宗旨:无善无恶是心之体,有善有恶是意之动,知善知恶是良知,为善去恶是格物,只

[①] 黄宗羲:《明儒学案·姚江学案》,《黄宗羲全集》第七册,第 201 页。

依我这话头随人指点自没病痛。此原是彻上彻下工夫。利根之人，世亦难遇，本体工夫，一悟尽透。此颜子、明道所不敢承当，岂可轻易望人！人有习心，不教他在良知上实用为善去恶工夫，只去悬空想个本体，一切事为俱不着实，不过养成一个虚寂。此个病痛不是小小，不可不早说破。"①

为了准确理解"四句教"的精神，在阳明出发之后，钱德洪与王龙溪又追至严滩，于是又有了对如何理解"四句教"的一段讨论。王龙溪曾"举佛家实相幻想（相）"来说明他的理解，王阳明也就借着其实相幻相说有如下答复：

先生曰："有心俱是实，无心俱是幻；无心俱是实，有心俱是幻。"

汝中曰："有心俱是实，无心俱是幻，是本体上说工夫。无心俱是实，有心俱是幻，是工夫上说本体。"先生然其言。

洪于是时尚未了达，数年用功，始信本体工夫合一。但先生是时因问偶谈，若吾儒指点人处，不必借此立言耳。②

这就是著名的严滩问答。对于王阳明的"四句教"来说，它实际上起着道破思路的作用。在这里，所谓"有心俱是实，无心俱是幻"，主要是指从本体发用的角度看工夫，在此就必须坚持"有心"——所谓有目标、有定向之意，这也是儒家至善追求与佛老之空无本体的一个根本性区别；至于"无心俱是实，有心俱是幻"，则是从工夫实践的角度对本体的表现进行言说，所以必须达到"无心"——所谓"无有作好，无有作恶"之自然而然的地步，否则的话，必然会沦落为食而不化，而非本体工夫。在这里，王阳明虽然借助了佛教的名相概念，却完全是儒家精神；至于王龙溪的理解，从思路上看也应当说是完全正确的，所以"先生然其言"。严滩问答最重要的一点就在于提出了"本体上说工夫"与"工夫上说本体"两个不

①　王守仁：《语录》三，《王阳明全集》，第117—118页。
②　王守仁：《语录》三，《王阳明全集》，第124页。

同的角度。所谓"本体上说工夫"就是承体启用,也就是从本体发用的角度去言说工夫、照察工夫;所谓"工夫上说本体"则是即用见体,也就是从工夫追求的角度去言说本体、表现本体。这两个不同角度尤其是后一角度,其实就代表着"四句教"所以形成的角度。

在这一背景下,让我们再来看"四句教"的基本含义。所谓"无善无恶是心之体",并不是就本体的自在规定或自在状态言说本体,而是从工夫追求的角度对本体的言说。因为从实然存在的角度看,儒家的道德本体与佛老之空无本体一样,都具有一无所有的属性,这也可以说是所有形上本体的共同特征,因而是无从言说的;只有从工夫表现的角度才可以言说,也只有从工夫实践的角度才有儒学对善恶的执着以及其与佛老的区别。正是工夫中的追求以及从工夫对本体之全面表现与彰显的角度看,所谓本体必然会表现为一种无善无恶——所谓超越善恶并扬弃了善恶之具体相状与对善恶之执着相的无善无恶。这里的"无善无恶"并不是说"心之体"在实存层面上没有善恶,一如告子"生之谓性"所表现的那种无善无恶,也不是佛老之空无本体所直接表现出来的一无执着的无善无恶,而是在对善恶的执着与追求中超越了具体的善恶相状,从而不沾滞于具体善恶之无善无恶。所以说,所谓"无善无恶"恰恰是"心之体"之至善规定在工夫追求与工夫实践中的表现。

至于"有善有恶是意之动",主要是指本体之落实及其指向工夫之发动而言;在本体发动为工夫时也必须有对善恶的执着,一如王阳明在回答聂文蔚"勿忘勿助"时所强调的"必有事焉"一样。如果在此缺乏对善恶的执着,那么不是沦为告子的"生之谓性",就必然会沦落为佛老之空无本体——所谓一无执着的无善无恶了。当然,这一工夫发动中执着于善恶追求的"有善有恶"也可以反证其"心之体"本身是具有超越善恶之至善属性的;正因为是超越善恶的至善,所以才能在工夫发动中表现为"有善有恶"并且也必然会执着于善善恶恶。而所谓"知善知恶是良知"也就是在工夫追求中时时以良知为善恶的标准,因为良知本身就具有随时知是知非、知善知恶的能力。至于所谓"为善去恶是格物",则是要将良知的知善知恶落实到具体的为善去恶——所谓格物实践中，这一"为善去恶"之实践追求的极致，也就必须达到超越善恶并完全不沾滞于具体善恶之自然而然的地步。这样，主体为善去恶之工夫追求也就必须全面地实现其超越善恶并表现其无善无恶的"心之体"了。这样一来，整个"四句教"就构成了一个从本体到工夫、又由工夫全面彰显本体的回环。

作为阳明一生探讨的最高结论，"四句教"的形成实际上主要依赖于两宋理学的体用一源传统与明代理学之本体与工夫的全面相即系统。从体用一源来看，从体到用自然也就代表着"心之体"的发动，因而也就有了"有善有恶""知善知恶"以及"为善去恶"的实践追求；从本体与工夫的相即系统来看，本体自身一无所有，本体的至善属性也就表现在工夫追求之中，因而以本体为内在动力的工夫也就必须从"为善去恶"的道德实践中一步步走向超越于具体善恶的"无善无恶"。这样一来，"四句教"不仅表现了体与用的圆融一体，而且也表现着本体与工夫的高度一致以及其追求的无止境性，所以王阳明才认为"此原是彻上彻下工夫"。

"四句教"的圆融不仅表现在体与用的相即以及本体与工夫的圆融一致上，更重要的还表现在其对人的各种不同资质——所谓上根与中下根的完全适应与全面统一上。比如王龙溪所坚持的"四无"也就代表着上乘根器，所以被阳明称为"一悟本体，即是工夫，人己内外，一齐俱透了"的本体工夫；钱德洪所坚持的为善去恶追求之所以被王龙溪推断为"四有"，又主要是就其所坚持的中下根之为善去恶的工夫追求而言的。至于阳明本人，则始终坚持着所谓的"三有一无"标准，这就是"中人上下皆可引入于道"。所谓"四无"工夫，就是王龙溪所分析的"若说心体是无善无恶，意亦是无善无恶的意，知亦是无善无恶的知，物亦是无善无恶的物矣"；所谓"四有"，又主要是就王龙溪所推论的"若说意有善恶，毕竟心体还有善恶在"而言的。"四无"自然代表着"直从本源上悟入"的"一悟本体，即是工夫，人己内外，一齐俱透"的"利根之人"；"四有"则代表着永远处于善恶鏖战中并永远追求"为善去恶"的中下根人的工夫。王阳明的"二君相取为用，则中人上下皆可引入于道"，也就等于将中人上下全部纳入"为善去恶"的道德实践中了。从这个角度看,王阳明以"三有一无"为特征的"四句教",作为面向社会大众之道德修养与道德实践的教典,确实表现了其最大的涵括性与涵盖面。自然,这也可以说是人之各种不同资质的一种圆融与统一。

在中国传统哲学中,心性之学始终是极具特色的一系。从孟子"君子深造之以道,欲其自得之也"①,到陆象山的"因读《孟子》而自得之"②,再到陈白沙"为学须从静中坐养出个端倪来,方有商量处"③,每一代都极具特色,也都有其独特的发生机理与形成路径。但如果就其基本特征而言,则无非就是主体性与自得性的递进以及实践性与思辨性的高度圆融,当然同时也包括促使其形成之外在条件与其内在超越追求的对扬与互补几个方面的有机统一。如果从这几个方面来看,那么阳明心学可以说是儒家心性之学的集大成,也较为完整地表现了上述几个方面的有机统一。当然,王阳明并非完人,甚至从某一方面看,他也有过迟疑乃至于因循、徘徊包括一定程度上的"乡愿意思",但总体而言,他毕竟较为全面地表现了心性之学在形成、发展上之多方面的特征,也最大限度地利用了当时可以利用之所有的思想资源,从而将儒家心性之学推向了前所未有的高度。过此以往,虽然心性之学仍在发展,但总体上已经开始走下坡路了。所以,《明史》在评价明代的学术趋势时说:"学术之分,则自陈献章、王守仁始。宗献章者曰江门之学,孤行独诣,其传不远。宗守仁者曰姚江之学,别立宗旨,显与朱子背驰,门徒遍天下,流传逾百年,其教大行,其弊滋甚。"④如果剥去《明史》作者本身的朱子学立场,那么阳明心学的历史作用是显而易见的,也是最值得深入分析的一种思想史现象。

---

① 《孟子·离娄下》,吴哲楣:《十三经》,第 1391 页。
② 陆九渊:《语录》下,《陆九渊集》,第 471 页,北京:中华书局,1980 年版。
③ 陈献章:《与贺克恭黄门》二,《陈献章集》,第 133 页。
④ 《明史·儒林传》一,《二十五史》卷十三,第 1525 页。

第六章　阳明后学与心学的发展（上）

　　王阳明讲学时，其弟子遍及大江南北。如果从讲学的大体时段而言，其一生的讲学主要不过是滁州、南都、江右与居越四个时期；如果从地域影响的角度看，又主要集中在浙中与江右两个地区。浙中是王阳明的故乡，其一生中的最后几年也基本上是在浙中度过的；至于江右，则不仅因为江右是王阳明一生中最为辉煌的一段，也是其一生中最为艰险的时期，同时，也是其致良知思想的真正产地。因而一般说到阳明后学，首先也就指其浙中与江右两系（当然并不仅仅是这两系）的弟子；从对阳明学旨之发扬光大并真正留下历史影响的角度看，也同样集中在浙中与江右两系。

　　但浙中与江右两系的学旨又有所不同，浙中一系因为亲承阳明末命，确实存在着地域上的独得之优势；江右一系的弟子则因为其大都能够"推原阳明未尽之意"，往往能够与浙中相抗衡以至于往返讨论。待到黄宗羲编《明儒学案》时，鉴于当时浙中一系所普遍流行的"玄虚"之病，他曾高调表彰江右一系，认为"姚江之学，惟江右为得其传……是时越中流弊错出，挟师说以杜学者之口，而江右独能破之……"①但从阳明心学

---

① 黄宗羲：《明儒学案·江右王门学案》，《黄宗羲全集》第七册，第 377 页。

之传播与流衍的角度看,则不能不首先从浙中一系说起。

第一节　钱德洪与浙中学派

从王阳明一生的讲学来看,浙中既是其发源地,也是其最后的归宿。当王阳明早年遭贬赴龙场之前,所谓浙中三子——徐爱(曰仁)、蔡宗兖(希颜)、朱节(守忠)就已经拜阳明为师了。在当时,三子也已经"一举而尽之",也要一并北上参加会试,所以王阳明还特意作了《别三子序》,其中写道:"希颜之深潜,守忠之明敏,曰仁之温恭,皆予所不逮。三子者,徒以一日之长视予以先辈,予亦居之而弗辞。非能有加也,故欲假三子者而为之证,遂忘其非有也。而三子者,亦姑欲假予而存师友之饩羊,不谓其不可也。"①这说明,浙中三子其实就是王阳明最早的一批弟子。

一、浙中三子的不同走向

就王阳明在浙中的早期弟子而言,实际上并不止于三人,从徐爱《游雪窦因得龙溪诸山记》一文来看,当时起码有六七人之多;但就最早向王阳明执贽行弟子礼的角度看,又不能不推浙中三子。在浙中三子中,又因为其各自不同的脾气、秉性,其学术也就呈现为不同的走向。

朱节(生卒不详),字守忠或守中,号白浦,浙江山阴(今浙江绍兴)人。与徐爱、蔡宗兖同科中举并一同进士及第,官御史,以天下为己任。王阳明在《别三子序》中称其"明敏",在《寄希渊》一书中又提到希渊与守忠两人交情甚笃,但在任职地方时却每每是你来我走,难以同地为官。所以阳明也就以自己为中介,向两位互通了其各自的情况,朱守忠与蔡宗兖也保持着终生的友谊。在从江右归越前夕,王阳明曾有《与朱守忠》一书,其中写道:

> 乍别忽旬余。沿途人事扰扰,每得稍暇,或遇景感触,辄复兴

---

① 王守仁:《别三子序》,《王阳明全集》,第226页。

> 怀……承手札,知警省不懈,幸甚幸甚! 此意不忘,即是时时相见,虽别非别矣。道之不明,皆由吾辈明之于口而不明之于身,是以徒腾颊舌,未能不言而信。要在立诚而已。①

这当然都是师弟间相互勉励的语言。从当时的情况来看,王阳明正准备从江右归越,有终老之图,而朱守忠又要到外地(山东)赴任,就有"虽别非别"的感慨。但从黄宗羲《明儒学案》的记载来看,似乎朱守忠比较重视外在的事功,最后竟在巡按山东时因流贼之乱而殉职。

在王阳明的《祭朱守忠文》中,有如下一段,也可以看作是王阳明对这位早期弟子的盖棺定论:

> 守忠之于斯道,既已识其大者,又能乐善不倦,旁招博采,引接同志而趋之同归于善,若饥渴之于饮食,视天下之务不啻其家事,每欲以身殉之。今兹之没也,实以驱贼山东,昼夜劳瘁,至殒其身而不顾。呜呼痛哉!②

在该文中,王阳明既表彰朱守忠"御灾捍患而死勤事,能为忠臣志士之所难能矣",同时也批评了朱守忠"求骋于功名事业之场,则亦希高慕外。后世高明之士,虽知向学,而未能不为才力所使者,犹不免焉。守忠既已心觉其非,固当不为所累矣。"③从这些评价来看,朱守忠可能确实属于那种比较偏重于事功追求的早期弟子,或起码可以说是因为有才而不免为才所累,从而表现出对外在事功比较偏重的倾向。

蔡宗兖(生卒不详),字希渊或希颜,号我斋,浙江山阴(今浙江绍兴)人,与徐爱、朱守忠一并中举并进士及第,留为庶吉士,不可,以教授奉母。因为生性耿介,不为当道所喜,但他也不因世俗之情而改变自己的立身行事,所以往往不能久任于官场。在《王阳明文录》中,有四封《寄希渊》信,这里略摘两条以见希渊的为人气象:

---

① 王守仁:《与朱守忠》,《王阳明全集》,第 179—180 页。
②③ 王守仁:《祭朱守忠文》,《王阳明全集》,第 960 页。

所遇如此,希渊归计良是,但稍伤急迫。若再迟二三月,托疾而行,彼此形迹泯然,既不激怒于人,亦不失己之介矣。圣贤处末世,待人应物,有时而委屈,其道未尝不直也。若己为君子而使人为小人,亦非仁人忠恕恻怛之心。希渊必以区区此说为大周旋,然道理实如此也。区区叨厚禄,有地方之责,欲脱身潜逃固难。若希渊所处,自亦进退绰然,今亦牵制若此,乃知古人挂冠解绶,其时亦不易值也。①

近得郑子冲书,闻与当事者颇相抵牾。希渊德性谦厚和平,其于世间荣辱炎凉之故,视之何异飘风浮霭,岂得尚有芥蒂于其中耶!既而询之,果然出于意料之外,非贤者之所自取也。虽然,"有人于此,其待我以横逆,则君子必自反曰:'我必无礼。'自反而有礼,又自反曰:'我必不忠。'"希渊克己之功日精日切,其肯遂自以为忠乎?往年区区谪官贵州,横逆之加,无月无有。迄今思之,最是动心忍性砥砺切磋之地。当时亦止搪塞排遣,竟成空过,甚可惜也。②

从王阳明这两封书信来看,要么可以说蔡希渊总是遇人不淑,于官场"水土不服";要么只能说希渊可能也确实存在着因生性耿介而不见容于时的问题。这样的现象无时不有,也无世不有。倘若能够看作动心忍性砥砺切磋之地,自然是难得的进德修业之机,但这毕竟是可遇而不可求的;一旦遇上,难免都有叫苦的时候。

蔡希渊一生并没有著作行世(也许已佚失),但他曾在徐爱去世十八年之后,应徐爱父亲的邀请,校点编辑了徐爱的《横山遗集》。当时王阳明去世已近十年,就这一点而言,黄宗羲所谓的"中有余养"以及"壁立千仞"气象,自然也都是难得的中肯评价。在《刻徐横山集引》中,蔡希渊写道:

日仁天资淳和,蚤游阳明之门,闻道甚慧,心之精灵,必有贯天

---

① 王守仁:《寄希渊》一,《王阳明全集》,第157页。
② 王守仁:《寄希渊》四,《王阳明全集》,第159页。

地而长存者,则其言之精灵,宁无贯天地而长存者乎? 天下同气,自当有识之者矣。予岂敢为之私誉乎? 惟闵古真(徐爱父)之情,具述其意于左,方集上下二卷,附亲友哀辞一卷。录成,适汝上路公廉宪浙省,恤同志之蚤逝,体古真之钟情,遂捐奉梓之,以成其志。①

就这一点来看,蔡希渊真可谓"可以托六尺之孤,可以寄百里之命"的古之君子。

徐爱(1487—1517),字曰仁,号横山,浙江余姚人。徐爱为王阳明之妹婿,正德二年(1507),王阳明刚出锦衣卫狱,徐爱即遵父命向王阳明执弟子礼,"于时门下亦莫有予先者也"②,兼之其资质温厚,深得阳明器重。徐爱北上应考,王阳明不仅作了《别三子序》以存师道,又专门以《示徐曰仁应试》的形式致书徐爱,不仅从饮食、休息方面提醒他注意事项,更重要的还在于提醒徐爱"入场之日,切勿以得失横在胸中,令人气馁志分,非徒无益,而又害之。场中作文,先须大开心目,见得题意大概了了,即放胆下笔,纵昧出处,词气亦条畅"③。徐爱果然不负阳明厚望,作为浙中三子中最年轻的一位,与其他两位一并进士及第,知祈州,待到王阳明贬谪期满时,适逢徐爱祈州任满,归乡省亲,于是又与阳明同舟归越。他们一路上的讨论问答,也就是后来作为《传习录》之开篇的"与徐爱论学"。此后,王阳明曾组织四明山之游,"我斋(希渊)自永乐寺返,白浦(守忠)自姐溪返,横山(徐爱)则同入雪窦,春风沂水之乐,真一时之盛事也"④。从这一点来看,徐爱也确实是王阳明最坚定的弟子。

其实从思想立场上看,徐爱也并不是一开始就惟阳明之是从,而是真正有所思索、有所讨论,甚至也有所争辩的;徐爱与王阳明的讨论,也清晰地表现出了一条从朱子学到阳明学的思想转变轨迹。就是说,无论徐爱当时对阳明新说是"解"还是"不解",其实也都是朱子学立场的典型

① 蔡宗兖:《刻徐横山集引》,《徐爱 钱德洪 董沄集》,第1页,南京:凤凰出版社,2007年版。
② 徐爱:《同志考叙》,《徐爱 钱德洪 董沄集》,第56页。
③ 王守仁:《示徐曰仁应试》,《王阳明全集》,第911页。
④ 黄宗羲:《明儒学案·浙中学案》一,《黄宗羲全集》第七册,第252页。

表现。在"与徐爱论学"中,仅从徐爱的种种"不解"来看,就明显地表现出了一种标准的朱子学立场。比如:

> 爱问:"至善只求诸心,恐于天下事理有不能尽……如事父之孝,事君之忠,交友之信,治民之仁,其间有许多理在,恐亦不可不察……如事父一事,其间温清定省之类有许多节目,不亦须讲求否?"①

> 爱曰:"如今人尽有知得父当孝、兄当弟者,却不能孝、不能弟,便是知与行分明是两件……古人说知行做两个,亦是要人见个分晓,一行作知的工夫,一行做行的工夫,即工夫始有下落。"②

整个这两段,实际上就是徐爱对王阳明新说的讨论与争辩过程;其所涉及的内容,也就是王阳明的"心即理"与"知行合一"说。因而徐爱的怀疑与发问,不仅代表了标准的朱子学立场,而且这一讨论本身也就是朱子学与王阳明之新说立场对立的表现,但王阳明能够以直指事实、直揭事实真相的方式彻底转化了徐爱。所以,对于当时针对阳明心学的许多批评(比如后来的顾东桥),问题也许并不在于如何批评阳明心学,如果能够仔细琢磨一下徐爱的问题以及其立场的转变过程,就会减少许多不必要的疑虑。

请看徐爱在与王阳明讨论之后的感慨:

> 先生于《大学》"格物"诸说,悉以旧本为正,盖先儒所谓误本者也。爱始闻而骇,既而疑,已而殚精竭思,参互错纵以质于先生,然后知先生之说若水之寒,若火之热,断断乎百世以俟圣人而不惑者也。先生明睿天授,然和乐坦易,不事边幅。人见其少时豪迈不羁,又尝泛滥于词章,出入二氏之学,骤闻是说,皆目以为立异好奇,漫不省究。不知先生居夷三载,处困养静,精一之功固已超入圣域,粹

---

① 王守仁:《语录》一,《王阳明全集》,第2—3页。
② 王守仁:《语录》一,《王阳明全集》,第3—4页。

然大中至正之归矣。

> 爱朝夕炙门下，但见先生之道，即之若易而仰之愈高……十余年来竟未能窥其藩篱。世之君子，或与先生仅交一面，或有未闻其声欬，或先怀忽易愤激之心，而遽欲于立谈之间，传闻之说，臆断悬度，如之何其可得也？从游之士，闻先生之教，往往得一而遗二，见其牝牡骊黄而弃其所谓千里者。故爱备录平日之所闻，私以示夫同志，相与考而正之，庶无负先生之教云。①

这就是写在《传习录》开篇的话，也可以说是整个《传习录》的引言，当然首先是徐爱与王阳明论学的体会。虽然这些感慨不无弟子对先生的崇敬之情，但绝非一味赞美之词，而是有其真实理据的。其中的理据，如果能够认真研读"与徐爱论学"，就绝不会认为是王阳明师徒在演双簧；徐爱的每一步转化，实际上也都有其真实的感受于其中。除此之外，徐爱这里所揭示的"世之君子，或与先生仅交一面，或有未闻其声欬，或先怀忽易愤激之心，而遽欲于立谈之间，传闻之说，臆断悬度"等等，不仅仅是当时士人对待学术分歧的一种常态，甚至直到今天，中国学术界不仅未能克服这种"臆断悬度"的毛病，而且简直就成为一种为公众所认可、所接受并竞相模仿运用之学术批评的常态了。这真是一种非常值得深入反思的思想史现象。

就此而言，徐爱不仅典型地表现了从朱子学到阳明学立场的一个转化过程，更重要的还在于，徐爱所提出的问题，其实都典型地表现了面对阳明心学，传统的朱子学立场所不能不碰到的问题；而徐爱思想的转向过程，也就是从朱子学出发，一步步走向阳明心学的过程。"与徐爱论学"所涉及的正是王阳明的"心即理"说与"知行合一"说，这就同时成为如何从朱子学立场出发以准确理解阳明心学的一个先行案例。

徐爱去世于正德十二年（1517），其时王阳明正在赣南平定流民起义，第二年又刊刻了《大学》古本、《朱子晚年定论》与《传习录》三书，因而

---

① 王守仁：《语录》一，《王阳明全集》，第1页。

也可以说是王阳明事功追求与学术探讨双丰收的时期。从王阳明两次"祭徐曰仁"来看,第一次祭奠主要在于怀念他与徐爱一道从朱子学走向阳明学的过程,所以有"吾言之,而孰听之? 吾倡之,而孰和之? 吾知之,而孰问之? 吾疑之,而孰思之"①之类的深切怀念;第二次祭奠则已经到嘉靖二年(1523),这时,阳明的良知学已经如日中天,惜乎不能起徐曰仁于九泉之下了,所以就有"四方之英贤兮日来臻,君独胡为兮与鹤飞而猿吟? 忆丽泽兮欷歔,奠椒醑兮松之阴,良知之说兮闻不闻? 道无间于隐显兮,岂幽明而异心! 我歌白云兮,谁同此音?"②这里表现的就不仅仅是文辞之美,其"道无间于隐显兮,岂幽明而异心"确实表现了王阳明对这位知音弟子的一种深切的怀念之情。

就王阳明的思想发展来看,从"心即理""知行合一"一直到"致良知",实际上也是将其龙场大悟的"圣人之道,吾性自足"——所谓至善之性直接贯通于人伦日用的是非知觉之间,这在其将至善之性落实于本心——提出所谓"心即理"时就已经明确地包含了这一走向,所以,"致良知"的提出也就表明王阳明是以道德良知对人伦日用中的是非知觉的一种彻底贯通与全面统摄。正由于良知源于至善之性而又贯通于是非知觉,随时知是知非而又随时无是无非——超越对具体是非之一味执着,也就等于为"致良知"的道德实践活动提出了一个更高的标准,也需要仁智双彰的中行之士来作为表率,这可能就是王阳明对徐爱终生怀念的原因,也是其"我歌白云兮,谁同此音"感慨的根本原因。

二、钱德洪的"四有教"

钱德洪(1496—1574),初名宽,字洪甫,浙江余姚人,因早年常读《易》于灵绪山中,人称绪山先生。钱德洪的科举之路并不顺利,直到嘉靖十一年(1532)方进士及第,任苏州府学教授,累官刑部郎中。又因论

---

① 王守仁:《祭徐曰仁文》,《王阳明全集》,第 955 页。
② 王守仁:《又祭徐曰仁文》,《王阳明全集》,第 958 页。

武定侯郭勋罪，为言官弹劾，下诏狱，直到勋死始得出狱。穆宗时，进阶朝列大夫，致仕。林下讲学三十余年，万历二年（1574）卒，享年七十九岁。

钱德洪与王阳明为同乡，正德十六年（1521），王阳明以"新建伯"归省祖茔，"德洪昔闻先生讲学江右，久思及门，乡中故老犹执先生往迹为疑，洪独潜伺动支，深信之，乃排众议，请亲命，率二侄大经、应扬及郑寅、俞大本，因王正心通贽请见"①，由此成为王阳明的门下弟子。一年后，钱德洪赴试省城，向阳明请益，阳明告之曰："'胸中须常有舜、禹有天下不与气象。'德洪请问。先生曰：'舜、禹有天下而身不与，又何得丧介于其中？'"②由此来看，钱德洪可能属于那种谨小慎微的性格类型。所以，当钱德洪与王龙溪（畿）并举南宫而又因科举命题阴辟心学而"俱不廷对"以归越时，"先生喜，凡初及门者，必令引导。俟志定有入，方请见"③，钱德洪由此成为阳明门下的两大教授师之一。

对钱德洪带领众多弟子初入阳明门下时的情形，王龙溪在《绪山钱君行状》中曾有如下一段记载：

> 辟龙泉中天阁，请夫子（王阳明）升座开讲，君（钱德洪）首以所学请正。
>
> 夫子曰："知乃德性之知，是为良知，而非知识也。良知至微而显，故知微可与入德。唐虞受授，只是指点得一微字。《中庸》不睹不闻，以至无声无臭，中间只是发明得一微字。"众闻之，跃然有悟，如大梦之得醒，盖君（钱德洪）实倡之也。④

这说明，钱德洪对王阳明的良知学实有导引与张大之功。在《传习录》中，因为钱德洪之问而引发王阳明的阐发与总结者比比皆是，这里特引《刻文录叙说》中所记载的钱德洪的相关回忆：

---

① 钱德洪：《年谱》一，《王阳明全集》，第 1282 页。
② 钱德洪：《年谱》三，《王阳明全集》，第 1287 页。
③ 钱德洪：《年谱》三，《王阳明全集》，第 1300 页。
④ 王畿：《绪山钱君行状》，《徐爱　钱德洪　董沄集》，第 406 页。

　　德洪自辛巳冬始见先生于姚,再见于越,于先生教若恍恍可即,然未得入头处。同门先辈有指以静坐者。遂觅光相僧房,闭门凝神静虑。倏见此心真体,如出蔀屋而睹天日,始知平时一切作用,皆非天则自然。习心浮思,炯炯自照,毫发不容住著。喜驰以告。

　　先生曰:"吾昔居滁时,见学者徒为口耳同异之辩,无益于得,且教之静坐。一时学者亦有悟;但久之渐有喜静厌动流入枯槁之病。故迩来只指破致良知工夫。学者真见得良知本体昭明洞彻,是是非非莫非天则,不论有事无事,精察克治,俱归一路,方是格致实功,不落却一边。故较来无出致良知话头,无病何也? 良知原无间动静也。"

　　德洪既自喜学得所入,又承点破病痛,退自省究,渐觉得力。①

像这种体会性的自我总结,就只能出自钱德洪这样的谨慎用心者。所以,当王阳明在其一生中的最后一次出征——征思田时,就将其家事及其子弟的教育全然委托于钱德洪负责,这也是王阳明比较认可钱德洪忠厚而又谨慎之优点的表现。

但这一优点同时也是钱德洪的一个缺点,主要表现在其为人不够洒脱,领悟能力似乎也显得不足。比如在对王阳明晚年"四句教"的理解中,钱德洪似乎就成为领悟能力不足的典型表现了。这一点也完全可以证之于钱德洪自己的记录:

　　是月初八日,德洪与畿访张元冲舟中,因论为学宗旨。畿曰:"先生说知善知恶是良知,为善去恶是格物,此恐未是究竟话头。"德洪曰:"何如?"畿曰:"心体既是无善无恶,意亦是无善无恶,知亦是无善无恶,物亦是无善无恶。若说意有善有恶,毕竟心亦未是无善无恶。"德洪曰:"心体原来无善无恶,今习染既久,觉心体上见有善恶在,为善去恶,正是复得那本体工夫。若见得本体如此,只说无工夫可用,恐只是见耳。"畿曰:"明日先生启行,晚可同进请问。"

---

① 钱德洪:《刻文录叙说》,《王阳明全集》,第 1575 页;另参见《语录》三,《王阳明全集》,第 104—105 页。

是日夜分,客始散,先生将入内,闻洪与畿候立庭下,先生复出,使移席天泉桥上。德洪举与畿论辩请问。先生喜曰:"正要二君有此一问!我今将行,朋友中更无有论证及此者,二君之见正好相取,不可相病。汝中须用德洪工夫,德洪须透汝中本体。二君相取为益,吾学更无遗念矣。"

德洪请问。先生曰:"有只是你自有,良知本体原来无有,本体只是太虚。太虚之中,日月星辰,风雨露雷,阴霾饐气,何物不有?而又何一物得为太虚之障?人心本体亦复如是。太虚无形,一过而化,亦何费纤毫气力?德洪工夫须要如此,便是合得本体工夫。"

畿请问。先生曰:"汝中见得此意,只好默默自修,不可执以接人。上根之人,世亦难遇。一悟本体,即见工夫,物我内外,一齐尽透,此颜子、明道不敢承当,岂可轻易望人?二君已后与学者言,务要依我四句宗旨:无善无恶是心之体,有善有恶是意之动,知善知恶是良知,为善去恶是格物。以此自修,直跻圣位;以此接人,更无差矣。"

畿曰:"本体透后,于此四句宗旨何如?"先生曰:"此是彻上彻下语,自初学以至圣人,只此工夫。初学用此,循循有入,虽至圣人,穷究无尽。尧、舜精一工夫,亦只如此。"先生又重嘱付(咐)曰:"二君以后再不可更此四句宗旨。此四句中人上下无不接着。我年来立教,亦更几番,今始立此四句。人心自有知识以来,已为习俗所染,今不教他在良知上实用为善去恶工夫,只去悬空想个本体,一切事为,俱不著实。此病痛不是小小,不可不早说破。"是日洪、畿俱有省。①

《王阳明年谱》本身就出自钱德洪的整理,所以后人在编钱德洪《语录》时特意补入这一条。应当承认,钱德洪的这一记载还是比较客观的,因为王阳明《年谱》毕竟要经过王门诸子的检验与认可。在这一大段问答中,

---

① 钱德洪:《钱德洪语录诗文辑佚》,《徐爱 钱德洪 董沄集》,第135—136页;又见《王阳明年谱》,《王阳明全集》,第1306—1307页。

钱德洪的请问虽然经过王阳明"有只是你自有,良知本体原来无有……德洪工夫须要如此,便是合得本体工夫"的指点,但王阳明却绝没有否定钱德洪强调为善去恶的工夫之意;相反,对于王汝中的"四无"说,虽然王阳明认为"汝中见得此意,只好默默自修,不可执以接人。上根之人,世亦难遇。一悟本体,即见工夫,物我内外,一齐尽透,此颜子、明道不敢承当,岂可轻易望人?"看起来似乎是对王汝中的领悟能力作了高度肯定,实际上,王阳明虽然肯定了王汝中的思辨领悟能力,但其一句"不可执以接人"的提醒,就说明这种方法并不是学者之法;王阳明所强调的"此颜子、明道不敢承当,岂可轻易望人",也就明确地提醒王汝中应当掂量一下自己是否可以承当。这说明,王阳明的"四句教"首先是一个为学进修的工夫纲领而并不是领悟思辨的纲领。

但在这一答辩中,钱德洪却被预定了一个基本身份,这就是所谓"四有";在心性之学的语境中,所谓"四有"也就意味着一种"不通透",不足以理解儒家形上本体之一无所有的性质,只是一味陶醉于形下追求的工夫境界。实际上,所谓"四有"的说法不过是王汝中的一个逻辑推论而已:"若说意有善恶,毕竟心体还有善恶在";也就是说,如果不能理解儒家形上本体之"原来无有"的性质,那么其所谓工夫追求也就如同佛教徒之"沉沦生死海"一样永无出头之日。但严格说来,这一定位对于钱德洪来说是根本不适应的,既然不足以领悟本体之"原来无有"的品格,也就只能在为善去恶的格物实践中头出头没,那么其善恶的标准、动力又将从何而来呢?难道说仅仅是来自外在的时代思潮或所谓时尚的鼓励吗?如果以这一标准对应于钱德洪,那么他显然不属于这种情况。所以,所谓"四有"的说法,充其量只能说是钱德洪一味坚持本体之至善标准并坚持将其落实于为善去恶之格物实践之中而已;在现实人生中,永远坚持为善去恶之实践追求可能才是儒者所应有之常态。这样看来,所谓"四无"一说不过是在为善去恶的格物实践中所达到的勿忘勿助、无过无不及状态的一种精神映照而已,真要把"四无"作为一种可以信赖也可以达到的境界来追求,恐怕也就只能成为一件"皇帝的新衣"了。

但钱德洪在形上领悟思辨方面有所不足也是事实,在严滩问答中,他对王阳明"有心俱是实,无心俱是幻;无心俱是实,有心俱是幻"之说一时"尚未了达"也有明确的记载,这一记载恰恰出自钱德洪的自述。那么应当如何解释这一现象呢? 其实,王龙溪对"有心""无心"之"本体上说工夫"与"工夫上说本体"的慧解主要源于其对佛教的参究,钱德洪沦落为"四有"而又一时不能"了达"所谓"有心""无心"之说,并不是说他就不能破解这类问题。在钱德洪《语录》中,曾记载钱德洪与湛甘泉关于王湛两家为学宗旨的一段对话,这一对话对于理解钱德洪的实际辨析能力还是极有帮助的:

> 先师在越,甘泉官留都,移书辨正良知天理同异。先师不答,曰:"此须合并数月,无意中因事指发,必有沛然融释处耳。若恃笔札,徒起争端。"先师起征思、田,没于南安,终不得对语以究大同之旨,此亦千古遗恨也。予于戊申年(1548)冬,乞先君墓铭,往见公于增城。公曰:"良知不由学虑而能,天然自有之知也。今游先生之门者,皆曰良知无事学虑,任其意智而为之,其知已入不良,莫之觉矣,犹可谓之良知乎? 所谓致知者,推极本然之知,功至密也。今游先生之门者,乃云只依良知,无非至道,而致之之功,全不言及,至有纵情恣肆,尚自信为良知者:立教本旨,果如是乎?"
>
> 予起而谢曰:"公之教是也。"公请予言。予曰:"公勿忘勿助之训,可谓苦心。"曰:"云何苦心?"曰:"道体自然,无容强索,今欲矜持操执以求必得,则本体之上无容有加,加此一念,病于助矣。然欲全体放下,若见自然,久之则又疑于忘焉。今之工夫,既不助,又不忘,常见此体参前倚衡,活泼呈露,此正天然自得之机也。盖欲揭此体以示人,诚难著辞,故曰苦心。"[①]
>
> 公乃矍然顾予曰:"吾子相别十年,犹如常聚一堂。"予又曰:"昔

---

① 其实,钱德洪这里对湛甘泉"苦心"之反问及其精彩之处全在于发挥王阳明"必有事焉"的工夫,请参阅王阳明《答聂文蔚》之第二书,《王阳明全集》,第82—83页。

先师别公诗有'无欲见真体,忘助皆非功'之句,当时疑之,助可言
功,忘亦可言功乎? 及求见此体不得,注目所视,倾耳所听,心心相
持,不胜束缚。或时少舒,反觉视明听聪,中无罣碍,乃疑忘可以得
道。及久之,散漫无归,渐沦于不知矣。是助固非功,忘亦非功也。
始知只一无欲真体,乃见'鸢飞鱼跃'与'必有事焉',同活泼泼地,非
真无欲,何以臻此。"

公慨然谓诸友曰:"我辈朋友,谁肯究心及此?"蒋道林示《时习
讲义》,公曰:"后世学问,不在性情上求,终身劳苦,不知所学何事。
比如作一诗,只见性情不见诗,是为好诗;作一文字,只见性情不见
文字,是为好文字。若不是性情上学,疲神瘁思,终身无得,安得悦
乐? 又安得无愠?"①

看到这一段精彩的对话,我们不得不承认钱德洪不仅是阳明学的功臣,
而且也是王龙溪"四无"理论实际上的纠偏者与救正者。湛甘泉这里所
批评的现象,诸如"良知无事学虑,任其意智而为之""只依良知,无非至
道,而致之之功,全不言及"等等,也都是从王龙溪之"四无"理论发端的。
钱德洪这里固然无须也无责任为这类现象辩护,但他对湛甘泉之"苦心"
的揭示、对王阳明"无欲见真体,忘助皆非功"宗旨的申明以及对"必有事
焉"之工夫追求的强调,都表明他确实继承了王阳明的真精神。而对湛
甘泉来说,其所谓"不在性情上求,终身劳苦"的晚年悔悟也恰恰是在钱
德洪的"临门一脚"下实现的。仅从这一点来看,就知道钱德洪在"天泉
证道"与"严滩问答"中的"尚未了达",实际上不过是其对佛教用语的生
疏而已,根本不是不能理解"无善无恶"的境界。

这里还有一个补充性的事例,阳明去世后,王门弟子为了继承、发扬
阳明精神,也为了学者能在师友讲习切磋的内外夹持下进德修业,组织
了定期的会讲活动。这样的事情自然落到了"亲承阳明末命"的钱德洪
与王龙溪肩上。但会讲时究竟应当以何为序? 对于素来重视礼节而又

---

① 钱德洪:《钱德洪语录诗文辑佚》,《徐爱　钱德洪　董沄集》,第122—123页。

处于官本位社会的儒学而言,这本身就是一个很大的问题。作为浙中后学的周汝登准确地记载了当时的情形:

> 观政吏曹,时与台谏部院同志,举月会商究旧学,动以数十。旧会以官为序,绪山与龙溪告众曰:"同志为道而来,须以齿序为宜。"众曰:"然。"至今相会以齿,二人倡之也。①

当时的同门聚会就相当于今天所谓的理论研讨会,究竟应当以何者为序? 这在官本位的社会里,"以官为序"似乎应当是一个非常自然的选择,当时的参会者基本上都是官场中人。但如果以官为序,也就无异于官场例会,儒学也就彻底混同于官场世界了,所以,钱德洪与王龙溪的"同志为道而来,须以齿序为宜"的说法一下子唤醒了聚会的根本目的,从而也扭转了"以官为序"的陋习。从当时的情况看,这当然是钱、王二人任职北京时的情形——能在天子的脚下坚持"以齿为序",起码坚持了一种"天爵"高于"人爵"的精神。

三、为善去恶的工夫

但这样一来,也就出现了一个非常重要的问题。在《明儒学案》中,黄宗羲曾征引罗念庵对钱德洪的评价说:

> 绪山之学数变。其始也,有见于为善去恶者,以为致良知也。已而曰:"良知者,无善无恶者也,吾安得执以为有而为之而又去之。"已又曰:"吾恶夫言之者之淆也,无善无恶者见也,非良知也。吾惟即吾所知以为善者而行之,以为恶者而去之,此吾可能为者也。其不出于此者,非吾所得为也。"又曰:"向吾之言犹二也,非一也。夫子尝有言矣,曰至善者心之本体,动而后有不善也。吾不能必其无不善,吾无动焉而已。彼所谓意者动也,非是之谓动也。吾所谓动,动于动焉者也。吾惟无动,则在吾者常一矣。"按先生之"无动",

---

① 周汝登:《钱德洪传》,《徐爱　钱德洪　董沄集》,第 400 页。

即慈湖之"不起意"也。不起意,非未发乎? 然则,谓"离已发而求未发,必不可得"者,非先生之未后语矣![1]

对于曾和钱德洪共同参与修订《王阳明年谱》的罗念庵而言,当然不能说其叙述没有根据。但其根据究竟是什么呢? 实际上,这就主要是一个对儒家形上本体之领悟思辨能力的问题。钱德洪在这一方面的能力确实比较弱,正如其在天泉证道中不能理解"四无",在严滩问答中对阳明的"有心""无心"之说又存在着"尚未了达"的现象一样。但是,一旦面对湛甘泉具有争锋性质的批评,又有谁比钱德洪的反唇相讥来得更有力呢? 而且,其反唇相讥也并不是一个学派之间争高论低的问题,而是确实关涉到对儒家学理的理解问题。这说明,钱德洪也可能确实不是一个长于理论思辨的人,但对实际问题并非就没有辨析能力,甚至也可以说,他可能也正因此而反倒成为一个所谓"敏于事而慎于言"的谦谦君子。

但所有这些问题,毕竟不能怪罪于钱德洪,即如上述评价而言,我们固然也可以说钱德洪确实弱于思辨,但他忘记了为善去恶没有呢? 如果他始终能够在现实生活中坚持为善去恶的实践追求,那么即使他一无思辨能力,也不失儒者矩矱。而且,钱德洪的上述迷惑,也恰恰是他不断坚持为善去恶之实践追求的表现。比如说,从"有见于为善去恶者,以为致良知也"到"良知者,无善无恶者也,吾安得执以为有而为之",说明他起初确实是以良知为标准进行为善去恶之实践追求的,但考虑到王阳明的"无善无恶",所以不愿再坚持所谓良知的"知善知恶"说;不过,即使坚持"无善无恶",也并不表明他在现实生活中就成为一个无善恶追求的人了。至于"无善无恶者见也,非良知也",如果就王龙溪而言,则其所谓的"无善无恶"确实只是一种思辨领悟之见而已。钱德洪所谓"吾惟即吾所知以为善者而行之,以为恶者而去之,此吾可能为者也。其不出于此者,非吾所得为也",实际上就成为一句最老实的大白话了。试想:谁的为善去恶追求能够脱离其自身的主体性标准呢? 而脱离了自身主体性的为

---

[1] 黄宗羲:《明儒学案·浙中学案》一,《黄宗羲全集》第七册,第 254—255 页。

善去恶究竟又是谁的追求呢？至于其最后所坚持的"'至善者心之本体，动而后有不善也'。吾不能必其无不善，吾无动焉而已。彼所谓意者动也，非是之谓动也。吾所谓动，动于动焉者也；吾惟无动，则在吾者常一矣"，如果说全然是因为王阳明的"无善无恶"而来，那么，钱德洪的这一表现也就真让王阳明的"无善无恶"作弄得无路可走了。王阳明的"无善无恶"一说固然没有错，但钱德洪又有什么错呢？他的这一切表现，难道不正是王阳明所高调表彰的"断断乎，无他技"的古之良臣吗？不正是所谓"稷勤其稼，而不耻其不知教，视契之善教，即己之善教也；夔司其乐，而不耻于不明礼，视夷之通礼，即己之通礼"①吗？

但钱德洪一生的努力显然并不止此，在王阳明去世后的数十年间，他不仅与王龙溪共同主持了同门后学的会讲活动，而且还花多年心血整理王阳明的《年谱》与《文集》，这当然都是阳明学派内部之事务性的工作。但如果没有这方面的工作，阳明心学可能也就淹没于一味追求思辨玄妙的言谈中了。而且钱德洪也并不是绝无一点理论辨识能力，在阳明去世后的浙中学派中，也只有他在始终坚持对王龙溪的思辨玄妙追求进行不懈的批评。比如就在王阳明《文录续编》的序言及其教典——《大学问》的跋语中，钱德洪从来都不放弃对那种"徒喜领悟之易"的现象进行批评：

> 德洪茸师《文录》……既而伏读三四，中多简书墨迹，皆寻常应酬、琐屑细务之言，然而道理昭察，仁爱恻怛，有物各付物之意。此师无行不与，四时行而百物生，言虽近而旨实远也。且师没既久，表仪日隔，苟得一纸一墨，如亲面觌。况当今师学大明，四方学者徒喜领悟之易，而未究其躬践之实，或有离伦彝日用、乐悬虚妙顿以为得者，读此能无省然激衷？此吾师中行之证也，而又奚以太繁为

---

① 王守仁：《答顾东桥书》，《王阳明全集》，第 55 页。

病邪？①

　　《大学问》者,师门之教典也。学者初及门,必先以此意授,使人闻言之下,既得此心之知,无出于民彝物则之中,致知之功,不外乎修、齐、治、平之内……师既没,音容日远,吾党各以己见立说。学者稍见本体,即好为径超顿悟之说,无复有省身克己之功。谓"一见本体,超圣可以跂足",视师门诚意格物、为善去恶之旨,皆相鄙以为第二义。简略事为,言行无顾,甚者荡灭礼教,犹自以为得圣门之最上乘。噫! 亦已过矣……古人立言,不过为学者示下学之功,而上达之机,待人自悟而有得,言语知解,非所及也。②

钱德洪这里的按语或跋,都有非常明确的针对性,这就是以王龙溪为代表之"最上乘"的领悟思辨追求。在整理《王阳明年谱》时,钱德洪也同样不放弃对这种现象进行批评,比如在叙述王阳明的"实践之功"时,钱德洪就以"按语"的方式写道:"先生立教皆经实践,故所言恳笃若此。自揭良知宗旨后,吾党又觉领悟太易,认虚见为真得,无复向里着己之功矣。故吾党颖悟承速者,往往多无成,其可忧也。"③凡此,当然都是针对以王龙溪为代表的领悟思辨现象而发的。因为作为"亲承末命"的两大教授师,看着王龙溪在领悟思辨之路上越走越远,钱德洪不能不提醒,也不能不进行批评,因为这不仅是对王龙溪负责的问题,也是对阳明心学负责的问题。在所有的浙中弟子中,也只有钱德洪始终肩负着这一独特的使命,可他又确实力不从心——在言谈思辨方面,他根本就不是王龙溪的对手,在这种状况下,对钱德洪而言,可能也只有"吾惟即吾所知以为善者而行之,以为恶者而去之,此吾可能为者也"。

　　实际上,钱德洪的批评并不止于王龙溪的思辨领悟现象,作为浙中

---

① 钱德洪:《〈文录续编〉序》,《徐爱　钱德洪　董沄集》,第 198 页。又见:《王阳明全集》,第 967 页。
② 钱德洪:《〈大学问〉序跋》,《徐爱　钱德洪　董沄集》,第 199 页。又见:《王阳明全集》,第 973 页。
③ 钱德洪:《年谱》一,《王阳明全集》,第 1232 页。又见:《徐爱　钱德洪　董沄集》,第 133 页。

学派的主持人,他不仅要承接来自江右学派的交流与批评,还要能够对江右一系的"希高凌节"现象进行反批评。在这方面,钱德洪虽然并不像王龙溪那样往复论辩,但他对江右一系的缺弱也同样看得很清楚。比如他曾以阳明教法为根据对江右一系展开了如下批评:

> 昔者吾师之立教也,揭诚意为《大学》之要,指致知格物为诚意之功,门弟子闻言之下,皆得入门用力之地。用功勤者,究极此知之体,使天则流行,纤翳无作,千感万应,而真体常寂,此诚意之极也。故诚意之功,自初学用之即得入手,自圣人用之精诣无尽。

> 吾师既没,吾党病学者善恶之机生灭不已,乃于本体提揭过重,闻者遂谓诚意不足以尽道,必先有悟而意自不生;格物非所以言功,必先归寂而物自化。遂相与虚忆以求悟,而不切乎民彝物则之常;执体以求寂,而无有乎圆神活泼之机。希高凌节,影响谬戾,而吾师平易切实之旨,壅而弗宣。师云:"诚意之极,止至善而已矣。"是"止至善"也者,未尝离诚意而得也。言止则不必言寂,而寂在其中;言至善则不必言悟,而悟在其中。然皆必本于诚意焉。何也?盖心无体,心之上不可以言功也。应感起物而好恶形焉,于是乎有精察克治之功。诚意之功极,则体自寂而应自顺,初学以至成德,彻始彻终无二功也。是故不事诚意而求寂与悟,是不入门而思见宗庙百官也;知寂与悟而不示人以诚意之功,是欲人见宗庙百官而闭之门也,皆非融释于道者也。①

这可以说是钱德洪对聂双江"守寂"之学的批评,一定程度上也可以说是对江右一系的总体批评。因为江右一系总体上是以意念内守为走向的;钱德洪批评的依据,也就是以王阳明的诚意为入手,以格物致知为诚意之实功一说。关于这一问题当然可以再辨,因为江右的意念内守走向本身又是针对浙中学派王龙溪对良知的日用见在化走向而发的。但钱德

---

① 钱德洪:《钱德洪语录诗文辑佚》,《徐爱 钱德洪 董沄集》,第123页。

洪这里的批评,既有王阳明的学理依据,同时也是为了捍卫阳明学旨的纯正性则是确定无疑的。

那么,钱德洪究竟坚持了一种什么样的走向呢? 应当说,在王阳明的诸多弟子中,守阳明学旨最紧最严者就是钱德洪,他也确实是沿着王阳明的教导前进的。但心学作为一种主体性思潮,其与时代思潮的结合最为紧密,正像王阳明所谓的"因病立方"一样,真正的阳明心学也必然会随着时代思潮的变化而有所变化。不过,我们这里可以暂且不管其所谓"因病立方"的一面,请先看钱德洪对王阳明学旨的坚持与贯彻:

> 问:"家有父兄宗党,见义当为而众情未协。若同众,则徇俗;违众,则伤情,如何?"曰:"此只在良知上求。良知自能委屈,可同则同之,不可同则违之,此亦不在事上。(良知自能尽人之性)"①

> 问:"学问须要超脱"。曰:"汝之所谓超脱,只是心不挂事,却遇事便不耐心。我说超脱异于是。目不累色,便是目之超脱;耳不累声,便是耳之超脱;心不累事,便是心之超脱。非是离却事物,守个空寂,以为超脱也。"②

就这两条,足以表现钱德洪在如何坚守王阳明的思想与教法了。前者要求在"同众,则徇俗;违众,则伤情"的两难之间抉择,所以钱德洪的建议就是求之于内在良知之自决,此正体现着王阳明关于良知之"自家准则"的精神。后者则要求以"目不累色""耳不累声"与"心不累事"的方式,从而在具体的应事接物与道德实践中追求超脱,此一思路实际上正是王阳明"目无体,以万物之色为体;耳无体,以万物之声为体……心无体,以天地万物感应之是非为体"③的活用。就此而言,钱德洪确实忠实地继承了王阳明的思想与教法。但如果比照于王阳明本人的领悟思辨,钱德洪对王阳明思想与教法的落实主要在于形而下的为善去恶之实践追求领域,

---

① 钱德洪:《钱德洪语录诗文辑佚》,《徐爱　钱德洪　董沄集》,第126页。
② 钱德洪:《钱德洪语录诗文辑佚》,《徐爱　钱德洪　董沄集》,第129页。
③ 王守仁:《语录》三,《王阳明全集》,第108页。

而其"心不累事,便是心之超脱"的思路不仅是王阳明"事上磨练"教法的重演,而且作为一种为学路径,也是以形而下的实践工夫来彰显形而上的本体与境界的道路。这一点,可能也是钱德洪时时自觉而且也能够接受的定位。

第二节　王畿的先天正心之学

黄宗羲《明儒学案》云:"阳明先生之学,有泰州、龙溪而风行天下,亦因泰州、龙溪而渐失其传。"①泰州、龙溪都是不世出的人物,一者以其"四无"之高超的领悟思辨能力而超绝独步,一者则以其"百姓日用即道"之遍在性落实的方式使良知学向着自然明觉化的方向进行日用实践化拓展,他们两位一纵一横,在将阳明心学推向高峰的同时,也将其所可能导致的种种弊病尽行带出,从而使人们在责怪泰州、龙溪的同时不得不归罪于阳明。实际上,这就成为明代理学中一个最大的学术公案了。泰州学派将另设专章叙述,这里主要概述作为浙中学派之主要代表人物王龙溪的思想。

就王龙溪而言,自从其开始讲学以来,各种批评之声就一直不绝于耳。从与其共同主持浙中学派的钱德洪到同为阳明弟子的江右学派,也都与他始终保持着一种论辩与批评的关系;从明儒殿军刘宗周到作为明代理学总结者的黄宗羲,也都对他始终坚持一种比较严厉的批评态度。比如刘宗周就对他评价说:"先生独悟其所谓无者,以为教外之别传,而实亦并无是无。有无不立,善恶双泯,任一点虚灵知觉之气纵横自在,头头明显,不离著于一处,几何而不蹈佛氏之坑堑也哉?"②黄宗羲也明确地批评说:"泰州、龙溪时时不满其师说,益启瞿坛之秘而归之师,盖跻阳明而为禅矣。"③刘宗周师徒的这些批评,都是以所谓佛禅走向来定位王龙

①黄宗羲:《明儒学案·泰州学案》,《黄宗羲全集》第七册,第820页。
②刘宗周:《明儒学案师说》,《刘宗周全集》第五册,第524页。
③黄宗羲:《明儒学案·泰州学案》,《黄宗羲全集》第七册,第820页。

溪之偏失的,其实将王龙溪归结为佛禅走向是根本站不住脚的。他们要以佛禅走向来归罪王龙溪,并不是说王龙溪就真的走向佛禅了,而主要在于王龙溪的走向确实对儒家的人伦世教关怀构成了一定的冲击——其作用完全与佛禅一样。不过,平心而论,王龙溪所高扬的主体性精神不仅是浙中学派的共同特征(比如钱德洪所坚持的"吾惟即吾所知以为善者而行之,以为恶者而去之,此吾可能为者也"就是一种典型的主体性精神),而且也是王阳明心学的根本精神;至于其一直为人所诟病的领悟思辨追求,也同样源于阳明。这就提出了一个非常重要的问题:主体性精神在什么条件下会对儒家的人伦世教关怀形成冲击? 思辨领悟能力又会在什么条件遭到人们的诟病? 王龙溪的哲学及其走向,也许正包含着理解这一问题的一把钥匙。

一、先天正心之学

王畿(1498—1583),字汝中,号龙溪,浙江山阴(今浙江绍兴)人,与王阳明为远房同宗。王龙溪弱冠举于乡,嘉靖二年(1523)会试下第,受业于王阳明。据说王阳明非常欣赏王龙溪的颖悟能力,还专门为之"治静室,居之逾年,遂悟虚灵寂感,通一无二之旨"①。王阳明对王龙溪的欣赏还表现在如下方面,自其第一次下第,王龙溪就焚烧了"京兆所给路券",不打算再入科场了,待到丙戌(1526)科,王阳明反倒劝其赴京,并提醒王龙溪说:"吾非欲以一第荣子,顾吾之学,疑信者犹半,而吾及门之士,朴厚者未尽通解,颖慧者未尽敦毅。觐试,仕士咸集,念非子莫能阐明之……"②在王龙溪的廷对经历中,"故相永嘉公欲引置一甲,公不应;开吉士选,又欲引之,又不应;又开科道选,必欲引之,终不应。久乃授南职方主事,寻以病乞归"③。实际上,从焚烧"京兆所给路券"来看,王龙溪当时就已经绝意仕进了,所以对"故相永嘉公欲引置"之类,就故意以"不

---

①② 徐阶:《龙溪王先生传》,《王畿集》,第 823 页,南京:凤凰出版社,2007 年版。
③ 徐阶:《龙溪王先生传》,《王畿集》,第 825 页。

懂""装傻"来应对了,因而其从政履历也就不过是初授职方主事,进而为武选司郎中而已。另一方面,对于其讲学履历,黄宗羲却明确地概括说:"先生林下四十余年,无日不讲学,自两都及吴、楚、闽、越、江、浙皆有讲舍,莫不以先生为宗盟。"①这样看来,像王龙溪这种高才似乎就是专门为讲学而生的。

王龙溪一生的学旨,无不是从王阳明出发的;其整个哲学的出发点,又主要集中在所谓"先天正心之学"一点上。这一出发点在"天泉证道"时就已经形成了,所以,所谓"天泉证道纪"也就被置于其全集的开篇:

> 阳明夫子之学,以良知为宗,每与门人论学,提四句为教法:"无善无恶心之体,有善有恶意之动,知善知恶是良知,为善去恶是格物。"学者循此用功,各有所得。绪山钱子谓:"此是师门教人定本,一毫不可更易。"先生谓:"夫子立教随时,谓之权法,未可执定。体用显微只是一机,心意知物只是一事,若悟得心是无善无恶之心,意即是无善无恶之意,知即是无善无恶之知,物即是无善无恶之物。盖无心之心则藏密,无意之意则应圆,无知之知则体寂,无物之物则用神。天命之性,粹然至善,神感神应,其机自不容已,无善可名。恶固本无,善亦不可得而有也。是谓无善无恶。若有善有恶,则意动于物,非自然之流行,著于有矣。自性流行者,动而无动,著于有者,动而动也。意是心之所发,若是有善有恶之意,则知与物一齐皆有,心亦不可谓之无矣。"绪山子谓:"若是,是坏师门教法,非善学也。"先生谓:"学须自证自悟,不从人脚跟转。若执著师门权法以为定本,未免滞于言诠,亦非善学也。"

> 时夫子将有两广之行,钱子谓曰:"吾二人所见不同,何以同人?盍相与就正夫子?"晚坐天泉桥上,因各以所见请质。夫子曰:"正要二子有此一问。吾教法原有此两种:四无之说,为上根人立教;四有之说,为中根以下人立教。上根之人,悟得无善无恶心体,便从无处

---

① 黄宗羲:《明儒学案·泰州学案》二,《黄宗羲全集》第七册,第 269 页。

立根基,意与知物,皆从无生,一了百当,即本体便是工夫,易简直截,更无剩欠,顿悟之学也。中根以下之人,未尝悟得本体,未免在有善有恶上立根基,心与知物,皆从有生,须用为善去恶工夫,随处对治,使之渐渐入悟,从有以归于无,复还本体,及其成功一也。世间上根人不易得,只得就中根以下人立教,通此一路。汝中所见,是接上根人教法;德洪所见,是接中根以下人教法。汝中所见,我久欲发,恐人信不及,徒增躐等之病,故含蓄到今。此是传心秘藏,颜子、明道所不敢言者。今既已说破,亦是天机该发泄时,岂容复秘?然此中不可执著。若执四无之见,不通得众人之意,只好接上根人,中根以下人无从接授。若执四有之见,认定意是有善有恶的,只好接中根以下人,上根人亦无从接授。但吾人凡心未了,虽已得悟,不妨随时用渐修工夫。不如此,不足以超凡入圣,所谓上乘兼修中下也。汝中此意,正好保任,不宜轻以示人,概而言之,反成露泄。德洪却须进此一格,始为玄通。德洪资性沈毅,汝中资性明朗,故其所得,亦各因其所近。若能互相取益,使吾教法上下皆通,始为善学耳。"自此海内相传天泉证悟之论,道脉始归于一云。①

这是王龙溪对"天泉证道"的回忆,在这一回忆性的总结中,同时包含着他自己的一种新的为学走向。首先,从所谓"定本"与"权法"的分歧来看,王阳明明确强调"二君相取为用,则中人上下皆可引入于道……切不可失了我的宗旨……此原是彻上彻下工夫"②,这说明,在王阳明看来,这种"三有一无"性的结构以及其统一就是讲学的"定本";其之所以能够成为"定本",并不仅仅是因为其为王阳明所定,而主要集中在其"中人上下"的面向以及其"彻上彻下工夫"这一点上。实际上,也只有在这一基础上,才能称得上是"定本"性的教法。那么王龙溪所谓的"权法"一说有没有根据呢?当然也是有的,这个根据其实也就在于"四有"——所谓

---

① 王畿:《天泉证道纪》,《王畿集》,第1—2页。
② 王守仁:《语录》三,《王阳明全集》,第117—118页。

"致良知原为未悟者而设"①。正因为"四有"只是为"未悟者而设",因而对于已悟者,也就全然可以所谓"四无"为教法了。这样一来,就在对"四句教"性质的认领上,王龙溪实际上就已经与王阳明形成分歧了,这可能也就是黄宗羲所谓的"时时不满其师说"吧!

其次,虽然王阳明也承认"四无""四有"之说各有其成立的根据,这主要是由于人的不同资质——所谓上根与中下根的差异造成的,但"上根之人,世亦难遇。一悟本体,即见工夫,物我内外,一齐尽透,此颜子、明道不敢承当,岂可轻易望人?"②因而在王阳明看来,他实际上是并不认同"四无"一说的,尤其不认为"四无"可以成为一种独立的教法,当然也不赞同所谓"为上根人立教"一说。但王龙溪却认为,"上根之人,悟得无善无恶心体,便从无处立根基,意与知物,皆从无生,一了百当,即本体便是工夫,易简直截,更无剩欠,顿悟之学也"。在这里,王阳明所谓的"上根",其实也就如同孔子所谓的"生而知之"一样,实际上只是虚悬一格,绝不是任何现实的人都可以承当的。比如孔子就明确地断言:"我非生而知之,好古,敏以求之者也。"③而王阳明的"此颜子、明道不敢承当"以及"上乘兼修中下",包括其"圣人虽是生知安行,然其心不敢自是,肯做困知勉行的工夫"④,也都是同样的意思。王龙溪的特点却恰恰在于敢于承当颜子、明道所"不敢承当"的上乘根器及其教法,并以所谓"超凡入圣"自期。这样一来,不仅钱德洪的"四有"进路及其工夫被他不屑一顾,就是王阳明的"三有一无"之"定本",也被他视为"上根人亦无从接授"的"权法"了;至于他自己,当然要从"四无"上立足。

所谓从"四无"上立足,实际上也就是从先天心体上立根。王龙溪说:"自先师提出本体工夫,人人皆能谈本体、说工夫,其实本体工夫须有辨。自圣人分上说,只此知便是本体,便是工夫,便是致;自学者分上说,

---

① 黄宗羲:《明儒学案·浙中学案》,《黄宗羲全集》第七册,第270页。
② 钱德洪:《年谱》三,《王阳明全集》,第1306—1307页。
③《论语·述而》,吴哲楣主编:《十三经》,第1276页。
④ 王守仁:《语录》三,《王阳明全集》,第111页。

须用致知的工夫,以复其本体,博学、审问、慎思、明辨、笃行,五者废其一,非致也。"①但是,由于这些工夫都是为中下根立法的,是"为未悟者而设",也就是"上根人亦无从接授"的"权法"。至于他自己,则早早就通过"四无"确立了一条可以"超凡入圣"的简易直接之路,这就是"从先天心体上立根"的"先天正心之学"。王龙溪说:

> 吾人一切世情嗜欲,皆从意生。心本至善,动于意,始有不善。若能在先天心体上立根,则意所动自无不善,一切世情嗜欲自无所容,致知工夫自然易简省力,所谓后天而奉天时也。若在后天动意上立根,未免有世情嗜欲之杂,才落牵缠,便费斩截,致知工夫转觉繁难,欲复先天心体,便有许多费力处。颜子有不善未尝不知,知之未尝复行,便是先天易简之学。原宪克伐怨欲不行,便是后天繁难之学。不可不辨也。②

> 正心,先天之学也;诚意,后天之学也。良知者,不学不虑,存体应用,周万物而不过其则,所谓"先天而天弗违,后天而奉天时"也。人心之体,本无不善,动于意始有不善。一切世情见解嗜欲,皆从意生。人之根器不同,工夫难易亦因以异。从先天立根,则动无不善,见解嗜欲自无所容,而致知之功易。从后天立根,则不免有世情之杂,生灭牵扰,未易消融,而致知之功难。势使然也。颜子不远复,才动即觉,才觉即化,便是先天之学。其余频失频复,失则吝,复则无咎,便是后天之学。难易之机,不可不辨也。③

在王龙溪对这一系列"先天""后天""正心""诚意"以及"易简之学"与"繁难之学"的反复辨析中,其区别的关键就在于人的不同资质,从而也就决定了其人之不同根器。但无论是人的资质还是根器,都不是个体自身所能决定的,这样一来,所谓圣贤人格岂不又完全回到汉唐儒学的老路上

①　王畿:《冲元会纪》,《王畿集》,第3页。
②　王畿:《三山丽泽录》,《王畿集》,第10页。
③　王畿:《陆五台赠言》,《王畿集》,第445页。

了吗？至于所谓"人皆可以为尧舜"不也完全成了一句空头许诺了吗？不，王龙溪绝不会承认这一点。

在王龙溪看来，人能否超凡入圣，固然也有决定于其生来资质的一面，但也决定于其个体自身的努力。具体来说，主要也就取决于其个体究竟是从"先天心体上立根"呢还是从所谓"后天诚意上立根"？进一步看，也就主要取决于其个体究竟是"悟"还是不"悟"的差别。这样一来，所谓的圣贤之学也就全然建立在"悟"的基础上了。请看王龙溪的如下论说：

> 千古圣学只从一念灵明识取，只此便是入圣真脉路。当下保此一念灵明，便是学；以此触发感通，便是教。随事不昧此一念灵明，谓之格物；不欺此一念灵明，谓之诚意；一念廓然，无有一毫固必之私，谓之正心。直造先天羲皇，更无别路，此是易简直截根源，知此谓之知道，见此谓之见《易》。千圣之秘藏也。诸友勉乎哉！①

> 凡与圣，只在一念转移之间，似手反复，如人醉醒，迷之则成凡，悟之则证圣。迷亦是心，悟亦是心，但时节因缘有异耳。此件事不论潜见出处，只看主脑何如。②

很明显，不仅圣学与俗学，而且所谓"先天正心之学"与"后天诚意之学"的区别也就全然建立在"悟"与"不悟"的基础上了。无怪乎从刘宗周到黄宗羲都以佛禅来定位王龙溪的思想走向。实际上，悟并不是儒与佛区别的标志，也并不专属于佛教，但由对悟的过分强调并将悟作为圣贤之学的入门——所谓"超凡入圣"的关键却必然会冲淡对人伦道德的践履与笃行。正是在这一意义上，从刘宗周到黄宗羲说王龙溪有偏离儒学道德践履追求之危险是完全可以成立的，但其对悟的重视却并不必然就是佛禅之学。

让我们从明代心学的总体发展来澄清这一点。当明代心学初创时，

---

① 王畿：《水西别言》，《王畿集》，第 451 页。
② 王畿：《答殷秋溟》，《王畿集》，第 309 页。

陈白沙就颇有感触地比较说:"夫学有由积累而至者,有不由积累而至者;有可以言传者,有不可以言传者。夫道至无而动,至近而神,故藏而后发,形而斯存。大抵由积累而至者,可以言传也;不由积累而至者,不可以言传也。知者能知至无于至近,则无动而非神。藏而后发,明其几矣……斯理也,宋儒言之备矣。吾尝恶其太严也,使著于见闻者不睹其真,而徒与我哓哓也。是故道也者,自我得之,自我言之,可也。不然,辞愈多而道愈窒,徒以乱人也,君子奚取焉?"①陈白沙这里所提出的"不由积累而至"同时又"不可以言传"的认知方式实际上就是指"悟"而言。后来,王阳明又批评说:"天下所以不治,只因文盛实衰,人出己见,新奇相高,以眩俗取誉。徒以乱天下之聪明,涂天下之耳目,使天下靡然争务修饰文词,以求知于世,而不复知有敦本尚实、返朴还淳之行:是皆著述者有以启之。"②又说:"后世不知作圣之本是纯乎天理,却专去知识才能上求圣人。以为圣人无所不知,无所不能,我须是将圣人许多知识才能逐一理会始得。故不务去天理上着工夫,徒弊精竭力,从册子上钻研,名物上考索,形迹上比拟,知识愈广而人欲愈滋,才力愈多,而天理愈蔽。"③王阳明这里所批评的"争务修饰文词,以求知于世"以及"从册子上钻研,名物上考索,形迹上比拟"等等,也都是指在格物致知背景下所形成的以知识积累代替对圣贤人格实践追求的认知方式。但是,从陈白沙到王阳明的批评主要在于将人们引导到主体性的道德践履与实践追求之路上来,并没有否定学问思辨行这样的认知方式。但当王龙溪将"悟"与人们的资质以及能否超凡入圣之关键联系起来之后,有别于平面知识积累之"悟"这样一种认知方式也就因为走向极端而不得不走向其反面了。

让我们再看王龙溪对为学方法的批评、反省及其正面表达。在王龙溪看来,陈白沙所批评的"由积累而至"而又"可以言传者"、王阳明所批评的"从册子上钻研,名物上考索,形迹上比拟"等等,其实早就已经不在

---

① 陈献章:《复张东白内翰》,《陈献章集》,第131—132页。
② 王守仁:《语录》一,《王阳明全集》,第8页。
③ 王守仁:《语录》一,《王阳明全集》,第28页。

他的关注范围了。他所关注的只有一点，就是如何能够从先天心体上悟入，从而"彻底扫荡，以收廓清之效"。他说：

> 今日良知之说，人孰不闻？然能实致其知者有几？此中无玄妙可说，无奇特可尚，须将种种向外精神打并归一，从一念独知处朴实理会，自省自讼，时时见得有过可改，彻底扫荡，以收廓清之效，方是入微工夫。若从气魄上支持、知解上凑泊、格套上倚傍，傲然以为道在是矣，虽与世之营营役役、纷华势力者稍有不同，其为未得本原、无补性命，则一而已。①

王龙溪这里的反省显然既不同于陈白沙也不同于王阳明。陈白沙仅仅是在宋儒知识追求的背景下提出了"有不由积累"而又"不可以言传"的进路与方法；王阳明则在对"知识愈广而人欲愈滋，才力愈多，而天理愈蔽"②现象的反思中直接提出了身心之学之行著习察的标准——所谓道德实践之学及其为学方法。但到了王龙溪，不仅宋儒知识积累的方法已经不入法眼，而且明儒所表现的"气魄上支持、知解上凑泊、格套上依傍"等种种方法也已经成为老生常谈了。而王龙溪所关注的只有一点，这就是"一念独知"；作为方法，也只有一种，这就是领悟。所以他才能说："千古圣学，只从一念灵明识取。只此便是入圣真脉路。当下保此一念灵明，便是学，以此触发感通，便是教。随时不昧此一念灵明，谓之格物；不欺此一念灵明，谓之诚意；一念廓然，无有一毫固必之私，谓之正心。直造先天羲皇，更无别路。"这样一来，王龙溪等于是以一种"顿悟"或思辨领悟的方法来廓清并撑起了儒家心性之学。

即使如此，王龙溪也仍然没有脱离阳明心学的主体性立场。且不说"悟"本身就属于主体性的认知方式；而且就是作为上乘根器的独知、独悟，也只能是在主体性精神的基础上走向绝对与神圣的产物。请看王龙溪笔下的良知之学：

---

① 王畿：《水西会约题词》，《王畿集》，第 680 页。
② 王守仁：《语录》一，《王阳明全集》，第 28 页。

先师提掇良知二字,乃是千圣秘密藏。虞廷所谓"道心之微",一念灵明,无内外,无寂感。吾人只是不昧此一念灵明,便是致知;随时随物,不昧此一念灵明,便是格物。良知是虚,格物是实,虚实相生,天则乃见。①

夫学有本体,有工夫,静为天性,良知者,性之灵根,所谓本体也。知而日致,翕聚缉熙以完无欲之一,所谓工夫也。良知在人,不学不虑,爽然由于固有,神感神应,盎然出于天成,本来真头面,固不待修证而后全。②

良知是天然之灵窍,时时从天机运转,变化云为,自见天则。不须防检,不须穷索,何尝照管得?又何尝不照管得?……若真信得良知过时,自生道义,自存名节,独往独来,如珠之走盘,不待拘管,而自不过其则也。③

显然,作为心性之学,这就几乎可以说是一种独步千古的心学了;而所有这些工夫与理论,也全然建立在"从先天心体上立根"之独知、独悟的基础上。

二、寂与感

寂与感是王龙溪与聂双江争论的一个大问题,也是以王龙溪为代表的浙中学派与以聂双江为代表的江右学派的一个大分歧。因此,辨析这两家在寂与感关系上的不同看法,将有助于了解王龙溪先天顿悟之学的基本特色。

寂与感本身都是对人心或人作为主体之精神状态的一种摹状与形容,以指谓其内在本体的自在状态以及其发用流行两面的不同表现。从一定程度上说,寂与感的关系也就源于王阳明的体用关系;而就王龙溪与聂双江的争论而言,实际上也都是从王阳明的体用关系出发的。所

---

① 王畿:《冲元会纪》,《王畿集》,第681—682页。
② 王畿:《书同心册卷》,《王畿集》,第121页。
③ 王畿:《过丰城答问》,《王畿集》,第79页。

以，让我们先看王阳明对体用关系的论述：

> 盖体用一源，有是体即有是用，有未发之中，即有发而皆中节之和。今人未能有发而皆中节之和，须知是他未发之中亦未能全得。①

> 心不可以动静为体用。动静时也，即体而言用在体，即用而言体在用，是谓体用一源。若说静可以见其体，动可以见其用，却不妨。②

> 性，心体也；情，心用也。程子云："心，一也。有指体而言者，寂然不动是也；有指用而言者，感而遂通是也。"斯言既无以加矣，执事姑求之体用之说。夫体用一源也，知体之所以为用，则知用之所以为体者矣。③

这三条既是王阳明对体用关系的论述，同时也包含着所谓"寂然不动"与"感而遂通"的关系，因而可以说是王龙溪与聂双江讨论寂感关系的基础。从王阳明的论述来看，其第一条在于强调"体"的逻辑先在性，所以说"有是体即有是用"；第二条则在于强调体与用的相互贯通与同时并在性质，所以说"即体而言用在体，即用而言体在用，是谓体用一源"；至于第三条，则在于强调体与用、寂与感各自都以对方的存在为自身存在的条件，因而其各自的特性也就存在于对方的具体表现之中，也就有了"知体之所以为用，则知用之所以为体者矣"一说。

王龙溪与江右学派（聂双江）关于寂感关系的讨论就是在这一背景展开的。当然，其具体缘起则首先在于王龙溪以浙中学术领袖的身份对阳明诸系后学不同走向的评骘。比如对于江右的几位巨擘，王龙溪就在不同的场合评论说：

> 先师首揭良知之教，以觉天下，学者靡然宗之，此道似大明于世。凡在同门，得于见闻之所及者，虽良知宗说不敢有违，未免各以

---

① 王守仁：《语录》一，《王阳明全集》，第 17 页。
② 王守仁：《语录》一，《王阳明全集》，第 31 页。
③ 王守仁：《答汪石潭内翰》，《王阳明全集》，第 146 页。

其性之所近,拟议掺和,纷成异见。有谓良知非觉照,须本于归寂而始得。如镜之照物,明体寂然,而妍媸自辨。滞于照,则明反眩矣……①

至谓"世间无有现成良知,非万死工夫,断不能生"。以此较勘世间虚见附和之辈,未必非对病之药。若必以现在良知与尧舜不同,必待工夫修整而后可得,则未免于矫枉之过。曾谓"昭昭之天与广大之天,有差别否"?②

良知者,本心之明,不由学虑而得,先天之学也。知识则不能自信其心,未免假于多学亿中之助而已,入于后天矣。良知即是未发之中,即是发而中节之和,此是千圣斩关第一义,所谓无前后内外、浑然一体者也。若良知之前别求未发,即是二乘沉空之学;良知之外别求已发,即是世儒依识之学。或摄感以归寂,或缘寂以起感,受症虽若不同,其为未得良知之宗,则一而已。③

从王龙溪的这几处评骘来看,前一段是对聂双江之学的评论,中间是对罗念庵思想的批评,最后一段则是对江右三位质疑者的一起批评。在王龙溪看来,"寂者,心之本体,寂以照为用。守其空知而遗照,是乖其用也……若谓良知由修而后全,挠其体也……若良知之前复求未发,即为沉空之见矣。"④显然,凡此有所评说的话语,都是针对江右一系的不同走向及其一致"未得良知之宗"的明确批评。王龙溪是"亲承阳明末命"的浙中两大教授师之一,又是浙中王学的理论领袖,因而这一评说也就等于是代表阳明学之宗子对学界现状发表评论。这样一来,王龙溪与聂双江的论辩也就在所难免了。

在王龙溪与聂双江的寂感之辩中,聂双江主要是从现实的人生实践角度将寂感关系分拆为"先后"与"内外"两层来进行辨析的。但是,由于

---

① 王畿:《抚州拟岘台会语》,《王畿集》,第26页。
② 王畿:《松原晤语》,《王畿集》,第42页。
③ 王畿:《致知议略》,《王畿集》,第130页
④ 王畿:《抚州拟岘台会语》,《王畿集》,第26—27页。

王龙溪对良知学之"先后"与"内外"的说法是一概否定的——上述评说正是王龙溪对江右一系做法的评论,而这一评论又导致了聂双江的质疑,从而也就有了王龙溪以说明与反驳为重心的再答辩。我们这里先征引聂双江的质疑,然后再分析王龙溪的说明与反驳:

> 双江子曰:"邵子云:'先天之学,心也;后天之学,迹也。'先天言其体,后天言其用,盖以体用分先后,而初非以美恶分也。'良知是未发之中',先师尝有是言,若曰良知亦即是发而中节之和,词涉迫促。寂,性之体,天地之根也,而曰非内,果在外乎?感,情之用,形器之迹也,而曰非外,果在内乎?抑岂内外之间,别有一片地界可安顿乎?'即寂而感存焉,即感而寂行焉',以此论见成,似也,若为学者立法,恐当更下一转语。《易》言内外,《中庸》亦言内外,今曰'无内外';《易》言先后,《大学》亦言先后,今曰'无先后'。是皆以统体言工夫,如以百尺一贯论种树,而不原枝叶之硕茂由于根本之盛大,根本之盛大由于培灌之积累,此鄙人'内外''先后'之说也。'良知之前无未发,良知之外无已发',似是混沌未判之前语,设曰'良知之前无性,良知之外无情,即谓良知之前与外无心',语虽玄而意则舛矣。尊兄高明过人,自来论学只是混沌初生、无所污坏者而言,而以见在为具足,不犯做手为妙悟,以此自娱可也,恐非中人以下所能及也。"①

在聂双江的这一质疑中,是以王阳明对体用关系的论述证先后(包括后面征引的《易》与《大学》),又以寂、感之不同语义与不同指谓证内外(包括后面征引的《易》与《中庸》),因而发现王龙溪的说法是"皆以统体言工夫,如以百尺一贯论种树,而不原枝叶之硕茂由于根本之盛大,根本之盛大由于培灌之积累"。这种情形,在聂双江看来,就是"混沌未判之前语",或者说是仅仅从"混沌初生、无所污坏者而言";尤其认为王龙溪的

---

① 聂豹:《致知议辩》,《王畿集》,第132—133页。

观点说到底不过是"以见在为具足,不犯做手为妙悟"。这一说法的特点,也就在于"以此自娱可也,恐非中人以下所能及也"。应当承认,聂双江的这一感觉与把握都是比较准确的。

让我们再看王龙溪的辩解与答复。如果说聂双江的把握已经比较准确,并且也比较符合常理,那么王龙溪的辩解与答复则不能不让人叫绝:

> 先生曰:"寂之一字,千古圣学之宗。感生于寂,寂不离感。舍寂而缘感谓之逐物,离感而守寂谓之泥虚。夫寂者,未发之中,先天之学也。未发之功,却在发上用,先天之功,却在后天上用……先天是心,后天是意。至善是心之本体,心体本正,才正心便有正心之病,才要正心,便已属于意。'欲正其心,先诚其意',犹云舍了诚意更无正心工夫可用也。良知是寂然之体,物是所感之用,意则其寂感所乘之几也。知之与物,无复先后可分,故曰'致知在格物'。致知工夫在格物上用,犹云《大学》明德在亲民上用,离了亲民更无学也。良知是天然之则,格者正也,物犹事也,格物云者,致此良知之天则于事事物物也。物得其则谓之格,非于天则之外别有一段格之之功也。前谓'未发之功只在发上用'者,非谓矫强矜饰于喜怒之末,徒以制之于外也。节是天则,即所谓未发之中也。中节云者,循其天则而不过也。养于未发之豫,先天之学是矣。后天而奉时者,乘天时行,人力不得而与。曰'奉'曰'乘',正是养之之功。若外此而别求所养之豫,即是遗物而远于人情,与圣门复性之旨为有间矣。'即寂而感行焉,即感而寂存焉',正是合本体之工夫,无时不感,无时不归于寂也。若以此为见成,而未及学问之功,又将何如其为用也?寂非内而感非外,盖因世儒认寂为内、感为外,故言此以见寂感无内外之学,非故以寂为外、以感为内,而于内外之间别有一片地界可安顿也。既云'寂是性之体','性无内外之分',则寂无内外,可不辨而明矣。'良知之前无未发'者,良知即是未发之中,若复求未发,

则所谓沉空也；'良知之外无已发'者，致此良知即是发而中节之和，若别有已发，即所谓依识也。语意似亦了然。设为'良知之前无性，良知之后无情，即谓之无心'，而断以混沌未判之前语，则几于推测之过矣！……然窃窥立言之意，却实以为混沦无归者著，且非污坏者所宜妄意而认也，观后条于告子身上发例，可见矣。愚则谓良知在人，本无污坏，虽昏蔽之极，苟能一念自反，即得本心。譬之日月之明，偶为云雾之翳，谓之晦耳，云雾一开，明体即见，原未尝有所伤也。此原是人人见在具足、不犯做手本领工夫，人之可以为尧舜、小人之可使为君子，舍此更无从入之路、可变之几，固非以为妙悟而妄意自信，亦未尝谓非中人以下所能及也。"①

看到这一通答辩，我们不得不承认，王龙溪的确识见卓越、领悟能力超群，也难怪江右诸子或轮番出手，或一齐上阵，一时都难以匹敌。即使如此，我们这里仍然要稍许分析一下其答辩的基本思路。首先，王龙溪是通过"感生于寂，寂不离感"这一共同认可的基本前提就把所谓先天后天、未发已发、正心诚意直接统一起来了，从而使其前后项之间完全成为一种互渗互证的关系；然后将二者的直接统一凝聚并落实于良知，从而使良知成为"未发之中"与"发而中节之和"当下统一之具体表现，这就形成了一种"即寂而感行焉，即感而寂存焉"以及"无时不感，无时不归于寂"的双向圆融规模。在这一基础上，"若复求未发，则所谓沉空也""若别有已发，即所谓依识也"；至于聂双江的"寂内感外"之说，也就完全成为"世儒"的"依识"之见了；所谓"混沌未判之前语"的批评，也就反过来成为一种"为混沌无归者著"了。也就是说，聂双江为王龙溪所归结的"混沌未判之前语"，最后恰恰成为聂双江自己所代表的那些"混沌无归者"进行思考的具体表现了。至于良知，在王龙溪看来，不仅不存在所谓"污坏"的问题，而且始终保持着其人人具足、当下见在之"活生生"的品格，也是"人之可以为尧舜、小人之可使为君子"的坚实基础。

---

① 王畿：《致知议辩》，《王畿集》，第133—134 页。

在这一论辩中,如果我们以挑剔的目光来看,那么其可质疑者也就只有一点,这就是"养于未发之豫,先天之学是矣。后天而奉'天'时者,乘天时行,人力不得而与"一说。虽然这一说法也完全可以从孟子所谓的"由仁义行,非行仁义也"①一说中得到理论上的支持,但这毕竟是一种理论与理想的状态;从现实人生的角度看,任何"奉天时"之行包括其所谓的"先天之学",实际上也都必须是通过人之后天自觉的努力实现的,并且也只能实现于人的不断努力之中。如此一来,则其所谓"人之可以为尧舜、小人之可使为君子"说到底也就只能成为一种纯而又纯之理论设定形态的可能性了。如果从这个角度看,聂双江所提到的"污坏",可能反倒是人生中永远的现实与常态。

这样,在所谓"寂与感"的"先后"与"内外"关系上,王龙溪之所以与江右学派坚持着一种完全相反的看法,也主要是由于他们在理论与实践、理想与现实之间之不同角度与不同的出发坐标决定的:聂双江完全是从现实的人生出发的,王龙溪则是从良知之当下圆满与自足这一理想的理论设定上出发的,所以就形成了其所谓的"如珠之走盘,不待拘管,而自不过其则"的说法。通过这一论辩,我们也可以清楚地看出,王龙溪所诠释的良知学,实际上完全是一种从理论与理想出发的先天后天直下统一而又随寂随感的双向圆融之学。

三、致知之辩

致知之辩实际上是王龙溪与江右学派所展开的同一场论辩,也可以说是其同一论辩中关于不同问题的辩论。如果说关于寂与感之先后、内外之辩主要是从对良知本体之不同理解的角度展开的,那么致知之辩涉及他们对工夫的不同理解以及其不同的为学入手,从而形成了阳明后学中不同的工夫进路之辩。

到目前为止,关于王龙溪与江右学派致知之辩研究得最细致也最为

---

① 《孟子·离娄下》,吴哲楣主编:《十三经》,第 1392 页。

精深的当推牟宗三先生,他在《从陆象山到刘蕺山》一书中专门设章节梳理这一问题,还将问题概括为"关于先后天、良知即中即和、良知即寂即感,以及现成良知等之论辩"①,"关于'乾知'之论辩"②,"关于'独知'之论辩"③,"关于'几'之论辩"④,"关于'不学不虑'之论辩"⑤,"关于'空空'之论辩"⑥,"关于'格物有工夫无工夫'等之论辩"⑦,"关于'误现成良知为告子生之谓性'之论辩"⑧,以及"余辩"⑨共九个方面,可以说是以整个阳明心学为理论依据,对王龙溪与江右学派之间的分歧所展开的一种全面性梳理与判教性研究。牟宗三的基本立场主要在于阐明并维护阳明心学理论的精深与彻底以及王龙溪对阳明心学的继承与推进关系,因而他的出发点也就和王龙溪一样,完全是从理论之纯粹性出发对道德理想及其指向所进行的阐发与研究。在这一基础上,他对江右学派从现实人生与日常实践出发的许多理论都缺乏同情的理解。也就是说,他所顾及的主要在于阳明心学理论思辨的圆满性与彻底性,江右学派那种完全从现实人生与道德实践角度所发出的呼吁与批评根本就没有进入其关注范围。

比如,在牟宗三的分析中,他既谈到了江右学派的缺点,也谈到了王龙溪的缺点,但他不仅带有过分强烈的个人好恶,而且他的这种好恶也完全是由其对理论之圆满性与彻底性的偏爱与期待所引发的,因而完全忘记了现实的人生。比如他也常常谈到王龙溪的缺点,但在他看来,王龙溪的缺点只是所谓的"人病,而并非法病";至于江右学派,即使可以说其并无人病,却连真正的王学都算不上——言下之意,江右学派根本就

---

① 牟宗三:《从陆象山到刘蕺山》,《牟宗三先生全集》第 8 册,第 267—282 页。
② 同上书,第 282—285 页。
③ 同上书,第 285—294 页。
④ 同上书,第 294—302 页。
⑤ 同上书,第 302—305 页。
⑥ 同上书,第 305—308 页。
⑦ 同上书,第 308—319 页。
⑧ 同上书,第 319—320 页。
⑨ 同上书,第 320—322 页。

不是心学进路,因而其理论再深刻,再有意义,也就只能成为所谓病法了。所以,对于王门后学,他总评说:

> 阳明后,唯王龙溪与罗近溪是王学之调适而上遂者,此可说是真正属于王学者。顺王龙溪之风格,可误引至"虚玄而荡",顺罗近溪之风格(严格言之,当说顺泰州派之风格),可误引至"情识而肆"。然这是人病,并非法病。欲对治此种人病,一须义理分际清楚,二须真切作无工夫的工夫。若是义理分际混乱(即不精熟于王学之义理),则虽不荡不肆,亦非真正的王学也。[1]

在这里,牟宗三所谓"人病"与"法病"的对言以及其所谓"义理分际混乱",实际上都是针对江右的聂双江与罗念庵而言的,至于其随文点到式的批评就更多。我们这里当然不是要与牟宗三先生争是非,如果进入阳明学的义理系统,或者说站在阳明心学的理论基础上来看这些分歧,那么牟宗三的许多分析无疑都是正确的,也确有阳明心学的义理根据。但我们毕竟不能就王学论王学,而是必须将其作为"四句教"之"教",尤其是必须时时面对中人上下之"教"来分析。如果转向这一角度,那么王龙溪对阳明学理论之发展与推进的问题也就出来了,王龙溪与江右学派的分歧也就明显了。当然,江右学派之"归寂""守静"主张的实际意义也就显现出来了。

在这里,我们不可能全面分析其论辩,只能抓住作为王龙溪之代表性观点的"良知见在说"以及聂双江、罗念庵对他的批评来凸显两家的分歧,并以此来概括两家的不同进路及其特点。在《抚州拟岘台会语》一文中,王龙溪曾总论阳明之后王门各派的不同走向,他写道:

> 先师首揭良知之教,以觉天下,学者靡然宗之,此道似大明于世。凡在同门,得于见闻之所及者,虽良知宗说不敢有违,未免各以其性之所近,拟议掺和,纷成异见。有谓良知非觉照,须本于归寂而

---

[1] 牟宗三:《从陆象山到刘蕺山》,《牟宗三先生全集》第8册,第245页。

始得。如镜之照物,明体寂然,而妍媸自辨。滞于照,则明反眩矣。有谓良知无见成,由于修证而始全,如金之在矿,非火符锻炼,则金不可得而成也。有谓良知是从已发立教,非未发无知之本旨……此皆论学同异之见,差若毫厘,而其缪乃至千里,不容以不辨者也。寂者,心之本体,寂以照为用。守其空知而遗照,是乖其用也。见入井之孺子而恻隐,见呼蹴之食而羞恶,仁义之心,本来完具,感触神应,不学而能也。若谓良知由修而后全,挠其体也。良知原是未发之中,无知而无不知,若良知之前复求未发,即为沉空之见矣。古人立教,原为有欲设,销欲正所以复还无欲之体,非有所加也。①

据彭国翔先生《王龙溪先生年谱》考订,王龙溪《致知议略》编于五十八岁(1555),《抚州拟岘台会语》则作于六十五岁(1562),②因而基本上可以视为晚年定论,或者说起码是其晚年对阳明去世后王门各派走向的一个总结性的评论。这里不仅涉及其正面主张——良知见在说,也涉及其对各种不同或相反观点的批评。良知见在说当然从理论上完全可以成立,这不仅因为见在说本身就有阳明学理的依据,如"性无不善,故知无不良"③以及"随时知是知非""一语之下,洞见全体"④等等,而且如果良知不能落实于见在、呈现于见在,那么其所谓"随时知是知非"一说也就未必能够提出。但问题并不在于良知是否可以见在,而在于见在的是否都是良知?此其一;其二,既然"古人立教,原为有欲设,销欲正所以复还无欲之体",那么能否认为所有的受教者都已经养成"无欲之体"了?或者说只要一提良知,所有人的私欲马上就可以消弭于无形?如果这两个问题本身都包含着否定的可能——任何人当下都不可能确保自己已经养成"无欲之体",那么江右学派对于王龙溪良知见在说的批评也就具有其真正

---

① 王畿:《抚州拟岘台会语》,《王畿集》,第 26—27 页。
② 彭国翔:《王龙溪先生年谱》,《良知学的展开——王龙溪与中晚明的阳明学》,第 544—550 页,北京:三联书店,2005 年版。
③ 王守仁:《答陆原静书》又,《王阳明全集》,第 62 页。
④ 钱德洪:《刻文录叙说》,《王阳明全集》,第 1575 页。

的现实意义。

这个现实意义也就在于它必须是"教",必须面对中人上下与芸芸众生。正是从这一角度看,江右学派对良知见在说的批评其实并不是批评良知的见在性与日常表现,而是批评那些专门通过玩弄"见在"的形式却并非良知者。让我们来看聂双江和罗念庵在与其他友人的书信中谈到他们对致良知的看法包括对良知见在说的批评:

> 窃谓良知本寂,感于物而后有知,知其发也,不可遂以知发为良知,而忘其发之所自也。心主乎内,应于外而后有外,外其影也,不可以其外应者为心,而遂求心于外也。故学问之道,自其主乎内之寂然者求之,使之寂而常定,则感无不通,外无不该,动无不制,而天下之能事毕矣。①

> 本原之地,要不外乎不睹不闻之寂体也。不睹不闻之寂体,若因感应变化而后有,即感应变化而致之,是也;实则所以主宰乎感应变化,而感应变化乃吾寂体之标末耳。②

> 从前为"良知时时见在"一句误却,欠却培养一段工夫……又良知"良"字,乃是发而中节之和,其所以良者,要非思为可及,所谓不虑而知,正提出本来头面也。今却尽以知觉发用处为良知,至又易"致"字为"依"字,则是只有发用,无生聚矣。木常发荣必速槁(槁),人常动用必速死,天地犹有闭藏,况于人乎! 此事理至易明也。必有未发之中,方有发而中节之和;必有扩(廓)然大公,方有物来顺应之感。③

> 良知二字,今人皆容易说得。至如来记所云"点出此意者,不是只觉见在知是知非一念而已"。盖不由学虑而自能分晓,主宰不失,此非经枯槁寂寞之后,一切退听而天理炯然,未易及此。不肖三四

---

① 聂豹:《答欧阳南野太史》三首,《聂豹集》,第 240—241 页,南京:凤凰出版社,2007 年版。
② 聂豹:《答欧阳南野太史》三首,《聂豹集》,第 242 页。
③ 罗洪先:《与尹道舆》,《罗洪先集》,第 251 页,南京:凤凰出版社,2007 年版。

年间,亦曾以"主静"一言,为谈良知者告。①

这四封书信都不是写给王龙溪的,却既谈到了良知见在说,也有对良知见在说之中肯的批评;其批评本身,同时是对自己看法一定程度的澄清。先看聂双江,其所谓"良知本寂,感于物而后有知,知其发也,不可遂以知发为良知,而忘其发之所自也"本身都没有问题。至于其引起王龙溪对寂感、先后的批评,从理论上说固然也是正确的——因为良知本身就贯通寂感。但良知有没有发动处? 发动处有没有人欲夹杂? 显然,对于这样的问题,良知见在说根本无法应对,因为它本身就是从纯粹理论设定上的良知本体出发的,可现实生活中的芸芸众生根本不会接受或承认这样的许诺,只能从"其性之所近"出发。正是在这一背景下,聂双江"不可遂以知发为良知"也就有了非常真切的现实意义;其"感应变化乃吾寂体之标末"一说也正明确地强调要在"本原之地"上用功,即先必须廓清心体,使其念念都能够从至善之性出发,这就必须先有一段归寂的工夫,也就是所谓"自其主乎内之寂然者求之,使之寂而常定,则感无不通,外无不该,动无不制,而天下之能事毕矣"。如果要问这一看法在阳明心学中的学理依据,那么这就是"有是体即有是用,有未发之中,即有发而皆中节之和。今人未能有发而皆中节之和,须知是他未发之中亦未能全得"②。

再看罗念庵,其之所以赞叹聂双江的归寂说为"霹雳手段,许多英雄瞒昧,被他一口道著",其实正在于肯定聂双江的归寂说——所谓本原之地用功的进路。所以,其所谓"为'良知时时见在'一句误却,欠却培养一段工夫"也正是对良知见在说的明确批评;他所提倡的"必有未发之中,方有发而中节之和;必有扩(廓)然大公,方有物来顺应之感"也同样是对阳明思想的明确继承。至于所谓"主宰不失,此非经枯槁寂寞之后,一切退听而天理炯然,未易及此",以及"必有收摄保聚之功,以为充、达、长、

①罗洪先:《寄谢高泉》,《罗洪先集》,第 273 页。
②王守仁:《语录》一,《王阳明全集》,第 17 页。

养之地,而后定、静、安、虑由此以出……"①也就是强调从心体纯净到良知之发见都绝非易事,也绝不是一悟就可以奏效的。而他之所以要以其"主静"的说法"为谈良知者告",也正是要强调必须先在心体上用功。这样一种进路,曾被王龙溪概括为"若以见在感应不得力,必待闭关静坐,养成无欲之体,始为了手,不惟蹉却见在工夫,未免喜静厌动,与世间已无交涉,如何复经得世?"②

至于罗念庵是否"蹉却见在工夫",也完全可以王龙溪自己的记载为证来澄清这一问题。《松原晤语》是记录王龙溪与罗念庵相交三十年之后的一次会晤,当时王龙溪已经六十五岁,而罗念庵也已经过了五十九岁的生日③,所以完全可以说是两位老者的会晤。请看王龙溪对这一会晤的记录:

> 予不类,辱交于念庵子三十余年。兄与荆川子齐云别后,不出户者三年于兹矣。海内同志欲窥见颜色而不可得,皆疑其或偏于枯静,予念之不能忘。
>
> 因兄屡书期会,壬戌冬仲,往赴松原新庐,共订所学。至则见其身任均役之事,日与间役之人执册布算、交涉纷纷,其门如市,耐烦忘倦,略无一毫厌动之意。夜则与予联床跌坐,往复证悟,意超如也。自谓终日纷纷,未尝敢憎厌,未尝敢执著,未尝敢放纵,未尝敢亵侮。自朝至暮,唯恐一人不得其所……④

感谢王龙溪! 感谢王龙溪能够远道拜访其相交三十余年的论敌,更感谢王龙溪能够以如此笔触来描写其论敌的为人气象。如果说王龙溪确有陷于灵明心性之偏的毛病,那也是真正陶醉于灵明心性——对灵明心性真有所得者;只有真正有自己的所守,才不会也不需对别人的看法大呼

---

① 罗洪先:《甲寅夏游记》,《罗洪先集》,第 82 页。
② 王畿:《三山丽泽录》,《王畿集》,第 11 页。
③ 参见彭国翔:《王龙溪先生年谱》,《良知学的展开——王龙溪与中晚明的阳明学》,第 549 页。
④ 王畿:《松原晤语》,《王畿集》,第 42 页。

小叫。罗念庵是如此,王龙溪也是如此,他们都是阳明弟子中的真君子,所以才会有如此的胸襟与气象。至于这一会晤中所涉及的理论分歧,我们这里也就不再条分缕析了,而以浙中与江右学派在基本出发点上的差别来予以总体说明。

当王阳明以"圣人之道,吾性自足"来确立其全部学说的基本出发点时,他的全部追求都建立在主体与本体同一的基础上,其具体表现,也就是所谓"心即理"说。对于整个阳明心学而言,"心即理"既代表着一个努力的方向,也是其全部理论建构的基本出发点。至于阳明后学的分化,虽然具体来说都是从"四句教"出发的,但从根本上看,是从主体与本体的统一这一大前提下所形成的不同侧重、不同方向与不同的角度展开的。如果从主体性出发,那么此主体即为内涵本体于其中的绝对主体,这就必然要走上良知见在说一路,此正是王龙溪的推进及其表现;钱德洪虽然也是从主体性出发的,但由于他对本体之超越性领悟不够,只能走到"吾惟即吾所知以为善者而行之,以为恶者而去之,此吾可能为者也"的地步去,即使如此,钱德洪也并没有放弃其主体性立场,只是其所坚持的主体性不那么绝对而已。这种绝对主体性的进路,同时也就是一种将"心即理"及其主体与本体的同一原则作为基本出发点的进路。

如果从其本体侧重出发,实际上即是从现实主体出发而将绝对本体作为一种追求的目标,则必然同时要将所谓"心即理"作为一种努力的方向,也就是说,虽然他们也可以认同本心即理,但在他们看来,现实的人心却并不就是本心;正是为了使现实的人心能够向本心靠拢、接近,才使他们有了许多完全不同于王龙溪的主张。正是在这一背景下,我们才完全可以理解聂双江"知其发也,不可遂以知发为良知,而忘其发之所自也……故学问之道,自其主乎内之寂然者求之,使之寂而常定,则感无不通,外无不该,动无不制,而天下之能事毕矣";也才可以理解罗念庵"此非经枯槁寂寞之后,一切退听而天理炯然,未易及此。不肖三四年间,亦曾以'主静一言,为谈良知者告"的说法。显然,他们都是真正在心体上用功,并力图使心体纯然天理而无一毫人欲,这也就是王龙溪所调侃的

"必待闭关静坐,养成无欲之体,始为了手"。很明显,如果说王龙溪是侧重于阐发涵本体于其中的绝对主体精神一路,那么江右学派则主要侧重于阳明对心之本体的规定本身,并将如何澄澈其心,以使其更接近于心之本体作为主要努力方向。这样一来,王阳明通过"心即理"所表现的主体与本体的同一原则,实际上就被其浙中与江右两系后学以不同继承侧重的方式分裂了。

除此之外,从具体出发点来看,王龙溪无疑是从上根之人出发的,其所谓"千古圣学,只从一念灵明识取。只此便是入圣真脉路。当下保此一念灵明,便是学,以此触发感通,便是教。随时不昧此一念灵明,谓之格物;不欺此一念灵明,谓之诚意;一念廓然,无有一毫固必之私,谓之正心。直造先天羲皇,更无别路"的规定清楚地表明他所关注的只是所谓上乘根器。江右学派则完全不同,他们不仅是直接从中下根之所谓芸芸众生出发的,而且对于王龙溪所许诺的上乘根器根本信不过,总是怀疑其有人欲之夹杂;即使说到本心、良知,也认为必须"如金之在矿"一样,"非火符锻炼,则金不可得而成也"。如果说王龙溪所关注的主要是上乘根器及其理想状态,那么江右学派主要关注的是作为中下根的现实状态。

最后还有一点,这就是他们的理论指向。王龙溪的指向,从其"千古圣学,只从一念灵明识取"一点上就可以看出端倪,他主要在于完成一种理论逻辑上的完美性、工夫上的简易性与追求上的彻底性;至于说到其具体的入手,则所谓"吾人一切世情嗜欲,皆从意生。心本至善,动于意,始有不善。若能在先天心体上立根,则意所动自无不善,一切世情嗜欲自无所容,致知工夫自然易简省力……"显然,这就是所谓即本体即工夫;其关键,则主要取决于主体自身究竟是从先天心体上立根还从后天动意上立根。江右一系则根本不赞成王龙溪的这种通过理论的思辨化与工夫的简易化所实现的即本体即工夫之路,从聂双江所坚持的"不睹不闻之寂体"到罗念庵的"非经枯槁寂寞之后,一切退听而天理炯然,未易及此",也都说明他们的工夫才是真正现实的苦工夫;而从王龙溪对罗念庵"身任均役之事,日与乡间役之人执册布算、交涉纷纷,其门如市,耐烦忘倦,略无一毫厌动之意。夜则与予联床趺坐,往复证悟,意超如也"的记载来看,这也就是真正的"梅花香自苦寒来"。从这一点出发,我们完全可以理解黄宗羲为什么一定要明确地提出所谓"心无本体,工夫所至,即其本体"①一说了,实际上,这也正是借助江右学旨对王龙溪贵领悟而废实践工夫的一种刻意纠偏。

四、良知的现在说与现成说之分歧

在阳明后学中,王龙溪是一位核心人物。一方面,从浙中王学内部来看,他以其即本体即工夫的领悟思辨与钱德洪以为善去恶为特征的渐修工夫相区别,同时又以其良知之见在感应与江右的归寂、主静追求相区别;除此之外,他的良知见在说与泰州学派的良知现成说又构成了一重新的区别。所有这些区别都围绕着王龙溪展开,因而既构成了王龙溪思想的不同方面,同时也形成了王门后学之各种不同的出发点。

一般说来,人们往往不大注意良知见在说与现成说的区别,更愿意将二者看作一码事。比如黄宗羲在著《明儒学案》时,虽然也承认王龙溪与泰州学派有别,但更愿意将二者放在一起进行批评,比如"阳明先生之学,有泰州、龙溪而风行天下,亦因泰州、龙溪而渐失其传",这说明,黄宗羲是在游离于阳明精神这一点上将二者放在一起进行批评的,或者说他是认为二者属于同一进路。再比如牟宗三著《从陆象山到刘蕺山》,也以良知现成说指谓王龙溪的思想,比如其"九辩"中第八辩的标题就是"关于'误现成良知为告子生之谓性'之论辩"②,这起码说明,牟宗三是以"良知现成说"来指谓王龙溪思想的。到彭国翔著《良知学的展开》时,虽然已经为"见在良知"与"现成良知"各自设立独立标题,但其所谓"现成良知之辩"仍然是围绕着王龙溪与江右学派的分歧展开的,而对二者的不

---

① 黄宗羲:《明儒学案·自序》,《黄宗羲全集》第七册,第 3 页。
② 牟宗三:《从陆象山到刘蕺山》,《牟宗三先生全集》第 8 册,第 319 页。

同基础以及其对阳明学的演化及其递进关系也只是进行方向性的揭示。

造成这一误解的原因首先就在于江右一系原本就曾以良知现成说来概括王龙溪的思想，比如聂双江就认为王龙溪"自来论学，只从混沌初生，无所污坏者而言，而以见在为具足，不犯做手为妙悟"①。这里的"见(现)在"实际上也就是"现成"的同义语，所以才会有所谓"无所污坏者而言"一说。王龙溪本人也曾以批评的口气谈到江右一系对良知现成说的否定，比如："有谓良知无见成，由于修正而始全，如金之在矿，非火符锻炼，则金不可得而成也。"②从这一表达来看，甚至王龙溪似乎也是赞成良知现成说的。所以，到了罗念庵，他在其《松原志晤》中也这样来概括他们之间的讨论与分歧：

> 龙溪曰："世间那(哪)有现成先天一气？先天一气，非下万死工夫断不能生，不是现成可得……"
>
> 余应声赞曰："兄此言极是，世间那(哪)有现成良知?，良知非万死工夫断不能生也。不是现成可得，今人误将良知作现成看，不知下致良知工夫，奔放驰逐无有止息，茫荡一生有何成就?"③

这说明，在当时的相互交流中，江右一系包括王龙溪本人就已经对"见在"与"现成"不加区别了，还常常以所谓"现成"来指谓并包括"见在"(当然，从游离于阳明精神及其走向之负面意义来看，二者也可以说是基本一致的)。但值得注意的是，王龙溪虽然并未对良知现成说进行批评，但在对各种"良知异见"进行划分时，王龙溪对良知现成说的现象已经有所觉察。④ 也许他在一定程度上也赞同现成良知的说法，但他在对自己观点的定位与表达时却总称之为"见在"而并不称"现成"，比如其《致知议辩》中所谓"此原是人人见在具足、不犯做手本领工夫，人之可以为尧舜，

---

① 聂豹：《答王龙溪》，《聂豹集》，第377页。
② 王畿：《抚州拟岘台会语》，《王畿集》，第26页。
③ 罗洪先：《松原志晤》，《罗洪先集》，第696页。
④ 龙溪云："有谓'良知不学而知，不须更用致知，良知当下圆成无病，不须更用消欲工夫'，此沿袭之说也……"王畿：《滁阳会语》，《王畿集》，第35页。

小人之可使为君子,舍此更无从入之路、可变之几";再比如罗念庵记载他和刘狮泉的讨论,他曾问刘狮泉说:"'见在良知与圣人同异?'狮泉曰:'不同。'"[1]这起码说明,王龙溪对二者之间的区别似乎还是有一定的自觉的。

那么二者的区别究竟何在呢?从根本上看,良知见在或见在良知说主要是从对良知之普遍化、知用化拓展与人伦日用化的落实而来,它不仅以至善之性为根底,而且也确实存在着王阳明"性无不善,故知无不良"的学理依据。现成良知说的根据则主要在于知觉之良者,即主要是从知觉之良的角度说良知,如果要追溯其人性根源,那么其根据可能就已经不再是人的至善之性,而不过是一种人的自然天性或天性之明觉表现而已。这样一种区别,也就成为《大学》所举例说明的"如好好色,如恶恶臭"与所谓"好好色""恶恶臭"之间的区别了,就是说,良知现成说已经将良知的根据由人内在的道德善性改变或转移为人的一种基于天性的自然明觉了。

为什么会有这么大的区别呢?这需要从王阳明良知与知识的关系说起;而且,良知现成说虽然并不等同于良知见在说,但又和良知见在说存在着千丝万缕的联系,甚至也可以说,所谓良知现成说就是直接从良知见在说的母体中孕育出来的。

因为自理学崛起,所谓德性之知、见闻之知的二重分化就一直是宋明理学的一种源远流长的传统。到了王阳明,其在《答欧阳崇一》一书中也曾谈到良知与知识的关系,认为"良知不由见闻而有,而见闻莫非良知之用,故良知不滞于见闻,而亦不离于见闻"[2]。王阳明的这一思想,一方面强调了良知对于见闻知觉的超越性,但同时又突出了良知对于见闻知觉的内在性与主宰性,所以他告诉欧阳崇一说:"若主意头脑专以致良知为事,则凡多闻多见,莫非致良知之功。盖日用之间,见闻酬酢,虽千头

---

① 罗念庵:《甲寅夏游记》,《罗洪先集》,第 85 页。
② 王守仁:《答欧阳崇一》,《王阳明全集》,第 71 页。

万绪,莫非良知之发用流行,除却见闻酬酢,亦无良知可致矣。"①这种良知对见闻知觉之既超越又内在的特点,同时也构成了王门后学理解良知、演化良知的基础或出发点。到了王龙溪,由于其更加高扬主体性精神,加之又主张在"先天心体上立根",因而良知的内在主宰性质必然会随着其"灵明"的遍在性与普泛化而流注于人生的一切方面,这就必然会表现为良知见在说。

从阳明心学的基本理论来看,所谓"灵明"以及"良知见在"的说法都没有问题,也都存在着阳明学理的依据;只要其不脱离道德善性的根基,自然也都可以贯注于人生的方方面面。但是,由于王龙溪同时又坚持所谓"千古圣学,只从一念灵明识取。只此便是入圣真脉路""一念灵明,无内外,无寂感。吾人只是不昧此一念灵明,便是致知;随时格物,不昧此一念灵明,便是格物",这就等于是直接以"灵明"的方式专门在"见在"发用的层面上做文章,难免会有感性嗜欲的夹杂,从而也就使良知以"灵明"与"见在"——"现成"的方式流布于人生的方方面面。但这样一种指向却并不是王龙溪的走向,而主要是通过泰州学派实现的,这就成为所谓良知现成说。

泰州学派是由阳明弟子王艮开创的学派。由于其子王东崖自幼受教于钱绪山和王龙溪,从一定程度上说,泰州学派的为学宗旨也有从浙中学派过继而来的可能,当然这种可能同时也就加进了王泰州"百姓日用"的特色,因而成为良知现成说之滥觞。比如王东崖就曾表达其为学宗旨说:

> 鸟啼花落,山峙川流,饥食渴饮,夏葛冬裘,至道无余蕴矣。充拓得开,则天地变化,草木蕃殖,充拓不去,则天地闭,贤人隐。②

就王东崖的这一表达来看,应当说还是很不错的,因为他既表达了道在自然之遍在性的一面,也提升了自然,为自然着上了一层天道流行的诗

---

① 王守仁:《答欧阳崇一》,《王阳明全集》,第 71 页。
② 王襞:《语录遗略》,《王心斋全集》,第 214 页,南京:江苏教育出版社,2001 年版。

意。对于王东崖的这一经典性表达,牟宗三还专门提醒说:"至道不离'鸟啼花落,山峙川流,饥食渴饮,夏葛冬裘',然而并不是说穿衣吃饭之生理的感受就是道。此绝不可误解。"①如果王东崖专门在这一层面做工夫,也不至于流失太远,但是他又明确地反对"学",这就封闭了向上提升之路,只能以顺乎自然的方式一路下滑了。比如王东崖说:

> 才提起一个学字,却是便要起几层意思,不知原无一物,原自见成,顺明觉自然之应而已。自朝至暮,动作施为,何者非道? 更要如何,便是与蛇画足。②

就其反对"学"的本意而言,自然是要排除那种专门"要起几层意思"以及"更要如何"之类的不自然现象,但是,当他完全反掉了"更要如何"之类的不自然之后,也就只能"顺明觉自然之应而已"。这就成为标准的良知现成说了,所以其前边就已经明确提出"不知原无一物,原自见成"。显然,这里的"原自见成"一说实际上也就是"顺明觉自然之应"的同义语,也就可以看作是对现成良知说的一种准确表达。

这当然只是我们从浙中王龙溪之绝对主体精神与良知见在说的角度对良知现成说之形成逻辑的一种推论与分析。当王龙溪以"灵明"的方式将良知引向"见在"层面时,本身就已经包含了这种可能,但王龙溪虽然"纵横自在,头头明显",毕竟在理论上并没有脱离道德善性的根底。③ 当王东崖全然以自然为追求指向同时又关闭了"学"的大门时,良知也就只能走上"顺明觉自然之应"一路了。就是说,当王龙溪将良知以"灵明"的方式引向"见在"层面,王东崖又彻底关闭了归根复命之"学"的大门时,良知也就只能以"明觉"为归,并以"自然"的方式滑向"现成"一

---

① 牟宗三:《从陆象山到刘蕺山》,《牟宗三先生全集》第 8 册,第 236 页。
② 王襞:《语录遗略》,《王心斋全集》,第 216 页。
③ 后来东林党人因为"无善无恶"而批评王龙溪,实际上这正是东林党人不理解"无善无恶"的表现,也是其由泰州学派的"情识而肆"而直接追根于王龙溪的表现。因为王龙溪说得很清楚:"天命之性,粹然至善,神感神应,其机自不容已,无善可名。恶固本无,善亦不可得而有也。是谓无善无恶。"王畿:《天泉证道纪》,《王畿集》,第 1 页。

路了。这样一来,王阳明通过对良知与见闻知觉之不离不滞关系的反复辨析所确立的超越而又内在的原则,现在也就全然回归于见闻知觉之"自然明觉"了。

但是,如果我们将良知的这一演变过程对应于泰州学派,那么在泰州学派内部,良知现成说原本就以如此"现成"的方式存在着。这里我们无须多引,只要能够表现其将良知"现成"化即可。比如:

> 圣人之道,无异于"百姓日用"。凡有异者,皆谓之"异端"。
>
> "天理"者,天然自有之理也,才欲安排如何,便是"人欲"。
>
> 百姓日用条理处,即是圣人之条理处。①
>
> 有学者问"放心"难于求,先生呼之即起而应。先生曰:"尔心见在,更何求心乎?"②

很明显,这是对从"圣人之道"到"天理"以及学者之所谓"求放心"工夫之一种全面的日用化落实,但由于王泰州已经从"百姓日用"的角度并以"异端"与"人欲"的方式彻底排除了追根溯源性的探索,也就只能成为地地道道的"现成良知"说了。特别典型的一点就在于,他还以"呼之即起而应"的"尔心"来取代孟子的"求放心",实际上也就等于取消了所有的探索与追求;至于其"尔心见在"一说,也就清晰地画出了一条良知见在说的尾巴,从而使王龙溪陷于有口难辩的境地。所以,黄宗羲所谓的"阳明先生之学,有泰州、龙溪而风行天下,亦因泰州、龙溪而渐失其传"绝不是无稽之谈。

那么,良知见在说与现成说的区别究竟何在呢? 从良知的知用化表现与日用化落实来看,它既不能排除"见在",当然也就不能排除"现成",也就是说,良知既可以"见在",当然也就可以"现成"——就其作为至善之性对于是非知觉之直下贯通这一点而言,"见在"与"现成"当然都可以作为至善之性的具体表现。良知见在说与现成说的区别则主要在于其

---

① 王艮:《语录》,《王心斋全集》,第 10 页。
② 王艮:《语录》,《王心斋全集》,第 17—18 页。

不同的理论根据与基础。良知见在说，无论王龙溪如何"纵横自在，头头明显"，始终没有脱离"天命之性，粹然至善"的根底与基础；而王泰州父子则由于既关闭了"学"与"求"的大门，又一意于自然化日用化追求，就只能以"明觉自然"为根据了，这就有可能走向自然人性论。所以说，道德人性论与自然人性论才是二者最后最根本的区别。

但对王龙溪而言，这里既存在着需要辩说的一面，又存在着难以辩说的一面。所谓需要辩说，自然是指他们之间的区别；所谓难以辩说，则是因为泰州学派的良知现成说毕竟直接导源于他的良知见在说，也是从其见在说的基础上发展演化而来的。所以，从同时崛起的江右学派一直到晚明的东林党人乃至于刘宗周、黄宗羲师徒，也一致将批判的矛头直指王龙溪，认为他才是导致阳明心学"失传"的始作俑者，这就难免存在着让人为他抱憾的成分了。除此之外，王龙溪天资高爽，思力过人，不要说阳明后学及其同代学人中罕有其匹，就是在整个明代理学中无疑都属于高才，但是，其应举则屡考不第，从政则两考即退；致力于学术探讨固然也可以说是性之所近，但又由于艺高胆大、恣意纵横，在将儒家心性之学推向极致的同时也将自己推向了深渊，从而也为自己准备了一个永远无法澄清的官司。王龙溪的一生，也深深地为后人提出了一个如何自用其才与自御其才的问题。

第三节　邹守益与江右学派

关于阳明后学，黄宗羲评论说："姚江之学，惟江右为得其传，东廓、念庵、两峰、双江其选也。再传而为塘南、思默，皆能推原阳明未尽之旨。是时越中流弊错出，挟师说以杜学者之口，而江右独能破之，阳明之道赖以不坠。"[1]黄宗羲这里所高调表彰的东廓，就是作为江右巨子的邹守益。其实这一看法并不是黄宗羲的个人私见，阳明生前就极看重邹守益，曾

---

[1] 黄宗羲：《明儒学案·江右王门学案》一，《黄宗羲全集》第七册，第 377 页。

称赞其"以能问于不能,以多问于寡,有若无,实若虚,犯而不校,谦之近之矣"①。而在同代长辈中,看好邹守益的也不止王阳明一人,作为阳明论敌的罗钦顺在邹守益童年时就称赞其有"颜子"之德。也许正是这些方面的原因,黄宗羲评价说:"阳明之没,不失其传者,不得不以先生(邹守益)为宗子也。"②

从事后来看,邹守益一生的理论建树并不大,除了曾与湛甘泉、吕泾野主盟天下教事外,其一生基本上过着为官、家居与讲学的生活,而其学则以戒惧为本,大体以朱王互救其失为方向。这当然都是无可非议的正确方向,但作为阳明生前极为看重的王门宗子,难免让人会有一丝虚歉之感。当初,罗钦顺之所以赞叹其有颜子之德,主要是从其庄重而又诚敬的气象上说的;王阳明之所以看重邹守益,又主要是从其外庄重而内旷达的心性上着眼的。这两位大师当然都没有看错,但在积极推进王学以走向深入这一点上,却不能不让人稍有虚歉之感。也许是因为阳明去世后,其后学中豪杰并出、英雄四起,邹守益不得不充当"维持会长"与"救火队长"双重责任;也许是因为其德、才的相得益彰使他不得不始终保持一个温恭长者的君子形象。

一、"至善无恶"

邹守益(1491—1562),字谦之,号东廓,江西福安人,出身于官宦之家。"九岁从父南大理官邸,罗整庵见而奇之,寮案相庆署中有颜子。辛未(1511)会试,阳明先生为同考,赏识之,拔为第一。廷试及第第三人,授翰林编修。"③后因丁忧归。嘉靖(1522)改元再起,又因上疏忤旨,谪广德州判官。以后一直任官南京,掌南京翰林院,升南京国子监祭酒。"九庙灾,有旨大臣自陈,大臣皆惶恐引罪。先生上疏,独言君臣交儆之义,

---

① 沈佳:《邹守益言行录》,《邹守益集》,第1396页,南京:凤凰出版社,2007年版。又见王阳明《语录》三,《王阳明全集》,第117页。
② 黄宗羲:《明儒学案·江右王门学案》一,《黄宗羲全集》第七册,第381页。
③ 沈佳:《邹守益言行录》,《邹守益集》,第1396页。

遂落职闲住。四十一年(1562)卒,年七十二。"①

对于江右学术,黄宗羲一直非常用心,这主要是因为在他看来,江右学术独能破浙中之弊,邹守益作为江右一系的学术领袖,自然也就是黄宗羲用心的重中之重。关于邹守益成为阳明弟子的因缘,黄宗羲的一段记载颇能道出其中的具体缘由:

> 初见文成(王阳明)于虔台,求表父墓,殊无意于学也。文成顾日夕谈学,先生忽有省,曰:"往吾疑程、朱补《大学》,先格物穷理,而《中庸》首慎独,两不相蒙,今释然格致之即慎独也。"遂称弟子。又见文成于越,留月余。既别,而文成念之曰:"以能问于不能,谦之近之矣。"又自广德至越,文成叹其不以迁谪为意,先生曰:"一官应迹优人,随遇为故事耳。"文成默然良久,曰:"《书》称'允恭克让',谦之信恭让矣,自省允克何如?"先生欿然,始悟平日之恭让,不免于玩世也。②

感谢黄宗羲的这一段记载,否则,后人就只能看到其所谓"恭让"与"诚敬"的一面,而肯定无缘认识其内在超脱、旷达的心胸。实际上,王阳明也正是在后一意义上深深寄望于邹谦之的。因此,在阳明文集中,也只有邹谦之才有资格承受阳明的如下厚望:

> 某近来却见得良知两字日益真切简易……缘此两字,人人所自有,故虽至愚下品,一提便省觉。若致其极,虽圣人天地不能无憾,故说此两字穷竭不能尽。③

> 以谦之精神力量,又以有觉于良知,自当如江河之注海,沛然无复能有为之障碍者矣!默成深造之余,必有日新之得,可以警发昏惰者,便间不惜款款示及之。④

---

① 黄宗羲:《明儒学案·江右王门学案》一,《黄宗羲全集》第七册,第380页。
② 黄宗羲:《明儒学案·江右王门学案》一,《黄宗羲全集》第七册,第380—381页。
③ 王守仁:《寄邹谦之》三,《王阳明全集》,第204页。
④ 王守仁:《寄邹谦之》四,《王阳明全集》,第206页。

这种饱含厚望的叮咛,在阳明的及门弟子中几乎属于仅见。这说明,王阳明确实是寄厚望于邹谦之的;而黄宗羲所谓的"阳明之没,不失其传者,不得不以先生为宗子",也就指其相互的这样一种关系而言。

但邹谦之毕竟属于江右一系,阳明的天泉证道与严滩问答他都不是亲与者。至于王龙溪关于江右一系如何接受王阳明的"四句教",则其在《钱德洪行状》中有关于邹谦之的如下一段说明:

> 过江右,东廓、南野、狮泉、洛村、善山、药湖诸同志二三百人候于南浦请益,夫子云:"军旅匆匆,从何处说起? 我此意畜之已久,不欲轻言,以待诸君自悟。今被汝中拈出,亦是天机该发泄时。吾虽出山,德洪、汝中与四方同志相守洞中,究竟此件事。诸君只裹粮往浙,相与聚处,当自有得。待予归,未晚也。①

这说明,王龙溪无疑是有意将"天泉证道"作了有利于自己一方的记载,其中也不乏有自我抬高之嫌。当然,也许由于这是王龙溪多年后的回忆,且作为两名当事人之一的钱德洪已经谢世,其自我抬高也就难免会有其现实学术地位的因素,也在可以理解之列。

但天泉证道事关重大,邹谦之本人也有其了解"四句教"的记录,所以,通过邹谦之的记录不仅可以破解钱德洪和王龙溪的各执一偏之词,也可以看出他对"四句教"的理解以及其学术走向。其《青原赠处》记载:

> 阳明夫子之平两广也,钱、王二子送于富阳。夫子曰:"予别矣,盍各言所学?"德洪对曰:"至善无恶者心,有善有恶者意,知善知恶是良知,为善去恶是格物。"畿对曰:"心无善而无恶,意无善而无恶,知无善而无恶,物无善而无恶。"夫子笑曰:"洪甫须识汝中本体,汝中须识洪甫工夫。二子打并为一,不失吾传矣!"逾年,先师薨于南安,不及稽二子之成也。而二子交砥互砺,以求不坠遗绪,闻吾邦惜阴之会视四方为盛,冒暑跋涉,升九华,历匡庐,以至复古,大会于青

① 王畿:《钱德洪行状》,《王畿集》,第586—587页。

原。吉郡同志欣欣携子弟从之，而南昌、临、瑞、抚、赣之彦，亦闻风胥集，相与宣畅格致宗旨。工夫缜密，本体精粹，人人若先师之临乎上也。龙溪子以病，逾月而归。绪山子沂澄江，入五云，以别同志，瞿然赠处之义。益拜手绎以所闻，曰：

> 良知之旨，其天命之性乎！是性也，不睹不闻，无声无臭，而莫见莫显，体物不遗，不睹不闻，真体常寂，命之曰诚；莫见莫显，妙用常感，命之曰神；常寂常感，常虚常灵，有无之间，不可致诘，命之曰几。性焉安焉，知几其神，以止至善，天运川流，不舍昼夜；复焉执焉，见几而作，迁善改过，雷厉风飞，不俟终日。有所忿懥好乐则不寂，不寂则挠其体；亲爱贱恶而辟则感不通，不通则窒其用。慎哉，其惟独乎！①

这两段记载，前边一段是对原事件的记录（不过这一记录并不是出自王阳明的叙述，而是出自王阳明、钱德洪都已经去世后王龙溪的回忆），后面一段则代表着邹谦之当时的理解；至于其将"心之体"归并于"独"的走向，其实也正是邹谦之以《中庸》之戒惧慎独精神来诠释并落实"四句教"的表现。当然在这里，将"四句教"之首句归并于戒慎恐惧的慎独精神自然是没有问题的，由此却表现出邹谦之确实是以《中庸》精神来理解"四句教"的。除此之外，邹谦之对原事件的记录也有几处明显的错误：比如"送于富阳"，自然是地名之误；至于"至善无恶者心"一句，对于王学的基本精神而言，固然也可以说没有问题，但这一明确的"修正"究竟是邹谦之根据自己的理解对记录的诠释呢，还是王阳明包括钱、王二子的传达原本就是如此？如果从钱德洪的记载来看，那么此处原为"无善无恶"应当说是毫无疑问的。因为如果仅从对"无善无恶"的不解与排拒来看，钱德洪也许更有理由将其理解为"至善无恶"；但钱德洪之所以能够保留他所不理解的"无善无恶"，起码说明王阳明原来确实是以"无善无恶"来表达的。

---

① 邹守益：《青原赠处》，《邹守益集》，第103—104页。

但当邹谦之如此记录并如此转达之后,就出现了一个新的问题,这就是"四句教"将如何展开? 从邹谦之"至善无恶者心"来看,"四句教"似乎是从作为"至善"的"心之体"一直到为善去恶之格物实践过程的一个浓缩。如此一来,"四句教"也就成为一个牟宗三所谓的"直线而推"①式的纲领了,就是说,它是一个由形而上的"心之体"直接落实为形而下的为善去恶之格物实践的纲领。但另一方面,如果"四句教"的原意就确实如此,那么钱德洪也就不应当有任何不解的地方;更为重要的是,王阳明在"严滩问答"中以所谓"有心俱是实,无心俱是幻;无心俱是实,有心俱是幻"的启发与说明也就失去了意义。因为这样一来,"四句教"不仅没有任何"玄"的意味,而且由"四句教"所导致的那些纷争也就都失去了根据。这样看来,邹谦之的大方向固然没有问题,但其对"四句教"之"至善无恶者心"的记载肯定是出于他的理解与诠释。

当然,我们这里也可以提出一种猜测,这就是邹谦之之所以如此表达、如此强调"心之体"的"至善"属性,完全是为了适应人们对"四句教"之实然存在式的理解;从实然存在的视角出发,自然也就会认为所谓"无善无恶是心之体"一说也就是指"心之体"原本就没有善恶可言。但是,如果证之于王龙溪"天命之性,粹然至善,神感神应,其机自不容已,无善可名"②来看,完全可以看出,其实王龙溪并不否定"心之体"的至善属性,只是从"作用上'无相'之意"③的角度,才可以称之为"无善无恶"。也就是说,所谓"至善无恶"的"心之体"必须在工夫追求中达到"无善无恶"——所谓超越善恶的高度,才算是真正实现并彻底落实了至善无恶的心之体。这样看来,邹谦之对"无善无恶"的理解确实存在着一丝不到位的地方。如果从邹谦之下面的一段诠释来看,似乎又不能说他的形上意味不足,即不能说他对形而上的工夫追求存在把握不到位的地方。

综合这方方面面的理由,我们只能得出结论说:邹谦之极有可能是

---

① 牟宗三:《从陆象山到刘蕺山》,《牟宗三先生全集》第 8 册,第 221 页。
② 王畿:《天泉证道纪》,《王畿集》,第 1 页。
③ 牟宗三:《从陆象山到刘蕺山》,《牟宗三先生全集》第 8 册,第 220 页。

根本不认同王阳明"无善无恶"的表达，才故意要以"至善无恶者心"来对王阳明的"无善无恶是心之体"一说进行修正；经过这一修正之后，"四句教"也就成为一个从至善无恶的心之体一直指向为善去恶之格物的道德实践纲领了。虽然这一纲领是以"直线而推"的方式展开的，缺失了一定的形上超越意味，但它又确实保持着一种平实与谨慎的精神。如果从王门后学的分化与发展来看，尤其是与那种"玄虚而荡"与"情识而肆"的现象相比，那么邹谦之的这一"修正"反倒表现出了某种先见之明。正是从这一意义上看，黄宗羲所谓的"阳明之没，不失其传者，不得不以先生为宗子也"，也就成为一个非常中肯的评价了。

二、"戒惧"工夫

关于邹谦之的学术，黄宗羲概括说："先生之学，得力于敬。敬也者，良知之精明，而不杂以尘俗者也。吾性体行于日用伦物之中，不分动静，不舍昼夜，无有停机。流行之合宜处谓之善，其障蔽而壅塞处谓之不善。盖一忘戒惧，则障蔽而壅塞矣。但令无往而非戒惧之流行，即是性体之流行矣。离却戒慎恐惧，无从觅性；离却性，亦无从觅日用伦物也。"[1]黄宗羲的这一概括比较准确，但其"得力于敬"的说法却难免存在着外在粘贴之嫌，因为从邹谦之告别阳明时"不免于玩世"的自省来看，如何能够说明其内在恭敬呢？所以，所谓"得力于敬"的说法实际上可能是邹谦之对自己"玩世"之心所提出的一种对治措施，当然也可能是针对王门后学荡弃礼法现象的一种纠偏之举。[2] 不过，从其将"敬"收摄于"无往非戒惧之流行，方是须臾不离"来看，他实际上是以内在的"戒惧"来实现其所谓的"修己以敬"的。这样一来，所谓敬也就成为一种内在主宰（戒惧）之外

---

[1] 黄宗羲：《明儒学案·江右王门学案》一，《黄宗羲全集》第七册，第 381 页。

[2] 黄宗羲"得力于敬"的说法也有邹谦之自己论述的根据。他说："圣门之教，只在修己以敬。敬也者，良知之精明而不杂以私欲也。故出门使民，造次颠沛，参前倚衡，无往非戒惧之流行，方是须臾不离。"（《简吕泾野宗伯》，《邹守益集》，第 515 页）从这一论述来看，邹谦之无疑是把敬收摄于内在的戒惧的。

在表现了,这就完全以致良知为归了。

实际上,邹谦之的学术之根全在于《中庸》,其初见阳明即"疑程、朱补《大学》,先格物穷理,而《中庸》首慎独,两不相蒙,今释然格致之即慎独也",说明他实际上已经在以《中庸》的理路来校正程朱所补的《大学》了;而其后来的"不以迁谪为意",也正是《中庸》所谓的"君子素其位而行"的精神。至于"慎独"与"戒慎恐惧",当然就更是《中庸》的核心思想了。所以,从一定程度上说,在进入阳明门下以前,邹谦之实际上就已经通过《中庸》确立了人生的基本立足点。在这一基础上,王阳明关于良知学之"缘此两字,人人所自有,故虽至愚下品,一提便省觉。若致其极,虽圣人天地不能无憾",也就更加明确了主宰的内在性。但由于人的先天局限(诸如人生而有欲),因而良知又不能不昏蔽于物欲,这样一来,也就形成了邹谦之直接指向良知之"戒慎恐惧"的方向。

正因为这样一种方向,其戒慎恐惧之功也就全然在本体流行上用,从而以"非本体之流行"来作为戒慎恐惧的主要对象。他说:

> 向来起灭之意,尚是就事上体认,非本体流行。吾心本体,精明灵觉,浩浩乎日月之常照,而渊渊乎江河之常流。其有所障蔽,有所滞碍,扫而决之,复见本体。古人所以造次于是,颠沛于是,正欲完此常照常明之体耳。夙夜点检,益觉警惕。①

> 良知之教,乃从天命之性指其精明灵觉而言。《书》谓之明命,《易》谓之明德,而恻隐、羞恶、辞让、是非,无往而非良知之运用。故戒慎恐惧以致中和,则可以位天地,育万物;而扩充四端,则可以保四海,如运诸掌……初无不足之患,所患者未能明耳。好问好察,以用中也;诵诗读书,以尚友也;前言往行,以蓄德也;皆磨镜以求明之功也。及其明也,只是原初明也,非合天下古今之明而增益之也。世之没溺于闻见,勤苦于记诵,正坐以良知为不足而求诸外以增益之,故比拟愈密,揣摩愈巧,而本体障蔽愈甚,终亦不能照而已矣。

---

① 邹守益:《简君亮伯光诸友》,《邹守益集》,第493页。

> 博文格物,即戒惧扩充一个工夫,非有二也。果以为有二者,则子思子开卷之首,得无舍其门而骤语其堂乎?[1]

被黄宗羲以节略的方式置于"东廓论学书"之首的这两段文字,其实就足以代表邹谦之学术的基本规模了。所谓"吾心本体,精明灵觉"自然指良知而言;所谓"造次于是,颠沛于是"则是指"本体流行"而言。这就明确地揭示了其戒慎恐惧说的基础与背景。至于其所谓"《书》谓之明命,《易》谓之明德"以及孟子之所谓"四端",则表明他是明确以儒家的历代传统向良知归宗的;正是依据良知之流行,才有所谓"位天地,育万物"的指向。这样,博文格物、戒惧扩充,也就全然收摄于《中庸》慎独之入手工夫上来了。

邹谦之为什么要以戒惧为主要工夫? 从表面上看,其以戒惧为工夫主要是为了确保良知本体之流行。但是,如果我们要追问其所谓戒惧究竟又是谁的戒惧、谁在戒惧时,其深意立即就显现出来了。他说:

> 良知精明处自有天然一定之则。可遂则遂,不可遂则止;可效则效,不可效则止;可从则从,不可从则止。真是鸢飞鱼跃,天机活泼,初无妨碍,初无拣择。所患者好名好利之私一障其精明,则播糠眯目,天地为之易位矣。[2]

> 源泉混混,不舍昼夜,以放乎四海,性之本体也。有所壅蔽,则决而排之,禹之所以治水也……然惟因其壅而导之,未尝以人力加损,故曰行其无所事。若忿欲之壅不加惩窒,而曰本体原自流行,是不决不排而望放于海也。苟认定惩窒为治性之功,而不察流行之体原不可以人力加损,则亦非行所无事之旨矣。[3]

在这里,所谓戒惧全然是针对良知本体之流行而发的,就是说,所谓戒惧就是要确保良知本体之自然流行,但真正戒惧之动力根源又在哪里呢?

---

① 邹守益:《复夏太仆敦夫》,《邹守益集》,第493—494页。
② 邹守益:《答周顺之》,《邹守益集》,第503页。
③ 邹守益:《复聂双江文蔚》,《邹守益集》,第494—495页。

如果我们不断地进行这样的追问，就会发现其实所谓戒惧同时也正是良知自体的作用，所以邹谦之才会提出良知之流行自有天然一定之则，并认为不仅良知之流行，而且戒惧的工夫本身也都要达到"未尝以人力加损"的地步，"故曰行其所无事"。这样一来，戒惧之入手自然是一种工夫形态，但戒惧的根源及其指向又不纯粹是工夫，而是一种在良知本体支撑与指导下的工夫，这样的工夫也就真正成为一种本体工夫了。这样，邹谦之也就以其源自《中庸》的戒惧工夫，同样达到并且也实现了本体工夫的境界。就这一点而言，邹谦之确实不负王门宗子的称谓。

正因为邹谦之的戒惧是蕴涵本体于其中的工夫，所以其戒惧之学看起来似乎只显工夫相，实际上正是黄宗羲所谓的"工夫所至，即其本体"——本体永远存在于工夫的追求之中。这就成为一种最不显本体相的本体追求精神了。也许正是这一原因，邹谦之似乎从来不提或很少提及本体，因为当时的本体已经成为一个唬人的话头了，他只在那里谈工夫，但其工夫却已经成为真正的本体工夫了。请看其关于工夫的如下论证：

> 迁善改过，即致良知之条目也。果能戒慎恐惧，常精常明，不为物欲所障蔽，则即此是善，更何所迁？即此非过，更何所改？一有障蔽，便与扫除，如雷厉风飞，复见本体，所谓闻义而徙，不善而改，即是讲学以修德之实。其谓落在下乘者，只是就事上点检，则有起有灭，非本体之流行耳。先师之教，幸未废堕者，正赖此心此理之同然。①

> 圣门志学，便是志"不逾矩"之学。吾侪讲学以修德，而日用逾矩处，乃以小过安之，何以协一？胸中一有所不安，自戒自惧，正是时时下学，时时上达，准四海，俟百圣，合德合明，只是一矩。②

在这两段论述中，前一段只论改过迁善，并在改过迁善中复见本体，这就

---

① 邹守益：《答徐子弼》，《邹守益集》，第508—509页。
② 黄宗羲：《明儒学案·江右王门学案》一，《黄宗羲全集》第七册，第389—390页。

是在工夫追求中彰显本体，既使工夫成为本体发用的表现，又使本体内化为工夫追求的具体次第，这就是本体与工夫的直接统一。后一段则是通过"不逾矩"的追求使下学与上达成为一种直接统一的关系，所以说是"时时下学，时时上达"，下学与上达、本体与工夫也就成为一时并到的关系。这样一来，邹谦之的戒惧也就不仅仅是一种工夫追求，也是本体的具体呈现了。如果说王龙溪是通过"从先天心体上立根"的方式将阳明哲学推向了极致，那么邹谦之则是通过具体的戒惧工夫同样实现了这一目标。

正是这一原因，邹谦之只讲戒惧，只讲工夫，但他又能将儒家所有的追求全然融释于主体的戒惧追求之中。他说：

> 戒慎恐惧之功，命名虽同，而血脉各异。戒惧于事，识事而不识念；戒惧于念，识念而不识本体。本体戒惧，不睹不闻，常规常矩，常德常灵，则冲漠无朕，未应非先，万象森然，已应非后，念虑事为，一以贯之，是为全生全归，仁孝之极。[1]

> 自天子至于庶人，皆有中和位育。中和不在戒惧外，只是喜怒哀乐、大公顺应处；位育不在中和外，只是大公顺应，与君臣父子交接处。[2]

这样的语录，真是所谓"布帛之言，稻菽之味"，却凝聚着从戒慎恐惧出发以达到所谓"识事""识念"与"识本体"的不同进境；只有源自本体层面的戒惧，才能"念虑事为，一以贯之"，这就是一种"全生全归"了。至于"戒惧"与"中和""位育"的关系，则一方面是"中和不在戒惧外"，同时，"位育"又"不在中和外"，这就形成了一条从"戒惧"出发以指向"中和位育"的工夫超越之路，但又必须起步于"君臣父子交接处"。显然，邹谦之完全是通过戒惧之下学追求，同样实现了所谓"致中和"以及"位天地""育万物"的境界。如果抛开王阳明心学之思辨玄妙一面，那么邹谦之的这

---

① 黄宗羲：《明儒学案·江右王门学案》一，《黄宗羲全集》第七册，第 391 页。
② 黄宗羲：《明儒学案·江右王门学案》一，《黄宗羲全集》第七册，第 390 页。

一进路,可能才真正体现着实实在在的王学精神。所以,后人评价说:
"文庄(邹谦之谥号)语开大精实,令人鼓舞。至阐发师门宗旨,尤深切著
明。文成(阳明谥号)门人,品行议论纯乎不杂者,必以公为第一。"[1]

三、对同门偏离阳明宗旨的批评

正因为邹谦之在王门弟子中的宗子地位,对于阳明后学中的种种荡
越现象,邹谦之实际上是负有维护师门宗旨的义务的。但对邹谦之这种
忠厚、温和资质的人来说,他又往往缺乏护法类型的那种凌厉与果敢。
因而对于师门宗旨的维护,包括对同门中各种偏离阳明宗旨的现象,他
也只是报以启发性的指点或者说是点到为止式的批评。虽然他既有维
护师门宗旨的义务,也有这一方面的愿望,但由于王门后学中豪杰并出,
在维护师门宗旨方面,邹谦之远远没有发挥出其应有的作用。

邹谦之首先所要面对的问题就是由"四句教"所引发、并由王龙溪所
拆分、而由钱德洪与王龙溪所共同表现的"四无"与"四有"现象。其《青
原赠处》固然是在王阳明去世多年以后,钱、王二子借在青原举办的"惜
阴之会"对阳明"四句教"精神的再传达,而邹谦之"二子打并为一,不失
吾传矣"的记录不仅重申了阳明的期望,而且其戒惧之学本身也就代表
着钱、王二子不同走向的有机统一;其所谓"自戒自惧,正是时时下学,时
时上达,准四海,俟百圣,合德合明"本身也就是在时时戒惧的工夫追求
中所彰显的良知本体之学。

如果说这一表达本身就是对钱德洪与王龙溪之"四无"与"四有"走
向的一种纠偏,那么更重要的纠偏则表现在其"至善无恶者心"一说上。
应当承认,以邹谦之的颖悟,他绝不可能不理解王阳明"四句教"之"即工
夫即本体"、即"无心"以言"有心"的言说思路,也绝非不理解王阳明"无
善无恶心之体"一说之超越善恶对待的工夫与境界指谓。但他之所以要
明确地对王阳明的"无善无恶"作出"至善无恶"的修正,目的全然在于时

---

① 沈佳:《邹守益言行录》,《邹守益集》,第 1398 页。

人对"无善无恶"之实然存在角度与"直线而推"的理解方式。如果从这一角度来理解"四句教",那么王阳明也就与告子殊途同归了。所以,邹谦敢于冒修正师门宗旨之大不韪而一定要对"无善无恶"作出"至善无恶"的修正,正是顾及这一宗旨的流衍及其负面作用。① 从这一角度看,邹谦之确实不负王门宗子之望。

在这一基础上,邹谦之就要发挥其在王门的宗子身份,进而充分展现其学术批评的作用了。他对当时各种不同的学术走向评价说:

> 世之拟议言动,绳趋矩步,而贞纯未融,其蔽也支;独抱玄机与造化游,而人伦庶物脱略未贯,其蔽也虚;皆师门所弗与也。况于矮人观场,狂犬逐块,游骑无归,愈测度而愈远,愈勤瘁而愈悖,愈担当而愈猖狂,其获罪于天命也滋甚。凡我同游,无智愚,无仕隐,无耄倪,从精神命脉处自怨自艾,自成自道,夙兴夜寐,无负此生,以慰二君子千里枉(往)教之志。浙中诸友,寄生胥勉之!②

这当然是对当时王门后学学术趋势的一个总论,所谓"其蔽也支"与"其蔽也虚"正是王阳明对功利俗儒与佛老之徒的明确批评;至于"矮人观场,狂犬逐块,游骑无归"等等,也都是阳明生前对学界各种浮薄风气的针砭;所谓"愈测度而愈远,愈勤瘁而愈悖,愈担当而愈猖狂"的现象,则是邹谦之对同门之士的明确提醒。至于其"愈勤瘁而愈悖,愈担当而愈猖狂"有没有针对王龙溪与泰州后学的成分,这就真正成为一个未可知的问题了,但无负天命、无负此生是邹谦之对同门最殷切的希望。

实际上,无论从年龄、地域以及其具体交往来看,邹谦之的批评意向应当主要集中在王龙溪的"先天正心之学"与以聂双江为代表的归寂之学上,这无论是从捍卫阳明宗旨出发还是从拨正学术发展趋势的角度看

---

① 请注意,经过邹谦之这一修正后,"四句教"也就真正成为一个"直线而推"式的纲领了,但邹谦之的这一修正可能正是根据时人"直线而推"式的理解而来的,是在不得不接受这种理解基础上而从源头上改变或复归其性质与精神。
② 邹守益:《青原赠处》,《邹守益集》,第104页。

应当说都是有必要的。但对于邹谦之这种温厚资质的学术领袖来说，他不仅不像王龙溪那样四处赴会，滔滔不绝，而且其极丰富的笔札问答也往往是文约意丰、点到为止，更多的是以身作则，总是希望别人能够自思得之。比如对于浙中王龙溪的学术走向，他本来应当是极不赞成的，但无论是他和王龙溪本人的通信还是和其他友人的通信，反而总是以自责的方式来唤醒他人的自我反思。比如：

> 所谕"学问惟是自信本心，终日变化云为，以直而动，乃见天则。种种意解闻见，皆是闲图度虚凑泊，与本心原不相干。"旨哉，其言之也！青原再会，同志四集，磨偏去蔽，甚有警发。始悟从前比拟想象，自以为功，而反生一层障矣。然须实见本心，乃知此味，若以闲图度虚凑泊认作本心，则去道愈远。此正吾兄师教铎者所宜精察而明辨也。①

这就是青原大会后邹谦之给王龙溪的书札，这封书札到底是在批评王龙溪的"惟是自信本心"一说呢，还是针对王龙溪"自信本心"的启发而在进行一番自我检讨，这就真是一个说不清的问题了。但从其"须实见本心"的提醒以及两次提到"以闲图度虚凑泊认作本心"的现象来看，那就只能请王龙溪自思得之了。

更有趣的是，青原大会以后，邹谦之和同为江右巨擘的聂双江也有通信，也同样谈到王龙溪的学术走向，并且还是在聂双江来信中提出明确批评的情况下谈到的。但邹谦之的答复不禁令人莞尔：

> 越中之论，诚有过高者。忘言绝意之辨，向亦骇之。及卧病江干，获从绪山、龙溪切磋，渐已平实。其明透警发处，受教甚多。夫乾乾不息于诚，所以致良知也；惩忿窒欲，迁善改过，皆致良知之条目也。若以惩室之功为第二义，则所谓如好好色，如恶恶臭，人一己

---

① 邹守益：《简王龙溪》，《邹守益集》，第617—618页。

百，人十己千者，皆为剩语矣。①

在这里，如果不是后面"若以惩窒之功为第二义，则所谓如好好色，如恶恶臭，人一己百，人十己千者，皆为剩语矣"一句，我们几乎看不出他对王龙溪"从先天心体上立根"从而废弃工夫思想的明确批评。至于其前边"越中之论，诚有过高者。忘言绝意之辨，向亦骇之"一说，自然是对聂双江批评的回应；但如果从其后面"获从绪山、龙溪切磋，渐已平实。其明透警发处，受教甚多"来看，简直又成为对浙中学术的高调表彰了。这就是真实的邹谦之，我们不知道他究竟是以王门宗子——所谓老大哥（其实他年龄并不大）的身份在四处维护王门后学的形象呢，还是希望以自己率先垂范的方式引导大家跟着他走？这样的王门宗子显然无法统领王门后学中豪杰并出的现实格局。

但邹谦之还有另一面。如果说王龙溪是以极度高扬的主体精神并通过"从先天心体上立根"的方式，"以惩窒之功为第二义"，从而使"所谓如好好色，如恶恶臭，人一己百，人十己千者，皆为剩语矣"（用钱德洪的话说，则是"工夫亦不消说矣"），那么邹谦之就完全是以自己戒惧工夫的"时时下学"来实现其所谓"时时上达"的追求。这当然可以说是一种工夫追求中的实践纠偏与实践修正。但是，对于聂双江完全与王龙溪之"良知见在说"对着干的"归寂"主张，邹谦之确实能够进行开诚布公地批评。他们之间的多次通信，也正是围绕这一问题展开的：

> 炎威方炽，宾座未散，不审抱寂守静，能倏然与造物者游否？江门谓百岁蔗倒餐者，非论世界气象，只论吾辈处世界法。日入道腴，亲切有味，虽遇拂逆，能化而齐，方是得手。不然，玄解妙诣，终不得享用耳。两城公相晤论学，别后有数条相问，大意主于收视敛听、一尘不撄，不波不兴为未发之时。当此不撄不兴，意尚未动，吾儒谓之存存，存存则意发即诚。弟答之曰：收视是谁收？敛听是谁敛？即

① 邹守益：《复聂双江文蔚》，《邹守益集》，第494页。

是戒惧工课。天德王道，只是此一脉。所谓去耳目支离之用，全圆
融不测之神，神果何在？不睹不闻，无形与声，而昭昭灵灵，体物不
遗，寂感无时，体用无界，第从四时常行、百物常生处体当天心，自得
无极之真。①

很明显，这无疑是对聂双江"抱寂守静"之学的明确批评，认为它割裂了
体与用、寂与感的一体贯通关系。其中的道理也是非常明确的，正如其
在《语录》中的一段说法一样："心不离意，知不离物。而今却分知为内，
物为外，知为寂，物为感，故动静有二时，体用有二界，分明是破裂心体。
是以有事为点简，而良知却藏伏病痛，有超脱事为，而自谓良知莹彻，均
之为害道。"②

让人不能不稍感遗憾的是，即使《再简双江》中对聂双江观点的批
评，他也并不是直指聂双江本人的，而是将其答两城公之问呈于双江并
请双江"终教"的。这就让人不得不有痛心之感了，因为无论从年龄还是
当时的地位来看(邹守益只比聂双江小 4 岁)，他们都相差不大，何以如
此难以展开真诚的批评呢？也许邹守益始终是将最严厉的批评留给自
己的。

据《青原志略》记载，邹守益晚年在青原曾做一梦，后人曾根据传说
对这一梦加以如下整理：

> 邹文庄(邹守益谥号)在青原，梦朱子曰："小成与虚远，子当发
> 明之。"公曰："何也?"朱子曰："事小成者，微有践履，不曾穷尽心性，
> 行不著，习不察，于无臭之旨膜矣。务虚远者，佟求幻妙，不慎操履，
> 无庸德之行，庸言之谨，于有物有则之旨荒矣。"公醒而书壁曰："考
> 亭神授，警策如此，余虽年迈，敢不自勉! 愿诸同志共加深省!"③

由于邹谦之是在青原这个地方梦见朱子的，后人往往从朱王关系的角度

---

① 邹守益：《再简双江》，《邹守益集》，第 541 页。
② 黄宗羲：《明儒学案·江右王门学案》一，《黄宗羲全集》第七册，第 391—392 页。
③ 释笑峰等撰：《青原志略·邹文庄青原梦记》，《邹守益集》，第 1402 页。

漫加附会,诸如"天下病虚,朱子捄之以寔;天下病寔,阳明捄之以虚"①云云,似乎邹谦之是要在朱王之间重新进行选择,这显然是出自朱学学者的附会。还在入阳明门下之前,邹谦之就以《中庸》来校正程朱所改的今本《大学》了,这样的思路也绝不是朱学学者所可能具有的,所以,如果说邹谦之是要在朱王之间重新选择,那他所面临的也绝不仅仅是在朱王之间的抉择问题,而首先必须是对自己一生所坚持的以《中庸》为基础之努力方向的否定。如果说这一梦确实是真的,那么它可能反映了邹谦之心灵深处的一种焦虑,而这个焦虑也就在于其一生的"小成"与"虚远"之间:一方面,邹谦之一生在经阳明指点后一直坚持着戒慎恐惧的修德工夫,其谨于细言细行也几乎达到了极致;但另一方面,无论是他的资质、兴趣也都不可能限定在所谓"微有践履"之"小成"上,他是真正能够并且也应当有其"虚远"之志的。所以,所谓对"虚远"之怀的欠缺可能也就成为邹谦之一生最为深刻的自我反省与自我检讨了。

第四节　欧阳德的体用动静之学

在王阳明为数众多的江右弟子中,邹守益与欧阳德是较为杰出的两位。这不仅因为他们人品纯正、学风厚道,守阳明教法甚严,而且还在于只要他们接受了某一方面的教诲,就能从一个角度形成基本的理论规模,从而发挥其在维护世教人心方面的积极作用。② 比如邹守益所终生信守的"戒惧"工夫,其实也就源于王阳明"允克"的提醒;欧阳德的体用动静一贯之学,则又得力于阳明晚年的良知与见闻知觉之辨。正是从这个角度看,黄宗羲才认为"姚江之学,惟江右为得其传"——"盖阳明一生精神,俱在江右,亦其感应之理宜也"。

---

① 释笑峰等撰:《青原志略·邹文庄青原梦记》,《邹守益集》,第 1402 页。
② 徐阶作为欧阳德的晚辈同僚,其在"欧阳德神道碑"中评价说:"公自始仕至宗伯,凡更十一官。每遇事……意气闲暇,如无事时。或问公所以能如此者,公曰:'吾惟求诸心。心知其为是,即毅然行之,虽有害不顾。如知其非,虽利不敢为。此吾所受于吾师……'"徐阶:《文庄欧阳公神道碑铭》,《欧阳德集》,第 846 页,南京:凤凰出版社,2007 年版。

一、良知与知识之辩

欧阳德(1496—1554),字崇一,号南野,江西泰和人。欧阳德甫冠即领乡荐,嘉靖二年(1523)进士及第,知六安州,迁刑部员外郎,嘉靖六年(1527)改为翰林编修,又迁南京国子监司业。以后则仕途一路亨通,曾任《会典》副总裁,嘉靖二十九年(1550)又任会试主考,最后一直官拜礼部尚书,兼翰林院学士。嘉靖三十三年(1554)卒于任上,赠太子少保,谥文庄。

欧阳德属于阳明的早期弟子,从学于南赣时期,当时他刚通过乡试,即连续放弃两科会试的机会,一意追随阳明之学。由于当时"最年少,时已领乡荐。先生恒以'小秀才'呼之。故遣服役,德欣欣恭命,虽劳不怠。先生深器之"①。出守六安州时,欧阳德曾向阳明致书提出良知与见闻知觉之问。据他本人在来书中自陈:"师云:……'学者之蔽,大率非沈空守寂,则安排思索。'德辛壬之岁著前一病,近又著后一病。"②但因为一时理不清良知与见闻知觉的关系,所以才有如下请问:

> 崇一来书云:"师云:'德性之良知,非由于闻见。若曰多闻择其善者而从之,多见而识之,则是专求之见闻之末,而已落在第二义。'窃意良知虽不由见闻而有,然学者之知未尝不由见闻而发;滞于见闻固非,而见闻亦良知之用也。今日落在第二义,恐为专以见闻为学者而言。若致其良知而求之见闻,似亦知行合一之功矣。如何?"
>
> 良知不由见闻而有,而见闻莫非良知之用,故良知不滞于见闻,而亦不离于见闻。孔子云:"吾有知乎哉? 无知也。"良知之外,别无知矣。故"致良知"是学问大头脑,是圣人教人第一义。今云"专求之见闻之末",则是失却头脑,而已落在第二义矣。近时同志中盖已莫不知有致良知之说,然其工夫尚多鹘突者,正是欠此一问。……

① 钱德洪:《年谱》三,《王阳明全集》,第 1300 页。
② 王守仁:《答欧阳崇一》,《王阳明全集》,第 72 页。

盖日用之间，见闻酬酢，虽千头万绪，莫非良知之发用流行，除却见闻酬酢，亦无良知可致矣。故只是一事。若曰"致其良知而求之见闻"，则语意之间未免为二，此与"专求之见闻之末者"虽稍不同，其为未得"精一"之旨，则一而已。"多闻，择其善者而从之，多见而识之"，既云"择"，又云"识"，其良知亦未尝不行于其间；但其用意乃专在多闻多见上去择识，则已失却头脑矣。崇一于此等处见得当已分晓，今日之问，正为发明此学，于同志中极有益。但语意未莹，则毫厘千里，亦不容不精察之也。①

关于良知与见闻知觉的关系，可以说是一种不一不异的关系。欧阳崇一当时只看到了其"不一"的一面，所以不仅担心"专求之见闻之末"，而且还担心二者的统一必须通过"致其良知而求之见闻"——此即存在着落于第二义的可能。所以，阳明明确地告诉他"'致良知'是学问大头脑……盖日用之间，见闻酬酢，虽千头万绪，莫非良知之发用流行，除却见闻酬酢，亦无良知可致矣"。这就是说，日用之间，虽然千头万绪，但只有致良知一事可以贯注始终。因为"既云'择'，又云'识'，其良知亦未尝不行于其间"，也就是说，日用酬酢之间，虽然千头万绪，但都应当以致良知为头脑而贯彻始终，从而可以使日常生活全然成为良知贯注与统摄下的人生。这就以高扬良知本体的方式贯注、主宰并且也统摄了全部见闻知觉。

王阳明高扬了来自良知的"大头脑"的统摄作用，当其去世后，欧阳崇一就承担起了梳理良知与知识关系的责任；在当时，这主要表现为其与罗钦顺关于良知与知识关系的辩论。由于罗钦顺是当时的"朱学后劲"，其与王阳明也曾经展开过关于《朱子晚年定论》与《大学》古本的激辩，欧阳崇一又与罗钦顺为泰和同乡，因而罗钦顺与王阳明的未了官司，在阳明去世后，也就转变为罗钦顺与欧阳崇一关于良知与知识的论辩了。关于这一论辩，黄宗羲评论说："罗整庵不契良知之旨，谓佛氏有见于心，无见于性，故以知觉为性，今言吾心之良知即是天理，亦是以知觉

① 王守仁：《答欧阳崇一》，《王阳明全集》，第71—72页。

为性矣。"①意即罗钦顺因为王阳明的良知说"亦是以知觉为性",从而将其推向佛禅一边。正是在这一背景下,欧阳崇一便担当起了为良知辩护的责任。他申明说:

> 知觉与良知,名同而实异。凡知视、知听、知言、知动,皆知觉也,而未必其皆善。良知者,知恻隐、知羞恶、知恭敬、知是非,所谓本然之善也。本然之善,以知为体,不能离知而别有体。盖天性之真,明觉自然,随感而通,自有条理者也。是以谓之良知,亦谓之天理。天理者,良知之条理;良知者,天理之灵明。知觉不足以言之也。②

很明显,从欧阳崇一的这一答书可以看出,罗整庵根本不承认良知与自然知觉有所不同;即使其依据孟子的相关论述勉强可以承认良知为有,他也一定要把良知还原或归结到自然知觉的层面上去。但对欧阳崇一来讲,这一争论也就成为一个对于自然知觉,良知究竟有没有超越性的问题了;进一步看,也可以说是自然知觉能否代表人之全部所有的"知"的问题。所以说,这既是一个是否承认道德良知的问题,也是否承认道德良知对于自然知觉有超越性的问题。

正是在这一基础上,罗整庵分辩说:

> 人之知识,不容有二,孟子本意,但以不虑而知者名之曰良,非谓别有一知也。今以知恻隐,知羞恶,知恭敬,知是非为良知;知视,知听,知言,知动为知觉,是果有二知乎? 夫人之视听言动,不待思虑而知者亦多矣,感通之妙,捷于桴鼓,何以异于恻隐、羞恶、恭敬、是非之发乎? 且四端之发,未有不关于视听言动者,是非必自其口出,恭敬必形于容貌,恶恶臭辄掩其鼻,见孺子将入于井,辄怵惕而往救之,果何从而见其异乎? 知惟一尔,而强生分别,吾圣贤之书未

---

① 黄宗羲:《明儒学案·江右王门学案》二,《黄宗羲全集》第七册,第 412 页。
② 欧阳德:《答罗整庵先生寄〈困知记〉》一,《欧阳德集》,第 12 页。

尝有也。惟《楞伽》有所谓真识、现识及分别事识三种之别，必如高论，则良知乃真识，而知觉当为分别事识无疑矣。[1]

从罗钦顺"人之知识，不容有二"这一基本前提就可以看出，他一定要把人的道德良知与自然知觉归并为一，其实这一点也正像他一定要把理气关系彻底"定于一"一样，这正是明代理学跨越心学与气学之共同的一元论、内在化走向的一种典型表现。因而，他甚至还曾以此深深地责怪程朱"未能定于一"[2]。在他看来，"四端之发，未有不关于视听言动者，是非必自其口出，恭敬必行于容貌，恶恶臭辄掩其鼻，见孺子将入于井，辄怵惕而往救之，果何从而见其异乎？"但罗钦顺这里"知惟一尔"的明确断言实际上只是指其表现形式以及其具体的感官基础而言，根本没有涉及其不同的思想内容，尤其没有涉及其思想内容在人之知中的不同根源与认知进程中的不同层级性；而欧阳崇一关于自然知觉与道德良知的区别却恰恰是从二者在具体内容上的区别而言的。所以，他反驳说：

> 非谓知、识有二也。恻隐、羞恶、恭敬、是非之知，不离乎视、听、言、动。而视、听、言、动，未必皆得其恻隐羞恶之本然者。故就视、听、言、动而言，统谓之知觉；就其恻隐羞恶而言，乃见其所谓良者。知觉未可谓之性，未可谓之理。知之良者，盖天性之真，明觉自然，随感而通，自有条理，乃所谓天之理也。犹之道心、人心，非有二心；天命、气质，非有二性；源头、支流，非有二水。[3]

经过欧阳崇一这一细致的反驳性的说明，尤其是直指道德良知与自然知觉在思想内容上的具体差别之后，罗钦顺确实无话可说了。但他又抓住

---

① 罗钦顺：《答欧阳少司成崇一》，《困知记》，第118页。
② 罗钦顺说："朱子尝因学者问理与气，亦称伊川此语（指'自不须立天命、气质之两名'——引者注）说得好，却终以理气为二物，愚所疑未定于一者，正指此也。"（《困知记》，第9页）又说："朱子终身认理气为二物，其源盖出于此（指周敦颐'无极之真，二五之精，妙合而凝'三语——引者注）。愚也积数十年潜玩之功，至今未敢以为然也。"《困知记》，第29页。
③ 欧阳德：《答罗整庵先生寄〈困知记〉》二，《欧阳德集》，第16页。

良知与天理在存在形式上的差别大加反驳：

> 人固万物中一物尔，须灼然见得此理之在天地万物与其在人心者无二，在人心者与其在鸟兽草木金石者无二，在鸟兽草木金石者与其在天地者无二，方可谓之物格知至，方可谓之知性知天，不然只是揣摩臆度而已……今以良知为天理，即不知天地万物皆有此良知否乎？天之高也，未易骤窥，山河大地吾未见其有良知也。万物众多，未易遍举，草木金石吾未见其有良知也。①

很明显，罗钦顺的这一反驳已经不再分析道德良知与自然知觉是否存在差别了，而仅仅从其所谓"人固万物中一物"出发来强调天理的遍在性，并以此来反问欧阳崇一天地万物究竟有没有良知？草木金石有没有良知？应当承认，罗钦顺的这一反问确实非常有力，但在一定程度上属于不当理的反驳。因为既然道德良知与自然知觉天然有别，那么道德良知也就只能指人而言；如果道德良知也可以遍在于草木金石，那么道德良知与自然物理也就没有区别了；进一步看，其"人固万物中一物"的说法也就只能指人与物的共同性而言，却恰恰失去了人之为人的特殊性与超越性。罗钦顺对于天理之遍在于草木金石式的理解，也说明他已经将天理自然物理化了，这就已经不再是两宋理学的天理，只能是在气化流行中气的往来屈伸之理，即气之条理。

经过这一论辩，不仅心学与气学、道德良知与自然知觉的界线更加分明，而且良知作为人内在的道德本体及其德性之知，也就可以贯彻于人生的方方面面与日用伦常之间了。

二、体用一贯之学

在欧阳崇一高扬良知本体精神之贯注、统摄功能的思想走向中，他既不同于浙中以"四有""四无"为特征的钱德洪与王龙溪二子，也不同于

---

① 罗钦顺：《答欧阳少司成崇一》，《困知记》，第123页。

以"戒惧"为本体与工夫之直下统一的江右巨子邹谦之,但他确实可以与上述各位的思想相互补充,并以最简捷的方式贯彻于其为政实践。在王阳明的众多弟子中,欧阳崇一虽然早逝,但其一生的仕途最为平顺,地位也属于最高之列,其一生中最重要的为政经验居然就是凡事求诸心、求诸良知。作为其晚辈同僚并最后成为首辅的徐阶最佩服欧阳崇一这种无论遇到什么事都能气定神闲的心态,并曾当面向他请教,欧阳崇一的回答不外就是凡事求诸心一语。徐阶在《文庄欧阳公神道碑铭》一文中将这一对话完整地记录下来:

> 公自始仕至宗伯,凡更十一官。每遇事,众相顾未有处,或计利害,震动失色,公莫不立应,而意气闲暇,如无事时。或问公所以能此者,公曰:"吾惟求诸心。心知其为是,即毅然行之,虽有害不顾。如知其非,虽利不敢为。此吾所受于吾师,而自致其良知者也。"[①]

应当承认,这可能也就是欧阳德一生中最重要的为政经验。按照阳明的论述,良知本身就是人生中的"定盘针",且"随时知是知非",因而无论遇到什么事,欧阳崇一都能够保持一种气定神闲、从容应对的心态。

所有这些,当然都是通过高扬良知本体的主宰精神,并通过其超越的驾驭与统摄功能实现的。这样一种思路显然就是从体到用、从本体发为工夫的思路,其前提则是必须对内在的良知保持一种自足与自信的心态。但是,其内在所发是否就是真正的良知,从而也就真正足以自信与自足呢?同为江右巨擘的聂双江就在这里发现了问题,并与欧阳崇一展开了论辩。在聂双江看来,"良知本寂,感于物而后有知,知其发也,不可遂以知发为良知,而忘其发之所自也。心主乎内,应于外而后有外,外其影也,不可以其外应者为心,而遂求心于外也。故学问之道,自其主乎内之寂然者求之,使之寂而常定也,则感无不通,外无不该,动无不制,而天下之能事毕矣。"[②]显然,如果说欧阳崇一是一种从体到用、从内到外、从

---

① 徐阶:《文庄欧阳公神道碑铭》,《欧阳德集》,第 846 页。
② 聂豹:《答欧阳南野太史三首》三,《聂豹集》,第 240—241 页,南京:凤凰出版社,2007 年版。

本体到工夫的思路,那么聂双江这里却完全是持着一种相反与互逆的思路;为学并不仅仅是从内发向外,而是必须首先保证内在良知的纯正;否则的话,难免会成为所谓以"外应者为心,而遂求心于外也"。这样一来,他们之间关于体与用、寂与感的关系也就不能不辩了。所以,在《寄聂双江》一书中,欧阳崇一也为自己的看法展开了如下辩说:

> 昨承枉教,正忧怀无绪,仓卒(促)举所闻中和之说、知是知非之说,以请正于左右,而执事以为或失则太精,或失则太粗,未蒙首肯。忖测尊意,必以知是知非者,心之用也;感物而动,莫显莫见者也。心体贞静隐微,所谓未发之中,不可以知是知非言者也。体立用行,静虚动直,而是是非非各中其节,不得其体而从事于用,则末矣。执事盖操存涵养,实见此义,非得之口耳想象者,故参稽证据,自信而无疑。某之所闻,无以异此,然亦微有未尽协者。
>
> 夫隐显动静,通贯一理,特所从名言之异耳。故曰中也者,和也,中节也。其名则二,其实一独知也。故是是非非者,独知感应之节,为天下之达道,其知则所谓贞静隐微,未发之中,天下之大本也。就是是非非之知而言,其至费而隐,无少偏倚,故谓之未发之中;就知之是是非非而言,其至微而显,无少乖戾,故谓之中节之和,非离乎动用显见,别有贞静隐微之体,不可以知是知非言者也。程子谓,"言和,则中在其中;言中,则涵喜怒哀乐在其中。"盖体用一原,显微无间之道。至其答苏季明之问,谓"知即是已发,已发但可谓之和,不可谓之中"。又谓,"既有知觉,却是动,怎生言静者?"盖为季明欲求中于喜怒哀乐未发之前,则二之矣。故反其词以诘之,使验诸其心未有绝无知觉之时,则无时不发。无时不发,则安得有所谓未发之前?而已发又不可谓之中,则中之为道,与所谓未发者,断可识矣。又安得前乎未发,而求其所谓中也者?……
>
> 夫体立用行、静虚动直者,盖圣人内外两忘,一以贯之之学,而端倪微差,未免于二之,则虽与后世是内非外及内外交养者不同,然

其未得精一之旨,则一而已。①

这里涉及"未发之中"与"发而中节之和"、"大本"与"达道"、"独知"与"知是知非之知",以及"寂"与"感"、"静"与"动"、"内"与"外"等一系列关系。在欧阳崇一看来,上述所有的后项都涵括着前项,并且前项也都表现在后项之中。但在聂双江看来,"体立用行",必须先有一个"体立"的过程,然后才可能有所谓"静虚动直"。在欧阳崇一看来,如果聂双江仅仅是在强调前项在逻辑上的先在性,那么他并没有不同意见,所以说是"无以异此";但是,如果认为真的就存在着一个所谓纯而又纯的"未发之中",那么这个"未发之中"离开了"发而中节之和"也就无从求索了,正像程颐在答苏季明"问中"时所谓的"既有知觉,却是动,怎生言静者"一样,因为所有的前项实际上都存在于后项之中,并且也只能以即用见体的方式、通过后项来认知前项。所以说,聂双江所谓"体立用行"的说法未免使"体用一源"成为前后"二之"的关系了。

欧阳崇一的这一通申辩却又遭到了聂双江的如下反诘:"未能如赤子之初,则虽有契悟,终涉意见安排,去实际益远,反作良知障碍矣。"②欧阳崇一不得不展开如下分辩:

> 来教云,先师谓良知是未发之中,此是骨髓入微处。若从此致之,便自能感而遂通,便自能物来顺应。"便自能"三字,先师提醒人免得临事揣摩,赚入义袭科(窠)臼。诚然诚然。便自能之说,其义有二。如曰视能明,便自能察五色;耳能聪,便自能别五声,体用之义也。先师所谓未发在已发之中,而未尝别有未发者存,无前后内外,而浑然一体者也。如曰能食,便自能饱;能饮,便自能醉。是执事所主工夫效验之义。盖微有先后之差,而异乎体用一源者矣。
>
> 夫良知者,常寂常感,常应常廓然。未能寂然,则其感必不通;

---

① 欧阳德:《寄聂双江》一,《欧阳德集》,第129—130页。

② 这是欧阳德对聂豹观点的概括,但这一概括是准确的。欧阳德:《寄聂双江》二,《欧阳德集》,第131页。

未能廓然大公,则其应必不顺。故致知之功,致其常寂之感,非离感以求寂也;致其大公之应,非无所应以为廓然也。盖即喜怒哀乐而求其未发之中,念念必有事焉,而莫非行其所无事,时时见在,刻刻完满,非有未发以前未临事底一段境界,一种工夫。免得临事揣摩入于义袭者也。夫念念有事毋自欺而恒自慊,即是集义,即是致和,即是致中。故曰中也者,和也,中节也,一也。二之,则所谓未发者,或近于二氏之虚静;其发而临事,或未免以揣摩义袭为感通顺应而不自觉,亦势有必至者矣。[1]

在这一论辩中,他们二人都坚持体用一源可以说是其共同性,但聂双江更坚持"体"或"明体"工夫的先在性,因而其所谓体用一源就必须首先"一"于体;而欧阳崇一坚持"用"对"体"的涵括性,因而认为所谓体用一源也就必须表现在"体"对于"用"的内在主宰性与"用"对于"体"的涵括与表现上。所以,对于聂双江所坚持的"归寂以通感,执体以应用"以及其对体之前提性、先在性的顽强坚持,欧阳崇一最后也就只能以佛氏"虚静"之说视之了。这就触及他们论辩的底线问题了。这样一来,虽然其关于体用一贯、体用一源的看法是完全一致的,但究竟是"一"于"体"还是"一"于"用"之具体表现,却始终存在着无法统一的分歧。

实际上,从阳明学的发展来看,虽然他们属于同代人(聂双江比欧阳崇一大9岁),但在受学先后以及阳明学的发展逻辑上,聂双江显然处于更后一个环节上。这主要是因为,欧阳崇一可以算是阳明南赣时期的弟子,他也直接继承了阳明"良知随时知是知非"的思想,对他来说,良知的内在自足性完全是一个无可置疑的前提。因而在欧阳崇一看来,重要的并不在于怀疑这种内在主宰是否足以自信自足,而在于如何将至善心体运用于伦常实践;至于心之体本身是否纯净、是否足以自足自信的问题,则完全看其在伦常生活中的表现如何。也就是说,其在日用伦常中的表现,也就是其内在良知的显现与证明。但对于聂双江而言,他显然已经

---

[1] 欧阳德:《寄聂双江》三,《欧阳德集》,第131—132页。

无法满足于这种简单的自信自足,而认为必须首先加以叩问、加以确认的就是良知的这种内在自足性,其时浙中王龙溪良知见在说正在广泛流行,并且还常常以所谓"契悟"说事,因而这种"契悟"以及其所"契悟"的心之体究竟是否真正靠得住,也就不是所谓表面的应用工夫所能证明的。因此,他必须更加深入地敲打心之体,并认为必须通过一番"归寂"的工夫才能使其彻底纯净,然后才能保证其发用流行之"无不通矣"。很明显,从王学自身的发展逻辑来看,聂双江的"归寂以通感,执体以应用"实际上正是对欧阳崇一"体用一贯之学"之进一步深入其"心之体"的表现。

三、动静合一

对于宋明理学而言,动静的问题几乎和体用问题一样古老。自从理学开山周敦颐在《通书》中提出"动而无动,静而无静"[①],以及又在《太极图说》中提出"一动一静,互为其根"[②]以来,动静问题就成为理学中的一个重要传统了,每一代理学家似乎都必须对动静问题有所阐发,不然的话,似乎就不足以探索造化之理。但由于周敦颐同时又提出"圣人定之以中正仁义,而主静(自注云:无欲故静),立人极焉"[③]理学家就形成了一种好静的传统。当这种好静的传统与理学家的静坐工夫结合起来以后,也就更加牢不可破了。明代的两位心学大师——从陈白沙到王阳明也都是从静坐中入学的,静坐与心学似乎就有了割不断的联系。

这样一种现象直到王阳明才有所改变。不过这种改变又恰恰是通过对"主静""静坐"的积极继承实现的。如上所述,王阳明本来就是从静坐入学的;在他的讲学中,不仅有带领弟子"静坐僧寺"的经历,而且还明确地将这种静坐方法视为"惩末俗之卑污"的"高明一路教法"[④]。直到南

---

① 周敦颐:《周子通书》,第 37 页,上海:上海古籍出版社,2000 年版。
②③ 周敦颐:《太极图说》,《周子通书》,第 48 页。
④ 钱德洪:《年谱》一,《王阳明全集》,第 1237 页。

京时期,才对这种教法有所修正。但直到晚年,王阳明也没有放弃静坐的方法,只是把它作为众多方法中的一种而已。他回忆说:"吾昔居滁时,见诸生多务知解,口耳异同,无益于得,姑教之静坐。一时窥见光景,颇收近效。久之,渐有喜静厌动,流入枯槁之病。或务为玄解妙觉,动人听闻。故迩来只说致良知。良知明白,随你静处体悟也好,随你去事上磨练也好,良知本体原是无动无静的。此便是学问头脑。"①这当然是作为修养方法的"静坐"。在理学中,动静问题除了和修养方法相关联外,也与本体的自在状态密切相关,因而也就成为一种理论建构与展现的方法,这就由静坐而直接涉及作为本体自在状态的动静问题了。

从本体的自在状态而言,理学所谓好静传统实际上又是与其"见体"追求密切相关的,"见体"追求又必然要涉及本体的自在状态。这样一来,在动静的问题上,首先也就涉及本体的自在状态以及人之工夫追求两层不同的动静问题。关于这一问题,王阳明也经历了一个认识之不断深入的过程。比如:

> 无善无恶者理之静,有善有恶者气之动。不动于气,即无善无恶,是谓至善。②

"未发之中"即良知也,无前后内外而浑然一体者也。有事无事,可以言动静,而良知无分于有事无事也。寂然感通,可以言动静,而良知无分于寂然感通也。动静者所遇之时,心之本体固无分于动静也。理无动者也,动即为欲。循理则虽酬酢万变而未尝动也;从欲则虽槁心一念而未尝静也。动中有静,静中有动,又何疑乎? 有事而感通,固可以言动,然而寂然者未尝有增也。无事而寂然,固可以言静,然而感通者未尝有减也。动而无动,静而无静,又何疑乎? 无前后内外而浑然一体,则至诚有息之疑,不待解矣。未发在已发之中,而已发之中未尝别有未发者在;已发在未发之中,而

---

① 王守仁:《语录》三,《王阳明全集》,第104—105页。
② 王守仁:《语录》一,《王阳明全集》,第29页。

> 未发之中未尝别有已发者存；是未尝无动静，而不可以动静分
> 者也。①

在这里，所谓"理之静""气之动"当然都是从主体工夫追求一边而言的，所以说"不动于气，即无善无恶，是谓至善"，完全是指主体之心一循于理而言的。至于"有事无事，可以言动静，而良知无分于有事无事也。寂然感通，可以言动静，而良知无分于寂然感通也。动静者所遇之时，心之本体固无分于动静也"显然又是指本体超越于动静两态而言的。也只有在这个基础上，才可以说"循理则虽酬酢万变而未尝动也；从欲则虽槁心一念而未尝静也"。这里所谓的"动静"，也就指"循理"与"从欲"的区别而言；至于寂与感、未发之中与已发之和，也都是同样的道理：这就是本体超越于动静而又贯通于动静；至于人之工夫追求中的动静，也只有从"循理"与"从欲"相区别的角度才能加以准确把握。这样一来，王阳明就既全面地继承了理学的好静传统，又坚持了本体对于动静两态的超越性与贯通性，而且又明确划分了"循理"与"从欲"以及所谓"静"与"动"的区别。这当然是对理学传统的一种创造性的发挥。

至于阳明后学所论的动静，首先是从工夫追求的角度展开的，并且也是以阳明的论述为基础的。比如欧阳崇一的动静观就首先是在继承阳明本体超越于具体动静基础上所展开的工夫追求。他说：

> 静而循其良知也，谓之致中，中非静也；动而循其良知也，谓之
> 致和，和非动也。盖良知妙用有常，而本体不息。不息故常动，有常
> 故常静。常动常静，故动而无动，静而无静。故凡动而无静、静而无
> 动者，物也。良知，心之神明，妙万物者也，"体用一原，动静无端"者
> 也。知此，则知致知之功矣。②
>
> 人心生意流行，而变化无方，所谓意也。忽焉而纷纭者，意之
> 动；忽焉而专一者，意之静。静非无意，而动非始有。盖纷纭专一，

---

① 王守仁：《答陆原静书》又，《王阳明全集》，第64页。
② 欧阳德：《答陈盘溪》，《欧阳德集》，第4页。

相形而互异,所谓易也。寂然者,言其体之不动于欲;感通者,言其用不碍于私。体用一原,显微无间。非时寂时感,而有未感以前,别为未发之时。盖虽诸念悉泯,而兢业中存,即惧意也,即发也……"喜怒哀乐之未发谓之中",盖即喜怒哀乐之发,而指其有未发者,犹之曰视听之未发谓之聪明,聪明岂与视听为对,而各一其时乎? 圣人之常以其情顺万物而无情,是常有意而常无意也。常有意者,变化无方而流行不息,故无始;常无意者,流行变化,而未尝迟留重滞,故无所……故有所者,意有所重,非谓常有意为有所,必有时未发,有时而发,然后为发之以时,而无意无所也。①

这两段阐发较为全面地表达了欧阳崇一关于动静的基本思想。前一段着重阐发良知本体超越于动静两态的思想,因而既可以说是"常动",也可以说是"常静"。后一段则着重阐发人在工夫追求中"寂然者,言其体之不动于欲;感通者,言其用不碍于私"的特点,因而举到"聪明"与"视听"的关系:"聪明"就表现在良好的"视听"中,良好的"视听"又是其人"耳聪目明"的表现。在这一基础上,圣人的"常有意而常无意",也就成为"变化无方而流行不息……流行变化,而未尝迟留重滞"的表现了。

实际上,只要抓住王阳明"心之体"超越动静而又贯通于动静两态的特点,那么这种双向圆融的论述在理论上确实具有无懈可击的特点。但由于聂双江的一段特殊经历,却仍然促使他找到这种圆融理论的"不圆融"之处。对于聂双江的特殊经历,黄宗羲概括说:

> 先生之学,狱中闲久静极,忽见此心真体,光明莹彻,万物皆备。乃喜曰:"此未发之中也,守是不失,天下之理皆从此出矣。"及出,与来学立静坐法,使之归寂以通感,执体以应用。②

关于意念内守之类的静坐反省,大概与一定时代的人文环境有关,所以

---

① 欧阳德:《答王堣斋》二,《欧阳德集》,第125—126页。
② 黄宗羲:《明儒学案·江右王门学案》二,《黄宗羲全集》第七册,第427页。

明代的静坐，从陈白沙、王阳明一直到聂双江，大体上都有一段"自见心体"的经历。这种"自见心体"又往往被他们视为"未发之中"，也就有了"守是不失，天下之理皆从此出"的期待。实际上，所谓"未发之中"也就像欧阳崇一所说的"聪明"一样，并没有一个决定"聪明"之先在性的实体，然后才能发为"视听"之用；"聪明"也总是表现在具体的"视听"中，并通过具体的"视听"来表现并反证"聪明"的存在。

如果仅从理论上看，聂双江的这一段经历以及其心得未必就能站得住脚。因此当他一公布其主张，立即在同门之中引起了一片驳难之声。黄宗羲这样来概括当时各种批评性的看法：

> 其疑先生之说者有三：其一谓道不可须臾离也，今日（日）动处无功，是离之也。其一谓道无分于动静也，今日（日）工夫只是主静，是二之也。其一谓心事合一，心体事而无不在，今日（日）感应流行，著不得力，是脱落事为，类于禅悟也。王龙溪、黄洛村、陈明水、邹东廓、刘两峰各致难端，先生一一申之。唯罗念庵深相契合，谓"双江所言，真是霹雳手段，许多英雄瞒昧，被他一口道著，如康庄大道，更无可疾（疑）"。[①]

仅从理论学理的角度看，上述各位的反驳与致难无疑都是正确的，其依据也就在于王阳明的心之体既超越动静又贯通于动静这一理论上的双向圆融性质，但这一理论上的圆融却必须具有心之体纯而又纯而且自足自信的基本前提。如果这一前提还值得斟酌或者说还存在着有值得斟酌之处，那么聂双江的上述主张也就有其不可替代的意义。加之王龙溪完全"从先天心体上立根"，坚持"千古圣学，唯从一念灵明识取"，这就使得聂双江的主张具有无可取代的价值与意义。实际上，聂双江的主张，也就是王阳明所谓的"兹来乃与诸生静坐僧寺……欲以此补小学收放心一段工夫耳"[②]。

---

① 黄宗羲：《明儒学案·江右王门学案》二，《黄宗羲全集》第七册，第 427 页。
② 钱德洪：《年谱》一，《王阳明全集》，第 1230—1231 页。

　　由于各人的出发点有所不同,其批评也就并非全无道理,尤其是欧阳崇一的批评具有较为典型的意义。他说:

> 夫隐显动静,通贯一理,特所从名言之异耳。故曰中也者,和也,中节也。其名则二,其实一独知也。故是是非非者,独知感应之节,为天下之达道,其知则所谓贞静隐微,未发之中,天下之大本也。就是是非非之知而言,其至费而隐,无少偏倚,故谓之未发之中;就知之是是非非而言,其至微而显,无少乖戾,故谓之中节之和,非离乎动用显见,别有贞静隐微之体,不可以知是知非者言也。程子谓,"言和,则中在其中;言中,则涵喜怒哀乐在其中。"盖体用一原,显微无间之道。至其答苏季明之问,谓"知即是已发,已发但可谓之和,不可谓之中"。又谓,"既有知觉,却是动,怎生言静者?"盖为季明欲求中于喜怒哀乐未发之前,则二之矣。故反其词以诘之,使验诸其心未有绝无知觉之时,则无时不发。无时不发,则安得有所谓未发之前?而已发又不可谓之中,则中之为道,与所谓未发者,断可识矣。又安得前乎未发,而求其所谓中也者?[1]

无论从理论上看还是从人生实践的角度看,欧阳崇一的这一批评都没有问题。但无论是从对阳明心学继承的角度看还是从对动静关系探讨的角度看,欧阳崇一的批评与聂双江的主张就各有其不可替代的意义。

　　先从对阳明心学的继承来看,欧阳崇一出发于王阳明"心之体"超越动静而又贯通动静之双向圆融的理论肯定没有问题,他对这一理论的运用从而使其能在为政实践中达到气定神闲的境地也说明其对心之体的自觉足以使他自信自足。从这个角度看,欧阳崇一不赞成聂双江另起一段归寂守静的工夫无疑是有一定道理的。但欧阳崇一的这种自信自足

---

[1] 欧阳德:《寄聂双江》一,《欧阳德集》,第 129—130 页。

并不能代表所有王门后学的自信自足,在当时的王门后学中,面对为聂双江所明确揭示的"未能如赤子之初,则虽有契悟,终涉意见安排,去实际益远,反作良知障碍"的现象,又将如何对治呢?显然,也正是在这一问题上,才显现出了聂双江主张的现实意义,实际上,他所针对的正是所谓"虽有契悟,终涉意见安排"的现象,因为这样的"心之体"实际上只是"契悟"甚或是理论讲说中的心之体,如果从对这种"契悟"或理论讲说中的"心之体"的自信自足出发,未免不会流于"玄虚而荡"与"情识而肆"的地步。

再从动静理论来看,王阳明的体用、动静理论固然双向圆融,但彻底圆融的理论往往缺乏具体的入手处,聂双江则是要在其圆融的理论圆环上强行打开一个缺口,这就是所谓从归寂、守静的入手。初看起来,这似乎破坏了阳明理论的圆融,却为千千万万的实践追求者找到了一个真正的入手处,在其圆融的理论圆环上接上了一个可以作为引桥的从入之途。这无疑具有重大的人生实践的意义。实际上,即使从理论的角度看,聂双江的归寂、守静主张也并不游离于阳明心学之外。如果说欧阳崇一的体用、动静理论是一种即用见体的思路,那么聂双江的理论可以说是一种承体启用的思路;表现在动静关系上,欧阳崇一是以动涵括静、表现静,聂双江则是坚持必须以静启动、以静制动。他们共同表现了体与用之内涵包含与外延包含两种不同途径的统一。

所有这些具有互补性的分歧,只有将他们置于阳明心学分化的不同背景与发展之不同的历史阶段中才能理解其各自的意义。聂双江虽然年长于欧阳崇一,但明显处于阳明心学分化发展之较后一个阶段上。欧阳崇一作为王阳明早年的嫡传弟子,其所面对的主要是阳明的理论以及对阳明理论的贯彻与实践落实问题;聂双江则是在阳明去世以后才自我追认为阳明弟子的,他所面对的与其说是阳明的理论,不如说首先是要面对各种各样的阳明后学,因而,他并不仅仅是从理论的角度去接受阳明的双向圆融,而首先是从人生实践的角度探索如何才能真正进入阳明学的工夫进境,而不至于流落为一味的"契悟"宣讲与"意见安排"。正是在这一点上,才真正显现出了聂双江主张的独特意义。

第七章　阳明后学与心学的发展（下）

从聂双江、罗念庵开始，江右一系的阳明后学就进入了发展的第二个阶段。所谓第二阶段，既不是依据其年龄的顺序，也不是依据其受教的先后——虽然聂、罗二位确实是在阳明去世以后才被追认为阳明弟子的。所谓第二阶段的说法，主要是从其所面对的理论问题上着眼的，其第一阶段自然是正对阳明的思想体系以及其对弟子的耳提面命与谆谆教诲——邹谦之与欧阳崇一的思想体系尤其具有这一特征，第二阶段的阳明后学却根本上就没有这种可能；除此之外，他们还不得不一方面面对第一代的交流与教诲，另一方面又必须面对王门后学中"玄虚而荡"与"情识而肆"这种"荡""肆"交织的现实。这样一来，与其说他们是从阳明的教诲出发的，不如说他们首先是从当时阳明后学的思想现状出发的；至于王阳明的思想体系，与其说是他们的传家法器，不如说主要是他们的思想武库——他们就是要借助并通过阳明思想的某一方面，来发挥其对学界现实的纠偏功能。这样看来，黄宗羲所谓"姚江之学，惟江右为得其传"的说法仍然是可以成立的。

第一节　聂豹的"归寂通感"之学

就江右一系较为著名的阳明后学而言,聂双江反而是年龄较大的一位;他虽然并不是王阳明的亲炙弟子,从一定程度上说,却反而得到了比亲炙弟子更为重视的关怀。这主要是因为,聂双江第一次以监察御史的身份借道拜访阳明,徘徊旬日,深受启发,归去即以书报阳明,谓"思、孟、周、程无意相遭于千载之下,与其尽信于天下,不若真信于一人。道固自在,学亦自在,天下信之不为多,一人信之不为少者,斯固君子无见是而无闷之心,岂世之谫谫屑屑者知足以及之乎?"[1]由此信此言可以看出,聂双江不仅属于那种自视与自期极高的狂者,无疑也属于那种具有超强精神力量的强者。至于聂双江的一生行谊,也始终是以这种个体交往与个体担当之强者的方式展开的,其治理地方,"立法行政,自其身始……浚筑水利,清理余田,以补民间坍荒。"[2]其主讲县学,"时徐阶在诸生中,方弱冠,一试文,即以台辅期之"[3]。当然,从事后来看,聂双江确有知人之智,并且也由此奠定了其一生的高官显宦之位——在阳明的江右弟子中,聂双江的官位是最高的。最有意思的还在于其遭陷入狱的一段经历,"被逮时,从容出见使者,易囚服,慷慨就道……罗文恭(念菴)见之,大敬服,至是闻未发之说,深与契合"[4],聂双江也由此成就了一位学术上坚定的同道与知己。从这些方面来看,聂双江大概属于那种心性超卓而又有担当、有定力,且能够掉背孤行的铁血汉子。

一、归寂以通感

聂豹(1487—1563),字文蔚,号双江,江西永丰人。聂双江正德十二年(1517)进士及第,归省两年,知华亭县,兴学校,修水利,革除积弊,甚

---

① 王守仁:《答聂文蔚》,《王阳明全集》,第 79 页。
②③《聂贞襄公本传》,《聂豹集》,第 623 页。
④《聂贞襄公传》,《聂豹集》,第 627 页。

有政声。嘉靖四年（1525）召拜为御史，以直谏著称。次年受命巡抚福建，借道拜访阳明，归则建养正书院，刻《大学古本》《传习录》以明正学。出为山西平阳知府，修关隘，练士卒，御寇有方，升陕西按察副使，为时相夏言所恶，下诏狱。"往被逮时，从容出见使者，易囚服，慷慨就道，室中悲号不胜，先生若不闻。门人父老送之，无不流涕，先生第拱手以别。是时同郡东廓、念庵诸公皆追送江浒，犹相与讲学不辍。"①逾年得出，归永丰，建赐老堂，聚门人弟子讲学其间。后因徐阶所荐，召拜都察院右佥都御史，巡抚顺天，整饬蓟辽军务，迁兵部右侍郎、兵部尚书，又因边功，累进太子少保、太子少傅、太子太保等职。后因谋议忤辅臣，致仕归乡。嘉靖四十二年（1563）卒，享年七十七，谥贞襄。

关于聂双江的学旨，人们往往会以"归寂以通感，执体以应用"来加以概括，这一表达固然不错，但如果对这一为学主张所以形成之来龙去脉以及其在当时所起的作用缺乏了解，仅仅停留于表层的含义上，那还是无法揭示其深层内涵的，也无法定位聂双江在学术史上的地位。大体说来，人们往往会将这一主张归结为对浙中学术"玄虚而荡"现象的一种纠偏主张，或者仅仅将其归结为聂双江为政遭陷时的一段"狱中闲久静极"的经历。这样的分析当然也没有错，却并不是根源性的因素。作为其根源性的因素，恰恰在于其学术性格以及其初访阳明的一段经历。

如上面所征引，聂双江为什么会在初访阳明之后就明确地提出"与其尽信于天下，不若真信于一人"以及"天下信之不为多，一人信之不为少"的建议呢？实际上，这也等于是直接向王阳明提出了一个"真信"的问题。对王阳明来说，其在越中老家的讲学，固然达到了其一生的全盛时期，但其当时的讲学主要还在于争取人们的了解与认可，还在向朱子学的一统天下争取所谓话语权。这样的讲学一下子就让聂双江看出不过是一种表面文章，或者说还存在着一定的表面文章之处，所以才会有其"君子无见是而无闷之心，岂世之谔谔屑屑者知足以及之乎"这样沉重

---

① 宋仪望：《双江聂公行状》，《聂豹集》，第649页。

的建议。

对于聂双江这样的建议,王阳明当即作了如下答复:

> 仆诚赖天之灵,偶有见于良知之学,以为必由此而后天下可得
> 而治。是以每念斯民之陷溺,则为之戚然痛心,忘其身之不肖,而思
> 以此救之,亦不自知其量者。天下之人见其若是,遂相与非笑而诋
> 斥之,以为是病狂丧心之人耳。呜呼!是奚足恤哉?吾方疾痛之切
> 体,而暇计人之非笑乎!人固有见其父子兄弟之坠溺于深渊者,呼
> 号匍匐,裸跣颠顿,扳悬崖壁而下拯之。士之见者,方相与揖让谈笑
> 于其傍,以为是弃其礼貌衣冠而呼号颠顿若此,是病狂丧心者也。
> 故夫揖让谈笑于溺人之傍而不知救,此惟行路之人,无亲戚骨肉之
> 情者能之,然已谓之无恻隐之心,非人矣。若夫在父子兄弟之爱者,
> 则固未有不痛心疾首,狂奔尽气,匍匐而拯之。彼将陷溺之祸有不
> 顾,而况于病狂丧心之讥乎?而又况于蕲人之信与不信乎?①

在王阳明所有的书札中,这可能是其中最为感人的一封。虽然就对儒家
万物一体情怀的抒发而言,其在《答顾东桥书》中的"拔本塞源论"也是极
为感人的,但那主要是从思想义理的角度阐发儒家的万物一体之怀,这
封书札则完全是从儒者个人(如王阳明)的角度,以求亡子于道路、救父
兄于断崖的精神来表达其内在的不能自已性。在这里,所谓"呼号匍匐,
裸跣颠顿"以至于"狂奔尽气",自然也就成为一种不能自已的表现;至于
人之信与不信,则诚如王阳明所言:"彼将陷溺之祸有不顾,而况于病狂
丧心之讥乎?而又况于蕲人之信与不信乎?"显然,这已经不是蕲人之信
与不信的问题了,也不是所谓的思想义理问题,而完全是由于"疾痛之切
体",因而即使是"病狂""丧心"之讥,也不足以阻其心、阻挠其行了。

今天,我们当然已经无法准确地知道聂双江当时读这封书札时的感
受,但排在其文集之首的《启阳明先生》以及其紧接着的"勿忘勿助"之问

---

① 王守仁:《答聂文蔚》,《王阳明全集》,第 80 页。

可以说就是一个明确的回答；而"阳明既没，先生时官苏州，曰：'昔之未称门生者，冀再见耳，今不可得矣。'于是设位，北面再拜，始称门生，以钱绪山为证，刻两书于石以识之"①。显然，如果说对于王龙溪之识见超群，王阳明是以其更高的识见加以降服才成为弟子的，那么对于聂双江这样的豪杰性格与铁血汉子来说，则必须经过一番"真信"之怀疑与学理之叩问才能真正成为其门弟子。聂双江入门的这一关节以及其是否"真信"之叩问，就从一定程度上预定了其以后的发展方向。

此后，聂双江的狱中经历又为其自己是否"真信"提供了另一种证明：

> 狱中闲久静极，忽见此心真体，光明莹彻，万物皆备，乃喜曰："此未发之中也，守是不失，天下之理皆从此出矣。"后出，与来学讲静坐法，使之归寂以通感，执体以应用。②

在此前后，聂双江还有如下一段经历夹杂其间：

> 乡人有谤公于时宰者，时宰怒，逮系锦衣，诏巡按御史复核。未几，时宰亦下狱，曰"吾惭见双江。"乃公与相对，无怨尤色，时宰大悔服。明年，事白，归永丰。谤者则先以他事谪戍，而时宰亦既伏诛，盖天之恶伤善人如此。③

既然聂双江能够以"真信"来叩问阳明的讲学，他自己又有如此一段经历，我们也就完全可以设想他将会以何种心态来看待王龙溪的思辨与领悟了——大概觉得这不过是一种口若悬河式的"好玩"罢了。但阳明去世后，王龙溪居然能够以其领悟与思辨能力魁杰于浙中、魁杰于整个王门，并坚持"千古圣学，唯从一念灵明识取"，从而将整个阳明心学引向一种领悟思辨之路。显然，对阳明心学的这样一种走向，聂双江无论如何

---

① 黄宗羲：《明儒学案·江右王门学案》二，《黄宗羲全集》第七册，第 427 页。
② 费纬裪：《聂贞襄公传》，《聂豹集》，第 628 页。
③ 徐阶：《贞襄聂公墓志铭》，《聂豹集》，第 636 页。

都是无法接受的。在他看来,王龙溪所凭借的不过是一种嘴皮匠的文字把戏而已。在这种背景下,他们之间的论辩也就无法遏制了。

当然,这并不是一个所谓理论上"服不服"之地位争夺的问题,而首先是一个对儒家心性之学及其精神负责的问题。真正的问题还在于,江右毕竟是阳明一生心血所寄之地,其弟子中也以江右为最多,而对聂双江来说,他如果不能在阳明众多的江右弟子中脱颖而出,可能根本就到不了王龙溪的面前。这样一来,聂双江的论辩也就必须首先在他与其江右同道与好友的欧阳崇一之间展开了。特别有意思的是,在聂双江与欧阳崇一的三通书札中,其对阳明心学也就正好走过了从讲友、同道到所谓门弟子的过程,但是,其质疑、纠偏并推进阳明心学的立场与精神始终没有变。

这又需要从聂双江与王阳明的通信以及其对阳明心学的质疑谈起。在聂双江对王阳明的第二通书札中,聂双江当时并不认同王阳明的良知说,甚至还试图以孝弟来取代良知,并对阳明的良知说提出了如下质疑与批评:

> 舜、武、周公之庸行,为中庸之极致,只为今人不识孝弟,往往求之于仪文之末,而不知一念非天,一事非理,一物失所皆非孝也,而良知之功用,于是乎浅矣……
>
> 不诚不明,离道远矣,是故先生要之以诚也。诚则以羊易牛,其迹吝矣,适合乎行仁之巧法;不诚则攘夷尊周,如其仁也,乃不免为假仁之伯术。[①]

这里且不管阳明将如何回答聂双江的这一质疑(其回答即《答聂文蔚》之第二书),但聂双江能够看出阳明"要之以诚"而仍"不免为假仁之伯术",其敏锐的洞察力无疑是超乎王门诸子之上的。当然,如果这里要为王门诸子作一点辩解,那也是因为王门诸子早就已经生活于阳明的天下,因

---

① 聂豹:《启阳明先生》,《聂豹集》,第 235 页。

而他们也根本不会从这个角度去怀疑；但对于聂双江这个"外道"而言，他却一下子就能看出这个"天下"的疏漏之处，这是不得不让人敬佩的。

在《答欧阳南野太史三首》的第一书中，聂双江当时并不是以王门弟子的身份来讨论阳明心学的，而其对阳明心学的态度，毋宁说是既有赞成，又试图以传统所谓的"孝弟"来对阳明的良知说进行补充。他写道：

> 夫"良知"二字，乃是老先生特地体贴提掇出来，以破灭天下旁求外袭之弊，于学者有力，当与"夜气"之说并论。而仆谬有见于孝弟者，正欲体贴良知，直将孝弟作良知看，非假之为帮助也。①

> 孝之大也。天之经也，地之义也，民之行也，教之所由生也。置之而塞乎天地，溥之而横乎四海，施诸后世而无朝夕。试尝求之吾身，万物皆备，内则心腹肾肠，外则皮毛爪甲，皆吾父母之所与者，故诚身为说（悦）亲之道，守身为事亲之本。亏体辱亲，虽日用三牲之养，未足为孝。夫所谓亏体者，岂必断体折肢，下堂而伤其足之谓哉？非礼而视，则目之体亏矣；非礼而听，则耳之体亏矣；非礼而言，则口之体亏矣；非礼而动，则四肢之体亏矣。反身有毫发之不诚，则本来面目即非其故矣。此舜之孝所以为大，参之孝所以为纯乎？②

从这一答书就可以看出，虽然聂双江是将孝弟作为良知的直接落实来看的，但实际上，他当时还确有以孝弟来取代良知之意。所以，其在答书的末尾写道："仆愚鄙何足与议，第辱阳明先生之教，企吾丈数年丽泽之益，比来以此检点，微觉得力。"③这说明，自从拜访阳明之后，聂双江确实是在认真地体贴阳明的学说。

到了第二封答书，聂双江虽然并未以"先师"称阳明，但其立场已经明显地转为阳明学的立场了，并且也是站在阳明心学的立场上来讨论问题的；他自己的立场、观点，也逐渐趋于成熟：

---

① 聂豹：《答欧阳南野太史三首》一，《聂豹集》，第 237 页。
② 聂豹：《答欧阳南野太史三首》一，《聂豹集》，第 238 页。
③ 聂豹：《答欧阳南野太史三首》一，《聂豹集》，第 239 页。

立本之学,迩来何似?《传习录》中自有的确公案可查,不可以其论统体、景象、效验、感应、变化处俱作工夫看,未有不着在枝节而脱却本原者。夫以知觉为良知,是以已发作未发,以推行为致知,是以助长为养苗。①

在这封答书中,聂双江的立场无疑已经成为阳明心学的立场,其所谓"立本之学"也正是阳明心学立场的典型表现。但聂双江的过人之处,就在于他能从"立本之学"的立场出发一下子就看出当时学界"未有不着在枝节而脱却本原者"。至于对"以知觉为良知""以已发作未发"以及"以助长为养苗"等现象的批评,则正是其自身立场开始形成的表现。

到了第三封答书,聂双江就已经称阳明为"先师",并且也全然以良知立论了。但其对学界"以知发为良知,而忘其发之所自"现象的批评则不遗余力。这说明,聂双江之阳明心学的立场以及其独特的视角都已经成熟,并且也已经展开对王门诸子及其各种表现的系统批评了。他写道:

窃谓良知本寂,感于物而后有知,知其发也,不可遂以知发为良知,而忘其发之所自也。心主乎内,应于外而后有外,外其影也,不可以其外应者为心,而遂求心于外也。故学问之道,自其主乎内之寂然者求之,使之寂而常定也,则感无不通,外无不该,动无不制,而天下之能事毕矣……

是非愚之见也,先师之见也。师云:"良知是未发之中,寂然大公②的本体,便自能感而遂通,便自能物来顺应。"又云:"祛除思虑,令此心光光地,便是未发之中,便是寂然不动,便是廓然大公。自然

---

① 聂豹:《答欧阳南野太史三首》一,《聂豹集》,第 239 页。
② 请注意,王阳明并没有"寂然大公"的表达,而总是表达为"廓然大公"。如"良知即是未发之中,即是廓然大公,寂然不动之本体,人人之所同具者也。"(《答陆原静书》又,《王阳明全集》,第 62—63 页)聂双江却总是表达为"寂然大公之本体"。实际上,这是为了突出其"归寂以通感,执体以应用"的主张而故意如此表达,但其这一表达只是将阳明"廓然大公,寂然不动之本体"直接加以合并,而且也确实不与阳明精神相刺谬,所以即使是王龙溪这样的理论高手,也没有对这一表达进行批评。

发而中节,自然感而遂通,自然物来顺应。"又云:"有未发之中,便有发而中节之和。常人无发而中节之和,须是知他未发之中未能全得。"又云:"一是树之根本,贯是树之萌芽。体用一原,体立而用自生。"此岂(非)《录》中长(常)语哉?亦非先师创为之也,子思子之意也……

来云:"本体是工夫样子,效验是工夫证应。良知本戒慎不睹,恐惧不闻,无自欺而恒自慊;工夫亦须戒谨恐惧,无自欺而恒自慊。果能戒慎恐惧,无自欺而恒自慊,即是效验。"此可见深造之学也。反复《中庸》之意,微有不同。《中庸》之意,似以未发之中为本体。未发之中,即不睹不闻之独,天下之大本也。戒慎恐惧,其功也,中节而和生焉。天地位,万物育,其效验也……

又云:"良知感应变化,如视听言动,喜怒哀乐之类,无良知则感应变化何所从出?然非感应变化,则亦无以见其所谓良知者。故致知者,致其感应变化之知也。"仰体尊意,似云原泉者江淮河汉之所从出也;然非江淮河汉,则亦无以见其所谓原泉者。故浚原者,浚其江淮河汉所从出之原,非江淮河汉为原而浚之也。根本者,枝叶花实之所从出也。培根者,培其枝叶花实所从之根,非以枝叶花实为根而培之也。今不致感应变化所从出之知,而即感应变化之知而致之,是求日月于容光必照之处,而遗其悬象著明之大也。何如?[①]

整个这一通论辩,说到底就是一个"归寂以通感"的问题,也就是说,没有"归寂"的追求工夫,也就不可能有"通感"的作用。其对阳明后学的批评也主要集中在其将本体之发用直接等同于本体自身一点上,从而略去了一个"归寂"与"见体"的工夫,这就如同"不致感应变化所从出之知,而即感应变化之知而致之,是求日月于容光必照之处,而遗其悬象著明之大也"。这就不仅仅是阳明后学的问题了,连阳明本人似乎也要承担一定的责任。当阳明一味强调"致良知"之简便易行时,由于良知当下现在,

---

① 聂豹:《答欧阳南野太史三首》三,《聂豹集》,第241—242页。

"一提便省觉",从而也就可以直接将其简化为"随你去静处体悟也好,随你去事上磨练也好"①,这就恰恰略去了"归寂"以"见体"的工夫。如此一来,以领悟思辨与自然明觉冒充良知的现象就成为一种无法遏制的现象了。聂双江这里恰恰是以其"外道"的身份,步步质疑、步步接受,同时也步步纠偏、步步修正,其对阳明心学最大的功绩也就在这一点上。

二、执体以达用

当聂双江揭示出当时的阳明后学遗落了"归寂"与"见体"的工夫时,他就必然要面临一个所谓"虚静"之禅的指责。比如欧阳崇一就批评他说:"夫良知者,常寂常感,常应常廓然……夫念念有事毋自欺而恒自慊,即是集义,即是致和,即是致中。故曰中也者,和也,中节也,一也。二之,则所谓未发者,或近于二氏之虚静;其发而临事,或未免以揣摩义袭为感通顺应而不自觉,亦势有必至者矣。"②在这里,欧阳崇一之所以要以虚静之禅来归结聂双江的"归寂"说,并不是认为聂双江就真正成为禅了,而主要是因为聂双江的这一说法实际上已经涉及他们的理论底线了——欧阳崇一的寂感一体,所谓"常寂常感,常应常廓然"的理论根本没有办法涵括聂双江这样的说法,只好以虚静之禅来归结。在明代理学中,持儒佛标准最严的罗钦顺甚至将所有的心学——从陆象山、杨慈湖、陈白沙、湛甘泉连同王阳明一并目之为禅;作为阳明的弟子,邹谦之与欧阳崇一当然不能随便视心学同门为禅,但当他们无法接受聂双江的"归寂"理论时,就不得不认为聂双江的说法确有虚静之禅的嫌疑。实际上,他们的分歧主要在于良知见在说上,聂双江虽然并不反对良知可以见在,但也绝不认同致良知可以不经过一番归寂工夫就完全可以从"见在"出发。所以,在《答邹东廓司成四首》中,他首先为自己的寂感关系作了一番辩解。他说:

---

① 王守仁:《语录》三,《王阳明全集》,第105页。
② 欧阳德:《寄聂双江》三,《欧阳德集》,第131—132页。

> 夫无时不寂,无时不感者,心之体也;感惟其时,而主之以寂者,
> 学问之功也。故谓寂感有二时者,非也;谓工夫无分于寂感,而不知
> 归寂以主夫感者,又岂得为是哉?盖天下之感皆生于寂,不寂则无
> 以为感,非坤则无以为震。①

这一辩解很明确,聂双江并不以先后分寂感("谓寂感有二时,非也"),但
也绝不认同"工夫无分于寂感,而不知归寂以主夫感者"。这说明,在聂
双江看来,寂与感虽然不存在时间上的先后之差,却存在着工夫上的主
从之别,因为"天下之感皆生于寂,不寂无以为感"。实际上,聂双江的这
一理论,完全可以从王阳明的"体未立,用安从生"以及"种树者必培其
根;种德者必养其心"②说法上得到证明。

让我们再看聂双江的儒禅之辩。就在同一书中,聂双江也谈到江右
同门对他的各种批评。他写道:

> 比尝以此语诸同志,或然或否,而其所以疑之者,有三讹焉。其
> 一谓,道不可须臾离也,今日动处无功,是离之也;其一谓,道无分于
> 动静也,今日工夫只是主静,是二之也;其一谓,心事合一,仁体事而
> 无不在,今日感应流行着(者)不得力,是脱略事为,类于禅悟也。夫
> 禅之异于儒者,以感应为尘烦,一切断除而寂灭之,诚有于是,诋之
> 为禅非过也。今乃归寂以通天下之感,致虚以立天下之有,主静以
> 该天下之动,又何嫌于禅哉?③

从聂双江一生的政绩来看,自然没有人议其为禅,但其理论却被视为有
禅之嫌疑,这主要是因为他肯定了"归寂""致虚""主静"比"感应""发用"
与"流行"更重要,也更为根本;其目的又主要在于"归寂以通天下之感,
致虚以立天下之有,主静以该天下之动",这样的关怀指向,"又何嫌于禅
哉"?说到底,主要是因为他对良知见在说肯定不够。他承认良知可以

---

① 聂豹:《答邹东廓司成四首》一,《聂豹集》,第 261 页。
② 王守仁:《语录》一,《王阳明全集》,第 32 页。
③ 聂豹:《答邹东廓司成四首》一,《聂豹集》,第 262 页。

见在,但绝不认为凡是见在流行的就是良知;尤其不认为那种致良知完全可以从"见在"的层面入手的说法。在他看来,如果要全面肯定良知见在说,最后就必然会流于"玄虚而荡"与"情识而肆"的格局。

至于这几种批评意见,在聂双江看来,反而存在着不少的问题。他分析说:

> 自有人生以来,此心常发,如目之视也、耳之听也、鼻嗅口味、心之思虑营欲也,虽禁之而使不发,不可得也。乃谓发处亦自有功,将助而使之发乎? 抑惧其发之过,禁之而使不发也? 且将抑其过,引其不及,使之发而中节乎? 夫节者,心之则也。不识不知,顺帝之则,惟养之豫者能之,岂能使之发而中乎? 使之发而中者,宋人助长之故智也。[1]

聂双江这里所分析的三种现象——从"助而使之发""禁之而使不发",到"引其不及,使之发而中节",实际上完全是在"发"上用功的,一如徐爱所总结的:"心犹镜也。圣人心如明镜,常人心如昏镜。近世格物之说,如以镜照物,照上用功,不知镜尚昏在,何能照! 先生(阳明)之格物,如磨镜而使之明,磨上用功,明了后亦未尝废照。"[2]徐爱对阳明格物说的这种评价,其实完全可以用来评价聂双江的寂感体用理论。

这就是说,关于寂与感、体与用的关系,聂双江并不仅仅是坚持走向"归寂"与"见体"就算完了,也不是要停留在"寂"与"体"上,而是要通过"归寂"与"明体"的工夫,以达到"应用"与"致和"的目的。聂双江的这一思路,不仅有阳明教法的依据,也存在着儒家的传统经典——《易传》与《中庸》的根据。他写道:

> 夫不睹不闻者,虚寂之体,天命之性也,戒惧所以养之也。养之而大本立,则自此而发者,自然中节。天地由此而位,万物由此而

---

① 聂豹:《答邹东廓司成四首》一,《聂豹集》,第262页。
② 徐爱:《语录三则》,《徐爱　钱德洪　董沄集》,第91页。

育,功用至于位育,极矣,尚何感应流行变化云为之有不尽乎? 知远之近,知风之自,知微之显,君子之所以不可及也欤? 鄙见如此,委于哗然之义有未当,然非固自出一说以求胜。盖尝反复《易》《庸》,似有得于管中之窥。[1]

显然,聂双江的这一思路,并不是"固自出一说以求胜",而是以《易》《庸》传统之"知远之近,知风之自,知微之显"为根据的;至于其根本指向,则仍然是"天地由此而位,万物由此而育"。实际上,所谓"天地位,万物育"也就代表着儒家的"中和"与"达道",所有这些,又都首先源于"不闻不睹"的"虚寂之体",是即所谓天命之性也,应当说,这正是标准的心学进路。

既然如此,为什么江右的同仁都不认同他呢? 这主要就是一个理论背景或者说是基本出发点的问题;从阳明心学来看,则主要集中在对良知说的不同理解上。对于这一问题,聂双江也曾与邹东廓"连床"长谈,但并没有达到相互说服的目的;事后,他们又互通书札,继续辩论这一问题。在聂双江的答书中,他既概括了邹东廓的观点,同时也申明了自己的理由与看法:

> 来谕云:"学问之道,不敢逐外,不必专内,贯内外显微而一之。"此正吾辈今日用功处,盖尝求其处而不得也。窃料尊意,无以"致良知"三字,谓足以贯内外显微而一之者乎?
>
> 夫"良知"二字,始于孟子。孩提之童,不学不虑,知爱知敬,真纯湛一,由仁义行。大人者,不失其赤子之心,亦以其心之真纯湛一,即赤子也。然则致良知者,将于其爱与敬而致之乎? 抑求所谓真纯湛一之体而致之也? 以为得手,但不知善恶安在何处。若以虚灵本体而言之,纯粹至善,原无恶对;若于念虑事为之著而所谓善恶者,而致吾之知,纵使知之为知之,不知为不知,与义袭何异? 故致

---

[1] 聂豹:《答邹东廓司成四首》一,《聂豹集》,第263页。

知者,必充满其虚灵本体之量,以立天下之大本,使之发无不良,是谓贯显微内外而一之也。先师有诗云:"只从根本求生死,莫向支流辨浊清。"其所指根本、支流,从何处分别?岂以良知为根本,而以显微内外而支流别有所指耶?抑岂以用功之处,要以立本归根为务,而显微内外俱在所不论耶?若然,则知微之显,静为动根,诚于中,形于外,内直则外无不方,此皆非耶?仆之所以谓致虚守寂,以求未发之中者,正欲贯显微动静内外而一之。①

这一段也可以说是直揭聂双江与王门诸子的一个深层分歧。就从致良知这一出发点来看,他们无疑是完全一致的,但从良知出发,究竟是应当走向表层的"于念虑事为之著而所谓善恶者,而致吾之知"呢?还是走向内在的"充满其虚灵本体之量,以立天下之大本,使之发无不良"呢?显然,正是在这一点上,聂双江与王门诸子出现了无法弥合的分歧。王门诸子当然是以王阳明的"良知无知无不知""良知即是未发之中""良知即是发而中节之和"为根据而直接走向所谓"显微内外而一之"的,但在聂双江看来,这就是以"知发为良知",根本没有求其发之所自也;更重要的还在于,这就有可能以"知发"冒充良知。所以,聂双江坚定地走向了"致虚守寂,以求未发之中者",也就是先"求所谓真纯湛一之体而致之",只有在"心之体"得到根本澄澈的基础上,才能贯通"显微动静内外而一之"。

这样一来,他们的分歧也就可以说究竟是通过包含自然明觉在内的"知发"来贯通"显微动静内外"包括整个人生世界,还是通过所谓"真纯湛一"的"心之体"来贯通体用、显微两层世界。分析到这一步,不仅王门诸子的缺陷已经昭然若揭,而且阳明晚年过分强调致良知之"易知易从"的缺陷也已经无可掩饰了,因为这一点正好在其坚持"致良知"之"易知易从"的同时也就打开了一条以当下见在与自然明觉冒充道德良知的通道。这样一来,我们也可以说,聂双江"归寂以通感,执体以应用"的思路

---

① 聂豹:《答邹东廓司成四首》三,《聂豹集》,第263—264页。

虽然并不合于阳明的晚年论说,却确实坚持着阳明心学的一段真精神。

三、致知议辩之分歧

当江右诸子根本无法说服聂双江时,就意味着聂双江必然要以其凛凛之姿直面王门后学中的理论权威王龙溪了;他们二人的"致知议辩"可以说是中国哲学史上值得大书特书的一笔。惜乎其理论线索庞杂,多头并进,且涉及面太广,这里根本不可能全面介入。不过,我们可以沿着从王阳明到聂双江所共同认可之"只从根本求生死,莫向支流辨浊清"的思路,以聂双江寄王龙溪的书信以及其对王龙溪的批评为线索,概括他们在"致知议辩"中的分歧。

在目前关于"致知议辩"的研究中,牟宗三先生的研究当属翘楚,其《从陆象山到刘蕺山》一书,实际上完全是以"致知议辩"为核心展开的。但牟宗三不仅完全站在王龙溪的立场上来分析"致知议辩",而且与王龙溪与江右一系的其他阳明弟子一样,过分陶醉于阳明心学之理论上的思辨与圆融,从而在根本出发点上忘掉了"常人"与"日常生活";甚至也可以说,他完全忘记了现实的人生,从而完全从所谓心学理论出发了。当然从理论上说,牟宗三的研究确实具有极重要的意义,但由于其根本未能顾及"常人"与"日常生活"这个层面,因而其在让人理解、让人接受这一点上也付出了沉重的代价。[①]

请先看聂双江对王龙溪讲学的一段评价:

> 兄论学,每病过高,又务为悟后解缚,不经前人道语,听之使人臭腐俱化,四座咸倾,譬之甘露悦口,只是当饭吃不得。世间曾有几人可辟谷耶?至论格物,却乃葛藤缠绊,愿兄将此等见解,一洗而空

---

① 牟宗三的《致知议辩》一文,也像其他江右一系的阳明弟子一样,他是从阳明心学之圆融的理论来看待并分析聂双江的问题,但聂双江根本就不是从心学理论的圆融性出发,而是从现实的人生与人心出发的。因此,牟宗三并不认聂双江为阳明弟子,其并不接受阳明心学理论上的圆融承诺,而是从现实的人生与人心之并不圆融出发以探讨究竟如何才有可能走向并实现人生中之圆融的。

之,只于辞受取与,子臣弟友之间,日求实际。如罗达夫、唐应德,其学未必尽然,将来人自信得。若或世情俗念与世人俗子无异,虽说得天花乱落,终亦何济? 仆是旋涡里罗汉,又恐观音落水,却令人疑佛法无救于焚溺也。[①]

这就是聂双江在接到王龙溪来书后给王龙溪的首次回信。此时,我们甚至还不知道他们二人是否已经有过当面的讨论,但聂双江的这一答书及其批评却几乎可以说是"句句雕出心肝"了,也许在他们当面讨论之前相互就已经非常了解了。在整个王门后学中,也几乎没有人能够像聂双江这样对王龙溪以运斤成风之势来进行批评;而从王龙溪的角度看,一生中能够遇到这样的朋友,也真是人生中的一大幸事。至于王龙溪是否能够"立不改容"而当下自省,那当然还是一个说不清的问题——起码聂双江是这样期望的。但对王龙溪来讲,他一生吃的就是这碗饭,好的就是这一口,难道要让他放下人生的饭碗吗? 至于聂双江对王龙溪讲学的描述,所谓"悟后解缚"、所谓"听之使人臭腐俱化,四座咸倾"以及"譬之甘露悦口,只是当饭吃不得"等等,简直就可以说是一种写真性的讽刺——对其讲学的效果而言,固然是一种写真;但"使人臭腐俱化"却又"当饭吃不得"的结果,同时就成为一种绝妙的讽刺了。至于建议,当然是"愿兄将此等见解,一洗而空之,只于辞受取与,子臣弟友之间,日求实际",也就是说,千万不要以圣贤自居的方式站在高台上教化,不妨先从平民老百姓的"辞受取与"角度出发。因为如果自己原本"世情俗念与世人俗子无异,虽说得天花乱落,终亦何济"? 至于聂双江自己,固然是"旋涡里罗汉",但他却绝不愿意因此而使"观音落水",更不愿意因此而"令人疑佛法无救于焚溺也",就是说,他绝不愿意因为王龙溪(观音)的讲学而让人们置疑阳明,从而污坏了阳明心学(佛法)的家法。

从这封书札可以看出,其相互的分歧就在于讲学究竟应当是从"圣人"出发还是从"常人"出发的分歧,也就是"从先天心体上立根"还是"从

---

① 聂豹:《寄王龙溪二首》一,《聂豹集》,第 266—267 页。

后天诚意上立根"的分歧,所以聂双江一方面赞扬王龙溪讲学是"听之使人臭腐俱化,四座咸倾,譬之甘露悦口",同时又批评他的讲学"只是当饭吃不得,世间曾有几人可辟谷耶?"至于"世情俗念与世人俗子无异,虽说得天花乱落,终亦何济"? 这简直就是对王龙溪讲学效果的一种极大讽刺了。请注意,聂双江这里绝不是从圣贤视角所发出的批评,恰恰是从"常人"之"诚意"追求的角度所表达的真实感受。在聂双江的这种敲打面前,王龙溪只好承认:"吾人一生学问只是改过,须常立于无过之地,方觉有过,方是改过真工夫。所谓复者,复于无过者也。"[1]在王龙溪的一生中,如此低调的论学书札、如此强调"改过"的姿态,可能属于其一生中的唯一一见,谁让他遇到了一意求真、一心求实的聂双江呢?

但聂双江并不放过王龙溪,而是接着批评,这就使他们的分歧进入到第二个环节。聂双江写道:

> 承不鄙,谬有取于寂体之说,谓是为师门第一义……感应而以思虑为则,入于憧憧之私,《易》曰:"憧憧往来,未光大也。"其与以知识为良知,漫然应感者,症候不同,均之为迷失本原,不足以语归复之窍,诚有如来谕云云也。然则欲求归复之窍,舍归寂,其何以哉?来谕又谓"良知本寂",诚然,诚然,此非先师之言乎? 师云:"良知是未发之中,寂然大公的本体。"但不知是指其赋畀之初者言之耶? 亦以其见在者言之也? 如以其见在者言之,则气拘物蔽之后,吾非故吾也。譬之昏蚀之镜,虚明之体未尝不在,然磨荡之功未加,而递以昏蚀之照为精明之体之所发,世固有认贼作子者,此类是也。[2]

在这一论辩中,聂双江首先从王龙溪所承认的"虚(归)寂之说"是"师门第一义"出发,先辨析"憧憧之私"与心中寂体的发用之别,然后又辨析良

---

① 王畿:《答聂双江》,《王畿集》,第199页。请注意,王龙溪此时已经不再强调"从先天心体上立根"了,而只是从"后天"的"改过"上立根,至于人究竟能不能"立于无过之地",还是一个值得讨论的问题。
② 聂豹:《寄王龙溪二首》二,《聂豹集》,第267页。

知与知识之别,并明确指出,二者虽然"症候不同",但在"迷失本原"这一点上是相同的。在这种状况下,根本就"不足以语归复之窍"。即使承认"良知是未发之中,寂然大公的本体",如果分不清良知究竟是"指其赋畀之初者言之耶?亦以其见在者言之也?如以其见在者言之,则气拘物蔽之后,吾非故吾也"。显然,这就明确地指向王龙溪的良知见在说了,在聂双江看来,以见在良知为是,"譬之昏蚀之镜,虚明之体未尝不在,然磨荡之功未加,而递以昏蚀之照为精明之体之所发,世固有认贼作子者,此类是也"。

这简直是毫不留情的批评!王龙溪的领悟思辨,在这里却毫无用武之地。如果以理论层次来划分,那么聂双江在这里也明确划清了几重关系:首先就是良知与知识的关系,如果以见在良知为足,则容易导致以知识冒充良知,自然,这一点也可以说是王门弟子的共识;其次,在"憧憧之私"没有得到根本荡涤的基础上,虽然自认为是出自良知,但却极有可能只是以私意冒充良知,这也是王门弟子所不能否认的;再次,虽然也可以承认人确有"赋畀之初"的良知,但如果完全是以"见在"冒充"赋畀之初"的良知,完全忽略了"气拘物蔽之后,吾非故吾也"的现实,那么,仍然会导致以"气拘物蔽"之知来冒充良知了。凡此,都是认贼作子的表现。这样看来,王龙溪打遍天下无敌手的良知见在说,却在聂双江的批评面前毫无还手之力。黄宗羲所谓"是时越中流弊错出,挟师说以杜学者之口,而江右独能破之,阳明之道赖以不坠"[1],大概也就指此而言吧!

从聂双江与王龙溪的论辩来看,为什么正宗的阳明弟子在王龙溪的"良知见在说"面前一个个束手就擒,反倒是聂双江这个"外道"或"俗家弟子"能够步步紧逼地破除王龙溪的重重迷障呢?应当承认,这并不是说聂双江就智慧超群(当然,聂双江也确实具有超人的智慧,不然的话,

---

[1] 黄宗羲:《明儒学案·江右王门学案》二,《黄宗羲全集》第七册,第377页。

王龙溪也绝不会轻易认输的），而首先就源于其"外道"①身份。比如王阳明在《寄邹谦之》里面所说的，"缘此两字，人人所自有，故虽至愚下品，一提便省觉"②。对于这样的说法，邹谦之包括其他所有的阳明弟子肯定会全盘接受，聂双江却无疑只会以"不一定"来回答。这并不是聂双江在故意捣蛋，而是因为其"外道"的身份本身就已经预设了一个"常人"的视角，绝非阳明嫡传弟子所具有的那种纯粹的圣贤视角或心学理论的视角。再比如，对于王龙溪"从先天心体上立根"的说法，正宗的阳明弟子往往会或者说不得不接受王龙溪的这一领悟性的承诺，但聂双江却马上就可以所谓"世情俗念与世人俗子无异，虽说得天花乱落，终亦何济"来加以反驳；至于对王龙溪所倡导的"四无"，聂双江马上就可以"气拘物蔽"与"认贼作子"来加以粉碎。所以说，正是聂双江"外道"的身份、"常人"的视角以及"气拘物蔽"之现实出发点与"日求实际"的检验方法，使得王龙溪"从先天心体上立根"的说法一下子化为"洪炉点雪"。

　　这绝不是说聂双江就不是纯正的阳明弟子，恰恰相反，聂双江才真正继承了阳明的一段真精神，并且也是真正在心体上用功的阳明弟子。只是在正宗的阳明弟子已经失掉了反思能力、失掉了"日求实际"的检验能力之后，才使得聂双江这个"外道"担当起了破除"良知见在"说之重重迷障的责任，从而成为阳明精神的真正继承者。

---

① 所谓"外道"当然是佛教用语，这里借用来以戏称聂双江并非阳明的正宗弟子。比如牟宗三就说："聂双江与罗念庵是江右中首发难端者，故凡论及江右者皆注目于此二人。但此二人皆非及门而亲炙者。聂双江于阳明殁后，自设位拜师称弟子。罗念庵未曾见阳明。阳明殁后，校订《阳明年谱》犹自称后学，不称门人。钱绪山劝其改称，其改称盖甚勉强也……然此二人毕竟于阳明之思路未能熟习，其本人皆沿袭一些传统之观念，而又未能了然传统发展中义理之各种分际以及阳明言良知之所以独特。故此二人于阳明生前未执弟子礼，或因无缘见面，或因无缘多见（双江只一见），或亦因根本未能相契，犹有隔膜，或简单言之，根本未能了解。征诸其后来之议论，虽皆已称门人，而实未能了解阳明之思路。"牟宗三：《从陆象山到刘蕺山》，《牟宗三先生全集》第 8 册，第 245—246 页。

② 王守仁：《寄邹谦之》三，《王阳明全集》，第 204 页。

第二节　罗洪先的主静之学

聂双江之后,江右一系能够直面王龙溪"先天之学"的就是罗念庵了。聂双江生前即与罗念庵关系密切,当聂双江提出"归寂以通感,执体以应用"的主张时,江右诸子纷纷置疑,"唯罗念庵深相契合,谓'双江所言,真是霹雳手段,许多英雄瞒昧,被他一口道著,如康庄大道,更无可疑'"①。这样看来,他们在抗衡于王龙溪的良知见在说上也就成为一种先后继起的关系了。不过,他们的为学主张略有不同,聂双江主张"归寂",罗念庵则提倡"主静",似乎还有一种继起性的发展蕴涵其中。就两人的风格而言,聂双江似乎具有一种超越的透视与解析能力,文章、书札也完全是一任其个性之挥洒;罗念庵则显得坚忍不拔,且颇具操持的强力。从《明儒学案》来看,黄宗羲似乎更喜欢罗念庵对王龙溪的态度,所以其引郑定宇的话评论说:"'阳明必为圣学无疑,然及门之士,慨多矛盾。其私淑而有得者,莫如念庵。'此定论也。"②

一、从"主静"到"流行"

罗洪先(1504—1564),字达夫,号念庵,江西吉水人。十一岁,读古文,慨然慕罗一峰之为人,即有志于圣学;后闻阳明讲学于虔台,心即向慕,及《传习录》出,读之至忘寝食。嘉靖八年(1529),罗念庵举进士第一,授翰林修撰,三年后任经筵讲官。嘉靖十八年(1539),召拜左春坊左赞善,次年因请来岁元日皇太子出御文华殿受百官朝拜,忤帝意,被黜为民。此后不再出仕,一意讲学,嘉靖四十三年(1564)卒,享年六十一岁。隆庆改元(1567),赠光禄寺少卿,谥文恭。

关于罗念庵的学旨,黄宗羲概括说:"先生之学,始致力于践履,中归

---

① 黄宗羲:《明儒学案·江右王门学案》二,《黄宗羲全集》第七册,第427页,又见第446页。
② 黄宗羲:《明儒学案·江右王门学案》二,《黄宗羲全集》第七册,第448页。

摄于寂静,晚彻悟于仁体。"①这就是所谓三阶段说。其早年的践履自然是指其早年各种各样的实践追求;中年"摄于寂静"主要是受聂双江的影响;至于晚年的"悟于仁体"自然代表着其思想的成熟,也意味着其告别聂双江的"归寂"与自己的"主静",以良知之遍在与日用流行为指向。不过,受聂双江"归寂"说的影响无疑是其思想发展中一个非常重要的阶段;至于其如何从认同聂双江的"归寂"主张到最后又告别聂双江的思想,自然也就成为其思想成熟的最大关节了。

关于这一过程,聂双江在与王龙溪的通信中曾有所讨论,我们这里也可以从聂双江的视角来分析罗念庵的思想进境。聂双江说:

> 其谓达夫之学,近来精神命脉已在一处照察,可谓相知之深,相信之至,中间不无少滞,乃其脱化未尽,久久自当融释也。夫达夫岂随人看场者耶?达夫早年之学,病在于求脱化融释之太速也。夫脱化融释,原非工夫字眼,乃工夫熟后景(境)界也。而速于求之,故遂为慈湖之说所入,以见在为具足,以知觉为良知,以不起意为工夫,乐超顿而鄙坚苦,崇虚见而略实功,自谓撒手悬崖,遍地黄金,而于六经四书未尝有一字当意。玩弄精魂,谓为自得,如是者十年矣。至于盘错颠沛,遇非其境则茫然无据,譬之搏沙捕螭,迷失当处,追寻无迹,不能不怵朱公之哭也。已而恍然自悟,考之《易》,考之《学》《庸》,考之身心,乃知学有本原。心主乎内,寂以通感也,止以发虑也,无所不在而所以存之、养之者,止其所而不动也。……于是一以洗心退藏为主,虚寂未发为要,刊落究竟,日见天精,不属睹闻,此其近时归根复命,煞吃辛苦处,亦庶几乎?知微知风之学,乃其自性自度,非不肖有所裨益也。②

聂双江比罗念庵大十七岁,几乎是两代人的关系;罗念庵同时又是江右诸子中唯一支持聂双江"归寂"说的学者,因而聂双江的这一叙述对于了

---

① 黄宗羲:《明儒学案·江右王门学案》三,《黄宗羲全集》第七册,第446页。
② 聂豹:《寄王龙溪二首》二,《聂豹集》,第268页。

解罗念庵的早期思想经历非常重要。聂双江的这一评论无疑也就发自罗念庵持主静说时期,因而其所谓"近来精神命脉已在一处照察",正是指其"主静"主张而言;至于其早年"求脱化融释之太速"之类,自然是指其早年"劈石莲洞居之,默坐半榻间,不出户者三年"[①]:当时其所追求的自然也就是聂双江戏称的"以不起意为工夫,乐超顿而鄙坚苦,崇虚见而略实功,自谓撒手悬崖,遍地黄金"。而在其"自悟"以后,也就表现为"心主乎内,寂以通感也,止以发虑也,无所不在而所以存之、养之者,止其所而不动也。……于是一以洗心退藏为主,虚寂未发为要,刊落究竟,日见天精,不属睹闻,此其近时归根复命,煞吃辛苦处,亦庶几乎?"

　　上述虽然出自聂双江的概括,但也确实可以证之于罗念庵对王龙溪的批评以及其自我检讨。比如罗念庵就曾批评王龙溪说:

　　　　龙溪之学,久知其详,不俟今日。然其谓工夫,又却是无工夫可用,故谓之"以良知致良知",如道家先天制后天之意。其说实出阳明公口授,大抵本佛氏七月霖雨中翻传灯诸书,其旨洞然,故有前问。真是与吾儒"兢兢业业,必有事"一段绝不相蒙,分明二人属两家风气(言龙溪之学与阳明精神——引者注),今比而同之,是乱天下也。持此应世,安得不至荡肆乎?[②]

罗念庵对自己的检讨,则又见于其《答王龙溪》。他说:

　　　　弟平日持原头本体之见解,遂一任知觉之流行,而于见在工夫之持行,不识渊寂之归宿,是以终身转换,卒无所成。兄谓弟落在着到管带,弟实有之,安敢隐讳?[③]

至于其"自悟"之后的为学主张,也就是所谓"收摄保聚"的主静工夫:

　　　　良知二字,今人皆容易说得。至如来记所云"点出此意者,不是

─────────

① 黄宗羲:《明儒学案·江右王门学案》三,《黄宗羲全集》第七册,第446页。
② 罗洪先:《与双江公》《罗洪先集》,第185—186页,南京:凤凰出版社,2007年版。
③ 罗洪先:《答王龙溪》,《罗洪先集》,第209页。

只觉见在知是知非一念而已"。盖不由学虑而自能分晓,主宰不失,此非经枯槁寂寞之后,一切退听而天理炯然,未易及此。不肖三四年间,亦曾以"主静"一言,为谈良知者告。①

　　盖人生而静,未有不善,不善者,动之妄也,主静以复之,道斯凝而不流矣;神发为知,良知者,静而明也,妄动以杂之,几始失而难复矣。故必有收、摄、保、聚之功,以为充、达、长、养之地,而后定、静、安、虑由此以出,必于家、国、天下感无不正,而未尝为物所动,乃可谓之格物。②

从上述这一系列论述来看,其实罗念庵此时完全是以其"主静"主张来批评王龙溪的良知见在说的,当然同时也蕴涵着以其"主静""无欲"来补充聂双江之"归寂"说的意味。所以,面对王龙溪的良知见在说,无论是罗念庵的"主静"还是聂双江的"归寂",实际上也都是坚定的批评者。

　　但罗念庵毕竟又不同于聂双江,他不仅在十四五岁时就已经读过《传习录》,而且也与王龙溪过从甚密;从王龙溪到江右诸子对聂双江有佛禅之嫌的批评最后也逐渐为罗念庵所接受,这就形成了对其"主静"主张与"收摄保聚之功"的再次悔悟,自然,这也就走向其所谓的"仁体"之流行了。他在《甲寅夏游记》中曾记载他和王龙溪的讨论:

　　一二年来,与前又别……当时之为收摄保聚,偏矣。盖识吾心之本然者,犹未尽也。以为寂在感先,感由寂发。夫谓"感由寂发"可也,然不免于执寂有处;谓"寂在感先"可也,然不免于指感有时。彼此既分动静为二,此乃二氏之所深非,以为边见而害道者,我固坚信而固执之,其流之弊,必至重于为我,疏于应物,而有不自觉者,岂《大学》"欲明明德于天下"之本旨哉!盖久而复疑之。夫心,一而已。自其不出位而言,谓之寂,位有常尊,非守内之谓也;自其常通微而言,谓之感,发微而通,非逐外之谓也。寂非守内,故未可言处,

---

① 罗洪先:《寄谢高泉》,《罗洪先集》,第273页。
② 罗洪先:《甲寅夏游记》,《罗洪先集》,第81—82页。

以其能感故也;绝感之寂,寂非真寂矣……故酬酢万变,而于寂者,未尝有碍,非不碍也,吾有所主故也,苟无所主,则亦驰逐而不返矣;声臭具泯;而于感者,未尝有息,非不息也,吾无所倚故也,苟无(有)所倚,则亦胶固而不通矣。此所谓收摄保聚之功,君子知几之学也。学者自信于此,灼然不移,即谓之守寂可也,谓之妙感亦可也;即谓之主静可也,谓之慎动亦可也。①

这里所谓"收摄保聚"之偏,完全是从寂、感关系角度而言的。因为从聂双江的寂、感关系来看,所谓的"归寂"并不是守内虚外,也不是内外为二。聂双江说:"夫无时不寂,无时不感者,心之体也;感惟其时,而主之以寂者,学问之功也。故谓寂感有二时者,非也;谓工夫无分于寂感,而不知归寂以主夫感者,又岂得为是哉?"②从聂双江这一强烈的反问来看,他并不以先后分寂感("谓寂感有二时,非也"),但也绝不认同"工夫无分于寂感,而不知归寂以主夫感者"。这说明,寂与感虽然并不存在时间上的先后,却存在着工夫次第或价值逻辑上的主从关系,因为既然"天下之感皆生于寂",那么对"感"而言,自然也就成为"不寂(则)无以为感"的关系了。这说明,寂与感虽然存在着内与外的不同方向,也存在着逻辑上的先后,但不能说"归寂"就是守内遗外;罗念庵这一转变的理由或者说是其对聂双江的批评,起码是不充分的;至于其"彼此既分动静为二,此乃二氏之所深非,以为边见而害道者"云云,作为对聂双江归寂主张的概括,也是不准确的。

但罗念庵思想的转变是真实的,因为他的这种转变不仅见之于其与王龙溪的讨论,也见之于他与聂双江的通信。——《致知议辩》自然是聂双江和王龙溪关于阳明良知见在说的一次大论辩,罗念庵这里却完全是以对聂双江的批评者出现的。他写道:

遍观《致知略质语》大要,长者详辨工夫,只在致知,不在物;只

---

① 罗洪先:《甲寅夏游记》,《罗洪先集》,第82—83页。
② 聂豹:《答邹东廓司成四首》一,《聂豹集》,第261页。

在内，不在外；只在不学不虑，自知自能，不在致此良知于事事物物；只在由仁义行，不在行仁义。斩斩截截，不少混淆。长者苦心，岂好辨哉？要令此学工夫明白，不少粘滞，故必如是挑剔耳。尝思孔门之学，其要领，已于《大传》"寂""感"两言开示明白；至其教人，只随处提掇便是。如《论语》吃紧工夫，无过告颜、冉者：言克己，不离视、听、言、动；言敬恕，不离出门、使民、施人、在家、在邦。非是教之，只在视听各处做工夫，缘己与敬恕无可着口，形容不得，故须指其时与事示之，未尝避讳涉于事事物物与在外也。至教弟子，亦只是在孝弟、谨信、爱众、亲仁；论君子好学，只在敏事、慎言。其他门人随问随答，若色难、言讱之类，皆是指其事提醒人，未尝处处说寂。何也？欲其即实事求之，俟其自得，所谓语不能显者也……后世分内分外，分心分事，自宋以来，觉与孔门稍不类。岂以佛氏入中国谈空说妙后之儒者，因之辨析遂多口哉！故区区之愚，亦愿长者于致知、格物诸解释处更乞□□，令与《论语》教人相似，即他人更不得肆其口舌，其失亦自易见。否则，不独无以服其心，亦恐落禅之讥隐然四起，使长者苦心卒未得达。如何如何？[1]

在这一段评论中，罗念庵不仅批评聂双江是守内遗外，而且还是重形上而遗形下。不仅孔门不如此教人，而且还难免有"落禅之讥"。平心而论，如果说罗念庵的这一思想转向是正确的、有必要的，那么其对聂双江的批评则是不正确的。因为聂双江的寂与感、内与外以及形上与形下（此即阳明所否定的"上一截"与"下一截"）虽然可以二分，也可以从两个不同的角度去把握，却绝不是"为二"的关系；至于所谓"落禅之讥"，实际上已经成为从理学、气学到心学对于各种不相容理论之一种共同的排拒与批评方法了。

罗念庵为学主张的这一转变，如果从其"无欲""主静"的追求来看，自然可以说是转向流行之体了，或者说是识主宰于流行之中。但从黄宗

---

[1] 罗洪先：《与双江公》，《罗洪先集》，第192—193页。

義对"仁体"的概括——所谓一反宋儒以来"分内分外,分心分事"的传统来看,这就成为一种返归于孔孟心事合一、内外合一传统的哲学了。也许只有在这一背景下,我们才可以理解王龙溪在《松原晤语》中的表现:"至则见其身任均役之事,日与间役之人执册布算、交涉纷纷,其门如市,耐烦忘倦,略无一毫厌动之意。夜则与予联床跌坐,往复证悟,意超如也。自谓终日纷纷,未尝敢憎厌,未尝敢执著,未尝敢放纵,未尝敢褒侮。自朝至暮,惟恐一人不得其所……"①这就成为一种完全融化于伦常生活中的心学了。

二、对现成良知说的批评

罗念庵晚年的这一思想转向意义非常重大,因为它一方面回答了哲学如何向现实人生回归的问题,同时也提出了一个非常重大的问题:这就是贯注于生活中的人生主宰——道德良知又将如何区别于现成良知与自然明觉的问题。

之所以如此概括罗念庵思想的这一转向,是因为他与泰州学派虽然表现出了一个同样的"自然"与"流行"的走向,但由于他们的来路根本不同,即使是同样的走向,也会具有完全不同的思想内涵。比如,就其共同的"自然"与"流行"走向来看,如果我们以罗念庵对宋儒以来"分内分外,分心分事"的批评以及其所主张的孔孟心事合一、内外合一的传统为参照系,那么他们在走向"自然"与"流行"这一方向上就确有其共同性。比如《东崖语录》载:

> 才提起一个学字,却是便要起几层意思,不知原无一物,原自现成,顺明觉自然之应而已。自朝至暮,动作施为,何者非道? 更要如何,便是与蛇画足。②

这里所谓"要起几层意思"以及"更要如何"云云,自然都是对所谓将世界

---

① 王畿:《松原晤语》,《王畿集》,第 42 页。
② 王襞:《语录遗略》,《王心斋全集》,第 216 页。

层级化倾向的明确批评,这一批评与罗念庵所批评的"分内分外,分心分事"也是完全同一的;至于王东崖所倡导的"原自现成,顺明觉自然之应而已。自朝至暮,动作施为,何者非道",与罗念庵所倡导的"心事合一、内外合一"无疑也是完全一致的思路。只是由于各自具有不同的来路,因而即使是同一走向也具有完全不同的思想内涵。

不仅如此,这种相同的走向与不同的来路也就同时决定。罗念庵必然要将良知现成说作为其主要的批评对象。

关于其不同的来路,泰州学派的"良知现成说"自然脱胎于浙中的"良知见在说"。至于罗念庵的"仁体"与"流行",则发端于聂双江的"归寂"与他自己的"主静"。在这里,我们完全可以王龙溪对江右的批评来反证罗念庵的观点:

> 先师首揭良知之教,以觉天下,学者靡然宗之,此道似大明于世。凡在同门,得于见闻之所及者,虽良知宗说不敢有违,未免各以其性之所近,拟议掺和,纷成异见。有谓良知非觉照,须本于归寂而始得。如镜之照物,明体寂然,而妍媸自辨。滞于照,则明反眩矣。有谓良知无见成,由于修证而始全,如金之在矿,非火符锻炼,则金不可得而成也。[①]

这里并不完全是对罗念庵的批评,但确实可以反证罗念庵的观点,诸如"有谓良知非觉照,须本于归寂而始得",自然是指聂双江的观点;至于所谓"有谓良知无见成,由于修证而始全,如金之在矿,非火符锻炼,则金不可得而成也",显然是指罗念庵的观点。特别典型的一点还在于,这里明确以反对良知现成说的方式来概括罗念庵的观点,也说明罗念庵一起始就是作为良知现成说的批评者出现的。

最典型的是,《松原晤语》是王龙溪与罗念庵晚年的一场对话,也是他们之间的最后一晤。但就在《松原晤语》中,王龙溪仍然以反对良知现

---

① 王畿:《抚州拟岘台会语》,《王畿集》,第26页。

成说来概括罗念庵的思想,说明罗念庵一生都是作为良知现成说的批评者出现的。比如:

> 盖兄自谓终日应酬,终日收敛安静,无少奔放驰逐,不涉二境,不使习气乘机潜发,难道工夫不得力?……至谓"世间无有现成良知,非万死工夫,断不能生"。以此较勘世间虚见附和之辈,未必非对病之药。若必以现在良知与尧舜不同,必待工夫修整而后可得,则未免于矫枉之过。曾谓"昭昭之天与广大之天,有差别否"? 此区区每欲就正之苦心也。①

松原之晤是王龙溪与罗念庵的最后一见,此时王龙溪六十五岁,罗念庵也已经五十九岁,完全可以说是接近其生命终点的看法。那么,在其共同的"自然"与"流行"的归向中,何以会包含这种完全不相容的思想内容呢? 在王龙溪的这一概括中,他在明确地为良知现成说与见在说进行辩护也是不容否认的,因而这一记载几乎可以说是三家观点的面对面,虽然泰州学派并无人出席,但其良知现成说之源于王龙溪的良知见在说一点也是不容置疑的。

除此之外,在此前的《三山丽泽录》中,王龙溪也借评点唐荆川(1507—1560)"须闭关静坐一二年"的主张时说:

> 若日日应感,时时收摄,精神和畅充周,不动于欲,便与静坐一般。况欲根潜藏,非对境则不易发,如金体被铜铅混杂,非遇烈火则不易销。若以见在感应不得力,必待闭关静坐,养成无欲之体,始为了手,不惟蹉却见在工夫,未免喜静厌动,与世间已无交涉,如何复经得世? 独修独行,如方外人则可。大修行人,于尘劳烦恼中作道场。②

唐荆川与罗念庵为"同年"兼同僚好友。这里王龙溪虽然是评点唐荆川

---

① 王畿:《松原晤语》,《王畿集》,第42页。
② 王畿:《三山丽泽录》,《王畿集》,第11页。

的主张,但这一主张实际上也是唐荆川与罗念庵的共同主张,罗念庵也确实有"劈石莲洞居之,默坐半榻间,不出户者三年"的经历,因而这里所谓"养成无欲之体,始为了手"的目的恰恰就是代表着其"主静"说的基本目的。这样一来,也就正好涉及他们之间的不同来路了;罗念庵之所以坚持"自然"与"流行"的走向而又绝不赞同良知现成说,关键也就在于他有一段"主静"与"无欲"的工夫。正是这一工夫,才将其与泰州学派完全人伦日用化之感性生活层面的良知现成说彻底区别开来。

所以,在罗念庵的讲学中,从"主静"入手以达到"无欲"之目的往往被罗念庵所反复强调。这种强调,有时是从良知本身的特点入手的;有时是从理学的"主静"传统入手的;有时又是专门从判断"欲"之有无的角度入手的。比如:

> 欲之有无,独知之地随发随觉,顾未有主静之功以察之耳。诚察之,固有不待乎外者。而凡考古证今,亲师取友,皆所以为寡欲之事。不然,今之博文者有矣,其不救于私妄恣肆者何欤?故尝以为欲希圣,必自无欲始,求无欲,必自静始。其或先无偏重,而致刮磨之力;知所由来,而绝攻取之源。①

> 今之言良知者,恶闻静之一言,以为良知该动静,合内外,而今主于静焉,偏矣,何以动应?此恐执言而或未尽其意也。夫良知该动静,合内外,其体统也;吾之主静所以致之,盖言学也。学必有所由而入,未有入室而不由户者。苟入矣,虽谓良知本静,亦可也;虽谓致知为慎动,亦可也……赤子之心,良知也。不识不知,固至静也。若于知识中认得幽闲暇逸者以为根源,却不免于识情有所去取,此岂特非阳明公之本旨,近日生且非之矣。②

> 周子所谓主静者,乃无极以来真脉络。其自注云:"无欲故静",是一切染不得,一切动不得……若识认幽闲暇逸以为主静,便与野

---

① 罗洪先:《答高白坪》,《罗洪先集》,第330页。
② 罗洪先:《答董蓉山》,《罗洪先集》,第334页。

狐禅相似,便是有欲,一切享用、玩弄、安顿,便是厌乎纵驰、隐忍狼狈之弊,纷然潜入而不自觉。即使孤介清洁,自守一隅,亦不免于偏听独任,不足以倡率防检,以济天下之务。其与未知学者,何以相异?①

上述第一条就是从判断"欲"之有无作为为学的基本入手;所谓"希圣",也就必须从"无欲"追求始;至于"求无欲,必自静始",正是所谓"主静"工夫。这就将"无欲"与"主静"统一起来了。至于第二条,虽然认为良知可以"该动静,合内外",但这种"该动静,合内外"的致良知之学必须有一个基本的入手处,这就是"主静";如果认为"于知识中认得幽闲暇逸者以为根源,却不免于识情有所去取,此岂特非阳明公之本旨,近日生且非之矣。"也就是说,如果"主静"工夫不深入、不彻底,不仅会以知识冒充良知,而且还会以"幽闲暇逸者以为根源",这就完全是以私情私意为良知了。——不仅游离了阳明精神,而且也正是罗念庵所极力批评的现象。第三条则专门引周敦颐的"无欲故静"来说明道德良知之"一切染不得,一切动不得"的自在性质;相反,至于所谓"若识认幽闲暇逸以为主静,便与野狐禅相似,便是有欲,一切享用、玩弄、安顿"云云,正是以私意为良知的表现。实际上,这都是对良知现成说的明确批评。

这样一来,罗念庵与泰州学派的良知学虽然具有大体相近的外在表现,包括其落实于人伦日用的共同指向,但具有完全不同的思想内涵。请比较以下两条:

> 鸟啼花落,山峙川流,饥食渴饮,夏葛冬裘,至道无余韵矣。充拓得开,则天地变化,草木蕃殖,充拓不开,则天地闭,贤人隐。②

> 至则见其身任均役之事,日与乡间役之人执册布算、交涉纷纷,其门如市,耐烦忘倦,略无一毫厌动之意。夜则与予联床跌坐,往复证悟,意超如也。自谓终日纷纷,未尝敢憎厌,未尝敢执著,未尝敢

---

① 罗洪先:《答门人》,《罗洪先集》,第403页。
② 王襞:《语录遗略》《王心斋全集》,第216页。

放纵，未尝敢亵侮。自朝至暮，惟恐一人不得其所……苟不用致知之功，不能时时保任此心、时时无杂念，徒认现成虚见，附和欲根，而谓即与尧舜相对，未尝不同者，亦几于自欺矣。①

这两段描述，如果就其所带给人们的"美感"而言，上一条甚至可能要超过底下一条。但上面一条主要是出于对自然景光的一种观照，而且也往往出现在"幽闲暇逸"的心境下；底下一条则直接就是人们所不胜其烦的日常生活，罗念庵却在"与乡间役之人执册布算、交涉纷纷，其门如市"的情况下能够做到"耐烦忘倦，略无一毫厌动之意"，这就必须要有一种神圣的菩萨情怀才能做得到；至于其所谓"终日纷纷，未尝敢憎厌，未尝敢执著，未尝敢放纵，未尝敢亵侮。自朝至暮，惟恐一人不得其所"，那简直不是一般有着七情六欲的人所敢想象的。——这还只是他们外在表现上的差别。

如果就其内在依据来看，则上面一条直接就是人的自然明觉在"幽闲暇逸"心境下的显现。至于其能不能显现，主要依赖于其主体的心境能否时时处于"幽闲暇逸"之中；否则的话，它也就成为一道像彩虹一样的自然景光了。后一条则主要扎根在人之内在的道德良知上，是道德良知对人之自然生命全面驾驭、全面统摄的产物和表现。两相比较，前者无疑是将良知现成化以至于自然明觉化的产物，后者则是在"主静""无欲"的工夫追求中所达到的一任道德良知自然流行的结果。

也许正是这一原因，黄宗羲评价说："阳明殁后，致良知一语，学者不深究其旨，多以情识承当，见诸行事，殊不得力。双江、念庵举未发以救其弊，中流一壶，王学赖以不坠……"②但是，如果从他们二人借以区别的角度看，聂双江的"归寂"主要在于批评王龙溪的良知见在说，罗念庵的"主静"与"仁体""流行"则主要在于纠偏泰州学派的良知现成说。良知现成说所导致的自然人性论直接危及儒家的人伦关怀与道德规范，这一

① 王畿：《松原晤语》，《王畿集》，第 42 页。
② 黄宗羲：《明儒学案·江右王门学案》五，《黄宗羲全集》第七册，第 539—540 页。

点可能也就是黄宗羲特别高评罗念庵哲学的根本原因。

第三节　王时槐的"透性研几"之学

在阳明江右一系的弟子中,其实第一代人数最多,但由于他们大多处于邹谦之、欧阳崇一与聂双江、罗念庵之间,聂、罗二位又是在阳明去世以后才追认为弟子的,因而从学术辈分上看,似乎也就处于第一、二代之间;加之他们两位又具有抗衡于浙中、泰州两派的特点,因而就等于已经开始了从第一代向第二代过渡。聂、罗以后,江右一系的第二代也就正式登台了。

如果说聂双江、罗念庵就已经开始了对阳明学说的某些修正,那么江右第二代之修正步伐似乎迈得更大。原因在于,其第一代的理论规模基本上是以阳明心学为基础,主要围绕王门后学三大派别的分歧而展开;第二代则进展到朱子与阳明包括当时所形成的心学与气学之间。这说明,他们的理论判断与甄别活动已经不限于王门后学的不同派别,已经进展到心学与气学之间了。除此之外,由于当时"玄虚而荡,情识而肆"的总体背景与氛围并没有改变,就他们自身的理论推进而言,也基本上是在前人的理论范围之内根据需要的斟酌加减,一如阳明当时之因病立方一样。这样一来,一方面,他们的思想资源与理论吸取的范围确实有所扩大,但另一方面,作为其核心理念,仍然是通过对前人的纠偏与重新诠释的方式表现出来的。

一、虚静与生生

王时槐(1522—1605),字子植,号塘南,江西福安人。王时槐弱冠即师事王阳明的弟子刘文敏,可以说是阳明的再传弟子,嘉靖二十六年(1547),王时槐进士及第,授南京兵部主事,以后又历任兵部员外郎、礼部郎中。隆庆五年(1571),出为陕西参政,张居正当政时罢归。万历(1573—1619)中,诏起贵州参政,升南京鸿胪卿、太常卿,皆辞不赴任,一以讲学为事。万历三十三年(1605)卒,享年八十四岁。

王时槐从学于刘文敏,刘文敏属于阳明的亲炙弟子,执阳明教法较严,不像聂双江、罗念庵那样,不仅明确修正阳明教法,而且也敢于纠偏阳明后学中的各种不同走向。但刘文敏却较能理解聂双江的走向,其自身所坚持的方向又稍微有不同。所以,黄宗羲概括其教法说:

> 双江主于归寂,同门辨说,动盈卷轴。而先生言:"发与未发,本无二致,戒惧慎独,本无二事。若云未发不足兼已发,致中之外别有一段致和之功,是不知顺其自然之体而加损焉,以学而能,以虑而知者也。"又言:"事上用功,虽愈于事上讲求道理,均之无益于得也。涵养本原愈精愈一,愈一愈精,始是心事合一。"又言:"默坐澄心,反观内照,庶几外好日少,智慧日著,生理亦生生不已,所谓集义也。"……凡此所言,与双江相视莫逆,故人谓双江得先生而不伤孤另者,非虚言也。

> 然先生谓:"吾性本自常生,本自常止。往来起伏,非常生也;专寂凝固,非常止也。生而不逐,是谓常止;止而不住,是谓常生。主宰即流行之主宰,流行即主宰之流行。"其于师门之旨,未必尽同于双江。

> 谓其门人王时槐、陈嘉谟、贺泾曰:"知体本虚,虚乃生生,虚者天地万物之原也。吾道以虚为宗,汝曹念哉! 与后学言,即途辙不一,慎勿违吾宗可耳。"[1]

上述三层,第一层自然是刘文敏认同聂双江归寂主张的方面;第二层则是其自己有所坚持的方面,所谓"常生""常止"以及"主宰即流行之主宰,流行即主宰之流行",也正是其能够认同聂双江的基础。实际上,这也正是王阳明的即体即用、即本体即工夫的思想。至于第三层,则是其对弟子辈的交待,当然也就是王时槐思想的基本出发点。

---

[1] 黄宗羲:《明儒学案·江右王门学案》四,《黄宗羲全集》第七册,第 496—497 页。

至于黄宗羲对上述几点的评价,并征引张载"若谓虚能生气,则虚无穷,气有限,体用殊绝,入老氏'有生于无'自然之论"[1],从而质疑其"知体本虚,虚乃生生"与老氏宗旨将无同(异)乎? 自然属于一种习惯性联想。刘文敏的"知体本虚"主要是指良知本体之无方所、无形体的性质而言的;而由良知本体而直追"生生之根",自然是由人生道德良知直追作为万物之起源的太虚世界,所以就有对张载"虚者天地万物之原也"的引用。这虽然并不同于张载思路(张载虽然有一定的心学思想,但并没有拓展出一整套的心学理论),但其大方向无疑是一致的,根本不必有与老氏宗旨"将无同(异)乎"的质疑。在张载哲学中,即使面对作为"天地万物之原"的太虚,道家是将其作为完全自然、一无内容的"大虚空"之"无"来把握的,所以就有"有生于无"一说。儒家则始终是将其作为"天德"来把握的,说其无,固然也可以说是空无一物;但说其有,则包容天地并滋生万物于其中,从而形成天德彰彰、生生不穷的世界,这也就是张载的"有无混一"之道,而完全不必与道家有"将无同(异)"之类的关涉。

从这一规模出发,王时槐首先从作为为学入手之动静问题发端,他说:

> 学无分于动静者也。特以初学之士,纷扰日久,本心真机尽汩没蒙蔽于尘埃中,是以先觉立教,欲人于初下手时,暂省外事,稍息尘缘,于静坐中默识自心真面目,久之,邪障徹(撤)而灵光露。静固如是,动亦如是。到此时,终日应事接物,周旋于人情事变中而不舍,随处尽分,总与静坐一体无二。此定静之所以先于能虑,而逢原之所以后于居安也。岂谓终身灭伦绝物,块然枯坐,徒守顽空冷静以为究竟哉![2]

这就是说,对于初学者,由于其平时"汩没蒙蔽于尘埃中",因而不妨"暂省外事,稍息尘缘",以"于静坐中默识自心真面目"。待到"邪障徹(撤)

---

[1] 张载《正蒙·太和》,《张载集》,第 8 页。
[2] 王时槐:《答周守甫》,《王时槐集》,第 345—346 页,上海:上海古籍出版社,2015 年版。

而灵光露"之后,即使"终日应事接物,周旋于人情事变中",也可以"与静坐一体无二"。到了这时,也就是王阳明所说的"良知明白,随你去静处体悟也好,随你去事上磨练也好,良知本体原是无动无静的"①。

显然,在王时槐看来,这种从静处入手的说法只是对初学者而言。从静处入手又往往会面临着两种情况:一种是欲根剪不断,一种是学问不长进。他分析说:

> "静中欲根起灭不断"者,非有他也,是志之不立也,是无愧悔痛奋之心,而尚安于流俗庸众之俦也。凡人志有所专,则杂念自息。如人好声色者,当其冶艳夺心之时,岂复有他念乎? 如人畏死亡者,当其刀锯逼体之时,岂复有他念乎?②

> 吾辈学不加进,正为不识真宰,是以虽日为学,然未免依傍道理,只在世俗眼目上做得个无大破绽之人而止耳。③

对于"欲根起灭不断"的现象,王时槐认为主要是"志之不立也"。而对于"学不加进"的问题,王时槐又认为主要是"不识真宰",也就是没有真正见到良知。这两个方面既是为学中的常见病,也是心学所面临的主要问题。对于这样的问题及其破解之道,都是阳明心学中的传统思路。就这一点而言,王时槐的主张当然是心学的传统教法。

但在王时槐的理论中,除了阳明心学的传统教法,又加进了天道生生方面的内容,这究竟是为什么呢? 对于其一生的学问进境,黄宗羲曾概括说:

> 先生弱冠师事同邑刘两峰,刻意为学,仕而求质于四方之言学者,未之或怠,终不敢自以为得。五十罢官,屏绝外务,反躬密体,如是三年,有见于空寂之体。又十年,渐悟生生真机,无有停息,不从

---

① 王守仁:《语录》三,《王阳明全集》,第 105 页。
② 王时槐:《答友人》,第 345 页。
③ 王时槐:《答邹颖泉》,第 349—350 页。

念虑起灭,学从收敛而入,方能入微,故以透性为宗,研几为要。①

从黄宗羲的这一概括来看,王时槐是先"有见于空寂之体",然后"渐悟生生真机",最后才归宗于"以透性为宗,研几为要"的。"有见于空寂之体"自然可以说是一个"心之体"呈露的过程,当然也是站稳心学立场的过程。至于"渐悟生生真机"既可以说是其对"心之体"的落实与拓展过程,也可以说是以天道生生对"心之体"的一种确证的过程。而"以透性为宗,研几为要",自然也就成为其学之入手与最终指向的统一了。

这样,从对阳明教法的全面继承到对"心之体"的落实与拓展就使王时槐走向天道了。但他的天道是以"生生"的方式展开的。他指出:

生几(机)者,天地万物之所从出,不属有无,不分体用。此机以前,更无未发,此机以后,更无已发。若谓生几(机)以前,更有无生之本体,便落二见。又以知属体,意属用,皆自生分别。且以知而照意,即是以一心照一心,心心相持如鹬蚌然,大属造作,非自然也。阳明先生曰:"《大学》之要,诚意而已矣。格物致知者,诚意之功也。知者意之体,非意之外有知也。物者意之用,非意之外有物也。"但举意之一字,则寂感体用悉具矣。意非念虑起灭之谓也,是生几(机)之动而未形、有无之间也。独即意之入微,非有二也,以其无对谓之独。故程子云:"其要只在慎独。"意本生生,惟造化之机不充则不能生,故学贵从收敛入,收敛即为慎独,此凝道之枢要也。孔子系《易》,发明《咸》之九四,所云同归一致,尺蠖屈、龙蛇蛰者,正以示收敛入微之义,其旨精矣。此孔门心学之传也。孟子言"不学不虑",乃指孩提爱敬而言。今人以孩提爱敬便属后天,而扩充四端皆为下乘。只欲人直悟未有天地之先,言语道断,心行处灭,乃为不学不虑之体,此正邪说淫词,诱人以入于败伦伤教之归者,不可不察其微而慎之也。彼盖不知盈宇宙间一气也,即使天地混沌,人物消尽,只一

---

① 黄宗羲:《明儒学案·江右王门学案》五,《黄宗羲全集》第七册,第539页。

> 空虚,亦属气耳。此至真之气,本无终始,不可以先后天言,故曰"一
> 阴一阳之谓道"。若谓别有先天在形气之外,不知此理安顿何处?
> 通乎此,则知洒扫应对,便是形而上者。①

这是王时槐一段非常重要的论述,主要涉及其从心学的主体性立场出发如何与客观的天道生生相关联。在这里,所谓"知者意之体"以及"物者意之用",自然是其心学之主体性立场的典型表现,所以说"举意之一字,则寂感体用悉具矣"。但王时槐又通过"意本生生,惟造化之机不充则不能生",从而由"生生"带起了其主体之"意"与客观天道及其造化之机的关联。这就由主体世界直接跨向了客观世界,并撑起了客观世界,反过来又通过客观世界的"盈宇宙间一气"消解浙中学派先后天的划分,最后得出"洒扫应对,便是形而上者"的结论。

从学理的角度看,王时槐的这一跨越其实是存在一定问题的。首先,"意本生生"无疑是指主体工夫与境界之生生,而境界之生生不一定就必然要与作为造化之机的客观世界之生生相关联(这一关联本身就包含着一种以境界为实有的巨大跨越)。王时槐却通过这一跨越直接追溯到"盈宇宙间一气",从而消解了浙中学派所谓先天后天的二分说,最后又得出所谓主体性的"洒扫应对,便是形而上者"的结论。不过,在中国天人合一的背景下,其从主体的生生之"意"直接追溯其所以生生的天道依据则是完全可以成立的。所以说,"生生"本身就是王时槐从主体境界论跨向客观天道论的一座桥梁,正是通过这一桥梁,他才能借助明代气学对客观天道与造化之机的探讨来纠偏浙中学派的先天自诩以及其先后天的二分说。

在这一背景下,其哲学中不仅有许多关于客观天道的论述,而且还有许多直接依据气化生生对主体境界之"光景"特色的批评。他说:

> 宇宙万古不息,只此生生之理,本无体用可分,真所谓可一言而

---

① 王时槐:《与贺汝定》,《王时槐集》,第 370—371 页。

尽也。惟此生生之理无声臭可即,亦非可以强探力索而得之,故后学往往到此无可捉摸处,便谓此理只是空寂,原无生几(机),而以念头动转为生几(机),谓是第二义,遂使体用为二,空有顿分,本末不贯,而孔门求仁真脉,遂不明于天下矣。①

此体虚而常生。其虚也,包六合以无外,而无虚之相;其生也,彻万古以不息,而无生之迹。只此谓之本心,时时刻刻还他本来,即谓之学。此理至大而至约,惟"虚而生"三字尽之矣。②

太虚之中,万古一息,绵绵不绝,非善非不善,原无应感与不应感之分。何也? 识得此理,则时时应感,虽瞑目独坐亦应感也,何有分为两截之患乎? 时时是应感,即时时是动也,常动即常静也。一切有相即是无相,山河、大地、草木、丛林皆无相也。真性本无杳冥,时时呈露,即有相也。相与无相,了不可得,言思路绝,强名之曰"本心"③。

从这些论述来看,王时槐不仅以天道本原"无体用可分……无声臭可即,亦非可以强探力索而得之"之"无可捉摸"的特点来说明所谓"空寂",而且还以天道之虚静以及其"虚而生"来说明"本心",并以天道运转之"应感""动静""有相无相"的统一来说明"本心"的种种表现。这说明,王时槐主要是通过借鉴气学的研究成果来对治浙中学派之思辨勾画的,也是以天道之自然流行来说明、矫正并支撑道德理性之人生表现的。这也可能是当时良知学的玄虚之风越来越强从而不得不进行纠偏的表现。

二、透性

王时槐论性最多,其规定角度也各不相同,但"透性"则是一个根本性的方向。要理解其"透性"说,必须先从其江右前辈对阳明致良知教的

① 王时槐:《答贺汝定》,《王时槐集》,第 373 页。
②③ 王时槐:《答欧克敬》,《王时槐集》,第 384 页。

落实说起。

就阳明的良知学而言,它本来是指人的至善之性直接发用流行于是非知觉之间,所以有"性无不善,故知无不良"以及"良知随时知是知非"一说,这就使道德善性成为其整个学说的基本出发点。由至善之性出发而又有心(所谓本心或心之本体与习心),由心出发则又有知(良知与自然知觉),由知出发则又有意、有念。由于王龙溪首先择定了"从先天心体上立根"的基本立场,就出现了邹谦之的"戒惧"工夫与欧阳崇一的"体用动静之学"。实际上,所有这些主张本身也都存在着对王龙溪一任先天心体的"四无"之说暗含纠偏之意,但王龙溪天才卓出,思虑过人,这些纠偏主张根本不足以拦截其"四无"主张,这才有了聂双江的"归寂"与罗念庵的"主静"这种专门"对着干"式的纠偏措施。在拦截从良知见在说到良知现成说的泛滥这一点上,聂、罗二位可以说是功绩卓著,但从阳明的心学理论来看,毕竟显得不够圆融,黄宗羲也认为他们有"头上安头"之嫌。由此之后,如何追求理论自身的圆融也就成为江右后学的一个基本方向。

这一方向首先表现在王时槐的"执中"追求上。所谓"执中"本身就是针对前人以偏纠偏之主张而提出的,以"执中"为原则,自然就先要对前人的思路、概念进行一番新的澄清,从而形成了一系列新的规定。比如:

> 虞廷曰"中",孔门曰"独",舂陵曰"几",程门"主一",白沙"端倪",会稽"良知",总无二理。虽立言似别,皆直指本心真面目,不沉空,不滞有,此是千古正学。①

> 知者,先天之发窍也。谓之发窍,则已属后天矣。虽属后天,而形气不足以干之。故"知"之一字,内不倚于空寂,外不堕于形气,此孔门之所谓中也。末世学者往往以堕于形气之灵识为知,此圣学之

---

① 王时槐:《寄钱启新道长》,《王时槐集》,第 420 页。

所以滋晦也。①

从这两段就可以清楚地看出,王时槐是努力在前人之两端——所谓"沉空"与"滞有"之间探寻执中之道,而其对"知"之"先天之发窍"与后天"形气不足以干之"的规定上也同样是在先天与后天之间"执中"。这说明,王时槐确实是在努力纠正前人的各种以偏纠偏的主张,并力图使自己的理论更加执中,也更具有圆融的特色。

在这一基础上,王时槐首先澄清的自然是"性",而"性"又是以"中"的方式显现出来的。王时槐说:

> 未发之中固是性,然天下无性外之物,则视听言动百行万事皆性矣,皆中矣。若谓中只是性,性无过不及,则此性则反为枯寂之物,只可谓之偏,不可谓之中也。如佛老自谓悟性,而遗弃伦理,自孔门观之,正是不知性,故曰不知味也。②

> 性命虽云不二,而亦不容混称。盖自其真常不变之理而言曰性,自其默运不息之机而言曰命,命者性之命也,性者命之性也,一而二,二而一者也……《中庸》"天命之谓性",正恐人于命外求性,则离体用而二之,故特发此一言于篇首,其意深矣。若执此语,遂谓性命果无分辨,则言性便剩下一命字,言命便剩下一性字,而尽性至命等语皆赘矣。故曰性命虽不二,而亦不容混称也。③

> 似不可以知为性而意为命也。若强而言之,只云悟性修命可也。盖性不假修,只可云悟而已。命则性之呈露,不无习气隐伏其中,此则有可修矣。修命者尽性之功,似不当以性命对举而并修之也。④ 性之一字,本不容言,无可致力,知觉意念,总是性之呈露,皆命也……性者先天也。知属发窍,是先天之子后天之母也。惟知为

---

① 王时槐:《答朱易庵》,《王时槐集》,第 344 页。
② 王时槐:《答钱启新邑侯八条》三,《王时槐集》,第 361 页。
③ 王时槐:《答邹子尹》,《王时槐集》,第 397 页。
④ 王时槐:《答萧勿庵》,《王时槐集》,第 392—393 页。

先天之子、后天之母，则此知正在体用之间。若知前求体则著空，知后求用则逐物，知前更无未发，知后更无已发，合下一齐具了，更无二功，故曰独。独者无对也，无对则一，故曰不贰也。意者知之默运，非与知对立而为二也。

这三段引文充分表现了王时槐的概念辨析能力，其特点恰恰在于时时"执中"、处处"执中"，并始终以"执中"为方向。第一段是以"未发之中"来表达"性"，但由于"天下无性外之物"，因而从"视听言动"到"百行万事"也都是"性"与"中"统一的表现。但如果说"中只是性"，这就将"中"搞成了"枯寂之物"，从而也就不成其为"中"了。所以说，"中"与"性"都是贯通形上与形下的，佛老所谓的"悟性"，因为"遗弃伦理"，所以并不是真正的"知性"。至于"性"与"命"的关系，也就是不一不二、不离不异的关系，"性"是指其先天根据而言，"命"则是指其后天表现及其落实而言，所以"性命虽云不二，而亦不容混称"。至于第三段，则是从作为"先天之理"的"性"出发，而"知觉意念"作为"性之呈露"，也都是"命"的具体表现。从"性"出发，首先表现为作为"先天之子，后天之母"的"知"，而"知"作为体用统一的具体表现，因而"知前更无未发，知后更无已发"，这就决定，既不能"知前求体"，也不能"知后求用"，所以"知"本身也就是"无对"之"独"；至于"意"，不过是"知之默运"表现而已。这样一来，对于"性"而言，由于其本身就属于"先天之理"，因而只能"悟"；至于"命"，由于以"知觉意念"为具体表现，因而只可以言"修"，"修命"本身也正是"尽性之功"。

在这一段近于繁琐的辨析中，王时槐所澄清的实际上主要是"性""命""知""意""独"几个概念。但他从"性"出发的这一套理论还有另外一种表达，这就是从"心"与世界关联的角度加以表达。他说：

此心之生理本无声臭，而非枯槁，实为天地万物所从出之原，所谓性也。生理之呈露，脉脉不息，亦本无声臭，所谓意也。凡有声臭可睹闻，皆形气也。形气云者，非血肉粗质之谓。凡一切光景闪烁，变换不常,滞碍不化者,皆可睹闻,即形气也。形气无时无之,不可著,亦不可厌也。不著不厌,亦无能不著不厌之体。若外不著不厌,而内更有能不著不厌之体,则此体亦属声臭,亦为形气矣。于此有契,则终日无分动静,皆真性用事,不随境转,而习气自销。亦不见有真性之可执,不言收敛,自得其本然之真收敛矣。①

这样的辨析真有点所谓繁琐哲学的意味。但确实可以澄清一点,这就是其所谓世界的性质问题,既然"性"是"天地万物所从出之原",因而其所谓的世界就并不是一般可以作为对象认知的客观世界,而首先是由作为"此心之生理"的"性"所挺立起来的世界。心学的主体精神也就表现在其世界的主体性与主体色彩上。但这一世界又不是一种纯粹的主观世界。因为由性体之挺立所必然关涉的"形气"也就必然会随着性体的挺立而一并挺立,这一点完全可以从孟子的"以志帅气"上得到说明。另一方面,主体对于这个"非血肉粗质之谓,凡一切光景闪烁,变换不常,滞碍不化者,皆可睹闻"的"形气"世界则应当是一种"不著不厌"的态度:所谓"不著"就是不沾滞、不留恋;所谓"不厌",则是不轻视、不遗弃。否则的话,一味留恋即成为俗学,一味地遗弃便成为佛老之学了。

这确实是一种高妙的智慧,其作为世界也是人既生存其中又与之同生共长的世界,但它又依赖于主体而存在,所以王阳明才说:"今看死的人,他这些精灵游散了,他的天地万物尚在何处?"②正由于这一世界本质上的主体性特征,就可以看出中国传统文化中认知思想与认知理论不发达的原因,同时也可以理解西方的科学认知理论何以在中国总是得不到自本自足发展,这主要是因为儒家的道德主体精神始终将这一方面的追求置于一种"不著不厌"的地位——只要其能够服务于现实人生、服务于贯彻道德本体精神就够了。因此,中国传统文化中的客观认知理论便始终局限于人伦日常之为我所用的层面,而始终得不到长足的发展。对王

---

① 王时槐:《答贺汝定二首》,《王时槐集》,第 376 页。
② 王守仁:《语录》三,《王阳明全集》,第 124 页。

时槐来说,他不仅要将所谓"形气"世界置于"不著不厌"的位置,而且作为主体的人还必须达到内外两不著的地步,即既不能沾滞于外部的物理世界与知识世界,也不能流连于内在的"不著不厌之体"。如此一来,就可以达到所谓"真性用事,不随境转,而习气自销"的地步了。很明显,虽然此间也涉及客观的"形气"世界,但国人外在"不著不厌"的态度、内在"不沾不滞"的心态,也就使自己始终陶醉于所谓"不随境转"之所谓"真性用事"的状态了。

在这一诠释中,王时槐确实充分地表现了其内外两不著之所谓"执中"的智慧。但如果将这种智慧运用于历史,王时槐同样会表现出一种所谓"两不著"之"执中"的风格。请看其所谓"执中"选择:

> 释氏所以与吾儒异者,以其最初志愿在于出世,即与吾儒之志在明明德于天下者分途辙矣。故悟性之说似同,而最初志愿之向往实异。最初之志愿既异,则悟处因之不同。悟处不同,则作用自别。[1]

> 禅家之学与孔门正脉绝不相侔,岂容混论!今人谓孔释之见性本同,但其作用始异,此说非也。心迹犹形影,影分曲直,则形之敧正可知,岂有本同而未异之理哉?孔门真见盈天地间只一生生之理,是之谓性,学者默识而敬存之,则亲亲、仁民、爱物自不容已。何也?此性原自生生,由本之末,万古生生,孰能遏之?故明物察伦,非强为也,以尽性也。释氏以空寂为性,以生生为幻妄,则自其萌芽处便已斩断,安得不弃君亲离事物哉?故释氏之异于孔子,正以其原初见性,便入偏枯。惟其本原处所见毫厘有差,是以至于作用大相背驰,遂成千里之谬也。[2]

这一段对儒佛、儒禅关系的辨析真可谓从源头辨来,与那种仅仅在名相概念或工夫理路上辨儒佛者绝不相同。其归根结底之异,就在于"见性"

---

[1] 王时槐:《答唐凝庵》,《王时槐集》,第 432 页。
[2] 王时槐:《寄贺汝定》,《王时槐集》,第 374—375 页。

之不同:儒家所见,是所谓生生之性,是以"学者默识而敬存之,则亲亲、仁民、爱物自不容已";而"释氏以空寂为性,以生生为幻妄,则自其萌芽处便已斩断,安得不弃君亲离事物哉?"这样一来,那种仅仅停留在名相概念或工夫理路上辨儒佛、辨儒禅者,也就失去其必要性了。

王时槐的"执中"智慧还表现在其对朱子与阳明关系的正确疏解上。自阳明学说产生以来,理学中原有的朱陆之争便演化为程朱与陆王的对立,《宋元学案》中所谓"几如冰炭"的概括应当说是一种写实。但这种"写实"并非就是其关系之"写真"。请看王时槐对其本然关系的辨析:

> 正恐落一善字,便觉涉于形象;故提出心体,令人知本心善亦著不得也。第宗其说者致有流弊,不若无声无臭字义直接稳当……[1]圣学失传,自紫阳以后,为学者往往守定一个天理在方寸之间,以为工夫,虽亦可为天地间贤人君子,但于圣门无声无臭之旨不相契,则圣脉几绝。故阳明先生忧之,特揭无善无恶,亦苦心之言也。

> 朱子(格物)之说,本于程子。程子以穷至物理为格物,性即理也,性无内外,理无内外,即吾之知识念虑,与天地、日月、山河、草木、鸟兽,皆物也。皆物,则皆性也,皆理也。天下无性外之物,无理外之物,故穷此理至于物物,皆一理之贯彻,则充塞宇宙,绵亘古今,总之一理而已矣。此之谓穷理尽性之学,此其义不亦甚精乎?此与阳明先生致良知之旨又何异乎?盖自此理之昭明而言,谓之良知。良知非情识之谓,即程门所谓理也,性也。良知贯彻于天地万物,不可以内外言也。通乎此,则朱子之格物非逐外,而阳明先生之说非专内,明矣。故曰朱子与阳明先生之说实相通贯者,此也。但朱子之说,欲人究彻弥宇宙亘古今之一理,在初学遽难下手,教以姑从读书而入,即事察理,以渐而融会之。后学不悟,遂不免寻枝摘叶,零碎支离,多歧亡羊而不知止,则是徒逐物而不达理,其失程朱之本旨远矣。故阳明先生以学为求诸心而救正之,可谓有大功于世,而后

---

[1] 王时槐:《答吴安节公二首》又,《王时槐集》,第434页。

> 学有不悟也,复以心为在内物为在外,且谓理只在心不在物。殊不
> 知心无内外,物无内外,徒执内而遗外,又失阳明先生之本旨也。①

从一定程度上说,这两段辨析实际上是超出程朱与陆王学理之外的,但其本质上又是程朱陆王所不能反对的。所谓"徒逐物而不达理"并不仅仅是程朱后学所表现出来的过错,程朱本人就已经难以排除此种偏颇了。同样道理,"以心为在内物为在外"也不仅仅是阳明后学的过错,阳明本人也有此倾向,当时不如此就无法纠偏于"寻枝摘叶,零碎支离"的"逐物"之病。王时槐的这一会通理论,也是程朱陆王所不能反对的,他不仅是从理学的根本目的出发的,而且也确实是以儒家传统的"执中"智慧来实现这一会通的。从这个角度说,王时槐确实是试图站在心学之主体性立场上将程朱陆王融为一炉、铸为一体的。

这样一来,王时槐所谓的"透性"就表现在其"执中"追求中了。由于"性"与"中"之一体性特点,其"执中"的追求过程,也就是"透性"的过程:在"透性"的主导下"执中",又在"执中"的基础上实现其"透性"追求。"性"与"中"的一体性关系也就落实为"执中"与"透性"之实践性、工夫性的统一了。

三、研几

总的来说,王时槐的学说以"透性"为方向,以"执中"为工夫,但无论是其"透性"还是"执中",又必须以"知几""研几"为入手,离开了"研几",不仅所谓"执中"无从落实,其所谓的"透性"也就成为一种思辨的大话了。所以,"知几""研几"就成为王时槐心学的真正入手了。

什么是"几"?《周易·系辞》说:"几者,动之微,吉之先见者也。君子见几而作,不俟终日。"②这说明,"几"有"端倪""兆头"的涵义,也包括我们所谓的"时机"。在王时槐的哲学中,"几"主要是指"动而未形"与

---

① 王时槐:《答杨晋山》,《王时槐集》,第418—419页。
② 《周易·系辞》,吴哲楣主编:《十三经》,第57页。

"有无之间"的涵义。他说：

> 寂然不动者诚，感而遂通者神，动而未形、有无之间者几，此是
> 描写本心最亲切处。夫心一也，寂为体，感为用，几者，体用不二之
> 端倪也。当知几前无别体，几后无别用，只几之一字尽之，故希圣者
> 终日乾乾，惟研几为要矣。①

> 性廓然无际，生几者，性之呈露处也；性无可致力，善学者，惟研
> 几入于极深，其庶矣乎！研几者，非于念头萌动辨别邪正之谓也。
> 此几生而无生，至微至密，非有非无，惟绵绵若存，退藏于密，庶其近
> 之矣。②

> 盖本心常生常寂，不可以有无言，强而明之曰几。几者，微也，
> 言其无声臭而非断灭也。今人以念头初起为几，即未免落第二义，
> 非圣门之所谓几矣。③

从这些论述来看，所谓"动而未形、有无之间"以及"体用不二之端倪"的
规定，说明"几"就是体用互涵与转向的关键关节；所谓"非有非无，惟绵
绵若存"，又说明"几"就存在于将形未形之际；至于"念头初起"之所以
"落第二义"，关键也就在于"念头初起"旨在表明人之意识的自觉与跟
进，却并不是事物本身的变化之几，所以才有所谓"落第二义"之说。从
这几个方面来看，"几"也主要是指"先天之体"——"性"的发动未形之微
而言。

那么，王时槐对"几"所作的这些规定究竟要干什么呢？这就是要
"知几""研几"，最大最重要的"几"也就表现在性命之间。比如他说："性
命虽云不二，而亦不容混称。盖自其真常不变之理而言曰性，自其默运
不息之机而言曰命，命者性之命也，性者命之性也，一而二，二而一者
也……《中庸》'天命之谓性'，正恐人于命外求性，则离体用而二之，故特

① 王时槐：《书卷赠王林二生还琼州三条》，《王时槐集》，第 586 页。
② 王时槐：《静摄寤言》，《王时槐集》，第 553 页。
③ 王时槐：《三益轩会语》，《王时槐集》，第 511 页。

发此一言于篇首,其义深远矣。若执此语,遂谓性命果无分辨,则言性便剩下一命字,言命便剩下一性字,而尽性至命等语皆赘矣。故曰性命虽不二,而亦不容混称也。"①在这里,所谓"性命虽不二,而亦不容混称"其实也就是一种"几",也是"研几""明几"者所必须首先掌握的。

其次,让我们再看"性"之发动。王时槐说:"'性'之一字,本不容言,无可致力,知觉意念,总是性之呈露,皆命也……性者先天也。知属发窍,是先天之子、后天之母也。惟知为先天之子、后天之母,则此知在体用之间,若知前求体则著空,知后求用则逐物,知前更无未发,知后更无已发,合下一齐具了,更无二功,故曰独。独者无对也,无对则一,故曰不贰也。意者知之默运,非与知对立而为二也。"②请注意,这又是一种"几",这种"几"也就表现在作为"先天之理"之"发窍"但又不属后天的"后天之母"之"知"上。显然,这是对王阳明贯通体用、贯通至善之性与是非知觉的良知说之再次推进,将其落实为至善之性的"发窍"与后天"独""意"之"几"的位置上。

如果我们继续辨析,那么从"心"到"意"以及从我们自身的"习气"到生存世界的"形气"也就构成了一系列的"几"。王时槐说:"此心之生理本无声臭,而非枯槁,实为天地万物所从出之原,所谓性也。生理之呈露,脉脉不息,亦本无声臭,所谓意也。凡有声臭可睹闻,皆形气也。形气云者,非血肉粗质之谓。凡一切光景闪烁,变换不常,滞碍不化者,皆可睹闻,即形气也。形气无时无之,不可著,亦不可厌也。不著不厌,亦无能不著不厌之体。若外不著不厌,而内更有能不著不厌之体,则此体亦属声臭,亦为形气矣。于此有契,则终日无分动静,皆真性用事,不随境转,而习气自销,亦不见有真性之可执,不言收敛,自得其本然之真收敛矣。"③显然,从作为"先天之理"的"性"发而为"心"与"意",由于其既"脉脉不息"又"本无声臭",也就是一种发心动意之"几";而由"意"到"有

---

① 王时槐:《答邹子尹》(戊戌),《王时槐集》,第 397 页。
② 王时槐:《答萧勿庵》,《王时槐集》,第 392—393 页。
③ 王时槐:《答贺汝定二首》,《王时槐集》,第 376 页。

声臭可睹闻"的"形气"(包括习气),也同样是一种"几"。最典型的还在于,"不著不厌"本身就包含着一种"几";而内在完全不沾滞于此"不著不厌"之体,就更是一种"神化之几"了,所以说"于此有契,则终日无分动静,皆真性用事,不随境转,而习气自销,亦不见有真性之可执。不言收敛,自得其本然之真收敛矣"。

由此以往,儒与佛、儒与禅的界线及其区别,就充满了各种各样的"几"。这些界限、区别前边已经有所辨析,这里不再重复,但其"知几""研几"又确实表现了王时槐对学理之细微区别的准确把握。请看其对阳明与朱子、罗钦顺思想的区别以及阳明与白沙不同进路的把握:

> 朱子以知觉运动为形而下之气,仁义礼智为形而上之理,以此辟佛氏,既未可为定论,整庵罗公遂援此以辟良知之说。不知所谓良知者,正指仁义礼智之知,而非知觉运动之知,是性灵,而非情识也。故良知即是天理,原无二也。①

> 阳明先生之学,悟性以御气者也;白沙先生之学,养气以契性者也,此二先生学所从入之辨也。②

> 学者真能透悟此体,则横说竖说,只是此理,一切文字语言俱属描画,不必执泥。若执言之不一,而遂疑性有多名,则如不识其人而执其姓氏、名讳、别号以辨同异,则愈远矣。性之体本广大高明,性之用自精微中庸……若复疑此,以为只以透性为宗,即恐落空,流于佛老之归,故每以寻枝逐节为实学,以为如此,乃可自别于二氏。不知二氏之异处,到透性后自能辨之。今未透性而强以猜想立说,终是隔靴爬痒,有何干涉? 反使自己真性不明,到头只做得个讲说道理过了一生,安得谓之闻道也。③

所有这些,都是从其"知几""研几"的指向中所引申出来的,但确实充满

---

① 王时槐:《三益轩会语》,《王时槐集》,第491页。
② 王时槐:《三益轩会语》,《王时槐集》,第511页。
③ 王时槐:《答岭北道龚修默公》,《王时槐集》,第440页。

了细致入微的辨析精神。所谓朱子以形上、形下辨儒佛"未可为定论"一说，自然是对朱子格物穷理之学深入体察的结论；罗整庵又以此辨良知，不仅不识良知的本质，而且还将天理"仁义礼智"的内涵也搞混了。当然，这也可以说是气学"造化之理"关怀基础上的必然走向。至于陈白沙与王阳明，前者的"养气以契性"与后者的"悟性以御气"，自然可以说是对两家区别的一个精准划分，连黄宗羲实际上都搞不清两家的真正区别，从而认为"两先生之学最为相近，不知阳明后来从不说起，其故何也？"[①]至于当时学界的风气，认为若"只以透性为宗，即恐落空，流于佛老之归，故每以寻枝逐节为实学，以为如此，乃可自别于二氏。不知二氏之异处，到透性后自能辨之。今未透性而强以猜想立说，终是隔靴爬痒，有何干涉？"这就相当于"执其姓氏、名讳、别号以辩同异"的方法，只能成为王阳明所批评的"说之愈详而失之愈远"了。所以说，这样的理学只是"做得个讲说道理过了一生，安得谓之闻道也"。所有这些点评、批评，既是王时槐"知几""研几"思想深入发展的结果，也是其对学术史深入体察的结论。

这样一来，王时槐的哲学也就以"透性"为指向，以"执中"为工夫，而以"研几"作为具体落实，又以"透性""执中"作为其深入"研几"的后援保障了。

第四节　李材的"止修"之学

王时槐代表了江右王门学派在理论上的最高发展，过此以往，虽然也可以沿着明代理学之道德实践追求的轨道继续前进，但如果溢出阳明心学的原有规模之外，就不能再算是阳明后学了。所以，与王时槐先后崛起且同时讲学的李材，其学就被黄宗羲另立为《止修学案》，意即其已经另有规模和特色，不再是阳明心学的后裔了，即使其仍然是沿着阳明

---

① 黄宗羲：《明儒学案·白沙学案》，《黄宗羲全集》第七册，第 78 页。

后学的轨道继续前进才走到这一步的。

一、知与性

　　李材(1519—1595),字孟诚,号见罗,江西丰城人。李材嘉靖四十一年(1562)进士及第,授刑部主事。告假归,访王龙溪、钱德洪、唐一庵等前辈,相与论学问难。隆庆中还朝,迁广东金事,破倭寇。万历初,张居正当国,引疾还乡。居正死后起官山东,调辽东开原,迁云南洱海参政,晋按察使,以破缅兵功,擢右金都御史。万历十五年(1587),因改参将公署为书院,引起士卒骚乱,还籍候勘。又因云南破缅军功不实,先下狱,继而戍福建镇海卫。后赦还,终于林下,卒年七十七岁。

　　从学术传承而言,李材师承江右宗子邹谦之,就这一点而言,应当说是最正宗的阳明再传弟子;但就其对阳明学说的理解而言,反倒不及其他诸子。这可能又是学术史中一种看似吊诡实际上又非常普遍的现象。关于李材之学,黄宗羲有两种明显不同的评价,其在《止修学案》卷首称赞李见罗为"王门以下一人""王门之孝子",但在具体叙述中又多批评其故为一说,"东瞻西顾,毕竟多了头面"。比如:

　　　　见罗从学于邹东廓,固亦王门以下一人也,而到立宗旨,不得不别为一案。今讲止修之学者,兴起未艾,其以救良知之弊,则亦王门之孝子也。①

　　　　夫《大学》修身为本,而修身之法,到归于格致,则下手之在格致明矣。故以天下国家而言,则身为本,以修身而言,则格致又其本矣。先生欲到归于修身,以知本之本与修身为本之本合而为一,终觉龃龉而不安也。性情二字,原是分析不开,故《易》言利贞者性情也。无情何以觅性?孟子言恻隐羞恶辞让是非即是仁义礼智,非恻隐羞恶辞让是非之上又有一层仁义礼智也。虞廷之言道心,即中

────────────

① 黄宗羲:《明儒学案·止修学案》,《黄宗羲全集》,第七册,第777页。

也。道心岂中之所发乎？此在前贤不能无差，先生析之又加甚耳。即如先生之所谓修，亦岂能舍此恻隐羞恶辞让是非之可以为主宰者，而求之杳冥不可知者乎？上天之载，无声无臭，至矣。此四端者，亦曾有声臭乎？无声无臭犹不足以当性体乎？犹非人生而静以上乎？[①]

黄宗羲这两种不同的评价说明，一方面，从师承上看，李见罗确实是"王门以下一人"，其主观上也确实是沿着阳明心学的方向前进的；但另一方面，就其对阳明心学的理解而言，其让人深感"龃龉而不安"之处又太多，几乎很难再被视为阳明的二传弟子了。这也可能是黄宗羲不得不另立"止修学案"的原因。

那么，李见罗对阳明学理解的问题究竟出在哪里呢？这就出在其对良知与人性的不同理解上。致良知代表了王阳明一生探讨的最高结论，凡是阳明后学，也都必须首先肯认良知的存在并以致良知为教。但李见罗一开始讲学就对致良知抱质疑态度，他说：

世之学者，但谩曰良知良知，曾不思知之所以良者，自何而良？所以不良者，自何而不良？知之所以良者，自于不虑，则学之在我者，亦当反之于不虑，而后可以致知之必良，乃直从知上立家，用上磨擦，分别上求讨，是欲以求不虑之名，而直求之以有虑之实也，而可乎？孔子曰："吾有知乎哉？无知也。"又曰："盖有不知而作之者，我无是也。"以知为体，孔子不闻。知及者，当求其所及之事，而知非体也。仁守者，当求其所守之事，而仁非体也。此等仁知，又就用之德看，盖指能择者为知，而能守者为仁也，不可便执为实体也。智譬则巧，理亦类此。若执智为体，则所谓圣与仁者，又将安所属乎？[②]

这一段讨论，实际上就是直接批评阳明以良知为体的思想。一方面，从

---

① 黄宗羲：《明儒学案·止修学案》，《黄宗羲全集》，第七册，第 778—779 页。
② 李材：《答董蓉山》，《见罗先生书》卷十二，第 14 页，《四库全书存目丛书》子 12，济南：齐鲁书社，1995 年版。

孟子提出良知之"不虑"特征入手从而要求将致良知还原于"不虑""不求"的层面;如果既要"虑",又要"求",那就成为"以求不虑之名,而直求之以有虑之实也"。另一方面,又以孔子作为标准,认为"以知为体,孔子不闻",而从孔子"知及"与"仁守"的关系来看,也应当是"知及者,当求其所及之事,而知非体也。仁守者,当求其所守之事,而仁非体也"。总之,从良知"不虑""不求"的特点来看,致良知就不能成立;如果从"体"来看,则无论是"知及"还是"仁守",都不足以充当本体;如果以良知之"智"充当本体,那孔子的"圣与仁"又将如何安置呢? 显然,这就是李见罗对以良知为本体思想的明确否定。

这样一来,李见罗就等于通过对致良知之本体追求精神的否定同时批评了阳明及其后学。不过在他看来,这主要是由于阳明错认良知,将其"尽力推向体边"所导致的偏差。所以,他总结说:

> 从上立教,未有以知为体者,经书星日炳然,吾敢无征而说此? 予二十年前,即不信之矣,故有"致知者,致其知体"之说。良知者,发而不加其本体之知者也,非知体也。辛酉之岁,又觉其非,复为性觉之说。今思之,总之鼠迁穴中,未离科柏(窠臼)。阳明先生曰:"良知即是未发之中,即是寂然而不动,廓然大公的本体。"尽力推向体边。其实良知毕竟是用,岂可移易? 大率救偏补弊,阳明先生自是不得已而说,已大有功于当世矣。今亦何烦更论? ……在致知似以知为体,而在知本则以知为用。以致知为宗,则所吃紧者要在求知,以知本为宗,则所吃紧者又当明本矣。兄如肯信此学直截从止上入窍,本地归宗。无端更叠床上之床,架屋下之屋,则所云笼内之光、笼外之光,知觉之知、德性之知,与夫或以独知为良知,或以独之一字为良知,总属闲谈,俱可暂停高阁。①

从这一段总结可以看出,李见罗是从本体追求这个角度来反对良知说

---

① 李材:《答詹养澹》,《见罗先生书》卷十一,第11—12页。

的。在他看来，"良知者，发而不加其本体之知也，非知体也"，亦即其后面所说的"良知毕竟是用，岂可移易？"这说明，他是从"知用"表现的角度来理解良知，却根本不承认良知就是至善之性直接作用于是非知觉之间，是贯通体用的表现。所以，他还试图以其所谓"性觉之说"来对"致良知"宗旨进行弥补，但又觉得这种方法说到底不过是一种老鼠搬家——所谓窝里折腾而已，这才有其后来所谓的"直截从止上求窍，本地归宗"的"知止"一说。

从李见罗这一顽强的本体追求精神来看，他无疑是阳明精神的真正继承者，一如黄宗羲所概括的"王门之孝子"；但是，如果从其不断地对致良知进行"用"的剥离以及其急于逃离王学"窠臼"的倾向来看，李见罗显然又是阳明精神的背弃者。如果从其对良知"不虑""不求"的规定以及"知本""明本"的比较来看，则又明显地存在着泰州学派的影响。那么，这究竟是在对泰州学派的批评与纠偏中走到这一方向呢还是受泰州学派的影响而走到这一方向？现在还是一个未可知的问题。

但有一点是可以肯定的，这就是李见罗对阳明心学的许多理解实际上都已经溢出了阳明心学的"窠臼"之外，比如：

> 主致知，是直以有睹闻者为本体矣。以有睹闻者为体，而欲希不睹闻之用，恐本体工夫即未易合一也。[1]

> 吾儒惟本天也，故于性上，只是道得一个善字，就于发用之间，觑其善之条理。于恻隐而名其仁；于羞恶而名其义；于辞让而名其礼；于是非也名其智，亦总之只是一个善而已，未尝云有善无不善，将善与不善对说也；有仁无不仁，将仁与不仁对说也。义礼智亦如此。后儒则曰"无善无恶者心之体"，此无他则，以其就知上看体。知固有良，亦有不良，夫安得不以无善无恶者为心之体乎？今有玉焉，本无瑕也，只合道得一个白字，不可云有白而无黑也。有水焉，本无污也，只合道得一个清字，不可云有清而无浊也。清浊对说，必

---

[1] 李材：《答詹养澹》，《见罗先生书》卷十一，第10页。

自混后言之;善恶对说,必由动后有之。告子学问非浅,只为看性一
差,就至以义为外。何以明之? 公都子曰:"告子曰:'性无善无不善
也。'"以无善无不善为性,即后儒之以无善无恶为心之体也。在告
子则辟之,在后儒则尊之;在佛氏则谓之异端,在后儒则宗为教本,
唯鄙人论似颇稍公,而友朋之间,又不信也。[1]

从这两段来看,李见罗不仅受到泰州学派的影响,而且其理解能力似乎
也都受到了限制。从前一段来看,他执定本体必须超出睹闻之外,何以
不理解他自己所常常引用之阳明所谓"性无不善,故知无不良,良知即是
未发之中,即是廓然大公,寂然不动之本体,人人之所同具者也……体即
良知之体,用即良知之用,宁夫有超然于体用之外者乎?"[2]从后一段来
看,则李见罗不仅不理解王阳明的"无善无恶心之体"一说,而且还直接
将其等同于告子的"性无善无不善也"。这就形成了一种非常不到位之
混淆性的理解,将超越善恶的"无善无恶"直接等同于缺乏善恶定向、完
全以自然之性为归的没有善恶。这就确实成为阳明学走向末世的子孙
了,如果说是"孝子",那也已经成为找不到"祖坟"的"孝子"了。

在这一基础上,比如曾经与王阳明、欧阳崇一所反复辩难,并且又为
欧阳崇一与王时槐所反复批评的罗钦顺对欧阳崇一的一段反问,现在也
全然被李见罗作为正面的观点搬出来了。比如他评价说:

曾记《困知记》有《答南野公书》曰:"天,吾未见其有良知也;地,
吾未见其有良知也;日月星辰,吾未见其有良知也;山川草木,吾未
见其有良知也。求其良知而不得,安得不置天地万物于度外乎!"其
言稍近朴,其理实可味。大率与万物同体者,乃能同万物之体;与万
物作对者,即不能同万物之体。[3]

看到这一段评论和说明,不禁让人哑然失笑! 因为既然只有"与万物同

---

① 李材:《答董蓉山》,《见罗先生书》卷十二,第15页。
② 王守仁:《答陆原静书》又,《王阳明全集》,第62—63页。
③ 李材:《答董蓉山》,《见罗先生书》卷十二,第14页。

体者,乃能同万物之体",那么这岂不是说人只有先使自己成为草木瓦石,才能有所谓万物一体的观念;不然的话,那就只能是吹牛说大话了。其实这样一种理论,我们完全可以从泰州学派的讲说议论中找到其理论原型。请看如下两条:

> 圣人之道,无异于"百姓日用"。凡有异者,皆谓之"异端"。①
>
> "天理"者,天然自有之理也,才欲安排如何,便是"人欲"。②

在这里,李见罗以与草木瓦石"同体"作为万物一体的最高标准,正好是从王泰州以"百姓日用"与"天然自有之理"作为"圣人之道"与"天理"之最高标准翻出来的,其思路也是完全一致的。所以,李见罗根本看不到罗钦顺以"日月星辰"与"山川草木"没有良知之反问的不当理(因为良知本来就是从人之为人的道德理想这一角度提出的,如果"日月星辰"与"山川草木"也有与人一样的道德良知,那么这样的"良知"也就不再是决定人之为人的良知了;而且,以人与草木瓦石的完全一致来评价良知、权衡良知,这究竟是将草木瓦石提到人的高度呢还是将人提高到草木瓦石的"高度"呢?),而只是一味地以所谓"同体"作为万物一体的标准,这实际上就等于从根本上取消了万物一体的观念。因为这样的万物一体观念究竟谁能提出、又有谁有资格提出呢?

当李见罗完全否定了良知的本体涵义之后,他的"性觉之说"又会指向哪里呢?也就是说,其学的最高指向如何呢?当然,李见罗的指向仍然是通过对前人的批评来表现的。他说:

> 若以良知为体,又曰:"良知即是天之明命,"则《大学》一经之内,于致知之外,又揭至善,又点知本,则所谓本与善者,将何所属乎?若云知即是本,《大学》只合说知知,又安得说知本?若云知即是善,《大学》只合说止,知又安得说知止!《易》曰:"一阴一阳之谓道,继之者善也,成之者性也。"性亦何名?只合说善。故孟子道性

---

①② 王艮:《王心斋语录》,《王心斋全集》,第10页。

善,《大学》说至善,《中庸》要明善,以谓不明乎善,不诚乎身也。正是不知止于至善,不能修乎身也。岂可强心之用为体? 抑天之命为知?[1]

在这里,李见罗首先是将良知视为现成的无分于良不良的自然知觉,认为阳明"体即良知之体,用即良知之用"是把良知"尽力推向体边"。而他自己是试图通过《大学》"于致知之外,又揭至善,又点知本",从而力图在良知之外另觅本体。至于"孟子道性善,《大学》说至善,《中庸》要明善,以为不明乎善,不诚乎身也。正是不知止于至善,不能修乎身也",自然也就成为李见罗对"人性"的一种重新定位了。

如果从王阳明"无善无恶是心之体"的流向及其作用后果来看,那么李见罗的这一简单化的收摄未必没有意义。但如果就阳明学的理论发展来看,这种通过对良知本体地位的否定从而重新确立的人性至善本体却并不具有阳明学发展的理论高度。所以,刘宗周评价说:"先生气魄大,以经世为学,酷意学文成(阳明),故所至以功名自喜。微叩其归宿,往往落求可求成一路,何敢望文成后尘!"[2]

二、止修宗旨

在否定了阳明良知说的本体地位后,李见罗也就必须重新确立本体的基本属性以及与之相应的工夫理路了。不过,从前边的分析可以看出,李见罗止修之学的价值其实并不在于他的"立",而主要在于所"破";正是其所破,才显现出其真正的关怀。至于其所立,虽然可以说他已经溢出了阳明学的范围之外,但他的所立毕竟没有溢出理学与儒学之外。从这个角度看,刘宗周说他"只是寻将好题目做文章,与坐下无与",[3]确实是有一定道理的。

首先,李见罗否弃了良知的本体地位,那么他又将如何看待"心之

---

[1] 李材:《答董蓉山》,《见罗先生书》卷十二,第13—14页。
[2][3] 刘宗周:《明儒学案师说》,《刘宗周全集》第五册,第529页。

体"呢？因为王阳明的良知说无非是心之体在是非知觉中的作用表现，其"无善无恶"一说其实就是对心之体在实践追求工夫中之超越善恶的一种规定与表达。李见罗不承认良知，那么他将如何理解"心之体"这个概念呢？他说：

> 人岂有二心？人知之，知其无二心。而虞廷授受，何以有人心道心之别？须知有二者心，无二者性；有二者用，无二者体，比尧之命舜，所以只说"允执厥中"也。危微者，以言乎其几也。道心人心者，以言乎其辨也。惟精者何？正有见于道心人心之不一，而恐其或二于中也。惟一者何？正有虑于道心人心之不一，而欲其常一于中也。常一常精，厥中允执，乃无适而非道心之流行，而中常用事矣。①

如果从理论建构的角度看，那么这可以说就是通过《古文尚书》中所谓"十六字心传"中的"惟精惟一，允执厥中"，从而将道心人心全然集中于"中"这一点上。从其前来看，由于"有二者心，无二者性；有二者用，无二者体"，因而其所谓心性之别实际上也就是体用之别，这里所论之心，自然都是从"用"的角度展开的；而从其后来看，所谓"无适而非道心之流行，而中常用事矣"又显然是一种指向工夫实践的通道。但是，由于李见罗实际上已经放弃了本心一说（虽然他有时还提到"本心"，但其心性体用之别实际上就已经将心完全逼到"用"的层面了。这也是他与阳明反向用力的表现），仅从"用"与"中"的角度来肯定心，也就不再是心学之心了。黄宗羲将其另列为止修学案，应当说还是有一定道理的。

前边的分析表明，李见罗认为"知固有良，亦有不良，夫安得不以无善无恶者为心之体乎"，从这一观点来看，又说明李见罗完全是以现实生活中的善恶混杂来理解并直接反推阳明的"无善无恶是心之体"一说的，作为对阳明心学的拨正，也就必须使其心之体与性完全回归到至善的规

---

① 黄宗羲：《明儒学案·止修学案》，《黄宗羲全集》第七册，第782页。

定上来。所以,他反复申明说:

> 僭谓学急明宗,不在辨体。宗者何? 则旨意之所归宿者是
> 也……《大学》之旨意归宿,果在知乎? 止于至善,恐不可以知名之
> 也。不可以知名善,则止之主意不以知为归宿也决矣。故曰知止而
> 后有定,盖是要将知归于止,不是直以止归于知,此宗之辨也。此摄
> 知归止,鄙人之所以致力提撕也。①

> 至善两字,原是直挈性命之宗。止于至善者,如根之必归土,如
> 水之必浚源。极则者,何尝不是善,是就流行言也。极致者,何尝不
> 是善,是以造诣言也。落根有地,而后可以取勘于流行;造诣有基,
> 而后可以要归于极致。后之学者,大率知有流行,而不知有归复,图
> 为造极,而不知有归宿之根源者也。学先知止,盖斩关第一义也。②

显然,李见罗这里明确地提出了自己的为学宗旨,这就是作为其"斩关第
一义"的止于至善说。将止于至善作为为学的大方向固然并没有错,但
李见罗的问题并不在于其以止于至善作为为学的大方向,而在于他对致
良知之完全建立在误解甚或根本不理解基础上的批评。前已屡屡申明,
王阳明的良知说并不是一种单纯的自然知觉,而是至善之性直接发用于
是非知觉之间的表现,李见罗却一定要将良知认定为单纯的自然知觉或
自然明觉(其所谓"知固有良,亦有不良"正是其以自然知觉视良知的典
型表现),再以所谓"不可以知名善"来为阳明的良知说定性。这就成为
一种典型的先将前人的观点加以曲解,再加以批评的方法了。试想,离
开了"随时知是知非"的是非知觉(良知),难道还有一种实体性的至善来
表现人性吗? 但李见罗就是要专门以这种方式来辩驳前人,认为"后之
学者,大率知有流行,而不知有归复,图为造极,而不知有归宿之根源者
也"。这就完全成为一种不讲道理的说法了,王阳明的"缘此两字,人人
所自有,故虽至愚下品,一提便省觉"③,难道不正是由是非知觉直接返归

---

① ② 黄宗羲:《明儒学案・止修学案》,《黄宗羲全集》第七册,第798页。
③ 王守仁:《寄邹谦之》三,《王阳明全集》,第204页

于人的至善之性吗(阳明的这一说法恰恰就是写给李见罗之师邹谦之的)？而所谓"古今人人真面目"①一说又指何而言呢？很明显,李见罗就是要通过这种先扭曲前人的思想再加以批判的方式来达到自己立论的目的。无怪乎刘宗周讽刺他是"自出手眼,谆谆以'止修'二字压倒'良知'……然亦只是寻将好题目做文章,与坐下无与"②。

李见罗似乎是将批评前人看做自己立论的本钱,所以,他就要不断地对良知说进行对比性的批评;似乎离开了对前人的批评,他自己理论的正确性就显不出来。他写道:

> 允执之中,不是专主流行,而随时处中之中自备其内;至善之善,亦不专主流行,而随感而善之善自备其中……以致知为主脑者,是知有流行而不知有归宿者也。至命一脉,恐截然断路,不复有归宿之期矣。③

> 须思命脉只是一个善,诀窍只是一个止,如何反反复复,必要说归修身为本,必要揭出修身为本,必悟此而后,止真有入窍,善真有体当,乃不为堕于边见也。捕风镂尘、弄影舞像简中形容之语所云,无寂感,无内外,无动静,少失毫分,便落此趣又不免赚入于旧时辨体的家风也。④

这两段仍然是以阳明致良知为对象的批评。前一段批评阳明致良知"是知有流行而不知有归宿者也";后一段则认为如果不知止,不知"止真有入窍",那就依旧是"捕风镂尘、弄影舞像"之"辨体的家风"。在阳明的诸多后学中,李见罗可能属于比较轻薄的一位,他似乎认为只有先将致良知钉在"知体流行"的框架中才能显现他"止于至善"之发现,所以他的主要精力就用来批评致良知。实际上,至善并不是一个可以把捉、可以追

---

① 钱德洪:《年谱》一,《王阳明全集》,第 1279 页。
② 刘宗周:《明儒学案师说》,《刘宗周全集》第五册,第 529 页。
③ 李材:《答董蓉山》,《见罗先生书》卷十三,第 32 页。
④ 李材:《答龚葛山》,《见罗先生书》卷十三,第 25 页。

求之实体性的目标,离开了"随时知是知非"的良知与为善去恶的格物,至善反而是无从把握的;如果说至善就落实在修身之中,那么离开了随时知是知非的良知又将如何修身呢?

实际上,当时就有王门后学怀疑其止修之说是"多了头面",也许李见罗觉得不屑于与其论辩,所以反而成为他的谈资。比如他回忆说:

> 有疑止修两挈为多了头面者,不知全经总是发明止于至善,婉婉转转,直说到修身为本,乃为大归。结实下手,此吾所以专揭修身为本。其实正是实做止于至善,故曰知修身为本,而止之是也。①

> 体则万物皆备,用则一物当几(机)。格物者,格其一物当几(机)之物也……其实合家国天下通为一身,自是万物皆备,固无烦于解说。在家修之家,在国修之国,在天下修之天下,亦自是一物当几(机),何所容其拟议云然者。若有似于言之近工描画支离,亦恐渐远本实,落旧见解,此鄙人所以不甚道也。只实实落落与他挈出知本为归宗,知止为入窍,使人随事随物而实止之,实修之,即所云格致诚正者,一切并是实事实工,岂不痛快简易?②

平心而论,这可能是一段典型的皇帝新衣式的空论。就其理论关系而言,所谓止于至善也就落实于修身;但一当落实于修身,又立即分为"体则万物皆备,用则一物当几(机)"这种根本无法下手的漂亮话。这里的"体"究竟是哪一个层面的体?是心体、性体还是天地万物的本体?无论是哪一个层面的体,他都否弃了其形上超越层面的涵义(从他将阳明的无善无恶直接等同于告子的"性无善无不善"也就完全可以反证这一点)。在这种条件下,李见罗的"万物皆备"实际上也就成为一种万物杂陈;所谓"一物当几(机)",自然也就成为一事当前了。至于所谓"在家修之家,在国修之国,在天下修之天下",以及"知止为入窍,使人随事随物而实止之,实修之"的所谓"实事实工",反倒不如说饭要一口一口地吃、事要一件一件地做来得更

---

① 黄宗羲:《明儒学案·止修学案》,《黄宗羲全集》第七册,第794页。
② 李材:《答李汝潜》,《见罗先生书》卷十,《四库全书存目丛书》子11,第785页。

真切一些;至于其所谓"痛快简易"也就不知从何说起了。大概其"痛快简易"也就仅仅指其空洞而漂亮的大话吧!

三、修身与治平

实际上,当我们以上述方式定位李见罗的止修之学时,本身就已经包含了他的所谓修身与治平之说——大概也不出其以自以为是的大话进行空论的范围,所谓"无烦于解说""所以不甚道也"就已经预告了这一点。但是,作为"自出手眼,谆谆以'止修'二字压倒'良知'"而又"以经世为学"的儒者,如果没有修身的落实与治平的展望,就难成体统,这里就以姑论姑听的方式对其经世之学的规模稍加展示。

李见罗的经世之学是以修身为本的方式展开的,这自然是《大学》"自天子以至于庶人,一是皆以修身为本"的传统。那么,修身又将如何展开、如何落实呢? 李见罗说:

> 捉定修身为本,将一副(担)当精神,尽力倒入自己,凝然若有所持,屹然如有所立,恍然常若有见。翼翼小心,昭事上帝,上帝临尔,毋贰尔心。视听言动之间,时切简照提撕,管归天则自然,嗜欲不得干,狂浪不得夺。常止常修,渐就道理。切不可将本之一字,又作悬空之想,启卜度支离之证,于坦平地无端横起风波,耽延岁月。书中所云"月在澄潭,花存明镜,急切捞摸不着"者,正坐此,此尤有志学问者所宜深戒也。[①]

这一段究竟是要说什么?"修身为本"固然是《大学》的传统,但修身必须落实在具体的正心、诚意、格物、致知上,无论是朱子的理欲"血战"一番还是阳明的"依此良知,忍耐做去,善便存,恶便去"都要实在得多。可李见罗的"将一副(担)当精神,尽力倒入自己,凝然如有所持,屹然如有所立,恍然常若有见",简直就像是舞台人物在聚光灯下的一种"亮相"了;

---

① 李材:《答弟孟乾》,《见罗先生书》卷八,第 764 页。

如果说这里可能也包含着某种"气象",那么这种"气象"可能也就是"仙家"唬人的气象了。至于其所谓"视听言动之间,时切简照提撕,管归天则自然,嗜欲不得干,狂浪不得夺。常止常修,渐就道理"云云,简直就是理学中的老生常谈,却又一点都按不得实在。

李见罗的文集并没有经过系统的整理,我们尽可能在《见罗先生书》中对其"论学书""著作"与"语录"中寻找有具体内容的理论,以辐辏其修齐治平的规模。但这又只能成为一种姑论姑听了。他的"止于至善"全然落实在修身上,我们也就只能从其修身理论说起:

> 每谓修身为本之学,允执厥中之学也。非知本固不可以执中,而非厥中允执,亦未可以言知本也。左之非左,右之非右,前之非前,后之非后,停停当当,直上直下,乃成位其中,天下之大本立矣。格致诚正,不过就其中缺漏处,检点提撕,使之常止于中耳。常止即常修,心常正,意常诚,知常致,而物自格矣。①

这就完全成为一种思辨的概念游戏了,所谓"知本"与"执中"固然是一种互为体用、互为实现前提的关系;对于其学的最高指向——止于至善而言,则"知本"与"执中"的统一又构成了一种表现与实现的关系。这样一来,其所谓"执中"所要求的"左之非左,右之非右,前之非前,后之非后,停停当当,直上直下"就成为一种恰到好处的想象了(试问谁不愿如此希望、如此想象?)。经过这一番"工夫"之后,于是"天下之大本立矣"。在这一基础上,所谓"格致诚正,不过就其中缺漏处,检点提撕,使之常止于中耳",只要"心常正,意常诚,知常致,而物自格矣"。显然,这也就是其所谓"常止常修"之学了。

为了显现其学之"简便易行"的性质,这里不妨再摘录几段相关论述,以展示其修齐治平的指向:

> 齐家不是兜揽家,盖在家身,家即是修之事矣。治国不是兜揽

---

① 黄宗羲:《明儒学案·止修学案》,《黄宗羲全集》第七册,第798—799页。

国,盖在国身,国即是修之事矣。平天下不是兜揽天下,盖在天下身,天下即是修之事矣。故家国天下者,分量也;齐治均平者,事绪也。余尝云:家国天下者,修身地头也,此所以天子与庶人一也。说到性分上所以学无差等,说到性分上如何分得物我? 真所谓天之生物也,使之一本矣,无二本也。①

身外无有家国天下,修外无有格致诚正;均平齐治,但一事而不本诸身者,即是五伯功利之学;格致诚正,但一念而不本诸身者,即是佛老玄虚之学。故身即本也,即始也,即所当先者也。知修身为本,即知本也,知止也,知所先后者也。精神凝聚,意端融结,一毫荧惑不及其他,浩然一身,通乎天地万物,直与上下同流,而通体浑然,一至善矣。家于此齐焉,国于此治焉,天下于此平焉,所谓笃恭而平,垂衣而治,无为而理者,用此道也。②

关于这一通修齐治平理论,真所谓"简便易行""垂拱"而平天下了,即使是"尧舜其犹病诸"的问题也被李见罗的一通讲学给彻底解决了。但这样的理论却连一种"光景"都谈不上,所谓"光景"起码还必须有真正的"光"划过,李见罗的这一通修齐治平理论只要一通讲说也就彻底完成了历代儒者前仆后继都未能解决的问题。

对于这样的修齐治平理论真不知道应该如何评价,幸好张学智先生的一段品评较为准确地表达了笔者所共有的感受:

如止修归于止,如何止,则曰摄知归止;止于何地,则曰止于至善;何谓至善,如何止,如何修,李材并无切实的说明,其内容也不出理学的一般内容。可以说,李材的止修宗旨只是指出了一个大而笼统的目标……③

平心而论,无论是"止于至善"还是"修身为本",其实也都是理学的家常

① 黄宗羲:《明儒学案·止修学案》,《黄宗羲全集》第七册,第 799 页。
② 李材:《大学古义·知本义》上,《见罗先生书》卷一,第 680 页。
③ 张学智:《明代哲学史》,第 232 页。

话,因而无论怎么说都不算错,李见罗的说法却难免让人不胜反感,理由主要在于以下三个方面:其一,以歪曲或误解前人的方式来抬高自己,比如处处以阳明致良知为反衬来突出自己的止修宗旨,其实他根本就不理解致良知的精义。其二,与其江右前辈相比,无论是邹谦之的"戒惧宗旨"、欧阳崇一的"体用动静之学",抑或是聂双江的"归寂"、罗念庵的"主静",都有其真实的关怀在,也都有把柄可以把握。李见罗则从《大学》中翻出个"止于至善"与"修身为本"就全然抹去了前辈的探讨,还要故意以所谓"无烦于解说"与"所以不甚道也"的方式来掩盖自己的空疏。其三,从"修身为本"到"止于至善",这实际上也就是历代儒者为之奋斗的最高理想,从孔孟荀一直到程朱陆王,历代儒者就兢兢念念、前仆后继,并为之殚精竭虑,但绝没有哪一位儒者认为自己已经实现了从"修身为本"到"止于至善"的理想,李见罗却通过自己的一通大话就实现了所谓的"垂衣而治,无为而理",这就使得历代儒家修齐治平、止于至善的理想成为一种小儿搭积木式的游戏了。作为阳明心学发展的结果,这真是一个不得不让人扼腕咋舌的归结。

李见罗的止修之学作为一种学术史现象,又留下了非常值得人们深思的教训。他是王学宗子邹谦之的弟子,然而非但没有一点邹谦之的"戒惧"精神,反而过多地表现出泰州学派"放言高论"的特色——其所谓"知本""修身""经世"以及以《大学》为经典依据,包括对阳明良知说之知觉化理解,也全然是从泰州学派而来的,又丝毫没有泰州学派切近"百姓日用"的特色。这样一来,江右宗子的学术地位与泰州学派的学术性格也就彻底架空了他,使他双向地狂妄起来:江右宗子的地位往往使他目空一切,包括其早年与王龙溪、钱德洪、唐一庵等前辈的相与论学;泰州学派的学术性格与理论基础又使他难以真正接"地气",所以他动辄以"虞廷"如何之类的大话来雷人,似乎他就是曾经经历者一般。所以,李见罗实际上是从负面继承了江右宗子的学术地位与泰州学派的担当精神,因而又集两大学派的毛病于一身,从而造成了止修学派这样一种特殊的学术形态。正出于这些方面的原因,刘宗周评价说:"文成而后,李先生又自出手眼，谆谆以'止修'二字压倒'良知'，亦自谓考孔、曾，俟后圣，抗颜师席，率天下而从之，与文成同……先生气魄大，以经世为学，酷意学文成，故所至以功名自喜。微叩其归宿，往往落求可求成一路，何敢望文成后尘！"[1]

① 刘宗周：《明儒学案师说》，《刘宗周全集》第五册，第 529 页。

第八章　泰州学派与阳明学的变化

就阳明的清系后学而言,浙中、江右两系固然可以说是其嫡系与中坚,但他们当时或者委身于官场,或者陶醉于思辨理论的推进,或者沉潜于个人之清修,因而在社会上的影响并不是很大。真正将阳明心学推向社会大众层面,并在社会上形成很大影响的则是当时并不算作嫡系的泰州学派。王阳明生前即不大认可泰州学派①,其专门为王银改名为王艮、并字之以"汝止"就是证明。黄宗羲在编《明儒学案》时也专门为泰州学派另立学案,并将其附于所有的王门学案之后,也说明他一方面承认泰州学派确实出自阳明,同时也认为其走向已经"复非名教之所能羁络矣"②。黄宗羲的这一心理既有出于保护阳明心学的因素,也存在着让泰州学派为王门后学的诸多毛病埋单之意。

泰州学派的情况确实比较复杂。一方面,限于其开创者之社会下层的出身以及完全人伦日用化的关怀面向,泰州学派确实存在着所谓身份

---

① 《王阳明年谱》载:"巡按御史唐龙、督学佥事邵锐,皆守旧学相疑,唐复以撤讲择交相劝。先生(阳明)答曰:'……今苟以是心至,吾又以一身疑谤,拒不与言,于心忍乎? 求真才者,譬之淘沙而得金,非不知沙之汰者十之八九,然未能舍沙以求金为也。'当唐、邵之疑,人多畏避,见同门方巾中衣而来者,俱指为异物。"《王阳明全集》,第 1278 页。

② 黄宗羲:《明儒学案·泰州学案》,《黄宗羲全集》第七册,第 820 页。

不纯(非士人出身)、学理探讨不精(并不以理论探讨为方向)的问题。但另一方面,他们又确实具有一身是胆、充满担当精神的一面,他们的言谈举止、立身行事同时又包含着对所谓文人士大夫传统之一种强烈冲击和冒犯的一面(当然其最大的冒犯主要在于皇权,因为他们明确坚持要为"帝者师""天下万世师",最后必然不为皇权所容),从而也就不为士大夫所接纳,又反过来被传统士大夫人为地加以种种恶名。他们既没有也不在意理论上的制高点或所谓理论探索深度,不注重著书立说,因而往往又陷于所谓有口难辩的地步。正由于泰州学派的这些特点,在当时社会上,他们往往会遭遇更多的尴尬——传统的士大夫阶层对他们的讲学往往不予认可,有时甚至还会出现如下吊诡的情况:即从学理的角度看,他们的理论似乎表现得极其张狂(充满着极高的自我期许),但如果从严格的学理来分析又往往不值一提,他们的行为却往往具有惊天地、泣鬼神之摄人心魄的力量,他们又常常会自觉不自觉地将其行为归之于他们所谓的理论,这就成为一个让人哭笑不得而又难以定评的学派。

泰州学派由泰州人王艮所开创,所谓"淮南三王"就指其学派初创时的三代领袖——王艮、王栋与王襞;但其学派实际上并不限于泰州一地,而是由师承与追随者决定,从而表现出遍及南北各地的特点。从一定程度上说,泰州学派也可以视为中晚明以降整个社会下层人伦日用之学的代表。

第一节　王艮父子与泰州学派

泰州学派由王艮父子所开创,其影响则遍及整个江淮地区。在中晚明以降的阳明后学中,泰州学派可以说是最有影响的一支,同时也是最负恶名的一系。黄宗羲编《泰州学案》时,一起始就评价说:"阳明先生之学,有泰州、龙溪而风行天下,亦因泰州、龙溪而渐失其传。泰州、龙溪时时不满其师说,益启瞿昙之密而归之师,盖跻阳明而为禅矣。然龙溪之后,力量无过于龙溪者;又得江右为之救正,故不至十分决裂。泰州之后,其人多能以赤手搏龙蛇,传至颜山农、何心隐一派,遂复非名教之所能羁络矣。"①黄宗羲的这一评价,固然确有其有根据的一面,也存在着出于传统的士大夫情结而故意贬斥的一面。比如所谓"以赤手搏龙蛇"一说,固然表现了泰州传人一种"掀翻天地,赤身担当"的精神;但所谓"跻阳明而为禅"的说法,无疑又属于理学中相互攻击的套话;至于所谓"复非名教之所能羁络"一说,又显然是指其理论的发展走向而言的。

一、出身与经历

王艮(1483—1541),字汝止,号心斋,泰州安丰场人,出身于灶户之家。王艮七岁入乡塾,十一岁辍学,十九岁即开始商游四方。二十五岁,"过阙里,谒孔圣及颜曾思孟诸庙,瞻拜感激,奋然有任道之志。归则日诵《孝经》《论语》《大学》,置其书袖中,逢人质义。"②二十九岁,"一夕梦天坠压身,万人奔号求救,先生独奋臂托天而起,见日月列宿失序,又手自整布如故,万人欢舞拜谢。醒则汗溢如雨,顿觉心体洞彻,万物一体,宇宙在我之念益真切不容已。自此行住语默,皆在觉中。题记壁间,先生梦后书'正德六年间,居仁三月半'于座右,时三月望夕,即先生悟入之始"③。三十二岁,即开始自主讲学,"先生讲说经书,多发明自得,不泥传注,或执传注辨难者,即为解说明白"④。三十八岁,听说王阳明讲学于南昌,即"入豫章城,服所制冠服,观者环绕市道,执海滨生刺以通门者……相与究竟疑义,应答如响,声彻门外,遂纵言天下事……先生叹曰:'简易直截,予所不及!'乃下拜而师事之"⑤。王艮由此成为王阳明的弟子。"一日,入告阳明公曰:'千载绝学,天启吾师,倡之,可使天下有不及闻此学者乎?'因问孔子当时周流天下车制何如,阳明公笑而不答。既辞归,制一蒲轮,标其上曰:天下一个,万物一体,入山林求会隐逸,过市

---

① 黄宗羲:《明儒学案·泰州学案》,《黄宗羲全集》第七册,第820页。
②③④《王心斋年谱》,《王心斋全集》,第68页。
⑤《王心斋年谱》,《王心斋全集》,第69—70页。

并启发愚蒙。遵圣道天地弗违,致良知鬼神莫测,欲同天下人为善,无此招摇做不通,知我者其惟此行乎,罪我者其惟此行乎? 于是……沿途聚讲,直抵京师……公(阳明)以先生意气太高,行事太奇,欲稍抑之。乃及门三日不得见。"[①]

几年后,阳明去世于征思田的归程,王艮迎阳明灵柩于桐庐,经理其家而后返。然后"开门授徒,远近皆至。同门会讲者,必请先生主席。阳明而下,以辩才推龙溪,然有信有不信。唯先生于眉睫之间,省觉人最多。谓百姓日用即道,虽童仆往来动作处,指其不假安排者以示之,闻者爽然"[②]。

当王艮告别阳明,回到泰州老家进行自我摸索时,其族弟王栋也在沿着同一方向探索,并成为王艮最早的弟子。王栋(1503—1581),字隆吉,号一庵,江苏泰州人。王栋最初随父学医,以后又遵父命习举子业,24岁补泰庠生员,自谓举业虽出身阶梯,心学实孔曾正脉,于是"师事伯兄心斋,受格物之旨,躬行实践,得家传之学"[③]。"五十六岁,应岁贡,初训江西建昌府南城县,台使聘主白鹿洞会。诗曰:'闻学未堪称洞主,窃官犹自愧山灵。'又聘主南昌正学书院会,复创太平乡等处,集布衣为会,人多兴起,以内艰去,起补山东泰安州,未几迁江西南丰教谕。泰安乡士夫不忍舍,以手卷赠,尝有'复得亲东鲁圣人'之颂,丰接壤南城,众皆异之,以为天启斯文,复赐之先生。丰士信从益众。至隆庆戊辰,创水东会、建义仓,遗《会学十规》、著《一庵会语》行于世。"[④]

当王艮初随阳明入越时,还带着其九岁的儿子王襞,当他返回泰州老家时,王襞就留在越中跟随钱德洪、王龙溪学习,所以王襞既是"淮南三王"中的最后一位,也是浙中与泰州学风的会通者。

王襞(1511—1587),字顺宗,号东崖,王艮次子。王襞出生于王艮大悟万物一体的那一年,因而极受钟爱,"方九龄,从先公游学江浙。至二

---

① 《王心斋年谱》,《王心斋全集》,第70—71页。
② 黄宗羲:《明儒学案·泰州学案》一,《黄宗羲全集》第七册,第829页。
③④ 《王一庵年谱纪略》,《王心斋全集》,第142页。

十始归娶,不半载又过阳明夫子宅八年。独得先公之学,师事绪山钱公、龙溪王公。迨先公殁,开门授徒,倡大家学,海内响应者恍若先公,当道屡聘主教,交荐于朝。(海陵凌都宪、昭阳李太师交荐隐逸。)暮年别号天南逸叟,寿七十七岁。"[1]

关于泰州学派的学风,应当说以王襞最有代表性。如果说王艮主要是通过自我摸索的方式开创泰州学派的,那么王襞自幼就成长于一种读书讲学的氛围。时人关于王襞的讲学风格,也有近乎传神的描述:

> 九龄随父之阳明所,士大夫会者千人。阳明命童子歌,多嗫嚅不能应,东崖意气恬如,歌声若金石。阳明召视之,知为心斋子,诧曰:"吾固知越中无此儿也。"是时龙溪、绪山、玉芝皆在阳明左右,命悉师事之。[2]

> 心斋殁,东崖望日隆,四方聘以主教者沓至。罗近溪守宛则迎之,蔡春台(国熙)守苏则迎之,李文定(春芳)迎之兴化,宋中丞(仪望)迎之吉安,李计部(皋华)迎之真州,董郡丞(燧)迎之建宁,殆难悉数。归则随村落大小扁舟往来,歌声与林樾相激发,闻者以为舞雩之风复出。严取予,敦孝弟,联宗族,行宜毛发必谨。中丞凌海楼(儒)疏荐于朝,(按:《年谱》隆庆丁卯七月昭阳太师李公石麓荐隐逸于朝,力辞)部拟擢用,东崖坚卧自如。[3]

这样一种学风及其关怀面向显然是王心斋父子所刻意坚持的。如果说王心斋是自学成才,其学术还明显带有日用伦常中自我摸索的意味,那么王东崖显然就不能再说是社会下层的自学成才或自我摸索了,其自幼就能够因阳明之命而拜钱绪山、王龙溪为师,也绝不是一般的士大夫家庭所能够拥有的学术环境。但王东崖"归则随村落大小扁舟往来,歌声与林樾相激发"的讲学之风显然既是出自一种性分,也是其父子间刻意

---

[1]《王东崖年谱纪略》,《王心斋全集》,第 206 页。
[2]《东崖学述》,《王心斋全集》,第 130 页。
[3]《东崖学述》,《王心斋全集》,第 130—131 页。

坚守的一种学风。这种面向社会下层的讲学之风以及其对人伦日用的刻意坚守，只能用当时士大夫政治生态的极度恶化来说明。①

不过，对于泰州学派的这种人伦日用化走向，又必须进行逆向理解。就是说，对于泰州与浙中学派在"良知见在说"与"良知现成说"上的分歧，必须首先从王龙溪与王心斋相区别的角度进行理解，王东崖则构成了二者之间的一个过渡。因为王东崖从王龙溪和钱德洪处所接受的理论只是"良知见在说"，而不会有"良知现成说"方面的内容（当然也可能会存在部分性的包含，因为正像良知具有贯通体用的特点而不能否定其"见在化"表现一样，良知的"见在化"也不能否认其"现成化"走向），王心斋则一起始就包含着"良知现成化"的走向。这一关怀面向主要是受到其来自社会下层之生活体验的影响，绝不会因为阳明良知理论的教诲就有所改变，反而可能会以其生活体验的方式来理解阳明的良知理论，黄宗羲所谓的"泰州、龙溪时时不满其师说"可能就包含着这方面的思想内容。但他们二人的"时时不满其师说"又是具有不同内涵的：王龙溪的"不满"主要在于更醉心于如何使心学理论更加思辨、更加圆融，王心斋的"不满"则主要集中在更加注重如何才能使良知理论更切近于社会下层的具体生活。——王心斋粗糙而又顽强的主体精神，必然会将其学引向这一方向。

请看贯穿王心斋一生的主体精神：

> 一夕梦天坠压身，万人奔号求救，先生独奋臂托天而起，见日月列宿失序，又手自整布如故，万人欢舞拜谢。醒则汗溢如雨，顿觉心体洞彻，万物一体，宇宙在我之念益真切不容己。自此行住语默，皆在觉中。题记壁间，先生梦后书'正德六年间，居仁三月半'于座右，时三月望夕，即先生悟入之始。②

---

① 《王心斋年谱》"嘉靖五年"(1526)条载："时王瑶湖臣守泰州，会诸生安定书院，礼先生主教事……冬十月，作《明哲保身论》，文列后卷。时同志在宦途，或以谏死，或谴逐远方，先生以为身且不保，何能为天地万物主，因瑶湖北上，作此赠之。"《王心斋全集》，第72页。
② 《王心斋年谱》，《王心斋全集》，第68页。

> 相与究竟疑义,应答如响,声彻门外,遂纵言天下事。
>
> 公(阳明)曰:"君子思不出其位。"
>
> 先生曰:"某草莽匹夫,而尧舜君民之心,未尝一日忘。"
>
> 公曰:"舜居深山,与鹿豕木石游居,终身忻然,乐而忘天下。"
>
> 先生曰:"当时有尧在上。"①
>
> 道人闲行于市,偶见肆前育鳝一缸,复压缠绕,奄奄然若死之状。忽见一鳅从中而出,或上或下,或左或右,或前或后,周流不息,变动不居,若神龙然。其鳝因鳅得以转身通气,而有生意,是转鳝之身、通鳝之气、存鳝之生者,皆鳅之功也。虽然亦鳅之乐也,非专为悯此鳝而然,亦非为望此鳝之报而然,自率其性而已耳。②

实际上,这就是王心斋从其"万物一体"的大悟到自甘为"掀翻天地"的"泥鳅"的精神写照,所谓"尧舜君民之心,未尝一日忘"其实也正是贯注其一生的基本精神。当然,在心斋看来,这种精神既不是为了逞一己之能,也不是为了求后报,说到底不过是"自率其性而已"。这可能也就是王阳明明确批评其"蒲轮"之行过于招摇,包括从士大夫所能认可之行为传统出发批评其"意气太高,行事太奇"的原因。王心斋却绝不会以为士大夫群体对他的排拒、批评为有道理,反倒可能会觉得他们不过是一群愚远、空谈而又不能自拔自救的迂腐之"鳝"而已。

也许正是这种精神,才将泰州学派直接引向了与浙中学派有着很大不同的良知现成说,王艮本人,就是泰州学风的直接塑造者。

二、百姓日用是道

如果要用一句话来概括泰州学派的基本精神,就可以说是"百姓日用即道"。这一命题不仅在王阳明的诸系后学中最具有典型性,而且也最符合泰州学派关注人伦日用的主体精神以及其社会下层的关怀面向,

---

①《王心斋年谱》,《王心斋全集》,第70页。

② 王艮:《鳅鳝赋》,《王心斋全集》,第55页。

虽然这一命题并不是最早形成的。

实际上,王心斋"百姓日用即道"的思想本身也有阳明心学的依据。嘉靖六年(1527),王阳明将有征思田之行,王心斋其时正在会稽与同门会讲。其《年谱》记载:

> 七年戊子,先生四十六岁。(在会稽。集同门讲于书院,先生言百姓日用是道。初闻多不信,先生指童仆之往来,视听持行,泛应动作处,不暇安排,俱自顺帝之则,至无而有,至近而神,惟其不悟,所以愈求愈远,愈作愈难。谓之有志于学则可,谓之闻道则未也。贤智之过与仁智之见俱是妄。一时学者有省。)①

如果我们将这一思想对应于王阳明的《传习录》,那么《传习录》下篇中的一段记载可能就是其"百姓日用是道"思想之最早的出处:

> 一日,王汝止出游归,先生问曰:"游何见?"对曰:"见满街都是圣人。"先生曰:"你看满街人是圣人,满街人到(倒)看你是圣人在。"又一日,董罗石出游而归,见先生曰:"今日见一异事。"先生曰:"何异?"对曰:"见满街人都是圣人。"先生曰:"此亦常事耳,何足为异?"盖汝止圭角未融,罗石恍见有悟,故问同答异,皆反其言而进之。洪与黄正之、张叔谦、汝中丙戌会试归,为先生道途中讲学,有信有不信。先生曰:"你们拿一个圣人去与人讲学,人见圣人来,都怕走了,如何讲得行。须做得个愚夫愚妇,方可与人讲学。"洪又言:"今日要见人品高下最易。"先生曰:"何以见之?"对曰:"先生譬如泰山在前,有不知仰者,须是无目人。"先生曰:"泰山不如平地大,平地有何可见?"先生一言剪裁,剖破终年为外好高之病,在座者莫不悚惧。②

显然,这两段几乎可以说是一种相互印证的说法。阳明所谓"须做得个愚夫愚妇,方可与人讲学"无疑是在批评那种完全不切实际之高台教化

---

①《王心斋年谱》,《王心斋全集》,第72页。
② 王守仁:《语录》三,《王阳明全集》,第116—117页。

式的讲学;至于"泰山不如平地大"又完全可以说就是儒家传统中的"极
高明而道中庸"之意,也就是今天所谓伟大出于平凡之意。王心斋受到
这一方面的启发,即刻就能从"童仆之往来,视听持行,泛应动作处,不暇
安排"处理解到"俱自顺帝之则,至无而有,至近而神"的境界。所以说,
阳明的"须做得个愚夫愚妇,方可与人讲学"以及其"泰山不如平地大"的
指点,可能正是王心斋"百姓日用是道"的真正出处。

这一推论实际上也可以证之于王心斋的思想发展过程。王心斋去
世后,其子王东崖曾对其一生的思想进境作了如下概括:

> 先生之学,凡有三变。其始也,不由师承,天挺独复,会有悟处,
> 直以圣人自任,律身极峻。其中也,见阳明翁而学犹纯粹,觉往持循
> 之过力也,契良知之传,工夫易简,不犯做手,而乐夫天然率性之妙,
> 当处受用,通古今于一息。著《乐学歌》。其晚也,明大圣人出处之
> 义,本良知一体之怀,而妙运世之则。学师法乎帝也,而出为帝者
> 师;学师法乎天下万世也,而处为天下万世师。[1]

所谓"见阳明翁而学犹纯粹,觉往持循之过力也,契良知之传,工夫易简,
不犯做手,而乐夫天然率性之妙,当处受用,通古今于一息",其实也就是
指王心斋受到阳明良知学影响的情况。其当年之所以拜阳明为师,最真
切的感受就是"简易直截,予所不及",由此可以看出,其实心斋本来就一
直在摸索"简易直截"的讲学途径。因此也可以说,王心斋的"百姓日用
是道"本身就是在阳明良知学的影响下形成的。

虽然"百姓日用是道"可以在阳明思想中找到根据,但这种根据说到
底也不过是一种启发,并不是根源,其真正的根源可能还在于王阳明的
良知理论,在于对阳明良知理论的实践与落实一点上。正是从对良知的
实践与落实出发,才会有对"百姓日用"向着"道"之方向的提升。那么这
一过程究竟是怎样实现的呢?这又必须从良知与天理的关系上找到其

---

[1] 王士纬:《心斋先生学谱》,《王心斋全集》,第 86 页。

相互的纽结。

据《年谱》记载,嘉靖六年(1527),王心斋至金陵,"会湛甘泉若水、吕泾野楠、邹东廓、欧(阳)南野聚讲新泉书院,作《天理良知说》。时甘泉湛公有揭'随处体认天理'六字以教学者,意与阳明稍异,先生乃作是说"①。很明显,所谓《天理良知说》首先要处理的便是王湛两家的关系,这一处理同时蕴涵着一种新型的心学:

> 或问"天理""良知"之学,同乎?曰:"同。"曰:"有异乎?"曰:"无异也。""天理"者,天然自有之理也,"良知"者,不虑而知,不学而能者也。惟其不虑而知,不学而能,所以为天然自有之理;惟其天然自有之理,所以不虑而知,不学而能也。故孔子曰"知之为知之,不知为不知",是良知也。"入太庙,每事问",是天理也。惟其"知之为知之,不知为不知",所以"入太庙,每事问";惟其"入太庙,每事问",便是"知之为知之,不知为不知"。曰"致",曰"体认",知天理也。否则"日用不知"矣。曰:"以子之言,天理良知之学同而无疑矣,人又以为异者,何哉?"曰:"学本无异,以人之所见者,各自以异耳。如一人有名焉,有字焉,有知其名而不知其字者,则执其名为是,而以称字者为非也。有知其字而不知其名者,则执其字为是,而以称名者为非也。是各以己之所见者为是,以人之所见者为非也。既知人矣,又知名矣,又知字矣,是既以己之所见者为是,又知人之所见者亦为是也。夫然后洞然无疑矣。"②

从表面上看,王心斋这里似乎是有意对王阳明与湛甘泉以及其天理与良知之间搞调和,其实绝非这么简单。王心斋是以"名"和"字"来说明天理与良知的关系的,意即二者完全是同一事物之不同称谓,但他为什么最后又会提出"既知人矣,又知名矣,又知字矣"呢?显然在这里,只有"人"才是"名"和"字"的真正主体;也只有真正的"知人",才能做

---

① 《王心斋年谱》,《王心斋全集》,第72页。
② 王艮:《天理良知说》,《王心斋全集》,第31—32页。

到"又知名矣,又知字矣,是既以己之所见者为是,又知人之所见者亦为是也"。那么,这里多出来的这个"知人"究竟指什么呢? 很明显,这无疑就是王心斋对天理与良知之共同指谓以及其共同落实的揭示——所谓"天然自有之理也";这个"天然自有之理"的基本特征也就落实在人的"不虑而知,不学而能"一点上。这样一来,王心斋也就以"天然自有之理"以及其"不虑而知,不学而能"的特征统一了王湛两家、统一了天理与良知,同时又突出了自己"天然自有"与"不虑而知,不学而能"的关怀。

那么,所谓"不虑而知,不学而能"的"天然自有之理"究竟要指向哪里呢? 这就是所谓"童仆往来动作处";这种"童仆往来动作处"也就是"百姓日用是道"最具体的落实与最亲切的表现。请看王心斋对其关系的辨析:

> 圣人之道,无异于"百姓日用"。凡有异者,皆谓之"异端"。①
> "天理"者,天然自有之理也,才欲安排如何,便是"人欲"。②
> 百姓日用条理处,即是圣人之条理处。圣人知,便不失;百姓不知,便会失。③
> 愚夫愚妇与知能行,便是道。与鸢飞鱼跃同一活泼泼地,则知性矣。④
> 此学是愚夫愚妇能知能行者,圣人之道不过欲人皆知皆行,即是位天地育万物把柄,不知此,纵说得真,却不过一节之善。⑤
> 或问"中",先生曰:"此童仆之往来者,'中'也。"
> 曰:"然则百姓日用即'中'乎?"
> 曰:"孔子云'百姓日用而不知',使非'中',安得谓之道? 特无先觉者觉之,故不知耳。若'智者见之谓之智,仁者见之谓之仁',有

---

①②③ 王艮:《语录》,《王心斋全集》,第 10 页。
④ 王艮:《语录》,《王心斋全集》,第 6 页。
⑤《王心斋年谱》,《王心斋全集》,第 76 页。

所'见'便是妄,妄则不得谓之'中'矣。①

上述这些断言性的论述,自然都是对"百姓日用"的正面论说,而无论是"圣人之道"还是"天理"抑或是所谓"中",包括作为儒家终极指向的"位天地育万物",都必须从"愚夫愚妇与知能行"的角度取得自己存在的合理性,都必须从"百姓日用"的角度取得"圣人之道"合理性的证明。很明显,这无疑是从"百姓日用"角度对儒家学理的一种重新诠释。

对于王心斋这种"百姓日用"的指向,以往人们常常从其"人本"或社会下层之人伦生活关怀的角度作出说明,这当然有其正确的一面。但如果对这一命题稍加分析,就会发现它实际上是包含着理论上的"有据"与指向上的"有误"两个方面的有机统一。从理论上的"有据"来看,无论是"天理""良知"还是所谓"圣人之道",非但不能离开"百姓日用",而且也必须以"百姓日用"作为其理论的实践落实与检验标准,否则就必然会成为其所谓"异端""人欲"的根源了。

为什么又说其在指向上"有误"呢?这是因为,所谓"圣人之道"包括"天理""良知"固然不仅要能够落实于人伦生活,而且也必须能够内在于人伦生活之中,但仅仅能够内在于人伦生活并不能说人伦生活本身就是圣人之道,正像说"天理""良知"能够内在于"百姓日用",却不能说所谓"百姓日用"本身就是"天理""良知"一样。在这里,"百姓日用"与"圣人之道"之间无疑存在着一种包含与被包含的关系——"百姓日用"的内容要宽泛得多,"圣人之道"却只能内在于"百姓日用"之中,从而格律之、主宰之,但"圣人之道"并不能将全部的"百姓日用"囊括其中,更不能说所有的"百姓日用"都是"道"的表现,正像说"天理"就内在于人欲之中,却不能说所有的"人欲"本身就是"天理"一样。

王心斋为什么会犯这样的错误呢?从最表层的原因来看,这主要源于其一生的生存智慧。比如说,王心斋经常喜欢对别人的说法反用其

---

① 王艮:《语录》,《王心斋全集》,第5页。

意,《年谱》记载：

> 南野公尝讲致良知,先生戏之曰:"某近讲良知致。"南野延先生
> 连榻数宵,以日用见在指点良知,自是甚相契。黄洛村弘纲常讲不
> 欺,先生曰:"兄欺多矣。"洛村愕然请示,先生曰:"方对食时,客及
> 门,辞不在,非欺乎?"洛村谢过,先生笑曰:"兄又欺矣。"洛村未达。
> 先生曰:"通变而宜,此岂为欺乎?"在座皆有省。[①]

这当然都是其同门之间的笑话,由此却可以看出,王心斋确实喜欢以反
用其意的方式来捉弄同门。从其"良知致"一说来看,格之以王阳明"良
知之自致"的说法,固然也可以说得过去,但主体自觉追求的"致良知"与
通过主体良知之显发的"良知之自致"毕竟还是存在着很大不同的。至
于"道"与"百姓日用"之包含与被包含的关系就更不能用这种反向措辞
的方式来表达了。

实际上,所谓"百姓日用是道"一说的正面含义,就在于表达了一种
"道"就在"百姓日用"之中的意思,但由于人的自觉与不自觉之分,王心
斋不得不屡屡强调"百姓日用而不知"。如果从这一角度来看,那么王心
斋这一命题所想表达的其实也就在于必须通过"百姓日用"来体贴"道"、
默识"道"之意,而这一层意思,也诚如后来李卓吾所表达的"穿衣吃饭,
即是人伦物理,除却穿衣吃饭,无伦物矣"[②]一样。但即使必须通过"百姓
日用"来体贴"道"、默识"道","百姓日用"也不能直接等同于"道"本身。
从王心斋开始的这一错误一直到李卓吾还在延续,这是否是因为国人不
注重逻辑,也就分不清手段与目的之间的包含与根本不能等同的关
系呢?

至于"百姓日用是道"形成的深层原因,则是与阳明良知学的落实与
拓展走向密切相关的。一般说来,从哲学的角度看,一个概念往往是以
其超越性内涵之得到揭示而标志其形成的,但是,一旦其形成并得到人

---

① 《王心斋年谱》,《王心斋全集》,第73页。
② 李贽:《答邓石阳》,《焚书》,《焚书·续焚书》,第4页,北京:中华书局,1975年版。

们的认可之后,接着而来的就是沿着遍在性的方向进行拓展,以展示其普遍性蕴涵——无论是"天理"还是"良知"无不经历这样一种遍在性与普遍性的拓展过程;这一过程,又恰恰是以展示其遍在性为典型表现的。当王阳明以所谓"古今人人真面目"揭示出良知是由至善之性直接发用于是非知觉的层面时,无疑是对其超越性根据以及其"随时知是知非"特征的一种明确揭示。王龙溪的"良知见在说"则是沿着即体即用的逻辑直接将其拓展于现实生活中的灵明知觉之间;至于其进一步的发展,必然会沿着人的自然知觉的方向拓展于现实生活中的一切领域,这就是所谓"良知现成说"。一当良知沿着"现成化"的轨道遍及人生的方方面面,百姓的日用生活也就必然会进入良知的统摄范围。这正是泰州学派的努力方向,这样一种方向也就必然会带动百姓的日用生活进入体察良知、贯彻良知的范围。因此,虽然"百姓日用是道"这一命题并不是从良知学的角度提出的,但对它的认识却必须通过良知学的贯彻与落实角度来进行深层理解。

三、现成良知说

虽然"良知现成说"属于王心斋的观点,但要理解其"良知现成说"与王龙溪"良知见在说"的关系以及其如何以"良知见在说"作为依据或逻辑过渡的特点,又必须先从王东崖说起。

按理说,作为王心斋的次子,王东崖的思想本来应当在心斋思想的基础上有所发展才符合常理,但稍微比较一下其父子二人就会发现,"良知现成说"的思想多为王心斋所阐发,王东崖反而较少表现这一方面的思想。造成这一现象的原因,当然首先是王东崖自幼就接受了王龙溪的思想,回到泰州后,虽然其思想向其父王心斋有所靠拢,但这种靠拢主要表现在学风上;至于其思想主张,并没有或者说较少关于"良知现成说"的论述。比如:

> 良知在人随处发见,不可须臾离者,只为世诱在前,起情动念,

自幼便染污了。应接之间，不免牵引迷溺之，患所嗜所欲沾贴心目间。①

鸟啼花落，山峙川流，饥食渴饮，夏葛冬裘，至道无余蕴矣。充拓得开，则天地变化，草木蕃殖，充拓不去，则天地闭，贤人隐。②

性之灵明曰良知。良知自能应感，自能约心思，而酬酢万变，知之为知之，不知为不知，一毫不劳勉强扭捏，而用智者自多事也。③

才提起一个学字，却是便要起几层意思，不知原无一物，原自见成，顺明觉自然之应而已。自朝至暮，动作施为，何者非道？更要如何，便是与蛇画足。④

人本有不假外求，故曰"易简"。非言语之能述，非思虑所能及，至无而有，至近而神，不容拟议商量而得。故曰"默识"。本自见成，何须担荷？本无远不至，何须充拓？会此言下，便即了了。⑤

上述这些语录，都是最常为人们所引用，也最足以代表王东崖思想的几段论述。这几段论述无疑也包含着良知现成说的思想，比如"原自见成""本自见成"以及"良知自能应感，自能约心思，而酬酢万变"等等，但这种"见成"说却完全可以从王龙溪的"良知见在说"中推导出来，并且也不属于王东崖思想的主调。作为其思想之主调的恰恰是"性之灵明曰良知"以及其"自然"追求，亦即其所谓"顺明觉自然之应而已"，此即"鸟啼花落，山峙川流，饥食渴饮，夏葛冬裘，至道无余蕴矣"；至于"性之灵明"一说，则是明确强调以至善之性作为良知之内在依据一点的。如果将这一主调与王心斋的"良知现成说"稍加比较，那么其所追求的"明觉自然之应"反倒可能是"良知现成说"基础上的产物，是从"见在"经过"现成"而直接指向"自然"的表现。

这究竟是为什么呢？让我们先看王心斋关于"良知现成说"的论述，

---

①② 王襞：《语录遗略》，《王心斋全集》，第214页。
③④ 王襞：《语录遗略》，《王心斋全集》，第216页。
⑤ 王襞：《上道州周合川书》，《王心斋全集》，第219页。

再探寻其相关成因。与王东崖不同，在王心斋的思想中，"良知现成说"早就成为其论述良知的基调了。比如：

> 有学者问"放心难于求"，先生呼之即起而应。先生曰："尔心见在，更何求心乎？"[1]

> 只心有所向便是欲，有所见便是妄；既无所向又无所见，便是无极而太极。良知一点分分明明，亭亭当当，不用安排思索，圣人之所以经纶变化而位育参赞者，皆本诸此也。[2]

在这里，所谓反对"安排思索"自然可以说是王心斋父子的共同主张。但王东崖之反对"安排思索"，完全是为了"顺明觉自然之应而已"，正如其所谓"自朝至暮，动作施为，何者非道？更要如何，便是与蛇画足"一样。实际上，这一点既可以从王龙溪的"良知见在说"直接过渡而来，也可以说只有在"良知现成说"的基础上进一步走向"明觉自然"才会有的表现（这一点当然只能从学风上说）。在王龙溪之良知当下见在的基础上，所谓"顺明觉自然之应"无疑也就是依据见在良知而行。但王心斋的"不用安排思索"完全是为了凸显"良知一点分分明明，亭亭当当"的特点；至于所谓"尔心见在，更何求心乎？"也就完全成为以现成的感应知觉之心来代替原本作为道德良知的"本心"了。这说明，从理论学理上看，所谓"良知见在说"与"良知现成说"就是王心斋父子之间的一个基本分歧，当然也可以说是泰州学派与浙中学派的基本分歧。

这一分歧是如何形成的呢？这当然与他们的不同经历及其人生体验有关。王东崖自幼即入阳明门下，并亲炙于钱德洪、王龙溪近 20 年之久，其所接受的也就完全是士大夫的理论学谱；虽然他也承认良知可以有其现成表现，却绝不会从"现成"的角度来立论讲良知，而必须以至善之性作为良知的根本依据。王心斋则完全不同，其早年谋生经历的磨练

---

① 王艮：《语录》，《王心斋全集》，第 17—18 页。
② 王艮：《与俞纯夫》，《王心斋全集》，第 43 页。

早就使他把所谓"六经四子"完全看作是自己心灵感应的注脚了。① 当他自制"蒲轮"北上讲学时,途中的一段经历就生动地表现了他是如何运用其"现成良知说"的:

> 沿途聚讲,直抵京师,会山东盗起,德州集兵守关,不得渡。先生托以善兵法见州守,守曰:"兵贵勇,某儒生,奈怯何?"先生曰:"某有譬语,请为公陈之。家常蓄鸡母,其所畏者,鸢也。一日引其雏之野,鸢忽至,辄奋翼相斗,盖不复知鸢之可畏,其故何也? 忧雏之心切耳。公,民之父母。州之民,皆赤子也。倘不忍赤子之迫于盗,何患无勇? 将见奋翼相斗者,愈于鸡母也。"州守听其言悟,益严于为备,遣人护先生渡河。②

这真是一段极为精彩的表现。虽然王心斋这里是以所谓"譬语"来表达的,但实际上,他也是以自己已经现成化了的良知来唤醒州守的良知——而州守"益严于为备,遣人护先生渡河"的行为,正是其道德良知与责任意识当下觉醒的表现。王心斋的这一唤醒,不仅是通过"譬语"来表达的,甚至还是通过向"鸡母"学习实现的。当然在这时,王心斋还没有形成其现成良知说的思想,但这一经历以及其对生存智慧的灵活运用却无疑是其"现成良知说"的一个先行案例。

这就提出了一个非常重要的问题,即所谓"良知见在说"与"良知现成说"的区别究竟何在的问题。一般说来,"良知见在说"不仅不排斥良知的"现成化"表现,而且还必须以一定的"现成化"表现来作为自身存在的依据和证明。"良知现成说"之不同于"良知见在说",关键在于它是专门在"见在"与"现成"的层面上做工夫的,正如王心斋所谓的"良知一点分分明明,亭亭当当"一样,认为良知就在那里现成地存在着。所以,在

---

① 王艮说:"学者初得头脑,不可便讨闻见支撑,正须养微致盛,则天德王道在此矣。六经四书所以印证者也。"(《语录》,《王心斋全集》,第 7 页)又说:"道既明,'经'何足用哉? '经'、'传'之间,印证吾心而已矣。"《语录》,《王心斋全集》,第 18 页。
② 《王心斋年谱》,《王心斋全集》,第 71 页。

承认良知有其当下现在的表现这一点上,二者是完全一致的。区别仅仅在于,所谓"良知见在说"的根据主要在于王阳明的"性无不善,故知无不良"一说上,所有关于良知的"见在说"都必须以至善之性作为良知存在的本体依据,并且还要时时追溯、时时反省这一依据,再通过"即体即用、即本体即工夫"的方式指向"见在"的发用层。这样一来,所谓"良知见在说"也就成为至善之性在是非知觉层之发用流行的具体表现了——从王东崖的"性之灵明曰良知。良知自能应感,自能约心思,而酬酢万变"一说中也可以清楚地看出这一点。但"良知现成说"有所不同,它固然也可以承认良知必须以至善之性为本体依据,但它专门在"见在"与"现成"的层面做工夫,因而它认为不仅不必去时时追溯至善之性,而且由于良知本身已经现成化——所谓"分分明明,亭亭当当",也就使得这一过程显得完全没有必要了;至于所谓"即体即用、即本体即工夫"之类,自然也就成为一种门面话或套括语了。这样一来,"良知现成说"也就确实存在着游离于至善之性的可能。

二者的区别还表现在其不同的学风与不同的关注面向上。请看王心斋的如下论述:

> 学者初得头脑,不可便讨闻见支撑,正须养微致盛,则天德王道在此矣。六经四书所以印证者也。若工夫得力,然后看书,所谓"温故而知新"也。[1]

> "经"所以载道,"传"所以释经。"经"既明,"传"不复用矣。道既明,"经"何足用哉?"经""传"之间,印证吾心而已矣。[2]

王心斋何以如此轻视对"经""传"的温习与"闻见支撑"呢?关键就在于他已经确立了一个"天德王道在此"的基本前提;在这一基础上,所谓的"经""传",说到底也就不过是"印证吾心而已矣"。如果以此反观王东崖,他虽然也有"才提起一个学字,却是便要起几层意思,不知原无一

---

① 王艮:《语录》,《王心斋全集》,第 7 页。
② 王艮:《语录》,《王心斋全集》,第 18 页。

物……更要如何,便是与蛇画足"一说,但如果稍微品味一下其底下的论述,就知道其看起来完全自然的表达却存在着极深的学理依据。比如:

> 吾人至灵之性,乃天之明命于穆不已之体也。故曰:天命之谓性。是性也刚健中正,纯粹至精者也。率由是性而自然流行之妙,万感万应,适当夫中节之神。故曰:率性之谓道。此圣人与百姓日用同然之体,而圣人永不违其真焉者耳。①

> 鄙尝与老丈同究夫圣人之学,通千古而一致也者,不过指各具之一心言也。心心不异,本诸身,征诸庶民,考不缪,建不悖,质无疑,俟不惑者也,人本有不假外求,故曰"易简"。②

很明显,在王东崖的这些说法中,无疑是存在着极深的学理依据的,其对《中庸》的解释,也说明其理论建构深深地扎根于儒家"天命之性"的传统中;至于所谓"本诸身,征诸庶民,考不缪,建不悖,质无疑,俟不惑者"云云,也说明其理论确实是从儒家传统中磨砺出来的。但所有这些,对于王心斋而言,说到底也不过是一种"印证吾心"之可有可无的说法而已。这样一来,"良知见在说"与"良知现成说"不仅表现了其父子间不同的关注面向,而且也确实是与社会下层和士大夫阶层之不同学风密切相关的。

"良知现成说"存在着轻忽形上根据与传统依据方面的弊端,所以它也确实存在着游离于至善之性从而演化为自然明觉的可能,这一点在王心斋身上就有明确表现。请看如下两条记载:

> 往年有一友问心斋先生云:"如何是无思而无不通?"先生呼其仆,即应;命之取茶,即捧茶至。其友复问。先生曰:"才此仆未尝先有期,我呼他的心,我一呼之便应,这便是无思无不通。"是友曰:"如此则满天下都是圣人了?"先生曰:"却是日用而不知,有时懒困着

---

① 王艮:《率性修道说》,《王心斋全集》,第216页。
② 王艮:《上道州周合川书》,《王心斋全集》,第219页。

了,或作诈不应,便不是此时的心。"①

戊戌,御史陈让按维扬,作歌呈先生,有曰:"海滨有高儒,人品伊傅匹。"先生读之,笑谓门人曰:"伊傅之事我不能,伊傅之学我不由,伊傅得君可谓奇遇。如其不遇,终身独善而已。孔子则不然也。"②

在这里,前边一条是把君子立足于道德本心基础上的"无思而无不通"直接演化为其仆的"呼之即应",这显然是把道德良知自然明觉化了。这种把良知自然明觉化的方式与其"百姓日用是道"把"道"直接"百姓日用"化也完全是同一逻辑。至于后面一条所谓"伊傅之事我不能,伊傅之学我不由,伊傅得君可谓奇遇。如其不遇,终身独善而已。孔子则不然",就完全沦落为一种"狂荡"之病了。当然,"狂"固然也可以说是心学的本色,但其所以陷于"肆""荡"之病,无疑是脱离了其性善根基的必然产物。所以,对于泰州学派的这一走向,刘宗周就评价说:"按王门惟心斋氏盛传其说,从不学不虑之旨,转而标之曰'自然',曰'学乐',末流衍蔓,浸为小人之无忌惮。"③

四、"知本"与"乐学"

对于泰州学派来说,当它把"良知""自然明觉"化、把"道""百姓日用"化的时候,从某种程度上说,也就成为一种自掘本根的举动了。把道德良知的自然明觉化,也就意味着要以"自然明觉"作为"道德良知"来统摄人生,而把"道"的"百姓日用"化,也就意味着"百姓日用"本身就是"道"的表现。如此一来,无论是沿着"自然明觉"的方向发用还是沿着"百姓日用"的方向探索,人生实际上也就只能在其原有的"自然明觉"与"百姓日用"的基础上打转了。但自古以来,人们难道不一直就是这样生

---

① 王士纬:《心斋先生学谱》,《王心斋全集》,第91页。
② 王士纬:《心斋先生学谱》,《王心斋全集》,第85页。
③ 刘宗周:《明儒学案师说》,《刘宗周全集》第五册,第528页。

存的吗？那么泰州学派是否觉察到这一问题呢？从王心斋的"知本"与
"乐学"这两个主张来看，无论其是否自觉到这一问题，其"知本"与"乐
学"本身也都具有针对"自然明觉"与"百姓日用"之作用后果而进行纠偏
与补救之意。

　　先从"知本"来看，"知本"源于《大学》所谓的"知所先后，则近道矣"
与"自天子以至于庶人，一是皆以修身为本"①。从王心斋 25 岁即有"日
诵《孝经》《论语》《大学》，置其书袖中，逢人质义"②的经历来看，其"知本"
一说无疑是沿着《大学》的思路形成的。所以，其关于"知本"的论述主要
是通过"修身以立本"来表达的：

　　　　大人者，正己而物正者也。故立吾身以为天下国家之本，则位
　　育有不袭时位者。

　　　　知得身是天下国家之本，则以天地万物依于己，不以己依于天
　　地万物。

　　　　学也者，学为人师也。学不足以为人师，皆苟道也。故必修身
　　为本，然后师道立而善人多矣。如身在一家，必修身立本，以为一家
　　之法，是为一家之师矣。身在一国，必修身立本，以为一国之法，是
　　为一国之师矣。身在天下，必修身立本，以为天下之法，是为天下之
　　师矣。③

王心斋这里以"修身"作为天下国家之"本"与《大学》的原文精神并不相
符，《大学》所谓"自天子以至于庶人，一是皆以修身为本"主要是指个体
的为人之本而言的，这个"为人之本"既可以是天子，当然也可以是愚夫
愚妇，总之是其个体自身的做人之本。王心斋却通过"学也者，学为人师
也"，试图通过"修身"的方式来实现其做"一家之师""一国之师"进而做
"天下之师"的目的，包括其所谓"正己而物正"以及只要"立吾身以为天

①《礼记·大学》，吴哲楣主编：《十三经》，第 586 页。
②《王心斋年谱》，《王心斋全集》，第 68 页。
③ 王士纬：《心斋先生学谱》，《王心斋全集》，第 97 页。

下国家之本,则位育有不袭时位者",显然都属于其个人的幼稚与通过心学所表现出来的"肆""荡"之病。

但对于王心斋这样的社会下层而言,通过"修身以立本",不仅可以实现其"赞天地之化育,则可以与天地参矣"①的理想,而且由于这一切都是通过"修身以立本"的方式实现的,其所谓"道"之尊的同时也就可以直接投射于其"身"之尊了,这就像其良知可以表现于自然明觉之中,因而自然明觉也就可以成为良知一样。所以,王心斋又有"身与道原是一件"的理论:

> 徐子直问曰:"何哉,夫子之所谓尊身也?"
>
> 曰:"身与道原是一件,至尊者此道,至尊者此身。尊身不尊道,不谓之尊身,尊道不尊身,不谓之尊道。须道尊、身尊,才是至善。故曰:天下有道,以道殉身;天下无道,以身殉道;必不以道殉乎人。有王者作,必来取法学焉,而后臣之,然后不劳而王。如或不可,则去。仕止久速,精义入神,见机而作,避世、避地、避言、避色,如神龙变化,莫之能测。若以道从人,妾妇之道也。己不能尊信,又岂能使人尊信哉?"②

在这里,通过"道"之落实于"身",从而实现"身"与"道"的并尊以至于王者"取法学焉"的目的,显然属于其一己之幼稚与"肆""荡"空想;而试图通过己之"尊信"来达到使人"尊信"的目的,自然也属于空想基础上的空想了。我们这里当然不是要关心所谓"王者"是否真正向他"取法"的问题,而在于分析其通过"道"之体现于"身",从而实现"身"与"道"的并尊这种连贯与互渗的思维方式。稍微回顾一下,就可以看出,其从"天理"到"天然自有之理",从"道"到"百姓日用",以及从良知的"见在"到"现成",实际上都是通过这种方式实现的。这种通过"道""良知"之"内在于"事物,因而该事物反过来可以取代"道"与"良知"的思维方式,原本就

---

① 《礼记·中庸》,吴哲楣主编:《十三经》,第 564 页。
② 王士纬:《心斋先生学谱》,《王心斋全集》,第 97 页。

脱胎于阳明的体用关系模式，但阳明的体用关系，无论是其"即体而言，用在体；即用而言，体在用"①，还是所谓"知体之所以为用，则知用之所以为体者矣"②，其体用关系所表征的主与次、目的与手段以及本体与工夫之表现和被表现的关系，则是不可乱的，而且也是经得起严格的逻辑分析的。王心斋现在却全然反用其法，完全从被表现的角度来取代表现、从手段的角度来取代目的，从工夫表现之用的角度来取代本体自身，无怪乎他的"位育"理想阐发得如此轻易。

正因为王心斋对体用关系完全进行反向地渗透与连贯，所以在他看来，所谓人生理想，只要抓住其最初的出发点，实现起来似乎也就成为一种"必然"了。比如：

> 止至善者，安身也，安身者，立天下之大本也。本治而末治，正己而物正也，大人之学也。是故身也者，天地万物之本也，天地万物末也。知身之为本，是以明明德而亲民也。身未安，本不立也。本乱而末治者否矣。③

> 立本，安身也。安身以安家而家齐，安身以安国而国治，安身以安天下而天下平也。故曰修己以安人，修己以安百姓，修其身而天下平。不知安身，便去干天下国家事，是之谓失本。④

至于作为其晚年最后一大创造的"淮南格物说"，也是按照同样的逻辑展开的：

> 圣人以道济天下，是至尊者道也，人能弘道，是至尊者身也。道尊则身尊，身尊则道尊，故轻于出则身屈而道不尊，岂能以济天下，自天子以至于庶人，壹是皆以修身为本，其本乱而末治者否矣，故曰"安其身而后动"，"身安而天下国家可保"。"其身正则天下归之"，

---

① 王守仁：《语录》一，《王阳明全集》，第 31 页。
② 王守仁：《答汪石潭内翰》，《王阳明全集》，第 146 页。
③ 王士纬：《心斋先生学谱》，《王心斋全集》，第 101—102 页。
④ 王士纬：《心斋先生学谱》，《王心斋全集》，第 102 页。

"大人者,正己而物正者也。"此谓"知本",此谓"知之至"也……①

所有这些,已经不用再作过多的分析了,只要看看其如何从"道尊"引申至"身尊",从"安身"如何引申至"安天下",就知道他是如何从"知本"实现其"平天下"之理想的。

这样一来,无论是王心斋的"知本"还是"安身",实际上都在原地打转儿;要说有所改变,就是其将自我的"安身"与"安天下"以及"赞天地之化育"直接联系起来了。即使如此,说到底也不过是其自我之一厢情愿式的联系。所以,其所谓"平天下""济天下"乃至于"安天下"的宏愿,最后只能演化为一种自我的"乐"与"学"的相互转化与相互保证了:

> 人心本自乐,自将私欲缚。私欲一萌时,良知还自觉。一觉便消除,人心依旧乐。乐是乐此学,学是学此乐。不乐不是学,不学不是乐。乐便然后学,学便然后乐。乐是学,学是乐。于乎,天下之乐何如此学,天下之学何如此乐!②

据《年谱》记载,《乐学歌》与《明哲保身论》作于同一年,并且是先有《明哲保身论》,然后才有《乐学歌》之作。之所以要作《明哲保身论》,主要是因为他看到"时同志在宦途,或以谏死,或谴逐远方,先生以为身且不保,何以能为天下万物主,因瑶湖北上,作此赠之。"③至于《乐学歌》,据王东崖所说,则是因为"见阳明翁而学犹纯粹,觉往持循之过力也,契良知之传,工夫易简,不犯做手,而乐夫天然率性之妙,当处受用,通古今于一息"④,所以才有《乐学歌》之作。实际上,所谓《乐学歌》也可以看作是其在看到同志"或以谏死,或谴逐远方"条件下的一个自我交待,所以说"乐便然后学,学便然后乐。乐是学,学是乐……"这样一来,依据其自然天性以自乐自学的方式来自我安顿也就成为王心斋思想的最后归宿了。

---

① 《王心斋年谱》,《王心斋全集》,第75页。
② 王艮:《诗文杂著》,《王心斋全集》,第54页。
③ 《王心斋年谱》,《王心斋全集》,第72页。
④ 王士纬:《心斋先生学谱》,《王心斋全集》,第86页。

泰州学派是中国思想史上一个较为奇特的现象。它的出现，一方面是在明代朝政日益昏暗、完全摆脱了大众关怀条件下社会下层不得不以自救的方式来实现所谓救世性的思考；另一方面，也可以说是明代理学从两宋以来的"得君行道"追求转化为"觉民行道"追求的一种具体表现。就泰州学派之学风与学术性格而言，它依据当时的心学思潮而崛起确有一定的必然性，只有心学才会为社会下层提供一种抒发人生理想的可能与机会，但对于泰州学派来说，其形成本身就注定是一个无法结出正果的崛起。为什么这样说呢？从泰州学派来看，首先，他们既缺乏传统文化的熏陶，又非常不重视传统，只生活在当下并且也总是试图从当下的社会现实出发去选择传统（王心斋的"蒲轮"制作以及其觉世之行本身就是其如何看待传统的典型表现），这样一来，作为传统文化之代表的士大夫阶层就会因为其"怪异"表现而采取一种排斥或切割的态度。其次，他们只关注现实的人伦生活以及当下感受，根本不注意理论上的制高点与超越层面的形上追求，这就不仅会失去理论上的感召力与吸引力，而且也会失去其学派发展上的后劲。再次，促使他们崛起的根本原因——所谓皇家的集权专制同时也就成为限制其进一步发展的根本性力量。如所周知，心学之所以能够崛起于明代，与明代的集权专制以及士大夫政治生态的极度恶化有密切关系，但心学本身却具有一种人格平等的基本前提，这才会形成王心斋所谓"王者师""帝者师"乃至"天下万世师"的心理期待，只是由于士大夫阶层的压制和排斥，使他们根本无法直面于皇权，从而也才免于专制皇权的打击。如果他们真有参与朝政的机会，那必将会承受历史上最沉重的打击。①

---

① 社会下层的自救运动必然会遭到专制皇权之根本性打击一点，只要看看几个世纪以后的义和团运动就能明白其归宿了。当义和团对峙于洋人而又不危及清统治时，清廷自然会认为"民心可用"；一当危及洋人从而危及清统治时，就必然会面临着清廷与洋人的联合绞杀。惜乎泰州学派根本没有发展到这一步明政权就灭亡了，也就不曾遭逢明政权对它的根除性打击。

但是,由于明代政治生态的持续恶化,泰州学派所开创的心学不但没有在士大夫的歧视与排斥下垮台,反而促使传统的士大夫阶层纷纷加入。自然,这也就成为泰州心学在"淮南三王"之后的一种新趋势了。

第二节　罗汝芳的"赤子良心"之学

泰州学派是一个沉浸于人伦日用、以自救救他的社会下层学派,但由于中晚明以降政治生态的持续恶化,原本对泰州学派持排斥态度的士大夫阶层也纷纷加入,这使泰州学派形成了一种从社会下层开始向知识阶层传播的趋势;这一点也造成了阳明后学中泰州学派影响独大的格局。但同时也必须看到,能够为泰州学派所吸引者又往往属于那种带有边缘性质或特殊经历的下层知识分子,他们一方面为泰州学派补充以学理的依据,另一方面也会拖着泰州学派不断地向着更为边缘的方向发展。从社会思潮的角度看,这当然可以说是社会影响的扩大;但从价值观的角度看,这种边缘化的走向实际上就有可能使其日益溢出主流价值观之外,从而成为所谓"异端思想家"或"异端"性的思想群体。对泰州学派的开创者而言,其从自救救他的愿望出发,最后居然被排斥于主流价值观之外(王心斋当时的"蒲轮"制作其实只是形式上遭到排斥,似乎还并未被从价值观的角度加以排斥,充其量也只是批评其过于张狂而已,这只能说明其思想根本没有被主流价值观加以承认或认可),其中自然包含着许多值得深思的因素。

与此同时,作为阳明后学之中坚与主流的浙中与江右两系,陶醉于理论上的出奇制胜,因而花样翻新,越讲越玄,越讲越远离人的生存现实,完全成为一种理论讲说或理论攀比之学了;与之相反,泰州后学专门从社会下层的人伦日用入手,往往能够发挥出觉人于眉睫之间的作用。所以,黄宗羲曾评价说:"阳明而下,以辩才推龙溪,然有信有不信。唯先生(王心斋)于眉睫之间,省觉人最多。谓百姓日用即道,虽童仆往来动作处,指其不假安排者以示之,闻者爽然。"①所谓"闻者爽然",也就是"使人当下即有受用"之意。泰州学派这种切近人伦日用的讲学方式,不仅吸引着社会下层,而且对传统的知识阶层也具有一定感召力。也许就是这两个方面的相互作用,使罗近溪最终成为泰州学派的后起之秀。

一、大道只在此身

罗汝芳(1515—1588),字惟德,号近溪,江西南城人。罗汝芳出身于一个世代书香之家,方就口食,其母亲即自授以《孝经》《小学》《论语》《孟子》等书,后"读薛文清语,谓'万起万灭之私,乱吾心久矣。今当一切决去,以全吾澄然湛然之体'。决志行之,闭关临田寺,置水镜几上,对之默坐,使心与水镜无二"②。由此可以看出,罗近溪自幼就是一个极为认真的人。但由于操持过强,所以又"病心火",在得到其父读《传习录》的指点后,其病顿愈,而文理亦复英发,由此就试省城,并与颜钧(字山农,生卒不详)结下终生的师徒之缘。嘉靖二十二年(1543),罗近溪中江西乡试,次年即会试中试,但自认为学问尚不足以应世,于是寻师访友,十年后方赴廷试,为嘉靖三十二年(1553)进士。知太湖县,升刑部主事,出为宁国知府,创开元会讲学。万历中,讲学于京城广慧寺,朝士多从之,后因遭到弹劾,致仕。归则仍以四处讲学为事,黄宗羲所谓"顾盼呿欠,微谈剧论,所触若春行雷动,虽素不识学之人,俄顷之间,能令其心地开明,道在眼前。一洗理学肤浅套括之气,当下便有受用,顾未有如先生者也"③,应当说是对其讲学之风及其效果的一个定评。万历十六年(1588)卒,享年七十四岁。

从罗近溪的成长环境来看,应当说是一个典型的理学之家;其一生的经历,也几乎浓缩了整个明代理学的全过程。从其自幼读《孝经》《小

---

① 黄宗羲:《明儒学案·泰州学案》一,《黄宗羲全集》第七册,第 829 页。
② 黄宗羲:《明儒学案·泰州学案》三,《黄宗羲全集》第八册,第 2 页。
③ 黄宗羲:《明儒学案·泰州学案》三,《黄宗羲全集》第八册,第 3 页。

学》《论语》《孟子》等书，直到他自觉地以薛文清为榜样，追寻所谓"澄然湛然之体"，都属于典型的明儒进路。此后虽有《传习录》之解惑，但由于自期过高、担负过重，且操持过强，一直存在着无法解脱的心理负担，直到遇到颜山农，才彻底解脱了其由历代先儒探讨所积淀而来的心理重负。从某种程度上说，罗近溪的经历就等于代表明代诗礼传家的正统儒生走上了一条心理解脱之路。自然，这也同时开启了泰州学风向知识阶层传播的先河。请看罗近溪与颜山农的相遇：

> 科举省城，缙绅大举讲会，见颜山农先生。某具述昨遘危疾，而生死能不动心；今失科举，而得失能不动心。先生俱不见取。曰："是制欲，非体仁也。"某谓"克去己私，复还天理，非制欲安能以遽体乎仁哉？"先生曰："子不观孟子之论四端乎？知皆扩而充之，如火之始然，泉之始达，如此体仁，何等直截！故子患当下日用而不知，勿妄疑天性生生之或息也。"某时大梦忽醒，乃知古今道有真脉，学有真传，遂师事之。[1]

这就是颜山农对罗近溪"制欲非体仁"的指点。在这里，罗近溪所陈述的自然就是其由历代儒学探讨所积淀的"不动心"工夫；对罗近溪来说，甚至还可以表现为一种"昨遘危疾，而生死能不动心；今失科举，而得失能不动心"，总之，似乎到了一切外事俱不能动的境地。但颜山农却用了一句"是制欲，非体仁也"就彻底消解了罗近溪的全部努力，意即其所有这些工夫说到底不过是强行把捉、压抑着自己的心体而使之"不动念"而已。在颜山农看来，这并不是儒家的真工夫；所谓真工夫，就是随吾心体自然的发用流行，一如孟子所谓的"如火之始然，泉之始达"。所以，颜山农所谓的"制欲非体仁"一说不仅是对罗近溪的指点，也是对历代明儒探讨方向的一个根本性扭转。从泰州学派来看，颜山农所谓的"制欲非体仁"一说实际上也就是王心斋《鳅鳝赋》精神的活用。对于罗近溪来说，

---

[1] 黄宗羲：《明儒学案·泰州学案》三，《黄宗羲全集》第八册，第26—27页。

由此就接上了泰州学派的血脉。

但这一"血脉"却与自己以前的工夫积累方向完全相反,它不但不是为人的生命增加什么,反而是洗涤人的生命,使人的生命从内在活起来;这种能够使人的生命从内在活起来的并不是别的什么东西,就是人人本有、当下现在的赤子之心。从这一点可以看出,所谓赤子之心其实正是良知现成说的具体化与实存化。对罗近溪来说,由此也就找到了其生命与学问的第一个立足点。对于他的这一段经历,黄宗羲概括说:"先生之学,以赤子良心、不学不虑为学的,以天地万物同体、彻形骸、忘物我为大。"①

既然为学却又要以"不学不虑为学的",这究竟是在专门玩弄聪明思辨呢,还是别有其真正的蕴涵在? 请看罗近溪对"赤子之心"的规定与说明:

> 天初生我,只是个赤子。赤子之心,浑然天理,细看其知不必虑,能不必学,果然与莫之为而为、莫之致而至的体段浑然打得对同过。然则圣人之为圣人,只是把自己不虑不学的见在,对同莫为莫致的源头,久久便自然成个不思不勉而从容中道的圣人也。赤子出胎,最初啼叫一声,想其叫时,只是爱恋母亲怀抱,却指着这个爱根而名为仁,扩充这个爱根以来做人,合而言之曰"仁者人也,亲亲为大"。若做人的常是亲亲,则爱深而气自和,气和而其容自婉,一些不忍恶人,一些不敢慢人,所以时时中庸,其气象出之自然,其功化成之浑然也。②

> 盖此仁字,其本源根柢于天地之大德,其脉络分明于品汇之心元,故赤子初生,孩而弄之,则欣笑不休,乳而育之,则欢爱无尽。盖人之出世,本由造物之生机,故人之为生,自有天然之乐处。故曰"仁者人也"。此则明白开示学者以心体之真,亦指引学者以入道之

---

① 黄宗羲:《明儒学案·泰州学案》三,《黄宗羲全集》第八册,第3页。
② 黄宗羲:《明儒学案·泰州学案》三,《黄宗羲全集》第八册,第6—7页。

要。后世不省仁是人之胚胎,人是仁之萌蘖,生化浑融,纯一无二,故只思以孔、颜乐处竭力追寻,顾却忘于自己身中讨求着落。①

看到这两段对"赤子之心"与"仁"的说明,人们未免会觉得这完全是将"赤子之心"与"仁"的人伦日用化甚或感性生活化,而且也包括一定程度上的嬉戏化、玩弄化,泰州学派的确有这一方面的毛病或特点。但是,如果考虑到罗近溪的这种表达完全是对自己早年"闭关临田寺,置水镜几上,对之默坐,使心与水镜无二"追求之后向日常生活的回归,那么自然就可以理解其中的涵义了;如果再将其沿着先儒工夫追求的路径而又几于病死的经历联系起来,那就可以理解其中的深刻内涵了。请看罗近溪的如下一段自述:"罗子过临清,忽遭重病,倚榻而坐,恍若一翁来言曰:'君身病稍康,心病则复何如?'罗子不应。翁曰:'君自有生以来,遇触而气每不动,当倦而目辄不瞑,忧扰而意自不分,梦寐而境悉不忘,此皆君心痼疾也。'罗子愕然曰:'是则予之心得,曷言病?'翁曰:'人之心体出自天常,随物感通,原无定执。君以宿生操持,强力太甚,一念耿光,遂成结习。日中固无纷扰,梦里亦自昭然。君今谩喜无病,不悟天体渐失,岂惟心病,而身亦不能久延矣!'"②显然,这里所谓日常化、感性化的描述其实主要是要让儒学带上生活的气息,或者说要回归于生活本身。在这一基础上,我们自然就能够理解他的如下批判:"学人不省,妄以澄然湛然为心之本体,沉滞胸膈,留恋景光,是为鬼窟活计……"③

进一步看,则其所谓赤子之心也并非完全是一种感性的自然,其间恰恰蕴涵着一种极深的哲理,诸如其将所谓"知不必虑,能不必学,果然与莫之为而为,莫之致而至的体段浑然打得对同过",以及"把自己不虑不学的见在,对同莫为莫致的源头",就绝不是一般所谓工夫追求者所能达到的。这里完全是以所谓自然而然的状态所呈现出来的道德实践的

---

① 黄宗羲:《明儒学案·泰州学案》三,《黄宗羲全集》第八册,第 38 页。
② 黄宗羲:《明儒学案·泰州学案》三,《黄宗羲全集》第八册,第 21—22 页。
③ 黄宗羲:《明儒学案·泰州学案》三,《黄宗羲全集》第八册,第 3 页。

工夫,所以牟宗三评价说:"以无工夫之姿态而呈现,并非真不需要工夫也。此是一绝大之工夫、吊诡之工夫。此不是义理分解中之立新说,而是无说可立,甚至亦无工夫可立,而唯是求一当下呈现也。此一胜场乃不期而为罗近溪所代表。"①

因此,罗近溪的论述一方面看起来似乎完全是感性的自然,其中又确实包含着极深的工夫理路,这种工夫理路又完全是通过感性生命之自然而然——即牟宗三所谓的"无工夫之工夫"表现出来的。比如:

> 憬然有个悟处,方信大道只在此身。此身浑是赤子,赤子浑解知能,知能本非学虑,至是精神自能体贴,方寸顿觉虚明,天心道脉信为洁净精微也已。②

看起来,这里所倡导的似乎完全是依据赤子之感性自然而行,其实无论是"浑解知能"还是所谓"自能体贴",都不仅仅是纯粹的感性之自然所能做到的,恰恰是对道德理性的贯彻达到了自然而然的地步。因此,其所谓的戒慎恐惧甚至就像完全没有一丝戒惧一样。请看罗近溪对戒慎恐惧的论述:

> 问:"吾侪或言观心,或言行己,或言博学,或言守静,先生皆未见许,然则谁人方可以言道耶?"曰:"此捧茶童子却是道也。"一友率尔曰:"岂童子亦能戒慎恐惧耶?"罗子曰:"茶房到此,几层厅事。"众曰:"三层。"曰:"童子过许多门限阶级,不曾打破一个茶瓯。"其友省悟曰:"如此,童子果知戒惧,只是日用不知。"罗子难之曰:"他若是不知,如何会捧茶,捧茶又会戒惧?"其友语塞。徐为解曰:"知有两样,童子日用捧茶是一个知,此则不虑而知,其知属之天也。觉得是知能捧茶,又是一个知,此则以虑而知,其知属之人也。天之知是顺而出之,所谓顺则成人成物也;人之知是反而求之,所谓逆则成圣成

---

① 牟宗三:《从陆象山到刘蕺山》,《牟宗三先生全集》第 8 册,第 240 页。
② 黄宗羲:《明儒学案·泰州学案》三,《黄宗羲全集》第八册,第 6 页。

神也。故曰以先知觉后知，以先觉觉后觉。人能以觉悟之窍，而妙
合不虑之良，使浑然为一方，是睿以通微，神明不测者也。①

在这里，罗近溪故意以童子捧茶来表示戒慎恐惧，你说他——捧茶童子
完全没有戒惧自然不可能，但你说他有很深的"戒惧"工夫（相）也同样不
可能，他的戒慎恐惧就表现在其没有一丝"戒惧"样子的"工夫"中。作为
这种工夫的知用表现，就在于将"属人之知"像"属天之知"一样自然而然
地表现出来。所以说，"人能以觉悟之窍，而妙合不虑之良，使浑然为一
方，是睿以通微，神明不测者也"。很明显，所谓"属天之知"也就是人的
自然明觉，所谓"属人之知"则是人的道德良知，给"属人之知"的道德良
知提出以"属天之知"的标准，从而以"顺而出之"的方式来范导其"反而
求之"，以无所追求之自然而然来表达儒家的圣贤追求，这就是罗近溪的
工夫标准与修养方向。

二、"天明"与"光景"

"天明"与"光景"都是罗近溪特别喜欢用的概念。"天明"的本意就
是所谓"天然明觉"，但又不是纯粹的天然明觉，而是指道德良知必须像
天然明觉一样自然而然地表现出来；至于"光景"，本来是指光遇到阻碍
时所投下的影子，但这里主要是指道德理性之自然发用所留下的精彩波
澜或者说就是其在作用上的工夫效验。"光景"本来是一个正面涵义，但
一旦陶醉于光景，就像陶醉于工夫之效验一样立刻就失去了真正的"光"
本身，所以在明代理学中，所谓"光景"往往是指因为陶醉于"光景"而失
去"光"本身的一种"效验"。从这个角度看，罗近溪的一生也可以说是标
举"天明"而破除"光景"的一生；其对"天明"的标举，又往往是通过对"光
景"的破除来实现的。

关于罗近溪之"破光景"，牟宗三有一段极恰切的评价，这里特别予

---

① 黄宗羲：《明儒学案·泰州学案》三，《黄宗羲全集》第八册，第16—17页。

以征引,以作为理解其"天明"说之一助:

> 自北宋开始,发展而至阳明,分解已到尽头……欲说天,良知即
> 是天;欲说道,良知即是道;欲说理,良知即是理;欲说性,良知即是
> 性;欲说心,良知即是心(不但即是心,而且是本心)。如关联着其他
> 如意与物乃至其他种种工夫(除致良知工夫外)说,阳明亦皆分解无
> 余蕴矣。故顺王学下来者,问题只剩一光景之问题:如何破除光景
> 而使知体天明亦即天常能具体而真实地流行于日用之间耶? 此盖
> 是历史发展之必然,而近溪即承当了此必然,故其学问之风格即专
> 以此为胜场。①

牟宗三的评价自然是顺着阳明学之发展的脉络而言,他又特别喜欢罗近
溪之"清新俊逸"——实际上即是欣赏其"无工夫之工夫"——所谓反显
性的"吊诡"一面;而学界又常常将其归之于禅(比如宋明儒就经常拿禅
来说事)。实际上,这都是不当理的,无论是反显性的"吊诡"还是所谓
禅,都是地地道道的中国智慧,是即由所谓"百尺竿头,更进一步",从而
走向"绚丽之极,归于平朴"——儒家所谓的"极高明而道中庸"、道家所
谓的"和其光而同其尘",难道不都是如此吗? 所以,将其归之于禅尤其
不当理(禅本来就是中国智慧的体现),似乎儒家就不配拥有这种高级智
慧,只有源于印度的禅才有资格如此运用。对罗近溪而言,其之所以能
以"破光景"为胜场,也并不是他专门要以此来显示自己的不世出之才,
而是确实有其实际关怀在,简单地说,这就是只有通过"光景"之破除,才
可以使人当下返回于"光"本身,而不再以所谓的"光景"来夸夸其谈。

但"光景"本身又是分层级的,最简单最表层的"光景"就是拿孔孟的
教导或宋明儒的语录说事,因此构成了一种"语录障"或"追求障"。罗近
溪之"破光景"就首先拿这种"语录障"与"追求障"开刀,比如前面所征引
的对话式的讲学就是如此:

_____

① 牟宗三:《从陆象山到刘蕺山》,《牟宗三先生全集》第 8 册,第 239 页。

> 后世不省仁是人之胚胎，人是仁之萌蘖，生化浑融，纯一无二，故只思以孔、颜乐处竭力追寻，顾却忘于自己身中讨求着落。①
>
> 学人不省，妄以澄然湛然为心之本体，沉滞胸膈，留恋景光，是为鬼窟活计，非天明也。②
>
> 憬然有个悟处，方信大道只在此身。此身浑是赤子，赤子浑解知能，知能本非学虑，至是精神自能体贴，方寸顿觉虚明，天心道脉信为洁净精微也已。③

这三段可以说都是对所谓"语录障""追求障"，包括所谓"工夫障""境界障"的破除。第一条主要是针对那种一味通过前人语录，从而给"仁"加上玄而又玄的"光景"，他直接指出，"仁"虽然"根柢于天地之大德"，但就其现实性而言，却主要是指"人之胚胎"，而人自身则是"仁之萌蘖"，所以，在其他的表达中，罗近溪甚至干脆将"仁"直接还原为"赤子出胎，最初啼叫一声，想其叫时，只是爱恋母亲怀抱，却指着这个爱根而名为仁，扩充这个爱根以来做人……"第二条则主要是针对明儒那种"妄以澄然湛然为心之本体"的做法，认为这不过是"沉滞胸膈，留恋景光，是为鬼窟活计"而已；至于其"非天明也"的提示，正是要通过对这种"澄然湛然"之"光景"的破除以复归"天然明觉"。至于第三条，简直可以概括为一句话："大道只在此身"，而不要去在身外寻求。很明显，这就是要通过对"语录障"与"追求障"的破除以使人直接返归于自己当下的生命；而其追求的方式，也就是"此身浑是赤子，赤子浑解知能，知能本非学虑，至是精神自能体贴，方寸顿觉虚明……"一旦回归于赤子，并真正从自己的"赤子之心"入手，就走上人生的正道了。

第二层的"光景"则可以称之为"邪见障"或者说是"效验障"，这又主要是通过对话式的讲学实现的。罗近溪的讲学之所以能有"顾盼呿欠，

---

① 黄宗羲：《明儒学案·泰州学案》三，《黄宗羲全集》第八册，第 38 页。
② 黄宗羲：《明儒学案·泰州学案》三，《黄宗羲全集》第八册，第 3 页。
③ 黄宗羲：《明儒学案·泰州学案》三，《黄宗羲全集》第八册，第 6 页。

微谈剧论,所触若春行雷动,虽素不识学之人,俄顷之间,能令其心地开明……当下便有受用"的效果,关键就在于他全然是对话式的讲学。在对话中,讲者与听者之间全然是四目相对——所谓面对面、心对心的关系,一丝不能逃遁、一丝不能滑转,在这种既不能逃遁也不能滑转的心目相对之中,破除由"邪见"与"效验"所构成的种种光景。比如:

> 问:"今时士子,祇徇闻见读书,逐枝叶而忘根本,何道可反兹习?"
>
> 曰:"枝叶与根本岂是两段?观之草木,彻头彻尾,原是一气贯通,若头尾分断,则便是死的。虽云根本,堪作何用?只要看用功志意如何。若是切切要求根本,则凡所见所闻皆归之根本,若是寻枝觅叶的肚肠,则虽今日尽有玄谈,亦将作举业套子矣。①
>
> 问:"因戒谨恐惧,不免为吾心宁静之累。"
>
> 罗子曰:"戒谨恐惧姑置之,今且请言子心之宁静作何状?"
>
> 其生谩应以"天明本然,原是太虚无物。"罗子谓此说汝原来事,与今时心体不切。生又历引孟子言夜气清明,程子教观喜怒哀乐未发以前气象,皆是此心体宁静处。曰:"此皆抄书常套,与今时心体恐亦不切。"诸士子沉默半晌,适郡邑命执事供茶,循序周旋,略无差僭。罗子目以告生曰:"谛观群胥,此际供事,心则宁静否?"诸生欣然起曰:"群胥进退恭肃,内固不出,而外亦不入,虽欲不谓其心宁静,不可得也。"
>
> 曰:"如是宁静正与戒惧相合,而又何相妨耶?"
>
> 曰:"戒谨恐惧相似,用功之意,或不应如是现成也。"
>
> 曰:"诸生可言适才童冠歌诗之时,与吏胥进茶之时,全不戒谨耶?其戒谨又全不用功耶?盖说做工夫是指道体之精详处,说个道体,是指工夫之贯彻处。道体人人具足,则岂有全无工夫之人?道

---

① 黄宗羲:《明儒学案·泰州学案》三,《黄宗羲全集》第八册,第7—8页。

体既时时不离,则岂有全无工夫之时?"①

　　罗子令太湖,讲性命之学,其推官以为迂也。直指虑囚,推官与罗子侍,推官靳罗子于直指曰:"罗令,道学先生也。"直指顾罗子曰:"今看此临刑之人,道学作如何讲?"罗子对曰:"他们平素不识学问,所以致有今日。但吾辈平素讲学,又正好不及他今日。"直指诘之曰:"如何不及?"曰:"吾辈平时讲学,多为性命之谈,然亦虚虚谈过,何曾真切为着性命? 试看他们临刑,往日种种所为,到此都用不着,就是有大名位、大爵禄在前,也都没干。他们如今都不在念,只一心要求保全性命,何等真切! 吾辈平日工夫,若肯如此,那有不到圣贤道理。"直指不觉嘉叹,推官亦肃然。②

这三个案例都是罗近溪讲学中的具体应对。第一个案例全然是正面的问题,就是如何避免"逐枝叶而忘根本"的问题。罗近溪的回答则是必有求根本之真心:有真求根本之心,"则凡所见所闻皆归之根本";如果没有求根本的真心,则虽然处处谈玄,不过"作举业套子"而已。第二个案例作为问题,主要认为"戒谨恐惧,不免为吾心宁静之累"。罗近溪则通过"童冠歌诗"与"吏胥进茶"来说明外向的"戒谨恐惧"与内心的"宁静""恭肃"之相得益彰的统一。至于第三个案例,则以"死囚临刑"来说明为学之发真心的必要性,而且都具有无可逃遁、无可假借而直指人之发心动念的效果。

　　至于第三个层面的"破光景",则是直指人心之当下,使任何假借凑泊之念一毫都得不到容留。比如:

　　问:"善念多为杂念所胜,又见人不如意,暴发不平,事已辄生悔恨,不知何以对治?"

　　曰:"譬之天下路径,不免石块高低,天下河道,不免滩濑纵横。善推车者,轮辕迅飞,则块磊不能为碍;善操舟者,篙桨方便,则滩濑

---

① 黄宗羲:《明儒学案·泰州学案》三,《黄宗羲全集》第八册,第30页。
② 黄宗羲:《明儒学案·泰州学案》三,《黄宗羲全集》第八册,第20页。

不能为阻。所云杂念忿怒，皆是说前日后日事也。工夫紧要，只论目前。今且说此时相对，中心念头，果是如何？"

曰："若论此时，则恭敬安和，只在专志听教，一毫杂念也不生。"

曰："吾子既已见得此时心体有如是好处，却果信得透彻否？"

大众忻然起，曰："据此时心体，的确可以为圣为贤而无难事也。"

曰："诸君目前各各奋跃，此正是车轮转处，亦是桨势快处，更愁有甚么崎岖可以阻得你？有甚滩濑可以滞得你？况'民之秉彝，好是懿德'，则此个轮，极是易转，此个桨，极为易摇，而王道荡荡平平，终身由之，绝无崎岖滩濑也⋯⋯今古一路学脉，真是简易直截，真是快活方便。奈何天下推车者，日数千百人，未闻以崎岖而回辙；行舟者，日数千百人，未闻以滩濑而停棹，而吾圣学者，则车未曾推，而预愁崎岖之阻；舟未曾发，而先惧滩濑之横，此岂路之扼于吾人哉，抑果吾人之自扼也？"①

一友每常用工，闭目观心。罗子问之曰："君今相对，见得心中何如？"曰："炯炯然也，但常恐不能保守，奈何？"曰："且莫论保守，只恐或未是耳。"曰："此处更无虚假，安得不是？且大家俱在此坐，而中炯炯，至此未之有改也。"罗子谓："天性之知不容昧，但能尽心求之，明觉通透，其机自显而无蔽矣。是故圣贤之学，本之赤子之心以为根源，又征诸庶人之心以为日用。若坐下心中炯炯，却赤子原未带来，而与大众亦不一般也。吾人有生有死，我与老丈存日无多，须知炯炯浑非天性，而出自人为。今日天人之分，便是将来鬼神之关也⋯⋯若今不以明为明，只沉滞襟膈，留恋景光，幽阴既久，殁不为鬼者亦无几矣。"②

这又是一种破光景，前者在于破只"说前日后日事"而恰恰离开了"当

---

① 黄宗羲：《明儒学案・泰州学案》三，《黄宗羲全集》第八册，第9—10页。
② 黄宗羲：《明儒学案・泰州学案》三，《黄宗羲全集》第八册，第14页。

下",所以说"工夫紧要,只论目前";只要对目前心态"信得透彻",就会像推车者、摇桨者一样,既不会"以崎岖而回辄",也不会"以滩濑而停棹"。后者则主要在于破"心中炯炯"之类的套话。罗近溪这里的标准就是"赤子之心",而真正的赤子之心是绝对不会有"心中炯炯"之类的说法的;以"心中炯炯"来表示自己的观心所见,显然是一种糊弄人的伪工夫;作为境界,也是臆度的境界。

罗近溪这三个层面的"破光景",同时也对应着三个层面的"天然明觉"。他就是要通过对各种"光景"的破除,使人完全回归于自己的赤子之心,以彰显人天然本有的明觉。从工夫追求的角度说,破除一层"光景",就可以彰显一层"天明";到了一无光景之可破时,就意味着真性之自然流行,也就代表着回归于正道正行了。

三、当下顺适

在《明儒学案》中,黄宗羲曾在综合罗近溪各处论述的基础上,对其一生学问有一段精彩的概括。这一概括既揭示了罗近溪思想的精彩之处,也蕴涵着其所存在的问题。黄宗羲说:

> 先生之学,以赤子良心、不学不虑为的,以天地万物同体、彻形骸、忘物我为大。此理生生不息,不须把持,不须接续,当下浑沦顺适。工夫难得凑泊,即以不屑凑泊为工夫;胸次茫无畔岸,便以不依畔岸为胸次,解缆放船,顺风张棹,无之非是。学人不省,妄以澄然湛然为心之本体,沉滞胸膈,留恋景光,是为鬼窟活计,非天明也。①

黄宗羲的这一个概括确实非常精彩,当然也包括他对罗近溪思想的理解与归纳。所谓"以赤子良心、不学不虑为的"已见于对罗近溪"大道只在此身"的解读与分析;至于"此理生生不息,不须把持,不须接续,当下浑沦顺适"云云,自然是对罗近溪思想指向的揭示;而所谓"工夫难得凑泊,

---

① 黄宗羲:《明儒学案·泰州学案》三,《黄宗羲全集》第八册,第3页。

即以不屑凑泊为工夫；胸次茫无畔岸，便以不依畔岸为胸次"之类，正是指罗近溪的各种破"光景"而一归于真性之自然流行而言；至于"解缆放船，顺风张棹，无之非是"一说，是一个值得深入分析的说法。这里所谓的"解缆""顺风"以及"无之非是"等等，究竟是顺着"赤子良心"的"无之非是"呢，还是顺着此"生生不息"之理的"无之非是"？虽然在罗近溪的语境中，这二者之间似乎并不存在问题，但对作为阳明后学的泰州一系之精神走向而言，这就成为一个真正需要深入辨析的问题了。

前面的分析已经说明，罗近溪是将赤子之心之自然流行作为道德良知发用之最高原则提出的，其中所蕴涵的深刻涵义，就在于他完全是以自然表现道德，或者说他认为必须将道德表现到完全自然而然的地步才是真正的道德。这就蕴涵了一种自然与道德高度统一的指向：对于个体主体而言，其所追求的只有自己的真性自然，至于所谓"以澄然湛然为心之本体"之类的说法，就完全是"沉滞胸膈，留恋景光，是为鬼窟活计"；从社会族群的角度看，这种"自然"也恰恰应当成为人的真性道德的表现。但对于现实的个体而言，自然毕竟不是道德——自然所表现的只是人的本能的力量，道德也并不就是自然——道德毕竟包含着人所自觉选择与自主持守的力量，任何人的道德（包括圣人）都难以达到完全自然的地步。不然的话，孔子何以要主张"贤贤易色"呢？所谓自然与道德之间的高度统一，就必然预示着二者的分裂。

不过，我们这里可以暂且不管其道德与自然将如何分裂的问题，而首先沿着其破"光景"的轨迹，以寻绎其"当下浑沦顺适"的走向，从而让其在自身之自然走向中展现其自身的裂变。

在罗近溪所破除的第一道"光景"——所谓"语录障"与"追求障"中，他为什么一定要揭破"后世不省仁是人之胚胎，人是仁之萌蘖，生化浑融，纯一无二，故只思以孔、颜乐处竭力追寻，顾却忘于自己身中讨求着落"的现象呢？实际上，这就是要彰显其"大道只在此身"的主题，千万不要从前人的语录或前人的追求中去寻找所谓大道。为了凸显这一主题，罗近溪甚至还专门以"赤子出胎，最初啼叫一声"来揭示"仁"并不在人的生命之外；至于那种"妄以澄然湛然为心之本体"的说法，则不过是"沉滞胸膈，留恋景光"的"鬼窟活计"而已。他自己所提倡的就是："大道只在此身。此身浑是赤子，赤子浑解知能，知能本非学虑，至是精神自能体贴，方寸顿觉虚明"，这就明确地要求将人的追求回归于人的生命本身；而对生命的回归，就是大道的真正起始。

在其所破的第二层"光景"中，其"光景"或表现为"根本"与"枝叶"的离异，或表现为外向的"戒谨恐惧"与内心"宁静""恭肃"的矛盾冲突；或表现为以所谓"大名位、大爵禄"作为生命本真的自欺。对于这些"光景"的形成，人在深知应当以此身生命为大道所归这一点上就已经没有问题了，但问题却在于不能真正正视自己的生命，从而也就不能正视真正的大道。对于这种"光景"，罗近溪对前面几种"光景"的"破解"固然各有特色，但其最具特色的则在于提出了"死囚临刑"这一关节，从而一下子突出了"往日种种所为，到此都用不着，就是有大名位、大爵禄在前，也都没干。他们如今都不在念，只一心要求保全性命"。显然，这里所谓"求生一念"既可以代表"死囚临刑"的最高追求，当然也应该是人之正视自己生命、正视自己得救的最后一线希望。在这里，根本不需要提醒真不真的问题，也不需提醒所谓自重自爱的问题，因为平时所赖以自重自爱的"大名位、大爵禄"都用不着了，所以才显现出了什么是真正的正视生命，什么是真正的自重自爱。

到了第三层"光景"，则或者表现为以"前日后日事"来应付，或者以所谓"胸中炯炯"之类的话头来自欺。对于"前日后日事"，罗近溪的做法是只论"此时"与"当下"；在此基础上，才以所谓"天下推车者，日数千百人，未闻以崎岖而回辄；行舟者，日数千百人，未闻以滩濑而停棹，而吾圣学者，则车未曾推，而预愁崎岖之阻；舟未曾发，而先惧滩濑之横"，所以一下子就揭破了"吾人之自扼"的实质。至于对"心中炯炯"之类的套话，罗近溪明确以真正的赤子之心作为对照——"心中炯炯，却赤子原未带来，而与大众亦不一般也"，就明确地揭示出所谓"心中炯炯"的说法不过是一种自欺的套话而已。对这两种"光景"的揭破，就使得任何应付、任何自欺的手法成为不可能。

在彻底破除了这三层"光景"之后，罗近溪所要着力凸显的就集中在"此身""当下"与"真切"三点上了；只有将人的全部追求集中于"此身"之"当下"的"真切"感受这一方向上，才真正彰显人本真的生命。在这一基础上，我们才可以理解黄宗羲所概括的"此理生生不息，不须把持，不须接续，当下浑沦顺适"。显然，所谓的"浑沦顺适"其实正是指"我"的自然生命与道德生命的一体化或高度一致：在自然生命的展现中实现道德使命，道德使命的实现同时也是自然生命的提升与完美展现。

罗近溪的这一方向不禁使我们想起了始终在坚持"心即理"——所谓本体与主体同一原则的王阳明。但王阳明的"本心即理"是以承认"习心"的存在为前提的，所以就要念念存天理灭人欲，以使此在的"习心"真正合于"本心"，从而使"本心"之所发——"发之事父便是孝，发之事君便是忠，发之交友治民便是信与仁"①。但王阳明之主体与本体的同一原则恰恰是以二者现实的不同一为前提的，所以首先就要使"此心纯乎天理""必欲此心纯乎天理，而无一毫人欲之私，非防于未萌之先，而克于方萌之际不能也"②。但对罗近溪而言，这却是一条"制欲非体仁"的进路，还必然会导致"妄以澄然湛然为心之本体"，从而导致"沉滞胸膈，留恋景光"的"鬼窟活计"，所以，他一反王阳明的内向用功，坚持"此理生生不息，不须把持，不须接续，当下浑沦顺适……"于是，这就形成了一个究竟是顺适于"习心"还是顺适于"本心"、顺适于"天理"还是顺适于"人欲"的问题。

在这一基础上，当罗近溪坚持"工夫难得凑泊，即以不屑凑泊为工夫；胸次茫无畔岸，便以不依畔岸为胸次，解缆放船，顺风张棹，无之非是"的时候，这究竟是沿着"自然"的方向而"无之非是"呢，还是沿着"道德"的方向而"无之非是"？对罗近溪来说，他固然始终坚持着自然与道

---

① 王守仁：《语录》一，《王阳明全集》，第 2 页。
② 王守仁：《答陆原静书》又，《王阳明全集》，第 66 页。

德的高度统一，也是心理与生理的高度契合。但这样一种契合与统一究竟能够坚持多久？这就成为一个未可知的问题了。对于这样的问题，我们这里当然不可能通过强行的推理来解决，但完全可以将其置于同代人的交流与对话中，从中辨析其可能的走向。

四、王门二溪

在王阳明的诸多高弟中，如果就持守坚定、始终信守阳明的宗旨而言，自然应当推钱德洪、邹东廓与欧阳南野三位；但如果就勇于纠偏、敢于正面对治阳明后学中的各种偏失而言，不能不推聂双江与罗念庵；至于就思想的开拓与理论之创新而言，又不得不推王龙溪和罗近溪，所以黄宗羲就曾明确地以"龙溪笔胜舌，近溪舌胜笔"来对二溪表示极高的赞誉之情。

但二溪之间不仅存在着年龄差距（罗近溪比王龙溪小十七岁），而且在学承辈分上也存在着更大的差距：王龙溪是阳明的亲炙弟子，罗近溪则是王心斋的三传弟子，如果从阳明的角度看，那么罗近溪只能算是四传弟子了。但英雄不论出处，学术也不讲究辈分，问题在于其各自的贡献。从这个角度看，那么王门二溪也就可以说是阳明之后王门心学中最为精彩的一笔！

由于二溪在年龄和学术辈分上的差距，他们不可能像聂双江与罗念庵那样与王龙溪当面过招，但他们之间又有一定的学术交往，王龙溪作为老前辈，也对罗近溪的学术宗旨有过相当精准的点评。我们这里完全可以通过他们虽然不多的学术通信来辨析其各自不同的学术宗旨。在《王畿集》中，有两封写给罗近溪的书信，另外还有两处是对罗近溪思想的评点，借助这些书信和点评，不仅可以辨析他们不同的学术宗旨，而且可以澄清其各自不同的学术走向及其特色。

先从王龙溪给罗近溪的书信来看。阳明去世后，王龙溪一定程度上起着王门理论掌舵的作用，因此当罗近溪通过与钱德洪的交流，并请钱德洪转达他对王龙溪的问候时，王龙溪也在大致了解罗近溪的学术旨趣

后,立即致书罗近溪,并提醒说:

> 传闻吾兄主教,时及因果报应之说,固知引诱下根之权法,但恐
> 痴人前说梦,若不喜听,又增梦语,亦不可以不慎也。何如,何如?
>
> 不肖数时行持只寻常,此学只从一念入微处,自信自达,与百姓
> 同作同止,不作一毫奇特伎俩,循此以报知己而已。①

这可能是王龙溪给罗近溪第一次写信,其原因主要在于传说罗近溪讲学
中常常引用佛教的因果报应之说。王龙溪虽然认为这可能只是罗近溪
在面对芸芸众生时所不得不用的权法,但他的担心不仅在于所谓"痴人
前说梦",更重要的还在于芸芸众生的"又增梦语",这就成为一种久假不
归,因权而反实了。所以,王龙溪同时也提出自己"行持只寻常""与百姓
同作同止"——即谨守儒家规矩或阳明家法之意;其关键一点在于"只从
一念入微处,自信自达"。最有意思的还在于其"不作一毫奇特伎俩"一
句,明确提醒罗近溪不要出什么"奇特"的招数。

至于第二次与信,则是王龙溪在参与或主持了楚侗学院开讲后。二
人这时已经有了具体的接触,王龙溪对罗近溪的学旨也有了一定的了
解,王龙溪也就不再提罗近溪漫引佛家因果报应之说的问题了。但他对
罗近溪不辨儒释始终存在着一种担心,所以再次提醒说:

> 昔贤以有所为、无所为分辨义利,兄真心普度,固知无所拣择,
> 然亦有安身立命用力之处。水渐木升,循循向上,方为有得力处。
> 若只大众混混,旅进旅退,恐终无补于身心化理也。②

从"真心普度""无所拣择"以及"安身立命用力之处"的提醒来看,王龙溪
显然担心罗近溪不在儒释之间明确划界;这次所谓"循循向上"的提醒以
及"大众混混,旅进旅退,恐终无补于身心化理"的批评显然是指其将道
德理性完全自然化日用化的指向而言的。

---

① 王畿:《与罗近溪》,《王畿集》,第 295 页。
② 王畿:《与罗近溪》,《王畿集》,第 295—296 页。

此后,在《留都会纪》中,通过与楚侗子(耿定向)的对话,王龙溪也对罗近溪的学术旨趣展开了一次比较系统的点评。比如:

> 楚侗子曰:"罗近溪常谓当下承当得便是了,细细勘来,觉他还有疏脱时在。"

> 先生曰:近溪之学,已得其大,转机亦圆,自谓无所滞矣。然尚未离见在,虽云全体放下,亦从见上承当过来,到毁誉利害真境相逼,尚不免有动。他却将动处亦把作真性笼罩过去,认做烦恼即菩提,与吾儒尽精微、时时缉熙工夫尚隔一尘。此须亲体相观,非可以口舌争也。①

除此之外,在《答楚侗耿子问》一文中,王龙溪也通过楚侗子之问介绍了罗近溪的一些观点②,这说明,罗近溪的讲学在当时已经很有影响,连王龙溪这样的元老辈学者也不得不时时关注。王龙溪这里的评点极为精当,所谓"尚未离见在"一说,自然是指罗近溪专门从"见在"的层面做工夫,而根本缺乏对本体的深层追寻,因而未必能承受"毁誉利害真境相逼",言下之意,如果真正面临"毁誉利害真境相逼"之境,罗近溪也就"不免有动"了。至于"将动处亦把作真性笼罩过去,认做烦恼即菩提",其实也正符合罗近溪所谓"工夫难得凑泊,即以不屑凑泊为工夫;胸次茫无畔岸,便以不依畔岸为胸次,解缆放船,顺风张棹,无之非是"的学术宗旨。这说明,罗近溪学问的根本立足点正在于所谓"见在"与"动处",其问题则在于完全是以自然真性来笼罩,因而也就有所谓"认做烦恼即菩提"的评价。这同时也说明,在王龙溪看来,从罗近溪"大道只在此身"一直到其"解缆放船,顺风张棹,无之非是",都不一定就是真性,极有可能只是以所谓真性为笼罩语而夹杂感性与私欲。这样一来,对王龙溪来说,罗近溪所谓自然与道德的统一、心理与生理的契合本身也就有可能走向自然与生理一偏的可能。

---

① 王畿:《留都会纪》,《王畿集》,第 90 页。
② 参见王畿:《答楚侗耿子问》,《王畿集》,第 100 页。

这当然是透过王龙溪的视角来看,如果从罗近溪的角度看,那么王龙溪所谓"从先天心体上立根"一说便不过是一句根本靠不住的自诩而已;至于其"千古圣学,只从一念灵明识取"以及"忘是非而得其巧,即所谓悟也"一说就更靠不住了,不过是承诺之上的承诺——所谓空上加灵而已。在《明儒学案》中,黄宗羲经过楚侗子对罗近溪思想的介绍与王龙溪的评价进行了一番比较之后,概括性地说:

> 此可见二溪学问不同处。近溪入于禅,龙溪则兼乎老,皆有调息法。①

黄宗羲用佛老来区别二溪的做法自然属于明儒的老套路——对于凡是自己的理论所无法容纳又无从解释的理论体系,就根据其对佛老话头的借用,从而不是归结为佛也就用佛老来加以定性,其实这和佛教内部相互攻击以"外道"是同样的招数。无论是王龙溪还是罗近溪,都是儒家的种子选手,也都是阳明的嫡传,问题在于其究竟是如何走偏、又如何陷入走偏之局的?

实际上,无论是王龙溪还是罗近溪,都是正宗的阳明后学,也都是从阳明出发的。但他们都因为"性之所近",从而走向了不同的方向。王龙溪不仅专门"从先天心体上立根",而且还以其领悟思辨作为其建构理论的主要方法。这样,他的努力方向就主要表现在超越的形上追求方面,而以思辨的圆融为根本特征;至于其所谓的"如珠之走盘,不待拘管,而自不过其则"②一说,也可以说正是对其所追求之学的一种真切写照。至于罗近溪,则完全是从泰州学派的"百姓日用"出发的,又通过"大道只在此身,此身浑是赤子,赤子浑解知能,知能本非学虑"的方式,将"大道"一步步收摄于自己感性的人生,又通过"光景"之破除,从而将"大道"一步步落实于人生中此在之心的自然发用上来。如果说王龙溪所突出的主要在于超越的形上追求,那么罗近溪所凸显的主要在于自然生命中之遍

---

① 黄宗羲:《明儒学案·浙中学案》二,《黄宗羲全集》第七册,第 280 页。
② 黄宗羲:《明儒学案·浙中学案》二,《黄宗羲全集》第七册,第 270 页。

在化拓展,尤其是人之自然生命中的当下落实;如果说王龙溪所表现的主要在于心学理论之思辨与圆融,那么罗近溪所凸显的主要在于日用实践中的真切与笃实。当然,反过来看,他们对阳明心学的推进也有不小的代价,由刘宗周所总结的"玄虚而荡"与"情识而肆",也就可以说正是他们之推进与走向所无法避免的负面作用。①

第三节 耿定向的"不容已"之学

对于泰州学派乃至整个阳明心学而言,罗近溪都代表着一个发展上的制高点。其以自然表现道德的特色,一方面使其哲学全然表现为自然,另一方面又全然都是道德。这两个方面的高度统一,就使其哲学表现为牟宗三所谓的"无工夫之工夫";这种最不著工夫相的工夫确实又是一种绝大而又极深的工夫。把握起来却并非易事,搞不好仍然会落入所谓"光景"的窠臼,因此需要对它做一点平实化的工作,耿定向的"不容已"之学正好承当了这一指向。

一、真机不容已

耿定向(1524—1596),字在伦,号天台,又号楚侗子,湖北黄安人。耿定向嘉靖三十五年(1556)进士及第,授行人,擢御史,巡按甘肃。后因事得罪高拱,谪横州判官;高拱罢,以衡州推官起复。万历中,累官至右副都御史,历刑部左、右侍郎,擢南京右都御史。致仕后家居讲学,卒年七十三岁。赠太子少保,谥恭简。

耿定向之学基本上遵循泰州学派的原有规模,以良知时时现成,虽气禀物欲不能遮蔽为基本出发点。从为学经历来看,他与罗近溪多所交

---

① "玄虚而荡"与"情识而肆"本来是刘宗周对王学演化发展的一个总结,这一说法又特别为牟宗三所加以发挥,但牟宗三认为这两种弊端其实只"是人病,并非法病",这就完全是以理论为本来评价实践追求了。实际上,如果一种"法"作用的结果是言人而人病,那么这就不能仅仅归结为"人"的问题,而必须追究"法"的责任。参见牟宗三:《从陆象山到刘蕺山》,《牟宗三先生全集》第8册,第245页。

游,但同时又时时向王龙溪请益,因而其学大体不出泰州、浙中规模。关于其学,黄宗羲有一段概括,颇能揭示其学的基本特征及其关怀走向:

> 先生之学,不尚玄远。谓"道之不可与愚夫愚妇知能,不可以对造化通民物者,不可以为道。故费之即隐也,常之即妙也,粗浅之即精微也。"①

从其对"道"之"费之即隐也,常之即妙也"以及"粗浅之即精微也"的规定来看,耿定向之学显然是从罗近溪的规模出发的,也主要是将罗近溪之"隐"与"妙"——所谓"精微"一面加以平实化,这代表着其学的基本走向。

因此其思想也基本上是以罗近溪为坐标的。在《王畿集》中,有几处耿定向与王龙溪对罗近溪之学的讨论,其中两处认为:

> 楚侗子曰:"罗近溪常谓当下承当得便是了,细细勘来,觉他还有疏脱时在。"②

> 楚侗子曰:"昔有问罗子守中之诀者,罗子曰:'否,否。吾人自咽喉以下,是为鬼窟。天与吾此心神,如此广大,如此高明,塞两间,弥六合,奈何作此业障、拘囚于鬼窟中乎?''然则调息之术如何?'罗子曰:'否,否。心和则气和,气和则形和,息安用调?''吾人寓形宇内,万感纷交,何修而得心和?'罗子曰:'和妻子、宜兄弟、顺父母,心斯和矣。'向闻之,跫然叹赏,此玄宗正诀也,不独伯阳皈心、释迦合掌,即尼父复生,当首肯矣!"③

从耿定向对罗近溪的这些评价来看,应当说他还是比较赞成罗近溪的基本方向的。但这里所提到的"疏脱"究竟是指什么呢? 他并没有说明。在耿定向的论学书中,同样会不时谈到罗近溪,通过其对罗近溪的评价,

---

① 黄宗羲:《明儒学案·泰州学案》三,《黄宗羲全集》第八册,第67页。
② 王畿:《留都会纪》,《王畿集》,第90页。
③ 王畿:《答楚侗耿子问》,《王畿集》,第100页。

大概可以看出其与罗近溪的同一与差别,当然也可以理解其"不容已"的为学宗旨:

> 一日近溪偕白下诸同志游。立大中桥上,睹诸往过来续者,俪俪伖伖,无虑千百万计,近溪因指示诸同志曰:"试观此千百万人者,同此步趋,同此来往。细细观之,人人一步一趋,无少差失;个个分分明明,未见确撞。性体如此广大,又如此精微,可默识矣。"一友哂曰:"否否,此情识也。如此论性相隔远矣。"友述以问余曰:"此论如何?"余曰:"……亡者东走,追者亦东走,走者同,而所以走则异也。即兹来往桥上者,或访友亲师,或贸迁交易,或傍花随柳,或至淫荡邪僻者,亦谩谓一切皆是,混然无别,此则默识之未真也。……若以近溪此示为情识,而别求所谓无上妙理,是舍时行物生以言天,外视听言动以求仁,非吾孔子一贯之旨矣。"①

从这一评论来看,耿定向在上一段曾认为罗近溪的"当下承当"有"疏脱"处,这一段则借一友的评论认为罗近溪所概括的南来北往之过桥人的一致只是从"情识"上着眼,然后又批评了"一友"仅仅从"情识"角度的理解,认为离"情识"无以言"无上妙理",正像"舍时行物生以言天,外视听言动以求仁,非一贯之旨"一样。所有这些,都说明耿定向并不赞成罗近溪"当下承当"的主张以及一友所谓"情识"之类的概括。在耿定向看来,"走者同,而所以走则异也"。所以,对于罗近溪而言,所谓"谩谓一切皆是,混然无别",显然是"默识之未真也";但如果将罗近溪的这些看法仅仅视为"情识"也同样是不对的,因为这就像"外视听言动以求仁"一样。这说明,在耿定向看来,罗近溪的这些说法确实漏掉了其相互的具体差别一层,仅仅在其共同表现上立说;不过,本体毕竟不在具体"承当"之外,就表现在"当下承当"之中,正像"人性"也就表现在具体的"情识"之中一样。这样一来,耿定向也就通过对罗近溪与友人之双向否定、双向

---

① 耿定向:《与同志》,《耿定向集》卷六,第251页,上海:华东师范大学出版社,2015年版。

扬弃,从而为其"真机不容已"之学澄清了方法论的基础,同时也阐明了其学之精神指向:这就是体与用的一致、本体与工夫的贯通之学。

正是从这一角度出发,耿定向不仅对儒学的历史形成了一种新的解释,而且对当时学界各种不能一贯的观点展开了积极的批评。他说:

> 三代以降,学术分裂,异端喧豗,高者骛入虚无,卑者溺于繁缛,乃夫子出而单提为仁之宗:"夫仁者,人也。"欲人反求而得其所以为人者,学无余蕴矣。逮至战国,功利之习熏煽寰宇,权谋术数,以智舛驰,益未知所以求仁矣。孟子出而又提一义,要之义即仁,特自仁之毅然裁制者言也。下逮晋魏六朝,时惩东汉之名节受祸,或清虚任放,或靡丽蔑质,德益下衰矣。宋儒出而提掇主敬之旨,主敬,礼也。……日束于格式形迹,析文辨句于训诂之余,而真机牯矣。乃文成出,而提掇"良知"之旨。……夫由仁而义而礼而智,圣人提掇宗旨若时循环,各举其重,然实是体之举一即该其全。……乃今致知之旨,学者又多以意识见解承之,以此崇虚耽无,论说亦玄亦多,而实德亦病矣。①

> 今之学者,谈说在一处,行事在一处,本体工夫在一处,天下国家民物又在一处,世道寥寥,更无依靠……凡道之不可与愚夫愚妇知能,不可以对造化通民物者,皆邪说乱道也。盖自孟子没后,即无人勘破诸多贤智之过矣。然此又止可向醒眼人说,便煞有意味,与一种浅机俗学人说,口虽信,然曰:我能是。能是不知,终是不著不察,又却麻木可悯,至向高明人前陈道,则又呀然骇咤,以为不若是之浅粗矣。盖费中隐,常中妙,粗浅中之精微,本是孔、孟万古不易正脉,但非实是撑天柱地,拚身忘家,逼真发学孔子之愿者,未易信此。②

从这两段来看,前者在于阐发孔孟纠正高与卑、虚无与繁缛的两裂现象,

---

① 耿定向:《示应试生》,《耿定向集》卷五,第194页。
② 耿定向:《复乔户部》,《耿定向集》卷五,第181页。

从而表现儒家一以贯之的基本精神,后者则在于纠偏于时人之"各在一处"而又不能相贯通的现象;尤其是提出"凡道之不可与愚夫愚妇知能,不可以对造化通民物者,皆邪说乱道也",显然是针对阳明后学中"各举其重"而又各陷一偏的现象而言的。所以,要继承孔孟精神,就必须发扬"费中隐,常中妙,粗浅中之精微"的孔孟正脉。

在这一系列澄清的基础上,耿定向的"真机不容已"之说就得以明确提出了;其根本就在于以"真机"之"不容已"精神贯通本体与发用两面,从而使本体"不容已"地发用流行于日用伦常之中。从根本上说,这个"不容已"又源于"仁根"、源于"天命"之"不容已"地发用流行。他说:

> 吾孔、孟之教,惟以此不容已之仁根为宗耳……所以开物成务,经世宰物,俾尔我见在受享于覆载间者,种种作用,孰非此不容已之仁根为之者?然即此不容已之仁根,原自虚无中来,顾此虚无何可以言诠哉!侈言之者,由有这见在也,着见便自是两截矣。[1]

> 自性之根蒂而言,原无声臭者曰命;自命之流行而言,原自不已者曰性。……口之于味,目之于色,耳之于声等,是人之生机。使口不知味,目不辨色,耳不闻声,便是死人,安得不谓之性?然直穷到根蒂上,此等俱从无生,若一纵其性而不知节,可成世界否?是以达人于此寻向上根原立命处,既见得亲切,色声臭味自不能染着……故谓之命,然即落到父子君臣上来便已降在衷了,故忠孝之念自不容已,君子于此竭力致身,务尽其心,合下见得性如此也。[2]

这里先从孔孟立教说起,所谓"仁根",就是"莫致莫为"的源头,是"原自虚无中来"。所谓"虚无",即"上天之载,无声无臭"之意,它根本不容"着见",因为"着见"必然会落于两边。后一段则是从"性"直接追根于"命",又从"命"落实于"性",继而"降衷于人",从而也就具体表现为君臣父子与仁义礼智了。很明显,这是耿定向对其所谓"真机不容已"之说向孔孟

---

① 耿定向:《与焦弱侯》九,《耿定向集》卷三,第 105—106 页。
② 耿定向:《绎孟子》,《耿定向集》卷十,第 418 页。

立教及其"天命""人性"根源的一种形上向度的追溯。

至于其"真机不容已"思想的形成,耿定向也有一段具体说明。他说:

> 廿年前曾解《尽心章》云:"学者须从心体尽头处了彻,便知性之真体,原是无思无为,知性之真体无思无为,便知上天之载,原是无声无臭,浑然一贯矣。"所谓心体尽头处,盖昔人所谓思虑未起,鬼神不知,不睹不闻处也。近来自省于人伦日用,多少不尽分处,乃语学者云:"吾人能于子臣弟友不轻放过,务实尽其心者,是其性真之不容自已也。性真之不容自已,原是天命之于穆不已,非情缘也。故实能尽心,而知性知天,一齐了彻矣。"①

显然,其所谓"真机不容已"一说源于对"心体尽头处"的一种形上追溯,同时也发生于现实生活中对"人伦日用,多少不尽分处"的深入反省。如此一来,从其"于子臣弟友不轻放过",到"实尽其心",再到"天命之于穆不已",也就连成了一线;这一线,既是一个"知性知天"之上达天命的过程,也是一个天命、人性下贯人伦生活之"不容自已"的发用流行过程。

从具体发生的角度看,这种"真机不容已"的思想既有受罗近溪思想启发的成分,也有对罗近溪思想推进与纠偏的成分。至于二者的区别,就只好求之于人们的"默契灵识"来具体把握了。耿定向比较说:

> 近溪安身立命处是无念,余所谓心体尽头处是也,渠苦心体贴出来者。其日用受享提掇人处,只是自然生机,余所谓心体不容自已处是也。盖无念之生机,乃是天体;天体之生机,即是无念,原是一贯。说到此处,难着言诠辨论,只好默契灵识耳。②

在这一自陈性的比较中,耿定向比较着力于他和罗近溪一致的方面,所以有"近溪安身立命处是无念,余所谓心体尽头处是也"以及"天体之生

---

① 耿定向:《与周柳塘》十一,《耿定向集》卷三,第117页。
② 耿定向:《与周柳塘》十二,《耿定向集》卷三,第118页。

机,即是无念,原是一贯"的说明。实际上,罗近溪思想固然有纵向落实的线索,即从"安身立命处"到所谓"日用受享提掇人处"之纵向的贯通,但其所真正着力者实际上并不在于纵向的贯通,而主要在于横向的拓展与统一,在于揭示"自然之生机"与"道德之动力"高度的契合与一致。只有耿定向之"真机不容已"一说才比较注重从"天命""人性"一直到所谓"人伦日用"之"不容已"的贯通。这才是其"真机不容已"一说的根本,也是其与罗近溪宗旨的根本区别所在。

二、平实之旨

正因为耿定向的"真机不容已"是从"天命""人性"下贯而来,他非常注重人伦生活的落实,注重其下贯与落实的平实化。所谓"凡道之不可与愚夫愚妇知能,不可以对造化通民物者,皆邪说乱道也",正是对"道"之日用伦常化、平实化落实的明确强调。

从源头上说,这种平实化指向显然源于王心斋的"百姓日用即道",但又不仅仅是"百姓日用",而是"真机不容已"之人生落实与具体表现;这种平实,无疑也与罗近溪的"大道只在此身"具有同一指向,但又不仅仅是个体感受性的"当下浑沦顺适",更不是所谓"仁是人之胚胎,人是仁之萌蘖"式的"生化浑融"的统一,而直接就是"天命""人性"这种道德本体之下贯与落实的"真机不容已"。很明显,自泰州学派形成以来,它就不断地在超越与现实、道德与自然的两极之间摆动。而耿定向这里扎根于"天命""人性"的"真机不容已",则是在罗近溪统一自然与道德两面的基础上,将超越与现实、本体及其发用流行纵贯立体地统一起来了。

正因为这一原因,所以因此耿定向不仅批评宋儒,也批评王心斋,认为他们都有陷于一偏之弊。他指出:

> 孔孟之学,真实费而隐。宋学未脱二氏蹊径者,以其隐而隐也。尝谓惠能云:"'本来无一物',近高明者咸谓见得极透,不知此是又有无一物者在。如孔子云汎爱众而亲仁,颜子若虚若无,犯而不校,

如此方是无一物。"此类何等显,其实何等微。宋儒多只说向入微处,终是未脱见耳。①

　　夫与百姓同然处,吾党何能加得些子? 惟是世人日用不知耳。近世契此如某者有几? 既契此矣……谓日用处,圣人原与百姓同,其所用处,圣人自与百姓异。区区于相知者拳拳以择术效爱助,非能有效于百姓日用之外也,意于百姓日用者而辨所用耳。②

在这两段对前人的反省中,宋儒的问题主要在于"未脱二氏蹊径",从而"以其隐而隐",这就与"百姓日用"有了较大的距离。孔子未必就没有"本来无一物"(即所谓形上追求)的关怀,但他只说"泛爱众而亲仁",结果反而使其"显""微"两个层面相得益彰;只有宋儒陷于"只说向入微处",从而走向了"入微"之一偏。至于王心斋,其强调"百姓日用"以纠偏于宋儒"入微"肯定没有错,但其问题又在于认为圣人与百姓之异仅仅在"知与不知"之间。在耿定向看来,"谓日用处,圣人原与百姓同,其所用处,圣人自与百姓异",这就是说,圣人不仅有与百姓同的一面,还有其"用"之相异的一面。

由此出发,耿定向也对学界许多津津于自己一偏之见的现象进行了激烈的批评。比如:

　　世之言道,有譬之以管窥天者,第知一隙之为天,不知触处皆天也。亦有知触处之皆天者,而耽虚执见,不自反身理会视听言动之皆天也。或亦有能自己反身理会,寔知吾身,知视听言动之皆天也者,而乃混帐卤莽、诐僻恣睢,是又不知视听言动之礼之为天则也。③

这一段完全是以"知天"为指向,层层辨析各种一管之见。其最后的指向,则是以"知视听言动之礼之为天则",从而以"天则"的方式将天与人的视听言动之礼直接联系起来,既巧妙地凸显了儒家的天人合一主题,

① 耿定向:《与胡庐山书》,《耿定向集》卷三,第83页。
② 耿定向:《与焦弱侯》三,《耿定向集》卷三,第100页。
③ 耿定向:《与焦弱侯》七,《耿定向集》卷三,第103页。

也突出了自己所主张的"真机不容已"精神。从"一隙之为天"到"触处之皆天",自然是一种视野的拓展;从"触处之皆天"但又存在"耽虚执见"再到"反身理会视听言动之皆天",则又是一个认知方向的重大调整,同时就将天机落实于人的视听言动之间了;至于从"知视听言动之皆天"到"知视听言动之礼之为天则",又明确地将人之"视听言动之礼"提升到"天则"的高度来把握了。整个这一过程,完全是以认知的方式展现开来的,也是以逐层深化的方式来展现其"平实"之博大而又深刻的思想内涵的。

除此之外,耿定向还从历代儒家所公认的学理出发来阐明其"平实"指向,这些论述都很精彩,有的简直像格言一样,也比较典型地表现着其"平实"精神。比如:

> 圣人之道,由无达有。圣人之教,因粗显精。[1]

> 知至至之,则不识不知无声无臭者,此其显现。知终终之,则开物成务日用云为者,此其真宰。[2]

> 此学只是自己大发愿心,真真切切肯求,便日进而不自知矣。盖只此肯求,便就是道了。求得自己渐渐有些滋味,自家放歇不下,便是得了。[3]

> 吾人合下反身默识,心是何心? 惟此视听言动所以然处,便是此心发窍处也,此心发窍处,便是天地之心之发窍处也。[4]

> 至善即本来无物处也,知此乃能亲民。人之不亲,皆由中有物耳,故先知止。[5]

> 吾人真真切切为己,虽仆厮隶胥,皆有可取处,皆有长益我处。

---

[1] 耿定向:《与周柳塘》九,《耿定向集》卷三,第 115 页。

[2] 耿定向:《与王龙溪先生》,《耿定向集》卷四,第 159 页。

[3] 耿定向:《与周少鲁》二,《耿定向集》卷五,第 180 页。

[4] 耿定向:《大人说》,《耿定向集》卷七,第 278 页。

[5] 耿定向:《纪言下·辑闻》,《耿天台先生文集》卷九,第 240 页,《四库全书存目丛书·集部》131 册,济南:齐鲁书社,1997 年版。

若放下自己,只求别人,不特世之所谓贤人君子有所指摘。①

不作好,不作恶,平平荡荡,触目皆是。此吾人原来本体,与百姓日用同然者也。②

在这里,"圣人之道"与"圣人之教"就是"无"与"有"、"精"与"粗"的关系,也就是形上与形下的关系,所以说"因粗显精"、以"有"见"无"以及以形下认知形上,就是"圣人之教"。至于从"知至至之"到"知终终之",同样是天与人、形上与形下的关系,所以说是从"无声无臭"到"开物成务日用云为",也就是"真宰"的一线贯通。至于"大发愿心""反身默识",当然也都是认识本体真机之前提与基本途径;"此心发窍处,便是天地之心之发窍处"一说,又典型地体现了天人一理、天人一德的思想,所以又说"吾人原来本体,与百姓日用同然者也"。

在这些论述中,耿定向既坚持从天到人、从形上到形下的贯通,即所谓"真机不容已"的指向,又坚持人对天、形下对形上的落实与表现作用。最重要的是,他通过其"真机不容已"之说,将"天地之心之发窍处"与"此心发窍处"、"吾人原来本体"与"百姓日用同然者"以互渗互证的方式直接统一起来,这才是其"平实"的真正指谓,也是其"真机不容已"的真正落实。

三、学有三关

作为一种学风或学术宗旨,耿定向的"平实"又主要体现在其"学有三关"一说中,所谓"学有三关"又是作为其"真机不容已"之具体落实表现出来的。也就是说,作为其体及其发用流行之直接统一的"真机不容已"在落实于人伦日用之后,其所谓"平实宗旨"也就必须是通过其"学有三关"来表现的。耿定向说:

忆往岁刘调甫访余山中,余与语云:"学有三关,初解即心即道,

①② 耿定向:《杂著·警言》,《耿天台先生文集》卷十九,第 467 页。

已解即事即心，其究也须慎术"云。盖近世以学自命者，或在闻识上研究以为知，在格式上修检以为行，知即心即道者鲜矣。间知反观近里者，则又多耽虚执见，知即事即心者尤鲜。抑有直下承当，信即事即心者，顾漫然无辨，悍然不顾，日趋于下达异流，卒不可与共学适道者，则不知慎术之故也。何者？离事言心，幻妄其心者也，固非学；混事言心，汗漫其心者也，尤非学。惟孟子慎术一章，参透吾人心髓。即心择术，因术了心，发千古事心之秘诀矣，岂不直截，岂不易简哉！①

　　何谓慎术？曰，即事故皆心也。顾有大人之事，有小人之事。学为大人乎？抑为小人乎？心剖判于此，事亦剖判于此；事剖判于此，人亦剖判于此矣。孔子十五志学，学大人之事也；孟子善择术，故曰乃所愿则学孔子。盖学孔子之学者，犹业巫函之术者也，不必别为制心之功，未有不仁者矣。子思子谓其无不持载、无不覆帱、并育不害、并行不悖，有以也。舍孔子之术以为学，则虽均之为仁，有不容不堕于矢匠之术者矣。此非参透造化之精，未可与议。②

这就是耿定向的"学有三关"，所谓"三关"首先是针对进学的三个层次以及其所容易犯的毛病而提出的三种对治之策。一般进学的三个层次是：其一，"在闻识上研究以为知，在格式上修检以为行"，这就相当于通过认知以达到践行的层面，也是进学的入手或初级层面；其二，"间知反观近里者，则又多耽虚执见"，作为进学的层级，这一步虽然比只"在闻识上研究"深入了一步，但又存在着"耽虚执见"的毛病；其三，则是"学孔子之学，犹业巫函之术者也"，意即如果将儒学作为一种"术"来学，那就必然存在着"堕于矢匠之术"的可能。应当承认，对于一般的为学进程而言，耿定向所总结的这三个层次及其所容易犯的毛病还是比较有道理的。

　　正是根据为学所容易犯的三种毛病，耿定向提出了三种对治措施或

---

① 耿定向：《慎术解·赠邹汝光》，《耿定向集》卷七，第 300 页。
② 耿定向：《慎术解·赠邹汝光》，《耿定向集》卷七，第 300—301 页。

者说是三种基本的克服方法。第一种对治措施就是"即心即道",所谓"即心即道"就是从为学之入手上,就破除那种只"在闻识上研究以为知,在格式上修检以为行"的陋习,必须以所谓"即心即道"的求道之志来树立高远的理想与超越的目标,把学习的目标从追求"闻识"提升到求道的层面上来。对应于耿定向的思想体系而言,这就既要认识"此心发窍处",还要通过对"此心发窍处"的认识以把握"天地之心之发窍处"。实际上,这也就是对天人一德之"真机不容已"精神的认识与把握了。

根据一般为学之第二种常见病,即虽然已经知道为学应当"反观近里"、澄澈心源,但往往容易犯"耽虚执见"的毛病,从而容易表现为以一己之虚见为自趋高明的表现。对于这种毛病,应当以"即事即心"、心事合一为主要对治方法,实际上就是不脱离事物为学之意,也就是王阳明所谓的"事上为学,才是真格物"①的意思。对于其"真机不容已"来说,也就是要将求学之念落实到开物成务的人伦世教上来。至于在为学中将儒学作为一种"术"来追求的毛病,这就只能以"慎术"的方式来对治。所谓"慎术"实际上就是慎于心术之意,如果将儒学作为一种可密、可藏的独门秘籍来追求,那么最后也就未有"不堕于矢匠之术者也"。在这里,除了大开心目、提升境界之外,似乎别无他法可设。当然,反过来看,如果为学不能摆脱求"术"之心,那么除了"矢匠"之道也不可能有其他结果。

耿定向所总结的这"为学三关",不仅对其"真机不容已"之学进行了具体的、"平实"化的落实,而且也确实是其一生为学经验的总结。没有真切的求学经历,是总结不出这"三关"的。从一定程度上说,所谓"为学三关"实际上也正是其"真机不容已"之学之指向并落实于伦常日用的一种方法论保证。在极为重视工夫传统的明代理学中,应当说这是一件极有意义的事情。

但在《明儒学案》中,黄宗羲对耿定向其人表现出了少有的义愤,也

---

① 王守仁:《语录》三,《王阳明全集》,第95页。

连带出不少过激的批评。他们之间有着八十多年的岁差,不可能有直接的交往,也许是出于师友传闻,也许是出于历史记载,黄宗羲的义愤可能也有其不得不然的成分,但由道德的义愤而导致认知上的偏差则不能不辨。在《明儒学案》中,黄宗羲评论说:"先生因李卓吾鼓倡狂禅,学者靡然从风,故每每以实地为主,苦口匡救。然又拖泥带水,于佛学半信不信,终无以压服卓吾。乃卓吾之所以恨先生者,何心隐之狱,唯先生与江陵(张居正)厚善,且主杀心隐之李义河,又先生之讲学友也,斯时救之固不难,先生不敢沾手,恐以此犯江陵不说(悦)学之忌。先生以不容已为宗,斯其可已耶?"①对于黄宗羲的这一批评,我们是完全可以理解的,它并不是出于一种私愤。但当黄宗羲由此转入学术思想之后,又批评其"慎术",认为是"认良知尚未清楚",这就有一种批评转移存在其中了。黄宗羲写道:

> 先生谓学有三关,一即心即道,一即事即心,一慎术。慎术者,以良知现现成成,无人不具,但用之于此则此,用之于彼则彼,故用在欲明明德于天下,则不必别为制心之功,未有不仁者矣。夫良知即未发之中,有善而无恶,如水之必下,针之必南。欲明明德于天下而后谓之良知,无待于用。故凡可以之彼之此者,皆情识之知,不可为良。先生之认良知尚未清楚……②

从理论学理的角度看,黄宗羲这里坚持"凡可以之彼之此者,皆情识之知,不可为良"无疑是正确的,甚至其依据学理批评耿定向"认良知尚未清楚"也是完全可以理解的,但由此批评其"学有三关"则是不正确的。"学有三关"无疑是对学者而言的,难道学者只要知道良知"有善而无恶"就可以保证其知本身也是"有善而无恶"吗?这显然是不可能的。说黄宗羲的批评,作为方式是连带性的批评,是由其人而批评其学;作为方法,则完全是以良知为坐标而不是以其思想与学理之实际为对象的

---

①② 黄宗羲:《明儒学案·泰州学案》四,《黄宗羲全集》第八册,第 67 页。

批评。

反过来看,耿定向能从一般人的角度总结出"为学三关"反倒是值得大力肯定的。其"为学三关"不仅是从芸芸众生出发的,而且"三关"之逐步提升也有其实际意义;同时,"为学三关"又与其整个思想体系保持着内在的一致性。作为理学家,在提升思想境界的同时也注意到对为学次第与路径的反思以及对其种种弊病的防范,这本身就是不断反思与反省的表现,同样是值得肯定的。

第四节　李贽的"童心"与"异端"之学

泰州学派从其"百姓日用是道"出发,或纠缠于本体与发用流行之间的张力,或致力于自然与道德之间的契合。除此之外,则是由社会下层不断地向社会上层进行渗透,数传之后,它终于成为一个为社会上层所认可的心学流派。也就在这时,由王心斋以来所形成的理论积淀与道德说教及其在社会下层所培育的主体精神终于达到了一个矛盾的爆发点,这就是李贽的"童心"说与"异端"之学。

在泰州学派的发展中,其之所以不断地强调"百姓日用",关键在于泰州学派始终坚持理论必须能够落实于百姓日用之中,此即人伦生活之真,但其理论本身的发展却要必须不断地指向道德之善。这样,一旦冲破二者之间的张力,人伦生活之真也就必然要与道德之善发生一定的冲突,也必然会批评其理论上存在的"伪善"走向;道德之善又必然会反过来将人伦生活之真定为"异端"。——双方之间的这种不可调和的矛盾,也同样表现在李贽的"童心"说与"异端"之学中。

一、童心说

李贽(1527—1602),号卓吾,又号笃吾、宏甫、百泉,别号温陵居士,本姓林,名载贽,后改姓李,避明穆宗讳,改名贽,福建晋江人。李贽二十六岁中举,授河南共城教谕,后历官南京国子博士、礼部司务、南京刑部员外郎、云南姚安知府等职,万历八年(1580)辞官,到湖北黄安依友人耿定理。耿定理死后,移居麻城,筑芝佛院,读书著述近二十年。后北走通州依马经伦,被劾以"敢倡乱道,惑世诬民",逮捕下狱,在狱中自杀。

李贽早年师事泰州二传王襞,又从罗近溪问学,泰州学派"百姓日用"的方向也就是其为学之大方向。他始终在沿着"百姓日用"的方向磨砺自己的思想,因此很早就提出了他的"童心"说,以作为其全部思考的基本出发点:

> 童心者,真心也。若以童心为不可,是以真心为不可也。夫童心者,绝假纯真,最初一念之本心也。若失却童心,便失却真心;失却真心,便失却真人;人而非真,全不复有初矣。[1]

很明显,李贽的"童心"其实也就是罗近溪的"赤子良心",这是泰州学派"百姓日用"方向所必须确立的第一出发点;至于其对人伦生活合理性的探讨,也都必须建立在"童心"的基础上。李贽的特殊性在于,他对"童心"的探讨首先是从"童心"之真的角度展开的,也主要是从"真心"的角度来规定"童心"的,这究竟是为什么呢? 当王心斋提出"百姓日用即道"时,本来就包含着对"百姓日用"与"道"之关系的某种错置,即只能说是"道"在"百姓日用"之中,却不能说"百姓日用"本身就直接是"道",泰州学派沿着"百姓日用"的方向进行探讨则是无可指责的;在具体的探讨中,不管其规定"大道只在此身"还是提出所谓"当下浑沦顺适"的方向,虽然也存在着某种混自然于道德的特点或误以情识为良知的弊端,但其沿着"道"与"善"的方向发展是毫无疑问的。但到了李贽,为什么会明确地提出"若失却童心,便失却真心;失却真心,便失却真人;人而非真,全不复有初矣"这样的问题呢? 这说明,到了李贽时代,善之真伪或者说所谓高调的伪善现象已经成为一个非常普遍的社会问题了,才会形成李贽这种沿着"童心"角度来探讨真心、确保真心的方向性转折。

---

[1] 李贽:《童心说》,《焚书》,第98页,《焚书·续焚书》,北京:中华书局,1975年版。

正因为当时所谓"善"的理论已经全然失去了"真"的基础,李贽的"童心"与其说是为了探索"真心",不如说首先是为了揭露"伪善"、批判"伪善"而提出的。请看李贽对当时社会上"伪善"现象的揭露与批评:

> 今之学者,官重于名,名重于学。以学起名,以名起官,循环相生,而卒归重于官。使学不足以起名,名不足以起官,则视弃名如敝帚矣。①

> 今之所谓圣人者,其与今之所谓山人者一也,特有幸不幸之异耳。幸而能诗,则自称曰山人;不幸而不能诗,则辞却山人而以圣人名。幸而能讲良知,则自称曰圣人;不幸而不能讲良知,则谢却圣人而以山人称。展转反复以欺世获利。名为山人而心同商贾,口谈道德而志在穿窬。②

从这些批判来看,说明李贽确实看到了太多的伪善现象,诸如"以学起名,以名起官,循环相生,而卒归重于官",以及"使学不足以起名,名不足以起官,则视弃名如敝帚",也就是官本位社会的典型表现,"官"则始终是"学"与"名"的终极目标。至于"山人""圣人"之类的相互转换以及"名为山人而心同商贾,口谈道德而志在穿窬"简直就是官本位社会的必然产物了;尤其是"能讲良知"之"圣人"与"不能讲良知"之"山人"之相互转换,不仅说明"良知"已经不名一文——"不幸而不能讲良知,则谢却圣人而以山人称",简直就是一种直指阳明后学的批判运动了。

那么,其批判的基础是什么呢? 这就是由"童心"所表现出来的"真心",李贽就是要以"童心"之"真"来勘破当时社会上的种种伪善。在这里,"真"与"善"完全表现为一种交错与颠倒的情形。就"真"与"善"的本然关系以及人们的认知进程而言,"善"无疑是高于"真"的,但是,当"伪善"成为社会上的一种普遍现象时,就不仅失去了"善",而且失去了"真"。正是在这一背景下,李贽才要以其"童心"之"真"(这里且不说善

---

① 李贽:《复焦弱侯》,《焚书》,第47页。
② 李贽:《又与焦弱侯》,《焚书》,第49页。

不善的问题)来抗衡社会上普遍存在的"伪善"现象。

在李贽看来,"伪善"甚至还不如"童心"之"真"来得可爱,因为"童心"固然不一定善,但起码还有"真"这种可以相信的基础;"伪善"则简直就是"真"与"善"的一并皆无,这就使得人伦关系失去了起码的底线。那么,这种现象究竟是怎样发生的呢?既然李贽提倡"童心",起码说明"童心"还未失去其"真"的基础,也就是说,"伪善"之所以能够成为泛滥于整个社会的普遍现象,首先也就在于人们已经失去了"童心"。关于这一过程,李贽分析说:

> 方其始也,有闻见从耳目而入,而以为主于其内而童心失。其长也,有道理从闻见而入,而以为主于其内而童心失。其久也,道理闻见日以益多,则所知所觉日以益广,于是焉又知美名之可好也,而务欲以扬之而童心失;知不美之名之可丑也,而务欲以掩之而童心失。夫道理闻见,皆自多读书识义理而来也。①

> 童心既障,于是发而为言语,则言语不由衷;见而为政事,则政事无根柢,著而为文辞,则文辞不能达。非内含于章美也,非笃实生辉光也,欲求一句有德之言,卒不可得。所以者何?以童心既障,而以从外入者闻见道理为之心也。②

这是李贽关于人究竟是怎样丧失了"童心"的一段分析,其关键在于外来的"闻见道理"遮蔽了人的"童心"。实际上,李贽的这一分析可能还远不如王阳明的批评来得深刻透彻:"……相矜以知,相轧以势,相争以利,相高以技能,相取以声誉。其出而仕也,理钱谷者则欲兼夫兵刑,典礼乐者又欲与于铨轴,处郡县则思藩臬之高,居台谏者则望宰执之要。故不能其事,则不得以兼其官;不通其说,则不可以要其誉;记诵之广,适以长其敖也;知识之多,适以行其恶也;闻见之博,适以肆其辨也;辞章之富,适以饰其伪也。"③他们二人属于同一方向的批判,因而我们这里也完全可

---

① ② 李贽:《童心说》,《焚书》,第 98 页。
③ 王守仁:《答顾东桥书》,《王阳明全集》,第 56 页。

以王阳明的批评来对李贽进行补充；其根本，也就在于功名利禄与闻见知识遮蔽了人的"本心"或"童心"。

如果李贽的批评就到此为止，那么其批评不仅可以说是完全正确的，而且也确实是有必要的。但李贽毕竟不同于王阳明，阳明是要通过对上述现象的批评以唤醒人的道德本心，李贽作为泰州后学却主要在于唤醒人的"童心"——所谓可能包含着"私心""私欲"的"真心"。因为在他看来，所谓良知（道德本心）已经成为"伪善"的代名词了，他只能退回到人的"童心"的层面，先恢复人伦之"真"。所以，他不仅以所谓"童心"之真来对时人与前人进行批评，甚至还要以其"童心"来批评孔孟儒学。这就陷于矫枉过正了。请看他的如下批评：

> 若近溪先生，则原是生死大事在念，后来虽好接引儒生，扯着《论语》《中庸》，亦谓伴口过日耳。故知儒者终无透彻之日，况鄙儒无识，俗儒无实，迂儒未死而臭，名儒死节徇名者乎！最高之儒，徇名已矣，心斋老先生是也。一为名累，自入名网，决难得脱，以是知学儒之可畏也。①

> 《六经》《语》《孟》，非其史官过为褒崇之词，则其臣子极为赞美之语。又不然，则其迂阔门徒，懵懂弟子，记忆师说，有头无尾，得后遗前，随其所见，笔之于书……孰知其大半非圣人之言乎？纵出自圣人，要亦有为而发，不过因病发药，随时处方，以救此一等懵懂弟子，迂阔门徒云耳。药医假病，方难定执，是岂可遽以为万世之至论乎？然则《六经》《语》《孟》，乃道学之口实，假人之渊薮也。断断乎其不可以语于童心之言明矣。②

到了这一步，李贽终于与王阳明分道扬镳了！王阳明是要通过对"伪善"现象的批判以唤醒人的道德本心，李贽则是要通过对"伪善"的批评以复归于人的"童心"，所以，王阳明是试图通过对真善、至善、超越之善的高

---

① 李贽：《与焦漪园太史》，《续焚书》，第27—28页。
② 李贽：《童心说》，《焚书》，第99页。

扬来克服"伪善"现象,李贽则是由于其对"伪善"现象的极度反感,而一定要复归于以真为特征的"童心"。这就与王阳明属于不同的追求层面与不同的关怀侧重了。

正由于他们存在着不同的关怀指向,在李贽的"童心"说中也就包含着许多建立在"真"的基础上的自然与自发的内容。请看其"童心"说在自然与自发方面的表现:

> 声色之来,发于性情,由乎自然,是可以牵合矫强而致乎?故自然发于情性,则自然止乎礼义,非情性之外复有礼义可止也。惟矫强乃失之,故以自然之为美耳,又非于情性之外复有所谓自然而然也。①

到了这一步,李贽与阳明终于分道扬镳,因为王阳明所要复归的是道德本心,所要彰显的也是本心之善,李贽的"童心"则是要彰显人的自然之真与性情之真。他们不仅存在着真与善之差别,而且还存在着自然与道德的区别。李贽的这一走向,其实也就可以说是泰州学派以"百姓日用"来落实"道",又以"百姓日用"来规定"道"、限制"道"的必然结果。

二、自然之性与清净本原

正由于李贽是从"童心"之真的角度展开探讨的,从人生观来看,他的立足点实际也就主要在于人的自然之性上;他的批判也往往是从人性的自然之真的角度展开的,实际上,这也就是他一定要将"伪善"作为主要批判对象的根本原因。从这一角度所展开的批判,却必然包含着一种人无定质而道无定性的趋向。也就是说,当他全力批判社会上的伪善现象时,就必然要将人性还原到自然之真的层面了。比如他说:

> 道之在人,犹水之在地也;人之求道,犹之掘地而求水也。然则

---

① 李贽:《读律肤说》,《焚书》,第132页。

> 水无不在地,人无不载道也审矣。而谓水有不流,道有不传,可乎?①
>
> 　天生一人,自有一人之用,不待取给于孔子而后足也。若必待
> 取足于孔子,则千古以前无孔子,终不得为人乎!②

这里对"道"与"人"的分析,其实都充满了自然与中性的色彩。其前边一条由"道之在人,犹水之在地"直接推出"人无不载道也审矣",其实这正是泰州学派以"百姓日用"来规定"道"、限制"道"的传统,因而这里的"道"也就如同其"百姓日用"一样,是善恶并存之道。后边一条则是由"天生一人,自有一人之用"来直接批评理学家的"道统"观念,表达其不以孔子之是非为是非的观念。尤其是所谓"若必待取足于孔子,则千古以前无孔子,终不得为人乎"一说,看起来似乎极为有力,实际上只是从不同角度看的结果。从自然之人或人之自然属性的角度看,"千古以前无孔子,终不得为人"一说的反驳固然十分有力,事实也确有如此的一面;但如果从对道德观念之自觉的角度看,孔子的"仁者人也"其实正是对人之道德观念充分自觉的表现。从这个角度看,所谓"不得为人"实际上正是指人对自身道德理念的自觉而言的;至于以前的人,虽然也可以称为人,却只能是生物意义上的人。所以说,李贽的这些批评,只能说他是从自然与中性的角度来理解"道"、把握"人"的表现。

因此,李贽对儒家传统的人道观念也有许多批评,比如其对"人"就全然形成了一种自然之性基础上的理解,包括一定程度上对人之"私心"与"私欲"的认可;甚至,他还专门从"私心"与"私欲"之有无的角度来判断其人的真伪,认为有"私心""私欲"的人才是真人。他说:

> 　夫私者人之心也,人必有私而后其心乃见,若无私则无心矣。
> 如服田者,私有秋之获而后治田必力;居家者,私积仓之获而后治家
> 必力;为学者,私进取之获而后举业之治也必力……此自然之理,必

----

① 李贽:《德业儒臣前论》,《藏书》,张建业主编,《李贽文集》第三卷,第 595 页,北京:社会科学文献出版社,2000 年版。
② 李贽:《答耿中丞》,《焚书》,第 16 页。

至之符,非可以架空而臆说也。然则为无私之说,皆画饼之谈,观场之见。①

> 穿衣吃饭,即是人伦物理,除却穿衣吃饭,无伦物矣。世间种种皆衣与饭类耳。故举衣与饭而世间种种自然在其中,非衣饭之外更有所谓种种绝与百姓不同者也。②

如果人生就仅仅是自然的人生,那么李贽这里所说无疑是有道理的,但问题在于,人生是否就仅仅是一种自然的人生? 人伦社会是否也就仅仅是一种丛林社会? 如果说人生并不完全是自然的人生,那么李贽这样的说法就存在着不小的问题。其中最大的问题就在于把人自然化,或者说是全然从自然之性的角度来看待人、理解人的;从这种视角出发,人与动物就没有本质的区别了,人伦社会也就只能以丛林世界为指向了。比如说,李贽认为人不可能无私心,这无疑是一个符合实际情况的判断;但如果说人只有私心,而且也只有私心才能证明这是个真正的人,那么人与动物的区别又将何在呢? 难道动物就没有私心吗? 所以说,如果完全从"私心""私欲"的角度来看人,那么人与动物的"食色"之性也就全然没有区别了。李贽不仅全然从私心的角度来看人,甚至还认为"无私之说,皆画饼之谈",这就完全是从动物的自然之性来理解人了。再比如说,"除却穿衣吃饭,无伦物矣",这无疑也是一个符合实际的判断,但如果由此就认为"穿衣吃饭,即是人伦物理",那就完全抹杀了"人伦物理"对于"穿衣吃饭"的超越性,从而也就有可能将人类社会的文化与文明建构全然归结于"皆衣与饭类耳"。这样一来,不仅人与动物之间不存在本质性的区别,而且人类社会也就只能以丛林世界为归了。

如果进一步分析,那么李贽的这些说法还存在着一种极为明显的逻辑错误——他完全混淆了必要条件与充分条件的区别。比如说,"除却穿衣吃饭,无伦物矣",这确实揭示了一个重要事实,也就是说,"穿衣吃

---

① 李贽:《德业儒臣后论》,《藏书》,第 626 页。
② 李贽:《答邓石阳》,《焚书》,第 4 页。

饭"就是"人伦物理"所以存在的前提基础——此正是所谓必要条件之意;但反过来看,有了"穿衣吃饭"是否就必然会有"人伦物理"呢? 显然,这只能说是一个"不一定"的问题。但是,只要存在着"人伦物理",也就必然存在着"穿衣吃饭"的现象,因为"人伦物理"不仅是在"穿衣吃饭"的基础上形成的,而且也是为了更合理地"穿衣吃饭",才有所谓"人伦物理"之建构的,因而,"人伦物理"才是"穿衣吃饭"的充要条件或实现条件。如果认为有了"穿衣吃饭"就必然会有"人伦物理",那么动物所生存的丛林世界也就必然会有其"人伦物理"了? 如果承认即使有了"穿衣吃饭"却未必能有"人伦物理"的存在,那么这也就正好显现出了"人伦物理"建构的重大意义。只有古圣先贤的"人伦物理"建构,才使我们真正成为人,从而过上真正属于人的生活。李贽这里却只看到了"除却穿衣吃饭,无伦物矣"之必要条件的一面,却根本没有看到即使有了"穿衣吃饭",却未必就会有"人伦物理"之充分必要条件的一面,更没有看到只要有了"人伦物理"也就会在一定程度上保证人们能更好地"穿衣吃饭"一面。这就不仅陷于一种所谓认知盲区,而且也显得过分狂妄了,从而将古圣先贤的文化与文明建构看作不值一钱,认为只要"穿衣吃饭"就足以囊括整个人类的历史了。

正是在这一观念的支配下,李贽以所谓"天生大胆"来自我标举,从而陷于狂妄而不能自拔。在他的笔下,不仅千古圣贤都成为欺世盗名的伪君子,而且六经史论也全然成为无用的历史陈迹了:

> 天幸生我大胆,凡昔人之所忻艳以为贤者,余多以为假,多以为迂腐不才而不切于用;其所鄙者、弃者、唾且骂者,余皆的(确)以为可托国托家托身者也。其是非大戾昔人如此,非大胆而何?①

> 经史一物也。史而不经,则为秽史矣,何以垂戒鉴乎? 经而不史,则为说白话矣,何以彰事实乎! 故《春秋》一经,春秋一时之史也。《诗经》《书经》,二帝三王以来之史也。而《易经》则又示人以经

---

① 李贽:《读书乐》,《焚书》,第 226 页。

之所自出,史之所从来,为道屡迁,变易匪常,不可以一定执也。故谓《六经》皆史可也。①

所谓"凡昔人之所忻艳以为贤者,余多以为假,多以为迂腐不才而不切于用;其所鄙者、弃者、唾且骂者,余皆的(确)以为可托国托家托身者也",也正是其在历史认知方面全然与古人、前人"对着干"的表现;所谓"《六经》皆史"则又明显地包含着一种消"经"于"史"的可能与趋势。固然,"《六经》皆史"也可以说是他与王阳明所共有的观念,但阳明的"《六经》皆史"是即"史"以求"经"——探索历史文献中超越于历史的意义;而李贽的"《六经》皆史"则是消"经"以归"史"——从而完全消解历史文献中超越历史的意义。这也就是其"经而不史,则为说白话"的真正原因,他从所谓"史而不经,则为秽史"出发,竟然得出"经之所自出,史之所从来,为道屡迁,变易匪常,不可以一定执"的结论。实际上,按照其"天生大胆"的逻辑,他这里完全可以得出《六经》皆"秽史"之文饰化的结论;因为在这里还不够"大胆",才有所谓"经之所自出,史之所从来,为道屡迁,变易匪常,不可以一定执"这一消"经"归"史"的结论。

这样一来,李贽与文化传统就形成了一种根本不相容的冲突。也许正是清醒地意识到这一点,李贽也在极力为自己的思想寻找根据,于是形成了其所谓决定人之所以生成与思想之所以发生的"清净本原"一说。在李贽看来,他的这些思想观念固然有悖于时论、有悖于传统,但从其人到其思想,则都存在着同一个"清净本原"。他说:

> 夫厥初生人,惟是阴阳二气,男女二命,初无所谓一与理也,而何太极之有。②

> 若无山河大地,不成清净本原矣,故谓山河大地即清净本原可也。若无山河大地,则清净本原为顽空无用之物,为断灭空不能生化之物,非万物之母矣。可值半文钱乎?然则无时无处不是山河大

---

① 李贽:《经史相表里》,《焚书》,第214页。
② 李贽:《夫妇论》,《焚书》,第90页。

地之生者,岂可以山河大地为作障碍而欲去之也?①

在李贽对"清净本原"的这一论说中,前者是把人的生命归结于阴阳二气,同时又批评理学家所谓"理一分殊"或太极生天地万物之说;后者则是将万物一并归之于山河大地,认为必须先有山河大地,才有万物生化,"若无山河大地,则清净本原为顽空无用之物,为断灭空不能生化之物,非万物之母矣。可值半文钱乎?"这一反问表明,李贽其实并不赞成佛教所谓的"断灭空",因而最后就必须归根于儒道两家所共同认可的天地生生之道。但问题在于,有了山河大地,是否就一定会有万物生化呢? 答案也同样是一个"未必"。李贽这种以必要条件来代替充要条件并以此来肯定前提条件的做法是永远无法证成其前提条件之价值的,正像以"除却穿衣吃饭,无伦物矣"也永远不能证成"穿衣吃饭"对于"人伦物理"的价值一样。丛林世界中的动物也有其"穿衣吃饭"追求,却远远没有达到"人伦物理"的高度。

实际上,李贽对他自己这样的"狂悖"也有一些基本的自觉,在其自述中,他似乎也专门为自己的骂遍千古作了一个个人性格上的说明。他说:"余自幼倔强难化,不信学,不信道,不信仙释。故见道人则恶,见僧则恶,见道学先生则尤恶。"②又说:"余唯以不受管束之故,受尽磨难,一生坎坷,将大地为墨,难尽写也。"③关于其生性之倔强、激愤而又好走极端,从其前边对时人、前人与古人的批评中就完全可以看得出来;而其一生之命运多舛,仕途不顺,从其早早辞官的经历中也可以看得出来。但问题在于,其所谓的"清净本原"究竟清净不清净呢? 难道将一切都归之于山河大地就真正清净了吗? 所以,其最后的自刎究竟有没有信仰破灭的因素呢? 这就成为一个未可知而真正值得探讨的问题了。

---

① 李贽:《观音问》,《焚书》,第 171 页。
② 李贽:《阳明先生年谱后语》,《王阳明先生道学钞》,第 699 页。《续修四库全书·子部·儒家类》第 937 册,上海:上海古籍出版社,1995 年版。
③ 李贽:《感慨平生》,《焚书》,第 187 页。

三、身后影响

李贽是一种典型的思想史现象。无论是其生前还是身后,都存在着两种截然相反的评价。从其生前来看,他早早辞官,也早早地过上了依人而居的读书著述生活,应当说他的逮系诏狱绝不是所谓官场的地位争夺或权力倾轧,而是他的言论、思想已经不为时论所许可、不为当时的文化氛围所容纳了——当时所谓"敢倡乱道,惑世诬民"的罪名也是由其思想言论所直接导致的。从其身后来看,从晚明到清一直到现当代,对李贽进行批评或表彰之不同评价也始终不绝于耳。大体说来,越接近现当代,越远离其思想的真正产地及其形成的文化氛围,对其进行表彰者也就越多,批评者也就越少。但这绝不是说越接近现当代,人们也就越接近于认识其真相,或者说越愿意承认其认知的正确性与深刻性,而是因为随着社会文明程度的提高,人们对于思想言论的接受程度与包容能力已经得到了极大的提高,原来不得不进行批评的现象现在也就根本不值得去批评了。

但对思想史与哲学史而言,这种现象却是不能不正视的。这里不仅包含着历史的智慧,也包含着超越于历史的智慧。对李贽来讲,他是明代理学的牺牲品,既然作为理学的牺牲品,那么他的牺牲也就具有理学研究的意义。

让我们先从其作为思想史现象的形成说起。

如前所述,李贽思想的形成在许多方面都与王阳明面临着同样的格局,其中最典型的一点是他们都不得不面对大量的"伪善"现象。虽然所面对的"伪善"之根源与具体表现有所不同,但在以"伪善"来冒充"善"并进而驱逐"善"这一点上又是完全一致的。所以李贽也完全可以说是以对"伪善"现象的批判出场的,这一点正可以对应于其所自述的"见道人则恶,见僧亦恶,见道学先生则尤恶"一说。李贽为什么会形成"见道学先生则尤恶"的看法呢? 下面这两段引文可能透露了其中的谜底:

今之学者，官重于名，名重于学。以学起名，以名起官，循环相生，而卒归重于官。使学不足以起名，名不足以起官，则视弃名如敝帚矣。①

今之所谓圣人者，其与今之所谓山人者一也，特有幸不幸之异耳。幸而能诗，则自称曰山人；不幸而不能诗，则辞却山人而以圣人名。幸而能讲良知，则自称曰圣人；不幸而不能讲良知，则辞谢圣人而以山人称。展转反复以欺世获利。名为山人而心同商贾，口谈道德而志在穿窬。②

前边已经将阳明对"伪善"现象的揭示与李贽对"伪善"的批评进行过一些比较，以表明王阳明对"伪善"现象的认识要比李贽深刻得多，这里再征引两段以表明他们的确面临着一个共同的"伪善"泛滥的格局：

今之大患，在于为大臣者外讬慎重老成之名，而内为固禄希宠之计；为左右者内挟交蟠蔽壅之资，而外肆招权纳贿之恶。习以成俗，互相为奸。忧世者，谓之迂狂；进言者，目以浮躁；沮抑正大刚直之气，而养成怯懦因循之风。故其衰耗颓塌，将至于不可支持而不自觉。③

后世不知作圣之本是纯乎天理，却专去知识才能上求圣人。以为圣人无所不知，无所不能，我须是将圣人许多知识才能逐一理会始得。故不务去天理上着工夫，徒弊精竭力，从册子上钻研，名物上考索，形迹上比拟，知识愈广而人欲愈滋，才力愈多，而天理愈蔽。④

前一条是王阳明二十八岁——刚中进士时所上的《陈言边务疏》对明代官场风气的批评，后一条是其对当时在朱子学背景下人们所谓圣贤追求的揭示与批评。从政界的"固禄希宠之计""招权纳贿之恶"到学界之"专

---

① 李贽：《复焦弱侯》，《焚书》，第 47 页。
② 李贽：《又与焦弱侯》，《焚书》，第 49 页。
③ 王守仁：《陈言边务疏》，《王阳明全集》，第 285 页。
④ 王守仁：《语录》一，《王阳明全集》，第 28 页。

去知识才能上求圣人",形成了一种所谓"知识愈广而人欲愈滋,才力愈多,而天理愈蔽"的现象,应当说这就是那个时代的写真。就这一点而言,王阳明与李贽所面临的时代格局确实具有某种强烈的一致性。

虽然面临着大体相同的时代格局,但他们的选择是完全不一样的。比如面对普遍的"伪善"现象,王阳明是以其"真善""至善"与"超越之善"来与之抗衡,并对之进行清除,此所以有"破心中贼"一说。李贽则是退守于"童心"的层面,专门去揭露"伪善"之"伪",并与之在"童心"之"真"的层面进行奋战。这样一来,在"伪善"遭到揭露和驱逐的情况下,最后就只剩下赤裸裸的真"恶"了——不仅原来的"伪善"成为赤裸裸的"恶",而且李贽自己也只剩下与"私心"和"私欲"为伍了。从这个角度看,刘宗周对王阳明"命世人豪"的评价,并不是谁都有资格接受的,因为面对"伪善"泛滥的格局,王阳明主要是以其"超越之善"来与之抗衡并试图取而代之,从而改变明代的思想格局;至于李贽,虽然在与"伪善"的鏖战中大显其英雄本色,但英雄的末路,只有与那些专门陶醉于"私心"与"私欲"的"真小人"为伍了。

至于李贽的影响,在明末的文人中却有极高的评价。比如:

> 卓吾死而其书重。卓吾之书重而真书、赝书并传于天下……卓吾疾末世为人之儒,假义理,设墙壁,种种章句解说,俱逐耳目之流,不认性命之源,遂以脱落世法之踪,破人间涂面登场之习,事可怪而心则真,迹若奇而肠则热。且不直人世毁誉,生死不关其胸中,即千岁以前,千岁以后,笔削是非,亦不能(越)其权度。总之,要人绝尽支蔓,直见本心……此惟世上第一机人能信受之,五浊世中那得有奇男子善读卓吾书,别其非是者![1]

> 其意大抵在于黜虚文,求实用;舍毛皮,见神骨;去浮理,揣人情。即矫枉之过,不无偏有重轻。而舍其批驳谑笑之语,细心读之,其破的中窾之处,大有补于世道人心。而人遂以为得罪于名教,比

---

[1] 张鼐:《读卓吾老子书述》,《续焚书》,第 2 页。

之毁圣叛道,则亦过矣。①

所有这些评价,大体都不出揭露人情之真伪的层面;在这一层面,李贽也确实有其超越历史的意义,尤其是在圣贤之学与伪善之说高度发展的明代,李贽的思想史意义远远超过了曾以"疾虚妄"为最高使命的王充。

如果转向哲学史、转向对思想世界的推进与建设,李贽就显得乏善可陈了。在一个思想与学术高度发展的时代而专门以所谓"伪善"作为批评对象,自己全然以所谓"童心"之真来自我定位,这究竟是生命的一种亏欠与矮化呢,还是其自甘如此,存在着许多值得咀嚼的成分。从这个角度看,集朱子格物穷理之学和阳明超越精神于一身的东林领袖顾宪成的评价最为深刻,他不仅评骘其学,而且也剖析其人,是对李贽其人其学相统一的评价。顾宪成指出:

> 李卓吾讲心学于白门,全以当下自然指点后学,说人都是见见成成的圣人,才学便多了。闻有忠节孝义之人,却云都是做出来的,本体原无此忠节孝义。学人喜其便利,趋之若狂,不知误了多少人。②

> 李卓吾大抵是人之非,非人之是,又以成败为是非而已。学术到此,真成涂炭,惟有仰屋窃叹而已,如何如何!③

李贽与顾宪成属于同一代之长辈与晚辈的关系(李贽比顾宪成大 23 岁),顾宪成这里的"仰屋窃叹"可能就是一种最为真切的感受了。至于对其学的评价,无论是"以当下自然指点后学"还是"闻有忠节孝义之人,却云都是做出来的,大体原无此忠节孝义",自然也都符合李贽一生的学行与思想;至于其"是人之非,非人之是",也比较符合李贽"余自幼倔强难化"之类的性格。如果人们并不执意于一定要将李贽作为一种表达自己心中之"块垒"的"祭品"来运用,那么顾宪成的这一评价可能是最接近

① 袁中道:《李温陵传》,《焚书》,第 5 页。
② 顾宪成:《当下绎》,《顾端文公遗书》第七册,第 17—18 页。
③ 顾宪成:《柬高景逸》,《泾皋藏稿》卷五,第 51 页。

其人其学的。

进入 20 世纪以来,李贽从两个方面都得到了极高的评价,其中最有影响的自然是五四新文化运动所倡导的"打碎枷锁,冲决网络"的精神,所以一下子激发起一种"毁家""破家""废婚姻""废家族"以及"祖宗革命""三纲革命"之类的主张;20 世纪持续不断的个性解放运动、批判传统运动,也无不从李贽的思想中吸取营养。但由此而来的高评,诸如所谓"个性解放的先驱"之类,实际上也都是把李贽作为一种"祭品"来运用的,即通过运用李贽的"童心"和批判精神来达到现实与当下之思想解放的目的。

20 世纪对李贽的另一种高评主要来自思想史研究,即极力从思想史的角度给李贽以较高的地位。实际上,这也是试图对李贽"个性解放的先驱"之一种思想史落实。那么,究竟应当如何对李贽进行思想史定位呢? 由于当时的人们认为中国明中叶已经出现了资本主义萌芽,所以李贽也就被定位为正在崛起之"资本主义萌芽"的表现及其"市民阶级"的代言人;其所谓"童心"以及"私心""私欲"诸说自然也都被视为新崛起之"市民阶级"的要求和呼声。比如在 20 世纪 80 年代极有影响的李泽厚先生就写道:

> 为什么李卓吾人被囚、书被焚却使当时"大江南北如醉如狂"? 这一切难道与明中叶以来的经济、政治、文化、社会氛围和心理状态的整个巨大变迁发展没有关系吗? 与资本主义的萌芽没有关系吗?[1]

当然不能说没有关系,但其关系却极有可能是完全相反的关系。就是说,不是所谓资本主义萌芽培育了李贽,而是说像李贽这种不见容于官场、不见容于社会的传统士人之另辟生存空间,才有了所谓的资本主义萌芽(当然,李贽本人并没有进行商业经营,他还是传统士人的依人而

---

[1] 李泽厚:《中国古代思想史论》,第 249 页。

居），有了所谓的"儒商"；"儒商"这一称谓显然就是明代的官场后备军——传统士人另辟生存空间的表现，因而仍然带有"儒"之身份标志。

李贽身后影响中的这种"祭品"现象却提出了一个非常重要的问题，这就是在哲学史、思想史研究中如何才能规避这种"祭品"现象，从而尽可能以接近其本来面目的方式呈现于世人面前。只有这样，其智慧才是真正的历史智慧，其积淀、推进也才是真正的历史进步与思想进步。如果说李贽的生前身后已经造成了最为诡异的影响，那么其最重要的价值与意义也就在于唤醒人们对这种"祭品"式研究的关注与反思。

第九章　理学的外缘影响——从传统的佛道二教到天主教的传播

　　当王阳明以"静时念念去人欲、存天理,动时念念去人欲、存天理"[①]为"省察克治实功"开始理学探讨而李贽最后居然又以"私心""私欲"作为人的"童心"时,表明明代心学实际上已经走完了一个完整的发展过程。虽然从程朱理学到陆王心学本身就代表着宋明理学的一个主体转换,但自两宋以来,中华民族之思想与文化的主体实际上并不局限于理学,隋唐以来的三教并行与两宋以降的辟佛排老说明,中国文化的主体实际上已经为传统的儒佛道三教所共同承担;除此之外,明代以来不断东传的天主教也构成了中国思想文化的一部分。在叙述了作为明代思想文化主体的理学之发展、演变后,也应当对理学之外缘及其影响作出一定的分疏和说明。

　　在明代的文化政策中,理学是当然的主体,但朱元璋早年曾出家为僧,其夺取政权的过程又是在民间宗教——所谓白莲教之"明王出世"的形式下进行的,因而其与宗教的关系也就不可能彻底割断,不过加以整饬而已。但由于明代统治者始终以理学为意识形态的主体,因而传统三教中的佛道二教也就不得不退守山林,或者以清修或者以向儒学靠拢的

---

① 王守仁:《语录》一,《王阳明全集》,第 13 页。

方式来保持其教派的继存；又由于两宋理学家的继起努力，"大道精微之理，儒家之所不能谈"的时代已经成为过去，因而明代士大夫与佛道二教高僧大德交游的情况并不多见，这就更使其显现出退守山林的趋势，或者说，佛道二教也不得不反过来以向儒学靠拢的方式来调整自己的方向。正如我们在"明代的思潮特征"一节中所说："到了两宋时代，儒学已经成功地实现了其超越追求与现实关怀的有机统一，因而对秦汉以来以儒学为主流、以士人为主体的中国文化而言，传统的三教合一问题也就等于已经初步完成了；至于佛道二教的三教合一走向，如果其要继续和儒学进行三教关系的讨论并追求其不同的合一走向，那就必须进入儒学已经成功实现的融超越追求于其中的现实生活的层面。就是说，必须以更切近人伦现实生活的方式来表现其三教合一的走向。"

第一节　明代的佛教哲学

关于明代佛教的状况，除了受中国文化思潮总体走向的影响外，还要受其政权开创者及其政治体制的影响。如前所述，朱元璋早年曾有"入皇觉寺为僧"的经历，在夺取政权后，他在整饬佛教规模、教规的同时也积极吸纳僧人做官，以服从于其治天下的需要。明成祖朱棣也曾以僧人姚广孝为其"靖难"之师，在夺取政权后又对其赐姓，并授以太子少师之位。明政权这两位开创者的特殊经历决定其皇权与佛教有着较为亲密的关系。但另一方面，明代皇室虽然敬佛，却并不是出于真正的宗教信仰，而是从辅佐人伦教化的角度引入佛教，或者说是直接将佛教纳入其维护皇权统治的范围。这就决定了明代佛教绝不可能再出现像南北朝隋唐时代那种独占山林且时时能够向朝廷政治进行渗透的情况。

一、佛教概况

朱元璋早年曾有一段"入皇觉寺为僧"的经历，与佛教颇有感情，加之其对元代佛教积弊也有着较为深入的体察，因而其刚一登基，立即就废止了李唐以来历代相沿的管领天下僧尼及道士女冠的功德使衙门,并于洪武元年(1368)设置"善世院",秩从二品;授觉原慧昙禅师为"演梵善世利国崇教大禅师",令"领释教事"。① 这等于从皇权的角度将佛教直接纳入到维护其统治的轨道。洪武四年(1371),朱元璋又下诏"革僧道善世、玄教二院"②,规定凡佛道诸宗教政令大纲的草拟、寺观名额的赐予及管理、僧道试经给牒、住持缺额补选等职掌,均归礼部所隶之祠部籍领。从这些措施来看,朱元璋确实强化了对佛教的管理,并明确将其定位在维护皇权统治之羽翼与辅佐者的地位。洪武十五年(1382),朱元璋正式推出适应其皇权专制需要之僧官制度,即爰稽宋制、间有损益,创设"僧录司",以职掌全国佛教事务——包括名山大刹住持的铨选、举荐、考试和任命,僧尼度牒的颁发,道风僧纲的督察,僧尼名籍簿册和全国寺院名录的编制、汇总、申报,违纪毁戒僧尼的处分,佛教经典的刻印,外国僧侣使团的接待等等。③ 这样一来,佛教也就等于成为其专制统治之有机组成部分了,南北朝以来的"方内""方外"世界,至此就全然统一到皇权政治的权力统治之下了。

对于朱元璋不断加强对佛教之整饬与控制的做法,有的学者进行了专门研究,并且形成了较为系统的归类与总结。比如任宜敏先生在其《明代佛教政策析论》一文中指出:

> 十年以后,朱元璋重定百官品阶秩禄,对僧官也开始依品给俸:左、右善世按正六品给俸,秩同翰林院侍读、六部主事等,月给米十石。左、右阐教按从六品给禄,秩同翰林院修撰、太子春坊左、右赞善等,月给米八石。左、右讲经按正八品给俸,秩同六科都给事中、五经博士等,月给米六石五斗。左、右觉义按从八品给禄,月给米六石。都纲按从九品给禄,秩同各府卫儒学、税课司、阴阳学、医学、巡

---

① 《明实录·太祖实录》第一册,卷二九,第 500 页,洪武元年正月庚子条。
② 《明实录·太祖实录》第二册,卷七〇,第 1312 页,洪武四年十二月戊申条。
③ 任宜敏:《明代佛教政策析论》,《人文杂志》,2008 年第 4 期。

检司等杂司衙门,月给米五石。副都纲以下各级僧官,俱未入流,设
官而不给俸禄。①

设立僧官并明确规定其品衔俸禄,是朱元璋将佛教纳入其统治机构的表
现;对佛教而言,这实际上等于是对其传统的"方外"世界的剥夺,或者说
是强行将其纳入世俗的权力世界中来了。但对当时的佛教徒而言,又等
于是得到了皇权的特别宠幸,因而也更加助长了佛教徒对权力世界的
皈依。

对于朱元璋不断接引佛教徒以进入官僚机构的做法,当朝的儒生也
多有抗争,但每每以失败告终,而那些带头抗争者,则往往死于非命。李
仕鲁、陈汶辉两位都是以儒生的名义应聘入官的,前者官至大理寺卿,后
者则为大理寺少卿,他们不仅亲身经历了朱元璋接引佛教徒入官的过
程,而且还因为其抗争、建议之"忤旨",最后都死于非命。《明史》载:

> 帝自践祚后,颇好释氏教。诏征东南戒德僧,数建法会于蒋山。
> 应对称旨者辄赐金襕袈裟衣,召入禁中,赐坐与讲论。吴印、华克勤
> 之属,皆拔擢至大官,时时寄以耳目。由是其徒横甚,谗毁大臣。举
> 朝莫敢言,惟仕鲁与给事中陈汶辉相继争之。汶辉疏言:"古帝王以
> 来,未闻缙绅缁流,杂居同事,可以相济者也。今勋旧耆德咸思辞禄
> 去位,而缁流俭夫乃益以谗间。如刘基、徐达之见猜,李善长、周德
> 兴之被谤,视萧何、韩信,其危疑相去几何哉? 伏望陛下于股肱心
> 膂,悉取德行文章之彦,则太平可立致矣。"帝不听。诸僧怙宠者,遂
> 请为释氏创立职官。于是以先所置善世院为僧录司。设左、右善
> 世,左、右阐教,左、右讲经觉义等官,皆高其品秩。道教亦然。度僧
> 尼道士至逾数万。仕鲁疏言:"陛下方创业,凡意指所向,即示子孙
> 万世法程,奈何舍圣学而崇异端乎!"章数十上,亦不听。
>
> 仕鲁性刚介,由儒术起……及言不见用,遽请于帝前,曰:"陛下

---

① 任宜敏:《明代佛教政策析论》,《人文杂志》,2008 年第 4 期。

深溺其教,无惑乎臣言之不入也! 还陛下笏,乞赐骸骨归田里。"遂置笏于地。帝大怒,命武士捽搏之,立死阶下。

陈汶辉⋯⋯数言得失,皆切直。最后忤旨,惧罪,投金水桥下死。①

像这样的案例,从表层来看,似乎是在皇权的主持下儒佛道三教对世俗利益的争夺,实际上并不如此简单。朱元璋这些举措,一方面固然在于拉僧道入官——使其成为统治集团的一员;但实际上,是专制皇权对于宗教加强控制的一种方式。推行这些举措的结果,则是不断地使儒佛道三教从"方内""方外"对峙的二元世界一齐转向"方内"世界,转向权力统治下的世界。所以在儒生看来,这样做的结果就是"刘基、徐达之见猜,李善长、周德兴之被谤,视萧何、韩信,其危疑相去几何哉?"但对佛教徒而言,从表层看,固然也助长了"其徒横甚,谗毁大臣,举朝莫敢言"的张狂;从深层来看,则使一直以超越追求见长的佛老二教,不得不放弃其超越追求的传统而进一步走向世俗生活。对佛教来说,这一点可能还是一种至为深重的影响。

另一方面,朱元璋在将佛教世俗权力化的同时也给其带来了世俗化式的监管。据任宜敏先生研究,朱元璋首先"分全国(汉地)寺院为'禅''讲''教'三类。'禅'指禅宗,'不立文字,必见性方是本宗'。'讲'谓阐明诸经旨义之天台、贤首、慈恩诸宗。'教'则指演佛利济之法,消一切现造之业,涤死者宿作之愆,以训世人之瑜伽显密法事。进又规定:'禅者禅,讲者讲,瑜伽者瑜伽。'亦即,禅寺住禅僧,讲寺住讲僧,教寺住教僧(瑜伽僧),不得混滥。相应地,天下僧人也分禅、讲、教(瑜伽)三派。'其禅者,务遵本宗公案,观心目形以证善果。讲者,务遵释迦四十九秋妙音之演,以导愚昧。若瑜伽者,亦于见佛刹处,率众熟演显密之教,应供是方足孝子顺孙报祖父母劬劳之恩。'各派僧人务必分别专业。为了防止混淆,朱元璋甚至对三派僧人之僧服颜色,亦作了明确规定:"禅僧茶褐

_____

① 《明史·李仕鲁传》,《二十五史》卷一二,第 799 页。

常服,青条玉色袈裟。讲僧玉色常服,绿条浅红袈裟。教僧皂色常服,黑条浅红袈裟。"①

不仅如此,为了加强对僧人的控制,朱元璋又颁布《周知板册》《申明佛教榜册》《榜示僧教条例》等,将僧人的户籍、行至全部纳入官府的控制之下:

> 《周知板册》实为一种僧籍簿册。为了整治并杜防逃丁避罪、游食四方之伪滥僧尼,朱元璋特命僧录司将京师及各地寺院持有度牒的僧尼名籍依次登录,内容包括僧名、籍贯、年甲、姓名字行、性别、童行时间、出家寺庙、披剃簪戴之年月、所授度牒之字号、父兄及受业师之名字,等等。编集成册后,颁示全国寺院,俾互相周知,以备查验,故名"周知板册"或"周知册"。《释鉴稽古略续集》卷二《洪武五年》条载:"命僧、道录司造《周知册》,颁行天下寺观。凡遇僧、道到处,即与对册,其父母籍,告度月日。如册不同,即为伪僧。"同书《洪武二十五年》条又载:"试经给僧度牒,敕僧录司,行移天下僧司,造僧籍册,刊布寺院,互相周知,名为《周知板册》。"
>
> 与颁示《周知板册》相配套者,是敕礼部着僧司衙门对全国(汉地)寺院进行编号造册——其编造格式,由朱元璋一手钦定:每一寺院名下,均须详细注明本寺所在之地理位置,始建朝代,启建僧伽法名或施主檀越姓名,现有僧人名录,等等。朱元璋还专门下旨,《寺院名册》中各项内容,必须如实供报填写;若发现容隐奸诈等情,首僧从僧,一概处死。进又严令:所有僧人,不管现在何处,都必须回原出家寺院供报入籍,而不许于现挂搭之处入籍;而且,造册工程完成前,一律不许游方挂搭。
>
> 《周知板册》和《寺院名册》颁示全国后,游方行脚僧人到任何一地,首先即问其于何处何寺入籍,与及僧名年龄,然后揭册验实,方

---

① 任宜敏:《明代佛教政策析论》,《人文杂志》,2008 年,第 4 期。

许挂搭。若册内无名,或年龄、相貌有一项不符,即"许擒拿解官"。①
这样一来,与其说是僧人,不如说是一种特殊的编户之民。这就等于是
对佛教全面的世俗化管理,但又不废除佛教教义,不废除其理论功课与
实践修行,明代的佛教实际上也就成为一种不纳税赋、不住人伦(不承担
人伦义务)而又必须苦修苦练以专门发挥其"善世"之榜样作用的教团
了。对于明代统治者而言,这确实是利用了一切可以利用的力量,但对
佛教而言,是对其存在基础的一种重大改变,使其必须以人伦社会为存
在基础,也必须以榜样的方式发挥其"善世"与"阐教"的作用。

正是在这种全面官吏化的诱导与世俗化的监管之下,明代佛教形成
了自觉地走向儒学、走向世俗生活的融通趋势。

二、四大高僧的融通趋向

按理说,由于明代皇权对于佛教的全面编管,一般说来,佛教就不会
出现有深远影响的高僧大德了。但佛教在中土的传播毕竟已有千年以
上的历史,中国佛教徒的信仰追求也同样超过千年,因而,即使专制皇权
严加编管,依然有"四大高僧"作为整个明代佛教的翘楚。不过,即使是
四大高僧,他们在继存、提振以至于发展佛教方面的努力也明显地打上
了时代的烙印;从四大高僧弘扬佛法的方向中,也可以清晰地看出政治
体制对于宗教信仰的作用以及文化思潮之总体趋势对于佛教的影响。
下面我们先概述四大高僧的求佛经历,然后从其各自不同的信仰特色中
概括其共同的趋向。

四大高僧全然出现于明中叶以后,从这一点也可以看出,这实际上
也是在专制政权放松了对佛教监管条件下的产物。如果按照朱元璋所
规定的出家条件及其编管制度,四大高僧是否有合法的出家资格都很
难说。

---

① 任宜敏:《明代佛教政策析论》,《人文杂志》,2008 年,第 4 期。

　　祩宏(1535—1615),字佛慧,号莲池,俗姓沈,杭州仁和(今浙江杭州)人。祩宏自幼习儒,十七岁补诸生,二十七岁后连遭家难,父、子、母、妻先后丧亡,于是作《七笔勾》,斩断尘缘,出家为僧。三十二岁受具足戒,开始四海云游,"遍参知识",晚年又回到杭州五云山,结庵而居,题名"云栖",就有了"云栖大师"之号。云栖早年习儒,入佛门后对各宗各派的思想主张兼容并蓄,尤以禅、教、净合一为特色,所以,"净土宗推祩宏为'莲法八祖',华严宗以他为圭峰宗密以后第22世祖师,他又经常出入禅门,思想以融通诸宗为特色"①。

　　真可(1543—1603),字达观,号紫柏,俗姓沈,江苏吴仁人。十七岁仗剑出游,欲立功塞上,道经苏州,闻虎丘寺僧人诵八十八佛名号,心有所感,遂从该寺明觉和尚出家。二十岁受具足戒,此后遍访名山。"至武塘景德寺,专研经教;至匡山,深究相宗;入五台,学习华严;赴京师潭柘寺,在禅林老宿德宝处参悟。可以说真可没有专一的师承,但又遍通诸家。真可矢志恢宏禅宗,但又不'出世''开堂',因而成为一名独立于宗派以外的高僧。"②

　　德清(1546—1623),字澄印,号憨山,俗姓蔡,安徽全椒人。德清自幼在南京报恩寺读书,熟读《四书》《易经》,尤好老庄,然不堪课业之苦,惟见和尚诵经,则心向往之。于是,十九岁往南京栖霞寺出家,二十六岁开始行脚四方。一路至吉安,游青原,入燕京,登五台,见北台憨山风景奇秀,"默取为号"。其间从华严、唯识、禅宗诸家名僧学,会通诸家。三十一岁与祩宏同游五台,三十五岁为明神宗圣慈太后在五台设"祈储道场",三十七岁赴东海崂山,将圣慈太后的建寺赐金全然用于赈济灾民。万历二十三年(1595),先逮系诏狱,后因私建寺院罪流放岭南,一直到朝廷大赦方获自由。憨山一生以选僧受戒,订立清规,以重振祖庭为旨归,禅宗门人因其振兴祖庭之功,将其遗体制成肉身像以供后世瞻仰。

---

① 牟钟鉴、张践:《中国宗教通史》,第 593 页,北京:中国社会科学出版社,2007 年版。
② 同上书,第 595 页。

智旭(1599—1655),字素华,别号八不道人,晚称蕅益老人,俗姓钟,江苏吴县人。少年读儒书,深受理学影响,曾著文"辟异端""誓灭佛老"。后阅祩宏《自知录》《竹窗随笔》等书,"取所著《辟佛论》焚之"。智旭24岁出家,翌年受具足戒。以后则"遍阅律藏",决意通过弘传律藏纠正禅林流弊。三十二岁开始"究心台部,而不肯为台家子孙",又游历江、浙、闽、皖诸省,以讲述、著书为业,晚年定居浙江灵峰,并圆寂于此。

明代这四大高僧为什么都出现于16世纪呢?这只能说是在专制皇权暂时放松了对他们编管的情况下出现的;皇室对佛教的私家之好恰恰又成为他们弘扬佛法的契机。比如憨山德清就曾为神宗圣慈太后在五台山设"祈储道场",憨山也不止一次地接受过太后支持他建寺的赐金。但是,一当皇权较起真起来,马上就可以"私创寺院罪"对他缉拿归案,憨山不得不经历"逮系诏狱""严刑拷打"乃至长达二十余年的流放生涯。四大高僧中的紫柏真可就是因为"妖书"案而遭到陷害,从而"下狱""拷打",最后竟死于狱中。凡此都说明,在皇权专制的社会,即使是抛弃人伦世教的解脱追求,也仍然无法逃脱为皇权所主宰的命运。

正因为明代统治者对佛教严加编管的政策,加之两宋以来理学家对儒家形上本体意识与超越追求精神的刻意弘扬所构成的文化氛围,明代佛教明显地表现出了如下几个方面的特征:

第一,佛教各宗派之间较为自觉的融通意识。比如云栖祩宏之所以能够被净土宗推为"莲法八祖",又被华严宗尊为宗密以后第22世祖师,关键也就在于他始终坚持"禅、教、净合一"的主张,从而积极推动净土宗与禅宗的融合。再比如云栖祩宏还著《净土疑辩》一文,也专门阐发其禅净合一的思想主张。他讨论说:

> 或问:"净土之说,盖表法耳。智人宜直悟禅宗,而今只管赞说净土,将无执着事相,不明理性?"
>
> 答:"归元性无二,方便有多门,晓得此意,禅宗、净土,殊途同

归。子之所疑,当下冰释。"①

今之执禅谤净土者却不曾真实参究,执净土谤禅者亦不曾真实念佛。若各各做工夫到彻底穷源处,则知两条门路原不差毫厘也。②

在佛教传统的性、相二宗之间,云栖也持同样的看法,他说:

相传佛灭后,性相二宗学者各执所见,至分河饮水。其争如是,孰是而孰非欤? 曰:但执之,则皆非;不执,则皆是。性者何? 相之性也。相者何? 性之相也。非判然二也。譬之一身然,身为主,而有耳目口鼻,脏腑百骸,皆身也。是身者,耳目等之身;耳目等者,身之耳目等也。譬之一室然,室为主,而有梁栋椽柱,垣壁户牖,皆室也。是室者,栋梁等之室;栋梁等者,是室之梁栋也。夫岂判然为二者哉? 不唯不当争,而亦无可争也……性为本而相为末,故云但得本不愁末,未尝言末为可废也。是故偏言性不可,而偏言相尤不可。偏言性者,急本而缓末,犹为不可中之可;务旁叶而失根源,不可中之不可者也。③

从这些思想来看,云栖袾宏似乎在刻意维护禅宗与净土以及性宗与相宗之间的一致性。其实这个道理并不难理解,当他们在世俗社会中大受追捧时,佛教各宗派的关系无疑是壁垒森严的,因为这会涉及他们对世俗利益的瓜分。但是,一当佛教各宗派共同面临着强有力的专制政权之震慑与编管时,如果继续坚持其宗派之间的分歧与争论,就会成为一种自掘根本、自我戕害的举动了。所以,在面临专制政权的强力打压时,真正的高僧大德必然会以存小异求大同的方式来维护其教的生存,绝不赞同随意挑起各宗派之间的事端。

第二,在儒与佛之间,四大高僧也不再坚持其传统的儒佛之辨(当时

① 云栖袾宏著,张景岗点校:《净土疑辩》,《莲池大师全集》(上册),第 438 页,北京:华夏出版社,2011 年版。
② 云栖袾宏著,张景岗点校:《遗稿·杂答》,《莲池大师全集》(下册),第 377 页。
③ 云栖袾宏著,张景岗点校:《竹窗三笔·性相》,《莲池大师全集》(下册),第 193 页。

的儒佛之辨反倒为理学家所坚持，并常常用来作为相互批评的武器，尤其是作为排拒、打压对方的棍子和帽子），不仅如此，他们还自觉地坚持儒佛会通的主张。在这方面，紫柏真可的观点最具有代表性。他说：

> 终天下之道术者，其释氏乎？六合之外，昔人存而不论；六合之内，论而不议。非不可论，恐骇六合之内；非不可议，恐乖五常之意。今释氏远穷六合之外，判然有归；近彻六合之内，画然无混。使高明者，有超世之举；安常者，无过望之争。是故析三界而为九地，会四圣而共一乘……譬如夜珠在盘，宛转横斜，冲突自在，不可得而思议焉。①

> 宗儒者病佛老，宗老者病儒释，宗佛者病孔病李。既咸谓之"病"，知有病而不能治，非愚则妄也。或曰："敢请治病之方？"曰："学儒而能得孔氏之心，学佛而能得释氏之心，学老而能得老氏之心，则病自愈。"②

在这里，前一段关于六合之外与六合之内的比较，说明其实际上都是圣人立教之权法，当然也有其现实的考虑，并不存在所谓谁高谁低的问题，重要的在于，必须首先各安其领域和范围；作为其共同的目标，也就在于"会四圣而为一乘"，从而"如夜珠在盘，宛转横斜，冲突自在，不可得而思议焉"。后一段主要在于坚持无论是学佛、学老还是学儒，只要能够从一个角度深得圣人之心，则三教无不通矣。显然，这又是对那种在三教之间强生分别、强辨优劣做法的一种明确批评，也是其坚持三教合一主张的具体表现。

关于儒佛互补，云栖袾宏也有极为精到的认识，他指出：

> 核实而论，则儒与佛不相病而相资。试举其略：凡人为恶，有逃宪典于生前，因恐堕地狱于身后，乃改恶而修善。是阴助王化之所

① 紫柏真可：《长松茹退》，《紫柏老人集》，第 204 页，北京：北京图书馆出版社，2005 年版。
② 同上书，第 213 页。

不及者,佛也。僧之不可以清规约束者,畏刑罚而弗敢肆。是显助
佛法之所不及者,儒也。今僧唯虑佛法不盛,不知佛法太盛,非僧之
福。稍制之抑之,佛法之得久存于世者,正在此也。知此,则不当两
相非,而当交相赞也。①

这就明确地以"阴助王化"与"显助佛法"将儒与佛看成一种相互补充的
关系,他们共同的服务对象,正是至高无上的皇权以及儒家所念念守护
的人伦世教。就这一点而言,佛教界对儒佛关系的认识确有超过儒学的
一面。当然,这主要是和当时儒学居于意识形态之主流地位,而佛教居
于偏旁与弱守的地位分不开的。

　　第三,四大高僧不仅一致坚持三教同源的思想,并且还将三教合一
作为佛教各宗的发展指向。这一点可以说是四大高僧的共同看法,也典
型地表现在他们的相关论述中。比如:

　　"儒"也,"释"也,"老"也,皆名焉而已,非实也;实也者,心也;心
也者,所以能儒能佛能老者也。噫! 能儒能佛能老者,果儒佛老各
有之耶? 共有之耶? 又已发未发,缘生无生,有名无名,同欤? 不同
欤? 知此乃可与言三家一道也。而有不同者名也,非心也。②

　　佛法岂绝无世谛? 而世谛岂尽非佛法哉? 由人不悟大道之妙,
而自画于内外之差耳。道岂然乎? 窃观古今卫道藩篱者,在此,则
曰彼外道耳;在彼,则曰此异端也。大而观之,其犹贵贱偶人,经界
太虚,是非日月之光也,是皆不悟自心之妙,而益增其戏论耳。③

　　为学有三要,所谓不知《春秋》,不能涉世;不精《老》《庄》,不能
忘世;不参禅,不能出世。此三者,经世、出世之学备矣,缺一则偏,
缺二则隘,三者无一而称人者,则肖之而已。④

---

① 云栖袾宏著,张景岗点校:《竹窗二笔・儒佛交非》,《莲池大师全集》(下册),第121页。
② 紫柏真可:《长松茹退》,《紫柏老人集》,第213页。
③ 憨山德清:《观老庄影响论》,《憨山老人梦游集》卷四五,第164页,河北柏林禅寺,2005年版。
④ 憨山德清:《学要》,《憨山老人梦游集》卷三九,第164页。

> 大道之在人心，古今唯此一理，非佛祖圣贤所得私也。统乎至异，汇乎至同，非儒释老所能局也。克实论之，道非世间，非出世间。而以道入真，则名出世；以道入俗，则名世间。真与俗皆迹也……道无三，安得分三教以求道，特以真俗之迹，姑妄拟焉。则儒与老，皆乘真以御俗，令俗不逆真者也；释乃即俗以明真，真不混俗者也。故儒与老主治世，而密为出世阶；释主出世，而明为世间佑。①

在上述这些说法中，无疑也存在着一定的为佛教辩护的思想成分，但其坚持三教在逻辑上的同源与价值指向上的一致并且共同服务于人伦社会的大方向这一点上是完全一致的。在明王朝不断加强对佛教的编管与控制的条件下，这一方向的形成也许不无外力的作用，但在两宋禅学已经通过机锋、棒喝的方式接近于人伦日用之后，明代佛教通过拨正禅学的种种偏颇而重新回归于人伦世教的指向，也就意味着一种不离世间而出世间、不脱人伦日用而又超越于人伦日用的方向。自然，这既代表着佛教的中国化，也代表着一种从佛教出发的三教合一指向。

第二节　明代的道教哲学

与佛教不同，道教属于本土宗教，虽然它是在佛教的刺激下产生的，但其不同于佛教的地方首先就在于它可以因为其本土性质而免于儒家夏夷之辨的高压与批评。但道教毕竟也是宗教，在旁助教化以维护统治这一点上与佛教具有同样的性质，因而一般说来，明代的宗教政策——无论是设置僧官还是推行所谓"周知板册"的编管方法，基本上都是既适用于佛教也适用于道教的。朱元璋借以夺取江山的白莲教属于佛教，因而明朝开国后，道教的地位略次于佛教。除此之外，在道教内部，由于全真道在金元之际曾一度走向全盛，且与元代统治者的关系也过于密切，

---

① 蕅益智旭：《儒释宗传窃议·序》，《灵峰宗论》卷五之三，第 834—835 页，台中：青莲出版社，1994 年版。

这就决定了明王朝更喜欢南方的正一道,全真道不得不面临一定的衰落之势。

关于全真道在明初衰落的原因,在牟钟鉴与张践先生合著的《中国宗教通史》一书中有较为系统的分析和说明。该书指出:

> 明朝 200 多年,道教的演化又有新的特点。在金元两朝兴盛的全真道走向衰落,甚至沉寂。一者它与元室关系紧密,遭明王室嫌弃;二者发展到后期,道士不热心匡世扶危,而致力于全性葆真,社会影响缩小;三者修命养性之内丹术需要较高的文化层次,曲高和寡,道徒不易发展。所以全真道逐渐离开了社会政治舞台的中心,走上了学者式的隐遁清修之路。与此同时,以斋醮符箓为主要特色的正一道越来越活跃,大受明王室的青睐,进一步与社会政治生活和日常生活相结合,成为支配全国道教的主导势力。[①]

明代正一道与全真道地位的交替以及明王朝对正一道的垂青与对全真道的嫌弃,再次表现了皇权对于宗教派别的进退予夺大权;明王朝对正一道的抬举,也说明专制皇权究竟是如何看待、如何选择宗教派别的。

一、南宗与北宗

由于金元时代南北方的长期对峙,明代的道教表现出了南北不同地域与不同学风的特色。从大的历史背景来看,在南宋形成以朱子为核心的理学系统时,北方则形成了以王重阳为创始人的全真道系统。在当时,无论是南方的理学还是北方的道教,如果借用道教的话语来表达,可以说全都是以性命合一、性命双修为指向的;如果用理学的话语来表达,则可以说都是天人合一之学。至于其相互的差别,主要在于南方是以理学精神来担当并在人伦社会的实践生活中落实这一任务的;而北方是以道教内丹修炼的方式来落实这一任务的。当时北方长期陷于少数民族

---

① 牟钟鉴、张践:《中国宗教通史》,第 605 页。

铁骑的蹂躏之下，加之金元统治者的民族压迫政策，儒学几乎无法存身，而蒙古统治者之"人分十等"以及"九儒十丐"的生存现状，使民间的儒生几乎无法存身。在这种状况下，道教反而成为中原文化得以保存的唯一方式了，所以，所谓"全真七子"中最有影响的丘处机，在总领天下教事后，马上命令广发度牒，却全然是以"救人活命"为宗旨的。如果比照其西行雪山时对元太祖所提出的"清心寡欲"与"不嗜杀人"的建议，就知道当时的道教实际上反倒起着一种维护人伦世教的作用。与全真道先后崛起的"真大道""太一道"等等，都莫不如此。这说明，在南北方面临不同的历史际遇的情况下，南方的儒家（理学）与北方的道教从各自不同的角度起到了大致相同的作用。

但当朱元璋完成其南北方的统一后，原来在理学重压下籍籍无名的南方道教——所谓天师道开始显现其作用，这就构成了所谓"南方道系"；北方则由于全真道的广泛流传，也就成为所谓"北方道系"。实际上，这是最初也最为宽泛的南北宗一说，所以王沐先生指出："道教南北宗的名称，是历史上形成的。宋朝自汴京陷落以后，朝廷南渡，偏安杭州。南北隔绝，道教各自发展，所以按地区及道统来分，龙虎山天师道历史悠久，一般称为南派或南宗；北方则金代王重阳在鲁东创（传）教，一般称为北派或北宗。"[①]其实这种状况下所说的南北宗，仍然是一种较为宽泛的划分，一如历史上的南北天师道一样，但这一说法在揭示南北道教之不同学风与不同的关注面向这一点上是有意义的。

实际上，虽然"南北宗"的说法最早起于佛教禅宗，但道教"南北宗"以及道教南北派的说法主要是由全真道引起的，是由全真道之广泛传播从而使道教丹鼎派内部不得不形成所谓"南北宗"一说的。关于这一点，王沐先生说：

> 南北两宗在内炼丹功有修性、修命不同的主张，北方以全真教

---

① 王沐：《悟真篇浅解序言》，张伯端撰、王沐浅解：《悟真篇浅解》，第 8 页，北京：中华书局，1990年版。

为主,称为丹法北宗,南方以张伯端系统为主,称为丹法南宗。①

北宗——内丹由唐代以后,逐步受到重视,钟吕金丹派地位渐高,尤其是在辽金元长期统治的北方,兵荒马乱,颠沛流离,道教信徒,处境艰苦,因而苦行励志,潜晦韬光,于求得长生久视之中,怀仁民济世之志,所以他们的修炼方法:求自力,尚苦行,形成北宗宗风……

南宗——南宗虽以张伯端为教祖,但实际是南宋时期在南方发展起来的。石泰(一〇二二——一一五八年)得张伯端真传时虽在陕西邠州,但石泰为常州人,行道时期已在高宗建炎之后。薛道光(一〇七八——一一九一年),四川阆州人(一说为陕府人)。陈楠,惠州人。白玉蟾(一一九四——一二二九年),琼州人。都在长江以南,时期始于南渡之后,这时北方已沦陷于异族统治下,而南宋还在杭州偏安……自一一三二年定都到一二七六德祐二年元军入杭,一百五十年间,迄未衰歇,虽系偏安,未遭兵燹,生活胜于北方。又因南北长期隔绝,北方与南方道教并无联系,钟吕金丹派各自发展。南方另一教统龙虎山正一教,重科仪,尚符箓,与内丹系统不同,也互相对峙。当时南宗道士,有一部分遂主张炼内丹必法、财、侣、地,都须齐备,方能成功,所以必须寻得大力支持者。于是常以富贵之家为传教对象,与北宗励志苦修的风尚不同。②

从这一叙述大体可以看出,所谓南北宗虽然具体是指内丹修炼中的不同用功次第,实际上主要是指南北方不同地域、不同历史遭际以及由此所形成的不同学风与不同关注侧重在道教内部的表现;北方道教"于求得长生久视之中,怀仁民济世之志"以及"求自力,尚苦行"的学风,正是其承当着维护人伦世教精神的表现。从这个角度说,南宗虽然追求内丹修炼,但其"法、财、侣、地,都须齐备"的条件也绝不能离开"富贵之家"之条

① 王沐:《悟真篇浅解序言》,张伯端撰、王沐解《悟真篇浅解》,第8页。
② 王沐《〈悟真篇〉与南北宗》,《悟真篇浅解》,第362—364页。

件的支持,至于正一教之"重科仪,尚符箓",虽然与内丹系统不同,但同样离不开"大力支持者"。所有这些,自然也可以视为南北方不同地域、不同学风在道教修炼实践中的表现。

如果从道教内丹修炼的不同次第来看,当时所谓南北宗的不同学旨主要表现在"性"与"命"的不同次第上。北宗主张"先性后命",南宗则主张"先命后性"。所谓"先命后性"即指所谓内丹修炼是由"修命"而指向"修性"的;北宗所谓"先性后命"则是由"修性"而指向"修命",或者说是由"修性"以统摄"修命"的。南宗重视"修命",是因为"世间凡夫,卒难了悟,黄老悲其贪着,先以修命之术顺其所欲,渐次导之于道。夫修命之要,在乎金丹,始于有作,终于无为"①。之所以如此,又是因为"命之不存,性将焉存?"②因而对南宗来说,"修命"也就成为"修性"的必要准备和前提工夫了。

关于南宗的"先命后性",王沐在其《悟真篇浅解》一书中多有说明,这里略择一二以见其大致思路:

> 性命两字,三教各有不同解释,道教各派对此也各有不同的涵义。钟吕金丹派南宗和北宗的看法也有区别。一般谓性即理性,命即生命。修性即修心,修命即求术。白玉蟾说:"神即性也,炁即命也。"亦指炼心神为性,炼精气为命……③

> 张伯端丹法虽主张先炼命,后炼性,但筑基阶段则是性命双修。因为这是补足命宝涵养本源的工夫,必须两者兼顾。如筑基入手功夫有:收心、守一、止念、入静等。这四个术语,都是指筑基中首先要排除杂念的工夫。④

这说明,虽然南北宗在"性"与"命"之入手上存在一定差别,但在"筑基"

---

① 王沐:《悟真篇丹法源流》,《悟真篇浅解》,第319页。
② 同上书,第319页。
③ 同上书,第318页。
④ 同上书,第273页。

以及最终指向这一点上,二者也都是坚持"性""命"统一之大方向的;区别仅仅在于,"筑基"之后的具体工夫究竟是由"修性"还是由"修命"入手上。

关于北宗"先性后命"的宗旨,虽然王重阳及其全真七子也有许多论述,但道教的论述反倒不如作为北方儒家代表并且作为关学开创者之张载的论述更为明晰。在这一问题上,虽然张载属于儒家(理学家),而全真属于道教,但在表现北方学风及其"先性后命"进路这一点上则是共同的;张载对"性""命"关系的把握与全真道也是基本一致的。请看张载的论述:

> 天所性者通极于道,气之昏明不足以蔽之;天所命者通极于性,遇之吉凶不足以戕之;不免乎蔽之戕之者,未之学也。性通乎气之外,命行乎气之内,气无内外,假有形而言尔。故思知人不可不知天,尽其性然后能至于命。①

在这里,所谓"天所性者""天所命者"都是指"性"与"命"的本源关系而言;所谓"通极于道"与"通极于性"则是在天人合一的构架下"性"与"命"的落实与相互贯通而言的。但所谓"通极于道"主要是指天道的人生落实而言;"通极于性"则是指"命"对于"性"的内在蕴涵而言,所以说"性通乎气之外,命行乎气之内",也就是说,"性"与"命"之间存在着天与人之别,只有"尽其性然后能至于命"。所以,就在同一章中,张载又说:"德不胜气,性命于气;德胜其气,性命于德。穷理尽性,则性天德,命天理,气之不可变者,独死生修夭而已。故论生死则曰'有命',以言其气也;语富贵则曰'在天',以言其理也。"在这里,所谓"性命于德"对"性命于气"的超越性与先在性,就可以说是北方"先性后命"的理论依据。②

反过来看,南宗之所以要坚持"先命后性",主要是因为"世间凡夫,

---

① 张载:《正蒙·诚明》,《张载集》,第21页。
② 张载(1020—1077)早生于王重阳(1112—1170)近一个世纪,因而张载关于性命关系的探讨也完全可以说是全真道北宗"先性后命"宗旨的理论先驱。

卒难了悟，黄老悲其贪着，先以修命之术顺其所欲，渐次导之于道"，至于其理论依据，主要在于"命之不存，性将焉存？"所以就要从现实之"命"上入手，以让凡夫俗子首先能够感受到修行之"德惠"、认识到修行的好处，然后再"渐次导之于道"。从这个角度看，黄宗羲在评价罗近溪讲学时所说的"顾盼呿欠，微谈剧论，所触若春行雷动，虽素不识学之人，俄顷之间，能令其心地开明，道在眼前。一洗理学肤浅套括之气，当下便有受用……"①显然也属于南宗学风的表现，所谓"俄顷之间，能令其心地开明"以及"当下便有受用"等等，显然属于南宗所谓"先命后性"的修行进路。从这个角度看，可以说北宗或北方的学风担当精神强，目标远大，但也存在着中途而废的可能；南宗或南方学风虽然注重当下受用，讲效验，强调一分耕耘必须要有一分收获，但也存在着受"效验"与"受用"之诱导而游离根本目标的可能。

二、正一道与《道门十规》

已如前述，由于全真道与元代统治者的关系过于密切，为朱元璋所不喜，他特意提携南方的正一道作为全真道的取代者。这当然都是表层的原因，从深层来看，主要是因为全真道的高深教理确实存在着难以在社会大众层面发挥作用的因素（当年王重阳在山东所传的全真七子一律为文化人可以视为全真道之社会上层特色的典型表现）。所以，还在洪武元年（1368），朱元璋刚即帝位，其与正一道之间就展开了如下积极的互动：

> 张正常为正一道 42 世天师，世居贵溪龙虎山。太祖召入朝，去其天师号，改授正一嗣教真人，赐银印，秩视二品，为之设置赞教、掌书二傹佐，洪武五年（1372）敕令永掌天下道教事。其子张宇初，洪武十三年授大真人，领道教事，洪武十六年奉敕建玉箓大斋于南京

---

① 黄宗羲：《明儒学案·泰州学案》三，《黄宗羲全集》第八册，第 3 页。

紫金山,十八年奉诏祈雨,二十三年奉敕重建龙虎山大上清宫……明太祖亲近道士,对正一道士尤有好感,曾在御制序文中说:"禅与全真,务以修身养性独为自己而已;教与正一,专以超脱,特为孝子慈亲之设,益人伦,厚风俗,其功大矣哉。"(《御制玄教立成斋醮仪文序》)可知明太祖崇信正一道,是看到它可以在社会政治与伦常生活中起维护秩序的作用。①

　　但是朱元璋并不放纵道教,对道教活动采取严格管理不使冒滥的方针。洪武五年,给僧道度牒,下诏说:"天下大定,礼仪风俗,不可不正。""禁僧道斋醮杂男女恣饮食,违者有司严治之。"(《明通鉴》卷四)洪武六年下诏:"府州县止存大寺观一所,并其徒而处之"(《太祖实录》卷八六),限制僧道出家。洪武十四年(1381)编"黄册"。洪武十五年置僧录、道录二司,隶礼部,加强管理。二十四年清理释、道二教,凡僧道,府不得超过40人、州30人、县20人,民年非40以上、女年非50以上不得出家。二十八年令天下僧道赴京考试给牒,不通经典者黜之。洪武中有诏,凡火居道士,许人挟诈银三十两、钞五十绽,如无,打死勿论。②

对于朱元璋在不同教派之间的选择以及其对所有宗教"一拉一打"、"打""拉"结合的手法,正一道的历代天师自然看得很清楚,他们也深知如何在这种环境中求生存。所以,从张正常之入朝朝贺到张宇初之编《道门十规》,自然也可以说是正一道主动向朱明皇权靠拢的表现。

　　张宇初(1361—1410),字子璇,别号耆山,自幼聪慧异常,尝从祥符宫全真派道士李渊然学习,其父张正常为正一道42世天师。洪武十三年(1380),张正常羽化后,袭"大真人"称号。明成祖即位,张宇初入朝朝贺,恩眷依旧。永乐四年(1406),永乐帝劝谕修道教书,由此有《道门十规》之作(张宇初并未完成)。从这一点可以看出,其所谓《道门十规》,实

---

① 牟钟鉴、张践:《中国宗教通史》,第606页。
② 同上书,第606—607页。

际上是一种应命之作。

《道门十规》的思想宗旨主要表现在三个方面，其一主要是对道家与道教历史的重新梳理；其二是对道教门规的清整；其三主要在于对全真道思想的引进。至于其核心，则又主要集中在"激励流风。昭宣圣治"一点上，从而"上不负朝廷崇奖之恩，下有资道流趋学之径"。关于道家与道教历史的重新梳理，张宇初说：

> 自秦汉以来，方士竞出，若文成五利之以金石草木，徒杀身取祸，遂世称方术矣。外而施之，则有祷襘祠祝之事。自寇、杜、葛、陆之徒，其说方盛。由后之师匠，增损夸诞，奔竞声利，而世日异端矣。然二者，太上之初所未彰显，后之不究其本、不探其源者，流而忘返，眩异失同，则去太上立教之本，虚无、清静、无为、不言之妙日远矣。凡习吾道者，必根据经书，探索源流，务归于正，勿为邪说淫辞之所汩，遂乃递相鼓惑，深失祖风。①

这可以说是张宇初对道教历史的一种系统反思，由对"文成五利"之"徒杀身取祸"到"寇、杜、葛、陆之徒"之"奔竞声利"，正是道教发展的两种"异端"，所以他明确提出"凡习吾道者，必根据经书，探索源流，务归于正"的要求。应当承认，这种反省是深入的，"根据经书，探索源流，务归于正"的方向也是值得借鉴的。

在张宇初看来，所谓道教的历史自然应当归根于道家；道家的历史则应当根据史书的记载来梳理。在他看来：

> 太上三代之前，则黄帝问道广成子，即太上也。及曰生于殷末，仕于周初，在文王时为柱下史，迨武王时迁藏室史，其所著则道德上、下经，其徒则有关、文、庄、列、亢仓、柏矩之流，其言则修齐、治平、富国、强兵、经世、出世之术，互有之矣。见之太史氏曰：道家者流，精神专一，言广易操，斯可知矣。故所谓先黄老而后六经，甚则

---

① 张宇初：《道门十规》，《正统道藏》第 53 册，第 43148 页，台北：艺文印书馆印行，1977 年版。

以黄老伦于刑名,则为过矣。其曰元始、灵宝,乃混沌之初,玄、元、始三气化生,其本则一。后之阐化,则有祖天师、许真君、葛仙翁、茅真君、诸仙之派。世降之久,不究其源。各尊派系,若祖师之曰"正一",许君之曰"净明",仙公之曰"灵宝",茅君之曰"上清",此皆设教之异名,其本皆从太上而授。凡符箓、经教,斋品、道法之传,虽传世之久,各尊所闻,增减去取,或有不同,而源委则一。内而修之,则有内外丹之传。[1]

这里以"黄帝问道广成子"作为道家之"太上",虽源于传说,毕竟可以说是于史有据;而关于老子之"柱下史""守藏史"之类的说法虽有神化老子的意味,但也有其历史说法的根据。至于对"以黄老伦于刑名"的辩驳以及对道教各宗的叙述,也都是一种客观而又公允的态度。从这个角度看,张宇初不愧为明代道教的大德与领袖。

在这一基础上,张宇初才具体展开其对道教门规的规定。从一般的"持诵之士"之言行守则到对"名山福地"的管理,再到"出家之人"的修行方向,就有条不紊地展开了。比如:

> 凡持诵之士,必当斋戒身心,洗心涤虑,存神默诵。诚如对越上帝,默与心神交会。心念无二,句字真正,调声正气,神畅气和。庶几有功,则玉音摄气,灵韵交孚自然,和天安地,善俗化民,福集祸消,存亡蒙惠。苟若口诵心违,形留神往,不存诚敬,手怠足扬,虽日诵千百卷,于己何益,又岂能消灾散祸也哉![2]

> 凡名山福地、靖庐治化、丛林宫观住持之士,或甲乙往还,或本山推举,必得高年耆德、刚方正直之士,言行端庄,问学明博,足为丛林之师表、福地之依皈者为之,庶足仪刑后进,准则前修。其居是者,务必慈仁俭约,德量含弘,规矩公正。先开接引之方,导愚畜众;次谨焚修之职,请福消愆。裕国祝禧,莫大于报本;尊经阐教,莫大

---

[1] 张宇初:《道门十规》,《正统道藏》第 53 册,第 43148 页。
[2] 张宇初:《道门十规》,《正统道藏》第 53 册,第 43149 页。

于推诚。其畜众之方，先严戒行规矩为要，警以罪福因果之报，田粮委库职管绍，赋税任砧基应充，饮食修造，各谨司存，晨昏以神明为谨，修葺为心。①

　　凡出家之人，上离父母之亲，下弃祖宗之嗣，志在出世离尘，必当以超脱幻化、了悟生死为心。苟若仍前，汩迷尘网，昼夜奔波，无有出期，与俗何异。经曰：学道之士，以清静为本。睹诸邪道，如睹仇雠；远诸爱欲，如避臭秽；除苦恼根，断亲爱缘。是故出家之后，离情割爱，舍妄归真。必当以究明心地、修养性天为务。操修戒行，磨炼身心；只笠箪瓢，孤云野鹤。或遇名山洞府，挂搭安单，参谒明眼师匠，问道亲师，切究性命根宗，深探道德之要，悟彻宗门，玩味法乳。不于利名挂意，富贵留心。虽饥寒风暑之切身，不易其操；虽困苦贫贱之役心，不夺其志。忍辱藏垢，言行谦和；卑下柔弱，精神纯一；心存柔逊，性戒刚强，务居山林岩洞、人迹稀绝之地，草衣木食以养生，巢居穴处以守道，各依师授，修炼本来。其出外参求，风餐雨宿，忍冻受饥，蹑屩担簦，携包顶钵，不惧万里之遥，务登明师大匠之门。②

在上述门规中，张宇初虽然为正一道的"真人"，但他并不局限于正一道的教规，反而能够多方参考借鉴，比如佛教的因果报应之说等等。从一定程度上说，这倒是一种难能可贵的开放胸襟。

　　作为明代的道教领袖，张宇初最难得的一点就在于对全真教旨的积极吸取。当然对于这一点，我们也可以说他本来就从学于全真道士李渊然，但也必须看到，他本来还是正一道"天师"当然的继承人。在明代，正一道才是天下道教的"总领队"。所以，对于这种现象，我们只能从其真诚向道的角度进行说明。比如他说：

　　近世以禅为性宗，道为命宗，全真为性命双修，正一则惟习科

---

① 张宇初：《道门十规》，《正统道藏》第 53 册，第 43152—43153 页。
② 张宇初：《道门十规》，《正统道藏》第 53 册，第 43153—43154 页。

教。孰知学道之本，非性命二事而何？虽科教之设，亦惟性命之学而已。若夫修己利人，济幽度显，非明性命根基，曷得功行全备！况自上古以来，太上历劫化现，诸师之修炼成道，皆自静定之工，庶得道功克就，神通自在。迨宋、金之初，重阳王祖师遇钟、吕之传，始立全真之教。盖本经曰：养其无体，体故全真。是教则犹以坐圆守静为要。五祖则太上、东华、钟、吕、海蟾也，七真则丘、刘、谭、马、郝、孙、王也，其下绵延，暨王、苗、祁、完之辈。殆今学之者众，皆以真功实行为本。其初入道，先择明师参礼，开发性地，恝守修真十戒，白祖师、冯尊师堂规等文，收习身心，操持节操，究竟经典。既知入道之门，然后择山水明秀、形全气固之地，创立庵舍，把茅盖头，聊蔽风雨，风餐露宿，水迹云踪。次结道伴，惟务真素朴实之人，晨夕为侣，供送饮食，草衣木食，箪食瓢饮，但获止饥蔽寒而已。直候百日，立基十月，胎圆三年。圆毕，或留园，或出定，惟断绝人事，情消缘灭，去来自由。其或有力之家，布施斋粮，衣钵随分，自给而已，不得妄贪过取，亦不得假设夸诞之辞，惊世骇俗，务吊虚名。[①]

在这里，张宇初不仅高调地表彰了全真道的"五祖""七真"，而且还将全真道建立在道禅合一基础上的"性命双修"作为所有道派的发展方向，所以说"学道之本，非性命二事而何？"甚至，张宇初还对正一道的"椎习科教"反省说，"虽科教之设，亦椎性命之学而已"。这样一来，难免让人怀疑张宇初究竟是全真道的"真人"还是正一道的"真人"？实际上，这正表现了张宇初目光的深远与对道教负责的精神。因为朱元璋虽然是从维护皇权统治的角度提倡正一道的，但道教本身毕竟不能全以皇权的意志为转移，全真道之"性命双修"不仅揭示了道教存在的深层根据，而且也代表着道教发展的方向。在这一点上，看起来张宇初似乎有从"正一"走向"全真"的嫌疑，但这一点恰恰是其作为道教领袖对道教根本精神负责的表现。

---

① 张宇初：《道门十规》，《正统道藏》第 53 册，第 43150 页。

三、全真道与《性命圭旨》

自明王朝代元而起，当时天下的道士多为"全真"之徒，但是，由于来自顶层的有意抑制，从而使全真道失去了道教"领队"的地位。不过，这并不意味着明代统治者对正一道的加意提倡就彻底限制了全真道的发展。从某种程度上说，虽然全真道在明代失去了许多风光或出彩的机会，但也为其深层的理论发展积累了能量。《性命圭旨》一书就代表着明代全真道在教理方面最有建树的发展。

《性命圭旨》初刊于万历四十三年（1615），未署撰者，从邹元标（1551—1624）"题尹真人《性命圭旨》"的"序"来看，他认为，"是书出尹真人高弟之手笔，盖述其师之意而全演之"。从这一说法来看，《性命圭旨》显然属于丘处机的二传、三传甚或是四传弟子所作。因为所谓尹真人，就是丘处机的弟子尹志平。因此，《性命圭旨》无疑是按照全真道的思想谱系展开的，全书共三十四卷，其中涉及修炼之处还图文相配，以使其可以相互说明。如果从道教哲学的角度看，其大旨主要表现在如下几个方面：

首先，列在全书开篇并作为全书总纲的就是一幅"三圣图"，清楚地表明该书是以"三教合一"为基本宗旨的。从"三圣图"来看，释迦牟尼居中，而孔子与老子分别居于两边，似乎是以佛教为主的三教合一说。但如果结合其对孔子的赞词以及其书中对"二氏之学"的反省来看，该书实际上又具有以儒家为主导的三教合一倾向。这一点似乎也表现在其对孔子像的赞语中："六经删定古文章，洙泗源深教泽长，继往开来参造化，大成至圣文宣王。"[1]显然，所谓"继往开来"与"思参造化"也就代表着该书作者对孔子以及儒家思想的评价。从一定程度上说，这一评价其实并不异于历代儒家的自我定位。

从主导思想来看，该书以三教合一为基本指向，又不仅仅是对三教

---

[1]《性命圭旨·三圣图》，第12页，上海：上海古籍出版社，1989年版。

各自"优点"进行一种简单的拼凑式的集中,恰恰是以对三教尤其是对佛道二教各自不足的深入反省作为具体出发点的。比如其《大道论》中就对传统三教中各自的"道论"反省说:

> 佛经五千四十八卷,也说不到了处;《中庸》三十三章,也说不到穷处;《道德》五千余言,也说不到极处。[1]

这一反省未必就是完全正确的,其结论也未必就具有颠扑不破的性质。但由于其既确定以三教合一为基础,又以之作为全真道发展的大方向,其对三教经典之不足的反省也就带有一定的必然性;而其所建构的"道论"自然也要建立在对传统三教之深入反省的基础上。

在"性命说"中,该书又对传统的"二氏之学"进行了深入反省;这一反省恰恰又是以儒家精神为基本坐标的:

> ……奈妙合之道不明,修性者遗命,且并率性之窍妙不得而知之,矧能炼之乎? 非流于狂荡,则失于空寂,不知其命,未后何归? 修命者遗性,且并造命之工夫不得而知之,矧能守之乎? 非执于有作,则失于无为,不知其性,劫运何逃? 即二氏之初,亦岂如是乎? 吾闻释迦生于西方,亦得金丹之道,是性命兼修,为最上乘法号,曰金仙。吕祖亦曰:"只知性不知命,此是修行第一病;只修祖性不修丹,万劫阴灵难入圣。"岂但如今之导引者流,而以形骸为性命焉已哉! 又岂但如今炼神炼气者流,而以神气为性命焉已哉! 又岂但如今修性修命者流,而以性命为性命焉已哉! 是皆不惟无益于性命,而且有害于性命,不得性命之真,良可叹也。[2]

在对"二氏之学"的这一反省中,作者既不赞成"修性者遗命"的现象,也不赞成"修命者遗性"的现象。前者的弊端是"非流于狂荡,则失于空寂,不知其命,未后何归?"后者又存在着"非执于有作,则失于无为,不知其

---

[1]《性命圭旨·大道说》,第14页。
[2]《性命圭旨·性命说》,第30—31页。

性,劫运何逃?"显然,这里不仅明确地提出了性命双修的方向,而且还以吕洞宾的"只知性不知命,此是修行第一病;只修祖性不修丹,万劫阴灵难入圣"来对佛教徒的修行进行批评。至于后一种——所谓"导引者流",又表现为或"以形骸为性命",或以"神气为性命",总之,说到底也就不过是"以性命为性命"——就性命论性命、就性命修性命而已,从而又堕入所谓"修命者遗性""修命者遗性",或以"以性命为性命"而"不得性命之真"的窠臼。

那么,作者究竟如何发现"二氏之学"的这种"修性者遗命"与"修命者遗性"的偏颇或弊端呢?如果我们稍微比较一下理学开创者张载对佛道二教的批评,就可以清楚地看出这种批评的理论坐标其实恰恰来自理学。张载说:

> 太虚不能无气,气不能不聚而为万物,万物不能不散而为太虚……然则圣人尽道其间,兼体而不累者,存神其至焉。彼语寂灭者往而不返,徇生执有者物而不化,二者虽有间矣,以言乎失道则均焉。①

很明显,这里所谓"往而不返"的"语寂灭者",正是指"修性者遗命"的佛教而言;所谓"物而不化"的"徇生执有",又是指一味追求长生久视之"修命者遗性"的道教而言的。而张载所接着补充的"聚亦吾体,散亦吾体,知死之不亡者,可与言性矣"②,则可以说既是对"徇生执有"——追求长生久视之道教的当头棒喝,也是对"往而不返"——所谓"语寂灭者"的明确批评。至于超越于气之"聚散"以追求所谓"死之不亡者",则是对儒家超越追求精神的明确肯定。显然,《性命圭旨》对于"二氏之学"及其偏弊的反省其实正是以儒家对佛道二教的批评为基础的;《性命圭旨》能将张载所揭示的"语寂灭者"与"徇生执有"现象深化为"非流于狂荡,则失于空寂"与"非执于有作,则失于无为",又无疑是对张载批评的深入与拓

---

①② 张载:《正蒙·太和》,《张载集》,第 7 页。

展。这说明,无论是其对三教合一方向的阐发还是其对二氏弊端的反省,都是以儒家思想与理学精神为基本坐标的。

其次,正是在"三教合一"的基础上,《性命圭旨》又提出了一种新的道论。而这种道论,一定程度上也就是儒道两家精神的有机统一。比如:

> 夫道也者,位天地,育万物,日道;揭日月,生五行,日道;多于恒河沙数,日道;孤则独无一侣,日道;直入鸿蒙而还归溟滓,日道;善集造化而顿超圣凡,日道……道也者,果何谓也? 一言以定之,日炁也……是为太乙,是为未始之始始也,是为道也,故日,无始。夫天地之有始也,一炁动荡,虚无开合,雌雄感召,黑白交凝,有无相射……①

在这里,我们分明能够看到作者为了凸显其"大道"之三教合一的性质,特意加进了佛教经典常用来指谓无限、无尽的"恒河沙数"一说;至于其具体性质,仍然是道家、道教所一贯主张的原始一气。只是为了凸显这一原始本源之阴阳未判而又从无到有的性质,特意将其称为"炁"。

关于"炁"的本源性质以及其在宇宙生化发展中的作用,张学智先生曾有一段较为细致的分析,这里特意予以征引:

> 炁是道教一个特别重要的概念,它是气,但它不是天地剖判以后的阴阳二气,也不是构成具体事物的与形式相对的质料,更与《管子》所谓精气有别。炁指世界本源,万物从它产生,最后还归于它。它不像阴阳二气那样具体,也没有质料那样抽象,更没有精气那样多的精神性。它是天地万物的本源,它无始无终,处处充满……如天地未剖之前,一炁氤氲,远远溟漠,可日太乙。太乙指天地未始阶段,故也叫无始。炁中包含的两种对立的倾向互相作用,有了"雌雄感召,黑白交凝,有无相射",这一阶段可日太易。太易指炁之交感

---

① 《性命圭旨·大道说》,第13—14页。

发生,故曰元始。炁中对立的势力继续运动,扩大其势用,阴阳判分,此阶段可叫太极。阴阳分判之后,天地定位,万物萌发于其中,此时可叫混元……①

很明显,所谓"炁"也就处在原始宇宙从"无"到"有"之关节点上,在它之前,是一种绝对的无;在它之后,又是一种多样的、生生不息的有。《性命圭旨》之所以要用"炁"来取代"气",既是为了突显其从"无"到"有"之最为原始的涵义,也是试图使其从根本上成为宇宙万象的本体支撑者。如果用今天的语言来表达,也就是本源与本体的统一。但是,由于其过分执着于宇宙生化的过程性以及其始源追溯的性质,因而其超越的形上本体的涵义并不彰显;这就像其虽然引入了"恒河沙数"一说,却未必就有佛教之思辨、抽象与超越的能力一样。实际上,道家早就冲破了这种始源追溯式的思考,庄子所谓"有始也者,有未始有始也者,有未始有夫未始有始也者"②,本身就已经明确地否定了这种始源追溯的方法;而郭象在注庄时所说的"非唯无不得化而为有也,有亦不得化而为无矣"③,等于又从反面宣布这种思路根本走不通。但我们由此却可以看出,道教以"炁"代"气"以及其从宇宙始源意识向本体超越意识超拔的努力。

最后,让我们再来分析《性命圭旨》中所表现的"性命双修"思想。实际上,在前边对其"三教合一"的分析中就已经涉及性命双修的指向;其三教合一的基本精神也必然要指向性命双修,必然要以性命双修作为其三教合一思想的最后落实。在这里,让我们先从其"大道说"中分析三教所蕴涵的性命双修之共同指向:

> 嗟夫!人身难得,光阴易迁,罔测修短,安逃业报?不自及早省悟,惟只甘分待终,若临期一念有差,立堕三途恶趣,则动经尘劫,无有出期。当此之时,虽悔何及!故三教圣人以性命学开方便门,教

---

① 张学智:《明代哲学史》,第 670 页。
② 郭庆藩:《庄子集释·齐物论》,第 88 页,台北:万卷楼图书有限公司,2007 年版。
③ 郭庆藩:《庄子集释·知北游》,第 835 页。

人熏修,以脱生死。儒家之教,教人顺性命以还造化,其道公;禅宗之教,教人幻性命以超大觉,其义高;老氏之教,教人修性命而得长生,其旨切。教虽三分,其道一也。[1]

从"大道"的人生落实与三教的共同指向来看,自然也都必须落实于现实的人生,落实到人生的性命修炼上来。这样一来,从大道之论指向性命双修也就成为一种的必然了。

那么,作为全真道之"性命双修"又将如何实现呢? 即其作为一种修养的工夫究竟应当如何追求呢?《性命圭旨》云:

> 天窍圆而藏性,地窍方而藏命,禀虚灵以成性,中天地以立命……命带元气,性根元神。潜神于心,聚气于身,其中有道。性有气质之性,有天赋之性;命有分定之命,有形气之命。君子修天赋之性,克气质之性;修形气之命,付分定之命。分言之则二,合言之则一。[2]

这当然还是从自然禀赋与客观的学理角度而言,如果落实于具体的个人,则又主要表现为其一身之神与气的关系。神与气就是天赋之性与气质之性落实于人生的具体表现,也是"性"与"命"统一的表现:

> 是以神不离气,气不离神。吾身之神气合,而后吾身之性命见矣。性不离命,命不离性。吾身之性命合,而后吾身未始性之性、未始命之命见矣。夫未始性之性、未始命之命乃是吾之真性命也。我之真性命,即天地之真性命,亦即虚空之真性命也。[3]

在这一过程中,当然首先是对人之性命的分析和说明。人之性命的根源当然也就在于"天窍"与"地窍",落实于人,则表现为人的"天赋之性"与"气质之性"以及"分定之命"与"形气之命",所以说是"性不离命,命不离性"。如果从工夫追求的角度看,则又必须首先追求"吾身之性命

---

[1]《性命圭旨·大道说》,第 17—18 页。
[2]《性命圭旨·性命说》,第 28—29 页。
[3]《性命圭旨·性命说》,第 29 页。

合"——以"性"来统一"命";在现实的性命统一之中,又必须先见"吾身未始性之性、未始命之命",最后只有通过"吾之真性命"以见"天地之真性命""虚空之真性命"。

但这还是比较抽象的说法,如果从人的一生来看,又可以表现为如下过程:

> 故尝论之,人在母腹,呼吸相含,是以母之性命为性命,而非自为性命。至于出胞断带,而后自为性命,然亦非真常之性命也。必于自为性命中,而养成乾元面目,露出一点真灵,形依神,形不坏;神依性,神不灭。知性而尽性,尽性而至命,乃所谓虚空本体,无有尽时。天地有坏,这个不坏,而能重立性命,再造乾坤者也。故道家不知此,则谓之旁门;释氏不知此,则谓之外道,又焉能合天地之德,而与太虚同体哉?[1]

在这里,从人的生命开始孕育起,自然"是以母之性命为性命";至于出生之后,才可能有人的"自为性命"。但这还只是人的自然与形气的生命,还不是"真常之性命";"真常之性命"的实现,则必须通过"知性而尽性""尽性而至命",从而达到"重立性命"——一定程度上超越人的自然生命,从而"再造乾坤""合天地之德,而与太虚同体"。这就代表着人的性命双修的终极指向了。[2]

在这一性命双修的过程中,实际上也就是如何从人的自然生命出

---

[1]《性命圭旨·性命说》,第31—32页。

[2] 通过《性命圭旨》对道教"性命双修"之道的阐发,我们完全可以对比于张载对佛老之学"形性、天人不相待而有"之所谓"体用殊绝"的批评,同时也可以看到道教的"性命双修"对张载批评的积极吸取以及对其自身缺陷的自觉弥补——所谓神气统一、性命双修以及"天赋之性"与"气质之性""分定之命"与"形气之命"等等,无一不可用张载的虚气相即、神气统一以及双重人性、大心小心与德性所知和见闻之知的立体统一来说明。这说明,张载就是宋明理学形上与形下双重世界的开辟者。惜乎20世纪的中国学界抓住明代气学对张载哲学的偏取,只进行所谓一元实然之气本论式的诠释,这就成为偏取基础上的再偏取了。按理说,道教的修炼理论应当更接近于气学,但他们却完全无视明代气学的宇宙生化理论而一以张载为归,这就向学界提出了一个张载哲学之有别于气学并且超越于气学的标志究竟何在的问题。

发,以最后达到超越自然生命之所谓"真性命";然后再通过双重人性的
统一,是即所谓"君子修天赋之性,克气质之性",最后则是通过"知性而
尽性""尽性而至命",从而达到"重立性命"的目的。这样一种性命双修
理论,确实带有三教合一的性质,因而它不仅为道家所提倡,也同样被儒
家、佛教接受。所以,邹元标才在"题尹真人《性命圭旨》全书"中概括说:
"谆谆然,指人一超直入,以绍人天……"①

四、三一教之特色

佛、道二教都是为历代统治者所认可的正统宗教,这当然可以看作
是朝廷政治对于社会思潮与传统力量的一种承认与认可。但明代是一
个较为特殊的朝代,一方面,专制皇权加强了对佛道二教之前所未有的
整理与管束,另一方面,又想方设法打压士人、打压一切社会性的力量。
这就使明王朝成为一个全民痛苦的时代:做官则人人自危,时时面临"廷
杖""系狱"与"贬谪"之三部曲的惩处;为民又处处受到权力的制约与打
压。正是这样一种环境下,宋明一贯的理学不得不演变为心学;朱子学
之后裔也不得不放弃其在两宋时代"得君行道"的理想,从而不得不折入
一种带有强烈现实感与可行性的"觉民行道"追求。如果说心学之"觉
民"与"自救"的努力本身就代表着明代士大夫对社会的一种报效,那么
对于那些虽然读书识字却未曾入仕的下层知识分子来说,创立民间宗教
或经商自谋就成为他们的一种自我安顿与自我救赎活动了,这两个方面
正好成为中晚明社会的一点亮色。

但明代的民间宗教又不同于金元时代。在金元时代,北方长期遭受
少数民族铁骑的践踏,加之其政权的民族压迫性质,因而当时所谓民间
宗教实际上都带有一定的民间自保的性质,也大都归属于"道教"的大旗
下,甚至,就连朱元璋也是通过"白莲教"来实现其反元革命的。也许正
是这一原因,明代统治者对民间宗教往往具有非常严厉的防范措施。但

---

① 邹元标:《题尹真人〈性命圭旨〉全书》,《性命圭旨》,第9页。

人的精神毕竟需要安顿，痛苦也需要抚慰，当佛道二教为朝廷所严加编管之后，民间宗教就成为社会下层一种非常重要的情绪表达方式了。在这方面，崛起于福建而又具有全国性影响的"三一教"最具有典型性。

"三一教"为福建士人林兆恩所创。林兆恩（1517—1598），字懋勋，号龙江，道号子谷子、心隐子、常明先生等，被道徒尊为三教先生、林三教、三一教主等。林兆恩出身于一个世代为官的书香门第，其祖父林富不仅是王阳明当年锦衣卫狱中的难友（同为反抗太监刘瑾而陷狱），而且后来又成为王阳明征思田之军事活动最重要的助手，王阳明病危告归时，曾举林富代替自己的两广总督之任。出身于这样的家庭环境，应当说林兆恩就属于那种典型的"官二代"或"官三代"，所以，其自幼就饱读儒家经典，18 岁，为邑庠生员。但其命运却由此发生转折，在此后的科考中，林兆恩一败再败，其失败的性质甚至超过了陈白沙。陈白沙当年主要是败于会试，而林兆恩居然连乡试一关都过不了。所以到 30 岁时，林兆恩"对科举功名感到绝望，落第归返莆田后即弃举子业，转而锐志于心身性命之学，遍叩三门，自兹始也……嘉靖三十年（1551 年），林兆恩创立三一教，公开倡导三教合一，并建立起颇具特色的三教合一思想体系"①。

当然严格说来，当时的三一教还算不上是一种宗教，反倒更像是一个广施善行的慈善救济组织。比如林兆恩曾多次协助地方官组织防御被倭寇侵扰的县城，并率领弟子掩埋在抗倭战争中死难者的遗体，包括变卖田产以施棺给那些死于瘟疫的穷人等等；从其当时的追随者来看，也不是一般的老百姓，大多数都是和他一样的读书人——所谓官场后备军。在创教的最初一段时间，其传教活动或者是以"秀才的身份讲学"，弟子则以"举业相从"；或者是以为人治病的方式进行，对信徒"藉却病以引之"②。总之，当时的林兆恩简直就是一个面向地方不断组织救济活动的慈善领袖，地方需要什么他就干什么。也许正因为这一点，他不仅赢

---

① 陈支平主编：《福建宗教史》，第 75—76 页，福州：福建教育出版社，1996 年版。
② 同上书，第 87—88 页。

得了信众,而且也获得了地方官的尊重。

随着其影响的扩大、追随者的增多,三一教作为一种民间宗教的形式也就逐渐明晰起来,林兆恩本人也有了对创教、传教包括教主身份的充分自觉。至于其教旨之"三教合一"的方向,其实也并不在于他关于三教合一的理论论证,而主要在于其"面向民间"这一基本思路上。两宋以降,三教合一实际上已经成为中国思想文化界的基本共识与趋势性的走向了,因而无论是传统的儒佛道三教还是新崛起的民间宗教,都不可能越出这一大趋势之外。所以说,重要的在于其创教思路的形成以及其社会下层的关怀面向;只有从这个角度,才能看清其作为民间宗教的特色。

从这个角度看,林兆恩的民间宗教主要取决于三个方面的因素。如前所述,林兆恩出身于官宦之家,又有长期参加科举考试的经历。那么,当他放弃科举之后,何以能够从官员后备军的身份一下子就转向了民间宗教之救济、慈善之类的活动领袖呢? 在这一问题上,由于前人的继起探索,这一问题现在已经变得较为清晰了。

首先是余英时先生的探讨,余先生从比较的角度一下子就揭示出宋明儒之间存在着一个从追求"得君行道"到"觉民行道"的重大区别。他指出:

> 阳明"致良知"之教和他所构想的"觉民行道"是绝对分不开的;这是他在绝望于"得君行道"之后所杀出的一条血路。"行道"而完全撇开君主与朝廷,转而单向地诉诸社会大众,这是两千年来儒者所未到之境,不仅明代前期的理学家而已……概括言之,明代理学一方面阻于政治生态,"外王"之路已断,只能在"内圣"领域中愈转愈深。另一方面,新出现的民间社会则引诱他掉转方向,在"愚夫愚妇"的"日用常行"中发挥力量。王阳明便抓住了这一契机而使理学获得了新生命。①

① 余英时:《宋明理学与政治文化》,第195—196页。

在余英时通过宋明两代"政治生态"的比较以说明两宋儒家的"得君行道"追求与明儒"觉民行道"追求的不同选择之后，吴震先生也继续探讨这一问题，因而又发现明儒的"觉民行道"追求实际上已经与民间的宗教劝善活动结合起来了。这样一来，也就可以清楚地说明林兆恩何以会从对举子业的绝望从而转向民间救济、慈善之类的创教、传教活动。吴震在其《明末清初劝善运动思想研究》一书中说：

> 吾人所欲探究者，即明清之际的儒者如何结合自身生活世界的信仰问题，在大力推进道德劝善活动中所呈现出来的儒家伦理与宗教信仰之间的互动关系，以此揭示儒家士大夫在日常生活宣讲道德之际，大量运用了中国古代宗教的诸如"善恶报应""转祸为福"等宗教思想资源，表现出道德与宗教、理性与信仰之间的紧张、对立乃至互动等复杂面向，并由此了解中国近世儒者的思想世界与生活世界其实是密切关联、互不可分的。[1]

在经过一系列的比较与分析之后，吴震先生得出结论说：

> 第一，后阳明时代的道德劝善运动与心学思想有密切关联，凸显出晚明时代心学的宗教性趋向；第二，将佛老的"报应"纳入儒家的"感应"体系中来加以重新诠释，这是晚明儒者大谈"果报"的重要思路；第三，由心学家的"自讼"实践来看，探讨"转祸为福之道"、融宗教于儒学已成为晚明思想转向的一个重要标识。[2]

从这个角度看，林兆恩之放弃举子业以从事民间救济、慈善之类的宗教活动就不仅是受时代大趋势的影响，而且还有阳明心学的基础。尤其是其祖父与阳明的同事关系，也可能会使他比一般士子更早也更深入地了解阳明心学——这一心学的基础不仅会将其推向民间宗教，而且也构成了其融合三教的思想内核。

---

① 吴震：《明末清初劝善运动思想研究》，第 37—38 页，台北：台湾大学出版中心，2009 年版。
② 同上书，第 70 页。

除了阳明心学,林兆恩思想的转向还有来自道士与道教的影响。当林兆恩放弃举子业而转入人伦日用、从事慈善救济活动时,其思想虽然也出入于传统的三教之间,但他自己当时还没有在精神上形成归宿意识与方向意识,因而其当时的自我感觉就是"忧愁愤闷,殆若穷人之无所归焉"①。在这种状况下,道士卓晚春(1522—1566)的主动拜访不仅将其带入道教的氛围中,而且也启发了其创教的思路;至于卓晚春去世后为林兆恩所多方发挥的"人身乃一天地"的说法,也无疑是以内丹修炼的方式来内向关注的,从而就成为一种以宗教信仰的心态来对待自我之生命的说法。

进入宗教创教活动后,元末明初著名道士张三丰始终是林兆恩创教活动及其内丹修炼的精神导师。林兆恩当然不可能见过张三丰(虽然他时时暗示他和张三丰有密切交往),但张三丰(或以张三丰名义流行)的著作以及其亦道亦禅的内丹修炼理论确实深深地影响了林兆恩,从而也就构成了其创立三一教内丹修炼的理论模板。

在这些条件的基础上,集中体现林兆恩内丹修炼理论的"九序心法"成为其三教合一宗旨的集中体现。"九序心法"主要由九个逐步深化的修持步骤所构成:

> 其一曰艮背,以念止念以求心;其二曰周天,效乾法坤以立极;其三曰通关,支窍光达以炼形;其四曰安土敦仁,以结阴丹;其五曰采取天地,以收药物;其六曰凝神气穴,以媾阳丹;其七曰脱离生死,以身天地;其八曰超出天地,以身太虚;其九曰虚空粉碎,以证极则。②

仅从形式上看,其所谓"九序心法"似乎也就完全是来自道教的内丹修炼理论;事实上,林兆恩也确实是以道教内丹的"性命双修"理论来展开其"九序心法"的。所以,在这一点上,也像当时代表全真道内丹理论之最

---

① 林兆柯、郭乔泰:《林子年谱》卷一,第6页,万历二十五年刻本。
② 陈支平主编:《福建宗教史》,第76页。

新发展的《性命圭旨》一样，虽然也是以人之自然生命的展开为线索，但实际上是层层修炼、步步推进，最后一直要达到"超出天地，以身太虚"的境地。其实，这一点也与《性命圭旨》中的"合天地之德，而与太虚同体"一说具有大致相同的涵义；至于其所谓"虚空粉碎，以证极则"一说，不过是对《性命圭旨》中"再造乾坤"以及"与太虚同体"的百尺竿头，更进一步而已。

从林兆恩的"九序心法"来看，似乎只是道家的内丹理论，充其量说有禅宗理论的影子，但正像全真道的《性命圭旨》一样，"九序心法"也预设了一个作为入门之前提的"立基"之功，正是"立基"，也就使儒家的人伦日用与道德实践全然进入其中。所以，对于"立基"之功的必要性，林兆恩反复强调说：

> 不知世间法，则不可以为圣，不可以为仙，不可以为佛。[1]
>
> 自古以来，未能不忠不孝而能成仙作佛者，以人道至重故也。[2]
>
> 以三纲五常为日用，入孝出悌为实履，士农工商为常，修之于家，行之于天下。[3]

从这些规定来看，虽然三一教作为一种民间宗教确实具有道教内丹修炼的理论形式，但由于它是从救济、慈善之类的实践活动发展而来的，更加重视人伦日用中的道德实践基础。在世风日下的中晚明社会，这一点其实也就是其能够广泛赢得信众的原因。对于林兆恩的三一教，黄宗羲评价说："兆恩之教，儒为立本，道为入门，释为极则。然观其所得，结丹出神，则于道家之旁门为庶几焉。"[4]不过，三一教以儒家的生活实践为基础、以道教的内丹修炼为形式，同时又以三教合一为根本方向这一点则是毋庸置疑的。就此而言，明代的"三教合一"显然已经成为整个社会的

---

① 林兆恩：《世出世法》，《林子三教正宗统论》子19册，第315页，《四库禁毁书丛刊》子部第十七册——十九册，北京：北京出版社，1997年版。
② 林兆恩：《倡道疏启条答》，《林子三教正宗统论》子18册，第152页。
③ 林兆恩：《九序摘言》，《林子三教正宗统论》子18册，第126页。
④ 黄宗羲：《林三教传》，《黄宗羲全集》第十册，第560页。

一种共识与共同趋向了。

第三节　西学东渐与天主教的传播

正当中国传统的儒佛道三教连同民间宗教一致形成其三教合一的指向时,古老的东方文化又一次迎来了远道的"客人"——西方的天主教。对于中国文化而言,与异质文化的交流与沟通其实并非首次遇到,汉唐之际它就成功地接纳了从印度传来的佛教;即使基督教,在唐代也曾以景教的方式在长安传教。但在汉唐时代,中国作为世界上最先进的国家,本身也拥有足够的自信以消化所有的外来文化;即使到了明代,中国仍然居于世界前列,因而当时的天主教并没有给中国带来多少危机意识,也没有给中国文化的主体——所谓儒家士大夫阶层带来任何震撼,他们反而可以以欣赏、猎奇甚至也包括某种好玩的心态来接受一切外来的东西。当然,当时的天主教及其传教方式也确实不会对中国社会构成任何现实的威胁。因为近代以降中华民族屡遭侵凌的特殊遭际,现代人在提起天主教东传时,难免会带有一丝"既有当初,何以今日"式的追悔与苦涩。

一、西学东渐的历史与进程

基督教是一种极具扩张精神、并在绝对主义精神武装下的一神论宗教,也代表着西方文化的一种源远流长的传统。在唐代和元代,它曾以各种不同的形式来中国(比如唐代的"景教"、元代的"也里可温教"),但对于素来以人伦世界为关注重心的中国文化来说,几乎像是一种天外来客,虽然中国人已经成功地经历了佛教"方外"世界的冲击与熏陶,但"方外"毕竟不同于"天外"。对于佛教所体现的"方外"世界,国人也完全可以其"方内"世界来回应,并且还专门以其"出世"的精神干"入世"的事业,从而也就可以使其"方外"追求的智慧完全服务于"方内"的世俗生活——佛教禅宗就是这一趋势的产物与典型表现。但对于基督教这种

"天外"来客而言，国人当时可能也就只具有围观与猎奇的份儿了。对中国人来说，现实世界自本自根，自我圆成，根本不需要一个天外的主宰者来说明，基督教却完全是以其作为万有创造者之"天主"的身份来到了中国这个"方内"的世界。

实际上，从西方来看，自罗马帝国灭亡起，西方就一直处于基督教的统治之下。文艺复兴以后，随着宗教改革运动的展开，天主教会内部的各种改革措施也在不断促成各种新型耶稣会的形成，伴随着海外贸易的拓展、新兴工商业的崛起，兴起了一种海外传教的热潮；西班牙、葡萄牙这些率先崛起的国家，也纷纷向海外扩展。葡萄牙在占领印度之后，其下一个目标就自然而然地指向中国了。

但中国原本就是一个自本自根、自给自足的国家，它虽然并不排斥对外交流，其国门却并非像印度那样可以轻易打开。从表层来看，当时东南沿海经常遭遇倭寇的侵扰，因而当时的中国正在实行较为严厉的坚壁清野式的海禁政策；从深层来看，中国人自本自根、自给自足的现实世界也根本不需要一个超然天外的"天主"来支撑、来说明，尤其是希望中国人放弃与自己血脉相连的祖先而去祭拜上帝时，在传统的中国人看来，这简直成为一种极为可笑的现象了。在当时，这两个方面正代表着西方传教士在中国所不得不面对的天然阻抗。比如最早谋求向中国传教之先驱，西班牙的传教士方济各·沙勿略（Francis Xavier，1506—1552）其人当时已经来到了广东沿海的上川岛，但缘于中国当时的海禁政策，始终无法进入中国的大门。据说沙勿略曾"望着中国紧闭的国门，无奈地叹息道：'磐石呀！磐石呀！什么时候可以开裂，欢迎吾主啊！'"[1]将中国的国门比作"磐石"，由此可见传教士想进入中国所面临的困难。由于中国的海禁政策并没有解除，沙勿略最后孤独地客死于上川岛上，而与中国无缘。

此后，由于葡萄牙占领了澳门，从而在中国的沿海找到了一个立足

---

[1] 牟钟鉴、张践：《中国宗教通史》，第 617 页。

点,大批传教士蜂拥而至。在澳门,他们一方面学习中国的语言,研究中国文化,同时也在想方设法地琢磨如何能够打开中国的大门。中国的海禁政策当然不允许外国人自由出入,但传教士在深入研究中国文化的基础上,终于找到了打开中国大门的绝招:中国文化非常重视人伦现实关怀,现实关怀自然可以延伸到现实的利益层面,加之中国官员分级包权的特色,传教士一方面发挥天主教的"谦卑"传统以博取中国官员的同情,同时又以其科技产品贿赂中国官员。在这方面,罗明坚(Michele Ruggieri,1543—1607)可以说是打开中国国门的第一人。请看罗明坚是如何打开中国的国门的:

> 1581 年,据说罗明坚已经学会了 12000 余个汉字,熟谙中国的礼仪典章。他利用葡商每年春秋两季去广州交易的机会,随船前往传教。当地官员见他洞悉本国语言而破格礼遇,允许他前往肇庆谒见广东总督陈瑞。罗明坚不失时机地献上了中国人当时还未见过的自鸣钟等礼品,贪婪的总督喜欢异常,不顾国家的闭关制度,允许他留住天宁寺。几个月后,陈瑞去职,新任总督郭应聘同样欣赏罗明坚进贡的西洋礼品……郭应聘赐他们一所房屋,但条件是他们必须"换上中国衣服,变成中国皇帝的子民"①。

对传教士而言,要进入中国传教,熟悉汉字与礼仪典章自然是一个必要前提,"不失时机地献上了中国人当时还未见过的自鸣钟等礼品"则属于实质性的手段;对于中国的官员来说,"贪婪"并"欣赏罗明坚进贡的西洋礼品"自然是其目的——个人利益之所在,至于"换上中国衣服,变成中国皇帝的子民"则是日后进行责任推诿的一条后路。这样,西方的传教士与中国的腐败官员几乎是以"合谋"的方式打开了中国的大门。

待到利玛窦(Matteo Ricci,1552—1610)来华,他所要面对的已经不再是中国的海禁之门了,而主要是中国人的文化心理之门或者说是心理

---

① 牟钟鉴、张践:《中国宗教通史》,第 617 页。

习惯之门；利玛窦所要解决的问题，也就是如何能够与中国人融为一体，或者说是如何让中国人自然而又顺利地接受他的传教活动。利玛窦的目的在于传教——传播上帝的"福音"，他必须先从中国文化中找到与其天主教宗教信仰相类似的成分，于是他们"剃去头发，穿上僧服，成了名副其实的'洋和尚'，他们的住所也被命名为'仙花寺'"①。从利玛窦的这一努力来看，应当说其不愧为杰出的传教士，因为他不仅钻研中国受众的心理习惯，而且首先自觉地放弃其原来的生活习惯，并以入境随俗的方式尽量缩短与中国受众之间的心理距离。

即使如此，利玛窦这样的做派充其量也只是以一个"洋和尚"的方式来吸引中国人的眼球而已。但他并不灰心，此后，他干脆将"仙花寺"的主持之位让给助手，自己则北上南昌、南京等地，以拓展传教事业，在这一过程中，他不幸地发现，原来"佛教僧侣在中国的地位并不高"。也就是说，中国人虽然认可佛教，但也就仅此而已，并不真正信奉其学说。这就包含了两方面的可能：其一，佛教并不是中国文化的引领者，当然也说明中国人并不信奉超世的神灵；其二，佛教僧侣并不代表中国文化的主体，步佛教之后尘也不一定能够真正打开中国文化之门。但由于他精通中国语言，待人谦和有礼，意外地得到了中国士大夫的帮助：

> 在韶州时，他遇到了苏州人瞿太素，瞿太素劝他改换儒服。利玛窦从其所劝，以博得中国士大夫们的好感。利玛窦有才识胆量，又擅长交际，凭藉他广博的中国文史知识和雄厚的西方天文、历算、地理知识，迅速在中国上层儒士中结交了一批朋友。再以自鸣钟、三棱镜、日晷仪等精巧礼品的馈赠取悦于官吏，便在南昌、南京、韶州等地建立了一批住院，正式开始了传教活动。②

换上儒生的服饰，表明利玛窦及其传教团队已经找到并且认准了中国文化的主体；在此基础上，他们进一步看到，只有皇帝才代表着中国社会的

---

① 牟钟鉴、张践：《中国宗教通史》，第 617 页。
② 同上书，第 618 页。

最高决定权。于是,利玛窦不放过任何一次可以北上以接近皇帝的机会:

> 1598 年,利玛窦、郭居静等人进入北京,他们通过太监将自鸣钟、铁弦琴、圣经、圣像等礼物献给了万历皇帝。"两架自鸣钟最使皇上惬意,钟针随滴答之声移动,准时当当报鸣,神宗皇帝喜为天下奇物。"(罗光:《利玛窦传》,第 119 页)皇帝还派宫廷乐师向传教士请教铁弦琴的弹奏方法。利玛窦等人虽未获得觐见的机会,但却得到了在北京居留的默许。[1]

这样,经过多年的努力,利玛窦终于接近了中国社会的核心,并且也取得了最高统治者之居留与传教的"默许"。也就是说,从沙勿略感叹、祈求"磐石"开裂到利玛窦获得在北京居留传教的"默许",几乎有近半个世纪之久。至此,西方传教士不仅打开了中国的国门,而且还赢得了最高统治者的欢心。

在皇权"默认"其在北京居留与传教权的同时,中国文化的主体——儒家士大夫也开始了与利玛窦的交往。在这一过程中,徐光启(1562—1633)起到了开风气的作用。当时,中国传统的宋明理学已经陷入专门玩弄"光景"的思辨空谈,中国社会的内忧外患纷至沓来。颇具开放意识的儒家士大夫便试图通过传教士所带来的科学知识以挽救中国社会的危机。"徐光启是看了利玛窦带来的《山海舆地全图》以后才知其人的,并对他产生了仰慕之情。1600 年春两人在南京相见,视为知己。徐光启虚心向利玛窦学习自然科学知识,并共同翻译了《几何原本》,在中国科技史上做出了不朽的贡献。"[2]再以后,李之藻(1565—1630)、杨廷筠(1562—1627),包括内地的士人(比如陕西的王徵)也陆续跟进,这就形成了一种学习自然科学知识的风气。这种风气也渐渐影响到儒学的深层理论,比如到了明清之际,深居内地的"关西夫子"李二曲在开列其"体

---

[1] 牟钟鉴、张践:《中国宗教通史》,第 618 页。
[2] 同上书,第 619 页。

用全学"之必读书目时,虽然其主体仍然是程朱陆王之类的理学著作,但《农政全书》《水利全书》《泰西水法》《地理险要》"①之类的科技书籍就列入其中。这说明,离开了西方传教士所带来的科学知识,所谓明清之际的实学思潮以及其认知性的视角确实是很难想象的。

虽然儒家士大夫已经表现出向西方文化学习的极大积极性,但一说到入教问题,马上就会遇到无形的阻隔。比如在当时天主教传播的"三台柱"中,徐光启由学习传教士的科学知识到翻译《天主实义》,转而信教,可以说是入教受洗最顺利的一位;而杨廷筠由于本来就是佛教居士,按理说,这实际上已经不存在信仰的成分了,或者说已经可以不受来自信仰层面的干扰,当他要入教受洗时,其纳妾蓄妾的习惯却遭到坚持一夫一妻制之天主教的反对,最后直到承诺与其妾分居才得以受洗。在儒家士大夫入教受洗的过程中,最为典型的就是李之藻。关于李之藻的入教经历,牟钟鉴先生分析说:

> 李之藻则是在利玛窦留居北京期间一直追随左右,学习西方数学、天文学知识。他翻译了《同文指算》《圜容较义》《浑盖通宪》《乾坤体义》等书,还版刻《坤舆万国全图》。但是,他一直甘当利玛窦的学生,却不愿意入教,显然儒家敬鬼神而远之的宗教观在他头脑中影响颇大。可在一次重病之中,利玛窦"力劝其立志奉教于生死之际",李从其劝,从利手中受洗,取圣名为"良"。②

实际上,对于入教受洗之类的上帝信仰问题,如果仅从现实利益出发,那么中国人固然也可以说是什么都信;但如果从超世信仰的角度看,中国人的人伦现实关怀及其生存经验根本就缺乏这方面的想象力。所以,李之藻"入教"的艰难并不能说他不真诚,而是说他实在无法离开自己的生存经验去理解上帝的人格形象问题。但为什么对传教士所带来的科学知识,中国的士大夫就很容易接受呢? 这主要是因为其科学知识可以立

---

① 李颙:《体用全学》,《二曲集》,第 54 页,北京:中华书局,1996 年版。
② 牟钟鉴、张践:《中国宗教通史》,第 619 页。

即兑现于人生中的生存现实；而对于上帝的信仰，如果离开了对人之生命的有限性、相对性以及其有缺陷、不完美之反向的推导与思考，那么这一问题——所谓上帝之尽善尽美、全知全能之类就确实是一个极不容易理解的问题——李之藻最后也完全是从现实的临终关怀的角度入教的。

1626年，在利玛窦去世十多年之后，当金尼阁将利玛窦等人的罗马字注音方案加以修改补充，编成一本完整的罗马字注音书，并专门命名为《西儒耳目资》在杭州刻版时，表明以利玛窦为代表的西方传教士终于打开了中国文化之门。因为"西儒"的称谓一方面表明他们在向中国的儒家士大夫认同；另一方面，中国的士大夫能够接受他们并送以"西儒"的称谓，也说明中国的士大夫已经接受并认可了传教士的这一自我定位。

二、中西学术的"格义"与会通

在以利玛窦为代表的传教士的传教活动中，他们给中国文化所带来的新文化因素实际上属于两个不同的层面。他们传教的根本目的当然是要中国人接受他们的上帝信仰，但他们吸引中国人或借以推销其信仰的却主要是他们的科学知识及其技术制作。对西方人而言，由于其理性本身的层级性质，其对上帝的信仰虽然也可以通过科学家其人从而表现于具体的科学求知活动中，但西方人绝不会以科学认知的方式去论证其对上帝的信仰，当然也不会以科学实证的方式去论证上帝的存在。对始终坚持"天人合一""体用一贯"以及形上本体与形下流行一以贯之的中国文化来说，"天视自我民视，天听自我民听"[1]，因而天的意志、道德本体的发用流行也就必须表现在老百姓的日用伦常之中，所谓"道不远人，人之为道而远人，不可以为道"[2]就有这方面的要求；中国文化之所以极为重视现实关怀，其实也并不在于现实关怀所表现出来的利益诉求（只有

---

①《尚书·泰誓中》，吴哲楣主编：《十三经》，第90页。
②《礼记·中庸》，吴哲楣主编：《十三经》，第561页。

在丧失了超越追求之后才会表现出唯利是图的利益追求倾向），而在于现实关怀对于超越的"天意""天志"的内在蕴涵、落实及其具体表现上。这样一来，如果我们以中国人所常用的本末、体用以及形上与形下来分析利玛窦所带来的西方文化，就可以明显地看出，西方文化的各个层级之间实际上是相对独立的，一如《圣经》所谓的"让凯撒的事情归凯撒，上帝的事情归上帝"一样。但对于中国文化而言，这种两不相关而又各自独立的现象简直是不可想像的。不过，如果从西方文化的这一特点来照察中国文化，那么中国文化也可以说是表现为信仰、认知的两不足了——其信仰是不够纯粹的信仰，其科学认知也不是真正的科学认知，只表现为一种约略近之的技、艺形态。这可能也是利玛窦惊叹于中国人根本没有信仰，同时又批评中国人过分看重现实利益的原因。试想，从广州海关到广东总督一直到作为最高统治者的万历皇帝，都一概可用自鸣钟、铁弦琴、三棱镜之类的玩物来打通关节时，说明这个民族之看重现实利益确实已经到了不可救药的地步了；但对于中国的官员士大夫与皇帝来说，这并不是一个现实利益的问题，而是所谓"异地向心"的问题，或者也可以说是他们自身猎奇、好玩之心的表现。

当这两种不同的文化相遇时，其相互的隔膜、误解自然是免不了的。但利玛窦的杰出之处就在于他所携带的层级理性，从而予以分头疏解；对中国文化而言，这就成为一种"格义"性的会通了。利玛窦对中国文化中涉及科学技术层面的理解及其"格义"另有专门整理，我们这里只分析其对中国文化中几个宗教、道德概念的会通与理解。

首先需要说明的就是"天"与"天主"概念，因为天主教之名实际上就源于当时的传教士对中国人所崇拜的"天"与西方人所崇拜之"上帝"的"格义"性会通，从而使中国人可以在"天主"的涵义上理解西方人的上帝观念了。在卓新平先生主编的《基督教小词典》中，曾对"天主教"有如下说明：

> "天主教"一词在西文中意指公教，源自希腊文 katholikos（即

"全世界的""普遍的"之意),中文"天主"一词,为明末耶稣会传教士进入中国后,借用中国原有名称对所信之神的译称,通常认为取自《史记·封禅书》所载:"八神,一日天主,祠天齐",表述"最高莫若天,最尊莫若主"和"天地真主,主神主人亦主万物"的思想,取意为至高无上的主宰,以与中国传统宗教所信奉的神灵相区别,故称其为天主教。①

在利玛窦的诠释中,其对"天主"则有如下说明:

> 今吾欲拟指天主何物,曰:非天也,非地也,而其高明博厚,较天地犹甚也;非鬼神也,而其神灵鬼神不宾也;非人也,而遐迈圣睿也;非所谓道德也,而为道德之源也。彼实无往无来,而吾欲言其以往者,但曰无始也;欲言其以来者,但曰无终也。又推而意其体也,无处可以容载之,而无所不盈充也。不动,而为诸动之宗。无手无口,而化生万森,教谕万生也。其能也,无毁无衰,而可以无之为有者。其知也,无昧无谬,而已往之万世以前,未来之万世以后,无事可逃其知,如对目也。其善纯备无滓,而为众善之归宿;不善者虽微,而不能为之累也。其恩惠广大,无壅无塞,无私无类,无所不及。②

从利玛窦对上帝的这一诠释来看,上帝实际上就是尽善尽美与全知全能的代称;以中国人所崇拜的"天""天主"来"格义"西方文化中"至高无上的主宰"——"上帝",同时又与"中国传统宗教所信奉的神灵相区别",应当说这个"格义"还是比较准确的。无论我们是对应于孔子的"天何言哉?四时行焉,百物生焉,天何言哉?"③还是对应于墨家能够赏罚报应的"天志",乃至于孟子所谓的"莫之为而为者,天也;莫之致而至者,命

---

① 卓新平主编:《基督教小词典》,第8页,上海辞书出版社,2001年版。
② 利玛窦著,徐光启译:《天主实义》上卷首篇,第14—15页,朱维铮编《利玛窦中文著译集》,上海:复旦大学出版社,2001年版。
③《论语·阳货》,吴哲楣主编:《十三经》,第1311页。

也"①,其实都有最高主宰、最终动力与最后仲裁的涵义。就这一点而言，应当说这一"格义"性的会通还是比较准确的。

但是，在"天""天主"与"上帝"之间确实还存在着一些差别。其最明显的一点就在于"上帝"具有人格神的涵义，而无论是"天"还是"天主"并不具有人格神的涵义。这一差别当然也可以说是由西方上帝崇拜之强烈的宗教特征所决定，中国的"天""天主"却并不具有这种明显的宗教特征。其次，中国的"天"还具有明显的自然特征，即从孔子的"四时行焉，百物生焉"来看，也同样是以自然来表现"天"的主宰作用的，而"上帝"却完全是作为自然的创造者出现的。比如利玛窦说："必有所以为始生者，而后能生他物。果于何而生乎？则必推及每类初宗，皆不在于本类能生，必有元始特异之类化生万类者，即吾所称天主是也。"②就这一点而言，"天"当然是万物之祖，但"天"本身就是自然，就表现在自然生化的过程中；"天主"则是作为天地万物之外的创生者出现的。这显然有所不同，当然也可以说中国文化的宗教性特征有所不足的表现。

除此之外，"天主""上帝"往往是作为天地万物之外的创造者出现的，它虽然也可以内在于天地万物，却必须首先具有外在于天地万物的品格。只有外在于天地万物，才能作为天地万物从无到有之终极的创造者；中国的"天"则始终具有内在于天地万物的品格，甚至就直接以天地万物为自身存在的表现。自然，这也可以说是中西文化外在超越与内在超越之不同特征的表现。另一方面，近现代以来，人们又常常因为"天"的自然色彩从而认为"天主"——"上帝"之间的"格义"不足取，其实这只是近现代人的过错，并不是"天主"——"上帝"相互"格义"的过错。在中国文化中，"天"本来就是"最高主宰""道德根源"及其"自然生化及其表现"三种含义的并存与统一，不能因为其有自然的表现从而就否定、排斥其他含义。就在明代理学中，理学家也常常以自然现象来表示道德境

---

① 《孟子·万章上》，吴哲楣主编：《十三经》，第 1399 页。
② 利玛窦著，徐光启译：《天主实义》上卷首篇，第 11—12 页，

界,如果将他们对自然的描述仅仅理解为现代人所认知的自然,或者完全从自然的角度来理解道德,那就大错特错了。从这一点来看,"上帝"与"天主"之间"格义"性的会通,一方面凸显了中国文化中"上天"崇拜的宗教性义涵,同时也昭示了其宗教性较弱的特点。当然,正因为中国文化宗教性较弱的特点,才使它并不具有强烈的宗教排他性,所以中国人就既可以信天,也可以信佛,同样也可以信仰上帝。

其次,就是对中国文化中"精神"与天主教中"灵魂"的格义问题。实际上,中国文化中虽然也有"灵""精灵"与"灵明"之类的概念,但中国人更重视精神;所谓"灵"与"精灵"之类往往是从质材性的"气"或"气之灵"一边说的;至于"精神",往往只能从人之心志或志向的角度阐发出来的。比如孔子的"三军可夺帅,匹夫不可夺其志"①,就是从超越于感性生命之"志向"的角度阐发出来的;再比如墨家的"天下无人,子墨子之言也犹在"②,也同样是在表达一种"志向性"的超越精神。但对天主教而言,其"灵魂"一说一方面是从关联着个体生命(无论这个生命是人还是物)的角度而言的,指生命中超越于生命的因素,所以对其教理而言,"灵魂不灭"也就成为一个基本原则,康德对德、福一致的论述也就一定要以"灵魂不灭"作为基本前提。另一方面,在西方文化中,灵魂虽然附着于生命,但灵魂自身却是属于"神之类"的,即其本质上是神的意志落实于生命中的表现,比如利玛窦就对灵魂规定说:"凡物非徒以貌像定本性,乃惟以魂定之。始有本魂,然后为本性。有此本性,然后定于此类。既定此类,然后生此貌。故性异同由魂异同焉。类异同由性异同焉,貌异同由类异同焉。"③但在中国文化中,所谓"灵""魂"之类基本上是随着生命的消亡而消亡的,不灭不亡的主要是指超越于个体生命、超越于所谓灵魂的精神。

---

① 《论语·子罕》,吴哲楣主编:《十三经》,第 1283 页。
② 墨翟:《墨子·大取》,《诸子集成》,第四册,《墨子閒诂》,第 246 页,上海:上海书店,1986 年版。
③ 利玛窦著,徐光启译:《天主实义》下卷,第 5 篇,第 49 页。

让我们先看中西文化对于灵魂之大体对应的论证。利玛窦关于灵魂"三品"说的论证与荀子对于"水火""草木""禽兽"与"人"的区分极为相近，所以我们这里一并征引：

> 彼世界之魂，有三品，下品名曰生魂，即草木之魂是也。此魂扶草木以生长，草木枯萎，魂亦消灭。中品名曰觉魂，则禽兽之魂也，此能附禽兽长育，而又使之以耳目视听，以口鼻啖嗅，以肢体觉物情，但不能推论道理，至死而魂亦灭焉。上品名曰灵魂，即人魂也。此兼生魂觉魂，能扶人长养，及使人知觉物情，而又使之能推论事物，明辨理义；人身虽死，而魂非死，盖永存不灭者焉。①

> 水火有气而无生，草木有生而无知，禽兽有知而无义；人有气、有生、有知亦且有义，故最为天下贵也。②

在这里，利玛窦实际上是将所有的灵魂分为"三品"，即"草木之魂""禽兽之魂"与"人魂"，一定程度上也就相当于这三类事物的认知能力及其心智特征，因而"草木之魂"与"禽兽之魂"都是"至死而魂亦灭焉"，只有人的"灵魂"才是"永存不灭者"。荀子这里虽然没有提到灵魂，但其从"水火有气""草木有生"到"禽兽有知"以及"人有气、有生、有知亦且有义"的说法则明确地构成了一个层层上升的阶梯，最后一直到人的"有知亦且有义"。在荀子的语境中，所谓"有知亦且有义"也就相当于人之为人的决定性因素，或者说是人之区别于"草木""禽兽"的根本特征。显然，荀子这里虽然并没有提到灵魂灭不灭的问题，但其"知"与"义"的规定大体也就相当于人的精神。关于人的灵魂、精神之类，后世的哲学家也都有很好的论证，让我们这里一并征引：

> 气于人，生而不离、死而游散者谓魂；聚成形质，虽死而不散者谓魄。③

---

① 利玛窦著，徐光启译：《天主实义》上卷，第 3 篇，第 26 页。
② 《荀子·王制》，《诸子集成》第二册，《荀子集解》，第 104 页。
③ 张载：《正蒙·动物》，《张载集》，第 19 页。

聚亦吾体,散亦吾体,知死之不亡者,可与言性矣。①

可知充天塞地中间,只有这个灵明……天没有我的灵明,谁去仰他高?地没有我的灵明,谁去俯他深?鬼神没有我的灵明,谁去辨他吉凶灾祥?天地鬼神万物离却我的灵明,便没有天地鬼神万物了。我的灵明离却天地鬼神万物,亦没有我的灵明……今看死的人,他这些精灵游散了,他的天地万物尚在何处?②

在张载与王阳明的这些论述中,从"魂"到"精灵",显然都是从感性生命之生理基础一边而言的,因而也就会随着感性生命的消亡而消亡;这一语境下的"魂"与"精灵",则相当于朱子所谓"气之灵处"。但从张载的"死而不散者谓魄"(相当于国人所谓"气节""气魄")到"死之不亡者"的"性",则如同孔子所谓"匹夫不可夺"之"志"一样,显然又是指一种做人精神而言的;也正是在这一意义上,才有墨家后学所谓的"天下无人,子墨子之言也犹在"这种对墨家精神的高度赞扬,这种赞扬正是就其超越于人之感性生命的精神而言的。很明显,天主教中的"灵魂",如果就其紧扣个体之感性生命与生理基础而言,它必然是要消亡的;但如果就其超越于个体感性生命之精神而言,确实具有超越生死之"不亡"的一面。

最后,让我们再来看伦理与道德之间的"格义"问题。伦理和道德当然都是中国传统中本有的概念,但在讲伦理时,国人首先侧重于人与人之间的血缘关系,如"兄弟,天伦也"③,进而也可以引申为人与人之间的关系;今天所谓的伦理学,也主要是指人与人之间的关系而言的。但在讲道德时,主要是侧重于人之自觉而又普遍存在的内在本质而言的。比如《礼记》云:"礼乐皆得,谓之有德。德者得也。"④又云:"德者,性之端也;乐者,德之华也。"⑤这说明,在中国文化中,伦理与道德一方面是各有

---

① 张载:《正蒙·太和》,《张载集》,第7页。
② 王守仁:《语录》三,《王阳明全集》,第124页。
③《春秋·谷梁传·隐公元年》,吴哲楣主编:《十三经》,第1139页。
④《礼记·乐记》,吴哲楣主编:《十三经》,第513页。
⑤《礼记·乐记》,吴哲楣主编:《十三经》,第517页。

其具体指谓的,同时又表现为一种有机统一的关系,今天人们常常以伦理道德连用也表明其相互是一体的关系。不过,当伦理和道德各自成为一种"学"时,伦理往往是从对象认知的角度研究人与人的关系;而道德往往是从人之主体内在性的角度研究道德之彰显与落实的关系。

但在利玛窦的诠释中,其特点在于他并不明确区分伦理与道德,而主要是从人之为人的角度讲为善与行善,从而将伦理与道德从目的性的角度统一起来了。对中国文化而言,这就表现出许多共同性。比如利玛窦首先从人与动物相区别的角度讲人的特点:

> 禽兽之愚,虽有知觉运动,差同于人,而不能明达先后内外之理。缘此,其心但图饮啄,与夫得时匹配,孳生厥类云耳。人则超拔万类,内禀神灵,外睹物理,察其末而知其本,视其固然而知其所以然。①

在这里,所谓"人则超拔万类"也就相当于《尚书》所谓"惟人万物之灵"②或荀子所谓"最为天下贵",但人之所以最为天下贵又主要在于其能自觉地为善、行善,而这种行善又必须达到自然而然的地步。在这一点上,中西文化之间又表现出了高度的一致性:

> 苟世人者,生而不能不为善,从何处可称成善乎?天下无无意为善而可以为善也。吾能无强我为善,而自往为之,方可谓为善之君子。③

> 不得已,当为而为之,虽杀人皆义也;有心为之,虽善皆意也。正己而物正,大人也;正己而正物,犹不免有意之累也。有意为善,利之也,假之也;无意为善,性之也,由之也。有意在善,且为未尽,况有意于未善耶!④

---

① 利玛窦著,徐光启译:《天主实义》上卷首篇,第9页。
②《尚书·泰誓上》,吴哲楣主编:《十三经》,第89页。
③ 利玛窦著,徐光启译:《天主实义》下卷,第7篇,第74页。
④ 张载:《正蒙·中正》,《张载集》,第28页。

显然,利玛窦所谓"天下无无意为善而可以为善也"正是强调人之为善的自觉性;而所谓"吾能无强我为善,而自往为之,方可谓为善之君子",其实也就是张载所谓的"无意为善,性之也,由之也"——使为善完全成为人之内在德性之一种自然而然的表现。相反,所谓"有意为善,利之也,假之也"则是一种伪善,主要是试图通过外在的善行以达到某种目的,从而把善作为一种手段来利用了;"无强我为善,而自往为之"一说同样是一种"无意为善"。在这一点上,中西文化之间确实又表现出了高度的一致性。

但是,在人的德性之源或者说人之善行的最高指向上,中西文化之间又表现出了明显的分歧。天主教既以"天主"为人的德性之源,因而人的一切善行的最高指向也就是"爱天主,为天主"。中国人虽然也认为人的德性之源在于天,比如孔子的"天生德于予"、孟子的"此天之所与我者",也都是在强调人之道德的天道依据。但在人的道德行为的指向上,儒家则与天主教判然有别:

> 夫仁之说,可约而以二言穷之,曰:爱天主,为天主。无以尚;而为天主者,爱人如己也。行斯二者,百行全备矣。然二亦一而已。笃爱一人,则并爱其所爱者矣。[1]

> 唯天下至诚,为能尽其性;能尽其性,则能尽人之性;能尽人之性,则能尽物之性;能尽物之性,则可以赞天地之化育;可以赞天地之化育,则可以与天地参矣。[2]

在这里,人之道德根源在于"天"或"天主",儒家与天主教可以说是完全一致的;落实"天"或"天主"的意志以努力行善,二者也具有同样的规定与要求。对天主教而言,其所有道德行为的目的就在于"爱天主,为天主",所以说这就是人之"无以尚"的目的;对儒学而言,"天"却从来不要求人以道德行为来回报自己,充其量也只是人自觉地"赞天地之化育"而

---

① 利玛窦著、徐光启译:《天主实义》下卷,第 7 篇,第 79 页。
②《礼记·中庸》,吴哲楣主编:《十三经》,第 564 页。

已；作为人之道德行为的根本目的，则主要在于实现人的最高使命——"与天地参"。这样一来，儒学与天主教也就最后区别开来了：天主教说到底是一种崇拜"上帝"的宗教，儒学则始终是关于人之为人以及人伦的教化与进化的思想学说。

三、利玛窦的贡献及其影响

关于利玛窦之来华以及其在文化交流方面的意义，我们首先就会想起中国唐代的玄奘法师。但玄奘之西行印度，主要在于"取经"；利玛窦之来华，则主要在于"传教"，不过，他们都代表着一种异质文化之间的交流与沟通这点是共同的。关于玄奘法师所代表的中国文化当时对印度文化有何影响以及其影响的大小，由于年远代湮，我们知之甚少；但利玛窦之来华，则从根本上改变了中国人的世界，改变了中国人对世界的看法；一直到今天，我们仍然处在中西两大文化系列的碰撞、交融所激起的旋涡中。甚至也可以说，利玛窦之来华及其和平地交流、传教，其实也正是西方在数百年后以坚船利炮的方式强行打开中国国门的先声。惜乎当时的中国士大夫虽然也注意到这一现象，却并没有引起足够的注意，也没有带来进一步的文化反省；更让人追悔的在于晚明皇权的极度腐败，又导致了清人的入关。由于少数民族的文化自卑心理以及其对汉族士大夫的猜忌、防范与对外的闭关锁国政策，导致了鸦片战争，也注定了中华民族近现代屈辱多舛的命运。

当我们今天站在中国文化的民族立场来看待、品评由利玛窦所开启的文化交流时，他所传播的西方文化对于中国传统的主流思想以及未来的文化建设究竟具有什么意义呢？让我们先看这位文化使者对中国文化的认识。

首先，利玛窦不止一次地提到"中国没有一门宗教"，这当然既是一种实然判断，也可以说他是以天主教作为标准来判断中国人的精神与信仰状况所得出的结论。但同时又发现，中国人往往"把孔夫子，这位儒教奠基人留下的某些语焉不详的字句,通过阐释为我所用"①。就是说,中国人实际上是把儒学作为宗教的替代品来运用的。正是基于这一认识,他才尽可能地发掘天主教与儒教的共通性,从而发现"历观古书,而知上帝与天主,特异以名也"②。显然,所谓"天主",实际上就是利玛窦在儒教经典中所找到的与基督教之"上帝"的共同点;这一共同点也就构成了其与中国文化交流与沟通的中介。

在这一认识的基础上,利玛窦也尽可能地以天主教作为参照系来发掘中国文化中的信仰成分。中国人虽然没有宗教,但儒教作为宗教的替代品却一直在发挥着宗教信仰的功能。比如说,虽然中国没有宗教,但仍然存在着像西方一样的宗教解释学。他说:

> 中国人中也有德高望重之士著书立说,但多为伦理方面的,并非科学的著述,而是根据《四书》中的名言去发挥申述。目前此书尤受儒者重视,日夜手不释卷。该书体积并不很大,较西塞禄的《书信集》还小,但注释他的书籍却是汗牛充栋。③

像这样的观感和记载,说明儒学确实在发挥着宗教信仰的功能;所谓"多为伦理方面的",一方面说明儒学对于道德问题确有穷极根源的探讨兴趣,同时又比较重视人伦实践。至于所谓"伦理"云云,其实也就是指对道德的人伦实践而言的。

不仅如此,正像利玛窦能够在儒学中发现其宗教信仰功能一样,他在中国人的日常生活中也发现了智慧、发现了科学。他写道:

> 中国人的智慧,由他们聪明的发明可以得知,论他们的文字,每样东西都有代表的字,而且结构深,很巧妙,所以,只要世界上有多少语句,就有多少各个不相同的文字来代表,而他们都能将它们学

---

① 谢和耐:《中国文化与基督教的冲撞》,第16—17页,沈阳:辽宁人民出版社,1989年版。
② 利玛窦著,徐光启译:《天主实义》上卷,第2篇,第21页。
③ 利玛窦著,罗渔译:《利玛窦书信集》(上),第244—245页,《利玛窦全集》第三册,台北:光启出版社、辅仁大学出版社,1986年版。

会并认识得清清楚楚。他们也用它做各种学问,例如医药、一般物理学、数学与天文学等,真是聪明博学。他们计算出的日、月食非常清楚而准确,所用的方法却与我们不同。还有在算学上,以及在一切艺术和机械学上,真令人惊奇。这些人从没有和欧洲交往过,却全由自己的经验而获得如此的成就,一如我们与全世界交往所有的成绩不相上下。①

这就是利玛窦在到中国不久写给其国内朋友的信,当然其中无疑也包含着他对异质文明的惊奇与赞叹的成分,更重要的一点在于,利玛窦本身就带有科学认知的参照系,所以他就能够从中国人的伦常生活中发现智慧、发现科学。所有这些发现,实际上都离不开其自身所携带的西方文化的层级理性;如果没有其层级理性,那么中国的信仰、智慧及其价值是无法显现出来的。

另一方面,利玛窦身上所显现的西方智慧尤其是科学知识也给中国人带来了很大的震撼,所以,作为利玛窦向中国传教之最重要的支持者和接应者的徐光启,在和利玛窦有过具体交流之后,就曾向皇上上书说:

> 臣等昔年曾遇西洋利玛窦,与之讲论天地原始,七政运行,并及其形体之大小远近,与夫度数之顺逆迟疾,一一从其所以然处,指示确然不易之理,较我中国往籍,多所未闻。臣等自后每闻交食,即以其法验之,与该监所推算,不无异同,而大率与天相合。故臣等窃以为今兹修改,必须参西法而用之,以彼条款,就我名义。从历法之大本大原,阐发明晰,而后可以言改耳。②

作为朝廷命官,徐光启在向皇帝上书中建议采纳利玛窦的西洋历法,说明利玛窦所带来的天文知识已经深深地震撼了中国的士大夫。自然,这又可以说是以中国传统文化为参照系照察西方文化所得出的结论。那

---

① 利玛窦著,罗渔译:《利玛窦书信集》(上),第52页。
② 徐光启:《修改历法请访用汤若望罗雅谷疏》,第344页,《徐光启集》,上海:上海古籍出版社,1984年版。

么，利玛窦所兢兢念念的传教事业——其所谓上帝信仰问题何以并不能给国人带来震撼呢？从表层来看，固然是中国人的"不语怪、力、乱、神"[①]与"敬鬼神而远之"[②]的传统起到了阻滞的作用。但从深层来看，与其说是中国因为圣人的教导而不理会利玛窦的上帝信仰，不如说主要是因为中国文化的特殊结构制约着国人根本就不会去关注"六合以外"——离开现实人生与现实关怀的事情。这样一来，当这两种异质文化相会时，能看到什么？又会震惊于什么？自然也都要受到双方母体文化自身之特殊结构的制约。

已如前述，利玛窦何以既认为"中国没有一门宗教"，又能够发现儒学所起到的宗教信仰功能；既承认中国人有"各种学问"，在"医药、一般物理学、数学与天文学等，真是聪明博学"，同时又认为中国的"各种学问""所用的方法却与我们不同"？实际上，这主要源于其学科、理论的层级化特点，尤其是科学与宗教各自独立发展的结果。反过来，从中国人的角度看，为什么中国人会对其上帝信仰充耳不闻？而对其科学知识、天文历算又表现得格外敏感、格外有兴趣呢？实际上，这既不是中国人的科学思维发达，也不能说中国人充满了科学认知的兴趣与探索精神，而是因为利玛窦所带来的科学知识完全可以兑现于人生的感性经验与现实生活。在这一问题上，恰恰表现出中国文化两个不同层面之间高度的一致性；这种一致性也就是"六合之外，圣人存而不论"[③]。正是这种"存而不论"的态度，既使其根本缺乏对"方外"世界的兴趣，也使其将科学认知思想全然限定于人伦生活的范围，并且也仅仅作为可以服务于我们现实生活的技术来理解。

这样一来，当我们以西方文化为参照系来反观我们的传统文化时，所谓科学与信仰的两不足也就真正成为一种震撼我们心灵的认识了。当然从深层来看，这种"两不足"的现象主要决定于我们传统的天人合

[①]《论语·述而》，吴哲楣主编：《十三经》，第 1276 页。
[②]《论语·雍也》，吴哲楣主编：《十三经》，第 1273 页。
[③] 郭庆藩：《庄子集释·齐物论》，第 93 页。

一、体用一贯以及内在超越、实践提升的文化进路与智慧类型，这一点既是我们传统文化之所短，也是我们文化之所长。这种集长短、优劣于一身的特点就是我们的文化传统。这种传统，既不可能从根本上得到改变，也没有必要从根本上改变，但我们可以西方文化作为参照和借鉴，充分荡开我们超越追求与现实关怀之间的张力，从而使我们的科学认知与科学研究能够摆脱所谓来自"价值"与"意义"层面的要求与规整，以从科学与技术的内部获取其独立发展的动力。同时，从儒学作为一种人生信仰的角度看，其既存在着随时可以贯注于人伦生活的优点，也存在着精神萎靡、善于权变而又不足以作为人生信仰的一面。

这就是利玛窦来华的影响，也应当说是其作为"天外"来客对于中国文化的借鉴与启示意义。

第十章　刘宗周的诚意慎独之学

　　作为理学,宋明历来并称。也就是说,仅从理论形式上看,明代理学确实是两宋理学的继续和发展;但从内容来看,明代理学所特有的思想内容显然又是两宋理学所说明不了的。就两宋而言,固然可以说是一个理学经过漫长的孕育而终于发皇的过程,同时也是随着理学的崛起心学开始萌芽与发轫的过程,所以两宋理学的遗产主要也就归结为朱陆两家;在经过元代"朱陆合流"之后的明代,一直占统治地位的朱子学终于裂变为心学与气学两种不同的进路。这两种不同进路在经过相互的批判、磨合与影响之后,最后凝结为以顾宪成、高攀龙为代表的朱子学立场上的总结与以刘宗周为代表的阳明心学立场上的总结。这样,当我们面对刘宗周哲学时,也就意味着明代理学的终结了。——这不仅因为刘宗周是随着明王朝的灭亡而绝食自尽的,而且也因为刘宗周确实是明代心学的最后一位大师,实际上,刘宗周也将本质上作为理学的心学推向了极致;过此以往,所谓心学也就只能在前人规模的基础上或随缘发用或自我发挥了。

　　刘宗周代表着明代理学的高峰与心学的终结,但这绝不是说刘宗周生来就是一位心学家,而是其人生的际遇、学理的探索与政界生涯的逼迫以及其忠诚与良心,使他最后不得不以心学的进路与方式完成并终结自己的一生。

一、生平境遇及其从政生涯

刘宗周(1578—1645),字起东,号念台,山阴(今浙江绍兴)人。因常讲学于绍兴城北的蕺山,学者称蕺山先生。万历二十五年(1597)中乡试,至万历二十九年(1601)进士及第。初授行人司行人,以后则历任礼部主事、光禄寺丞、尚宝寺少卿、太仆寺少卿、通政司右通正、顺天府知府、工部左侍郎、礼部左侍郎、南京都察院左都御史等职,并历事万历、泰昌、天启、崇祯四朝(算上南明弘光则可以说五朝)。刘宗周历官虽多,但往往不能久任,且其一生曾三次被皇帝降御旨削职为民,不过,每当明王朝到了危急关头,皇上总是怀念其忠直而强诏,但到了朝廷又不能用,所以其一生的为政履历就是"通籍四十五年,在仕版六年有半,实立朝四年,革职为民者三"[①]。南明弘光元年(1645),清兵攻陷杭州,刘宗周虽蒙诏任职,但事不能做,建议不能用,于是辞官归乡,最后以为明王朝殉节的方式,绝食二十日而卒,终年六十八岁。

作为明代心学的最后一位大师,刘宗周的出身与明代心学的开创者陈白沙其实存在着某些极为一致的地方,但又有着完全不同的生存环境。比如说,两个人都是遗腹子,也都是在寡母的哺育下成人的。但陈白沙家境优裕,其九岁尚以母乳代餐就是证明,当然也享有更多的母爱;刘宗周却根本就没有这样的家境,其父祖两代虽然为读书人,但在其父亲去世后居然一下子就到了"无可为家"的地步,其母亲本来坚持殉节求死,但因为怀有身孕,最后在其外祖父的劝说下才回娘家生下了刘宗周,因而也就不得不"依昆弟以居……躬操纺绩以自给"[②]。由此可见,刘宗周等于自幼出身于外家,从小就过着依人而居的生活,这自然无法与陈白沙相比。十九岁,刘宗周已经成年,但因为家贫而不得不"赘婚于章

---

① 刘汋:《蕺山刘子年谱》,《刘宗周全集》第六册,第161页,杭州:浙江古籍出版社,2007年版。
② 同上书,第54页。

氏……夫人年亦十九，先生母族姪也……及期，无力行六礼，乃就婚于章，服旧衣而往。既于归，家无应门，夫人即亲操井臼。"①从这些情况来看，其家几乎可以说是赤贫之家。更有甚者，刘宗周这种清贫困窘的生活几乎贯穿了他的一生，早年，他之所以积极参加科考，主要就是为了"斗升"以解决一家人的温饱问题，但做官多年以后，仍然衣食不济，比如："先生饔飧不给，岁贷米于大善寺僧，取之如外府。然恒越一年必偿其直。方偿毕而复贷，如是者二十载。"②所以官场嘲笑他为"刘豆腐"（即买菜只能买豆腐）、"刘一担"（做官的行囊始终只有一担）。从这些经历来看，刘宗周似乎一生都过着极为清贫的生活。

正因为其清贫一生，我们也就完全可以理解其对先儒吴与弼的如下评价：

> 先生之学，刻苦奋励，多从五更枕上汗流泪下得来。及夫得之而有以自乐，则又不知足之蹈之、手之舞之。盖七十年如一日，愤乐相生，可谓独得圣贤之心精者。至于学之之道，大要在涵养性情，而以克己安贫为实地。此正孔、颜寻向上工夫……《日记》云："淡如秋水贫中味，和似春风静后功"，可为先生写照。充其所诣，庶几"依乎中庸，遁世不见知而不悔"气象。③

这就是被刘宗周、黄宗羲师徒共尊为明儒之真正开山的吴与弼之精神气象！这里虽然是对吴与弼的评价，实际上也可以说是刘宗周自己人生的写照。区别仅仅在于，吴与弼是以耕读传家的方式终老于乡，刘宗周则走向了庙堂，并且还成为五朝元老；他们在"独得圣贤之心精"以及"克己安贫"这一点上，可以说是朝野一贯、前后互映的。

从立身行事来看，如果与陈白沙相比，陈白沙从诗文到生活习性都透着一股富家公子的底气，比如当其连考三届而未中进士就发誓不再考

---

① 姚名达：《刘宗周年谱》，《刘宗周全集》第六册，第225页。
② 姚名达：《刘宗周年谱》，《刘宗周全集》第六册，第238页。
③ 刘宗周：《明儒学案·师说》，《刘宗周全集》第五册，第517页。

了;在从学于吴与弼时,又因为早上贪睡而受到申饬。这样的事情在刘宗周身上几乎是不可能发生的。刘宗周家中一贫如洗,根本不可能请塾师,他就只能跟着外祖父的塾馆而四处游学,十二岁时,就要日行九十里以赶到其外祖父的塾馆求学。其母亲又有着极严的家教:"笃于义方,步趋言动不少假,有过辄责之。"①在刘宗周一生的成长经历中,其母亲严厉的家教始终起着非常大的作用。请看万历二十五年(1597)刘宗周中举时所发生的两件事:

> 先生归里,天且暮,用便服谒见母太恭人。太恭人恚曰:"汝幸为举子,独无举子服可服,而以私亵也? 又迟迟入夜,简亲弃礼,自此始矣。"先生亟更衣,太恭人终不乐而罢。未尝一色喜,意若转自伤者。②

> 先生一日从众谒当途,太夫人恚曰:"尔母之为乎? 母则有旧饘粥在,慎勿出此。"先生惶恐谢罪。常燕居侍立,太夫人顾而申饬曰:"戒之哉! 毋多言,多言败德;毋多动,多动败事。"其教诫之严类如此。③

正是自幼的清贫生活以及其母亲的严教,培养了刘宗周严毅刚正的品格,其一生律己之严几乎到了不可想像的地步。《年谱》记载:"先生平日不赴人饮,亦不招人饮。越中缙绅有蓬莱会,月一治具燕集。先生登第后,有邀与会者,先生曰:'不谈道,不讲艺,为此无益之举,无论虚费财资,即光阴讵不可惜乎?'固辞不往。"④

进入官场后,刘宗周则更有其精彩的表现。崇祯三年(1630),刘宗周当时正在京兆伊任上,经常要与太监打交道,自然会遭到太监的勒索。但当太监碰到刘宗周这位"铁公鸡"时,也就只能自找台阶了。《年

---

① 刘汋:《蕺山刘子年谱》,《刘宗周全集》第六册,第 55 页。
② 姚名达:《刘宗周年谱》,《刘宗周全集》第六册,第 226 页。
③ 刘汋:《蕺山刘子年谱》,《刘宗周全集》第六册,第 59 页。
④ 姚名达:《刘宗周年谱》,《刘宗周全集》第六册,第 260 页。

谱》载：

> 先生在事，风裁孤峻。缙绅素惮清刚，莫敢干以私。惟阉人习难骤革，遇事把持，先生谢之，则闯入堂皇言状，不应，或出语相诟谇，先生若为不闻也者，治政事自若。阉人知先生终不可挠，反好语慰曰："公执拗人，吾且去，再求未晚也。"竟亦不至。居数月，中贵屏迹于公庭矣。①

紧接着的一幕却颇能见到这位"铁公鸡"的感召精神，甚至也包括那些曾经向他勒索钱财的"阉人"：

> 九月二十八日甲辰，先生辞阙出都门。都人罢市而哭。阉人守门者见行李萧然，相顾叹曰："真清官也，吾辈死且服矣。"士民遮道送者千余人，至十余里不去。②

刘宗周不仅为官清廉，其在处理政务方面手段也极为刚正，所以权贵们都很怕他。比如其在京兆伊任上就如此处理权贵：

> 一日，戚畹武清伯仆人与诸生争道，殴之几毙。诸生泣诉，先生怒曰："国家养士几三百年，若辈敢尔？"立命二差入武清伯家捕之，未至，又命二差往。武清伯躬诣谢过，而匿其仆不出，先生拒不见，曰："仆辱士而主庇之，是罪在主，吾将上告天子。"武清伯惧，乃别遣一奴至，跪厅事前，俯首受杖。先生心识其伪，令其自理争道之由，奴不能答，叱之去。惩前往诸差，另命二差持铁索往，逮得真犯，榜之若干，枷于武清伯门外。明日，三学生徒数百人，皆涕泣感激，且为仆请免罪，先生乃释之。一时豪贵屏迹，都人士咸庆于途。③

这都表现了刘宗周为官清廉又执法刚正的一面，古人所谓"廉生威"一说在刘宗周身上体现得再典型不过了。

但刘宗周之为刘宗周，又不仅仅在于其为官之清廉刚正一点上，而

---

① ② 姚名达：《刘宗周年谱》，《刘宗周全集》第六册，第347页。
③ 姚名达：《刘宗周年谱》，《刘宗周全集》第六册，第323页。

在于他能够将自己一生所学与立身行事紧密结合，并将自己一生的心学工夫全然用在对皇权的批评、叮咛与教告上。在整个明代，几乎没有哪个官员能像刘宗周那样全然把对皇帝的批评视为自己的主要职责（当然这一点也与其御史大夫的身份有关）。因为在那个时代，所有的官员包括首辅都把全部心思用在"体贴"上意、承仰上意上，刘宗周却一反其道而行，在他极为频繁的上疏中，几乎没有不批评皇上的。他一生中的三次"削职为民"，都与他对皇上的严厉批评有关。其第一次"削职为民"就发生在天启五年（1625）：

> 先生去年既具三疏，遣人投之通政司，是年正月始达。司中咋舌曰："此何时？进此疏耶？大祸立至矣。"仅以辞职之疏进。旋奉圣旨："刘宗周藐视朝廷，矫性厌世，好生恣放！著革了职，为民当差，仍追夺诰命。"①

这就是刘宗周的第一次"削职为民"，原因还在于天启皇帝当时只见到他的辞职疏，根本没有见到他批评皇上的上疏。在以后的上疏中，其对皇上的批评也越来越严厉。比如崇祯九年（1636），刘宗周上疏说：

> ……皇上……即位之初，锐意太平，直欲跻一世而唐、虞、三代之，甚盛心也。而至于二帝三王所以治天下之道，犹未暇一一讲求，致施为次第之间，多有未得其要领者。于是首属意于边防，而贼臣遂以五年奏凯之说进。己巳之役，疆围孔棘，谋国无良，朝廷始有积轻士大夫之心。自此耳目参与近侍，心腹寄于干城，治术尚以刑名，政体归之丛脞，天下事遂日底于坏而不可救。故自厂卫司讥访而告讦之风炽；自诏狱及士绅而堂廉之等夷；自人人救过不及而欺罔之习转盛；自事事仰承独断而诡谀之风日长；自三尺法不伸于司寇而犯者日众……自督抚无权而将日懦；自武弁废法而兵日骄；自将懦兵骄而朝廷之威令并穷于督抚；自朝廷勒限奏绩而行间日杀良民报

---

① 姚名达：《刘宗周年谱》，《刘宗周全集》第六册，第293页。

级以幸无罪,使生灵益归涂炭。①

对于这种历数崇祯皇帝过失的上疏,皇上的直接反应自然是"大怒""欲加重处"。值得庆幸的是,由于首辅当时也想借机除掉刘宗周,也在想方设法地激皇上怒,却反而使得皇上一下子冷静下来,最后只批为"刘宗周素有清名,召来亦多直言。但大臣论事,须体国度时,不当效小臣徒占地步,尽归咎朝廷……"②云云。

其第二次"削职为民"就在此后不久,主要是因为刘宗周批评皇上不断强化集权,并任用"中官"来管理督抚。在上疏中,刘宗周批评并质问皇上说:

> 频年以来,皇上恶私交,而臣下多以告讦进;皇上录清节,而臣下多以曲谨容;皇上崇励精,而臣下奔走承顺以为恭;皇上尚综核,而臣下吹求琐屑以示察。凡若此者,正似忠似信之类。窥其用心,无往而不出于身家利禄……今天下即称乏才,亦何尽出一二寺人下? 而皇上每当缓急之际,必倚以大任。此在前日,已成覆辙,方亟亟更弦之不暇。乃者三协有遗,通、津、临、德复有遗,又重其体统,等之总督。中官总督,将置总督于何地? 总督无权,将置抚按于何地? 抚按无权,将递置司道守令于何地? 是率天下而奔走于中官也,于疆事必无幸矣……皇上诚欲进君子,退小人,为今日决消长理乱之机,奈何复用中官以参之? 此明示天下以左右袒也。③

按理说,历代专制王朝不断强化中央集权的结果最后也就必然会重用"中官",这既是专制王朝的死路,又是它不可能不走之路。这次上书,由于首辅也借机激皇上怒,最后只得到了"刘宗周明系比私乱政,颠倒是非,姑著革职为民"的处分。自然,这就成为其再次下野了。

至于其第三次"削职为民",主要是因为对言官的处置问题。明末的

---

① 姚名达:《刘宗周年谱》,《刘宗周全集》第六册,第 383 页。
② 姚名达:《刘宗周年谱》,《刘宗周全集》第六册,第 385 页。
③ 姚名达:《刘宗周年谱》,《刘宗周全集》第六册,第 401 页。

政治格局已经坏到了极点,这一点连崇祯本人也知道得很清楚。为了挽救危局,他"又开弘政门,令廷臣时得面奏事。行人司副熊开元进,请屏左右辅臣密奏。上曰'政府(指首辅——引者按)岂不得与闻乎?'开元遂纠首辅周延儒,政以贿成,专恃利巧,逢迎圣意,而实不能担当国事以致败。上颔之,敕令具疏。疏上而语反绖漏。上临朝,立缚开元于卫狱,并收垛(另一批评朝政者)。先生出而叹息曰:'皇上方开弘政门,求直言;一日而逮二言官,非所以昭圣德也。当与九卿公疏救之。'"[1]翌日,刘宗周与崇祯皇帝在朝堂上几经往复,几乎成为一个专场辩论会,比较精彩的段落有:

> 先生奏曰:"十五年来,皇上处分未当,致有今日败局。乃不追原祸始,更弦易辙,欲以一切苟且之政,补目前罅漏,非长治之道也。"

> 帝变色曰:"从前已不可追,今日事后之图安在?"

> 先生从容顿首奏曰:"今日第一义,在皇上开诚布公,先豁疑关,公天下为好恶,合国人为用舍,慨然永为皇极主,于是进贤才以资治理,开言路以决壅闭,次第于天下更始……"

> "皇上方下诏求言,而二臣遽以言得罪,甚有伤于圣政。国朝无言官下诏狱者,有之,自二臣始……"

> 先生复奏曰:"果如此,自当治罪。若二臣,敢以衰朽余生,保其无他。"

> 皇帝大怒曰:"如此偏党,岂堪宪职? 候旨处分!"[2]

自然,这就成为其第三次"削职为民"了。在这三次"削职"中,其第一次是直接批评天启皇帝而天启并未见到(通政司未上);几年后又批评崇祯皇帝施政之专用小人,"积轻士大夫之心"。第二次则是因为批评崇祯施政专门倚重"中官""寺人"。第三次就直接是以自己的身家性命为赌注,

---

① 姚名达:《刘宗周年谱》,《刘宗周全集》第六册,第453页。
② 姚名达:《刘宗周年谱》,《刘宗周全集》第六册,第455—456页。

抗辩以救言官。按理说，在皇权专制的时代，这注定是一条不归路，庆幸的是，当时的明王朝已经成为溃烂之疮了，所以崇祯没敢杀他，只是让他下野归乡。就这一点而言，刘宗周也就成为一个不幸时代之最幸运的儒生了。

但公道自在人心，而刘宗周之告别朝堂，也表现了其一生的清廉、刚正以及直道而行的风节。请看刘宗周最后一次告别京师的情形：

> 七日，辞朝，出都门……公卿送者，轩舆驷马，相错于道；而先生策杖驰驴，见者欷歔辣叹。①

刘宗周就以这种"策杖驰驴"的方式为其四十余年的从政生涯画上了一个句号；"轩舆驷马，相错于道"则是当时官场的现实。至于以后的南明政权，无论其诏用还是建议，也都不出这种模式之外。所以，从他告别北京起，其从政生涯实际上就已经终结了。

二、意与诚意

在刘宗周的一生中，从其早年对母亲的诚恐诚惶、言听计从到其出仕后与皇帝的廷争面折，此间究竟有多大的心理距离？其实这个距离不仅要用其母亲严厉的家教来说明，而且还必须用他一生的学术追求来说明。

虽然人们基本认同刘宗周是明代总结形态的心学大师，但这并不意味着他一起始就明确选定了心学的立场，恰恰相反，他也和当时所有的读书士子一样，首先是从应举考试的角度来从事理学学习的。就这一点而言，应当说他们都是朱子《四书》系统的继承者。对刘宗周来说，其早年所学习的非但不是以所谓"自得"著称的心学，而且可能还是离心学距离最远的一种理论形态。心学本质上是一种自得之学，而在刘宗周早年的学习经历中，非但没有所谓"自得"，而且连其所不得不适应的行文风

---

① 姚名达：《刘宗周年谱》，《刘宗周全集》第六册，第457页。

格及其标准都是双重的。请看其中举前的一段求学经历：

> 随母立家于道墟，从鲁念彬于章又玄宅，始南洲公尝命先生读
> 先辈程墨，积至数百篇，故先生行文有绳矩而少变化，念彬初试先生
> 文，讶之曰："子年少而文如老生，非应举之宜也。"于是进之于机法，
> 改授新制艺读之，又令取裁《左》《史》、先秦诸书，授以纵横变化之
> 法。先生潜心揣摩，越三月而出其文，念彬喜曰："子可谓善变矣。"
> 而南洲公阅之，则大怒，立命易之，而念彬复怒。先生从此则失彼，
> 徘徊两难，于是每遇私试，一题必为二义，以正者呈公，奇者呈师。
> 久之，业日进，每有所呈，师辄叹赏，引为益友，即南洲公至是亦未尝
> 不亟称善也。先生天姿明敏，而念彬复善于造就，故期年而制艺之
> 学成。[1]

这就是刘宗周应举前的一段学习状况，由此也可以看出，其早年的学习
其实并不关涉思想取向，仅仅在于不同的行文风格。但对当时的刘宗周
来说，其独特的环境逼着他不得不将"正""奇"两种不同的行文风格在自
己的实践追求中有机地融而为一，这对以后能够融合心学与气学、朱子
学与阳明学来说，无疑也是一种极好的事先演练。

刘宗周带有思想取向性质的学习是从师从许孚远（1535—1604）开
始的，当时他已经进士及第，且为母亲守孝三年，然后赴德清许孚远门下
纳贽拜师。许孚远名义上虽为湛甘泉门人，但其思想旨趣始终定位在阳
明的良知学一边；当年主教陕西时，就曾收阳明心学的西北代表冯从吾
（1557—1627）为弟子。这就明确地显现出阳明心学的学谱了。即使如
此，许孚远当时对刘宗周的指点却仍然是理学的共法。请看刘宗周对许
孚远的拜访以及其相互的对话：

> 问为学之要，孚远告以存天理，遏人欲，先生遂北面师事之。请
> 为太恭人作传。孚远载笔而书，终以敬身之孝勖先生曰："使念念不

---

[1] 姚名达：《刘宗周年谱》，《刘宗周全集》第六册，第223页。

忘母氏艰苦,谨身节欲,一切世味不入于心,即胸次洒落之明,古人德业不难成。传所谓求忠臣于孝子之门,乃刘子所以报母氏于无穷也。"先生侍杖履才月余,终其身守师说不变。自此励志圣贤之学,谓入道莫如敬,从整齐严肃入。自貌言之细,以至事为之著,念虑之微,随处谨凛,以致存理遏欲之教。每有私意起,必痛加克省,直勘前所由来为如何? 又勘明后决裂更当如何?①

许孚远的教导自然属于理学的共法,其"求忠臣于孝子之门"一说无疑也深深地影响了刘宗周,使其将为国尽忠视为对父母尽孝的一种自然延伸与必要补充,这就基本上决定了刘宗周一生的政治品格,尤其是对于一生根本不曾见到父亲又因为科举考试而不曾与母亲诀别的刘宗周来说就更是如此。至于"自此励志圣贤之学,谓入道莫如敬,从整齐严肃入。自貌言之细,以至事为之著,念虑之微,随处谨凛,以致存理遏欲之教"等等,自然也都与他自幼所受的严厉家教有关;所谓"每有私意起,必痛加克省,直勘前所由来为如何? 又勘明后决裂更当如何",则显然又与其早年艰难的求学经历以及其"人一己百、人十己千"的运思实践有关。

刘宗周学术旨趣的初步显现是在他受行人司旧职期间,此时,其进士及第后已经家居整整 7 年了,其间除了为母亲庐墓守孝外就是按照许孚远的指点钻研儒学义理,所以,当他准备再入官场而与"同年"好友刘永澄交流时,就出现了这样的情形:"维时党论既起,永澄语及当世之故,辄刺刺不休。先生曰:'此进而有位之事也。吾辈身在山林,请退言其藏者。'因相与究求仁之旨,析主静之说,辨修悟之异同,绵绵三日不倦。"②这说明,此时的刘宗周基本上是以理学家的身份进行讨论,也是沿着朱子学的路径来探索理学问题的。所以他对当时政界的问题一概归之于"有位(者)之事",而要求讨论"其藏者"——刘永澄真正用心思索的学理问题;当他借道拜访东林领袖高攀龙之后,曾"有问学三书,一论居方寸,

---

① 姚名达:《刘宗周年谱》,《刘宗周全集》第六册,第 231 页。
② 姚名达:《刘宗周年谱》,《刘宗周全集》第六册,第 240 页。

二论穷理,三论儒释异同与主静之功。自此益反躬近里,从事治心之功"①。对于刘宗周当时所关注与讨论的这些问题,应当说他既没有在宋明儒之间分家,也没有在朱子学与阳明学之间分家;所谓"求仁之旨""主静之说"以及"居方寸""论穷理"等等,也都全然被他纳入"反躬近里"的"治心之功"中来体会、来琢磨。从一定程度上说,这就初步具备了心学的规模与端绪。也就是说,虽然刘宗周此时并没有心学立场的自觉,但他这种主体性的钻研进路与求学方式却无疑属于心学的进路与方法。

当刘宗周再度入朝时,其所持行的立身准则首先就是君子小人之辨;其出处进退的基本原则也是"立乎人之本朝而道不行,耻也"。这说明,刘宗周完全是以一颗行道之心进入朝廷政治的,所以其一生三次被"削职"也自有其不可避免性;至于其学风,加上高攀龙的影响,或许还有一定的东林党人之激扬气节的意味。所有这些特点,不仅见之于其为新近去世的亡友刘永澄所作的墓志铭,也见之于其外遣回京后向万历皇帝所上的《敬循使职疏》。在这两篇文字中,刘宗周始终强调做人要有君子之风,立朝要有正气——他不仅以此向皇上上疏,而且还以此批评当朝的内阁大学士叶向高。② 这说明,刘宗周刚进入政界,就开始以道学家的身份来发挥其批评朝政、裁量人物的功能了。

不过,在紧接着的《修正学疏》中,刘宗周就已经看出由东林党而激起的君子小人对峙之风正演变为一种门户意气之争。他指出:"今天下非不和之患,而党同之患。尚同之念牢不可破,势不能强君子以苟同,则不得不党小人以伐异。"③甚至,他还专门以理学中的两大源流为例来说明朝政中不能"党同"的道理:

> 王守仁之学,良知也,无善无恶,其弊也必为佛老,顽钝而无耻。顾宪成之学,朱子也,善善恶恶,其弊也必为申、韩,惨刻而不情。佛

① 姚名达:《刘宗周年谱》,《刘宗周全集》第六册,第 240 页。
② 姚名达:《刘宗周年谱》,《刘宗周全集》第六册,第 247 页。
③ 刘宗周:《修正学疏》,《刘宗周全集》第三册,第 20 页。

老之害,自宪成而救,臣惧一变复为申、韩,自今日始。①

从这一上疏来看,无论是朱子学还是阳明学,都有他所继承的方面,也都存在着他所批评的内容。但刘宗周以道学自命的志向已经确然不移了。

就在这一时期,他与"同年"陆以建的几封论学书展示了他究竟是如何深化自己的君子人格的。由于"以建论学先提主脑,不喜言工夫边事。一涉省察克治,必扫除之"②,这无疑属于阳明心学中的高明一系,刘宗周与他的讨论也就显得别有意味:

> 道,形而上者。虽上而不离乎形,形下即形上也。故曰"下学而上达"。下学非只在洒扫应对小节,即未离乎形者皆是。乃形之最易溺处,在方寸隐微中,故曰"人心惟危,道心惟微",即形上、形下之说也。是故君子即形色以求天性,而致吾戒惧之功焉。③

> 弟昨夜梦升卫经历,心甚不快。弟虽欲谢病去官,不知此梦从何处来? 看来终不忘荣进念头。夜之所梦,未有不根于昼者。如濂溪言明道喜猎心犹在,特潜隐未发,乃知我辈一腔子都为声色货利贮满。如饮食要适口,居处要雅静,衣服要整洁,日用生涯一切动得,都是物欲心未亡。今那得一副义理心去胜他,看来只争昏觉之间,才觉则无妄非真矣。然衣食居处之念,亦是天性所有,只有一点好名心是毒药,不可不克治耳。④

这就是刘宗周的用功之道。前者在于强调形上必须落实于形下之中,即所谓"形上、形下之说",也就是"下学而上达"之道,同时也是"即形色以求天性"的"戒惧之功"。后者则表现了刘宗周究竟是如何落实其"戒惧之功"的,其具体表现,就是因为他曾"梦升卫经历",从而发现自己"终不忘荣进念头",一如明道之见猎心喜一样。刘宗周的这种用功,让人不禁

---

① 刘宗周:《修正学疏》,《刘宗周全集》第三册,第 20 页。
② 刘宗周:《与陆以建年友》一,《刘宗周全集》第三册,第 298 页。
③ 刘宗周:《与陆以建年友》一,《刘宗周全集》第三册,第 299 页。
④ 刘宗周:《与陆以建年友》一,《刘宗周全集》第三册,第 302 页。

想起了王阳明的"破心中贼",但刘宗周将这种"心中贼"追到梦里来了,犹如阳明所谓"将好名、好色、好货等根逐一搜寻,扫除廓清"[1]一样。所以,这无疑又属于典型的心学进路与心学工夫。

一当转向心上用功,刘宗周立即发现所谓人生世界其实也就是"心"的世界,就是由心所观照、所统摄的世界。所以,作于此一阶段的《心论》就充分表现了他向心学的转向以及以"心"立基的特点。其《心论》云:

> 只此一心,自然能方能员(圆),能平能直。员(圆)者中规,方者中矩,平者中衡,直者中绳,五法立而天下之道冒(貌)是矣。际而为天,蟠而为地;运而不已,是为四气;处而不坏,是为四方;生而不穷,是为万类;建而有常,是为五常;革而不悖,是为三统;治而有宪,是为五礼六乐八征九伐。阴阳之为《易》,政事之为《书》,性情之为《诗》,刑赏之为《春秋》,节文之为《礼》,升降之为皇、帝、王、伯,皆是也。只此一心,散为万化,万化复归一心。元运无纪,六经无文,五礼六乐八征九伐无法,三统无时,五常无迹,万类无情,两仪一物,方游于漠,气合于虚,无方无员(圆),无平无直,其要归于自然而不知其所以然。大哉心乎![2]

刘宗周这里对"心"的阐扬当然还是理论思辨性质的,但他已经明确地表现出将"万化"摄于"一心"的取向。这一点,其实完全可以用王阳明的"人人自有定盘针,万化根源总在心"[3]的诗句来加以表达。但由于刘宗周早年的贫贱与苦学经历,又要比阳明多出许多实际生活的体察。这又是刘宗周的心学与王阳明心学有所不同的地方。

那么,刘宗周这一心学转向究竟是如何实现的呢?实际上,这里并没有多少复杂的理论可讲,只要立足于人、立足于现实人生的主体性,最后也必然会归结到人心上来。当刘宗周以君子小人之辨进入政界而又

---

[1] 王守仁:《语录》三,《王阳明全集》,第 108 页。
[2] 刘宗周:《心论》,《刘宗周全集》第四册,第 333 页。
[3] 王守仁:《咏良知四首示诸生》,《王阳明全集》,第 790 页。

以道学家的视角来指点朝政时,其此前对"居方寸"的探讨、其在朝中所坚持的正人心以正学术、正学术以正朝政的逻辑也就必然会将其引向人心。其以后无论是对朝廷官员"窥其用心,无往而不出于身家利禄"的点评,还是对崇祯皇帝提出"今日第一义,在皇上开诚布公,先豁疑关"的建议,也无不是从其具体的"用心"上发端的;甚至,包括崇祯皇帝所谓"刘宗周素有清名,召来亦多直言"的评价也同样是从"用心"的角度加以品评的。所以,其子刘汋在点评刘宗周的这一段经历时指出:

> 先生从主敬入门,敬无内外,无动静,故自静存以至动察皆有事而不敢忽,即其中觅个主宰曰独,谓于此敬则无所不敬,于此肆则无所不肆,而省察于念虑皆其后者耳。故中年专用慎独工夫,谨凛如一念未起之先,自无夹杂,既无夹杂,自无虚假。慎则敬,敬则诚,工夫一步推一步,得手一层进一层……①

刘汋这里所说的自然是其慎独工夫,慎独恰恰是其心上工夫进一步走向深入的表现。所以就有"于此敬则无所不敬,于此肆则无所不肆,而省察于念虑皆其后"一说;至于追究于"一念未起之先",正是其心学工夫走向深入、追究于平日"存心"以"中有所养"的表现。在这里,我们暂且不管其慎独问题,仅就其追究于"一念未起之先"的"自无夹杂""自无虚假"来看,显然属于标准的心学进路与心上工夫。

这就涉及一个问题,刘宗周究竟是如何从《论心》一下子就走向了"慎独"呢?这涉及他对前人思想的不同取舍以及其对《大学》的不同解读,也涉及他对"意"的独特认知以及其所谓诚意问题。

当然这一问题首先涉及朱子与阳明对《大学》今古本的不同取舍与不同解读。在朱子学中,他根据二程(主要是小程)对《大学》所作的"改正",从而进一步对其整个段落体系都有所调整;在经过他的"一分、一调、一补之后,《大学》也就具有了严格的以格物致知为基本入手之认知

---

① 刘汋:《蕺山刘子年谱》,《刘宗周全集》第六册,第 83 页。

纲领的性质了"①,其所调整的《大学》就被称为今本《大学》。在朱子对
《大学》的诠释中,他极为重视"致知"传统,并强调"致知"必须落实于"格
物穷理",因而他对《大学》所作的补传——"是以大学始教,必使学者即
凡天下之物,莫不因其已知之理而益穷之,以求至乎其极……"②尤其表
现了这一点。王阳明就是在朱子学的一统天下展开其圣贤追求的,但几
番格物的不通使他不得不放弃圣贤之学,直到居夷处困的龙场,才在生
死危境的逼迫下"大悟格物致知之旨"。阳明由此继续追溯,就有了《大
学》古本之复,也形成了与朱子完全不同的诠释方向。朱子的今本《大
学》突出"致知"必须起始于"格物",阳明的古本《大学》则突出"至善"必
须落实于"诚意",这就形成了朱子与阳明在《大学》今古本以及"诚意"与
"致知"上的分歧。③

但阳明在对古本《大学》的诠释中仍然有所摇摆,其作于正德十三年
(1518)的《大学古本原序》与改定于嘉靖二年(1523)的《大学古本序》就
表现了其思路的摇摆与反复斟酌的特点。为了弄清其重心的转移,这里
一并征引:

> 《大学》之要,诚意而已矣。诚意之功,格物而已矣。诚意之极,
> 止至善而已矣。正心,复其体也;修身,著其用也。④

> 《大学》之要,诚意而已矣。诚意之功,格物而已矣。诚意之极,
> 止至善而已矣。止至善之则,致知而已矣。正心,复其体也;修身,
> 著其用也。⑤

在这里,其前后的差别实际上只有一点,这就是嘉靖的改定本增加了"止
至善之则,致知而已矣"一句。王阳明为什么一定要加上"致知"呢? 其

---

① 丁为祥:《〈大学〉今古本辨正》,《陕西师范大学学报》,2011 年第 4 期。
② 朱熹:《大学章句》,《四书集注》,第 9 页,长沙:岳麓书社,1985 年版。
③ 关于这一问题的展开及其详细讨论,请参阅拙作:《〈大学〉今古本辨正》,《陕西师范大学学
  报》,2011 年第 4 期。
④ 王守仁:《大学古本原序》,《王阳明全集》,第 1197 页。
⑤ 王守仁:《大学古本序》,《王阳明全集》,第 242—243 页。

原因无非来自三个方面：第一，无论是《大学》今本还是古本，都有"致知"方面的内容，淡化致知，对文本原意上就无法交待；第二，朱子突出"致知"而阳明突出"诚意"，似乎有故意与朱子激反之嫌，加上"致知"似乎有了对朱子思想继承的成分；第三，最为重要的一点是，阳明的"致知"实际上就是其"致良知"，这就成为对《大学》的另一番改造。

但阳明的这一改造很快就让刘宗周看出了破绽，其最大的问题就在于阳明全然是以《孟子》来解《大学》、以致良知来套解"致知"的。所以，刘宗周指出：

> 阳明先生"良知"之说，执事既许其为孟子之言矣，又嫌其少个"致"字，一似有本体而无工夫。岂知阳明立言之病，正是以《大学》合孟子，终属牵强。而执事反病其不合乎？"良知"之说，本不足讳，即闻见遮迷之说，亦是因病发药。但其解《大学》处，不但失之牵强，而于知止一关全未勘入，只教人在念起念灭时，用个"为善去恶"之力，终非究竟一著。①

刘宗周这里批评阳明"以《大学》合孟子，终属牵强"，并不一定就是阳明的错误，因为《大学》与《孟子》本来就属于同一思想谱系，只有阳明将"诚意"落实于"致知"，即其所谓"致良知"时才有了明显的牵强之病。但刘宗周指出阳明"只教人在念起念灭时，用个'为善去恶'之力，终非究竟一著"却是极有道理的，这不仅包含着他对阳明心学的重大补充，也是其推动心学走向深入的最为关键一步。

这关键一步就在于"意"的提出，从而为其心学工夫找到了一个先天的立足点与后天的出发点。请先看刘宗周对朱、王两家一并忽略"意"的批评：

> 意者，心之所存，非所发也。朱子以所发训意，非是。《传》曰："如恶恶臭，如好好色"，言自中之好恶一于善而不二于恶。一于善

---

① 刘宗周：《答韩参夫》，《刘宗周全集》第三册，第359页。

而不二于恶，正见此心之存主有善而无恶也，恶得以所发言乎？如意为心之所发，将孰为所存乎？如心为所存，意为所发，是所发先于所存，岂《大学》知本之旨乎？①

看《大学》不明，只为意字解错，非干格致事。汉疏八目先诚意，故文成本之曰"大学之道，诚意而已矣"极是。乃他日解格致，则有"意在乎事亲"等语，是亦以念为意也。②

在这里，刘宗周对朱子、阳明所共同主张的"意为心之所发"的批评仅仅在于只有先存养然后才能有所发，所以他也就可以"如意为心之所发，将孰为所存乎"来反驳朱王两家。从理论上说，这一反驳未必有道理，因为按照阳明关于本心、良知"随时知是知非"的论述，知是知非之良知并不需要一个刻意存养的过程。③ 但这一理论上"未必有据"的说法却必须让位于刘宗周人生与官场的存养实践。更重要的是，刘宗周对"意"的重新训解恰恰是为了给现实人生中善善恶恶之道德实践确立一个更为切实的根据。

请看刘宗周对这个作为"天下之大本"之"意根"的诸多描述：

隐微者，未发之中；显见者，已发之和。莫见乎隐，莫显乎微，故中为天下之大本。慎独之功，全用之以立大本，而天下之达道行焉，此亦理之易明者也。④

《大学》之言心也，曰"忿懥、恐惧、好乐、忧患"而已。此四者，心之体也。其言意也，则曰"好好色，恶恶臭"。好恶者，此心最初之机，即四者之所自来，所谓意也。故意蕴于心，非心之所发也。又就

---

① 刘宗周：《学言》上，《刘宗周全集》第二册，第 390 页。
② 刘宗周：《学言》上，《刘宗周全集》第二册，第 422 页。
③ 东方朔先生指出："宗周在解读《大学》时自出一路，将《大学》的重点放在诚意上，而且他对意的解释与朱子和阳明都不相同，将意定位心之所存非所发。这样，宗周便以其自己规定的理路强坐阳明的良知教，并谓阳明的良知教将'意'字看错，不合《大学》，非究意义等等。宗周的这一辩难虽有许多不实、不谛之处，但其用心却应当善加把握。"东方朔：《刘宗周评传》，第 193 页，南京：南京大学出版社，1998 年版。
④ 刘宗周：《学言》上，《刘宗周全集》第二册，第 372 页。

意中指出最初之机，则仅有知好知恶之知而已，此即意之不可欺者也。故知藏于意，非意之所起也。①

《大学》之教，只要人知本。天下国家之本在身，身之本在心，心之本在意。意者，至善之所止也，而工夫则从格致始……格致者，诚意之功，工夫结在主意中，方为真工夫，如离却意根一步，亦更无格致可言。②

从刘宗周对"意"的这些论述来看，一方面，他是把"意"作为现实世界所以形成的逻辑第一因的，所以叫"意根"，又叫"此心最初之机"；另一方面，"意"又是先天的形上本体之第一落实，所以又说"意者，至善之所止也"，所谓知善知恶以及为善去恶，全然是在"意"的推动下实现的；至于日常的存养，也首先要在"意"上存养。

刘宗周对"意"的这一解释就使"意"成为"意根""意体"（就其在支撑现实世界所以成立的意义上讲），实际上，这种解释大体相当于孟子作为"心之所之"而又可以"帅气"的"志"。但"志"主要从外向发用的角度讲，也只有在外向发用的过程中才能成为"气之帅也"③；刘宗周的"意"则首先是从内在存养的角度讲的，今天所谓的"意志"一说也正指从"意"到"志"之存养与发用两面。这样一来，其所谓诚意也就不再停留于主观动机的层面了，也不再以知善知恶为动力，而是直接以主体内在的"意"为动力并且也必须见之于外在实实在在的善善恶恶与为善去恶活动。④从一定程度上说，这确实是对阳明心学的重大推进，也是对阳明后学专门以"知善知恶"来玩弄灵明心性的重大修正与明确纠偏。但是，正由于刘宗周以这种"平地起土堆"的方式对"意"的格外强调，从而也就必然要使

---

① 刘宗周：《学言》上，《刘宗周全集》第二册，第389页。
② 刘宗周：《学言》上，《刘宗周全集》第二册，第390页。
③《孟子·公孙丑上》，吴哲楣主编：《十三经》，第1363页。
④ 张学智先生将刘宗周的"意"概括为三层涵义："其一，意是心中本有的支配后天念虑的最初意向"；"其二，意是心之主宰"；"其三，意是未发之中"。这一概括也极为准确。请参阅张学智：《明代哲学史》，第442—445页。

明代心学的形态发生改变。这一点，又充分表现在他的"心性与慎独"一说中。

三、心性与慎独

当刘宗周以"意"与"诚意"作为心学的主要工夫时，整个心学的体系都要发生变化，这主要体现在其"意根""意体"诸说的提出上。本来，按照理学的传统，"理也者，形而上之道也，生物之本也。气也者，形而下之器也，生物之具也。是以人物之生，必禀此理然后有性，必禀此气然后有形。其性其形虽不外乎一身，然其道器之间，分际甚明，不可乱也。"①理学由此表现出一种强烈的形上追求精神。② 但是，当刘宗周提出"意根""意体"时，从存在形态上看，它无疑属于形而下，或者说主要表现为一种形而下的形态。但从其"君子即形色以求天性"来看，它虽然表现为形而下的形态，但由于形而上即在形而下之中，所以其所谓的"意根""意体"包括后边所谓的"独体"等等，实际上也就一律成为一种"形下即形上"的形态了；或者说刘宗周就是要通过"形下即形上""即形色以求天性"的方式，改变理学形上、形下二分的传统，从而使其形上追求完全落实于具体的形下追求之中。又由于"意根""意体"这种形下形态实际上又代表着现实世界的生成之根与人生追求最根本的起始，所以就可以通过"形下即形上""即形色以求天性"的方式把理学的形上追求全然落实于具体的形而下的道德实践之中。

这样一种改变，意味着心学理论彻底的实践日用化，也意味着对所有理论思辨的工夫化落实。在刘宗周看来，如果离开了"诚意"的工夫与

① 朱熹：《答黄道夫》，《朱熹集》卷五八，第 2947 页，成都：四川教育出版社，1996 年版。
② 所不同的是，明代心学要求将这种形上追求落实于人生日用——王阳明的"不离日用常行内，直造先天未画前"（《别诸生》，《王阳明全集》，第 791 页），就是这一指向的典型表现；气学则要求将这种形上追求落实于"古人公案"和"造化之理"上，直到罗钦顺，又将其拓展为"为四时之温凉寒暑，为万物之生长收藏，为斯民之日用彝伦，为人事之成败得失"（《困知记》卷上，第 4 页）。但二者都小心地避开了当时的朝廷政治。直到刘宗周才直面皇上之"用心"，这才有了其一生跌宕起伏的从政履历与理论上的开新之局。

实践追求,那么所有的理论思辨说到底也就不过是一种玄谈空想而已。

那么,这一巨大的变化究竟是如何发生、又如何实现呢? 实际上,这主要是通过理论探讨与人生实践两个方面来实现的。从理论探讨的角度看,主要是通过对朱子理与气、形上与形下关系的辨析与拨正实现的。请先看刘宗周对理学传统的反思:

> 子曰:"形而上者谓之道,形而下者谓之器。"程子曰:"上下二字截得道器最分明。"又曰:"道即器,器即道。"毕竟器在斯,道亦在斯。离器而道不可见,故道器可以上下言,不可以先后言。"有物先天地",异端千差万错,总从此句来。①

> 形而上者谓之道。道不可言,其可言者皆形而下者也。虽形下者,而形上者即在其中,故圣人之教莫非下,亦莫非上也,顾学者所闻何如耳!②

> 形而下者谓之气,形而上者谓之性。故曰:"性即气,气即性。"人性上不可添一物,学者姑就形下处讨个主宰,则形上之理即此而在。③

> 或问:"理为气之理,乃先儒谓'理生气',何居(据)?"曰:"有是气方有是理,无是气则理于何丽? 但既有是理,则此理尊而无上,适足以为气之主宰。气若其所从出者,非理能生气也。"④

> 理即是气之理,断然不在气先,不在气外。知此,则知道心即人心之本心,义理之性即气质之本性,千古支离之说可以尽扫。而学者从事于入道之路,高之不堕于虚无,卑之不沦于象数,而道术始归于一乎?⑤

显然,在上述几条中,刘宗周所坚持的其实只有一点,这就是形而上在形

---

① 刘宗周:《学言》中,《刘宗周全集》第二册,第 408 页。
② 刘宗周:《论语学案·雍也第六》,《刘宗周全集》第一册,第 351 页。
③ 刘宗周:《证学杂解》十五,《刘宗周全集》第二册,第 269 页。
④⑤ 刘宗周:《学言》中,《刘宗周全集》第二册,第 410 页。

而下之中、理在气中、义理之性即在气质之性中；反过来看，离开了形而下、离开了气、离开了气质之性，所谓形而上之理、义理之性也就无从存在。所以，从一定程度上说，这等于是从根本上颠覆了朱子的理气关系，又始终坚持着其理气关系之形上、形下的分界与不同蕴涵。实际上，这也等于是从实存的角度对理气关系及其形上追求精神的一个重新定位，同时也构成了其整个哲学的方法论基础。

虽然如此，刘宗周却并没有否定理的形上主宰地位，也没有否定对理的追求。即使从宇宙生化的角度看，"天地之间，一气而已，非有理而后有气，乃气立而理因之寓也。就形下之中指其形而上者，不得不推高一层以立至尊之位，故谓之太极；而实本无太极之可言，所谓'无极而太极'也。使实有是太极之理，为此气从出之母，则亦一物而已，又何以生生不息，妙万物而无穷乎？今曰：'理本无形，故谓之无极。'无乃转落注脚。太极之妙，生生不息而已矣。生阳生阴，而生水火木金土，而生万物，皆一气自然之变化，而合之只是一个生意，此造化之蕴也。"[1]显然，即使从万物生成、宇宙演化的角度看，也不是说先有一个"太极"在那里孤零零地存在着，然后才有万物生成、天地宇宙的演化，不过是就此气化生生过程中之内在主宰而言而已。这样一来，所谓理与气之形上形下关系，就全然从生存实在的角度获得了新的解释。

如果从人生实践的角度看，这一问题立即就转化为一个心性意志与实践表现的关系问题了，转化为一个"性"必然内在于"心"又由心中之"意"或"意根"来当下决定的问题了；而"意根"又必然涉及"慎独"。请看刘宗周对"意根"与"慎独"关系的强调：

> 人心自妄根受病以来，自微而著，益增泄漏，遂授之以欺。欺与谦对，言亏欠也。《大学》首严自欺，自欺犹云亏心。心体本是圆满，忽有物以撄之，便觉有亏欠处。自欺之病，如寸隙当堤，江河可决。故君子慎独。慎独之功，只向本心呈露处随处体认去，便觉全体莹

---

[1] 刘宗周：《圣学宗要》，《刘宗周全集》第二册，第230—231页。

然,与天地合德,何谦如之!①

古人慎独之学,固向意根上讨分晓,然其工夫必用到切实处,见之躬行。《中庸》言"君子之道,造端乎夫妇",以是征"莫见乎隐"之实,故先之曰"费而隐",而"莫显乎微"之义,即在其中。"鸢飞戾天",鸢不可见;"鱼跃于渊",鱼不可窥。即隐即见,即微即显,夫妇之造端如此夫。②

这两段固然并不是直接指人生实践而言,但必然是对人生实践详加体察之后的产物。不然的话,刘宗周何以能够如此洞察人心之隐微呢? 比如他刚入朝为官,何以就能够指出当朝大学士叶向高"不能力赞福藩起行"呢? 又何以能够建议崇祯皇帝要"先豁疑关",从而"公天下为好恶"呢? 在上述两段中,其所谓"亏心"一说究竟当如何解? 所谓"古人慎独之学,固向意根上讨分晓,然其工夫必用到切实处,见之躬行",其实也正是指从"意根"入手,从而才能将"慎独"真正落到实处,所谓慎独,就是慎于"意根"、涵养"意根"之意;至于所谓"亏心"一说,则显然又是人对自己之"意根"受到亏损的自觉与表现。

这说明,刘宗周本来就是将古人的言说纳入自己的生存实践中加以体察的,所以他就能够洞悉人情之隐微而又不失天理之正。在这里,让我们再引一段刘宗周关于古今天理人情之既相贯通又相悖反的评说:

王道本乎人情,又曰:"人情即天理。"今之所大患者,在人臣有私交而废公义,谓之情面,正谓以私交废公义也。而今者绝人情以徇一己之情,反谓之无情面乎? 上积疑其臣,而蓄以奴隶;下积畏其君,而视同秦、越,则君臣之情离矣,此否之象也。卿大夫不谋于士庶,而独断独行;士庶不谋于卿大夫,而人趋人诺,则寮案之情离矣,此睽之象也。如是则亦可谓绝情面矣,而欲国无危亡,得乎? 大抵情面与人情不同,人情本乎天而致人,有时拂天下之公以就一己而

---

① 刘宗周:《证学杂解》,《刘宗周全集》第二册,第 262 页。
② 刘宗周:《证学杂解》,《刘宗周全集》第二册,第 264 页。

> 不为私,如周公、孔子之过,吾党之直是也。情面去其心而从面,有
> 时忍一己之私以就天下而不为公,如起杀妻、牙食子之类是也。①

看到这一段论述真让人感到高兴!因为所谓天理与人情、公与私以及人情与情面的关系也是许多文人士大夫包括当今所谓公共知识分子都搞不清的问题。② 首先,天理必须下贯于人情,所以说"人情即天理";但人情里面又分私交之情与人的公共本有之情。从个人之私情出发以处理官事,自然会"以私交废公义";如果完全反其道而行,从而废除所有的人情,包括所谓人的公共本有之情,就会成为所谓"上积疑其臣,而蓄以奴隶;下积畏其君,而视同秦、越,则君臣之情离矣……卿大夫不谋于士庶,而独断独行;士庶不谋于卿大夫,而人趋人诺,则寮寀之情离矣"。显然,这就成为一种上下、左右离心离德的现象了,所以说"如是则亦可谓绝情面矣,而欲国无危亡,得乎?"很明显,虽然天理必然下贯于人情,人情却并不等于情面,因而也不能因为反对情面就彻底废除人的公共本有之情。因为二者的区别在于,"人情"是"本乎天而致人"的,是自有其天理依据的;"情面"则是"去其心而从面"的产物。此间的区别,一如英雄的"气节"与流氓的"面子"一样;如果完全以"气节"为"面子"、以"人情"为"情面",从而一概弃绝,最后就必然会导致上下、左右一概离心离德的格局。作为历史上的经典案例,所谓人情的表现就是"周公、孔子之过,吾党之直",其特点也就在于"拂天下之公以就一己而不为私";之所以说是"就一己而不为私",是因为它从根本上成就了人的一种公共本有之情。

---

① 刘宗周:《学言》上,《刘宗周全集》第二册,第 380 页。

② 关于这一问题,学界从世纪之交起就一直进行着长久而热烈的讨论。从继承传统一方来说,这一问题之所以能够激成一场旷日持久的讨论,说明中国学界长期丢弃传统、曲解传统因而已经到了搞不清"我究竟是谁"的地步了;从检讨传统、认知传统来看,那些认为此问题根本不值得讨论者,或者属于十分清醒的超人,或者属于自趋高明而实际上是一种自甘迷茫的表现。这一问题恰恰是经过一个多世纪以来中西文化的交汇融合从而重新认知传统、定位传统之一个极好的入手。由于笔者一起始就参与了这一讨论,所以这里暂不评介其具体内容,请读者参阅以下三本论文集:郭齐勇编:《儒家伦理争鸣集——以"亲亲互隐"为中心》,武汉:湖北教育出版社,2004 年版。邓晓芒:《儒家伦理新批判》,重庆:重庆大学出版社,2010 年版。郭齐勇编:《〈儒家伦理新批判〉之批判》,武汉:武汉大学出版社,2011 年版。

与之相反的"起杀妻,牙食子",看起来似乎是根绝了一切人情面子,实际上是"忍一己之私以就天下而不为公"——忍自己的公共本有之情(如父子、夫妻之情),从而成就一己之大私,所以说是"忍一己之私而不为公"。实际上,这里"忍一己之私"就是抛弃人的公共本有之情;之所以说是"不为公",是因为其从根本上就是为了成就自己的一己之大私,例如吴起、易牙都是为了讨好君王以获得更高的官位从而才"杀妻""食子"的。所以,从孔子"一父而载(再)取名"①的批评到刘宗周"忍一己之私以就天下而不为公"的品评,实际上就成为历代儒家对这种绝情寡恩现象的一致批评了。

当刘宗周从理论与实践两个方面完成对儒家形上道体的形下落实之后,其心学之核心问题——所谓慎独之说就可以全面展开了。请看刘宗周对"独"与"慎独"的论述:

> 圣学之要,只在慎独。独者,静之神、动之机也。动而无妄,曰静,慎之至也。是谓主静立极。②

> 独者,心极也。心本无极,而气机之流行不能无屈伸、往来、消长之位,是为二仪。而中和从此名焉。中以言乎其阳之动也,和以言乎其阴之静也,然未发之中而实已藏已发之和,已发为和而即以显未发之中,此阴阳所以互藏其宅而相生不已也。③

> 独是虚位,从性体看来,则曰莫见莫显,是思虑未起,鬼神莫知时也。从心体看来,则曰十目十手,是思虑既起,吾心独知时也。然性体即在心体中看出。④

> 莫见乎隐,亦莫隐乎见;莫显乎微,亦莫微乎显,此之谓无隐见、无显微。无隐见、显微之谓独,故君子慎之。⑤

---

① 《吕氏春秋·当务》,《二十二子》,第661页,上海:上海古籍出版社,1986年版。
② 刘宗周:《学言》上,《刘宗周全集》第二册,第361页。
③ 刘宗周:《学言》上,《刘宗周全集》第二册,第392页。
④ 刘宗周:《学言》上,《刘宗周全集》第二册,第381页。
⑤ 刘宗周:《学言》上,《刘宗周全集》第二册,第392页。

在这里,刘宗周将"圣学之要",全然归之于"慎独",所以说"独者,心极也"。但这个"独"又全然落实在"意"上。因为"意为心之所存,则至静者莫如意"①,所以"意"实际上也就成为其整个后天现实世界的唯一支撑者了;所谓"慎独",就是要将全部心思、全部工夫都向着"莫见莫显"的"静之神、动之机"层面集中。这就是说,"慎独"不仅要集中于其内在"发心动念"的"独知之地",更重要的还在于其未发之前的"静存""静养",因为只有这种指向内在"心极"的"静存""静养",才能真正支撑起由"发心动念"所形成的人生现实世界。

由于刘宗周的"意"已经实体化,也已经成为整个人生世界的精神支撑,在经过"慎独"之"静存""静养"之后,其心之所发也就不仅仅是一种主观的精神状态了,而是必须实实落落地见之于现实世界。请看刘宗周以图所示的"心之发"的世界:

> 身在天地万物之中,非有我之得私;
> 心包天地万物之外,非一膜所能囿。
> 通天地万物为一心,更无中外可言,
> 体天地万物为一本,更无本之可觅。②

这就是刘宗周在"慎独"基础上所形成的"心之发"的世界。在这里,其前面三句所说的与其他心学家之所说并无本质的区别,其区别主要表现在最后一句——所谓"更无本之可觅"一点上。对于心学而言,如果还保留着一个形上本体的支撑者,那么这个本体也就往往会在成为现实世界之根的同时成为一种思辨的支撑者了,一如阳明所谓的"万化根源总在心"而"心"总是走向"随时知是知非",从而也就有可能成为其后学所专门玩弄的灵明之光景一样。但对刘宗周来说,这种现象已经不复存在了,虽然刘宗周的世界仍然有其支撑者,但其"意"本身就已经是至善本体的形下落实,因而其现实世界的支撑者虽然也就是作为精神实体的"意",但

---

① 刘宗周:《学言》上,《刘宗周全集》第二册,第390页。
② 刘宗周:《学言》上,《刘宗周全集》第二册,第394页。

这个"意根"本来就是一种落实于形而下(心)的精神实体,同时只能存在于现实的"诚意"活动中,因而以往的心学家在"海面"以下所构筑之思辨的冰山,现在就全然融化在现实人生中之"诚意"与"慎独"活动的"海水"中了。至此,心学终于彻底扬弃了它的形上思辨之根,从而就必须彻底回归于人的生存活动与道德实践活动了。①

在这一基础上,让我们再来看刘宗周对前人所展开的批评。虽然刘宗周是从朱子的"主敬"入学的,但在其"诚意""慎独"之说形成后,他无疑会看到前人的理论确实存在着许多缺点或不足之处。先看朱子:

> 朱子表彰《大学》,于格致之说最为吃紧,而于诚意反草草,平日不知作何解? 至易箦乃定为今章句曰:"实其心之所发。"不过是就事盟心伎俩,于法亦疏矣。至"慎独"二字,明是尽性吃紧工夫,与《中庸》无异旨,而亦以"心之所发"言,不更疏乎? 朱子一生学问,半得力于主敬,今不从慎独二字认取,而欲掇敬于格物之前,真所谓握灯而索照也。②

> "正心"章云:"必察乎此,而敬以直之。"又将主敬工夫用在正心项下,终忽视诚意关故耳。此阳明之说所自来也。③

平心而论,刘宗周对朱子的批评是最少的,这主要是因为当时阳明后学的泛滥成灾,而以顾宪成、高攀龙为代表的东林党人正在全力以朱子学救阳明后学的空谈心性之病所致。但其在这里所批评的两点都是实实在在而不容躲闪的。盖因为朱子对《大学》始终主之以"致知"而起步于"格物";至于其所谓"敬始敬终"一说实际上也就成为其"格物致知"说完

---

① 关于刘宗周哲学的这一特点其实并不悖于阳明,毋宁说是对阳明心学一种真正的落实与完成。因为无论是其所倡导的以"行著习察"为特征的"身心之学"还是"知行合一",都明确地规定以道德实践为落实指向;其"心即理"说更是这一特征的直接显现:"以此纯乎天理之心,发之事父便是孝,发之事君便是忠,发之交友治民便是信与仁……"(《语录》一,《王阳明全集》,第2页)由于阳明始终要面对文人士大夫的思辨知识追求,其哲学也就不得不保留一条形上的思辨尾巴;刘宗周之所以激烈批评其"无善无恶"一说,则是全力消解其形上思辨尾巴的具体表现。

②③ 刘宗周:《学言》下,《刘宗周全集》第二册,第451页。

成后之穿靴戴帽性的工作了。无论从"格物"还是"致知"出发都分析不出"诚意"来，自然也就无法真正走向诚意（因为不能说知识多了就自然会"诚意"），所以对于"诚意"，他就只能以"心之所发"来应付；对于"正心"的"敬以直之"，则仍然是在"心之所发"的语境下来正心，所以刘宗周批评他是"就事盟心伎俩"——即所谓临事应付而已。自然，这都是朱子"忽视诚意关"的必然结果。

至于阳明，由于当时其弟子遍天下而又破绽百出，刘宗周就不得不花费许多精力来批评，黄宗羲所说的"终而辨难不遗余力"①也就指阳明而言，不过那主要是针对"无善无恶"而言。比如："若心体果是无善无恶，则有善有恶之意又从何处来？知善知恶之知又从何处来？为善去恶之功又从何处来？无乃语语绝流断港？"②实际上，刘宗周的这一批评并不当理，王阳明的"无善无恶"本来就是以工夫的语言指谓本体，并不是从实存角度对本体自在状态的正面规定。但刘宗周受明代理学理之内在于气、性之内在于心以及形而上之内在于形而下这种内在化思潮的影响，将阳明的"无善无恶"作为心之体的自在状态来批判。当然，在刘宗周形上本体必须彻底内在于形下工夫的语境下，其对"无善无恶"的批评自有其一定的必然性，也有一定的合理性。仅从"诚意"与"慎独"来看，其对王阳明又有如下批评：

> 阳明只说致良知，而以意为粗根，故于慎独二字，亦全不讲起，于《中庸》说戒慎恐惧处亦松，所以念庵有收摄保任之说。③

> 心无善恶，而一点独知，知善知恶。知善知恶之知，即是好善恶恶之意；好善恶恶之意，即是无善无恶之体，此之谓"无极而太极"④。

> 看《大学》不明，只为意字解错，非干格致事。汉疏八目先诚意，

---

① 黄宗羲：《子刘子行状》，《刘宗周全集》第六册，第43页。
② 刘宗周：《阳明传信录》，《刘宗周全集》第五册，第91页。
③ 刘宗周：《学言》下，《刘宗周全集》第二册，第451页。
④ 刘宗周：《学言》中，《刘宗周全集》第二册，第411页。

故文成本之曰"大学之道,诚意而已矣",极是。乃他日解格致,则有"意在乎事亲"等语,是亦以念为意也。①

这里对阳明的批评,主要是针对其错看意字,即把意仅仅放在"心之所发"的层面来理解(阳明的这一理解主要是受朱子的影响),同时把良知仅仅规定为知善知恶(这一点又可以说是对朱子学的回应)。从这个角度看,刘宗周之突出"意"就确有其非常积极的意义②,因为仅仅"知善知恶"并不能确保为善去恶的实践落实;只有"好善恶恶之意"才能作为道德实践之最有力的推动者。

至于对阳明"无善无恶"的批评,在刘宗周哲学中占有极大的比重,但这一问题既与其突出"意"以形成心学形态的变革分不开,又是刘宗周受气学之内在化走向影响的结果,我们将放在后面来分析。

四、对心学的检讨与对气学的点评

当刘宗周对朱子学与阳明学展开双向批评时,说明他在一定程度上已经总结了朱、王两家,下来的问题就在于他将如何总结明代的心学与气学了。

刘宗周本人属于心学一系,我们将从其对心学的检讨和批评说起。无论是从刘宗周的《语录》还是《文集》来看,其对王阳明及其"无善无恶"的批评都占有极大的比重,比如作为刘宗周之长辈师兄同时也作为关学巨子的冯从吾也同样具有这一特点,他们一致把阳明的"无善无恶"看作是受佛教禅宗影响的表现。③ 但这确实是一种误解,虽然这一误解的形

---

① 刘宗周:《学言》中,《刘宗周全集》第二册,第 422 页。
② 关于刘宗周突出"意"以及其对前人——如胡居仁、王一庵等人思想的吸取,请参阅张学智:《明代哲学史》,第 441—442 页。
③ 关于阳明与佛禅的关系,刘宗周曾引郑定宇的话说:"'阳明必为圣学无疑,然及门之士,概多矛盾,其私淑而有得者,莫如念菴。'盖为此也。夫定宇学佛者,而持论如是。"(刘宗周:《学言》,《刘宗周全集》第二册,第 451—452 页)从这一点来看,说明刘宗周并不以禅来误解王阳明,但从他对阳明后学"一顿扯入禅乘"以及对高攀龙"半杂禅门"的批评来看,他对阳明心学确有"杂禅语"或"流入禅学"的担心。

成既有时代思潮的影响,同时也存在着心学发展的因素,但当我们从时代因缘的角度来分析这一现象时,这种误解的发生似乎又具有某种必然性。为什么既认为这种说法是一种误解又认为其发生具有一定的必然性呢?

首先,儒与佛禅的区别主要是一种人生价值观上的区别;从哲学的角度看,主要表现为人生立场与价值取向上的对立,而不在其理论方法、言语文字甚或个别表达上的区别。如果儒与佛禅的区别就仅仅表现在言语文字与理论方法的层面,那么我们也就必然会面临如下吊诡的格局:其一,中国所有的佛禅僧徒都将成为儒家的信徒,因为他们的言语文字与理论方法本身就来自中国文化,尤其来自中国的儒道两家,可佛教界却从来都没有因为他们运用了中国的语言文字与理论方法就认为他们是儒家的信徒。其二,如果因为个别说法曾经为佛禅所用从而儒家就不能再用,那么这就完全成为一种为佛禅"送家当"之举了;送到最后,儒学必将会成为无处立身的"游魂"或"流浪汉"。其三,如果儒学与佛禅的区别就仅仅表现在理论方法、言语文字甚或个别说法上,那么这恰恰又会取消甚或淡化二者在人生价值观上的区别与对立,从而使其真正在价值观上的对立反倒就像我们所穿的衣服一样,今天是儒家,明天是佛家,后天又是禅家,这就几乎成为一种小儿过家家的活动了。

但从刘宗周到黄宗羲对阳明及其后学之受佛禅熏染的批评又是有一定道理的,这主要是由时代因缘决定的。当王阳明的《四句教》被王龙溪提炼为"四无"而又专门"从先天心体上立根"时,"玄虚而荡"也就必然会成为其后学的一条不归路。在这种状况下,面对正统儒家所无法接受的空谈心性以及玩弄思辨光景等现象,从东林党起就不断地进行批评,并且就将其归之于佛禅——实际上就等于是说正统儒家根本无法接受这种思想,因为他们已经有佛禅之嫌了,但并不是说他们就真正成为佛禅之徒了。不过,这种因为其后学之"玄虚而荡"从而反过来归罪阳明为佛禅的方法其实也就恰恰来自禅宗,来自禅家"作用见性"的方法。既然其流已经成为佛禅了,那么其源也必然会有佛禅之嫌疑。所以,对于刘宗周、黄宗羲师徒对于阳明甚或其他前辈思想中佛禅成分的批评,我们大可不必认真理会。①

但刘宗周对王阳明"无善无恶"的批评究竟有没有道理呢? 这不仅与他们各自不同的思想理路有关,也与刘宗周对心学的拓展与推进有关。从其不同的理路来看,王阳明解《大学》确实是从孟子出发的,刘宗周解《大学》则是以《中庸》为依据的,所以他批评说:

> 阳明子言良知,最有功于后学,然只是传孟子教法,与《大学》之说,终有分合……至龙溪所传《天泉问答》,则曰"无善无恶者心之体,有善有恶者意之动,知善知恶是良知,为善去恶是格物",益增割裂矣。即所云良知,亦非究竟意也……只因阳明将意字认坏,故不得不进而求良于知。仍将知字认粗,又不得不退而求精于心,种种矛盾,固已不待龙溪驳正,而知其非《大学》之本旨矣。②

> 只为后人将"无善无恶"四字播弄得天花乱坠,一顿扯入禅乘,与其平日所论"良知即天理"、"良知即至善"等处全然抹杀,安得不起后世之惑乎? 阳明不幸而有龙溪,犹之象山不幸而有慈湖,皆斯文之阨也。③

从这两段来看,他们二人除了在《孟子》与《中庸》之不同经典依据上的区别外,还存在着究竟应当突出"知"还是应当突出"意"的区别。阳明是从朱子的格物致知说出发并对其进行纠偏的,因而必然要以朱子学为参照系,他不得不以孟子的"良知"来扭转并纠偏于朱子的"格物穷理"之知;而刘宗周完全是从《中庸》与《大学》之互诠出发的,他就一定要突出

---

① 作为对这种现象的一种补充,黄宗羲曾在《明儒学案·蕺山学案》中写道:"当《高子(高攀龙)遗书》初出时,羲侍先师(刘宗周)于舟中,自秣水至省下,尽日翻阅,先师时摘其阑入释氏者以示羲。后读先师《论学书》,有《答韩位》云:'古之有朱子,今之有忠宪先生,皆半杂禅门。'"《黄宗羲全集》第八册,第 884 页。
② 刘宗周:《良知说》,《刘宗周全集》第二册,第 317—318 页。
③ 刘宗周:《答韩参夫》,《刘宗周全集》第三册,第 359—360 页。

"意",如果再加上其对孟子的诠释,那么这就成为比阳明"随时知是知非"的良知更为坚定的"意"与"志"了,所以他总是批评阳明"将意字认坏,故不得不退而求良于知"。这说明,在刘宗周看来,"意"是比"知"更具有决定性的因素。

从儒家心性之学的角度看,刘宗周的看法当然是正确的,其批评也是有道理的。因为阳明的良知本来就是从"性无不善,故知无不良"的角度提出的,它虽然能够"随时知是知非",毕竟首先是以"是非之心(知)"的方式呈现出来的;孟子的"四端"则可以说是其具体表现。但刘宗周的"意"是从作为"四端"之根的角度提出的,并且也是以信仰与意志的方式呈现出来的。因此刘宗周才能处处以"意""意根"来批评王阳明致良知的"随时知善知恶"之说。比如他说:

> 《大学》之言心也,曰"忿懥、恐惧、好乐、忧患"而已。此四者,心之体也。其言意也,则曰"好好色,恶恶臭"。好恶者,此心最初之机,即四者之所自来,所谓意也。故意蕴于心,非心之所发也。又就意中指出最初之机,则仅有知好知恶之知而已,此即意之不可欺者也。故知藏于意,非意之所起也。①

> 意者心之所存,非所发也。或曰:"好善恶恶,非发乎?"曰:"意之好恶,与起念之好恶不同。意之好恶,一机而互见,起念之好恶,两在而异情。以念为意,何啻千里?"②

阳明的良知是贯通体用并由至善之性直接朗现于是非知觉之间,因而它也无疑属于本心发用的范围,刘宗周的"意"与"意根"则是"此心最初之机,则四者之所自来,所谓意也";就具体表现而言,"意"当然比"知"更具有内在性,是"知"的一种内在凝聚与内在蕴涵状态。所以他才批评阳明说"知藏于意,非意之所起也"。在刘宗周看来,相对于良知"知善知恶"的发用状态,"意者心之所存,非所发也";即使从发用的角度看,则"意"

---

① 刘宗周:《学言》上,《刘宗周全集》第二册,第389页。
② 刘宗周:《学言》上,《刘宗周全集》第二册,第411—412页。

之发用也是由至善之性直接发而为信仰形态的意志,良知之发用,虽然阳明将其视为"意之动",实际上不过是"念起念落"而已。而念之发用,既可以发为善念,也可以发为恶念,所以说是"两在而异情",这就与作为至善之性直接凝聚为信仰形态的意志"何啻千里"?

这就出现了一个问题,即刘宗周实际上是处处以其作为信念、信仰形态的"意志""意根"来批判王阳明作为良知发用状态的"知是知非"与作为发心动念状态而且"有善有恶"的"意之动"的,但始终没有涉及作为阳明心学之形上根据的"心之体"——"意"或"意根"本身。这究竟是为什么呢? 实际上,在刘宗周的语境中,所谓形上根据一层不仅已经没有独立存在的必要,而且也完全用不上了。因为根据其"形下即形上""即形色以求天性"的理路,所谓形而上的根据也就全然落实在形而下的实践活动之中,所以在刘宗周看来,王阳明所谓"无善无恶是心之体"一说无异于是一句思辨的废话。因为所有的形上思辨,早就已经内在地凝聚于"意根"并且也落实于形而下的实践生活之中了,现实生活与现实世界又全然是依靠"意根"来支撑的,这就是刘宗周突出"诚意""意根"以及"慎独"诸说的根本原因。

那么,刘宗周何以能够彻底解构此前心学思辨所以形成的形上建构呢? 就是说,刘宗周何以能够使此前心学思辨的勾画完全成为一种应当消解的对象呢? 实际上,这已经不是心学自身所能说明的问题了,恰恰需要明代思潮的总体走向尤其是气学的发展来说明。因为自明初以来,理学对朱子"理先气后"说的不断消解构成了刘宗周消解心学之思辨勾画的方法论基础;刘宗周对此前心学思辨勾画的消解实际上也正是沿着气学消解朱子"理先气后"说的同一轨道前进的。请看明初以来朱子学之支流余裔关于理气关系的论述:

> 理气本不可分先后,但语其微显,则若理在气先,其实有则具有,不可以先后论也。[①]

---

① 薛瑄:《读书录》卷二,《薛瑄全集》,第 1070 页,太原:山西人民出版社,1990 年版。

"有此理则有此气,气乃理之所为",是反说了。有此气则有此理,理乃气之所为。①

理只是气之理,当于气之转折处观之。往而来,来而往,便是转折处也。夫往而不能不来,来而不能不往,有莫知其所以然而然,若有一物主宰乎其间而使之然者,此理之所以名也。②

理即是气之理,断然不在气先,不在气外。知此,则知道心即人心之本心,义理之性即气质之本性,千古支离之说可以尽扫。而学者从事于入道之路,高之不堕于虚无,卑之不沦于象数,而道术始归于一乎?③

形而上者谓之道。道不可言,其可言者皆形而下者也。虽形下者,而形上者即在其中,故圣人之教莫非下,亦莫非上也,顾学者所闻何如耳!④

形而下者谓之气,形而上者谓之性。故曰:"性即气,气即性。"人性上不可添一物,学者姑就形下处讨个主宰,则形上之理即此而在。⑤

上述六条,前面三条全然是来自明代理学或者说是气学先驱的观点。后面三条则是刘宗周的观点。如果稍加比较就可以看出,所谓理在气中、形上在形下之中,其实正是他们的共同观点,也是其理论发展的共同走向。问题在于,气学家之所以要消解"理先气后",主要是由于他们探索宇宙万物所以生成演变的"造化之理"的视角造成的,刘宗周之消解心学通过思辨勾画所建构的形上依据,则是为了将其彻底落实于人生,落实于实践生活。

虽然刘宗周吸取了气学的观点与方法,但其哲学却并不是气学,

---

① 黄宗羲:《明儒学案·崇仁学案》二,《黄宗羲全集》第七册,第27页。
② 罗钦顺:《困知记》续卷上,《困知记》,第68页。
③ 刘宗周:《学言》中,《刘宗周全集》第二册,第410页。
④ 刘宗周:《论语学案·雍也第六》,《刘宗周全集》第一册,第351页。
⑤ 刘宗周:《证学杂解》一五,《刘宗周全集》第二册,第269页。

而是纯正的心学，也是沿着心学的路径发展而来的。这一点不仅由其研究问题的视角所决定，也同样表现在其对前辈人物的评骘上。在刘宗周对前辈人物的评点中，其评价之高，可能无过于王阳明（虽然也有许多批评），但其批评之尖锐、思考之深刻，又无过于作为明代气学开创者的罗钦顺。比如对于罗钦顺的气学观点，刘宗周就针锋相对地指出：

> 谓理即是气之理，是矣。独不曰性即是心之性乎？心即气之聚于人者，而性即理之聚于人者，理气是一，则心性不得是二；心性是一，性情又不得是二。使三者一分一合之间，终有二焉，则理气是何物？天地间既有个合气之理，又有个离气之理；既有个离心之性，又有个离性之情，又乌在其为一本也乎？①
>
> 乃先生方断断以心性辨儒释，直以求心一路归之禅门，故宁舍置其心以言性，而判然二之。处理于不外不内之间，乃呈一心目之象，终是泛观物理。如此而所云之、归之者，亦是听其自之之而自归之，于我无与焉，则亦不自觉其堕于怳惚之见矣。②

在这两段评点中，前一段主要针对罗钦顺的基本观点，所以其既表彰罗钦顺所谓"理即是气之理"一说，又明确反问罗钦顺"独不曰性即是心之性乎？"其进一步的反问则在于"理气是一，则心性不得是二；心性是一，性情又不得是二"，罗钦顺却恰恰是以"理气未能定于一"来批评朱子的，同时又明确地坚持"心性为二"——既以此批评阳明，也批评所有的心学。所以刘宗周激烈地反问说："天地间既有个合气之理，又有个离气之理；既有个离心之性，又有个离性之情，又乌在其为一本也乎？"至于后面一段，则是直接批评罗钦顺"以心性辨儒释"，其结论也就是"直以求心一路归之禅门"。对于罗钦顺的这样一种主张，刘宗周认为这不过是"处理于不外不内之间，乃呈一心目之象，终是泛观物

---

① 刘宗周：《明儒学案·师说》，《刘宗周全集》第五册，第 526 页。
② 刘宗周：《明儒学案·师说》，《刘宗周全集》第五册，第 525 页。

理";就其指向来看,说到底也不过是"堕于怳惚之见"而已,从而也就只能导致"于我无与焉"的格局。也就是说,罗钦顺的这一套理论必然要走到脱离现实人生的地步去,从而走向本质上属于"堕于怳惚之见"的"泛观物理"之路。

这两段评语,作为对前人的评骘,无论从哪个角度看,都不能说是一种赞同、欣赏性的评价,只能说是一种带有明确否定与激烈批评的评价。这究竟是为什么呢?这说明,虽然刘宗周吸取了气学的观点与方法,但根本不赞成气学的关注面向,因为其"泛观物理"的走向与脱离人生的"怳惚之见"的后遗症是刘宗周所根本无法接受的。在不同哲学之不同价值取向之间,确实无法进行恰切的批评,但这些批评性的评价却从反面证明,刘宗周既不是气学家,也根本不赞同气学之"泛观物理"的走向。

正因为刘宗周不是气学家,其对气学的批评实际上也就是一种外在评价;其对心学不仅消解了其空洞的形上思辨,而且将其努力推进并全面落实于现实人生中。至于其对气学的吸取与批评,与其说是代表心学为明代气学所作的定论,不如说主要是从其心学立场出发对气学所进行的一种价值叩问——所谓"于我无与焉"一句,就完全可以代表其对气学价值取向的明确批评了。刘宗周已经走向了心学的制高点,其对心学形上思辨的消解并将其彻底落实于现实人生的指向,最后就导致他不得不以"惟有一死"[①]的方式来报效明王朝了;至于其对气学的批评,也必然会促使其以"我无与焉"的方式来达

---

① 姚名达:《刘宗周年谱》,《刘宗周全集》第六册,第 483 页。刘宗周之死,不仅死于其一生的忠义,也死于他的理论。当他将所有的形上思辨及其建构全然压向现实生活中的"意根"时,其生命也就从根本上失去了伸展腾挪的空间,只有御史大夫不得不时时面对亡国且亡文化这样一种根本无法接受的现实。刘宗周曾对其自觉地选择死亡作了如下说明:"北都之变,可以死可以无死,以身在削籍也,而事尚有望于中兴。南都之变,主上自弃其社稷而逃,仆在悬车,尚曰可以死可以无死,以俟继起者有君也。迨杭州失守,监国降矣。今吾越又降矣。区区老臣,尚何之乎?若曰身不在位不当与城为存亡,独不当与土为存亡乎?……世无逃死之宰相,亦岂有逃死之御史大夫乎!"——刘汋:《蕺山刘子年谱》,《刘宗周全集》第六册,第168 页。

到"于我有与"之目的,这就决定了气学必然要在现实人生之外另辟生存与发展的空间。自然,这也可以说是明代理学总结者带给我们的结论。

主要参考文献

（以征引先后为序）

冯友兰:《中国哲学史》,北京:中华书局,1961年版。

葛兆光:《中国思想史》,上海:复旦大学出版社,2001年版。

郭齐勇:《中国哲学史》,北京:高等教育出版社,2006年版。

梁启超:《中国近三百年学术史》,北京:人民出版社,2008年版。

钱穆:《中国近三百年学术史》,北京:商务印书馆,1997年版。

侯外庐:《中国思想通史》,北京:人民出版社,1957年版。

徐复观:《中国人性论史》(先秦篇),台中:东海大学出版社,1963年版。

徐复观:《两汉思想史》,上海:华东师范大学出版社,2001年版。

李泽厚:《中国近代思想史论》,北京:人民出版社,1979年版

李泽厚:《中国古代思想史论》,北京:人民出版社,1985年版。

李泽厚:《中国现代思想史论》,北京:东方出版社,1987年版。

劳思光:《新编中国哲学史》,桂林:广西师范大学出版社,2005年版。

《礼记·中庸》,吴哲楣主编:《十三经》,北京:国际文化出版公司,1993年版。

余英时:《朱熹的历史世界——宋代士大夫政治文化的研究》,北京:三联书店,2004年版。

束景南：《朱熹年谱长编》，上海：华东师范大学出版社，2001年版。

余英时：《宋明理学与政治文化》，长春：吉林出版集团有限责任公司，2008年版。

程颢、程颐：《二程集》，北京：中华书局，1981年版。

范仲淹：《范仲淹全集》，南京：凤凰出版社，2004年版。

张学智：《中国儒学史·明代卷》，北京：北京大学出版社，2011年版。

赵翼：《廿二史札记》，北京：中华书局，1984年版。

张载：《张载集》，北京：中华书局，1978年版。

朱熹：《朱子全书》，上海：上海古籍出版社、合肥：安徽教育出版社，2002年版。

王守仁：《王阳明全集》，上海：上海古籍出版社，1992年版。

黄宗羲：《明夷待访录》，《黄宗羲全集》第一册，杭州：浙江古籍出版社，1985年版。

黄宗羲：《明儒学案》（一），《黄宗羲全集》第七册，杭州：浙江古籍出版社，1992年版。

黄宗羲、全祖望：《宋元学案》，《黄宗羲全集》第四册，杭州：浙江古籍出版社，1985年版。

黄宗羲：《明儒学案》（二），《黄宗羲全集》第八册，杭州：浙江古籍出版社，1992年版。

陈亮：《陈亮集》，北京：中华书局，1987年版。

欧阳玄：《圭斋文集》，上海：商务印书馆（涵芬楼明成化刻本影印），1919年版。

梁启超：《清代学术概论》，北京：中华书局，2010年版。

冈田武彦著，吴光、钱明、屠承先译：《王阳明与明末儒学》，上海：上海古籍出版社，2000年版。

朱熹：《朱熹集》，成都：四川教育出版社，1996年版。

陈献章：《陈献章集》，北京：中华书局，1987年版。

黎靖德编：《朱子语类》，北京：中华书局，1986年版。

罗钦顺:《困知记》,北京:中华书局,1990 年版。

刘宗周:《刘宗周全集》,杭州:浙江古籍出版社,2007 年版。

王廷相:《王廷相集》,北京:中华书局,1989 年版。

李颙:《二曲集》,北京:中华书局,1996 年版。

颜元:《颜元集》,北京:中华书局,1987 年版。

戴震:《戴震全书》,合肥:黄山书社,1995 年版。

钱穆:《国史大纲》,北京:商务印书馆,1994 年版。

《元史》,《二十五史》卷十一,北京:中国文史出版社,2002 年版。

《明史》,《二十五史》卷十二,北京:中国文史出版社,2002 年版。

谷应泰:《明史纪事本末》,清文渊阁四库全书本。

《明实录·太祖实录》,台北:"中央研究院"历史语言研究所校印,1962 年版。

王安石:《临川先生文集》,北京:中华书局,1959 年版。

《孟子》,吴哲楣主编:《十三经》,北京:国际文化出版公司,1993 年版。

墨翟:《墨子》,孙诒让:《墨子闲诂》,《诸子集成》第 4 册,上海:上海书店,1986 年版。

憨山德清:《憨山老人梦游集》,河北柏林禅寺,2005 年版。

《宋史》,《二十五史》卷十,北京:中国文史出版社,2002 年版。

楼宇烈:《老子道德经校释》,北京:中华书局,2008 年版。

《论语》,吴哲楣主编:《十三经》,北京:国际文化出版公司,1993 年版。

周敦颐:《周子通书》,上海:上海古籍出版社,2000 年版。

朱熹:《朱熹集》,成都:四川教育出版社,1996 年版。

曹端:《曹端集》,北京:中华书局,2003 年版。

薛瑄:《薛瑄全集》,太原:山西人民出版社,1990 年版。

朱熹:《延平答问》,《朱子全书》第十三册,上海:上海古籍出版社、合肥:安徽教育出版社,2002 年版。

朱熹：《四书集注》，长沙：岳麓书社，1985年版。

高攀龙：《高子遗书》，清文渊阁四库全书补配清文津阁四库全书本。

吴与弼：《康斋文集》，清文渊阁四库全书本。

胡居仁：《居业录》，北京：中华书局，1985年版。

陈来：《宋明理学》，上海：华东师范大学出版社，2004年版。

牟宗三：《心体与性体》，《牟宗三先生全集》第5册，台北：联经出版事业公司，2003年版。

李书增等：《中国明代哲学》，郑州：河南人民出版社，2002年版。

张学智：《明代哲学史》，北京：北京大学出版社，2000年版。

王廷相：《王廷相集》，北京：中华书局，1989年版。

刘述先：《朱子哲学思想的发展与完成》，台北：台湾学生书局，1995年版。

黄宗羲：《宋元学案》，《黄宗羲全集》第三册，杭州：浙江古籍出版社，2005年版。

吴廷翰：《吴廷翰集》，北京：中华书局，1984年版。

顾宪成：《泾皋藏稿》，上海：商务印书馆，1934年版。

顾宪成：《顾端文公遗书》，清光绪三年重刻本。

高攀龙：《高子遗书》，清文渊阁四库全书补配清文津阁四库全书本。

陆九渊：《陆九渊集》，北京：中华书局，1980年版。

《周易》，吴哲楣主编：《十三经》，北京：国际文化出版公司，1993年版。

湛若水：《湛甘泉先生文集》，济南：齐鲁书社，1997年版。

侯外庐、邱汉生、张岂之主编：《宋明理学史》，北京：人民出版社，1987年版。

荀子：《荀子》，张觉：《荀子校注》，岳麓书社，2006年版。

《徐爱　钱德洪　董沄集》，南京：凤凰出版社，2007年版。

王畿：《王畿集》，南京：凤凰出版社，2007年版。

牟宗三：《从陆象山到刘蕺山》，《牟宗三先生全集》第8册，台北：联经出版事业公司,2003 年版。

聂豹:《聂豹集》,南京:凤凰出版社,2007 年版。

彭国翔:《良知学的展开——王龙溪与中晚明的阳明学》,北京:三联书店,2005 年版。

罗洪先:《罗洪先集》,南京:凤凰出版社,2007 年版。

王艮:《王心斋全集》,南京:江苏教育出版社,2001 年版。

邹守益:《邹守益集》,南京:凤凰出版社,2007 年版。

欧阳德:《欧阳德集》,南京:凤凰出版社,2007 年版。

罗洪先:《罗洪先集》,南京:凤凰出版社,2007 年版。

王时槐:《王时槐集》,上海:上海古籍出版社,2015 年版。

李材:《见罗先生书》,济南:齐鲁书社,1995 年版。

罗汝芳:《罗汝芳集》,南京:凤凰出版社,2007 年版。

李贽:《焚书　续焚书》,北京:中华书局,1975 年版。

耿定向:《耿定向集》,上海:华东师范大学出版社,2015 年版。

李贽:《李贽文集》,北京:社会科学文献出版社,2000 年版。

李贽:《阳明先生道学钞》,上海:上海古籍出版社,1995 年版。

牟钟鉴、张践:《中国宗教通史》,北京:中国社会科学出版社,2007 年版。

云栖袾宏:《莲池大师全集》,北京:华夏出版社,2011 年版。

憨山德清:《憨山老人梦游集》,河北柏林禅寺,2005 年版。

蕅益智旭:《灵峰宗论》,台中:青莲出版社,1994 年版。

张伯端撰、王沐解:《悟真篇浅解》,北京:中华书局,1990 年版。

张宇初:《道门十规》,《正统道藏》第 53 册,台北:艺文印书馆印行,1977 年版。

《性命圭旨》,上海:上海古籍出版社,1989 年版。

陈支平主编:《福建宗教史》,福州:福建教育出版社,1996 年版。

吴震:《明末清初劝善运动思想研究》,台北:台湾大学出版中心,2009 年版。

林兆珂、郭乔泰:《林子年谱》,万历二十五年刻本。

林兆恩:《世出世法》,北京:北京出版社,1997年版。

卓新平主编:《基督教小辞典》,上海:上海辞书出版社,2001年版。

利玛窦著,徐光启译:《天主实义》,《利玛窦中文著译集》,上海:复旦大学出版社,2001年版。

谢和耐:《中国文化与基督教的冲撞》,沈阳:辽宁人民出版社,1989年版。

利玛窦著,罗渔译:《利玛窦全集》,台北:光启出版社、台北:辅仁大学出版社,1986年版。

徐光启:《徐光启集》,上海:上海古籍出版社,1984年版。

郭齐勇主编:《儒家伦理争鸣集——以"亲亲互隐"为中心》,武汉:湖北教育出版社,2004年版。

邓晓芒:《儒家伦理新批判》,重庆:重庆大学出版社,2010年版。

郭齐勇主编:《〈儒家伦理新批判〉之批判》,武汉:武汉大学出版社,2011年版。

《吕氏春秋》,《二十二子》,上海:上海古籍出版社,1986年版。

刘宗周:《刘宗周全集》,杭州:浙江古籍出版社,2007年版。

东方朔:《刘宗周评传》,南京:南京大学出版社,1998年版。

人名索引

孔子、老子、孟子、庄子、告子、荀子、王充、王弼、郭象、周敦颐、张载、范育、程颢、程颐、朱熹、陆九渊（陆象山）、张栻、陈亮、黄榦、许衡、朱元璋、刘基、宋濂、刘三吾、曹端、薛瑄、吴与弼、胡居仁、娄谅、罗钦顺、王廷相、吴廷翰、顾宪成、高攀龙、陈献章、湛若水（湛甘泉）、王守仁（王阳明）、徐爱（徐曰仁）、朱守忠、蔡宗兖（蔡希渊）、钱德洪、王畿（王龙溪）、邹守益（邹谦之）、欧阳德（欧阳崇一）、聂豹（聂双江）、罗洪先（罗念庵）、王时槐、李材（李见罗）、王艮（王心斋）、王栋（王一庵）、王襞（王东崖）、罗汝芳（罗近溪）、颜山农、耿定向（耿天台）、李贽、袾宏、真可、德清、智旭、张伯端、王重阳、丘处机、张正常、张宇初、李渊然、邹元标、冯从吾、林兆恩、卓晚春、张三丰、方济各·沙勿略（Francis Xavier）、罗明坚（Michele Ruggieri）、利玛窦（Matteo Ricci）、徐光启、李之藻、杨廷筠、刘宗周（刘蕺山）、黄宗羲、李颙（李二曲）、胡适、冯友兰、钱穆、侯外庐、牟宗三、牟钟鉴、李泽厚、余英时、冈田武彦。

后　记

　　从事中国哲学研究以来,笔者一直采取"个案"式的进路——以现实的个体去接近历史中的个体,并且也总是试图通过个体的方式以打开他们——历史中的个体世界,以寻找视域的融合与心灵的沟通,比如笔者所曾经研究的王阳明、张载、朱熹就是如此。但按照儒家的传统,这似乎只属于"知人",还不是"论世";真正的儒学却必然是一种知人论世之学,是在"论世"的基础上"知人",因而也就是二者的有机统一。但多年以来,这一传统已经如此陌生了。感谢郭齐勇老师!郭教授所主持的《中国哲学通史》(学术版)为笔者提供了一个尝试着将二者结合起来的机会,从而走出以前那种纯个体沟通与个体理解的范围。

　　说到知人论世,笔者首先想到的是徐复观先生的《两汉思想史》,在笔者看来,那不仅是真正的知人论世之作,而且还是专门深入中国集权政治具体形成的时代以澄清儒学在历史上所起到的抗衡与纠偏作用。徐先生一生求过学、留过洋、从过军、当过官——而且对国共两党的上层也都有过近距离的接触,当然也办过刊物、当过教授,但是,当他告别这一切,以近七十的高龄蜗居斗室以从事"周秦汉政治社会结构之研究"时,胸中所激荡的无疑是一种文化上的继绝存亡之情,而绝不是所谓"著书立说"的理论追求。惜乎今天的人们能够平心静气地坐下来体贴一下徐先生的用心都太难了——人们在还没有进入其世界之前早就为其定性了，所以即使是读其书，也不过是摘章引句以证明自己的设臆而已。笔者当然不敢望徐先生项背，但受其精神之感召则是毋庸讳言的；解剖明代哲学，则是试图对距现代社会最近的一个汉族政权及其思潮发展的历史进行分析和梳理而已。

说到对明代哲学的理解，又不能不提到余英时先生的相关研究。笔者虽然并不赞同余先生《朱熹的历史世界》一书中对两宋理学道统意识的刻意消解，并且也曾专门著文评论该书，但余先生的《宋明理学与政治文化》一书对宋明两代理学家从"得君行道"转向"觉民行道"追求却是一个非常深刻的洞见；借助这一洞见，笔者能够将刘宗周对明代哲学思潮的点评、日本冈田武彦对"王阳明与明末儒学"的分析几乎可以"三方面对面"的方式来澄清宋、明两代理学之间的"同"与"不同"。这一点在认识明代朱子学之裂变及其走向以及政治体制对于哲学思潮的影响与制约方面也都有着极为重要的作用。正是看到了这一作用，笔者才能够从以往的"知人"性研究进入所谓"论世"的层面。

至于明代哲学的主体，自然非阳明心学莫属；阳明心学的最后走向则主要体现在其七大高弟上，这七大高弟又主要分为三系走向：就谨守阳明矩矱而言，自然应当首推钱德洪、邹守益与欧阳德三位；就一意于心性之学的理论推进——或高扬其超越追求或拓展其遍在性落实而言，则又应当以"王门二溪"——王龙溪与罗近溪为代表；但是，如果就其学之真正切近现实人生而言，又不得不以聂双江与罗念庵为代表。这样的分析，固然也可以说是已经得到了人们公认的看法，但问题在于如何评价；尤其是在澄清了宋明理学之"同"与"不同"的基础上，对王门后学之不同走向的评价也就会成为所谓"论世"之学的一种不同方向。在这一问题上，牟宗三先生的《从陆象山到刘蕺山》无疑属于研究王门后学的翘楚之作，但牟先生过分看重理论自身之思辨与圆融了，从而给了"王门二溪"以方向性的定位（其实他们这一走向正是中晚明社会灵明光景之学泛滥的真正根源）；至于聂双江与罗念庵，则几乎不被视为阳明弟子。笔者在反复钻研、多方斟酌的基础上，发现"王门二溪"之思辨的圆融实际上正表现着其人生的不圆融；聂、罗二位之所谓"头上安头"——看似理论上的不圆融，才真正揭示了现实人生中一种可能的圆融走向。不然的话，刘宗周作为明代心学之殿军，其理论的形态、走向之所以能够形成这一点就根本说不过去。关于这一点，笔者恨不能起牟先生于九泉之下而面请之。

　　哲学是时代的敏感神经。心性之学之难能可贵，首先也就在于他们通过对自我之身心性命问题的反省式探讨，又以推己及人的方式为社会群体的精神建构提供了足够的经验，当然这一点同时也是笔者能够从"知人"走向"论世"的基础。实际上，这也是儒家"为己之学"的真正内涵。但愿古人的这种智慧，能够真正发挥作用于我们民族精神的建设事业。

丁为祥

识于陕西师范大学新校区

2017 年 7 月 28 日